Diálogos Constitucionais de
DIREITO PÚBLICO E PRIVADO

D536   Diálogos constitucionais de direito público e privado / organizadores
       Liane Tabarelli Zavascki, Marco Félix Jobim. – Porto Alegre: Livraria do Advogado Editora, 2011.
       328 p.; 25 cm.
       ISBN 978-85-7348-741-1

       1. Direito público – Constituição. 2. Direito privado – Constituição. 3. Direito civil. 4. Direitos fundamentais. I. Zavascki, Liane Tabarelli. II. Jobim, Marco Félix.

                              CDU 342:347
                              CDD 341

       Índice para catálogo sistemático:
       1. Direito público : Direito privado   342:347

       (Bibliotecária responsável: Sabrina Leal Araujo – CRB 10/1507)

Liane Tabarelli Zavascki
Marco Félix Jobim
(Organizadores)

Diálogos Constitucionais de DIREITO PÚBLICO E PRIVADO

Aloisio Cristovam dos Santos Junior
Álvaro Vinícius Paranhos Severo
Anelise Coelho Nunes
Fernanda Pinheiro Brod
Júlio Cesar Goulart Lanes
Liane Francisca Hüning Birnfeld
Liane Tabarelli Zavascki
Marcelo Caetano Guazzelli Peruchin
Marcia Andrea Bühring

Márcia Rosa de Lima
Marco Félix Jobim
Mariana Filchtiner Figueiredo
Milton Lucídio Leão Barcellos
Pedro de Menezes Niebuhr
Rafael de Freitas Valle Dresch
Simone Tassinari Cardoso
Sonilde Kugel Lazzarin
Tula Wesendonck

livraria
DO ADVOGADO
editora

Porto Alegre, 2011

©
Aloisio Cristovam dos Santos Junior, Álvaro Vinícius Paranhos Severo,
Anelise Coelho Nunes, Fernanda Pinheiro Brod, Júlio Cesar Goulart Lanes,
Liane Francisca Hüning Birnfeld, Liane Tabarelli Zavascki,
Marcelo Caetano Guazzelli Peruchin, Marcia Andrea Bühring, Márcia Rosa de Lima,
Marco Félix Jobim, Mariana Filchtiner Figueiredo, Milton Lucídio Leão Barcellos,
Pedro de Menezes Niebuhr, Rafael de Freitas Valle Dresch, Simone Tassinari Cardoso,
Sonilde Kugel Lazzarin, Tula Wesendonck.
2011

Capa, projeto gráfico e diagramação
Livraria do Advogado Editora

Revisão
Rosane Marques Borba

Direitos desta edição reservados por
Livraria do Advogado Editora Ltda.
Rua Riachuelo, 1338
90010-273 Porto Alegre RS
Fone/fax: 0800-51-7522
editora@livrariadoadvogado.com.br
www.doadvogado.com.br

Impresso no Brasil / Printed in Brazil

Sumário

ÁREA DE CONCENTRAÇÃO I
Fundamentos Constitucionais do Direito Público e do Direito Privado

Apresentação
Prof. Dr. Ingo Wolfgang Sarlet e Prof. Dr. José Maria Tesheiner 7

1 – O modelo de laicidade estatal na Constituição brasileira e sua repercussão na hermenêutica do direito fundamental à liberdade religiosa
Aloisio Cristovam dos Santos Junior 11

2 – Regulação e democracia: a influência norte-americana das agências reguladoras no Brasil
Anelise Coelho Nunes 33

3 – A responsabilidade civil ambiental pelos danos futuros e riscos de danos
Liane Francisca Hüning Birnfeld 47

4 – Os contributos da interpretação constitucional e o controle judicial das políticas públicas
Liane Tabarelli Zavascki 65

5 – O Estado constitucional e a cooperação judicial internacional: notas introdutórias
Marcelo Caetano Guazzelli Peruchin 89

6 – A responsabilidade do Estado por danos ambientais: o nexo causal e a questão dos "refugiados" ambientais
Marcia Andrea Bühring 109

7 – Os princípios da prevenção, precaução: uma análise da RDC nº 56/09 – a proibição do uso das câmaras de bronzeamento
Márcia Rosa de Lima 135

8 – O objeto do direito à saúde: para além das ações judiciais de fornecimento de medicamentos
Mariana Filchtiner Figueiredo 151

9 – Direito de patentes à luz do princípio da igualdade: como fica o acordo TRIPS?
Milton Lucídio Leão Barcellos 175

10 – O processo de tombamento na perspectiva de defesa dos direitos do proprietário
Pedro de Menezes Niebuhr 195

11 – Neil MacCormick's Step Ahead: How to avoid strong discretion and achieve more neutrality without heroic judges
Rafael de Freitas Valle Dresch 213

12 – Existe saúde sem levar o lazer a sério? Interfaces entre o direito ao lazer e o direito à saúde
Simone Tassinari Cardoso 225

13 – O direito fundamental social ao trabalho digno frente à atual conjuntura econômica
Sonilde Kugel Lazzarin 239

14 – A possibilidade de transformação do caráter da posse e da detenção: interpretação constitucional dos efeitos da posse
Tula Wesendonck 261

ÁREA DE CONCENTRAÇÃO II
Teoria Geral da Jurisdição e Processo

15 – Breve ensaio sobre o sistema da class actions na Common Law – origem e sistematização
Álvaro Vinícius Paranhos Severo 279

16 – A atuação do sindicato nas ações coletivas: uma releitura a partir do princípio da liberdade sindical
Fernanda Pinheiro Brod 289

17 – O ativismo probatório equilibrado: o juiz necessário ao processo coletivo
Júlio Cesar Goulart Lanes 301

18 – Os efeitos modulatórios na Ação Direta de Inconstitucionalidade e seus critérios de fixação: podem-se prever os efeitos no julgamento da ADI n. 3695-5?
Marco Félix Jobim 317

Apresentação

Fosse esta uma obra musical e músicos os seus autores, bem que poderíamos dizer que se trata de uma orquestra, executando uma sinfonia, não porque toquem ou cantem em uníssono, mas antes porque, com sonâncias e dissonâncias falam a mesma língua do Direito, compreendido como um sistema aberto, mas afinado com valores estruturantes, ainda que aplicados à feição dos intérpretes e à luz das circunstâncias de cada ambiente.

Não sem orgulho, podemos dizer que o "tom" que unifica estes estudos, todos de alto valor, foi emprestado pelo Programa de Pós-Graduação em Direito da Pontifícia Universidade Católica do Rio Grande do Sul, visto que se trata de trabalhos confeccionados por alunos e egressos do Doutorado em Direito, representando as duas áreas de concentração do Programa, notadamente, Fundamentos Constitucionais do Direito Público e do Direito Privado e Teoria Geral da Jurisdição e Processo. Por mais que, em tempos de globalização, se possa falar na universalidade do Direito, num patrimônio jurídico universal pautado por princípios gerais e pelos direitos humanos e fundamentais, cuja presença, de acordo com a pauta curricular dos Programas de Mestrado e Doutorado da PUCRS, se faz sentir nas diferentes contribuições, é inevitável e mesmo desejável que cada "orquestra" produza o seu próprio e inconfundível som, traduzindo sua identidade, no caso, a do Programa de Pós-Graduação em Direito da PUCRS.

Das musicas executadas, não falaremos nesta apresentação. Limitamo-nos a convidar o leitor a perpassar o sumário, para se encantar (assim esperamos) com os temas tratados.

Também não falaremos dos autores, que são muitos, certos de que eles se revelam em seus escritos, pois "em cada ato do homem está o homem inteiro". Trata-se – e os trabalhos assim o revelam – de escritores que amam o Direito e a Justiça, aos quais dedicam sua vida profissional e acadêmica.

Devemos, contudo, registrar, em nome do Programa de Pós-Graduação em Direito da PUCRS (Mestrado e Doutorado) o nosso agradecimento, representando também as duas Áreas de Concentração e Linhas de Pesquisa, aos dois jovens Professores e Doutorandos, Liane Tabarelli Zavascki e Marco Félix Jobim, que coordenaram diretamente o processo de construção da obra, reunindo os nossos talentosos e dedicados doutorandos e mesmo já doutores, aos quais igualmente agradecemos e parabenizamos pelas contribuições ofertadas e pela adesão ao projeto. Da mesma forma não há como deixar de agradecer, em nome do Walter Abel Filho e do Valmor Bortoloti, à Livraria do Advogado Editora por ter apostado na obra e pela costumeira competência.

Porto Alegre, março de 2011.

Ingo Wolfgang Sarlet
Coordenador do Programa de Pós-Graduação
em Direito da PUCRS

José Maria Tesheiner
Professor de Direito Processual Civil e Integrante da Comissão Coordenadora
do Programa de Pós-Graduação em Direito da PUCRS, representando a
Área de Teoria Geral da Jurisdição e Processo

— ÁREA DE CONCENTRAÇÃO I —

Fundamentos Constitucionais do Direito Público e do Direito Privado

— 1 —

O modelo de laicidade estatal na Constituição brasileira e sua repercussão na hermenêutica do direito fundamental à liberdade religiosa

ALOISIO CRISTOVAM DOS SANTOS JUNIOR[1]

Sumário: 1. Introdução; 2. Um breve olhar sobre a noção de laicidade; 2.1. Antecedentes etimológicos e uso histórico do termo "laico"; 2.2. O essencial na noção de laicidade estatal; 3. Estado e fenômeno religioso: A pluralidade dos modelos de interação; 3.1. Laicidade e laicismo: uma distinção juridicamente relevante?; 3.2. José Luiz Martí e os modelos forte e débil de laicidade; 3.3. A classificação de Winfried Brugger; 3.4. Prosseguindo a busca pelo modelo brasileiro; 4. O Estado laico brasileiro e o seu desenvolvimento histórico; 5. A relação entre Estado e religião no Direito Constitucional comparado; 6. O significado da mensagem ideológica extraída do texto constitucional brasileiro; 7. Conclusões; 8. Referências bibliográficas.

1. INTRODUÇÃO

A afirmação de que o Brasil é um país laico tem se tornado um lugar-comum tanto para as autoridades governamentais quanto para os líderes religiosos. Os primeiros costumam utilizá-la sempre que pretendem impor uma política pública que contrarie valores defendidos por grupos religiosos; os segundos, por seu turno, empregam-na como argumento para apoiar a rejeição de toda ação governamental que considerem uma interferência indevida em assuntos religiosos. Entre uns e outros, não podem ser ignorados profissionais do jornalismo que, repercutindo as controvérsias em derredor desta ou daquela opinião religiosa manifestada publicamente, gostam de enfatizar o caráter laico do Estado, quase sempre para defender que a fé religiosa seja confinada ao âmbito privado das igrejas e cultos.

As declarações noticiadas pela mídia que afirmam a laicidade do Estado brasileiro transmitem a impressão de que se está perante um conceito perfeitamente compreendido por todos. Nada mais enganoso. O que se observa frequentemente é o emprego irrefletido da expressão por indivíduos que, para sustentar sua opinião favorável ou antagônica ao fato religioso, esgrimem-na como mero argumento retórico jejuno de qualquer compromisso com o significado jurídico da laicidade e, o que é pior, divorciado de uma compreensão adequada do tratamento outorgado pela ordem

---
[1] Doutorando em Direito pela Pontifícia Universidade Católica do Rio Grande do Sul. Mestre em Direito Político e Econômico pela Universidade Presbiteriana Mackenzie. Especialista em Direito Constitucional do Trabalho pela Universidade Federal da Bahia. Professor da Faculdade Dois de Julho. Juiz do Trabalho da 5ª Região. Ex-Promotor de Justiça e Ex-Procurador do Estado da Bahia. Bolsista da CAPES – Proc. 0069/10-8 – em programa de estágio doutoral na Universidade de Coimbra. Email: acristovamjr@gmail.com

constitucional brasileira ao fenômeno religioso. Sem dúvida, há uma enorme distância entre afirmar que o Brasil é um Estado laico e compreender os contornos dessa laicidade. Não surpreende, portanto, que o sentido da afirmação seja pouco entendido também pela maioria do público ao qual se destina.

À vista disso, é de suma importância para a solução dos conflitos relacionados com a questão religiosa trazer à baila o modelo ideológico consagrado pela Constituição Federal no que diz com a relação entre o Estado e o fenômeno religioso. Assim como o desconhecimento desse modelo está na origem de um sem número de controvérsias que a questão religiosa desperta no mundo jurídico brasileiro, a sua adequada compreensão afigura-se como uma importante chave hermenêutica para a construção de soluções constitucionalmente ajustadas para tais conflitos.

Sob tal perspectiva, o que se pretende com o presente artigo é tão somente chamar a atenção para a relevância da identificação do modelo constitucional brasileiro de laicidade para a hermenêutica do direito fundamental à liberdade religiosa. Para tanto, o texto principia com um breve olhar sobre o conteúdo semântico do termo *laicidade* e sobre a pluralidade de modelos de Estado laico. Em seguida, traça uma breve análise comparativa entre a Constituição Federal de 1988 e as constituições democráticas que lhe antecederam no que diz com o tema. Logo após, utiliza o direito comparado com o objetivo de realçar as características do modelo brasileiro. Ao final, pretende mostrar como o modelo ideológico consagrado pela atual Constituição pode repercutir na hermenêutica da liberdade religiosa.

2. UM BREVE OLHAR SOBRE A NOÇÃO DE LAICIDADE

Centrando-se o presente texto no modelo de Estado laico consagrado pela Constituição Federal e as suas refrações na hermenêutica da liberdade religiosa, um desafio que logo se impõe diz com a própria definição de laicidade. O que deve ser interpretado como Estado laico? A busca por uma resposta é das mais espinhosas e não apenas por se tratar de uma noção sobre a qual inexiste consenso, mas também por causa das implicações práticas das eventuais delimitações conceituais, na medida em que, dependendo das premissas filosóficas adotadas na formulação da definição, é possível até mesmo negar ao Estado brasileiro o caráter laico, conquanto, como denuncia o título do artigo, não seja esta a posição que se adota neste texto. Trata-se, assim, de árdua tarefa, que por sua complexidade, demanda um conjunto de apreciações que não deve excluir nem mesmo o recurso à etimologia.

Ninguém ignora que todas as discussões que envolvem a questão religiosa apresentam-se permeadas por uma forte carga emocional que afeta de modo significativo a pré-compreensão do intérprete.[2] Trata-se, portanto, de um *locus* onde a escolha das palavras tem uma elevada importância e não pode ser feita descuidadamente.

Certas expressões experimentaram ao longo da história – e ainda experimentam na contemporaneidade – mutações de sentido que podem conduzir a interpretações jurídicas abissalmente distanciadas. É o que se dá com o termo *laicidade*, cuja atribuição de significado costuma repercutir no tratamento jurídico que os juristas, com destaque para os estudiosos do Direito Eclesiástico do Estado, conferem à relação

---

[2] Sobre a inevitabilidade da pré-compreensão na hermenêutica, cf. GADAMER, Hans-Georg. *Verdade e Método I*. Tradução de Enio Paulo Giachini. 10. ed. – Petrópolis, RJ : Vozes, 2008.

entre o Estado e o fenômeno religioso. Daí por que se torna imprescindível identificar qual o sentido jurídico que deve ser atribuído ao termo (ou numa perspectiva bem mais modesta e possivelmente mais realista, qual a acepção em que deve ser compreendida no presente texto). Este esforço tem, no mínimo, a virtude de prevenir eventuais confusões com outras expressões que, conquanto em alguns contextos sejam empregadas de modo intercambiável com a expressão *laicidade*, a rigor identificam fenômenos distintos, mesmo que correlatos, como *aconfessionalidade, secularização* e *separação Igreja-Estado*.

2.1. Antecedentes etimológicos e uso histórico do termo "laico"

Para começar, é bom que se diga que o vocábulo *laico* é empregado hodiernamente com um sentido que causaria perplexidade aos que viveram nos primeiros séculos da era cristã. Com efeito, *laico* (do grego *laos*, que significava *povo*) constituía uma expressão que identificava a totalidade dos cristãos, considerados como povo de Deus.[3] Num segundo momento, a expressão veio a ser utilizada para estabelecer uma distinção entre os fiéis e os sacerdotes, de modo que laicos eram os cristãos que não integravam o clero. Com o tempo e na esteira dos movimentos que lutavam por reformas na Igreja, a ideia de distinção foi substituída pela de oposição, de modo que entre os séculos XIV e XV o vocábulo laico começa a ser usado, ainda no âmbito interno da Igreja, para designar as iniciativas que contestam a supremacia do clero e reivindicam maior participação dos fiéis no governo eclesiástico. Com o iluminismo, a expressão desborda do âmbito estritamente religioso e passa a designar uma doutrina política que propõe o afastamento da religião da vida sociopolítica. É quando, na descrição de Carlos Corral Salvador,

> [...] se llega a un momento en que el poder temporal, en oposición a la Iglesia, reivindica para sí todas las atribuciones que esta ejerce en la vida social. Se avanza así hasta negar toda intervención no sólo de las iglesias sino también de la religión en la vida social, dando nacimiento al laicismo del siglo XIX.[4]

Vê-se, pois, que a origem mais remota da palavra *laico* não guarda correspondência com qualquer sentido jurídico-político conhecido e as transformações de significado que o termo vem sofrendo ao longo dos tempos desaconselham qualquer tentativa de formular uma noção atual de laicidade com base nos antecedentes etimológicos ou no uso histórico. Tais elementos, porém, têm a virtude de evidenciar que a noção de laicidade não deve ser compreendida apenas com base numa fotografia tirada em épocas que não voltam mais.

2.2. O essencial na noção de laicidade estatal

Tentar traçar uma definição jurídica de laicidade que seja aceita de forma inconteste constitui, a um só tempo, um empreendimento impossível de ser concluído e predestinado à inocuidade. Impossível, porque qualquer tentativa neste sentido esbar-

---

[3] Este aspecto é lembrado por José Fernandez Ubiña (laicidad y confesionalidad en la política de Constantino, in MARÍN, Xavier Arbós; BELTRÁN, Jordi Ferrer; COLLADOS, José Maria Pérez. *La laicidad desde el derecho*. Madri: Marcial Pons, 2010, p. 37), que anota que "en el siglo IV laici eran sencillamente todos los cristianos, pues todos formaban parte del pueblo de Dios (em griego, laos Theou).

[4] SALVADOR, Carlos Corral. Laicidad, aconfesionalidad, separación ¿son lo mismo? UNISCI DISCUSSION PAPERS Octubre 2004. artigo disponível em http://www.ucm.es/info/unisci/Corral8.pdf acesso 24 nov. 2005

ra na circunstância de que muitas das premissas filosóficas adotadas por estudiosos na delimitação do conceito são inconciliáveis, já que o olhar positivo ou negativo sobre a utilidade do fenômeno religioso termina por influir indelevelmente no resultado obtido. Inócuo, porque a noção de laicidade, como um produto de circunstâncias históricas, está sujeita às transformações da vida social, de sorte que não pode ser simplesmente petrificada no tempo e no espaço. No sentido jurídico, o que foi considerado laico ontem pode não o ser amanhã. Mesmo que o problema seja enfrentado pelo prisma meramente filosófico e não jurídico, não há como negar que dizer o que é ou não laico constitui uma missão difícil de ser levada a cabo, diante das diferentes concepções ideológicas que podem informar a noção.

Não obstante, há quem se apegue intransigentemente a uma noção de laicidade respaldada numa concepção historicamente marcada, ou seja, produto de um contexto sociocultural que, obviamente, não se compadece com sua reprodução em todos os países e em todas as épocas. Estes são, em geral, os que defendem o modelo francês preconizado pela Lei de Separação das Igrejas e do Estado, de 1905, como se fora a quintessência da concepção laica de Estado.[5] Todavia, definir laicidade unicamente com base na experiência jurídica de um povo e de uma época, desprezando a riqueza histórico-cultural de outros povos que encontraram a sua forma peculiar de manter uma equidistância entre os poderes político e religioso, traz o inconveniente de estabelecer um impensável figurino ao qual nem mesmo o Estado francês contemporâneo ajusta-se,[6] haja vista, por exemplo, a recente norma legal que proíbe às mulheres muçulmanas a utilização do niqab e da burca em lugares públicos, que desafia a suposta neutralidade do poder público num âmbito religioso até então considerado privado.[7]

No que diz com os esforços em prol da definição de laicidade parece mais apropriado acolher a advertência de Peter Berger, para quem "definições não podem ser, por sua própria natureza, 'verdadeiras' ou 'falsas'; podem apenas ser mais ou menos úteis".[8] Abandonando, assim, qualquer pretensão de se chegar a uma definição de laicidade "verdadeira", o mais viável é, acompanhando o critério de utilidade sugerido pelo sociólogo e teólogo austro-americano, propor aqui tão somente uma noção operacional de laicidade a partir de alguns aspectos minimamente necessários à compreensão da ideia e sobre os quais há uma maior possibilidade de consenso.

Seguindo-se a estratégia concebida, supõe-se que dois aspectos podem ser, sem maiores divergências, considerados como essenciais na construção da noção de laicidade: 1º) um aspecto estrutural, que diz com a separação entre o Estado e as orga-

---

[5] Tal modelo é atacado por muitos estudiosos do direito eclesiástico do Estado como o considerarem como expressão do laicismo, que seria uma doutrina antagônica ao fenômeno religioso que não se confundiria com a genuína laicidade. A discussão será oportunamente referida.

[6] Sobre as mutações do modelo francês, vale conferir VÁZQUEZ ALONSO, VÍCTOR J. La laicidad francesa: un modelo en cambio. *Revista General de Derecho Constitucional* 10 (2010), p. 1-29. Na verdade, a emergência da imigração muçulmana nos países europeus, com os inevitáveis choques culturais, e o aumento crescente do fundamentalismo religioso no mundo tem feito com que a noção de Estado laico esteja sendo repensada pelos estudiosos europeus. Merece referência um artigo muito esclarecedor sobre o tema, da autoria conjunta do professor Karl-Heinz Ladeur, da Universidade de Hamburgo, e do pesquisador Ino Augsberg (The myth of the neutral state: the relationship between state and religion in the face of new challenges. In *German Law Journal*, Vol. 08, Nº 02, February 2007, p. 143-152).

[7] Na verdade, a alegada neutralidade estatal em matéria religiosa deve ser entendida em termos, pois rigorosamente não há neutralidade estatal diante do fenômeno religioso, como se verá adiante.

[8] BERGER, Peter Ludwig. *O dossel sagrado*: elementos para uma teoria sociológica da religião. (org. Luiz Roberto Benedetti; trad. José Carlos Barcellos). São Paulo: Paulus, 1985, p. 181.

nizações religiosas, tidas como entidades com fins e funções inconfundíveis; 2º) um aspecto substancial, que diz com o respeito à igualdade e à liberdade de consciência dos cidadãos, aos quais deve ser reconhecido o direito de exercitar sua opção religiosa (ou não) sem qualquer interferência estatal.

Propositalmente ficam de fora desse quadro expressões como neutralidade estatal ou aconfessionalidade, que, embora traduzam ideias relevantes para a abordagem do tema em presença, agregam dificuldades indesejáveis à tentativa de buscar um consenso mínimo que permita uma definição operacional de laicidade.

Rigorosamente o termo aconfessionalidade indica apenas que numa dada comunidade política não há, ou deixou de existir, uma religião de Estado. Mas o que dizer da Igreja Anglicana, na Inglaterra, ou da Igreja da Dinamarca? Tais Estados devem ser considerados como não laicos pelo fato de que contemplam uma igreja oficial que goza de alguns privilégios que não são estendidos a outros grupos religiosos? Ou quiçá o conceito de confessionalidade deva ser redefinido para excluir as situações em que a ligação entre o Estado e a Igreja Oficial tem apenas um valor simbólico-cultural e não causa transtornos à igual liberdade religiosa dos cidadãos?

Por outro lado, a possibilidade de um Estado neutro em relação ao fenômeno religioso é bastante discutível. A concepção de neutralidade até fazia sentido no contexto do Estado liberal, que afirmava os princípios da autonomia individual e da igualdade de todos os cidadãos perante a lei por meio de desenvolvimentos teórico-políticos que, nas palavras de Jónatas Machado, "foram acompanhados da ideia de que o Estado deve apresentar-se institucionalmente separado da generalidade dos domínios da vida social, designadamente dos da economia e da cultura".[9] Ainda assim, trata-se de uma que ideia somente pode ser concebida em relação ao Estado enquanto entidade jurídica. Ao Estado enquanto ordenamento jurídico é infactível a neutralidade. Isso é fácil de perceber. Qualquer opção tomada pelo legislador constituinte que se refira ao fenômeno religioso será necessariamente favorável ou desfavorável. Até mesmo o silêncio. Se o ordenamento constitucional conta o fenômeno religioso como um valor em si mesmo, que contribui para a integração ou para a coesão social, não há como se falar em neutralidade. Do mesmo modo, se o ordenamento trata o fenômeno religioso com indiferença ou silencia a respeito, isso implica uma visão de que a religião carece de valor em si mesma, o que significa um tratamento desfavorável e, por conseguinte, não neutral. A rigor, nem mesmo o legislador infraconstitucional ou o poder público é capaz de legislar sem incidir, de forma direta ou indireta, numa tomada de posição em relação ao fenômeno religioso, na medida em que quase todos os assuntos da vida são suscetíveis da incidência de alguma cosmovisão religiosa. Isso ocorre porque as religiões, em especial as grandes religiões monoteístas,[10] não têm apenas uma feição cultual, mas incluem sistemas éticos que repercutem sobre as mais variadas questões do cotidiano.

Por outro lado, neutralidade pressupõe a existência de termos envolvidos numa disputa ou, pelo menos, numa comparação. As concepções religiosas ou ideológicas podem ser consideradas elementos de disputa ou de comparação que justificam o posicionamento neutral do Estado. De igual modo, as confissões religiosas podem

---

[9] MACHADO, Jónatas Eduardo Mendes. Liberdade religiosa numa comunidade constitucional inclusiva: dos direitos da verdade aos direitos dos cidadãos. *Boletim da Faculdade de Direito da Universidade de Coimbra*, 1996, p. 361.

[10] A referência é ao Judaísmo, Cristianismo e ao Islamismo.

ser incluídas como elementos concorrentes. Assim, pode-se dizer que o Estado é neutro em relação às crenças dos cidadãos e aos grupos religiosos que coexistem na sociedade, mas a religião é um empreendimento cultural muito mais complexo que uma mera ideologia ou crença e não se exterioriza tão somente por meio da ação de grupos religiosos organizados. Com qual termo, portanto, seria possível compará-la? Em que sentido o Estado seria neutro em relação ao fenômeno religioso?

A propalada neutralidade estatal, portanto, deve ser sempre vista com alguma reserva. Por tal razão é que João Loureiro assinala que a ideia de neutralidade religiosa, enquanto herança da modernidade, não é, nem deveria ser entendida, como uma atitude de indiferença frente aos valores, nem como uma atitude de desdenhosa irrelevância frente às políticas públicas neste campo.[11]

Os termos em que a neutralidade religiosa do Estado deve ser compreendida são apresentados com muita precisão por Alejandro Torres Gutiérrez num texto que merece transcrição:

> La neutralidad religiosa del Estado conlleva la prohibición de cualquier intento de oficialización de una determinada confesión religiosa, pero no implica el desconocimiento del fenómeno religioso en cuanto hecho social, por lo que conforme a la doctrina del Tribunal Constitucional portugués, conlleva una indiferencia de los poderes públicos frente a las valorizaciones *religiosas* del hecho *religioso,* pero no una indiferencia de los mismos ante lo religioso en cuanto elemento objeto de una determinada demanda social, al ser precisamente esta demanda lo que justifica la obligación del Estado de constituirse en garante de la libertad de conciencia.[12]

Nota-se, pois, que a ideia de neutralidade se aplica muito mais adequadamente à vedação de preferência religiosa por parte do Estado e, principalmente, às relações entre o Estado-ente jurídico e as organizações religiosas, que no livre mercado das ideias religiosas devem ser tratadas com isonomia. Em suma, o Estado não é e nem consegue ser rigorosamente neutro diante do fenômeno religioso, conquanto o seja diante das opções religiosas dos cidadãos e das diferentes organizações que disputam o mercado religioso, na medida em que não dê preferência a nenhuma delas, daí por que, nas palavras do recém-citado professor espanhol, "la neutralidad confesional del Estado prohíbe toda identificación o preferencia religiosa del Estado, y a la inversa, cualquier injerencia de las confesiones religiosas en la organización o el gobierno del Estado o de los poderes públicos, por lo que actúa como un concepto funcional".[13] Na mesma direção é o magistério de Adoración Castro Jover, para quem a neutralidade do Estado "sirve para determinar los criterios de actuación que deben seguir los poderes públicos ante las distintas manifestaciones religiosas, garantizando, de un lado, el ejercicio de la libertad religiosa a todos por igual y, de otro, la separación entre el Estado y las confesiones".[14]

Já se vê, portanto, que o principio da separação, cuja expressão é muitas vezes confundida com a noção de laicidade estatal, representa apenas uma das suas condições, relacionando-se mais especificamente com a interação entre o Estado e os

---

[11] LOUREIRO, João Carlos. Constitutionalism, diversity and subsidiarity in a postsecular age. In: *Boletim da Faculdade de Direito da Universidade de Coimbra*. Vol. LXXXIII. Coimbra: Coimbra Editora, 2007, p. 511.

[12] GUTIÉRREZ, Alejandro Torres. *El derecho de libertad religiosa em Portugal*. Madrid: Editorial Dykinson, 2010, p. 256-257.

[13] Idem, p. 256.

[14] CASTRO JOVER, Adoración. Laicidad y actividad positiva de los poderes públicos. En: *Revista General de Derecho Canónico y Derecho Eclesiástico del Estado*. Número 3. Octubre de 2003. Iustel, 2003, p. 3.

grupos religiosos. Como leciona Dionisio Llamazares Fernández, tal separação exige do Estado três coisas:

> 1) la no intervención en los asuntos internos de las Iglesias, respetando su plena autonomía, salvo que estén en juego los derechos fundamentales de sus ciudadanos; 2) la no adopción de decisión alguna, dentro del ámbito de sus competencias, por razones religiosas; y 3) la no atribución de eficacia jurídica a normas confesionales o a negocios jurídicos nacidos al amparo del ordenamiento confesional, salvo que así lo requieran el respeto, protección o promoción de los derechos fundamentales de sus ciudadanos.[15]

À vista das considerações expendidas, é possível acordar apenas que laico é o Estado que não se confunde nas suas funções e fins com qualquer organização religiosa e que assegura plena liberdade religiosa aos cidadãos. Do ponto de vista jurídico, é o quanto basta. Dizer mais do que isso é adentrar no terreno pantanoso de querelas filosóficas intermináveis, o que foge à pretensão do presente texto de se situar na província da dogmática jurídica.

3. ESTADO E FENÔMENO RELIGIOSO: A PLURALIDADE DOS MODELOS DE INTERAÇÃO

Não é incomum que a discussão acerca da laicidade estatal se faça em termos bem estreitos: o Estado é ou não laico. Para além dessa apreciação minimalista do problema, contudo, é impossível ignorar que são muitas as formas de interação entre o Estado e o fenômeno religioso e, se como preconiza o presente texto, deve ser rejeitado um purismo conceitual de laicidade que a isole da diversidade de arranjos jurídico-institucionais concebidos pelos diferentes ordenamentos nacionais, tem-se que concluir que hão de existir igualmente diversos modelos de laicidade.

3.1. Laicidade e laicismo: uma distinção juridicamente relevante?

Há uma distinção clássica que tem sido evocada pelos estudiosos, notadamente europeus, que sobre ser mais filosófica do que jurídica, não dá conta de todas as nuanças que podem existir na interação do Estado com o fenômeno religioso. Trata-se da conhecida distinção entre laicidade e laicismo.

Uma significativa parcela da doutrina europeia costuma reservar a expressão "laicidade" para designar uma atitude de *neutralidade benevolente*[16] por parte do Estado, ou seja, uma não intervenção do Poder Público no domínio da religião justificada pelo respeito ao fenômeno religioso. Neste caso, a abstenção do Estado tenderia a favorecer à expressão da religiosidade, seja por considerá-la uma fonte de virtude e responsabilidade cívica, seja por entendê-la útil à integração social.[17]

---

[15] LLAMAZARES FERNÁNDEZ, Dionisio. *Derecho de la libertad de conciencia.* Vol 1. Libertad de conciencia y laicidad. 3. ed. Pamplona: Editorial Aranzadi, 2007, p. 56.

[16] A expressão *neutralidade benevolente*, por si só, já é problemática. Se é benevolente, não é neutral e, como já foi referido, o uso da expressão *neutralidade* no contexto da relação do Estado com o fenômeno religioso é discutível. Não há rigorosamente Estado neutro em face da religião enquanto fato social. A questão é tão complexa que há quem diferencie neutro de neutral.

[17] Fala-se muito, também, em laicidade positiva, principalmente na Espanha, em virtude da interpretação que o Tribunal Constitucional deu ao artigo 16.3 da Constituição espanhola, no conhecido caso sobre a Igreja da Unificação, do Reverendo Moon (STC 46/2001). Tal noção, que traduziria uma atitude positiva dos poderes públicos com relação ao exercício coletivo da liberdade religiosa, é criticada em estudo detalhado da lavra do professor da Universidade Au-

A termo "laicismo", por seu turno, designaria uma ideologia marcada pelo indiferentismo ou – quando não – por uma aberta hostilidade à religião, visando a enclausurá-la dentro do mundo da consciência e reduzi-la a um assunto de foro íntimo. Neste caso, o Estado não apenas se absteria de intervir no domínio religioso, mas adotaria atitudes tendentes a afastar qualquer influência religiosa do espaço público.

A controvérsia criada em torno das expressões laicidade e laicismo surge no primeiro quarto do século XX, mas tem raízes históricas que remontam à resistência da Igreja Romana à ideologia antirreligiosa que permeou a filosofia política do século XIX. À época, laico assumira o significado de anticatólico. Todavia, como explica Carlos Corral Salvador,

> en siglo XX se inicia una revisión a fondo del concepto y significado del laico en el interior de la Iglesia, a través de la "Teología del laicado" y del "Sacerdocio real de los fieles", al estudiarse en profundidad lo constitutivo interno de la Iglesia. A la par se investiga la posición y acción del laico en lo político ante la Iglesia. Será "la actualidad del tema "laicidad" del Estado que más o menos "afirma su voluntad de rechazar toda colaboración con el clero y de mantenerse separado de toda confesión religiosa", pero que ya no es lucha antirreligiosa, sino de revisión de lo constitutivo externo de la iglesia. En 1925 la palabra laicidad comienza a perder su sentido laicista y empieza a hablarse de laicismo y laicidad como de acepciones distintas, reservando la palabra laicismo a una doctrina y posición política antirreligiosa.[18]

Não obstante sua importância histórica, a celeuma em torno das nomenclaturas *laicidade* e *laicismo,* até onde é possível enxergar, carece de um maior sentido prático no âmbito da dogmática jurídica, especialmente no contexto brasileiro. No além-mar apresenta-se historicamente como uma reação dos canonistas, notadamente franceses e espanhóis, ao processo de distanciamento entre o poder político e a Igreja Católica. A ideia, segundo parece, é mostrar as virtudes de um modelo de separação que não se afaste em demasia do fato religioso, ou seja, o que se postula é a superioridade do modelo denominado de *laicidade* em contraposição ao modelo denominado de *laicismo.*[19]

Ultrapassado o momento histórico em questão é controverso se há alguma utilidade na insistência doutrinaria na diferenciação entre as expressões *laicidade* ou *laicismo* com base na ideia de que a primeira referir-se-ia a uma atitude de hostilidade ou indiferença perante o fato religioso, enquanto a segunda referir-se-ia a uma neutralidade benevolente. Conquanto a distinção tenha algum valor no campo filosófico e na batalha das ideias, na seara da dogmática jurídica acarreta o risco de que se considere que um regime de separação contempla tão somente dois modelos possíveis de relação entre o poder político e o religioso. Parece mais apropriado falar na existência de diversos níveis de aproximação entre o Estado e o fenômeno religioso peculiares aos diferentes ordenamentos jurídicos nacionais, de modo que há sistemas mais abertos e sistemas mais fechados à influência religiosa no espaço público.[20]

---

tónoma de Madrid Alfonso Ruiz Miguel (Once tesis sobre la laicidad em la constitución, in MARÍN, Xavier Arbós; BELTRÁN, Jordi Ferrer; COLLADOS, José Maria Pérez (editores). *La laicidad desde el derecho*. Madri: Marcial Pons, 2010) que a considera incompatível com a neutralidade estatal. Por óbvio, a crítica parte do pressuposto de que realmente exista uma neutralidade estatal em face da religião, o que é deveras problemático.

[18] Op. cit.

[19] Cf. sobre laicidade vs. laicismo CIFUENTES, Rafael Llano. *Relações entre a igreja e o estado*: a igreja e o estado à luz do vaticano II, do código de direito canônico de 1983 e da constituição brasileira de 1988. 2. ed. atual. Rio de Janeiro: José Olympio, 1989, e BLANCO, Antonio Martinez. *Derecho Eclesiástico del Estado*, volumen I, Madrid, Editorial Tecnos, 1994, p. 221.

[20] Cf. a classificação formulada pelo Professor Winfried Brugger, no tópico seguinte.

Se assim o é, mais importante se afigura consultar no sistema jurídico-constitucional de cada país a forma como o poder político interage com o fenômeno religioso e a partir daí identificar qual o significado que o constituinte atribui à manifestação de tal fenômeno. No caso brasileiro, portanto, não importa discutir se o modelo adotado pelo constituinte de 1988 é de laicidade ou de laicismo (embora a doutrina rotulada com esta última expressão seja nitidamente incompatível com o nosso sistema). O que importa é tão somente desvelar o arranjo jurídico-institucional dispensado pelo texto constitucional à relação entre poder político e religião, o que não impede, contudo, que sejam reportadas algumas importantes tentativas de classificar os modelos de relacionamento entre o Estado o fenômeno religioso, que confirmam justamente a necessidade de investigação do modelo adotado no Brasil na busca por soluções constitucionalmente adequadas para a questão religiosa.

3.2. José Luiz Martí e os modelos forte e débil de laicidade

É inegável que a laicidade exige determinada separação entre o Estado e os grupos religiosos.[21] Ainda assim, a laicidade pode ser interpretada de muitas maneiras, atendendo-se a diversas variáveis, como o grau de separação existente, a importância que se atribui à neutralidade estatal e a valoração que se faz do fenômeno religioso. São elementos cuja combinação, na visão do professor José Luiz Martí, permite estabelecer uma distinção entre dois modelos de laicidade, um forte e um débil.

No dizer do referido professor, o modelo de laicidade forte consiste em circunscrever o exercício da religião à esfera privada do indivíduo e propugnar por uma neutralidade absoluta por parte do Estado não apenas com respeito às diversas crenças religiosas, como também às crenças dos ateus ou agnósticos.[22] O Estado abster-se-ia completamente de intervir em assuntos religiosos e não partiria da premissa de que ter crenças religiosas seja algo valioso. De igual modo, não permitiria qualquer intervenção das religiões em assuntos políticos. A França seria, segundo o professor, o Estado que mais corresponde ao modelo forte de laicidade.

O Estado laico débil, por seu turno, seria aquele que embora não tome partido por nenhuma religião em particular, valora positivamente que as pessoas possuam crenças religiosas, não descartando estabelecer algum tipo de cooperação entre as instituições do Estado e as organizações religiosas, ou mesmo com alguma delas em particular. É o modelo que, segundo o professor, está associado aos Estados Unidos e que, ademais, estaria mais próximo da interpretação comum do preceito de aconfessionalidade contido na Constituição espanhola.

A classificação formulada pelo professor José Luiz Martí tem, sem dúvida, grandes méritos. Não obstante, a referência à força ou debilidade da laicidade parece entrever uma valoração positiva do modelo forte em relação ao fraco, pressupondo que o modelo francês constituiria um paradigma de laicidade que deveria ser imitado pelos países que pretendam construir um Estado genuinamente laico. Com efeito, a impressão que a classificação transmite é a de que o modelo débil identifica um Estado laico de muletas, o que traduz claramente a adesão a um purismo conceitual

---

[21] Thomas Jefferson cunhou a consagrada expressão *wall of separation* para designar justamente o objetivo perseguido pela "establishment clause" da Primeira Emenda.

[22] A expressão "creencias de los ateos o agnósticos" é utilizada pelo professor. Pessoalmente, não conheço nenhum ateu ou agnóstico que aceite que sua posição ideológica constitua uma crença.

de laicidade forjado com base na experiência francesa. Algumas perguntas, porém, não podem calar. Por que o modelo identificado na experiência norte-americana deve ser considerado o débil? Não é mais razoável considerar que a força ou debilidade de um modelo de laicidade estatal deve estar na sua capacidade de oferecer soluções aos conflitos que envolvem a questão religiosa de um modo ajustado às demandas sociais e às expectativas dos cidadãos? Demais disso, um exame perfunctório revela que a bipartição forte-débil não supera a dicotomia laicidade-laicismo, cuja utilidade foi questionada no tópico anterior. Os contornos da laicidade forte são semelhantes aos do denominado laicismo, ocorrendo o mesmo entre os contornos da laicidade débil e da laicidade que se opõe ao laicismo. A diferença é que a classificação concebida pelo professor José Luiz Martí é apresentada com base na experiência histórica, ou seja, no que acontece na prática, ao passo que a distinção laicidade-laicismo é geralmente apresentada em termos ideais.

3.3. A classificação de Winfried Brugger

O professor alemão Winfried Brugger, em alentado estudo,[23] identifica seis modelos possíveis de relacionamento entre a Igreja e o Estado:[24]

1) modelo de animosidade agressiva entre Estado e Igreja;
2) modelo de estrita separação, na teoria e na prática;
3) modelo de estrita separação na teoria, mas de acomodação na prática;
4) modelo de divisão e cooperação;
5) modelo de unidade formal da Igreja e do Estado, com divisão material;
6) modelo de unidade formal e material da Igreja e do Estado.

O primeiro modelo caracteriza-se por uma atitude antirreligiosa do Estado que pode decorrer da ideologia oficial veiculada no texto constitucional e/ou da prática política. Um Estado que adota esse modelo pode lançar na clandestinidade as igrejas e religiões ou mesmo tentar eliminá-las por completo. Foi o que ocorreu, por exemplo, na Albânia, cuja Constituição promulgada em 1976 declarava no artigo 37 que *"o Estado não reconhece religião de qualquer espécie e apoia e desenvolve o ponto de vista ateísta a fim de incutir nas pessoas a visão de mundo científica e materialista"*.[25]

O segundo modelo seria uma variação mais rigorosa da doutrina do muro de separação que rejeitaria não apenas a confusão espacial e organizacional entre Igreja e Estado, mas vedaria, também, a adoção de qualquer política comum. O exemplo que ilustraria tal modelo, segundo o professor Grubber, é a decisão da Suprema Corte norte-americana no caso *Everson v. Board of Education*. Em 1941, o Estado de New Jersey aprovou uma lei que instituía fundos para o transporte escolar das escolas

---

[23] BRUGGER, Winfried. On the Relationship between Structural Norms and Constitutional Rights in Church-State-Relations. In BRUGGER, Winfried; KARAYANNI (eds.). *Religion in the Public Sphere*: A comparative Analysis of German, Israeli, American and International Law. Heidelberg: Max-Planck-Institut, 2007, p. 21/86)

[24] Vale advertir que a classificação focaliza a relação entre Estado e Igreja, ao passo que a ênfase no presente artigo recai sobre a relação entre Constituição e fenômeno religioso, independentemente de que este se manifeste por meio de um grupo religioso organizado (Igreja etc.).

[25] Uma atitude hostil em relação a religião era dominante na maioria dos governos comunistas antes do colapso da União Soviética, o que não é surpreendente quando se considera que Karl Marx, em 1844, na Crítica à Filosofia do Direito de Hegel, considera a religião como o ópio do povo.

públicas e privadas, incluindo as escolas católicas. Em sua maioria, os juízes da Suprema Corte entenderam que a utilização dos fundos pelas escolas católicas constituiria um benefício para a religião e, portanto, uma violação da *establishment clause*. Os magistrados manifestaram a sua simpatia pelos pais católicos que eram obrigados a pagar impostos que financiavam o transporte dos alunos para as escolas estaduais, mas não podiam gozar dos privilégios do transporte escolar. Tratava-se obviamente de um encargo financeiro que penalizava os pais e os alunos de orientação religiosa. No entanto, a Suprema Corte achou tolerável essa penalização, pois se o Estado começasse a conceder benefícios financeiros para as igrejas, estas não poderiam evitar o controle político sobre as atividades religiosas. O juiz Jackson observou que *"se o Estado pode ajudar essas escolas religiosas, ele pode, portanto, regulá-las. Muitos grupos têm procurado ajuda de fundos fiscais somente para descobrir que com isso atraíram contra si o controle político"*.

O terceiro modelo importa numa visão moderada e acomodadora da doutrina do muro de separação, sugerindo que este não precisa ser tão alto e espesso quanto na estrita versão anterior. Neste modelo, a cláusula do livre exercício é usada para limitar a estrutura estrita da *establishment clause*. Uma "concordância prática" entre as duas normas deve ser encontrada. O exemplo referido pelo professor Grubber é o do caso Lemon v. Kurtzman, de 1971, no qual a Suprema Corte americana desenvolveu o assim chamado *Lemon Test*, que identifica três componentes na *establishment clause*: (1º) *o estatuto deve ter um propósito legislativo secular;* (2º) *seu efeito principal ou primário deve ser um que nem favoreça nem iniba a religião* e (3º) *finalmente, o estatuto não deve promover "um excessivo envolvimento do governo com a religião"*. A falta de apenas um dos elementos tornaria o estatuto inconstitucional. A divergência em relação à abordagem de separação estrita que caracteriza o modelo anterior é evidente: o apoio marginal e indireto, bem como um discreto envolvimento organizacional, não são, por si sós, suficientes para que um estatuto seja considerado inconstitucional.

No quarto modelo torna-se mais difícil falar em muro de separação entre Estado e Igreja, na medida em que, para além da mera acomodação, ambos cooperam de modo efetivo em certas áreas no contexto mais amplo da divisão fundamental. Neste modelo, o terceiro elemento do *Lemon Test* ficaria claramente comprometido e relativizado – o envolvimento organizacional para além das categorias de "discreto" e "marginal" é considerado legítimo.

Por fim, a comunidade política pode constituir uma igreja do estado ou se identificar com uma particular igreja nacional. A interação entre o Estado e a Igreja pode, então, consistir numa união meramente formal ou numa união material (identificação entre os dois poderes). A identificação formal, que caracteriza o sexto modelo, ocorre quando, apesar de um compromisso oficial do Estado com uma igreja estatal ou nacional (1), ambas as entidades retêm, em princípio, estruturas organizacionais distintas, (2) perseguem objetivos diferentes (bem comum secular vs. salvação eterna), (3) têm processos independentes de tomada de decisão (4), a igreja não exerce autoridade estatal nem força externa, e (5) a liberdade religiosa/confessional de todos os seguidores, assim como não seguidores é amplamente respeitada. Este seria o caso, por exemplo, de Grã-Bretanha, Grécia e Israel.

O sexto modelo é marcado pela união material entre Estado e Igreja. A igreja do Estado ou religião nacional não é apenas simbólica e formalmente associada com a autoridade do Estado, como ocorre no modelo anterior. Ao contrário, as práticas políticas e estruturas organizacionais de ambos se confundem. Nesse sentido, a abordagem é teocrática. Os modelos de divisão e separação não se aplicam em nenhuma medida. As obrigações legais são frequentemente idênticas aos deveres religiosos, e os atos ilegais tendem a ser vistos como "pecados". Mesmo neste modelo, porém, há formas mais moderadas e mais extremadas. Uma moderação material ocorre quando a tolerância para com outras religiões é promovida em maior ou menor grau. Uma moderação organizacional pode ser observada quando os líderes políticos e religiosos são pessoas distintas. Um exemplo de forma extremada deste modelo foi o governo do Talibã, no Afeganistão, antes da intervenção norte-americana em 2002.

O primeiro modelo pode ser considerado de separação, mas não necessariamente de laicidade. Não há esforço argumentativo que permita sustentar a laicidade do primeiro modelo, porquanto traduz uma agressão frontal à liberdade de consciência, um dos dois aspectos inegociáveis da noção de laicidade estatal. De fato, o Estado ateísta, que substitui o conteúdo ideológico religioso por um conteúdo supostamente antirreligioso não raramente marcado por características fortemente religiosas (por exemplo, culto ao Estado ou ao líder político) no que diz respeito à liberdade religiosa não difere essencialmente do sexto modelo. Como pontua Alejando Torres Gutierrez, "El principio de *laicidad* del Estado no ampara una actitud de hostilidad frente a la religión, sino que conlleva la incompatibilidad con la Constitución de cualquier política que implique una actitud beligerante frente a la religión, o de discriminación en materia religiosa".[26] De igual modo, ninguém discute que o último modelo seja antípoda do Estado laico. Os demais modelos, porém, podem ser enquadrados numa noção de laicidade mais flexível e mais atenta às tradições históricas e culturais de países reconhecidos como Estados democráticos.

A classificação formulada pelo professor Brugger, da qual foi feita um breve resumo nas linhas anteriores, possibilita uma visão mais clara da multiplicidade de formas de interação entre o Estado e as organizações religiosas. O mais importante na classificação, porém, é que chama a atenção para o fato de que os diferentes modelos repercutem no modo como a liberdade religiosa é interpretada e sinalizam para a mutabilidade da noção jurídica da laicidade, como se vê na evolução da jurisprudência da Suprema Corte americana reportada no exame do segundo e do terceiro modelos.

3.4. Prosseguindo a busca pelo modelo brasileiro

À vista do que foi mostrado, é forçoso concluir que os variados ordenamentos jurídicos nacionais possuem modelos de laicidade estatal distintos, alguns mais abertos e outros mais fechados à aproximação entre a religião e o poder público. Aqui no Brasil o tratamento da questão da laicidade estatal em nível constitucional está

---
[26] Op. cit., p. 258.

aparentemente na contramão da tendência que tem sido registrada em alguns países europeus de um maior distanciamento entre o poder político e o fato religioso.[27]

Ora, se é cediço que o processo de secularização tem se espraiado por todo o mundo ocidental, não se pode afirmar que a sua intensidade e/ou velocidade se dê na mesma medida em todos os países. Curiosamente, porém, esta circunstância tem passado despercebida por muitos operadores jurídicos pátrios que, sobrepondo os seus próprios valores àqueles crismados pela atual Constituição da República, insistem em importar modelos que vigoram num ou noutro sistema jurídico alienígena e não se dão ao trabalho de examinar com maior acuidade qual a mensagem ideológica transmitida pelo texto constitucional brasileiro no que diz com a relação entre Estado e religião.

Há que se ter em mente que a Constituição escrita, como ordem jurídica fundamental da comunidade, reproduz os valores que compõem o caldo sociocultural da nação. Seguramente o texto constitucional não se limita a expressar a soma dos fatores reais de poder,[28] pois também constitui um fator potencialmente conformador da realidade,[29] mas é igualmente correto que tal função é exercida a partir da observância de valores consagrados pelo constituinte como vitais para a organização social. No particular, vale a advertência de Bilbao Ubillos, para quem *"el constituyente no renuncia a configurar o modelar la sociedad civil con arreglo a determinadas pautas constitucionales. No le es indiferente el modo en que se organiza la vida social"*.[30] No que concerne ao objeto do presente artigo, a advertência faz todo sentido, considerando-se que a deferência ao fenômeno religioso constitui de acordo com o nosso ordenamento jurídico uma pauta constitucional a ser perseguida.

4. O ESTADO LAICO BRASILEIRO E O SEU DESENVOLVIMENTO HISTÓRICO

A partir da leitura das constituições republicanas, é possível asseverar que a Carta de 1891 foi a que mais se empenhou em afastar o espaço estatal do religioso, ao passo que a Constituição de 1988 é, sem sombra de dúvida, a mais obsequiosa com o fenômeno religioso. Não se vislumbra na primeira Constituição da República um modelo de separação tão benevolente em relação às organizações religiosas quanto o adotado pela atual Constituição Federal. Na verdade, o exame das constituições brasileiras democráticas, ou seja, aquelas que foram de algum modo produto da participação popular,[31] torna imperioso concluir que há, na nossa evolução constitucional, uma crescente e paulatina valorização do fenômeno religioso. O quadro comparativo a seguir bem o demonstra:

---

[27] Mesmo na Europa, onde o processo de secularização tem marchado com maior rapidez, há uma constante tensão entre os modelos nacionais de laicidade e o modelo comunitário, como se vê, por exemplo, na decisão prolatada no dia 03.11.2009 pelo Tribunal Europeu de Direitos Humanos considerando que a presença de crucifixos em escolas públicas italianas viola as liberdades religiosas e educacionais da convenção sobre direitos da União Europeia.

[28] Como sustentado por Lassalle (A *Essência da Constituição*. Rio de Janeiro: Lumen Juris, 4ª ed., 1998).

[29] Cf. HESSE, Konrad. *A Força Normativa da Constituição*. Porto Alegre: Sergio Antonio Fabris Editor, 1991

[30] UBILLOS, Juan María Bilbao. ¿en qué medida vinculan a los particulares los derechos fundamentales? In SARLET, Ingo Wolfgang (org). *Constituição, Direitos Fundamentais e Direito Privado*. 2. ed. Rev. e ampl. Porto Alegre: Livraria do Advogado, 2006, p. 306.

[31] Não cabe aqui discutir a legitimidade dessa participação e se foi mais ampla ou mais restrita do que deveria ter sido, mas apenas salientar a circunstância de que tais cartas foram elaboradas por representantes do povo, eleitos para tal finalidade.

CONSTITUIÇÃO DE 1891	CONSTITUIÇÃO DE 1934	CONSTITUIÇÃO DE 1946	CONSTITUIÇÃO DE 1988
Não faz referência em momento algum ao nome de Deus	Afirma, no seu Preâmbulo, a confiança em Deus	Invoca a proteção de Deus no seu Preâmbulo	Invoca a proteção de Deus no seu Preâmbulo
Determina a perda dos direitos políticos dos que alegarem motivo de crença religiosa com o fim de se isentarem de qualquer ônus que as leis da República impuserem aos cidadãos (art. 72, § 29), sem admitir a "escusa de consciência".	Prevê a perda dos direitos políticos pela "isenção do ônus ou serviço que a lei imponha aos brasileiros, quando obtida por motivo de convicção religiosa, filosófica ou política" (art. 111, b).	Prevê a perda dos direitos políticos dos brasileiros que invocarem a convicção religiosa para se eximir da obrigação, encargo ou serviço impostos pela lei aos brasileiros em geral, ou recusem os que ela estabelecer em substituição daqueles deveres, a fim de atender escusa de consciência.	Admite a "escusa de consciência" ao brasileiro que se recuse, por motivos de crença, a cumprir obrigação a todos imposta (art. 5º., VIII), somente estabelecendo a perda dos direitos políticos aos que não aceitem cumprir obrigação alternativa
Não prevê a prestação de assistência religiosa nas entidades de internação coletiva.	Prevê que sempre que solicitada, será permitida a assistência religiosa nas expedições militares, nos hospitais, nas penitenciárias e em outros estabelecimentos oficiais, sem ônus para os cofres públicos, nem constrangimento ou coação dos assistidos. Nas expedições militares a assistência religiosa só poderá ser exercida por sacerdotes brasileiros natos (art.113-6	Prevê que "sem constrangimento dos favorecidos, será prestada por brasileiro (art. 129, nºs I e II) assistência religiosa às forças armadas e, quando solicitada pelos interessados ou seus representantes legais, também nos estabelecimentos de internação coletiva" (art. 141, § 9º)	Assegura, nos termos da lei, a prestação de assistência religiosa nas entidades civis e militares de internação coletiva (art. 5º, VII).
Rejeita peremptoriamente quaisquer relações de dependência ou aliança entre o estado e as organizações religiosas (art. 72, § 7º), não prevendo sequer a colaboração em prol do interesse público.	No dispositivo que veda a relação de aliança ou dependência do Estado com qualquer culto ou igreja, prevê a colaboração recíproca em prol do interesse coletivo (art. 17, III).	No dispositivo que veda a relação de aliança ou dependência do Estado com qualquer culto ou igreja, prevê a colaboração recíproca em prol do interesse coletivo (art. 31, III).	No próprio dispositivo que estabelece o princípio da separação entre Igreja e Estado (art. 19, I), admite, como exceção ao princípio, a "colaboração de interesse público".
Prevê que é leigo o ensino ministrado nos estabelecimentos públicos (art. 72 – § 6º), não abrindo exceção alguma para o ensino religioso.	Prevê ensino religioso de frequência facultativa, ministrado de acordo com os princípios da confissão religiosa do aluno, manifestada pelos pais ou responsáveis, constituindo matéria dos horários nas escolas públicas primárias, secundárias, profissionais e normais (art. 153)	Prevê o ensino religioso como disciplina dos horários das escolas oficiais, de matrícula facultativa e ministrado de acordo com a confissão religiosa do aluno, manifestada por ele, se capaz, ou pelo seu representante legal ou responsável (art. 168, V)	Dispõe que o ensino religioso, de matrícula facultativa, constituirá disciplina dos horários normais das escolas públicas de ensino fundamental (art. 210, § 1º).
Não prevê qualquer espécie de benefício tributário em favor das organizações religiosas	Não prevê qualquer espécie de benefício tributário em favor das organizações religiosas	Prevê a imunidade tributária quanto aos impostos sobre templos de qualquer culto, desde que as suas rendas sejam aplicadas integralmente no País para os respectivos fins (art. 31, b).	Estabelece imunidade tributária quanto aos impostos incidentes sobre patrimônio, rendas e serviços das entidades religiosas (art. 150, VI, b e § 4º).
Somente reconhece o casamento civil (art. 72, § 4º).	Atribui ao casamento celebrado perante ministro de qualquer confissão religiosa, cujo rito não contrarie a ordem pública ou os bons costumes, o efeito civil, desde que, perante a autoridade civil, na habilitação dos nubentes, na verificação dos impedimentos e no processo da oposição sejam observadas as disposições da lei civil e seja ele inscrito no Registro Civil (art. 146).	Prevê que o casamento religioso equivalerá ao civil se, observados os impedimentos e as prescrições da lei, assim o requerer o celebrante ou qualquer interessado, contanto que seja o ato inscrito no Registro Público (art. 163, § 1º).	Atribui ao casamento religioso o efeito civil (art. 226, § 2º)

A evolução constitucional brasileira no que diz respeito ao tratamento do fenômeno religioso, retratada no quadro comparativo acima, é francamente dissonante com a apologia em nossas plagas, pelo menos no campo da dogmática jurídica, de uma laicidade nos moldes da França, Espanha ou de outros países europeus cujas sociedades têm experimentado um avançado processo de secularização,[32] como se verá também no tópico seguinte. Uma posição nesse sentido somente seria factível com um esforço argumentativo que desrespeitasse a alteridade do texto,[33] ignorando por completo os fatores sociais que determinaram a compleição ideológica de nossa Carta e têm a ver com a religiosidade e com a tolerância cultural, traços característicos nos quais o povo brasileiro se enxerga. Não é preciso apoiar-se no originalismo para que se perceba no texto constitucional um modelo francamente favorável à expressão religiosa, ao qual o mestre Manoel Gonçalves Ferreira Filho atribuiu o curioso nome de "neutralidade benevolente".[34] Há quem prefira chamá-la de "laicidade à brasileira", mas essa alcunha traz implícito o equívoco de se acreditar que exista um modelo único de laicidade estatal, da qual o modelo brasileiro se distanciaria. Na verdade, há países cuja laicidade não é posta em causa que num ou noutro aspecto relacionam-se mais intimamente com o fenômeno religioso que o Brasil. Basta citar como exemplo a Inglaterra, na qual há uma ligação institucional entre o Estado e a Igreja Anglicana, de modo que alguns de seus clérigos, inclusive, têm assento na Câmara dos Lordes.

5. A RELAÇÃO ENTRE ESTADO E RELIGIÃO NO DIREITO CONSTITUCIONAL COMPARADO

A afirmação da existência de um modelo de laicidade peculiar ao Estado brasileiro, consentâneo com nossas tradições e com as expectativas de nosso povo, torna-se mais contundente a partir de um breve estudo comparativo de nossa Constituição Federal com aquelas vigentes em Alemanha, Espanha, França, Portugal, Itália e Estados Unidos.[35] Tal comparação basta, por si só, para ilustrar como podem ser

---

[32] No campo da zetética jurídica, é claro, a discussão persiste e os estudiosos podem continuar se digladiando sobre qual seria a forma mais adequada de relação do poder político com o fenômeno religioso. Na dogmática jurídica, contudo, há que prevalecer o brocardo habemus legem, de modo que no texto constitucional brasileiro é que deve ser buscado o modelo que deve iluminar a compreensão de nosso sistema jurídico no que concerne ao assunto.

[33] Ainda que seja inevitável no processo hermenêutico que o intérprete traga a sua pré-compreensão, o texto, embora afetado pelo intérprete, ainda é o outro com o qual o intérprete dialoga. Como argumenta Gadamer, "a intenção autêntica da compreensão é a seguinte: ao lermos um texto, queremos compreendê-lo; nossa expectativa é sempre que o texto nos informe sobre alguma coisa. Uma consciência formada pela autêntica atitude hermenêutica é sempre receptiva às características totalmente estranhas de tudo aquilo que lhe vem de fora. Em todo caso, tal receptividade não se adquire por meio de uma 'neutralidade' objetivista: não é nem possível nem necessário nem mesmo desejável que nos coloquemos entre parênteses. A atitude hermenêutica supõe uma tomada de consciência com relação às nossas opiniões e preconceitos que, ao qualificá-los como tais, retira-lhes o caráter extremado. É ao realizarmos tal atitude que damos ao texto a possibilidade de aparecer em sua diferença e de manifestar a sua verdade própria em contraste com as ideias preconcebidas que impúnhamos antecipadamente" (*O problema da consciência histórica*. Org. Pierre Fruchon. Trad. Paulo César Duque Estrada. 2 ed. Rio de Janeiro: Editora FGV, 2003, p. 63-64).

[34] FERREIRA FILHO, Manoel Gonçalves. Religião, estado e direito. *Revista Direito Mackenzie*, ano 3, n. 2, p. 81-90, jul./dez. 2002, p. 89.

[35] A escolha de tais paradigmas dispensa maiores explicações. A França e os Estados Unidos representam os dois modelos de laicidade mais influentes no pensamento ocidental; Portugal, por suas ligações históricas com o Brasil; Alemanha, Itália e Espanha, por sua importância no panorama político ocidental. Todos eles, é claro, países historicamente cristãos, à semelhança do Brasil. Todas essas constituições foram promulgadas e atualizadas mediante processos democráticos, isto é, que contaram com a participação de representantes do povo, daí porque os seus textos reproduzem com alguma fidelidade os anseios alimentados pela mistura sócio-político-cultural de cada um desses Estados.

distintos os arranjos jurídico-institucionais que caracterizam a relação da comunidade política com o fenômeno religioso. Das constituições estrangeiras citadas apenas a alemã refere-se no seu preâmbulo a Deus. Em nenhuma delas há a garantia da imunidade tributária das organizações religiosas como prevista no texto brasileiro. Ademais, não fazem referência à assistência religiosa nos estabelecimentos civis e militares de internação coletiva. O elemento comum a quase todas[36] é a rejeição expressa da discriminação por motivos religiosos, como um consectário do princípio da igualdade. Observe-se o quadro abaixo:

- A **Constituição francesa de 1958**, cujo texto inclui o preâmbulo da Constituição Francesa de 1946, limita-se a afirmar a laicidade da República reportando-se ao fenômeno religioso apenas para destacar o respeito às crenças e à igualdade dos cidadãos, que não podem sofrer discriminação sob tal fundamento.
- A **Constituição portuguesa de 1976**, além de afirmar a igualdade dos cidadãos independentemente de suas crenças, garante: a inviolabilidade da liberdade de consciência, de religião e de culto; a separação entre as organizações religiosas e o Estado; a liberdade de organização, de funcionamento e de culto das organizações religiosas; a liberdade de ensino religioso no âmbito de cada confissão; o uso da mídia; e o direito à objeção de consciência, nos termos da lei. Não prevê nem permite o ensino religioso nas escolas públicas e não trata da assistência religiosa em estabelecimentos civis ou militares de internação coletiva.
- A **Lei Fundamental alemã**, que faz referência no seu preâmbulo à responsabilidade dos seus subscritores perante Deus, assegura expressamente: a inviolabilidade da liberdade de crença, de consciência e de confissão religiosa e ideológica; o livre exercício do culto; e a objeção de consciência no que se refere ao serviço militar com armas, nos termos de lei federal. Estabelece, ainda, no texto do juramento constitucional a ser feito pelo Presidente Federal em sua posse uma invocação à ajuda de Deus, muito embora não a considere obrigatória. Prevê o ensino religioso como disciplina regular das escolas públicas, excetuadas as não confessionais,[37] ministrado de acordo com os princípios das comunidades religiosas, conquanto estabeleça, também, que nenhum professor poderá ser obrigado contra sua vontade a ministrar o ensino religioso e que os pais têm o direito de decidir sobre a participação dos seus filhos na disciplina. O art. 137 da Constituição de Weimar, que integra a Lei Fundamental Alemã, afirma que não existe uma igreja de Estado, garantindo a liberdade de associação para as organizações religiosas, que terão liberdade para regular e administrar os seus assuntos autonomamente, nos termos da lei, e distribuir os seus cargos sem intervenção do Estado ou da comunidade civil, adquirindo a capacidade jurídica de acordo com as disposições gerais do direito civil. Permite, ainda, que as sociedades religiosas que anteriormente haviam sido corporações de direito público continuem gozando de tal *status*, facultando às demais organizações religiosas a aquisição dos mesmos direitos, quando o solicitem, sempre que por seu estatuto e pelo número de seus membros ofereçam garantia de duração. Confere às associações formadas pela reunião de várias sociedades religiosas de direito público o mesmo *status* de corporação de direito público. Faculta às organizações religiosas que são corporações de direito público o recebimento de impostos, de acordo com as disposições legais dos Estados federais, com base no censo de contribuintes civis. Não há referência à assistência religiosa em estabelecimentos civis e militares de internação coletiva e nem à imunidade tributária (conquanto faculte às corporações de direito público, como visto, um privilégio até maior, que é o de receber impostos).
- A **Constituição italiana** afirma, no artigo 7, que o Estado e a Igreja Católica são, cada um em sua própria esfera, independentes e soberanos e que as relações entre ambos se regulam pelo Tratado de Latrão. No artigo seguinte afirma que todas as confissões religiosas serão igualmente livres perante a lei e que as confissões distintas da Católica terão direito a organizar-se segundo seus próprios estatutos na medida em que não se oponham ao ordenamento jurídico italiano e que suas relações com o Estado serão reguladas por lei sobre a base de acordos com as representações respectivas. Garante a todos o direito de professar livremente a própria fé religiosa, sob qualquer forma, individualmente ou em associação, propagá-la e praticar o culto respectivo publicamente ou em particular, desde que os ritos não contrariem os bons costumes. Estabelece que o caráter eclesiástico e a finalidade da religião ou

---

[36] A Constituição americana é a única que não contém um dispositivo que expressamente consagre a igualdade dos cidadãos sem distinção de religião, salvo a referência no art. VI de que nenhum requisito religioso poderá ser erigido como condição para nomeação para cargo público.

[37] No sistema educacional alemão há escolas públicas confessionais, uma vez que algumas igrejas são corporações de direito público.

culto de uma associação não podem constituir motivo para tratamento discriminatório da legislação nem para a imposição de tributos para a sua constituição, aquisição de personalidade jurídica e qualquer forma de atividade.

- A **Constituição espanhola** prevê: a liberdade de religião e de culto para os indivíduos e as comunidades sem qualquer outra restrição que não seja a necessária para a manutenção da ordem pública, protegida por lei; que ninguém será obrigado a testemunhar sobre a sua ideologia, religião ou crença; que religião alguma terá caráter estatal; que as autoridades públicas devem ter em conta as crenças religiosas da sociedade espanhola e, por conseqüência, manter relações de cooperação adequada com a Igreja Católica e com as outras confissões; que as autoridades públicas devem garantir o direito dos pais a que assistir seus filhos recebam a educação religiosa e moral, de acordo com suas próprias convicções.

- A **Constituição dos Estados Unidos** limita-se a afirmar, na Primeira Emenda, que "o Congresso não deve fazer leis a respeito de se estabelecer uma religião, ou proibir o seu livre exercício" instituindo as cláusulas conhecidas como *Establishment Clause* e *Free Exercise Clause*.

6. O SIGNIFICADO DA MENSAGEM IDEOLÓGICA EXTRAÍDA DO TEXTO CONSTITUCIONAL BRASILEIRO

A partir do confronto entre os textos das constituições democráticas da história brasileira e os textos constitucionais do direito comparado, a pergunta que se tem como inevitável é a seguinte: as diferenças entre os diversos textos são irrelevantes ou têm algum significado para a conformação das relações de cada Estado com o fenômeno religioso?

Uma avaliação intelectualmente honesta leva, no mínimo, à conclusão de que é impossível sustentar – pelo menos no quadro da dogmática jurídica, que é o que interessa aqui – a existência de um único modelo de Estado laico. A alternativa possível seria negar à totalidade dos sistemas paradigmáticos apontados o caráter laico, à exceção de um deles, que passaria a representar o único modelo de Estado laico existente. Ou, então, ter-se-ia que defender a ideia – que repugna ao pluralismo democrático – de que laico significa necessariamente antirreligioso, contrariando, inclusive, certo consenso doutrinário de que o Estado laico pode assumir três atitudes em relação à religião: a hostilidade,[38] o favorecimento ou a neutralidade.[39]

A partir dessa avaliação não há como fugir à constatação de que a mensagem ideológica transmitida pelo texto constitucional é a de que o modelo de laicidade brasileiro favorece o fenômeno religioso. E aqui deve ser dito que ser favorável ao fenômeno religioso não significa necessariamente uma quebra do princípio da separação. Há que se levar em conta que o princípio da separação, embora constitua um dos aspectos cruciais da laicidade estatal, com ela não se confunde. O princípio da separação consagrado no art. 19, I, da Constituição Federal refere-se mais especificamente à relação entre o Estado-Pessoa Jurídica e as organizações religiosas e

---

[38] A rigor, um Estado laico pode ser eventualmente hostil a algumas expressões religiosas pontuais, especialmente no espaço público. No entanto, uma hostilidade aberta ao fenômeno religioso, que busca eliminá-lo da sociedade, é uma feição própria de regimes totalitários que terminam por eleger uma ideologia qualquer para ocupar o espaço que nos regimes democráticos é destinado à transcendência da religião ou de outros valores culturais cultivados livremente pelos cidadãos. O regime comunista da Albânia é um exemplo típico. O artigo 37 da Constituição promulgada em 1976 declarava: "o Estado não reconhece religião de qualquer espécie e apoia e desenvolve o ponto de vista ateísta a fim de incutir nas pessoas a visão de mundo científica e materialista". Neste sentido, talvez nem seja adequado que se fale aí em Estado laico.

[39] Consenso do qual não partilhamos, pois a possibilidade de existência de um Estado neutro diante do fenômeno religioso é problemática, se bem que seja plausível falar-se em neutralidade diante das organizações religiosas e das crenças dos cidadãos, o que é uma coisa diferente. O tema foi tratado no tópico 2.2 do presente texto.

não à relação entre o Estado-Ordenamento e o fenômeno religioso. Neste sentido, vale lembrar que uma das razões – *uma* das razões, ressalte-se – pelas quais o poder público e os cultos e igrejas devem obedecer ao princípio da separação é justamente a preservação do tratamento isonômico entre as diferentes organizações religiosas. O órgão estatal não deve interferir no livre mercado das ideias religiosas em benefício ou em detrimento deste ou daquele grupo porque tal comportamento redundaria em agravo à igualdade dos cidadãos que professam a sua fé e a exercitam no seio de alguma comunidade religiosa.

Assim, pode-se dizer, sem sombra de dúvida, que há um regime de separação entre o Estado brasileiro e as organizações religiosas, excepcionado apenas nos casos de colaboração em prol do interesse público, na forma da lei, como preconizado pelo art. 19, I, da Constituição Federal. Todavia, é inexato dizer que a Constituição adota um regime de separação entre o Estado e o fenômeno religioso, na medida em que a mensagem ideológica extraída do seu texto é a de que se trata de um valor que merece o apreço do Poder Público e, em alguns casos, um dever de promoção.

Importa destacar aqui que os dispositivos constitucionais que se reportam à matéria religiosa não se limitam apenas a preservar a autonomia individual dos crentes ou a autodeterminação dos grupos religiosos. O principal valor que o texto constitucional pretende preservar é a manifestação do fenômeno religioso em si mesmo. Não fosse assim e não se justificaria, por exemplo, a instituição de imunidade tributária em favor dos templos de qualquer culto[40] e nem a previsão de assistência religiosa em estabelecimentos públicos militares. Para se ter uma ideia mais clara do que se está a formular, basta dizer que a liberdade de consciência e de religião também protege aquele que não crê, mas o ateísmo não é um valor constitucional em si mesmo. Não há qualquer medida de proteção específica para organizações que propaguem o ateísmo ou o agnosticismo, uma vez que o legislador constituinte não considerou que tais concepções filosóficas deveriam ser, por si sós, valores dignos de proteção. O que se protege aí é tão somente a liberdade de consciência e de expressão, mas não há nenhum dispositivo visando à promoção de tais sistemas filosóficos, ao passo

---

[40] Sobre o assunto, afirmamos em artigo anterior (A Imunidade Tributária dos Templos de Qualquer Culto: Uma Abordagem a Partir do Modelo Brasileiro de Laicidade Estatal, publicado na Revista Jurídica Tributária) que "A partir da compreensão do modelo crismado por nossa Constituição Federal no que tange ao relacionamento entre a organização política e a religião, é forçoso admitir que a imunidade tributária dos templos de qualquer culto busca favorecer a expressão religiosa e não apenas impedir que o poder público lhe ponha obstáculos. Há se ter em mente que a expressão religiosa é um valor que integra o nosso sistema jurídico. Esse é um viés hermenêutico que não pode ser desconsiderado, sobretudo a partir da constatação de que o direito tem que ser interpretado sistematicamente, compreendendo princípios, regras e valores. Sob tal perspectiva, a interpretação sistemática do preceito constitucional que cria a imunidade tributária, conjugando-se com o dispositivo que assegura a proteção aos locais de culto e a suas liturgias (art. 5º, VI) já conduz à conclusão de que o constituinte buscou nitidamente favorecer a dimensão coletiva da fé religiosa. O argumento de que não se poderia vislumbrar no fundamento do dispositivo constitucional uma promoção da expressão religiosa, em nome da laicidade do Estado, conquanto atraente, mormente para todos aqueles cuja pré-compreensão é marcada pela intolerância às manifestações públicas da religiosidade, não corresponde, como visto, ao modelo de Estado laico adotado pela Constituição Federal. O fato é que, entre nós, a imunidade tributária dos templos de qualquer culto foi instituída como mecanismo de proteção à liberdade religiosa coletiva, não apenas no seu aspecto negativo – fortalecimento do princípio de separação –, mas no seu aspecto positivo, visando mesmo ao favorecimento da prática religiosa coletiva, o que se deduz de um modelo de laicidade simpático ao fenômeno religioso. A rigor, é até mais plausível visualizar no aspecto positivo certa preponderância na fundamentação constitucional da imunidade tributária, na medida em que não se pode, rigorosamente, sustentar que a tributação tenha como objetivo primordial embaraçar o exercício de qualquer atividade. Muito embora não se ignore a feição extrafiscal que eventualmente acompanha a tributação, a razão de ser dos tributos é o financiamento da esfera pública e dos direitos fundamentais e não levantar óbices ao livre desenvolvimento da atividade dos particulares, sejam eles pessoas físicas ou jurídicas".

que, desde o preâmbulo, o texto constitucional consagra o fenômeno religioso como um valor que reclama não apenas uma atitude absenteísta do Estado, mas igualmente um dever de promoção – é claro que, com alguns limites impostos pela necessidade de harmonização com outros valores igualmente consagrados pelo constituinte como vitais para a sociedade democrática e pluralista.

A compreensão da dimensão axiológica do fenômeno religioso no campo constitucional tem implicações práticas na resolução de questões relacionadas com a expressão religiosa no espaço público. A mais notória consequência dessa compreensão é que no exame dos conflitos relacionados com a questão religiosa, mesmo no setor público, não se pode de forma singela postular de plano a supressão da expressão religiosa com base numa suposta afirmação de laicidade estatal sem que antes se examine se é possível harmonizá-la com outros valores constitucionais que aparentemente estejam a contrariá-la. Por vezes, em vez da supressão de uma expressão religiosa, o desígnio do constituinte será mais bem atendido com a sua ampliação, de forma a que o maior número possível de segmentos religiosos seja contemplado.

A retirada ou a manutenção de uma Bíblia aberta na mesa do plenário de uma casa legislativa não pode ser controvertida sob a singela afirmação de que a laicidade estatal brasileira seria refratária à expressão religiosa no espaço público, pois tal assertiva não é rigorosamente exata. Pode-se discutir se tal expressão de religiosidade atenta contra as crenças de minorias religiosas e, neste sentido, veicularia um tratamento desigual entre os cidadãos crentes, mas é igualmente possível pensar em soluções que deem guarida à expressão simbólica de outros segmentos religiosos com alguma representatividade na sociedade.

O costume cultivado por muitos órgãos públicos de promover a comemoração do Natal é outro exemplo. A afirmação de que tal ato, por si só, atenta contra o Estado laico, porque o Natal é uma festa cristã, não procede.[41] De que Estado laico estamos falando? De um Estado simpático ao fenômeno religioso e cujo caldo sociocultural foi ao longo de sua história influenciado pela cosmovisão cristã. Por isso, a vedação à celebração da festividade como uma forma de respeitar os pretensos direitos das minorias religiosas ou antirreligiosas não se sustenta. No caso, uma solução constitucionalmente adequada seria: 1º) verificar se todos os segmentos religiosos cristãos representados no órgão foram incluídos na festividade natalina, de modo a conceder ao ato uma maior abrangência subjetiva, contemplando minorias religiosas cristãs que também tenham por hábito festejar o Natal; 2º) dispensar o comparecimento dos indivíduos que pertencem às minorias religiosas que não prezam a festividade para que não sejam de modo algum constrangidos a participar de uma celebração que não lhes diz respeito, compensando-os, portanto, com folga, sem prejuízo de que a celebração anual de uma minoria religiosa que tenha um significativo número de integrantes possa vir também a ser contemplada no calendário de eventos festivos da entidade.

É bem verdade que alguns argumentos poderiam ser levantados contra soluções ancoradas nesta linha hermenêutica. Sempre haveria a possibilidade de que algum cidadão em particular, único integrante de uma confissão religiosa qualquer, se sentisse discriminado porque a sua confissão não foi objeto do mesmo tratamento conferido

---

[41] Parte-se aqui da premissa de que o Natal é uma festa cristã, conquanto suas origens sejam passíveis de discussão, podendo ser encontradas em festejos pagãos pré-cristãos.

às confissões majoritárias ou minoritárias com uma maior representatividade no espaço público. Num órgão público com cinco mil funcionários é possível que somente seja encontrado um único adepto de uma religião minoritária não cristã ao qual repugne a comemoração do Natal. Isso significa que em nome do respeito à igualdade de tratamento aos cidadãos um culto ecumênico natalino deva ser suprimido para atender ao interesse de uma única pessoa? Tal solução, no modelo brasileiro, não pode ser tida como constitucionalmente adequada. Há que se ter em mente que, embora o Estado democrático baseie-se num regime que preza pelo respeito às minorias, a sua principal característica ainda é a persecução do atendimento dos interesses do maior número possível de pessoas, e a expressão religiosa também pode ser incluída entre tais interesses.

Alguém talvez possa argumentar que o modelo apresentado põe em causa a igualdade entre os cidadãos que creem e os que não creem, significando uma discriminação indireta. A par da observação já feita em relação ao Estado democrático e seu papel de assegurar que o maior número possível de cidadãos persiga sua felicidade, há que se observar que a eventual discriminação indireta é ditada pelo próprio texto constitucional, cuja mensagem ideológica é claramente no sentido de que a manifestação religiosa é em si mesma um valor que merece proteção e, em alguns casos, promoção, mas não trata o ateísmo como um valor fundamental. Toda discriminação, seja direta, seja indireta, feita pelo constituinte presume-se feita em obediência a critérios racionais, supondo-se, portanto, que o tratamento favorável ao fenômeno religioso deu-se por uma série de circunstâncias ligadas à identidade cultural do país e, sobretudo, à utilidade do fenômeno religioso como elemento de integração social.

No plano filosófico está sempre aberta a possibilidade de discutir a justeza do modelo adotado e se ele representa o que há de mais avançado ou retrógrado na vivência democrática. Não obstante, como sublinha Carlos Corral Salvador:

> Supuesta en todo caso, la garantía de libertad religiosa, en abstracto, podría considerarse como mejor el sistema que más adecuadamente reflejara este respeto a la libertad en su configuración jurídica y constitucional. En concreto, el mejor sistema será aquel que más y mejor responda a la realidad de un determinado pueblo.[42]

Certo mesmo é que não se pode conceber que o intérprete do direito, em nome de posições filosóficas pessoais, do puro preconceito ou do desejo incontido de imitar soluções doutrinárias e jurisprudenciais importadas de outros países, despreze o modelo de laicidade estatal consagrado por nosso texto constitucional, que lhe deve servir de baliza no trato com as questões jurídico-religiosas, por ser produto de uma construção legitimada democraticamente.

7. CONCLUSÕES

As conclusões alcançadas, portanto, são as seguintes:

Não há um modelo universal de laicidade que se aplique indistintamente a todos os países que adotam o regime de separação material entre Estado e igrejas;

Há diversos modelos de laicidade estatal, uns mais abertos e outros mais fechados à incursão do fenômeno religioso no espaço público, nos termos do que dispõe cada ordenamento jurídico-constitucional;

---

[42] Op. cit.

A atual Constituição Federal do Brasil sufraga um modelo de laicidade que favorece o fenômeno religioso e, no particular, é mais aberto para a incursão da religião no espaço público que o adotado pela primeira Constituição Republicana e pelas constituições democráticas que a sucederam;

A aplicação/interpretação do direito e dos fatos relacionados com o exercício da liberdade religiosa não pode abandonar o viés hermenêutico tracejado pelo constituinte brasileiro, o qual se orienta, em face do fenômeno religioso, por um tratamento mais benevolente que o outorgado, em regra, pelos países onde as sociedades são mais secularizadas.

8. REFERÊNCIAS BIBLIOGRÁFICAS

ARGIOLAS, Davide. *O regime jurídico das confissões religiosas não católicas em Itália, Portugal e Espanha.* In Boletim da Faculdade de Direito da Universidade de Coimbra, vol. LXXXIV. P. 823-854. Coimbra: Coimbra Editora, 2008.

BLANCO, Antonio Martinez. *Derecho eclesiástico del Estado.* Madrid: Editorial Tecnos, 1994. v. I.

BRUGGER, Winfried. On the Relationship between Structural Norms and Constitutional Rights in Church-State-Relations. In BRUGGER, Winfried; KARAYANNI (eds.). *Religion in the Public Sphere*: A comparative Analysis of German, Israeli, American and International Law. Heidelberg: Max-Planck-Institut, 2007.

CASTRO JOVER, Adoración. Laicidad y actividad positiva de los poderes públicos. En: *Revista General de Derecho Canónico y Derecho Eclesiástico del Estado.* Número 3. Octubre de 2003. Iustel, 2003.

CATALANO, Gaetano. *Il Diritto di libertà religiosa.* Bari: Cacucci Editore, 2007.

CIFUENTES, Rafael Llano. *Relações entre a Igreja e o Estado*: a Igreja e o Estado à luz do Vaticano II, do código de direito canônico de 1983 e da Constituição brasileira de 1988. 2. ed. atual. Rio de Janeiro: José Olympio, 1989.

FERREIRA FILHO, Manoel Gonçalves. Religião, estado e direito. *Revista Direito Mackenzie*, ano 3, n. 2, p. 81-90, jul./dez. 2002.

FREITAS, Juarez. *A Interpretação Sistemática do Direito.* 3. ed., São Paulo: Malheiros, 2004.

GUTIÉRREZ, Alejandro Torres. *El derecho de libertad religiosa em Portugal.* Madrid: Editorial Dykinson, 2010.

HESSE, Konrad. *A Força Normativa da Constituição.* Porto Alegre: Sergio Antonio Fabris Editor, 1991

LASSALLE, Ferdinand. *A Essência da Constituição.* Rio de Janeiro: Lumen Juris, 4ª ed., 1998).

LLAMAZARES FERNÁNDEZ, Dionisio. *Derecho de la libertad de conciencia.* Vol 1. Libertad de conciencia y laicidad. 3. Ed. Pamplona: Editorial Aranzadi, 2007.

LOUREIRO, João Carlos. Constitutionalism, diversity and subsidiarity in a postsecular age. In: *Boletim da Faculdade de Direito da Universidade de Coimbra.* Vol. LXXXIII. Coimbra: Coimbra Editora, 2007.

MACHADO, Jónatas Eduardo Mendes. Liberdade religiosa numa comunidade constitucional inclusiva: dos direitos da verdade aos direitos dos cidadãos. *Boletim da Faculdade de Direito da Universidade de Coimbra*, 1996.

———. Pré-compreensões na disciplina jurídica do fenômeno religioso. In *Boletim da Faculdade de Direito da Universidade de Coimbra* nº 68 (1992), p. 165-180.

MARTÍ, José Luis. Laicidad y democracia ante la amenaza del fundamentalismo religioso. *In* MARÍN, Xavier Arbós; BELTRÁN, Jordi Ferrer; COLLADOS, José Maria Pérez (editores). *La laicidad desde el derecho.* Madri: Marcial Pons, 2010.

RUIZ MIGUEL, Alfonso. Once tesis sobre la laicidad em la constitución, *in* MARÍN, Xavier Arbós; BELTRÁN, Jordi Ferrer; COLLADOS, José Maria Pérez (editores). *La laicidad desde el derecho.* Madri: Marcial Pons, 2010.

SALVADOR, Carlos Corral. Laicidad, aconfesionalidad, separación ¿son lo mismo? Unisci Discussion Papers Octubre 2004. artigo disponível em http://www.ucm.es/info/unisci/Corral8.pdf acesso 24 nov. 2005.

SANTOS JÚNIOR, Aloisio Cristovam dos. *A liberdade de organização religiosa e o Estado laico brasileiro.* São Paulo: Editora Mackenzie, 2007.

———. A imunidade tributária dos templos de qualquer culto: uma abordagem a partir do modelo brasileiro de laicidade estatal. *Revista Jurídica Tributária*, v. 8, p. 139-172, 2010

SARLET, Ingo Wolfgang. *A eficácia dos direitos fundamentais*: uma teoria geral dos direitos fundamentais na perspectiva constitucional. 10. ed. rev. atual. e ampl. – Porto Alegre: Livraria do Advogado Ed., 2009.

———. *Dignidade da pessoa humana e direitos fundamentais na Constituição Federal de 1988.* 4.ed. rev. atual. Porto Alegre: Livraria do Advogado Ed., 2006.

———. (org.). *Constituição, Direitos Fundamentais e Direito Privado.* Porto Alegre: Livraria do Advogado, 2006.

UBILLOS, Juan María Bilbao. ¿en qué medida vinculan a los particulares los derechos fundamentales? In SARLET, Ingo Wolfgang (org). *Constituição, Direitos Fundamentais e Direito Privado.* 2. Ed. Rev. e ampl. Porto Alegre: Livraria do Advogado, 2006.

VÁZQUEZ ALONSO, VÍCTOR J. La laicidad francesa: un modelo en cambio. *Revista General de Derecho Constitucional* 10 (2010), p. 1-29

— 2 —

Regulação e democracia: a influência norte-americana das agências reguladoras no Brasil

ANELISE COELHO NUNES

A crise dos anos 80 e 90 sofrida pelo Estado brasileiro proporcionou o desenvolvimento de novos papéis pela Administração Pública, sobretudo no cerne das discussões econômicas, políticas e jurídicas.

A Constituição Federal de 1988 trouxe, com sua promulgação, dispositivos que ensejaram o desenvolvimento do Direito Regulatório, diante exatamente desse contexto de transformações pelas quais passou o Estado brasileiro e a Administração Pública, sobretudo em relação à ordem econômica.[1]

O Direito Administrativo brasileiro mudou de cenário, portanto, principalmente em função das transformações proporcionadas a partir do Direito Constitucional.

Com isso, a Administração Pública brasileira contemporânea descentralizou-se, abandonando a ideia de um único centro de poder, em função do processo iniciado no governo de Fernando Collor de Mello, com a criação do *Programa Nacional de Desestatização*.[2]

A partir, então, da fixação de um cenário de desestatização e de desregulamentação, muitos serviços públicos deixaram de ser oferecidos exclusivamente pelo Estado como outrora, passando a ser objeto de delegação a particulares.

A justificativa desse processo, nos termos de Luís Roberto Barroso, é a seguinte: "daí a privatização haver trazido drástica transformação no papel do Estado: em lugar de protagonista na execução dos serviços, suas funções passam a ser as de planejamento, regulamentação e fiscalização. É neste contexto histórico que surgem, como personagens fundamentais, as agências reguladoras".[3]

Assim, as agências reguladoras caracterizam-se como verdadeiras extensões do poder de polícia da Administração Pública, inclusive com reflexos no Direito Econômico, considerando que atuam também sobre a iniciativa privada, no que se refere à exploração da atividade econômica.

---

[1] SALOMÃO FILHO, Calixto. *Regulação e desenvolvimento*, p. 59.

[2] MOTTA, Paulo Roberto Ferreira. *Agências Reguladoras*, p. 6 e seguintes.

[3] BARROSO, Luís Roberto.. *Agências reguladoras. Constituição, transformações do Estado e legitimidade democrática*, p. 67. in BINENBOJM, Gustavo. *Agências reguladoras e democriacia*..

Consequentemente, há a necessidade de compatibilizar-se a regulação com princípios econômicos, como os alçados ao *status* de norma constitucional: a livre iniciativa e a justiça social, conforme o postulado da norma do artigo 170 da Constituição Federal.

Ressalte-se que hodiernamente o Estado regulatório está presente em todos os países ocidentais.

Embora o Brasil tenha uma realidade social e histórica própria, o modelo francês do sistema administrativo do Estado não foi adotado em plenitude, pois não há dualidade de jurisdição, e, ainda, a forte influência norte-americana no surgimento das agências reguladoras no Brasil resultou num modelo híbrido de Administração Pública pelo Estado, cuja aplicação, segundo Maria Paula Dallari Bucci, "é bastante particular, em vista das características peculiares do Estado e do povo e de sua história colonial".[4]

Regina Linden Ruaro, referindo-se a esse processo de descentralização, sob uma perspectiva histórica, afirma que "a redefinição teórica do papel do Estado está sempre mais confrontada com a realidade da redefinição fática do Estado".[5]

Sob esse aspecto, as agências reguladoras brasileiras foram criadas a partir do ano de 1996, no âmbito federal, com o advento das leis sobre a Reforma do Estado, inicialmente com a ANEEL – Agência Nacional de Energia Elétrica –, instituída pela Lei nº 9.427, de 26 de setembro de 1996; a ANATEL – Agência Nacional de Telecomunicações –, criada pela Lei nº 9.472, de 16 de julho de 1997; a ANP – Agência Nacional do Petróleo –, pela Lei nº 9.478, de 6 de agosto de 1997; a ANVISA – Agência Nacional de Vigilância Sanitária –, pela lei nº 9.782, de 26 de janeiro de 1999; a ANS – Agência Nacional de Saúde Suplementar –, pela Lei nº 9.961, de 28 de janeiro de 2000; a ANA – Agência Nacional de Águas –, pela Lei nº 9.984, de 17 de julho de 2000; a ANTT – Agência Nacional de Transportes Terrestres – e a ANTAQ – Agência Nacional de Transportes Aquáticos –, ambas criadas pela Lei nº 10.233, de 5 de junho de 2001, entre outras.

Portanto, destaca-se que o surgimento do fenômeno da regulação no Brasil deve-se, principalmente, à influência norte-americana, que, segundo Paulo Roberto Ferreira Motta,[6] se originou, ainda, da atuação dos *common calling* ingleses, profissionais que ofereciam serviços de interesse à comunidade, mediante uma remuneração "tabelada" conforme fossem seus préstimos e que fizeram com que os emigrantes do Reino Unido fizessem nascer o instituto jurídico da regulação na América do Norte, a partir do tabelamento, visando à igualdade na contraprestação pelo serviço.

Os primórdios da regulação na *common law* britânica, desde o século XVI, revelam um importante papel no controle do poder das autoridades, como o *writ of mandamus,* instrumento que obrigava a autoridade pública a restaurar direitos dos cidadãos; o *writ of prohibition*, para limitar desvios de competência ou de jurisdição da autoridade; o *writ of certiorari*, para rever e invalidar decisões administrativas; *writ of habeas corpus*, garantia fundamental das liberdades no sistema anglo-americano, o único mencionado expressamente no texto da Constituição americana, e o *writ of*

---

[4] BUCCI, Maria Paula Dallari, *Direito Administrativo e Políticas Públicas*, p. 41.

[5] RUARO, Regina Linden. *Reforma Administrativa e a consolidação da esfera pública brasileira*: o caso do orçamento participativo no Rio Grande do Sul, p. 83.

[6] MOTTA, Paulo Roberto Ferreira. *Agências Reguladoras*, p. 55.

injunction, como ordem judicial de fazer (*mandatory injunction*) ou de não fazer (*preventive injunction*).[7]

Nos Estados Unidos, a regulação das *public utilities* inicia com a edição de sucessivos marcos legais e a criação de autoridades de controle, as *regulatory agencies*, ou conhecidas apenas por *agencies*, na segunda metade do século XIX, por setor ou por atividade, como a Comissão de Comércio Interestadual, Comissão Federal de Energia, Comissão Federal de Comunicações, entre outras.

Ressalva-se que não pode haver confusão com a expressão "agência executiva" (*executive agency* ou *administrative agency*, no direito americano) com "agência reguladora independente" (*independent regulatory comission*, na terminologia mais usual nos Estados Unidos). Esse trabalho não se ocupa do estudo das agências executivas, as quais consistem em autarquias ou fundações públicas dotadas de regime especial, o que lhes amplia a autonomia gerencial, orçamentária e financeira, devendo firmar contrato de gestão com a administração central, no que se comprometem a realizar as metas de desempenho que lhes são atribuídas, segundo a disposição da norma do §8º do artigo 37 da Constituição Federal brasileira e do artigo 51 da Lei nº 9.649/98.

As agências reguladoras americanas, assim como as brasileiras, são autarquias em regime especial, criadas por lei específica, integrantes, portanto, da Administração Pública indireta, integradas por um colegiado (*comissioners*). A nomeação do presidente do colegiado (*Chairman*) cabe ao chefe do Executivo com prévia aprovação do Senado. São exonerados em caso de algum "deslize administrativo" ou "falta grave" (*for cause shown*).[8]

Entretanto, em nível estadual, as primeiras agências reguladoras norte-americanas remontam os anos de 1839 e 1844, em Rhode Island e New Hamphire, as quais promoviam controle em matéria ferroviária, mas com poderes limitados.[9]

A regulação americana é classificada em três períodos históricos distintos.

No primeiro, entre a Guerra Civil (1861 – 1865) e a crise de 1929, verifica-se um notável crescimento da regulação administrativa sobre a atividade econômica privada.[10]

No caso *Munn v. Illinois*, de 1876, consagra-se a possibilidade de interferência do Estado sobre a propriedade privada, em nome do interesse público, em razão da regulação dos preços de armazenagem nos celeiros de Chicago.[11]

A primeira grande agência reguladora federal é criada em 1887, a *Interstate Commerce Comission*, para disciplinar as operações ferroviárias interestaduais, bem como outras surgem nessa época, com finalidade de proteção contra os abusos aos consumidores.[12]

---

[7] ADAMS, John Clarke. *El derecho administrativo norteamericano. Nociones institucionales de derecho administrativo comparado*, p. 75 e seguintes.

[8] GOMES, Joaquim B. Barbosa. *Agências Reguladoras: A "Metamorfose" do Estado e da Democracia (uma reflexão de Direito Constitucional Comparado)*, p. 26. in Agências Reguladoras e Democracia. BINENBOJM, Gustavo (coord.).

[9] MOTTA, Paulo Roberto Ferreira, *op.cit.*, p. 55.

[10] BUCCI, Maria Paula Dallari, *op. cit.*, p. 60.

[11] Idem, p. 61.

[12] Ibidem.

Em 1905, firmou-se a doutrina Lochner, sintetizada na decisão do caso *Lochner v. New York,* em que se decidiu pela inconstitucionalidade de uma lei que limitava a jornada de trabalho dos padeiros. Essa doutrina serviu como fonte à invalidação de inúmeras leis que de alguma forma instituíam o intervencionismo econômico e perdurou até 1937, quando o Presidente Roosevelt impôs orientação à Suprema Corte para abdicar do exame de mérito de normas de natureza econômica.[13]

Em 1914, a primeira lei antitruste americana, o *Sherman Act,* com fins de limitar a concorrência pela atuação dos grandes monopólios, foi complementada com o *Clayton Act* e o *Federal Trade Comission Act,* que criou a *Federal Trade Comission* (FTC).[14] Nesse período, ocorreram várias decisões judiciais sobre a validade da atuação das agências e os limites da intervenção na atividade privada, principalmente em relação ao controle de preços.[15]

Nesse período, estabeleceram-se os fundamentos do Direito Administrativo norte-americano, até hoje assim compreendidos: 1) limitando a discricionariedade da agência, o Poder Legislativo deve autorizar a aplicação de sanções administrativas a pessoas privadas; 2) os processos decisórios das agências devem assegurar submissão às diretivas autorizadoras legislativas; 3) a possibilidade de revisão judicial, a fim de que os processos decisórios sejam corretos e imparciais; 4) os processos das agências devem facilitar o exercício dessa revisão.[16]

Nessa fundamentação, observa-se que há a preocupação em garantir-se o exercício do sistema de freios e contrapesos (*control checks and balances,* também da doutrina americana), uma vez que se assegura a atuação revisora do Poder Judiciário, bem como a autorização legislativa.

O segundo período histórico americano refere-se ao New Deal, ou pós-crise, do Presidente Franklin Delano Roosevelt, e é considerado o "divisor de águas do Direito Administrativo americano" e também representou um momento de profunda reformulação das bases constitucionais do Estado, assim como em relação à concepção de direitos fundamentais individuais, do federalismo e da separação de poderes, considerando que nesse período houve a recuperação da economia após a grande depressão que se seguiu à crise de 1929, com forte intervenção do Estado na área econômica, mas também na social, o que faz com que inicie a era do *Welfare State* nos Estados Unidos.[17]

Foram criadas e ampliadas importantes agências reguladoras independentes, como a *Securities Exchange Comission* (SEC), em 1934, relativa ao mercado de capitais, e, no mesmo ano de 1934, a *National Labor Relations Board* (NLRB), das relações de trabalho, e, ainda, a *Food and Drug Administration* (FDA), de alimentos e medicamentos, ampliada em 1938. A *Federal Communications Comission,* relativa a comunicações, surgiu em 1936.[18]

---

[13] BUCCI, Maria Paula Dallari, *op. cit.,* p. 62.
[14] Idem.
[15] Ibidem.
[16] Ibidem, p. 63.
[17] BUCCI, Maria Paula Dallari, *op. cit.,* p. 63 e 64.
[18] Idem.

Criticou-se, em muito, no âmbito jurídico,[19] o aumento da discricionariedade sem embasamento legal – *discretion*, uma vez que as agências exerciam funções decisórias – *adjucatory* – juntamente com funções de fiscalização – *prosecutorial*. A resposta a essa crítica procurava argumentação no sentido de que as agências eram integradas, em seus quadros, por profissionais qualificados – *experts* – os quais davam suporte aos administradores e no controle político presidencial para a prevenção de abusos.

No período do pós-guerra, a autuação das agências foi relativamente informal quanto aos procedimentos, vez que de 1945 a 1960, a ênfase da atuação refere-se aos controles processuais e à revisão judicial sobre a discricionariedade administrativa das agências.[20]

Em 1946, é editado o APA – *Administrative Procedure Act* –,[21] o qual estabeleceu, acerca das agências, formalidades na expedição de regulamentos de caráter geral – *rulemaking*, quanto na prolação de decisões – *adjudication*.[22] Duas funções são determinadas pelo APA no que se refere ao controle judicial das agências: "fidelidade" ao direito positivo e a invalidação de decisões "arbitrárias ou caprichosas".[23]

De 1960 a 1970 ocorre o que se denomina de "segunda onda" das agências americanas, quando são criadas mais de 30. No controle pelo Poder Executivo, as propostas orçamentárias das agências reguladoras passam a ser supervisionadas através do *Office of Budget and Management* (OMB),[24] para fins de elaboração do orçamento a ser votado no Congresso e pelo *Office of Information and Regulation Affairs*[25] – OIRA –, o qual se ocupa de examinar a atividade das agências em relação à respectiva adequação à política presidencial traçada.[26]

Uma importante regra de deferência para interpretações de direito feitas por uma agência foi confirmada pela *United States Supreme Court* em 1984, dando origem à *Chevron Doctrine*, a partir do caso *Chevron U.S.A., Inc. v. Natural Resources Defense Council, Inc.*,[27] no qual estabeleceu-se uma *doctrine of administrative deference*, com fundamento no interesse público e no interesse do grupo coletivo. Um grupo de proteção ambiental, o NRDC – *Natural Resources Defense Council* – desafiou o regulamento da agência de proteção ambiental, a *Environmental Protection Agency* (EPA), já que tal regulamento permitia que uma fábrica já existente obtivesse autorização para uso de novos equipamentos, desde que as emissões totais de poluentes do ar não aumentassem, embora não atingissem os padrões de qualidade do ar, a partir da *Clean Air Act*,[28] de 1977.

---

[19] Ibidem.

[20] Ibidem, p. 65.

[21] "Lei do procedimento admnistrativo", em livre tradução.

[22] DI PIETRO, Maria Sylvia Zanella. *Parcerias na Administração Pública: concessão, permissão, franquia, terceirização e outras formas*, p. 136.

[23] SUNSTEIN, Cass R. *O constitucionalismo após o The New Deal*, p. 164 In Regulação econômica e Democracia. O debate norte-americano.

[24] Escritório de orçamento e execução, em tradução livre.

[25] Escritório de informação e relações de regulação, em tradução livre.

[26] DI PIETRO, Maria Sylvia Zanella. *op. cit.*, p. 137.

[27] 467 U.S. 837 (1984).

[28] Lei do ar limpo, em tradução livre.

A partir de então, passou-se a difundir o uso da doutrina conforme a análise diante da *Chevron two-steps test,* o "teste das duas fases da doutrina Chevron".[29] Em primeiro lugar, os juízes devem dar deferência à "construção que o Executivo fez da legislação que ele é incumbido de aplicar", a não ser que "o Congresso tenha tratado diretamente da questão analisada". Em segundo lugar, se o estatuto é omisso ou ambíguo no que diz respeito à questão específica, para o tribunal interessa se a resposta da agência está baseada em uma construção admissível do estatuto.[30]

Sunstein critica afirmando que "o fato de uma lei poder ser lida de diversas formas não significa que o Congresso teve a intenção de que a agência resolvesse a questão. Embora a regra de deferência de Chevron seja adequada quando o Congresso propositadamente deixou uma lacuna para ser preenchida pela agência, uma regra distinta deveria ser aplicada quando se trata apenas de ambigüidade.[31]

Todavia, a limitação, pela Suprema Corte, das decisões das agências que tenham força de lei revelam a denominada *Chevron step zero* (Chevron etapa zero) implicando, nessa hipótese, um controle judicial à atuação da agência em clara contradição ao princípio da separação de poderes, uma vez que sua "função normativa" não oriunda de lei em sentido estrito.

A partir da década de 80, passou-se a entender a regulação americana como redutora da liberdade individual, o que culminou em uma tentativa de desregulação,[32] felizmente, inexitosa, uma vez que o poder das agências já se encontrava bastante limitado pelo controle judicial e, até os dias atuais, há instrumentos de controle da atuação das agências bem definidos.

Apesar da ocorrência desse movimento que acabou por remodelar as agências americanas, foi somente a partir da década de 90 que de fato se instituíram no Brasil.

As influências mais marcantes do sistema regulatório americano em relação ao brasileiro incidem, especificamente, em dois aspectos.[33]

O primeiro diz respeito ao desenvolvimento e garantia de uma política de prevenção, evitando conflitos entre usuários e concessionários através da resolução de conflitos por meio de acordos.

O segundo refere-se ao papel jurisdicional exercido pelas agências, uma vez que a decisão dos conflitos cabe a árbitros independentes, sem vínculos com as agências. As partes interessadas, antes, devem consentir expressamente para que a arbitragem possa ser utilizada. O *Code of Federal Regulations*[34] prevê específica e detalhadamente acerca dessas disposições.

Voltando ao Direito brasileiro, apesar de cronologicamente as agências reguladoras tenham sido instituídas bem depois do que nos Estados Unidos, uma nova ordem social e econômica se insurgiu. Maria Paula Dallari Bucci[35] adverte que "mes-

---

[29] Tradução livre.
[30] Tradução livre a partir de 467 U.S. 837 (1984).
[31] SUNSTEIN, Cass R., *op. cit.*, 165.
[32] DI PIETRO, *op. cit.*, p. 139.
[33] MOTTA, Paulo Roberto Ferreira. *op. cit.*, pp. 69 e seguintes.
[34] Código Federal de Regulações, em tradução livre. Disponível em http://www.frwebgate.acc/
[35] BUCCI, Maria Paula Dallari, *op. cit.*, p. 2.

mo que não se alterasse o rol das funções da Administração Pública, mantendo-se a clássica tripartição entre fomento, polícia e serviço público[36] (numa terminologia atualizada: fomento, ordenação e gestão[37]), e ainda que se admita a permanência da intervenção como quarta função, o fato é que se alterou o balanço entre elas e o equilíbrio resultante, tudo levando à necessidade de rever o papel do direito administrativo na nova ordem social que se esboça".

Em vista disso, o papel da Administração Pública redefiniu-se no Estado brasileiro, a partir da sua própria organização, já que as agências reguladoras integram a estrutura da Administração Pública indireta, sob a forma de autarquias.

Maria Sylvia Zanella Di Pietro[38] esclarece que "no direito brasileiro, o vocábulo regulação surgiu com o movimento de Reforma do Estado, especialmente quando, em decorrência da privatização das empresas estatais e da introdução da ideia de competição entre concessionárias na prestação de serviços públicos, entendeu-se necessário 'regular' as atividades objeto de concessão a empresas privadas, para assegurar a regularidade na prestação dos serviços e o funcionamento equilibrado da concorrência".

Assim, ressalta-se que os dispositivos constitucionais que disciplinam acerca do Direito Regulatório relacionam-se, principalmente, às funções de fiscalização, de incentivo e de planejamento a serem exercidas pelo Estado, "como agente normativo e regulador da atividade econômica" (norma do *caput* do artigo 174 da Constituição Federal) e a incumbência, ao poder público, da prestação dos serviços públicos, diretamente ou sob regime de concessão ou permissão (norma do *caput* do art. 175 da Constituição Federal).

Ocorre que o oferecimento de serviços públicos aos administrados constitui contraprestação de direitos fundamentais pelo Estado, da espécie direitos sociais, na democracia brasileira.

Os titulares desses direitos[39] são os administrados, enquanto que a Administração Pública, através do Estado, é a destinatária desses direitos fundamentais sociais.

Nesse regime político democrático, os direitos fundamentais, em conjunto com a juridicidade e a constitucionalidade, consistem nos três pilares em que se assenta o princípio do Estado de Direito,[40] amplamente consagrados ao longo de todo texto da Constituição Federal de 1988, principalmente nos fundamentos do Estado Democrático de Direito, da cidadania e da dignidade da pessoa humana (norma do artigo 1º, incisos II e III).

Diogo de Figueiredo Moreira Neto,[41] ao abordar o conteúdo sociojurídico do Estado Democrático de Direito, discorre acerca dos órgãos de poder político, como

---

[36] A autora refere que a expressão "serviço público" é extraída da doutrina de García de Enterria (*Curso de Derecho Administrativo*, Madrid, Ed. Civitas, 1995, p. 49. bem como em relação ao uso da palavra "gestão", de Carlos Ari Sundfeld (*Direito Administrativo Ordenador*, São Paulo, Malheiros, 1991, p. 16).

[37] Da mesma forma a autora procede em relação ao uso da palavra "gestão", de Carlos Ari Sundfeld (*Direito Administrativo Ordenador*, São Paulo, Malheiros, 1991, p. 16).

[38] DI PIETRO, Maria Sylvia Zanella, *Limites da função reguladora das agências diante do Princípio da Legalidade*, em DI PIETRO, Maria Sylvia Zanella (org. e coautora). *Direito Regulatório: temas polêmicos*, p. 20.

[39] Vide NUNES, Anelise Coelho. *A titularidade dos direitos fundamentais na Constituição Federal de 1988*. Porto Alegre, Ed. Livraria do Advogado, 2007.

[40] CANOTILHO, José Joaquim Gomes. *Direito Constitucional e Teoria da Constituição*, p. 359 e seguintes.

[41] MOREIRA NETO, Digo de Figueiredo. *Quatro Paradigmas do Direito Administrativo Pós-Moderno: Legitimidade, Finalidade, Eficiência, Resultados*, p. 43.

componentes do Estado, e também como instrumentos de realização dos valores sociais e de tutela dos direitos fundamentais, ao que Giancarlo Sorrentino[42] denomina de "Estado de serviço".

Interessante, também, a lição de Umberto Allegretti[43] ao relacionar deveres do Estado, serviços públicos e direitos fundamentais dos administrados: "Dever do Estado é o serviço dos direitos e, portanto, dos direitos dos cidadãos derivam as tarefas do Estado e a missão da Administração".

Em relação à classificação dos serviços públicos, delegação é gênero, de que é espécie a concessão, que, segundo Maria Sylvia Zanella Di Pietro,[44] consiste no "contrato administrativo pelo qual a Administração delega a outrem a execução de um serviço público, para que o execute em seu próprio nome, por sua conta e risco, mediante tarifa paga pelo usuário ou outra forma de remuneração decorrente da exploração do serviço".[45]

Portanto, independentemente do modo de realização do serviço público, indubitável é seu caráter prestacional aos administrados, enquanto titulares[46] dos respectivos direitos fundamentais que a Administração Pública deve assegurar.

Acerca do caráter prestacional dos direitos fundamentais sociais, o magistério de Ingo Wolfgang Sarlet[47] adverte que existe um "problema específico", visto que "é precisamente em função do objeto precípuo destes direitos e da forma mediante a qual costumam ser positivados (normalmente como normas definidoras de fins e tarefas do Estado ou imposições legiferantes de maior ou menor concretude) que se travam as mais acirradas controvérsias envolvendo o problema de sua aplicabilidade, eficácia e efetividade", e, também, trazem eminentes reflexões à tona, como ao que se refere à "reserva do possível", à "proibição de retrocesso" e ao "mínimo existencial".[48]

E, por seu turno, serviço público, em sentido lato, pode ser entendido como conjunto de "atividades privadas sob forte regulação estatal, atendendo aos princípios da continuidade, universalidade, modicidade, eficiência e cortesia", de acordo com Alexandre Santos de Aragão,[49] ou, segundo Juarez Freitas,[50] "serviço público é todo aquele essencial para a realização dos objetivos fundamentais do Estado Democrático, devendo, por isso mesmo, ser prestado sob o regime peculiar predominantemente juspublicista, no campo mais alto dos princípios".

---

[42] SORRENTINO, Giancarlo. *Diritti e participazione nell'amministrazione di risultato*, p. 38.

[43] ALLEGRETTI, Umberto. *Amministrazione pubblica e costituzione*, p. 12.

[44] DI PIETRO, Maria Sylvia Zanella. *Parcerias na Administração Pública: Concessão, Permissão, Franquia, Terceirização, Parceria Público-Privada e outras formas*, p. 73.

[45] A Constituição refere-se à concessão como "contrato especial" (norma do parágrafo único do artigo 175, inciso I) "a ser regulado por lei".

[46] Vide NUNES, Anelise Coelho. *A titularidade dos direitos fundamentais na Constituição Federal de 1988*. Porto Alegre, Livraria do Advogado, 2007.

[47] SARLET, Ingo Wolfgang. A Eficácia dos Direitos Fundamentais: uma teoria geral dos direitos fundamentais na perspectiva constitucional, p. 280.

[48] SARLET, Ingo W.; FIGUEIREDO, Mariana Filchtiner. Reserva do possível, mínimo existencial e direito à saúde: algumas aproximações, p. 11-53, em SARLET, Ingo W.; TIMM, Luciano Benetti (orgs. e coautores) Direitos fundamentais, orçamento e "reserva do possível". Vide também MOLINARO, Carlos Alberto. Direito ambiental: proibição de retrocesso, p. 91-120.

[49] ARAGÃO, Alexandre Santos de. *Agências Reguladoras e a evolução do Direito Administrativo Econômico*, p. 172.

[50] FREITAS, Juarez. *Regime dos serviços públicos e a proteção dos consumidores*, p. 11, e, também, *O Controle dos Atos Administrativos e os Princípios Fundamentais*, p. 288

Assim, o Estado, enquanto regulador, demonstra complexidade e multidisciplinariedade, a partir da integração de diversas áreas do sistema jurídico que são incorporadas e aproveitadas para a interpretação do Direito Regulatório e que, de acordo com Maria D'Assunção Costa Menezello,[51] "a integração dos subsistemas normativos concretiza-se, à medida em que a agência elabora uma nova norma reguladora ou emite uma decisão administrativa final".

As agências reguladoras brasileiras configuram, segundo Joaquim Barbosa Gomes, "uma importação de um conceito, de um formato e de um modo específico de estruturação do Estado",[52] em referência à influência norte-americana. Prossegue em discurso crítico, afirmando que faltam-lhes um maior rigor na delimitação de seus poderes e na compatibilização destes com os princípios constitucionais; um controle efetivo pelo Senado do processo de designação dos seus dirigentes; um controle mais eficaz de suas atuações pelo Poder Judiciário e pelos órgãos especializados do Congresso; e, por fim, uma maior preocupação em se garantir um mínimo lastro democrático, a fim de que não se transformem em instrumento de dominação de uma determinada tendência político-ideológica.[53]

Assim, Paulo Roberto Ferreira Motta[54] adverte que em médio e longo prazo, as agências reguladoras podem ser "capturadas" pelas empresas reguladas e traz a lição de Sabino Casesse de que, nesse sentido, "quem deve ser regulado, termina por governar o regulador".

Portanto, nos principais temas polêmicos, há identificação entre as agências reguladoras norte-americanas com as brasileiras, considerando que o exercicio de funções "quase-legislativas" refere-se à produção normativa das agências reguladoras, que, de fato, ocorre substancialmente, embora não oriunda de processo legislativo, e, quanto ao exercício de funções "quase judiciais" considera-se a atuação decisória, inclusive sancionadora das agências.

Vital Moreira[55] também assim compreende: "o papel do direito regulador limita-se em princípio à coordenação dos vários subsistemas sociais e ao estabelecimento das regras procedimentais".

Em vista disso, Juarez Freitas[56] revela a renovação da interpretação sistemática do Direito Administrativo, vinculada aos direitos fundamentais, e, principalmente, ao "direito fundamental-síntese à boa Administração Pública".[57]

Portanto, a chegada ao atual "Estado do consenso", como resultado do processo de intensas transformações do Estado brasileiro, sobretudo econômicas,[58] possibilitam uma regulação administrativa como nova categoria de escolha do administrador, diante da discricionariedade, incidindo diretamente sobre a concessão

---

[51] MENEZELLO, Maria D'Assunção Costa. Agências Reguladoras e o Direito Brasileiro, p. 153.

[52] GOMES, Joaquim B. Barbosa. op. cit., p. 27.

[53] Idem.

[54] Motta, Paulo Roberto Ferreira. op. cit., p. 72

[55] MOREIRA, Vital. Auto-regulação profissional e Administração Pública, p. 127.

[56] FREITAS, Juarez. *Discricionariedade administrativa e o direito fundamental à boa Administração Pública*, p. 20, e, também, *O princípio constitucional da moralidade e o novo controle das relações da Administração*, p. 13.

[57] FREITAS, Juarez. *Direito fundamental à boa administração pública e a constitucionalização das relações administrativas brasileiras*, p. 13-24.

[58] PELZMAN, S. *A Teoria Econômica da Regulação depois de uma década de Desregulação*, p. 81, em MATTOS, Paulo (coord.), *Regulação Econômica e Democracia*.

do serviço público como forma de oferta do direito fundamental – prestacional – do administrado.

E, cabe ressaltar, que, de acordo com Fernando Quadros da Silva,[59] "a partir dos valores existentes nas constituições ocidentais, parece que a regulação não pode ser feita apenas no interesse dos mercados, pois o Estado Democrático de Direito tem objetivos a alcançar, e sua intervenção deve sempre buscar a realização desses objetivos", já que "a atividade regulatória do Estado tem na própria Constituição as linhas gerais que deverão nortear sua atuação".[60]

Então, se o alicerce da regulação oriunda da lei, e, considerando nosso sistema jurídico como um sistema aberto, fundamentado na dignidade humana, há a necessidade de desenvolver-se uma análise e interpretação sistemática[61] das fontes do Direito então atuantes, a fim de buscar-se uma prática eficiente, focada no bem-estar social, que efetive o direito do administrado à boa Administração Pública, entendido, antes de tudo, como "somatório de direitos subjetivos públicos".[62]

A partir dessas observações, Juarez Freitas[63] conclui que se deve "assumir, com todas as forças, a defesa do direito administrativo mais de Estado regulador e prestacional redistributivo de oportunidades que "de governo" e vocacionado ao efêmero particularismo. Força, nesse desiderato, aprofundar consideravelmente a sindicabilidade, com os olhos fitos nos princípios constitucionais, tomados como diretrizes efetivamente superiores", pois, tendo-se em vista o princípio da proporcionalidade, o Estado deve encontrar adequação em suas atuações para que se caracterize como "nem segurador universal, nem Estado omisso", já que tal princípio veda o excesso e a inoperância da atuação estatal.[64]

A análise dos princípios, ou, como denomina Diogo de Figueiredo Moreira Neto,[65] "os novos princípios" (políticos, técnicos e jurídicos) também importa consideravelmente nessa temática.

Sérgio Guerra,[66] caracterizando a interpretação dos princípios e ressaltando a "escolha regulatória" pela discricionariedade, informa que "busca-se uma atuação eficiente e com foco no bem estar social mediante ponderação nos conflitos distributivos, à luz de princípios – não apenas regras – que trabalham com categorias econômicas" [...] "Nesse contexto, destaca-se a importância da nova categoria das escolhas administrativas: a escolha regulatória. Na regulação de atividades econômicas pelo Estado, a estrutura estatal necessária para equilibrar os subsistemas regulados, ajustando as falhas do mercado, ponderando-se diversos interesses ambivalentes, não se enquadra no modelo positivista clássico e moderno, haja vista sua patente singularidade".

---

[59] SILVA, Fernando Quadros da. *Agências Reguladoras: a sua independência e o Princípio do Estado Democrático de Direito*, p. 82.

[60] Idem.

[61] FREITAS, Juarez. *A interpretação sistemática do Direito*, p.64.

[62] FREITAS, Juarez. *Discricionariedade administrativa e o direito fundamental à boa Administração Pública*,

[63] FREITAS, Juarez. *Discricionariedade administrativa e o direito fundamental à boa Administração Pública*, p. 19.

[64] FREITAS, Juarez. *Responsabilidade civil do Estado e o princípio da proporcionalidade*: vedação de excesso e de inoperância, p.172.

[65] MOREIRA NETO, Diogo de Figueiredo Moreira. *Mutações do Direito Administrativo*, p. 18 e seguintes.

[66] GUERRA, Sérgio. *Discrionariedade e reflexividade: uma nova teoria sobre as escolhas administrativas*, p. 79 e seguintes.

No esclarecer de Floriano Azevedo Marques Neto,[67] a atividade regulatória é espécie do gênero atividade administrativa: "Mas trata-se de uma espécie bastante peculiar. Como já pude afirmar em outra oportunidade, é na moderna atividade regulatória estatal que melhor se manifesta o novo paradigma de direito administrativo, de caráter menos autoritário e mais consensual, aberto à interlocução com a sociedade e permeado pela participação do administrado".

Nesse sentido, Konrad Hesse[68] leciona, em relação à ponderação, que "los bienes jurídicos constitucionalmente protegidos deben ser coordinados de tal modo em la solución del problema que todos ellos conserven su entidad. Alli donde se produzcan colisiones no se debe, a través de una precipitada 'ponderación de bienes' o incluso abstracta 'ponderación de valores', realizar el uno a costa del outro". E, para Luis Roberto Barroso,[69] "para buscar-se a harmonia ou concordância de direitos fundamentais, deve ser utilizada como mecanismo à solução de tensões a ponderação de bens ou valores jurídicos fundamentais".

Ademais, a interpretação sistemática exercerá papel decisivo na escolha do administrador, em busca de assegurar, no Estado democrático, a dignidade do administrado.

E, acerca da dignidade humana, a doutrina de Jorge Miranda[70] a relaciona como fundamento da unidade da Constituição: "A Constituição confere uma unidade de sentido, de valor e de concordância prática ao sistema de direitos fundamentais. E ela repousa na dignidade da pessoa humana, ou seja, na concepção que faz a pessoa fundamento e fim da sociedade e do Estado".

Willis Santiago Guerra Filho[71] esclarece que esse princípio foi formulado com base na ética de Kant, "precisamente na máxima que determina aos homens, em suas relações interpessoais, não agirem jamais de molde a que o outro seja tratado como objeto, e não como igualmente um sujeito", bem como o magistério de Ingo Wolfgang Sarlet,[72] o qual leciona que os direitos fundamentais constituem exigência e concretizações do princípio da dignidade humana.

Finalmente, a reflexividade das escolhas da Administração Pública, partindo de um Estado democrático e regulatório, incide, diretamente, na vida dos administrados, enquanto titulares dos respectivos direitos fundamentais, e constitui sua dignidade enquanto entes participativos da sociedade estatal.

Resta, portanto, clara a noção de que, no processo de constitucionalização das relações administrativas brasileiras, inclusive as oriundas das atividades de regulação, a força normativa da Constituição assegura e promove a eficácia dos direitos fundamentais, que, nesse contexto, revelam o direito fundamental à boa Administração Pública do administrado, enquanto titular de direitos fundamentais.

No entanto, a realização de valores constitucionais, mais especificamente consubstanciados nos direitos fundamentais, só demonstrará uma atuação da Administração

---

[67] MARQUES NETO, Floriano Azevedo. *Pensando o controle da atividade de regulação estatal*, p. 202. GUERRA, Sérgio (coord.), *Temas de direito regulatório*.
[68] HESSE, Konrad. *Estudios de Derecho Constitucional*, p. 45.
[69] BARROSO, Luis Roberto. *O Direito Constitucional e a Efetividade de suas Normas*, p. 186.
[70] MIRANDA, Jorge. *Manual de Direito Constitucional*, v. II, p. 152.
[71] GUERRA FILHO, Willis Santiago. *Dos Direitos Humanos aos Direitos Fundamentais*, p. 166.
[72] SARLET, Ingo Wolfgang. *Dignidade da pessoa humana e direitos fundamentais*, p. 88 e seguintes.

Pública pautada no direito fundamental à boa administração se a gestão pública visar não apenas aos interesses econômicos, mas institucionais, por meio de processos e políticas públicas de financiamento dos direitos fundamentais.

REFERÊNCIAS

ALLEGRETTI, Umberto. *Amministrazione pubblica e costituzione*. Padova: CEDAM, 1996

ARAGÃO, Alexandre Santos de. *Agências Reguladoras e a evolução do Direito Administrativo Econômico*. 2ª ed. Rio de Janeiro: Forense, 2009

——; MARQUES NETO, Floriano de Azevedo (coord.). *Direito Administrativo e seus novos paradigmas*. Belo Horizonte: Fórum, 2008.

BARROSO, Luís Roberto. *Interpretação e Aplicação da Constituição*: Fundamentos de uma Dogmática Constitucional Transformadora. 2 ed. São Paulo: Saraiva, 1998.

——. *O Direito Constitucional e a Efetividade de suas Normas*. 3 ed. Rio de Janeiro: Renovar, 1996.

BINENBOJM, Gustavo (coord. e coautor). *Agências Reguladoras e Democracia*. Rio de Janeiro: Lumen Juris, 2006

——. *Uma Teoria do Direito administrativo*: Direitos Fundamentais, Democracia e Constitucionalização. 2ª. ed. Rio de Janeiro, Renovar, 2008

BUCCI, Maria Paula Dallari. *Direito Administrativo e Políticas Públicas*. São Paulo: Saraiva, 2002.

CANOTILHO, Joaquim José Gomes. *Direito Constitucional e Teoria da Constituição*. Coimbra: Almedina, 1998.

DI PIETRO, Maria Sylvia Zanella. *Parcerias na Administração Pública. Concessão, Permissão, Franquia, Terceirização, Parceria Público-Privada e outras formas*. 7ª ed. São Paulo: Atlas, 2009

—— (org. e coautora). *Direito Regulatório: Temas Polêmicos*. 2ª ed. Belo Horizonte: Fórum, 2009

FREITAS, Juarez. *A interpretação Sistemática do Direito*. 5ª. ed. São Paulo: Malheiros, 2010.

——. Regime dos serviços públicos e a proteção dos consumidores. *Revista Direito e Justiça, Revista da Faculdade de Direito da PUCRS*, Porto Alegre, n. 24, p. 9-43, 2001/2.

——. *Discricionariedade Administrativa e o Direito Fundamental à Boa Administração Pública*. São Paulo: Malheiros, 2007.

——. *O Controle dos Atos Administrativos e os Princípios Fundamentais*. 4ª ed. São Paulo: Malheiros, 2009.

——. O Controle dos Atos Vinculados e Discricionários à luz dos Princípios Fundamentais. *Lições de Direito Administrativo: estudos em homenagem a Octavio Germano*. Luiz Paulo Rosek Germano, José Carlos Teixeira Giorgis (org.). Porto Alegre: Livraria do Advogado, 2005

——. O princípio constitucional da moralidade e o novo controle das relações da Administração, *Revista Interesse Público*, ano 10, n. 51, set./out./2008, p. 13-41. Belo Horizonte, Fórum, 2008

——. O princípio fundamental à boa administração pública e a constitucionalização das relações administrativas brasileiras, *Revista Interesse Público*, ano 12, n. 60, mar./abr./201, p. 13-24. Belo Horizonte, Fórum, 2010.

GUERRA, Sérgio. *Discricionariedade e Reflexividade: uma nova teoria sobre as escolhas administrativas*. Belo Horizonte: Fórum, 2008

——. *Introdução ao Direito das Agências Reguladoras*. Rio de Janeiro: Freitas Bastos, 2004

GUERRA FILHO, Willis Santiago (org.). *Direitos Fundamentais*: Teoria e Realidade Normativa. *Revista dos Tribunais*, São Paulo, v. 713, p. 45-52, 1995.

——. *Dos Direitos Humanos aos Direitos Fundamentais*. Porto Alegre: Livraria do Advogado, 1997.

HESSE, Konrad. *A Força Normativa da Constituição*. Tradução de Gilmar Ferreira Mendes. Porto Alegre: Sergio Antonio Fabris Editor, 1991.

——. *Escritos de Derecho Constitucional*. Madrid: Centro de Estudios Constitucionales, 1992.

MARQUES NETO, Floriano de Azevedo. *Agências Reguladoras Independentes*: fundamentos e seu regime jurídico. Belo Horizonte: Fórum, 2005

MATTOS, Paulo Todescan Lessa (coord.). PRADO, Mariana Mota; ROCHA, Jean Paul Cabral Veiga da; COUTINHO, Diogo R.; OLIVA, Rafael (org.). *Regulação Econômica e Democracia: o Debate Norte-Americano*. São Paulo: Editora 34 e Núcleo de Direito e Democracia/CEBRAP, 2004.

MENEZELLO, Maria D'Assunção Costa. *Agências Reguladoras e o Direito Brasileiro*. São Paulo: Atlas, 2002

MIRANDA, Jorge. *Manual de Direito Constitucional*. 3 ed. Coimbra: Coimbra Editora, 2000. V. II e IV.

——. Os direitos fundamentais, sua dimensão individual e social. *Cadernos de Direito Constitucional e Ciência Política*, São Paulo, n. 1, p. 198-208, 1992.

MOLINARO, Carlos Alberto. *Direito Ambiental: proibição de retrocesso*. Porto Alegre: Livraria do Advogado, 2007

MOREIRA, Vital. *Auto-regulação profissional e Administração Pública*. Coimbra: Almedina, 1997

MOREIRA NETO, Diogo de Figueiredo. *Mutações do Direito Administrativo*. 3ª ed. Rio de Janeiro: Renovar, 2007

——. *Quatro Paradigmas do Direito Administrativo Pós-Moderno*: Legitimidade, Finalidade, Eficiência, Resultados. Belo Horizonte: Fórum, 2008

MOTTA, Paulo Roberto Ferreira. *Agências Reguladoras*. Barueri/SP: Manole, 2003

NUNES, Anelise Coelho. *A titularidade dos direitos fundamentais na Constituição Federal de 1988*. Porto Alegre: Livraria do Advogado, 2007

RUARO, Regina Linden. Reforma Administrativa e a consolidação da esfera pública brasileira: o caso do orçamento participativo no Rio Grande do Sul. *Revista Interesse Público*, ano 5, n. 19, maio/junho/2003, p. 81-102. Porto Alegre: Notadez, 2003.

SALOMÃO FILHO, CALIXTO (coord. e coautor). *Regulação e Desenvolvimento*. São Paulo: Malheiros, 2002

SARLET, Ingo Wolfgang. *A Eficácia dos Direitos Fundamentais*: uma teoria geral dos direitos fundamentais na perspectiva constitucional. 10ª ed. Porto Alegre: Livraria do Advogado, 2009.

——. *Dignidade da Pessoa Humana e Direitos Fundamentais na Constituição Federal de 1988*. Porto Alegre: Livraria do Advogado, 2009.

——. (org. e coautor); TIMM, Luciano Benetti (org. e coautor) e alli. *Direitos Fundamentais: Orçamento e "Reserva do Possível"*. Porto Alegre: Livraria do Advogado, 2008.

SORRENTINO, Giancarlo. *Diritti e participazione nell'amministrazione di risultato*. Napoli: Editoriale Scientifica, 2003.

UNITED STATES OF AMERICA. SUPREME COURT. 467 USA 837 – Decisão acerca da Doutrina *Chevron*. Disponível em http://www.supremecourt.gov/search.aspx?Search=chevron+&type=Site acesso em 15/09/2010, às 13h e 50min

— 3 —

A responsabilidade civil ambiental pelos danos futuros e riscos de danos

LIANE FRANCISCA HÜNING BIRNFELD[1]

Sumário: Introdução; Responsabilidade Civil; Responsabilidade Civil Ambiental; Teoria dos Riscos integral e do risco criado. Danos futuros e Riscos de Danos; A responsabilidade civil diante dos danos efetivos, danos futuros e riscos de danos; Conclusão.

INTRODUÇÃO

Buscar-se-á com o presente artigo consolidar a ideia de que responsabilidade civil objetiva em matéria ambiental deve ser integral, eis que os danos ambientais na atualidade não se configuram apenas como os danos clássicos que são danos *ex posteriori*, são danos cuja prevenção é muito mais importante do que a reparação.

Assim, esse artigo é um ensaio que objetiva trazer a luz esses problemas, e não tem a pretensão de trazer soluções definitivas, apenas sinalizar que o aprendido histórica e juridicamente com a teoria do risco integral deve ser trazida como base de fundo, não evidentemente como obrigação de pagar por algo que o empreendedor sequer iniciou a fazer, no sentido de quantificação de futura poluição. Não é disso que trata este artigo. O foco é desenvolver uma teoria no sentido de responsabilidade preventiva pelas ações indispensáveis e pelas ações precaucionais necessárias para que não ocorra a degradação ambiental.

Para tanto, em um primeiro momento, buscar-se-á conceituar a responsabilidade civil subjetiva e a responsabilidade objetiva relativa ao meio ambiente. Em um segundo momento, analisar as teorias dos riscos aplicados à responsabilidade objetiva e, por fim, será examinada a responsabilidade objetiva ambiental por danos futuros e pelo risco dos danos.

RESPONSABILIDADE CIVIL

Quando se pensa em responsabilidade vem à mente a palavra originária do latim *responsabilitatis*,[2] que possui em sua essência o *responsabilizar-se*, ligada à ideia de

---

[1] Doutoranda pela PUCRS, Mestre em direito pela UFSC – Universidade Federal de Santa Catarina, professora da FURG – Universidade Federal do Rio Grande e da UCPEL – Universidade Católica de Pelotas, Graduada e pós-graduada em direito pela UNIJUI – Universidade de Ijuí. E-mail: liane@birnfeld.net

[2] TELLES, Antônio A. Queiroz. *Introdução ao Direito administrativo*. 2. ed. rev., atual. e ampl. São Paulo: Revista dos Tribunais, 2000, p. 444.

resposta, *respostum*, que significa responder, replicar. Exprime assim uma ideia de obrigação, encargo e contraprestação.

Cabe ressaltar duas concepções diferentes da responsabilidade: uma em sentido abstrato ou no sentido de *obrigação ordinária*,[3] que decorre da previsão legal, que independe da existência de ilícito de qualquer natureza, de que são exemplos a *responsabilidade dos pais pelos seus filhos, do depositário pela coisa depositada, do sócio-gerente pela empresa, do contratante pelo contrato, do sujeito passivo pelo pagamento de tributo*. A outra concepção possível é no sentido de *obrigação extraordinária*[4] que é decorrente de *ilícito*, seja este natureza civil, penal ou administrativa.

A distinção entre ambos os sentidos é que na primeira acepção se tem apenas uma previsão legal e um sujeito que por força de sua vontade se responsabiliza voluntariamente por determinada obrigação, ou que, encontrando-se em situação lícita prevista em lei, por força desta restou responsabilizado. Tem-se, destarte, nesta acepção, o *sujeito* e a *norma* como elementos fundamentais e únicos para a configuração da *responsabilidade*.

Na segunda acepção, além destes dois fatores agrega-se um terceiro: *a indeclinável presença do Estado*, seja pela voz do Poder Judiciário, para a *responsabilidade civil ou criminal*, seja pela voz do *Poder Executivo* para a *responsabilidade administrativa*.

Portanto, a responsabilidade que era ordinária e cuja origem residia no campo da licitude converte-se em pauta extraordinária a requerer a atuação dos aparatos repressivos do Estado, eis que inserida no campo da ilicitude.

Assim, depreende-se que a ideia de responsabilidade está vinculada a existência de uma obrigação.[5]

A responsabilidade civil impõe ao infrator a obrigação de ressarcir o prejuízo causado por sua conduta e atividade. Pode ser: contratual, extracontratual, civil subjetiva e civil objetiva.

Na obrigação contratual deve haver um contrato celebrado entre as partes, e a responsabilidade nasce com o descumprimento da uma obrigação prevista neste contrato. Fátima Rangel de Assis[6] ressalta que o contrato precisa ser válido e eficaz, além de existente, isto é que esteja apto para produzir efeitos, eis que, se o contrato for nulo, não se poderá cogitar responsabilidade contratual.

Como coloca Bruno Albergaria,[7] quando um contrato bilateral se estabelece, há uma obrigação entre ambas as partes; os dois lados se obrigam entre si e cada um pode exigir o cumprimento do outro, sob pena de revogação contratual, caso em que a parte prejudicada pode exigir perdas e danos através da responsabilidade civil contratual.

---

[3] BIRNFELD, Carlos Andre Souza. *O principio poluidor-pagador e suas potencialidades- uma leitura não economicista da ordem constitucional brasileira*. Tese apresentada ao curso de Pós-Graduação, para a obtenção do título de Doutor em Direito. Florianópolis: UFSC, 2000, p. 66

[4] Idem, ibidem.

[5] ASSIS, Fátima Rangel dos Santos de. *Responsabilidade civil no direito ambiental*. Rio de Janeiro:Destaque, 2000, p. 25

[6] Idem, ibidem, p. 37.

[7] ALBERGARIA, Bruno. *Direito ambiental e a responsabilidade civil das empresas*. 2ª ed rev. e ampl. Belo Horizonte: Fórum: 2009, p. 122-123

A responsabilidade civil extracontratual ocorre toda vez que a violação não decorrer de uma obrigação contratual, e sim, diretamente de uma norma jurídica. E, para Bruno Albergaria,[8] não há nenhuma estipulação prévia entre credor e devedor da obrigação. O ato pode ser tanto de ação ou de omissão, é ilícito e como tal enseja reparação ao prejudicado.

Na responsabilidade civil subjetiva, o pressuposto é a existência de culpa em seu sentido amplo, como estabelece o art. 186 do Código Civil atual: *"aquele que por ação ou omissão voluntaria, negligencia ou imprudência"* causar dano, deverá repará-lo.

Para Bruno Albergaria,[9] não basta haver prejuízo ou dano, mas deve-se observar se o ato de ação ou omissão tinha como objetivo causar o dano ou se foi praticado sem o devido cuidado para evitá-lo.

O mesmo autor ressalta que existem casos em que a teoria da responsabilidade civil subjetiva não foi suficiente para responsabilizar certas situações em que a sociedade exige a reparação dos prejuízos mesmo não havendo culpa ou dolo do agente. A obrigação de reparar o dano não está vinculada com a culpa do agente e para se justificar a aplicação da responsabilidade sem a culpa ou o dolo, adota-se a teoria do risco, ou seja, pela própria atividade exercida pelo agente.

O autor chama a atenção ao fato de que deve haver previsão legal para se aplicar essa teoria, exatamente por ser ela a exceção à regra. Não havendo previsão legal, aplicar-se-á a teoria do risco subjetivo.[10]

Para Maria Luiza Machado Granziera,[11] a responsabilidade civil objetiva foi introduzida como um reflexo da evolução da sociedade que impõe maior responsabilidade à pessoa física ou jurídica, principalmente nas relações econômicas e quando envolve interesses difusos. Lógica que está contida no art 170 da Constituição Federal de 1988, que condiciona as atividades econômicas à proteção do meio ambiente.

Para a autora,[12] as responsabilidades estão estabelecidas nos seguintes artigos do Código Civil:

1- a responsabilidade subjetiva – fundamentada no ato ilícito e na teoria da culpa – CC art. 186;
2- a responsabilidade objetiva, fundamentada em dois fatores distintos:
a) abuso de direito, caracterizado na lei como ilícito – CC art. 187
b) nos casos específicos em lei e quando a atividade implicar em risco – CC art. 43.

Cabe ressaltar que para configurar a responsabilidade objetiva, o art 187 do Código Civil dispensa a conduta dolosa ou culposa do autor. Basta que se prove a existência do ato, a ocorrência de dano e nexo de causalidade entre ato e dano.

Maria Luiza Machado Granziera[13] considera que o Código Civil estabeleceu, além da responsabilidade fixada no art 187, outra forma de responsabilidade objetiva, introduzindo a teoria do risco prevista no art. 927:

---

[8] Idem, ibidem, p. 123.
[9] Idem, ibidem, p. 125
[10] Idem Ibidem, p. 126- 127.
[11] GRANZIERA, Maria Luiza Machado. *Direito Ambiental*. São Paulo: Atlas, 2009, p. 584
[12] Idem, ibidem.
[13] Idem, ibidem, p 586

O Código Civil estabeleceu, além da responsabilidade fixada no art. 187, outra forma de responsabilidade objetiva, introduzindo a teoria do risco, segundo a qual aquele que, em sua atividade econômica, expuser a sociedade ao risco é obrigado a reparar eventuais danos que venha a causar. Nos termos do parágrafo único do art. 927.

Algumas searas do direito são contempladas pela teoria do risco ou responsabilidade objetiva, dentre elas: a decorrente de acidente de trabalho (Lei 8213/91), a de transporte aéreo (Código Brasileiro de Aeronáutica – Lei 7.565/86), as relações de consumo (Código do Consumidor – Lei 8078/90) e o direito ambiental, onde todos são responsáveis pelo meio ambiente, pois este engloba o homem e a natureza ao mesmo tempo, havendo entre os dois uma interdependência. Na verdade, todos dependem dele para sobreviver.

Neste sentido, Jose Rubens Morato Leite:[14]

> Tal interdependência é verificada de maneira incontestável pela relação homem-natureza, posto que não há possibilidade de se separar o homem da natureza para sobreviver. O meio ambiente é conceito que deriva do homem, e a ele est relacionado; entretanto, interdepende da natureza como duas partes de uma mesma fruta ou dois elos do mesmo feixe.

Geralmente, nos atos ilícitos civis há uma reparação individual, como expõe Bruno Albergaria,[15] de um bem determinado e quantificado, e somente aquele que sofreu o prejuízo será reparado ou indenizado, mas, como relação ao dano ambiental poderá ocorrer também que além do indivíduo, toda a sociedade seja atingida.

Nos termos do autor:

> Geralmente, nos atos ilícitos civis, há a reparação individual, isto é, somente aquele que sofreu o prejuízo será reparado u indenizado. Contudo, no dano ambiental, há, conforme já visto, duas classificações de bens ambientais, o macrobem e o microbem. Quando se fala em responsabilização ambiental, deve-se entender a responsabilização do microbem, de responsabilização individual, de bem determinado e quantificado, como por exemplo uma árvore frutífera da propriedade particular que veio a morrer em virtude da poluição causada por uma industria. Na responsabilização ambiental, no entanto, deve-se considerar também o macrobem, no sentido amplo do termo, abarcando o interesse meta-individual. Portanto, no campo da responsabilidade civil ambiental, tanto devera haver indenização individualizada como a responsabilização coletiva ou meta-individual, para toda a sociedade atingida.

Jose Rubens Morato Leite[16] ressalta que o meio ambiente é um macrobem, de uso comum do povo, de todos, e que ninguém pode dispor da qualidade do meio ambiente ecologicamente equilibrado:

> [...] visualiza-se o meio ambiente como um bem ambiente como um macrobem, que além de bem incorpóreo e imaterial se configura como bem de uso comum do povo. Isto significa que o proprietário, seja ele publico ou particular não poderá dispor da qualidade do meio ambiente ecologicamente equilibrado, devido a previsão constitucional, considerando-o macrobem de todos.

Ocorre que, muitas vezes, a degradação ambiental é impossível de ser reparada e não há como se restabelecer o *status quo anterior*. E nesse sentido Fabio Feldmann[17]

---

[14] MORATO LEITE. José Rubens. *Dano ambiental do individual ao coletivo extrapatrimonial*. Tese apresentada ao curso de Pós-Graduação, para a obtenção do título de Doutor em Direito. Florianópolis: UFSC, 1999, p. 59

[15] ALBERGARIA, Bruno. *Direito ambiental e a responsabilidade civil das empresas*. 2ª ed rev. E ampl. Belo Horizonte: Fórum: 2009, p. 121-122

[16] MORATO LEITE. José Rubens. *Dano ambiental do individual ao coletivo extrapatrimonial*. Tese apresentada ao curso de Pós-Graduação, para a obtenção do titulo de Doutor em Direito. Florianópolis: UFSC, 1999, p. 73

[17] FELDMANN, Fábio. Apud MILARÉ, Édis. *Direito do Ambiente*. 2ª ed. rev. e ampl. São Paulo: RT, 2001, p. 420.

faz refletir com as seguintes indagações: Como reparar o desaparecimento de uma espécie? Como trazer de volta uma floresta de séculos que sucumbiu sob a violência do corte raso? Como purificar um lençol freático contaminado por agrotóxicos?

No mesmo sentido, Paulo de Bessa Antunes[18] ressalta que existem bens que são únicos e insubstituíveis:

> Esta é uma concepção teórica, pois na maior parte das vezes, é impossível a reconstrução da realidade anterior: e. g., morte de uma pessoa, destruição de uma obra de valor histórico, artístico ou paisagístico; extinção de uma espécie animal etc. Existem bens que são únicos e nesta qualidade, são insubstituíveis.

No campo do meio ambiente, as infrações estão sujeitas a uma tríplice responsabilização, conforme dispõe o art. 225, § 3º, da Constituição Federal: "As condutas e atividades consideradas lesivas ao meio ambiente sujeitarão os infratores, pessoas físicas ou jurídicas, a sanções penais e administrativas, independentemente da obrigação de reparar o dano".

Pelo seu escopo, o presente artigo deixa de fazer uma análise do instituto da responsabilidade penal, administrativa e civil, focando apenas na responsabilidade civil ambiental no que tange aos danos futuros e risco de danos, a qual se analisará a seguir.

RESPONSABILIDADE CIVIL AMBIENTAL

Quanto à responsabilidade civil ambiental prevista no ordenamento jurídico brasileiro, cumpre mencionar que desde a instituição da Política Nacional do Meio Ambiente (Lei 6.938/81), o Direito brasileiro erigiu a *responsabilidade objetiva* como alicerce à responsabilização civil pelos danos perpetrados ao ambiente. Nesse sentido, dispõe o seu artigo 14, § 1º: "Sem obstar a aplicação das penalidades prevista neste artigo, *é o poluidor obrigado independentemente da existência de culpa*, a indenizar ou reparar os danos causados ao meio ambiente e a terceiros afetados por sua atividade [...]".

O referido artigo foi perfeitamente recepcionado pelo Constituição Federal, a qual em seu art. 225, § 3º, inclusive expressa:

> Art. 225 Todos têm direito ao meio ambiente ecologicamente equilibrado, bem de uso comum do povo e essencial à sadia qualidade de vida, impondo-se ao Poder Público e à coletividade o dever de defendê-lo e preservá-lo para as presentes e futuras gerações.
> [...]
> § 3º As condutas e atividades consideradas lesivas ao meio ambiente sujeitarão os infratores, pessoas físicas ou jurídicas, a sanções penais e administrativas, independentemente da obrigação de reparar os danos causados.

O Código Civil, conforme já especificado, apesar de adotar como regra a responsabilidade civil subjetiva, portanto baseada no elemento subjetivo determinante da conduta, ou seja, culpa (imprudência, negligência, imperícia e dolo) estabeleceu a objetiva para *os casos especificados em lei* e/ou *quando a atividade desenvolvida pelo autor do dano implicar, por sua natureza, risco para os direitos de outrem*, consoante parágrafo único do artigo 927.

---

[18] ANTUNES, Paulo de Bessa. *Direito Ambiental*. 11. ed. Amplamente reformulada. Rio de Janeiro: Lumen Juris, 2008, p. 141.

Portanto, tratando-se de responsabilidade civil por agressões ao meio ambiente, aplicar-se-á indubitavelmente a responsabilidade objetiva, ressaltando que na responsabilidade objetiva o agente assume todos os riscos de sua atividade, eis que a responsabilidade objetiva tem como base a ideia de responsabilizar quem lucra com a atividade danosa, evitando assim que os outros paguem pelos danos causados pelo agente.

Nesse sentido, Édis Milaré:[19]

> [...] aquele que lucra com uma atividade deve responder pelo risco ou pelas desvantagens dela resultantes. Assumem o agente, destarte, todos os riscos de sua atividade, pondo-se fim, à prática inadmissível da socialização do prejuízo e privatização do lucro.

Bruno Albergaria[20] chama a atenção ao sistema capitalista onde os lucros das atividades da empresas são particularizados entres os sócios, independentemente do tipo de sociedade, mas os prejuizos ecológicos serão repartidos por toda a população. E atenta ao fato de que, mesmo usando toda a moderna tecnologia disponível, se acarretará um prejuízo social, pelo simples fato de explorar atividade que cause prejuízos ecológicos: "a montanha, depois de completamente explorada, não mais existira, no seu lugar haverá um grande vazio e os prejuízos causados por essa atividade serão arcados por todos". O que ele chama de "particularização dos lucros e socialização dos prejuizos".

Ainda para o autor, além do poluidor, para quem é indiscutivel a responsabilidade, deve arcar com ônus também o usuário-pagador, eis que o meio ambiente não pode ser particularizado. Tratando-se de um macrobem, pertence a todos e deverá ser preservado para as futuras gerações, eis que, muitas vezes, a simples a utilização do bem já implica sua extinção, como no caso dos recursos não renováveis, mesmo no caso de o usuário ser o proprietário do microbem, ou seja, quem detenha a sua posse.

Os pressupostos da responsabilidade civil objetiva são a conduta, o resultado e o nexo. Assim, para que se configure o dever de indenizar, deverá haver a conduta do agente, o nexo de causalidade entre o dano sofrido pela vítima e a conduta do agente.

Na análise da conduta não se verifica o elemento subjetivo desta, portanto se o agente agiu com dolo e/ou culpa, nem mesmo se a mesma é lícita ou ilícita, mas o conteúdo material de sua ação/omissão.

Assim, considera-se responsável pela conduta o agente que agiu tanto direta como indiretamente, ou contribuiu para o resultado lesivo, pois para a PNMA (artigo 3°, IV) o poluidor é "a pessoa física ou jurídica, de direito público ou privado, *responsável, direta ou indiretamente, por atividade causadora de degradação ambiental*" (grifo nosso). Pode-se afirmar que, tratando-se de responsabilidade civil por danos ambientais, a responsabilidade é solidária, de modo que todos os agentes poluidores ou somente um ou alguns responderão.

---

[19] MILARÉ, Edis. *Direito do Ambiente: doutrina – prática jurídica – jurisprudência – glossário*. 4ª ed. São Paulo: Revista dos Tribunais, 2005, p. 338-339.

[20] ALBERGARIA, Bruno. *Direito ambiental e a responsabilidade civil das empresas*. 2ª ed rev. e ampl. Belo Horizonte: Fórum: 2009, p. 112-114.

Nesse sentido, Roxana Cardoso Brasileiro Borges[21] ressalta que o dever de cuidar do meio ambiente não é exclusivo do poder público; é solidarizado com a esfera do particular.

Para a autora, o Estado passa a ter como função principal a proteção da natureza e não mais apenas a proteção do mercado se exigindo compatibilizar o desenvolvimento econômico com a qualidade de vida.

Carlos André Sousa Birnfeld[22] ressalta que ao lado desta nova conformação do Estado surge uma nova concepção de cidadania, com uma população mais consciente e preocupada com a preservação do meio ambiente, que exige o reconhecimento de novos direitos, novas garantias e instrumentos jurídicos que garantam efetivamente essa proteção.

O Poder Público (Estados, Distrito Federal, Municípios e a União) vem sendo responsabilizado por sua omissão no que tange ao dever constitucional de preservar e proteger o meio ambiente às presentes e futuras gerações (CF/88, artigo 225), assim como em decorrência da competência comum atribuída, aos entes mencionados, no artigo 23, VI, da CF/88 para "proteger o meio ambiente e combater a poluição em qualquer de suas formas".

Mais do que correta a responsabilização da Administração Pública pela omissão, pois Juarez Freitas[23] bem destaca que a omissão da administração pública pode até matar:

> Passou da hora de acolher, com todos os efeitos, o direito fundamental à boa administração pública, cogente o bastante para reorientar a gestão pública brasileira, no intuito de fazê-la menos burocrática, mais parceira da sociedade. Menos evasiva, mais assertiva e lúcida. Menos campeã da inconstitucionalidade (por ação e por omissão), mais confiável na guarda efetiva dos direitos fundamentais. Em geral, as enchentes não matam. O que mata é a omissão.

Bruno Albergaria[24] chama a atenção para a dificuldade de visualizar a omissão "toda a atividade lesiva ao meio ambiente, como poluir um rio ou desmatar uma floresta, é de fácil percepção. Contudo a omissão causa maior dificuldade em visualizá-la".

Não há dúvida sobre a aplicação da teoria objetiva na responsabilização civil por danos ambientais, mas há dúvidas no tocante à teoria objetiva a ser empregada: teoria do risco proveito ou integral e teoria do risco criado,[25] a seguir passa-se à análise das mesmas.

TEORIA DO RISCO INTEGRAL E DO RISCO CRIADO

As duas são teorias objetivas: o que difere uma da outra é na teoria do risco integral, também chamada de risco proveito, não cabe a análise de excludentes de

---

[21] BORGES, Roxana Cardoso Brasileiro. *Função ambiental da propriedade rural*. São Paulo: LTr 1999, p. 25.

[22] BIRNFELD, Carlos Andre Sousa. *A emergência de uma dimensão ecológica para a cidadania – alguns subsídios aos operadores jurídicos*. Dissertação de Mestrado em Direito junto a Universidade Federal de Santa Catarina. Florianopolis:1997.

[23] FREITAS, Juarez. *Chuvas de Omissão*. Tema para debate, Zero Hora 11.04.2010.

[24] ALBERGARIA, Bruno. *Direito ambiental e a responsabilidade civil das empresas*. 2ª ed rev. e ampl. Belo Horizonte: Fórum: 2009, p. 129.

[25] Conceituadas por Délton Winter de Carvalho (in *Revista do direito ambiental*. 2007, p. 73 e ss.), como teoria do risco abstrato e teoria do risco concreto, respectivamente.

responsabilidade, enquanto na teoria do risco criado, também chamada de risco causal, as mesmas podem ser analisadas. Assim, a aplicação de uma ou outra conduz a resultados diversos: uma maior ou menor proteção, uma maior ou menor preservação ambiental, tendo como consequência uma maior ou menor responsabilidade do agente.

Para Annelise Monteiro Steigleder,[26] na teoria do risco criado se faz a averiguação da responsabilidade dentre todos os possíveis fatores de risco e somente devem ser considerados aqueles que por apresentarem periculosidade são efetivamente aptos a gerar as situações lesivas. Portanto, admite a aplicação de excludentes de responsabilidade (culpa exclusiva da vítima, fatos de terceiros, caso fortuito e força maior), pois para esta teoria, tais fatos têm o condão de romper o curso do nexo causal. Para a autora, Toshio Mukai, Andreas Joachim Krell e Von Adamek defendem a sua aplicação.

Conforme José Rubens Morato Leite,[27] entende-se por risco criado os produzidos por atividades e bens dos agentes que multiplicam, aumentam ou potencializam um dano ambiental. O risco criado tem lugar quando uma pessoa faz uso dos mecanismos, instrumentos ou de meios que aumentam o perigo do dano.

Ainda para Annelise Monteiro Staigleder,[28] ao adotar-se a teoria do risco criado, emprega-se, consequentemente, a teoria da causalidade adequada, pois, dentre as diversas causas que podem ter gerado o dano, busca-se aquela que apresente sérias probabilidades de ter gerado o dano e/ou risco.

Pablo Stolze Gagliano e Rodolfo Pamplona Filho[29] esclarecem que essa teoria foi criada pelo filósofo alemão Von Kries, e segundo sua acepção não se pode considerar como causa toda e qualquer condição que haja contribuído para a efetivação do resultado, mas somente aquela que, segundo um juízo de probabilidade, possa ser considerada o antecedente abstratamente idôneo à produção do efeito danoso.

As excludentes de responsabilidade são: 1) legitima defesa; 2) o exercício regular de um direito ou licitude da atividade; 3) o estado de necessidade; 4) o fato de terceiro; 5) caso fortuito ou força maior.

Bruno Albergaria[30] apresenta exemplos que são elucidativos para as referidas excludentes. Para legítima defesa, cita o *necessário corte de uma árvore frutífera protegida por lei para salvar a vida há vida de alguém*, eis que não pode ser exigida outra conduta que não a de salvar a vida de um ser humano.

Como exemplo de exercício regular de um direito ou licitude da atividade, cita aquele que pratica um ato lícito ou autorizado, licenciado ou permitido pela administração pública, através de um alvará que o exclui da responsabilidade. Mas o autor adverte em seguida que não é posição da doutrina dominante.

---

[26] STEIGLEDER Annelise Monteiro. *Responsabilidade civil ambiental:* as dimensões do dano ambiental no direito brasileiro. Porto Alegre: Livraria do Advogado. 2004, p.198-200.

[27] MORATO LEITE. José Rubens. *Dano ambiental do individual ao coletivo extrapatrimonial.* Tese apresentada ao curso de Pós-Graduação, para a obtenção do titulo de Doutor em Direito. Florianópolis: UFSC, 1999, p. 119.

[28] STEIGLEDER Annelise Monteiro. *Responsabilidade civil ambiental:* as dimensões do dano ambiental no direito brasileiro. Porto Alegre: Livraria do Advogado. 2004, p. 202.

[29] GAGLIANO, Pablo Stolze; PAMPLONA FILHO, Rodolfo. *Novo curso de Direito Civil. Responsabilidade Civil.* São Paulo: Saraiva: 2003, p.99.

[30] ALBERGARIA, Bruno. *Direito ambiental e a responsabilidade civil das empresas.* 2ª ed rev. e ampl. Belo Horizonte: Fórum: 2009, p. 13-142.

Para estado de necessidade, justifica que, não havendo outro meio de se evitar um mal maior, pode ocorrer a destruição de uma faixa de mata nativa para impedir a propagação de um incêndio que iria destruir todo o parque nacional.

Como exemplo de fato de terceiro, cita uma fábrica que age dentro de todos os padrões de normas técnicas, utiliza todos os meios disponíveis para evitar um vazamento de material tóxico e mesmo assim é invadida por pessoas estranhas à companhia, e o material tóxico é lançado na atmosfera. Ocorreu um ato danoso, com intenção de provocar o dano, mesmo com toda a diligência contrária da empresa. Para o autor, exclui-se a responsabilidade da empresa e recai sobre o terceiro.

Como exemplo de caso fortuito, atos praticados pelo ser humano, como *revolução, furto ou assalto, ato de terrorista*

Como exemplo de força maior, fatos provenientes da natureza, *raio, trovão, maremoto, enchentes,* as quais não haveria a menor probabilidade de previsão.

O autor ressalta que a força maior e o caso fortuito só podem ser alegados se o dano causado não for proveniente da própria atividade exercida pela empresa. Explicando: *"se o dano for causado pela própria atividade empresarial, mesmo esse dano não seja previsto, ainda assim, a empresa deve reparar o dano ambiental. Aplicação do principio da prevenção e precaução".*

O autor finaliza, chamando a atenção de que *todo o cuidado é pouco* na verificação do que vem a ser fato inesperado e inevitável, devendo ficar *a cargo do juiz* analisar a questão particularizada.

Mas convém ressaltar aqui a expressão do próprio autor utiliza na Nota de rodapé 151 do seu texto, quando se refere que a análise da culpa deve ficar a cargo do juiz: *Deixar a cargo do juiz essa função quase vidente é temerário, acarreta uma insegurança social, o que gera, inclusive, as famosas criticas em forma de anedotas populares*: *"cabeça de juiz, traseira de cavalo e bunda de criança, ninguém pode ter confiança".*

Por outro lado, na teoria do risco proveito ou integral, tem-se a verificação da responsabilidade do autor desde que provado que a atividade ou conduta poderia, em tese, gerar o dano ou risco de dano não sendo necessária a verificação cabal de que a atividade/conduta foi preponderante para o dano.

Segundo a teoria do risco proveito ou integral, o agente é responsabilizado por todo e qualquer ato – independentemente da ocorrência de danos efetivos, basta a possibilidade de ocorrência de riscos à coletividade. Deve o responsável pelo dano repará-lo e/ou cessar e impedir que os fatores, as causas, as circunstâncias gerem danos futuros e/ou coloquem em risco a coletividade.

Essa teoria tem como embasamento o fato de que aquele que aufere proveitos/lucros com a atividade deve arcar com os prejuízos dela decorrentes, não diferenciando causas principais de secundárias, intrínsecas ou não à atividade, todas são consideradas condições do evento lesivo. Não admite nenhuma excludente de responsabilidade.

Para José Rubens Morato Leite[31] todo aquele que exercer atividade lícita que possa causar risco a outrem deverá responder pela indenização em virtude de haver realizado uma atividade apta para produzir o risco.

---

[31] MORATO LEITE. José Rubens. *Dano ambiental do individual ao coletivo extrapatrimonial.* Tese apresentada ao curso de Pós-Graduação, para a obtenção do titulo de Doutor em Direito. Florianópolis: UFSC, 1999, p. 117.

Para Annelise Monteiro Staigleder,[32] "todo e qualquer risco conexo ao empreendimento deverá ser integralmente internalizado no processo produtivo, devendo o responsável reparar quaisquer danos que tenham conexão com sua atividade".

A autora cita Antônio Herman Benjamin, Jorge Alex Athias, Sérgio Cavalieri Filho, Edis Milaré, Nelson Nery Jr., José Afonso da Silva e Sérgio Ferraz entre outros que defendem a aplicação desta teoria e encontram amparo no texto constitucional em seu artigo 225, *caput*, onde se instituiu uma verdadeira obrigação de incolumidade sobre os bens ambientais.[33]

Fernando Noronha[34] entende que essa teoria prescinde de prova efetiva do nexo, basta que o dano decorra efetivamente de conduta para um juízo de probabilidade, sendo suficiente que o risco imposto pela normal conduta possa, em tese, gerar o resultado.

No que se refere aos danos passíveis de responsabilidade este podem ser assim classificados: 1) quanto ao seu objeto, em patrimoniais e extrapatrimoniais, estes envolvem lesões passíveis de gerar prejuízos de ordem corporal, espiritual ou moral e aqueles passíveis de gerar prejuízos econômicos. 2) quanto à titularidade, os danos se classificam em individuais, quando causados a sujeitos individualizados, públicos, privados e transindividuais, causados à coletividade, determináveis ou não. 3) quanto à culpabilidade, esta pode ser subjetiva ou objetiva, e como já demonstrado acima, a responsabilidade é objetiva.

Nesse sentido Carlos Andre Souza Birnfeld:[35]

> Buscando delimitar o perfil sancionatório da responsabilidade civil a doutrina contemporânea tem assim classificado os danos passíveis de responsabilidade, quanto ao seu objeto, em
>
> a) *patrimoniais* (envolvendo lesões atuais ou projetadas passíveis de gerarem prejuízo econômico) ou
>
> b) extrapatrimoniais (envolvendo lesões atuais ou projetadas passíveis de gerarem prejuízos de *ordem corporal, espiritual ou moral*). Vale lembrar, quanto aos danos morais, que este instituto por muito tempo teve sua aceitabilidade controversa, até o advento da Constituição Federal de 1988, que, em seu artigo 5º, inciso X, assegurou, entre os Direitos e Garantias fundamentais, o direito a indenização pelo dano material ou *moral* decorrente da violação da intimidade, da vida privada, da honra e da imagem das pessoas.
>
> Quanto a sua titularidade, a classificação igualmente tem se operado na perspectiva de um grande binômio:
>
> a) Danos Individuais (causados a sujeitos devidamente individualizados, sejam estes privados ou públicos) e
>
> b) Danos Transindividuais (causados a coletividades, determináveis ou não, configurando-se, no primeiro caso como danos coletivos ou *individuais homogêneos* e, no segundo caso como danos *difusos*).
>
> Quanto ao grau de culpabilidade, novamente um grande binômio pode ser articulado a partir da doutrina contemporânea: a responsabilidade civil pode ser
>
> a) subjetiva, (onde, nos termos do artigo 186 do Código Civil, aquele que, por ação ou omissão voluntária, negligência ou imprudência, violar direito e causar dano a outrem, ainda que exclusivamente moral, comete

---

[32] STEIGLEDER Annelise Monteiro. *Responsabilidade civil ambiental.: as dimensões do dano ambiental no direito brasileiro*. Porto Alegre: Livraria do Advogado. 2004, p.198.

[33] Idem, p.199.

[34] NORONHA Fernando. Desenvolvimentos contemporâneos da responsabilidade civil. In. *Revista dos Tribunais*, São Paulo: v 761, p- 37-38, 1999, p. 37-38.

[35] BIRNFELD, Carlos Andre Souza.*O princípio poluidor-pagador e suas potencialidades- uma leitura não economicista da ordem constitucional brasileira*. Tese apresentada ao curso de Pós-Graduação, para a obtenção do título de Doutor em Direito. Florianópolis: UFSC, 2003, p. 100.

ato ilícito, que envolve indiferentemente condutas dolosas ou culposas e que constitui a regra geral da responsabilização civil) ou

b) *objetiva* (onde, nos termos dos disciplinamentos especiais que contenham este dispositivo, a obrigação de reparar o dano é imputada a quem, independentemente de culpa subjetiva [dolo, negligência ou imprudência], causar prejuízo a outrem, que constitui regra especial a requerer disposição normativa específica para sua aplicação, como é o caso, v.g., exatamente da responsabilidade ambiental, nos termos da lei 6938/81 [Art. 14, parágrafo 1º]).

Assim, o dano ambiental pode vitimar a coletividade e pessoas individuais. Ainda, um mesmo evento, pode lesar patrimonial e extrapatrimonialmente a coletividade e as pessoas determinadas,

No mesmo sentido, Silviana L Henkes,[36] citando também exemplos:

O dano ambiental patrimonial lesa bens ou interesses de cunho patrimonial – patrimônio da coletividade ou de um particular. Por exemplo, um incêndio de grandes proporções na Amazônia causa um dano patrimonial às presentes e futuras gerações, a população global. Todavia a queimada de uma pequena área de uma reserva legal pode gerar danos patrimoniais ao seu proprietário que deverá restaurá-la, independentemente de ser o autor do dano, cabendo indenização contra o real agressor.

O dano extrapatrimonial ou moral surge quando: a) são lesados direitos ou interesses de cunho não pecuniário, portanto sentimento, valores, honra e nome; b) uma lesão de natureza patrimonial causar, de modo reflexo, outros prejuízos não redutíveis ao dinheiro: sentimento, valores pessoais, nome, honra, etc. Trata-se de dano moral direto e dano moral indireto, respectivamente (GAGLIANO e PAMPLONA FILHO, 2003, p. 75). O dano moral ambiental lesando interesses e direitos difusos/coletivos surge quando há comoção popular na perda ou restrição temporária de uso de um bem ambiental, por exemplo, extinção de uma planta, de um animal, de um elemento do patrimônio histórico, cultural, paisagístico, etc. O dano moral ambiental à pessoa determinada pode resultar da comoção ou depressão, por exemplo, perda de um trabalho ligado ao meio ambiente: agente florestal que fica depressivo após o fechamento do parque florestal que trabalhava por mais de 10 anos, em decorrência de um incêndio.

Atualmente, a partir dos princípios constitucionais ambientais da precaução, da prevenção e da responsabilização, tem-se uma nova configuração para os danos ambientais. Antes eram apenas responsabilizados por danos consumados, materializados, e buscava-se a recomposição ou a indenização, agora deve-se admitir a responsabilidade civil por danos futuros e por riscos de danos à coletividade. Não mais se busca apenas a reparação ou indenização por danos, e sim, prevenir a ocorrência dos mesmos. A seguir, passa-se à análise dos danos futuros e riscos de danos.

DANO FUTURO E RISCO DE DANO

Cabe ressaltar que o dano futuro e o risco do dano são figuras distintas. O dano futuro refere-se à ocorrência certa do dano ele vai se materializar em tempo futuro, é inevitável. Já o risco de dano se fundamenta na probabilidade de geração de risco à coletividade e ao meio ambiente, e não na certeza do dano, como ocorre no dano futuro.

Nesse sentido, Mirra:[37]

O dano deve ser certo quanto à sua existência. A certeza relaciona-se não somente quanto ao caráter atual do dano, vale dizer, aquele já iniciado ou consumado, mas também do dano futuro se ele aparece

---

[36] HENKES, Silviana L. A nova configuração da responsabilidade civil ambiental no direito brasileiro a partir da sociedade de risco. In *Francisca Michelon. Francine Ferreira Tavares.* (org.) Memoria e Patrimônio: ensaios sobre a diversidade cultural. Pelotas: Editora UFPEL 2009. v. 1, p. 300-324

[37] MIRRA, Álvaro Luiz Valery, *Ação civil publica e a reparação do dão ao meio ambiente*. 2ª ed. São Paulo: Juarez de Oliveira. 2004, p. 65.

como inevitável, ainda que a sua extensão seja momentaneamente indeterminada. Ao dano certo opõe-se o eventual, o qual não dá direito à reparação, em virtude de ser um prejuízo hipotético.

Assim, diante da incerteza de danos, mas ante a gravidade do resultado, acabe-se adotando medidas preventivas para evitar o dano, tais como análise do impacto ambiental, estudos prévios de impacto ambiental e a paralisação das atividades até que laudo definitivo ateste a inocorrência do risco. Adota-se portanto a aplicação do princípio da prevenção na busca de impedir a ocorrência do dano futuro, e a aplicação do princípio da precaução se aproxima da obstrução do risco, eis que não se tem certeza absoluta do resultado.

Para Maria Luiza Machado Granziera,[38] embora toda a responsabilidade civil por dano ambiental trate de reparação e indenização, não se pode deixar de ressaltar a importância da prevenção do dano que deve estar em primeiro lugar, principalmente se tratando de proteção do meio ambiente:

> Embora a teoria da responsabilidade civil por dano ambiental trata da reparação e da indenização, *não se pode deixar de ressaltar a importância da prevenção do dano*, que antecede qualquer questão atinente à responsabilidade.
>
> Quando a Constituição Federal impõem a proteção ao meio ambiente ecologicamente equilibrado, bem de uso comum do povo, mensagem subjacente consiste no dever de prevenir a ocorrência de qualquer fato que venha a causar dano a esse macrobem, considerando o interesse publico nele contido.
>
> [...]
>
> O principio poluidor pagador possui duas vertentes: a reparação mas antes a prevenção. Com base na teoria do risco, o empreendedor é obrigado a cumprir as leis ambientais, envidando, para isso todos os esforços necessários, inclusive investimentos, para evitar o dano.
>
> Em primeiro lugar deve ser obrigatória a prevenção. Em segundo lugar a reparação do dano. Somente quando já tiver ocorrido o dano e este tiver caráter irreversível, é que deve caber a indenização, sempre cumulada com a reparação, se não houver meio de reparar integralmente o dano ocorrido.

No mesmo sentido, Annelise Monteiro Steigleder[39] ressalta a importância de adotar medidas preventivas e acautelatórias na prevenção do dano.

> Contemporaneamente, admite-se a potencialidade do dano ambiental como suficiente para ensejar a adoção de medidas preventivas e acautelatórias. A valorização do futuro, na definição do dano reparável, é importante porque traduz uma resposta aos riscos invisíveis, entendidos como produto global do processo industrial.

Assim, nem sempre o resultado será um dano materializado, pois ante a nova configuração dos danos estes podem ser também futuros ou riscos de danos. Tem-se em matéria de resultado: um dano consumado (dano efetivo), um dano previsto, certo, mas ainda não consumado (dano futuro) e um dano provável (risco de dano).

Portanto tratando-se de responsabilidade civil ambiental, os pressupostos – conduta, resultado e nexo causal – devem ganhar novos contornos,[40] utilizando-se por exemplo de juízos de probabilidade (risco de dano), e não apenas a análise do resultado efetivo de uma conduta. A seguir, passa-se a analisar a responsabilidade frente aos danos efetivos e riscos de danos.

---

[38] GRANZIERA, Maria Luiza Machado. *Direito Ambiental* São Paulo: Atlas. 2009, p. 88-589.

[39] STEIGLEDER, Annelise Monteiro. *Direito Ambiental*. Porto Alegre: Verbo Jurídico. 2010, p 204

[40] Nas palavras de José Rubens Morato Leite, o nexo em face o dano ambiental deve ser atenuado ou invertido.

A RESPONSABILIDADE CIVIL DIANTE DOS DANOS EFETIVOS, DANOS FUTUROS E RISCOS DE DANOS

Como se viu até aqui, a responsabilidade civil em matéria ambiental, em se tomando a ideia de responsabilidade objetiva ou objetiva agravada baseada na teoria do risco integral, quanto ao dano efetivo, tem-se hoje o arcabouço teórico que dá sustentáculo à efetiva defesa do meio ambiente, eis que se chegou ao ponto máximo da responsabilização do poluidor, dando cumprimento aos princípios da prevenção, precaução, da reparação e da responsabilização.

Mas quanto ao dano futuro e ao risco de dano ordinariamente é o direito administrativo, e não o direito civil, que tem sido chamado à atuação, eis que tanto a prevenção como a precaução podem ser resolvidos pela atuação eficiente do Estado através de processos de fiscalização e de licenciamento onde opera o estudo prévio de impacto ambiental, conforme expressa o art 225, § 1º, IV, o qual exige *para instalação de obra ou atividade potencialmente causadora de significativa degradação do meio ambiente, estudo prévio de impacto ambiental*.

Porém, considerando a histórica ineficiência do Estado, muitas vezes comprometidos com os interesses dos poluidores, a esfera da responsabilidade civil vem sendo chamada a atuar a fim de coibir danos futuros e riscos de danos. Nesse sentido, a possibilidade da Ação Civil Pública, da Ação Popular, das Medidas Cautelares e ou Definitivas para evitar a realização de obras ou atividades com prováveis riscos futuros ou risco de danos.

A seguir, a decisão, com relator o Ministro José Delgado onde restou demonstrado que é necessário medidas acautelatórias para coibir danos ambientais que podem ser irreversíveis.

MEDIDA CAUTELAR Nº 2.136 – SC (1999/0105302-1)
RELATOR:MINISTRO JOSÉ DELGADO
REQUERENTE:CENTRO PATRIOTICO TIRADENTES
ADVOGADO:ELI OLIVEIRA RAMOS
REQUERIDO:A ANGELONI E COMPANHIA LTDA
EMENTA: PROCESSUAL CIVIL. MEDIDA CAUTELAR PARA ATRIBUIR EFEITO SUSPENSIVO A ACÓRDÃO DE SEGUNDO GRAU. CONSTRUÇÃO DE IMÓVEL EM ORLA POSSUIDORA DE RECURSOS NATURAIS DE PROTEÇÃO AMBIENTAL. EXISTÊNCIA DOS PRESSUPOSTOS DO *FUMUS BONI JURIS* E DO *PERICULUM IN MORA*.
1 – Medida Cautelar intentada com objetivo de atribuir efeito suspensivo ao v. Acórdão de Segundo grau.
2 – O poder geral de cautela há que ser entendido com uma amplitude compatível com a sua finalidade primeira, que é assegurar a perfeita eficácia da função jurisdicional. Insere-se, aí, a garantia da efetividade da decisão a ser proferida. A adoção de medidas cautelares (inclusive as liminares *inaudita altera pars*) é fundamental para o próprio exercício da função jurisdicional, que não deve encontrar obstáculos, salvo no ordenamento jurídico.
3 – O provimento cautelar tem pressupostos específicos para sua concessão. São eles: o risco de ineficácia do provimento principal e a plausibilidade do direito alegado (*periculum in mora e fumus boni iuris*), que, presentes, determinam a necessidade da tutela cautelar e a inexorabilidade de sua concessão, para que se protejam aqueles bens ou direitos de modo a se garantir a produção de efeitos concretos do provimento jurisdicional principal.
4 – Em casos tais, pode ocorrer dano grave à parte, no período de tempo que mediar o julgamento no tribunal a quo e a decisão do recurso especial, dano de tal ordem que o eventual resultado favorável, ao final do processo, quando da decisão do recurso especial, tenha pouca ou nenhuma relevância.

5 – Há, em favor do requerente, a fumaça do bom direito e é evidente o perigo da demora, tendo em vista que, tratando-se de bens ecológicos, a ausência de medidas acautelatórias pode resultar na irreversibilidade dos danos ambientais. A princípio, a área configura-se como sendo de preservação permanente e de Mata Atlântica, o que ensejaria, necessariamente, a oitiva do IBAMA e estudo de impacto ambiental, antes do início de qualquer obra.

6 – A busca pela entrega da prestação jurisdicional deve ser prestigiada pelo magistrado, de modo que o cidadão tenha cada vez mais facilitada, com a contribuição do Poder Judiciário, a sua atuação em sociedade, quer nas relações jurídicas de direito privado, quer de direito público.

Medida Cautelar procedente.

Oportuno também trazer as decisões 2008/00884061-9 e 2008/0105088-5, que tiveram como relator os Ministros Francisco Falcão e Herman Benjamin, que demonstram que o que assume o risco dos danos ambientais também deve responder pelos riscos causados.

RECURSO ESPECIAL Nº 1.049.822 – RS (2008/0084061-9)
RELATOR:MINISTRO FRANCISCO FALCÃO
RECORRENTE:ALL AMERICA LATINA LOGÍSTICA DO BRASIL S/A
ADVOGADO:RODRIGO MUSSOI MOREIRA E OUTRO(S)
RECORRIDO :MINISTÉRIO PÚBLICO DO ESTADO DO RIO GRANDE DO SUL
EMENTA: AÇÃO CIVIL PÚBLICA. DANO AMBIENTAL. AGRAVO DE INSTRUMENTO. PROVA PERICIAL. INVERSÃO DO ÔNUS. ADIANTAMENTO PELO DEMANDADO. DESCABIMENTO. PRECEDENTES.

I – Em autos de ação civil pública ajuizada pelo Ministério Público Estadual visando apurar dano ambiental, foram deferidos, a perícia e o pedido de inversão do ônus e das custas respectivas, tendo a parte interposto agravo de instrumento contra tal decisão.

II – *Aquele que cria ou assume o risco de danos ambientais* tem o dever de reparar os danos causados e, em tal contexto, transfere-se a ele todo o encargo de provar que sua conduta não foi lesiva.

III – Cabível, na hipótese, a inversão do ônus da prova que, em verdade, se dá em prol da sociedade, que detém o direito de ver reparada ou compensada a eventual prática lesiva ao meio ambiente – artigo 6º, VIII, do CDC c/c o artigo 18, da lei nº 7.347/85.

IV – Recurso improvido

RECURSO ESPECIAL Nº 1.057.878 – RS (2008/0105088-5)
RELATOR:MINISTRO HERMAN BENJAMIN
RECORRENTE:PETROBRÁS TRANSPORTES S/A – TRANSPETRO
ADVOGADO:RAQUEL CRISTINA BALDO E OUTRO(S)
RECORRIDO :MINISTÉRIO PÚBLICO FEDERAL
EMENTA: PROCESSUAL CIVIL. AÇÃO CIVIL PÚBLICA. REPARAÇÃO DE DANO AMBIENTAL. ROMPIMENTO DE DUTO DE ÓLEO. PETROBRAS TRANSPORTES S/A – TRANSPETRO. VAZAMENTO DE COMBUSTÍVEL. INTEMPESTIVIDADE DO AGRAVO DE INSTRUMENTO. AUSÊNCIA DE PREQUESTIONAMENTO. SÚMULA 211/STJ. COMPETÊNCIA DA JUSTIÇA FEDERAL. SÚMULA 150/STJ. LEGITIMAÇÃO DO MINISTÉRIO PÚBLICO FEDERAL. NATUREZA JURÍDICA DOS PORTOS. LEI 8.630/93. INTERPRETAÇÃO DO ART. 2º, DA LEI 7.347/85.

1. Cinge-se a controvérsia à discussão em torno a) da tempestividade do Agravo de Instrumento interposto pelo MPF e b) da competência para o julgamento de Ação Civil Pública proposta com a finalidade de reparar dano ambiental decorrente do vazamento de cerca de 1.000 (mil) litros de óleo combustível após o rompimento de um dos dutos subterrâneos do píer da Transpetro, no Porto de Rio Grande.

2. Não se conhece do Recurso Especial quanto à tempestividade do recurso apresentado na origem, pois a matéria não foi especificamente enfrentada pelo Tribunal de origem. Aplicação da Súmula 211 do Superior Tribunal de Justiça.

3. Em relação ao segundo fundamento do Recurso Especial, o Tribunal Regional Federal da 4ª Região decidiu que, no caso, a legitimidade ativa do Ministério Público Federal fixa a competência da Justiça Federal.

4. O Superior Tribunal de Justiça possui entendimento firmado no sentido de atribuir à Justiça Federal a competência para decidir sobre a existência de interesse processual que justifique a presença da União, de suas autarquias ou empresas públicas na lide, consoante teor da Súmula 150/STJ.

5. A presença do Ministério Público Federal no pólo ativo da demanda é suficiente para determinar a competência da Justiça Federal, nos termos do art. 109, I, da Constituição Federal, o que não dispensa o juiz de verificar a sua legitimação ativa para a causa em questão.

6. Em matéria de Ação Civil Pública ambiental, a dominialidade da área em que o dano ou o risco de dano se manifesta (mar, terreno de marinha ou Unidade de Conservação de propriedade da União, p. ex.) é apenas *um* dos critérios definidores da legitimidade para agir do *Parquet* federal. Não é porque a degradação ambiental se deu em imóvel privado ou afeta *res communis omnium* que se afasta, *ipso facto,* o interesse do MPF.

7. É notório o interesse federal em tudo que diga respeito a portos, tanto assim que a Constituição prevê não só o monopólio natural da União para "explorar, diretamente ou mediante autorização, concessão ou permissão", em todo o território nacional, "os portos marítimos, fluviais e lacustres" (art. 21, XII, f), como também a competência para sobre eles legislar "privativamente" (art. 22, X).

8. Embora composto por partes menores e singularmente identificáveis, em terra e mar – como terminais e armazéns, públicos e privados –, o porto constitui uma *universalidade*, isto é, apresenta-se como realidade jurídica una, embora complexa; equipara-se, por isso, no seu conjunto, a bem público federal enquanto perdurar sua destinação específica, em nada enfraquecendo essa sua natureza o fato de se encontrarem imóveis privados inseridos no seu perímetro oficial ou mesmo o licenciamento pelo Estado ou até pelo Município de algumas das unidades individuais que o integram.

9. O Ministério Público Federal, como regra, tem legitimidade para agir nas hipóteses de dano ou risco de dano ambiental em porto marítimo, fluvial ou lacustre.

10. Não é desiderato do art. 2º, da Lei 7.347/85, mormente em Município que dispõe de Vara Federal, resolver eventuais conflitos de competência, no campo da Ação Civil Pública, entre a Justiça Federal e a Justiça Estadual, solução que se deve buscar, em primeira mão, no art. 109, I, da Constituição Federal.

11. Qualquer que seja o sentido que se queira dar à expressão "competência funcional" prevista no art. 2º, da Lei 7.347/85, mister preservar a vocação pragmática do dispositivo: o foro do local do dano é uma regra de eficiência, eficácia e comodidade da prestação jurisdicional, que visa a facilitar e otimizar o acesso à justiça, sobretudo pela proximidade física entre juiz, vítima, bem jurídico afetado e prova.

12. O licenciamento pelo IBAMA (ou por órgão estadual, mediante seu consentimento expresso ou tácito) de *obra ou empreendimento em que ocorreu ou poderá ocorrer o dano ambiental justifica,* de plano, a legitimação para agir do Ministério Público Federal. Se há interesse da União a ponto de, na esfera administrativa, impor o licenciamento federal, seria no mínimo contraditório negá-lo para fins de propositura de Ação Civil Pública.

13. Recurso Especial não provido.

Mas o desafio que efetivamente precisa ser enfrentado diz respeito à integração da teoria do risco integral, projetada para atuar nos danos efetivos, para o ambiente dos danos futuros ou nos riscos de danos. Necessita-se que o empreendedor preveja os danos futuros e os riscos de danos e já os evite. Que adote medidas para evitar os danos futuros ou os riscos de danos causados por seu empreendimento ou atividade.

Bruno Albergaria[41] chama a atenção para o dever de cautela ao se imputar à empresa o risco absoluto da responsabilidade civil, para não se sacrificar sobremaneira a empresa. Deve-se, em alguns casos, se admitir alguma excludente de responsabilidade, sob pena de se cometer injustiças.

---

[41] ALBERGARIA, Bruno. *Direito ambiental e a responsabilidade civil das empresas*. 2ª ed rev. e ampl. Belo Horizonte: Fórum. 2009, p. 116.

Mas não se busca abrandar a responsabilidade pela punição de quem causar dano ambiental, o que se busca é que o empreendedor não apenas responda pela reparação de resultado dano, como também no sentido de responder com ações preventivas diante do risco. Com a atuação preventiva e precaucional diante do risco.

Cabe reiterar os entendimentos de José Rubens Morato Leite,[42] para quem a "simples atividade geradora de ricos potenciais e não de dano concretos podem suscitar a responsabilização do agente e obrigá-lo a cessar a atividade nociva", e o de Annelise Monteiro Steigleder[43] afirma que "o sistema pode se abrir para hipóteses de responsabilização sem danos consumados, nas situações em que o risco gerado por atividades intrinsecamente perigosas demanda intervenção, para suprimir o fator de risco, que deverá ser internalizado no processo produtivo".

Como visto o poder judiciário já enfrenta essas situações. Não se fala aqui da responsabilidade civil tradicional cujos elementos são a existência de um ato, a ocorrência de um dano e o nexo de causalidade entre o ato e o dano (acrescido da analise da culpa, se for caso), mas, tratando-se de proteção do meio ambiente, em uma nova dimensão de responsabilidade onde prioritariamente se busque a prevenção e a precaução.

Adota-se, portanto, como já exposto, a aplicação do princípio da prevenção na busca de impedir a ocorrência do dano futuro e a aplicação do princípio da precaução para obstrução do risco eis que não se tem certeza absoluta do resultado.

Frise-se, busca-se transcender a ideia de responsabilidade civil tradicional objetiva por dano, que é tipicamente reparatória, para uma ideia de responsabilidade por risco que vai ter uma configuração diferenciada com conteúdos tipicamente preventivos e precaucionais.

CONCLUSÃO

Buscou-se com o presente artigo, primeiramente, conceituar a responsabilidade civil subjetiva e a responsabilidade civil objetiva ambiental. Em um segundo momento, analisaram-se as teorias dos riscos aplicados à responsabilidade objetiva, tanto a do risco criado como a do risco integral, e, por fim, analisou-se a responsabilidade objetiva ambiental por danos futuros e pelo risco dos danos, para se concluir com a necessidade de transcender a ideia de uma responsabilidade civil tradicional.

Tratando-se de proteção ao meio ambiente, conclui-se que se faz necessária a aplicação dos princípios da prevenção e da precaução para evitar os danos futuros e os riscos de danos, consolidando-se a ideia de que responsabilidade civil objetiva em matéria ambiental deve ser integral, eis que os danos ambientais na atualidade não se configuram apenas como os danos clássicos efetivados são danos cuja a prevenção é muito mais importante do que a reparação.

Assim, esse artigo buscou demonstrar a necessidade de, em matéria ambiental, a responsabilidade devem ser muito mais preventiva e precaucional que reparatória,

---

[42] LEITE, Jose Rubens Morato. *Dano ambiental: do individual ao coletivo extrapatrimonial*. 2ª ed. São Paulo: *Revista dos Tribunais*. 2003, 124-125

[43] STEIGLEDER Annelise Monteiro. *Responsabilidade civil ambiental*: as dimensões do dano ambiental no direito brasileiro. Porto Alegre: Livraria do Advogado. 2004, p.199.

como forma de se garantir um meio ambiente protegido para a atual e as futuras gerações.

BIBLIOGRAFIA

ALBERGARIA, Bruno. *Direito ambiental e a responsabilidade civil das empresas*. 2ª ed rev. e ampl. Belo Horizonte: Fórum, 2009.

ANTUNES, Paulo de Bessa. *Direito Ambiental*. 11 ed. Amplamente reformulada. Rio de Janeiro: Lumen Juris, 2008.

ASSIS, Fátima Rangel dos Santos de. *Responsabilidade civil no direito ambiental*. Rio de Janeiro: Destaque, 2000.

BORGES, Roxana Cardoso Brasileiro. *Função ambiental da propriedade rural*. São Paulo: LTr, 1999.

BIRNFELD, Carlos Andre Sousa. *A emergência de uma dimensão ecológica para a cidadania – alguns subsídios aos operadores jurídicos*. Dissertação de Mestrado em Direito junto a Universidade Federal de Santa Catarina. Florianópolis: UFSC, 1999.

———. *O principio poluidor-pagador e suas potencialidades- uma leitura não economicista da ordem constitucional brasileira*. Tese apresentada ao curso de Pós-Graduação, para a obtenção do titulo de Doutor em Direito. Florianópolis: UFSC, 2003.

CARVALHO, Delton Winter de Do dano ambiental futuro: a responsabilização civil pelo risco ambiental. In *Revista do direito ambiental*. Ano12, n. 45, 2007.

FELDMANN, Fábio. Apud MILARÉ, Édis. *Direito do Ambiente*. 2ª ed. rev. ampl. São Paulo: RT, 2001.

FREITAS, Juarez. *Chuvas de Omissão*. Tema para debate, Zero Hora, 11.04.2010.

GAGLIANO, Pablo Stolze; PAMPLONA FILHO, Rodolfo. *Novo curso de Direito Civil. Responsabilidade Civil*. São Paulo: Saraiva, 2003.

GRANZIERA, Maria Luiza Machado. *Direito Ambiental*. São Paulo: Atlas, 2009.

HENKES, Silviana L, A nova configuração da responsabilidade civil ambiental no direito brasileiro a partir da sociedade de risco. In Francisca Michelon. Francine Ferreira Tavares. (org) *Memória e Patrimônio: ensaios sobre a diversidade cultural*. 1 ed., v. 1, Pelotas: Editora UFPEL, 2009. p. 300-324.

LEITE. José Rubens Morato. *Dano ambiental do individual ao coletivo extrapatrimonial*. Tese apresentada ao curso de Pós-Graduação, para a obtenção do titulo de Doutor em Direito. Florianópolis: UFSC, 1999.

MILARÉ, Edis. Direito do Ambiente: doutrina – prática jurídica – jurisprudência – glossário. 4ª ed. São Paulo: *Revista dos Tribunais*, 2005

MIRRA, Álvaro Luiz Valery. *Ação civil publica e a reparação do dano ao meio ambiente*. 2ª ed. São Paulo: Editora Juarez de Oliveira, 2004.

NORONHA Fernando. Desenvolvimentos contemporâneos da responsabilidade civil. In. *Revista dos Tribunais,* São Paulo: v 761, p- 37-38, 1999.

PEYTRIGNET, Gerard; e SANTIAGO, Jaime Ruiz de (orgs.*). As três vertentes da proteção internacional dos direitos da pessoa humana*. San José, CR: Instituto Interamericano de Direitos Humanos, Comitê Internacional da Cruz Vermelha, Alto-Comissariado das Nações Unidas para os Refugiados, 1996. FGV DIREITO rio direitos humanos .

PIVA, Rui Carvalho. *Bem Ambiental*. São Paulo: Max Limonad, 2000.

SANTOS, Cláudia Maria Cruz. DIAS, José Eduardo de Oliveira Figueiredo. ARAGÃO, Alexandra de Souza. *Introdução ao Direito do Ambiente*. Universidade Aberta, 1998.

SARLET, Ingo Wolfgang. *A eficácia dos direitos fundamentais*. Porto Alegre: Livraria do Advogado, 1998.

SEGUIM, Élida. *O direito ambiental: Nossa casa Planetária*. Rio de Janeiro: Forense, 2002.

SILVA, De Plácido e. *Vocabulário Jurídico*. 24 ed. Rio de Janeiro: Forense, 2004.

SILVA, José Afonso da. *Direito ambiental constitucional*. 3. ed. São Paulo: Malheiros, 2000.

STEIGLEDER, Annelise Monteiro. *Responsabilidade Civil Ambiental: as dimensões do dano ambiental no direito brasileiro*. Porto Alegre: Livraria do Advogado, 2004.

TELLES, Antônio A. Queiroz. *Introdução ao Direito administrativo* . 2. ed. rev., atual. e ampl. São Paulo: Revista dos Tribunais, 2000.

— 4 —

Os contributos da interpretação constitucional e o controle judicial das políticas públicas[1]

LIANE TABARELLI ZAVASCKI[2]

Sumário: 1. Introdução; 2. Interpretação constitucional e seus consectários; 3. Controle social legitimador do controle judicial da discricionariedade administrativa; 4. Controle judicial das políticas públicas de promoção dos direitos fundamentais; 5. Conclusão; 6. Referências.

1. INTRODUÇÃO

Na contemporaneidade, todos os ramos do Direito exigem uma leitura constitucionalizada. Nessa linha, o Direito Constitucional Administrativo não se coaduna mais com as ideias tradicionais, especialmente a de que o mérito administrativo é zona imune ao controle judicial.

Os princípios-vetores constitucionais e, em especial, os que se referem aos direitos fundamentais, exigem que todos os Poderes da República reúnam esforços conjuntos para suas concretizações. Desse modo, a tarefa da interpretação constitucional adquire significativa importância para fins de cumprir esse compromisso.

O presente trabalho visa a refletir sobre estas questões, em especial, acerca da possibilidade de haver controle judicial das políticas públicas de promoção de direitos fundamentais, em virtude de que, não são raras as vezes em que, nos dias atuais, um dos maiores violadores desses direitos é o próprio Estado.

Nessa linha, fundamental realizar esta leitura a qual o trabalho propõe, ponderando-se que não há afronta à separação dos poderes, eis que, em última instância, quem profere a derradeira palavra sobre o juízo de constitucionalidade ou não de determinada política pública é o Poder Judiciário.

Assim, urge apontar as significativas contribuições da interpretação constitucional para a concretização ou promoção de maior eficácia dos direitos fundamentais, com vistas a sustentar o controle que o Poder Judiciário, em casos específicos, pode

---

[1] Artigo final apresentado para avaliação na disciplina Interpretação Constitucional e os Fundamentos do Direito Público e do Direito Privado ministrada pelo Prof. Dr. Juarez Freitas no Programa de Pós-graduação em Direito – Doutorado da PUC-RS.

[2] Advogada. Doutoranda em Direito pela PUC-RS. Mestre em Direito pela UNISC. Professora da PUC-RS, ESMAFE-RS e Retorno Jurídico. Colaboradora da Assessoria Jurídica da FETAG-RS. Autora da obra "O Direito na Era Globalizada: desafios e perspectivas" e de diversos capítulos de livros e artigos jurídicos. Endereço eletrônico: lianetab@hotmail.com

realizar do mérito administrativo, especialmente nas hipóteses em que se apreciam as políticas públicas.

2. INTERPRETAÇÃO CONSTITUCIONAL E SEUS CONSECTÁRIOS

A palavra, o uso do vernáculo sempre foi instrumento de trabalho do jurista. Seja ela escrita ou falada, aquele que atua no Direito sempre se dedicou a compreender, delimitar, apreender, enfim, interpretar o sentido que as palavras podem adquirir em um texto. Interpretar é estabelecer o alcance de uma proposição, revelar o sentido.

Não obstante as contribuições de Kelsen[3] para a Ciência do Direito, nos dias atuais, o Direito é "contaminado" por inúmeros axiomas, proposições valorativas, éticas, morais, entre outras, que, muitas vezes, representam o momento histórico e as prioridades de determinada sociedade. Ainda, partindo-se do contributo de Kelsen, que estabelece o sistema jurídico com uma estrutura piramidal, onde a Lei das leis, isto é, a Constituição Federal, se situa no topo desse sistema, a interpretação constitucional adquire significativa importância.

Nesse sentido, interpretar a Constituição significa, em última instância, dar concretude aos direitos fundamentais ali insculpidos. O Texto Maior prescreve os objetivos e fundamentos da República, e todo o ordenamento jurídico infraconstitucional deve ser interpretado de modo a prestigiar os comandos constitucionais. Os direitos fundamentais ali prescritos devem ser prioridade absoluta de realização por parte dos agentes de um Estado que se intitula Democrático de Direito.

Interessante pontuar, nessa linha, a lição de Freitas, ao advertir que "*jurista é aquele que, acima de tudo, sabe eleger diretrizes supremas*, notadamente as que compõem a tábua de critérios interpretativos aptos a presidir todo e qualquer trabalho de aplicação do Direito".[4]

Nesse ponto, concorda-se com a lição de Peter Häberle, o qual assinala que "todo aquele que vive a Constituição é um legítimo intérprete".[5]

A hermenêutica constitucional, conforme Häberle, estende-se a todos os cidadãos. Trata-se de um processo pluralista e democrático, não se cingindo, pois, a interpretação, ao corpo clássico de intérpretes do quadro da hermenêutica tradicional. A ampliação do número de intérpretes, para ele, é "conseqüência da necessidade de integração da realidade no processo de interpretação. [...] O processo constitucional torna-se parte do direito de participação democrática".[6]

Logo, cidadãos, organizações da sociedade civil, ONGs, setores que representem o Poder Público e os interesses privados devem contribuir para a tarefa interpretativa e reveladora da realidade constitucional. Na contemporaneidade, demandas

---
[3] Para maiores esclarecimentos vide KELSEN, Hans. *Teoria Pura do Direito*. Tradução de João Baptista Machado. 5. ed. São Paulo: Martins Fontes, 1996.

[4] FREITAS, Juarez. O intérprete e o poder de dar vida à Constituição: preceitos de exegese constitucional. In: *Revista do Tribunal de Contas do Estado de Minas Gerais – R. TCMG*, Belo Horizonte, v. 35, n. 2, p. 15-46, abr./jun. 2000, p. 18.

[5] HÄBERLE, Peter. *Hermenêutica Constitucional*. A sociedade aberta dos intérpretes da Constituição: contribuição para a interpretação pluralista procedimental da Constituição. Tradução de Gilmar Ferreira Mendes. Porto Alegre: Sergio Antonio Fabris, 1997. p 9.

[6] Ibid., p. 11.

cada vez mais complexas, em um sociedade plural e heretogênea como a brasileira, exigem esforços conjuntos para uma interpretação concretizante da Constituição e, em especial, dos direitos fundamentais.

Particularmente sobre interpretação concretizante, Konrad Hesse infere que:

> Em outras palavras, uma mudança das relações fáticas pode – ou deve – provocar mudanças na interpretação da Constituição. Ao mesmo tempo, o sentido da proposição jurídica estabelece o limite da interpretação e, por conseguinte, o limite de qualquer mutação normativa. A finalidade (*Telos*) de uma proposição constitucional e sua nítida vontade normativa não devem ser sacrificadas em virtude de uma mudança de situação. Se o sentido de uma proposição normativa não pode mais ser realizado, a revisão constitucional afigura-se inevitável. Do contrário, ter-se-ia a supressão da tensão entre norma e realidade com a supressão do próprio direito. Uma interpretação construtiva é sempre possível e necessária dentro desses limites. A dinâmica existente na interpretação construtiva constitui condição fundamental da força normativa da Constituição e, por conseguinte, de sua estabilidade.
>
> [...]
>
> Se os pressupostos da força normativa encontrarem correspondência na Constituição, se as forças em condições de violá-la ou de alterá-la mostrarem-se dispostas a render-lhe homenagem, se, também em tempos difíceis, a Constituição lograr preservar a sua força normativa, então ela configura verdadeira força viva capaz de proteger a vida do Estado contra as desmedidas investidas do arbítrio. Não é, portanto, em tempos tranqüilos e felizes que a Constituição normativa vê-se submetida à sua prova de força. Em verdade, está prova dá-se nas situações de emergência, nos tempos de necessidade.
>
> [...]
>
> Em outros termos, o Direito Constitucional deve explicitar as condições sobre as quais as normas constitucionais podem adquirir a maior eficácia possível, propiciando, assim, o desenvolvimento da dogmática e da interpretação constitucional. Portanto, compete ao Direito Constitucional realçar, despertar e preservar a vontade de Constituição (*Wille zur Verfassung*), que, indubitavelmente, constitui a maior garantia de sua força normativa.[7]

Por outro lado, impera salientar, nesse estudo, que, ao almejar-se uma interpretação concretizante dos preceitos e da axiologia constitucional presente, em particular, nos seus fundamentos, urge conhecer os vetores principiológicos contidos na mesma. O Direito atual, acompanhando os ensinamentos de Alexy,[8] cuida de uma rede de princípios e regrais. Essa teia de mandamentos, de densidades e hierarquias distintas, demanda intérpretes preparados para otimizar-lhes os comandos e produzir a máxima eficácia possível.

Vejam-se, por oportuno, as contribuições de Freitas acerca de preceitos propostos em estudo de interpretação constitucional:

> a) todo juiz, no sistema brasileiro, é, de certo modo, juiz constitucional e se afigura irrenunciável preservar, ao máximo, a coexistência pacífica e harmoniosa entre os controles difuso e concentrado de constitucionalidade;
>
> b) *a interpretação constitucional é processo tópico-sistemático*, de maneira que resulta impositivo, no exame dos casos, alcançar solução de equilíbrio entre o formalismo e o pragmatismo, evitando-se soluções unilaterais e rígidas;
>
> c) ao hierarquizarmos prudencialmente os princípios, as normas e os valores constitucionais, devemos fazer com que os princípios ocupem o lugar de destaque, ao mesmo tempo situando-os na base e no ápice do sistema, vale dizer, fundamento e cúpula do mesmo;

---

[7] HESSE, Konrad. *A força normativa da Constituição*. Tradução de Gilmar Ferreira Mendes. Porto Alegre: Sergio Antonio Fabris Editor, 1991, p. 23-27.

[8] Vide ALEXY, Robert. *Teoria dos direitos fundamentais*. Tradução de Virgílio Afonso da Silva. São Paulo: Malheiros, 2008.

d) o intérprete constitucional deve ser o guardião, por excelência, de uma visão proporcional dos elementos constitutivos da Carta Maior, não entendida a proporcionalidade apenas como adequação meio-fim. Proporcionalidade significa, sobremodo, que estamos obrigados a sacrificar o mínimo para preservar o máximo de direitos;

e) o intérprete constitucional precisa considerar, ampliativamente, o inafastável poder-dever de prestar a tutela, de sorte a facilitar, ao máximo, o acesso legítimo do jurisdicionado. Em outras palavras, trata-se de extrair os efeitos mais fundos da adoção, entre nós, do intangível sistema de jurisdição única;

f) o intérprete constitucional deve guardar vínculo com a excelência ou otimização máxima da efetividade do discurso normativo da Carta, no que esta possui de eticamente superior, conferindo-lhe, assim, a devida coerência interna e a não menos devida eficácia social;

g) o intérprete constitucional deve buscar uma fundamentação racional e objetiva para as suas decisões sincrônicas com o sistema, sem adotar soluções *contra legem*, em que pese exercer atividade consciente e assumidamente positivadora e reconhecendo que a técnica do pensamento tópico não difere essencialmente da técnica de formação sistemática, ambas facetas do mesmo poder de hierarquizar e dar vida ao sistema, entre as várias possibilidades de sentido;

h) o intérprete constitucional deve honrar a preservação simultânea das características vitais de qualquer sistema democrático digno do nome, vale dizer, a abertura e a unidade, que implica dever de zelar pela permanência na e da mudança;

i) o intérprete constitucional deve acatar a soberania da vitalidade do sistema constitucional no presente, adotando, quando necessário e com extrema parcimônia, a técnica da exegese corretiva;

j) o intérprete constitucional precisa ter clareza de que *os direitos fundamentais não devem ser apreendidos separada ou localizadamente*, como se estivessem, todos, encartados no art. 5º da Constituição;

k) o intérprete constitucional, sabedor de que os princípios constitucionais jamais devem ser eliminados mutuamente, ainda quando em colisão ou contradição, cuida de conciliá-los, com maior ênfase do que aquela dedicada às regras, que são declaradas inconstitucionais, em regra, com a pronúncia de nulidade;

l) o intérprete constitucional somente pode declarar a inconstitucionalidade (material ou formal) quando frisante e manifestamente configurada juridicamente. Dito de outro modo, deve concretizar o Direito, preservando a unidade substancial e formal do sistema em sua juridicidade.[9]

Note-se, pois, que a atividade interpretativa envolve, ineroxavelmente, uma ação hierarquizante diante de inúmeros princípios e regras que são potencialmente aplicáveis no caso concreto, mas que, se assim o fossem, respostas absolutamente contraditórias e paradoxais daí resultariam.

Freitas, ademais, endossa a noção de hierarquização da atividade interpretativa ao afirmar que:

> Com efeito, uma vez que inexiste hipótese de dispensa da hierarquização (interpretar é, sempre e sempre, hierarquizar), o relevante consiste em perceber que a inafastabilidade da hierarquização converte o critério hierárquico axiológico numa diretriz operacional superior em confronto com os demais critérios (cronológico e da especialidade), sendo necessário, também, assumir os consectários desta onipresença hierarquizante, especialmente ao lidarmos com o fenômeno da colisão de princípios e, de resto, com as denominadas antinomias de segundo grau.
>
> [...]
>
> Hierarquizar é, pois, a nota suprema da interpretação jurídica como um todo. Hierarquizando os princípios e as regras constitucionais, mais evidente transparece o papel concretizador do intérprete (juiz ou o cidadão em geral) de ser o positivador, aquele que dá vida ao ordenamento, sem convertê-lo propriamente em legislador. Ultrapassa-se, desse modo, a polêmica, sem sentido dialético, entre objetivismo e subjetivismo. Mais intensa se mostra a valia da preocupação tedesca com a *"adequação funcional"*. Preferível, por isso mesmo, afirmar que o intérprete constitucional em geral (e, de modo maiúsculo, o magistrado), de certo

---

[9] FREITAS, Juarez. O intérprete e o poder de dar vida à Constituição: preceitos de exegese constitucional. In: *Revista do Tribunal de Contas do Estado de Minas Gerais – R. TCMG*, Belo Horizonte, v. 35, n. 2, p. 15-46, abr./jun. 2000, p. 43-46.

jeito, positiva o Direito por derradeiro. Fora de dúvida, o intérprete (não o legislador) é quem culmina o processo de positivação jurídica.[10]

Destarte, registre-se que, diante da atividade precípua e hierarquizante da interpretação constitucional, a fim de prestigiar a concretude dos direitos fundamentais, inúmeros princípios devem ser observados e aplicados para se obter uma solução que mais se aproxime da realidade e axiologia constitucional. Isso porque é flagrante que, nos dias atuais, a crescente aplicação dos princípios tem relegado às regras atuação secundária, e os operadores do Direito devem adquirir destreza e habilidade para atuar com esse novo Direito: O Direito "por princípios".

Germana de Oliveira Moraes, nesse passo, alerta para o fato de que:

> A eficiência do Direito "por princípios" depende fundamentalmente da atuação do juiz constitucional durante o processo de concretização do Direito para o qual é imprescindível sua capacidade de percepção dos valores sociais. A sociedade, por sua vez, já condicionada pelo modelo legalista que prometia sempre uma solução previsível para com os conflitos, vê-se, hoje, perplexa diante da possibilidade de concorrência de soluções diferentes, ao abrigo do Direito, sem ter ainda a compreensão de que esta multiplicidade advém de seu caráter encantadoramente livre, plural e mutante.
>
> A melhor via que poderá eleger o juiz, nestes tempos de transição, para atender este desafio de reconstruir e "constituir" o Direito no caso concreto, ou seja, de dizer se determinada conduta é ou não compatível com os princípios constitucionais (= valores), é a interação com a sociedade civil. Afinal, rigorosamente, numa democracia quem dita o Direito é a sociedade, reservando-se, agora, sob a égide do Direito "por princípios", também ao juiz, em especial, ao juiz constitucional, o papel de decodificador dos valores (= princípios) que ela aceita em determinado momento e em determinado local.[11]

Ainda, acerca da temática, Freitas complementa que

> [...] as normas estritas ou regras vêm perdendo, cada vez mais, espaço e relevo para os princípios, despontando estes, por definição, como superiores àquelas, conquanto não se deva postular um sistema constituído apenas de princípios, erro idêntico ao de pretender um ordenamento operando como mera e desconectada aglutinação de regras.
> [...]
> A cimentação da sistematicidade ocorre por força da amálgama unicamente trazida pela natureza e pela atuação dos princípios fundantes e fundados do ordenamento jurídico.[12]

Constata-se, pois, a importância da tarefa interpretativa e sua complexidade na contemporaneidade. Inúmeros interesses a serem atendidos, compreensões divergentes, prioridades distintas dos mais diversos intérpretes. De qualquer modo, frise-se que o vetor maior para a interpretação constitucional que envolva direitos fundamentais deve ser, de modo imperativo, o resultado que produza as menores limitações ou restrições de forma a prestigiar, o quanto possível, sua maior eficácia possível.

Assinale-se que:

> Assim, devem ser interpretadas restritivamente as limitações, havendo, a rigor, regime unitário dos direitos fundamentais das várias gerações, donde segue que, no âmago, todos os direitos têm eficácia direta e imediata, reclamando crescente acatamento encontrando-se peremptoriamente vedados os retrocessos. Com efeito, uma vez reconhecido qualquer direito fundamental, a sua ablação e a sua inviabilização de exercício mostram-se inconstitucionais. Nessa ordem de considerações, todo aplicador precisa assumir,

---

[10] Ibid., p. 21.

[11] MORAES, Germana de Oliveira. *Controle jurisdicional da Administração Pública*. 2. ed. São Paulo: Dialética, 2004, p. 187.

[12] FREITAS, Juarez. O intérprete e o poder de dar vida à Constituição: preceitos de exegese constitucional. In: *Revista do Tribunal de Contas do Estado de Minas Gerais – R. TCMG*, Belo Horizonte, v. 35, n. 2, p. 15-46, abr./jun. 2000, p. 17.

especialmente ao lidar com os direitos fundamentais, que a exegese deve servir como energético anteparo contra o descumprimento de preceito fundamental, razão pela qual deve ser evitado qualquer resultado interpretativo que reduza ou debilite, sem justo motivo, a máxima eficácia possível dos direitos fundamentais. Em outras palavras, a interpretação deve ser de molde a levar às últimas conseqüências a "fundamentalidade" dos direitos, afirmando a unidade do regime dos direitos das várias gerações, bem como a presença de direitos fundamentais em qualquer relação jurídica.[13]

Há que se salientar, também, que, não obstante vários sejam – ou possam ser – os intérpretes constitucionais, ainda mais em se tratando de um Estado como o brasileiro, o qual admite o sistema difuso e concentrado de controle de constitucionalidade, o Judiciário tem a atribuição por excelência de realizar essa insigne tarefa.

Marcelo Figueiredo ressalta o papel do Judiciário, por longa data, como garantidor dos direitos civis e da liberdade individual, no Estado de modelagem liberal, e o Estado Democrático e de Direito ao qual o Brasil se propõe a ser exige do Judiciário a tutela dos direitos sociais, sem que isso seja invasão da seara de competência dos demais Poderes.[14]

Entenda-se, ademais, que o Poder Judiciário, além de ser o Poder constitucionalmente consagrado para a interpretação constitucional, é aquele que deve possuir imparcialidade ao realizar a prestação jurisdicional. Embora não esteja ele comprometido com interesses como porventura pode ocorrer com o Executivo e o Legislativo, deve, sim, haver uma atuação afirmativa das Cortes de Justiça no sentido da promoção dos direitos fundamentais quando de sua atuação. Nesse sentido, pois, não há que se falar em imparcialidade dos juízes que, antes e acima de tudo, devem ter compromisso constitucional.

Freitas já se manifestava nesse sentido em duas oportunidades distintas quando assevera que:

> Ora, em face de ser o juiz o detentor único da jurisdição, surge o amplo e irrenunciável direito de amplo acesso à tutela jurisdicional como uma contrapartida lógica a ser profundamente respeitada, devendo ser proclamado este outro vetor decisivo no processo de interpretação constitucional: na dúvida, prefira-se a exegese que amplie o acesso ao Judiciário, por mais congestionado que este se encontre, sem embargo de providências inteligentes para desafogá-lo, sobretudo coibindo manobras recursais protelatórias e estabelecendo que o Supremo Tribunal Federal deva desempenhar exclusivamente as atribuições relacionadas à condição de Tribunal Constitucional, sem distraí-lo com tarefas diversas destas, já suficientemente nevrálgicas para justificar a existência daquela Corte.[15]
>
> [...]
>
> Almejo, finalmente, deixar consignado que se mostra indispensável apostar no Poder Judiciário brasileiro, em sua capacidade de dar vida aos preceitos ilustrativamente formulados e crer na sua fundamentada sensibilidade para o justo, razão pela qual insisto em proclamar que todos os juízes, sem exceção, precisam, acima de tudo, ser respeitados, fazendo-se respeitar, como *juízes constitucionais*.[16]

Logo, diante das considerações aqui tecidas, vislumbra-se a importância da interpretação constitucional como instrumento de realização dos direitos fundamentais.

---

[13] FREITAS, Juarez. O Princípio da Democracia e o controle do orçamento público brasileiro. In: *Revista Interesse Público Especial*. Responsabilidade Fiscal. Porto Alegre: Notadez, 2002, p. 19.

[14] FIGUEIREDO, Marcelo. O controle das políticas públicas pelo Poder Judiciário no Brasil – uma visão geral. *Interesse Público – IP*, Belo Horizonte, v.9, n.44, p.27-66, jul./ago. 2007, p. 40.

[15] FREITAS, Juarez. O intérprete e o poder de dar vida à Constituição: preceitos de exegese constitucional. In: *Revista do Tribunal de Contas do Estado de Minas Gerais – R. TCMG*, Belo Horizonte, v. 35, n. 2, p. 15-46, abr./jun. 2000, p. 29-30.

[16] FREITAS, Juarez. O Princípio da Democracia e o controle do orçamento público brasileiro. In: *Revista Interesse Público Especial*. Responsabilidade Fiscal. Porto Alegre: Notadez, 2002, p. 4.

Nessa linha, ressalte-se que o exercício da democracia preconiza, além da alternância do Poder, o controle social sobre os Poderes instituídos, como forma de fiscalizar e aprimorar suas atuações.

Destarte, na sequência desse estudo, apontamentos serão realizados acerca do controle social e do desenvolvimento de uma cidadania ativa, partícipe das decisões públicas e cooperativa. Nesse estudo, ganha relevo o controle social exercido por meio da provocação da atividade judicial, o qual não imuniza sequer o entendimento clássico de discricionariedade administrativa.

3. CONTROLE SOCIAL LEGITIMADOR DO CONTROLE JUDICIAL DA DISCRICIONARIEDADE ADMINISTRATIVA

Inicia-se esse tópico partindo-se da seguinte observação: o exercício democrático do Poder legitima e viabiliza seu controle por parte dos outros Poderes do Estado.

Assim, veja-se que o controle da sociedade é consagrado no Texto Magno, em razão de que se "todo o Poder emana do povo",[17] está ele simplesmente endossando que seu verdadeiro titular deve controlar, fiscalizando seu exercício como no caso brasileiro, onde vige uma democracia representativa.

Tem-se que:

> Com efeito, o constituinte originário, em boa hora, consagrou o princípio da participação direta, já numa decorrência do art. 1º, parágrafo único, da CF, já explicitamente, como sucede, para ilustrar, nos arts. 194, VII (caráter democrático da gestão da seguridade social), 198, III (participação da comunidade como diretriz do sistema único de saúde), 204, II (participação da população no controle das ações de assistência social), 206, VI (gestão democrática do ensino público), ao lado de outros instrumentos (tais como os previstos no art. 14 da Lei Maior). Logo, o controle social emerge como imperativo de estatura constitucional, decorrente do princípio maior da democracia, mas nem sempre daí tem decorrido as várias implicações práticas. Neste passo, urge recordar a diretriz de interpretação constitucional sistemática que indica: *o intérprete deve guardar vínculo com a excelência ou otimização máxima da efetividade do discurso normativo da Constituição*. Sob a égide desse preceito eminentemente integrador, resulta que, havendo dúvida sobre se, uma norma apresenta eficácia plena, contida ou limitada, é de preferir a concretização endereçada à plenitude, vendo-se a imperatividade como padrão. Por isso, devem-se evitar, entre várias alternativas, as inviabilizadoras de qualquer eficácia imediata. Do contrário, estar-se-ia cometendo o contra-senso de admitir norma ou princípio sem eficácia alguma. Nada mais contrário e lesivo à interpretação, pois, no núcleo essencial, todos os princípios gozam de aplicabilidade direta e imediata.[18]

Flagrantes, pois, as inúmeras contribuições do controle por parte da sociedade no que se refere ao exercício do Poder. Sabe-se, inclusive, que esse controle, que se manifesta das mais diversas formas, colabora para a eficiência da prestação pública.

Assim, fundamental que a própria sociedade atue como copartícipe, cooperando na gestão da coisa pública e fiscalizando a tomada das decisões públicas. O controle social contribui, ademais, para que a noção de cidadania seja revisitada, com o incremento da ideia de participação.

Veja-se que:

---

[17] Parágrafo único do art. 1º da Constituição Federal de 1988: "Todo o poder emana do povo, que o exerce por meio de representantes eleitos ou diretamente, nos termos desta Constituição".

[18] FREITAS, Juarez. O Princípio da Democracia e o controle do orçamento público brasileiro. In: *Revista Interesse Público Especial*. Responsabilidade Fiscal. Porto Alegre: Notadez, 2002, p. 11-23, p. 12-13.

> [...] o controle social apresenta-se como direito fundamental de participação e, nesse ponto, como direito a ser respeitado, assume feições vinculativas, dado que não seria razoável que o agente público pudesse desconsiderar, impunemente, anseio de exercitar a cidadania.[19]

Desse modo, muitas das arbitrariedades e desvios de finalidade que vão de encontro ao interesse público podem ser evitados ou punidos mais eficazmente, desde que haja atuação conjunta por parte dos mais diversos grupos da sociedade. Esse controle não pode ser fragmentado, isolado e, simultaneamente, controla e deve ser também controlado.

Nesse sentido, Freitas pondera que:

> Em outras palavras, contribui para a construção de uma esfera pública que não sucumbe às artimanhas do senhorio prepotente, dos privilégios nefastos e dos recorrentes patrimonialistas anseios. Devo assinalar que o controle social não se identifica com a atuação fiscalizadora de frações (por definição, parciais) nem com a vontade de uma "multidão de pequenos tiranos". Em contraste, há de ser desenvolvido pela maioridade jurídica e política que se afirma, sem exaltação romântica, num compromisso acima das vontades atomizadas e defende, preventiva ou repressivamente, o interesse público contra os seus contumazes adversários, individuais ou grupusculares. Nesse sentido, o controle social precisa operar inclusivamente e de modo a almejar a irrenunciável meta de universalização.
> [...]
> Retomando: o controle social exige inserção dinâmica e sinérgica com os demais controles. Ele próprio precisa ser controlado para não se converter em usurpador, dado que, de certo modo, será sempre uma atuação particularista em tensão com o ideal regulador do interesse público e, vez por todas, não deve ser visto como evento isolado ou descontínuo: a participação popular é processo dialético de avaliação e de crítica, não algo abstrato, unilateral e congelável no tempo ou no espaço.[20]

Nessa linha, interessante registrar que, dentre as mais diversas espécies de controle que existem, não há hierarquia ou graus de importância entre um e outro. Não obstante isso, o controle jurisdicional, o qual pode e deve ser acionado pelo controle social ao solicitar a prestação jurisdicional do Estado, é o que definitiviza o entendimento sobre a demanda em questão. Assim, o controle social legitima o controle jurisdicional, em razão das exigências que uma cidadania ativa e participativa implicam.

Ainda, há que se salientar que, se o exercício da democracia legitima o controle de um Poder sobre outro, sem usurpação de atribuições, a cidadania reclama, há muito, controle da concretização e da maior eficácia dos direitos fundamentais insculpidos na Carta Política. Assim, embora excepcionalmente o Poder Judiciário possua legitimidade para apreciar o chamado mérito administrativo – o juízo de conveniência e oportunidade do administrador público –, isso, pois, só àquele é dado proferir a última palavra acerca do controle de constitucionalidade do caso em apreço.

Constata-se que:

> No tocante à densidade democrática, não há, a rigor, nenhum controle mais relevante ou superior aos demais, apenas existindo funcionalmente aquele que deve proferir a derradeira palavra (o jurisdicional). Entretanto, todos os controles, em lugar da disputa, devem servir à legitimação não estritamente procedimental do Estado Democrático.
> [...]
> Ademais, o controle social não representa estorvo mas ajuda à concretização do princípio da eficiência. Diria que sem o crescimento da participação popular, vários dispositivos que cobram economicidade se

---

[19] Ibid., p. 17.
[20] Ibid., p. 13-18.

converterão em letra falida, comprometendo os rumos do equilíbrio fiscal e da eficiência no atinente às despesas e à arrecadação. Logo, o controle social, bem entendido, não serve apenas para limitar o exercício da discricionariedade dos agentes públicos e talvez nem seja esta sua função precípua. O controle social deve servir, de modo prioritário, como um controle de resultados e de adequação dos meios sem prejuízo do combate ao mau exercício da discrição, vale dizer, a arbitrariedade.

Finalmente, no tocante a saber se o controle social poderia ser catalogado como uma espécie de controle de constitucionalidade, a resposta, sem que possa desenvolvê-la nesse momento, deve ser afirmativa. Por certo, seria erro crasso confundir tal modalidade com aquela exercida, de modo rigorosamente típico e peculiar (concentrada ou difusamente) pelo Poder Judiciário. No entanto, cuida-se de uma maneira indescartável no bojo do pluralista controle de constitucionalidade, impondo-se, notadamente em face da atmosfera instável e de fragilidade do discurso constitucional, acolher todos os meios disponíveis para garantir a sobrevivência e a evolução dos princípios fundamentais rumo à consolidação de um jogo democrático autenticamente cooperativo.[21]

Com isso, mesmo que de modo excepcional, a garantia insculpida no art. 5º, XXXV, da Carta Maior viabiliza o controle judicial de atos administrativos que envolvam políticas públicas promotoras de direitos fundamentais.

Mauro Cappelletti, por seu turno, já adverte sobre os males da ausência de controle judicial quando afirma que:

> Na ausência de um controle judicial, o poder político se expõe mais facilmente ao risco da perversão. O controle judicial, certamente, não é um remédio infalível; como proteção de nossas liberdades, muitas vezes pode provar ser incapaz de resistir à tirania, como demonstrado pela experiência de muitas nações. Se essa não é uma barreira invencível, talvez, possa agir, pelo menos, como um aviso e uma advertência.
>
> [...]
>
> Permitam-me condenar as decisões judiciais que, a meu juízo, estejam erradas. Mas seja-me permitido ficar atento ao fato de que existe um valor e uma legitimidade numa instituição, cuja *raison d'être* é controlar o poder político e nos proteger contra o exercício abusivo do poder. Se é verdade, como eu penso, e como demonstram amplamente os estudos do direito comparado, que, na era após a II Guerra Mundial, a revisão judicial, em muitos países, tem sido um valioso instrumento para reforçar as liberdades fundamentais, então sua legitimidades democrática estará também confirmada, pois qualquer coisa que possa reforçar a liberdade dos cidadãos reforçará também a democracia.[22]

Somando-se a isso, fundamental que, na contemporaneidade, tenha-se uma visão de que, se o Poder é uno, os Poderes da República, os quais representam uma só diretriz – o comprometimento com a perseguição de uma boa Administração Pública – devem, inexoravelmente, unir esforços para que se atinja tal escopo.

Nesse sentido, Freitas alerta para o fato de que:

> Nesse prisma, cada um dos operadores do Direito Administrativo, pode e precisa *exemplificar o compromisso com o primado do direito fundamental à boa administração pública*. A guinada evolutiva começa por aí, ou seja, na reiteração diuturna desse novo estilo de pensar e de agir. Importa, nessa linha, exemplificar *eficiência, eficácia, imparcialidade, proporcionalidade (vedados excessos e omissões), probidade, transparência, participação e sensível abertura ao novo*, na ultrapassagem dos arcaísmos enraizados na gestão brasileira. Essencial pensar e agir de ordem a produzir relações administrativas aptas *a cumprir funções que não são obviamente as dos séculos XIX e XX*. Funções evolutivas de propiciar, preventivamente de preferência, o mais pleno desenvolvimento humano, no universo desafiador da interconectividade. Não se deve perder a oportunidade de avançar: o *novo ciclo da constitucionalização efetiva das relações brasilei-*

---

[21] Ibid., p. 20-22.
[22] CAPPELLETTI, Mauro. Repudiando Montesquieu? A expansão e a legitimidade da "justiça constitucional". In: *Revista do Tribunal Regional Federal da 4ª Região*. Porto Alegre, ano 12, n. 40, p. 15-49, 2001, p. 48-49.

ras de administração pública é perfeitamente possível. Mais que isso, inadiável. E altamente satisfatório contribuir para a sua intensa afirmação no mundo real.[23]

Assim, se, de um lado, o Direito é "contaminado" por preceitos axiológicos,[24] contrariando-se as proposições kelsenianas, de outro, a discricionariedade administrativa – que impõe apreciações valorativas – não pode estar imune a qualquer tipo de controle, como se um território interditado fosse.

Veja-se que:

> Na doutrina brasileira, tradicionalmente é enunciado que o Judiciário não pode controlar o mérito dos atos administrativos, isto é, não pode elidir os critérios de conveniência e oportunidade eleitos pelas autoridades da Administração, colocando no lugar os seus próprios critérios. Na vida forense, cotidianamente sentenças são proferidas com esse fundamento, o qual impede ou dificulta que os juízes controlem políticas públicas.
>
> Parece-nos que, de fato, assim deve ser, *a princípio*. É certo que o Judiciário não é uma agência subalterna em relação aos demais ramos do Estado, porém isso não significa que seja superior – no sentido de necessariamente possuir, de modo legítimo, a "última palavra" sobre as políticas públicas. A aceitação aos "convites" multicitados não pode ocorrer de modo atabalhoado, imotivado e autoritário, com o juiz pondo em primeiro plano preconceitos de índole "aristocrática" contra o mundo da política.
>
> Duas atitudes são imprescindíveis para o juiz: em primeiro lugar, não olvidar as regras de imparcialidade procedimental, assegurando a apresentação de argumentos por parte da Administração e a produção de provas que os sustentem; em segundo lugar, confrontar a consistência de tais argumentos com a consistência da fundamentação que pode ser exposta na decisão judicial. Este juízo de ponderação eliminará muitas hipóteses de alteração do mérito do ato administrativo, em face da superioridade comparativa dos argumentos expedidos pela Administração.
>
> Nesse passo, vemos a discricionariedade como um terreno relativamente interditado à atuação judicial. Em outras palavras, consideramos que o mérito dos atos que concretizam (ou não concretizam) políticas públicas é suscetível de controle judicial, excepcionalmente.[25]

Dessa forma, embora excepcional, o controle judicial da discricionariedade administrativa é medida eficaz para um controle de constitucionalidade mais apurado das políticas públicas a serem implementadas.[26]

---

[23] FREITAS, Juarez. Direito fundamental à boa administração pública e a constitucionalização das relações administrativas brasileiras. *Interesse Público – IP*, Belo Horizonte, ano 12, n. 60, p. 13-24, mar./abr. 2010, p. 24.

[24] "Nem sempre o Direito pode ser identificado e descrito independentemente dos valores morais [...]. Muitas constituições contemporâneas, senão todas, contêm princípios em cujas formulações são usadas expressões que evocam valores morais (como a dignidade, a igualdade, a justiça, a solidariedade, o progresso, a paz, e qualquer outro). De tal modo, os princípios constitucionais "remetem" valores morais do Direito Constitucional – ou na "regra de reconhecimento", [...] – como critérios de validade substancial das leis. De modo que, em muitos sistemas jurídicos contemporâneos, ainda que não necessariamente em todos, a identificação do Direito válido exige valorações morais. E, portanto, a separação entre Direito e moral é não necessária (isto é, conceitual), mas só contingente: de fato, em alguns ordenamentos – concretamente, nos estados constitucionais – a separação absolutamente não subsiste. [...] Em suma, os conceitos empregados na formulação de princípios constitucionais são, vulgarmente, conceitos jurídicos altamente indeterminados – que invocam as doutrinas morais e/ou as ideologias políticas dos intérpretes – cuja interpretação é, por consequência, altamente discricionária". Vide GUASTINI, Riccardo. Os princípios constitucionais como fonte de perplexidade. In: *Interesse Público – IP*, Belo Horizonte, ano 11, n. 55, p. 157-177, maio/jun. 2009, p. 174-176.

[25] CASTRO E COSTA, Flávio Dino de. A função realizadora do Poder Judiciário e as políticas públicas no Brasil. In: *Interesse Público – IP*, Porto Alegre, ano 6, n. 28, p. 64-90, nov./dez. 2004, p. 84-85.

[26] "O poder judicial é de entre todos os poderes de governo aquele que se encontra em melhor posição de ascender a uma compreensão 'procedimental' do direito, descobrindo o significado dos valores constitucionais; *mas ao mesmo tempo* encontra-se profundamente limitado, por vezes mesmo constrangido, por esse seu desejo – 'esse seu enorme e admirável desejo' – em concretizar a realidade constitucional". Vide QUEIROZ, Cristina. *Interpretação Constitucional e Poder Judicial*: Sobre a epistemologia da construção constitucional. Coimbra: Coimbra Editora, 2000, p. 350.

Na dicção de Germana de Moraes, a motivação dos atos administrativos compreende, ao mesmo tempo, a necessidade de ser trazida a evidência, os motivos de fato e os fundamentos jurídicos em que está apoiado o administrador para justificar a tomada de decisão.[27] Uma vez que não haja correspondência entre a motivação, a fundamentação jurídica e as exigências da realidade constitucional, imperativo é o controle judicial.

Logo, é de se atentar que:

> A discricionariedade do juiz é a discricionariedade de agir como parece correto e apropriado, em coerência com os princípios jurídicos, os valores jurídicos e outros *standards* jurídicos aplicáveis. Mas essa é uma discricionariedade tão forte quanto uma discricionariedade pode ser. A decisão sobre o que é certo e apropriado interpretar e aplicar princípios que são vagos porque são gerais envolve a avaliação das consequências de uma sentença ou de outra. Essa é uma questão de *estabelecer*, não de *encontrar*, as prioridades dentro do sistema jurídico. Não há um consenso real nos Estados/sociedades a respeito das prioridades morais e políticas, nem há motivo para supor que haja algum ponto de vista do juiz ou do observador ideal para, a partir dele, estabelecer as *verdadeiras* prioridades morais e políticas oferecidas pelo sistema jurídico.
>
> É um denominador comum, de qualquer forma, que a discricionariedade judicial existe somente na estrutura de alguns *standards* predeterminados. Quando esses *standards* são regras jurídicas, a discricionariedade se estende apenas dentro de uma área bem restrita, embora raramente seja eliminada por completo.[28]

E, por fim, sinalize-se que:

> [...] although an interpretive approach that appeals directly to values or ideals the interpreter takes to be central to the Constitution or to the nation's constitutional heritage might seem peculiarly open to the charge of being inappropriately subjective, that criticism loses at least some of its force when it is recognized that the choice of any interpretive method necessarily reflects the embrace of some substantive values not necessarily and unambiguously enacted by the constitutional text and the rejection of others potentially consistent with that text.[29]

Assim, uma vez registrado que a necessidade de controle judicial das políticas públicas a fim de garantir maior eficácia dos direitos fundamentais, não há que se objetar tal realização. Cada intérprete não deve medir esforços para concretizar o Texto Magno e, por conseguinte, não há que se falar em zonas "imunes" ao controle. O Controle que a própria sociedade exerce ou deve exercer legitima o controle perpetrado pelo Poder Judiciário. Trata-se de imposições da existência da República.

Diante disso, a seguir, comentários pormenorizados acerca da possibilidade do controle judicial das políticas públicas de promoção dos direitos fundamentais são tecidos.

---

[27] MORAES, Germana de Oliveira. Obrigatoriedade de motivação, clara, congruente e tempestiva dos atos administrativos. In: *Interesse Público – IP*, São Paulo, ano 2, n. 8, out./dez. 2000, p.47.

[28] MAcCORMICK, Neil. *H.L.A. Hart*. Tradução de Cláudia Santana Martins. Revisão técnica de Carla Henriete Beviláqua. Rio de Janeiro: Elsevier, 2010, p. 176.

[29] TRIBE, Laurence H. *American Constitutional Law*. Third Edition. Volume one. New York: New York Foundation Press, 2000, p. 71. Tradução Livre: "apesar de uma abordagem interpretativa que apela diretamente aos valores ou ideais o intérprete tem de ser central à Constituição ou à herança constitucional da nação pode parecer particularmente aberto à acusação de ser inadequada subjetivo, que a crítica perde pelo menos alguma de sua força quando ela reconheceu que a escolha de qualquer método interpretativo reflete necessariamente abraçar o de alguns valores materiais não necessariamente de forma inequívoca e promulgada pelo texto constitucional e à rejeição de outros potencialmente compatível com esse texto".

4. CONTROLE JUDICIAL DAS POLÍTICAS PÚBLICAS DE PROMOÇÃO DOS DIREITOS FUNDAMENTAIS

O presente tópico deste trabalho tem por objetivo analisar a questão do controle jurisdicional da discricionariedade administrativa, em especial, no que toca à eleição de políticas públicas de promoção dos direitos fundamentais. Interessante pontuar, nesse passo, que se vislumbram nesse estudo as contribuições de uma hermenêutica constitucional aberta.

A partir desse propósito, pretendem-se demonstrar as seguintes premissas, quais sejam:

– O Judiciário é o Poder constitucionalmente competente para interpretar o Texto Magno. Dessa forma, é ele o último responsável por se manifestar sobre a constitucionalidade ou inconstitucionalidade da ausência ou do implemento de políticas públicas de direitos fundamentais. Não há que se vislumbrar afronta a separação dos Poderes nem, tampouco, interferência na discricionariedade administrativa, eis que não cabe ao Poder Executivo avaliar a constitucionalidade dessas políticas públicas, sendo responsável tão-somente por dar cumprimento aos comandos constitucionais, implementando-as. Nesse passo, interessante registrar que, em determinadas oportunidades, ao exercer controle, o Poder Judiciário sinaliza, dentre políticas públicas de promoção dos direitos fundamentais a serem implementadas pelo administrador público, qual deve ser privilegiada no caso concreto, porque está em maior consonância com a fundamentalidade dos direitos a serem efetivados. Ou seja, dentre políticas públicas constitucionais, o Poder Judiciário indicará qual é a "mais constitucional" entendida como a "mais necessária" no momento para a efetivação desses direitos.

– A discricionariedade administrativa encontra limite no dever de efetivação dos direitos fundamentais. Eventuais restrições no orçamento público não são suficientes para afastar o controle judicial.[30] O controle judicial, nesse passo, atuará de modo a destacar qual o direito fundamental deve ser prestigiado com a consecução de uma política pública já prevista em orçamento em detrimento de outro que, diante do caso concreto, é vislumbrado como não sendo prioridade absoluta.

– O controle judicial das políticas públicas tem fundamento na máxima ou *supereficácia* dos direitos fundamentais e deve-se fazer valer a partir do momento em que se vislumbra que a ineficácia do texto constitucional e inefetividade dos direitos fundamentais é atribuída ao uso inadequado da discricionariedade administrativa.

– O controle judicial encontra seus limites apenas nos direitos fundamentais. Ou seja, legitima-se o controle em extensão e limites até o momento em que se garanta a máxima promoção dos direitos fundamentais mediante a realização de políticas públicas.

Para tanto, inicia-se registrando que investigar como é possível realizar controle judicial diante de uma competência discricionária – a mais conveniente ou oportuna solução ao interesse público, ou seja, do juízo de mérito administrativo – a partir de uma interpretação aberta, democrática e concretizante das políticas públicas de consecução dos direitos fundamentais, sem dúvida alguma, é um resultado que se insere diretamente no cotidiano da produção do saber jurídico. Daí a conexão imediata com a prática forense, visto que esse discurso está intimamente informado pelas discussões doutrinárias e judiciais. Uma vez viável a justificação desse controle jurisdicional fundamentado em uma hermenêutica constitucional aberta, seus efeitos serão refletidos imediatamente na seara pragmática, gerando uma maior efetividade aos direitos fundamentais.

Urge, nessa linha, verificar a possibilidade de se proceder a uma leitura das explicações teóricas pertinentes a viabilidade, extensão, fundamento(s) e limites temá-

---

[30] Tendo em vista a existência de previsão orçamentária anterior para efetivação de políticas públicas de concretização dos direitos fundamentais, isso, por si só, esvazia a discussão acerca da "reserva do possível".

ticos do controle da atividade estatal administrativa perpetrado pelo Poder Judiciário a partir das contribuições da hermenêutica constitucional e em que medida isso pode auxiliar na indicação de políticas públicas voltadas à promoção da efetividade dos direitos fundamentais.

Necessária, pois, a criação de espaços de discussão e reflexão permanente entre os vários atores que participam do processo interpretativo constitucional a fim de buscar a concretização dos direitos fundamentais.

Assim, seja no âmbito local ou federal, importa é que são todos eles espaços onde se reúnem pensadores das diversas áreas do conhecimento, de instituições públicas ou privadas, organizações civis e sociedade para discutir a implementação de políticas públicas voltadas à promoção dos direitos fundamentais. Ainda, diante de tamanha abertura na interpretação constitucional para a efetividade dos direitos fundamentais, pode-se afirmar que o Poder Judiciário estaria legitimado para exercer controle sobre o juízo de conveniência e oportunidade administrativas quando da escolha de uma política pública de promoção desses direitos em detrimentos de outras.

Nessa linha, ensina o professor Juarez Freitas:[31]

> Aplicando-se os conceitos formulados à Constituição, esta passa a ser vista como uma rede axiológica de princípios, de regras e de valores de ordem suprema, cuja função precípua é a de, evitando ou superando antinomias axiológicas, dar cumprimento aos objetivos fundamentais do Estado Democrático, entendidos de maneira dominantemente substancial. A sistemática interpretação da Lei Fundamental supõe, assim, uma consideração unitária e aberta que reconheça suas disposições sob o prisma dos nunca inteiramente inócuos princípios superiores. Há, como afirmado, eficácia direta e imediata, no núcleo essencial, de todos os princípios fundamentais.

Tal ensinamento deve ser refletido em conjunto com a noção de sistema jurídico, que, com propriedade, o mesmo autor descreve. Veja-se:

> Entende-se apropriado conceituar o sistema jurídico como uma rede axiológica e hierarquizada topicamente de princípios fundamentais, de normas estritas (ou regras) e de valores jurídicos cuja função é a de, evitando ou superando antinomias em sentido lato, dar cumprimento aos objetivos justificadores do Estado Democrático, assim como se encontram substanciados, expressa ou implicitamente, na Constituição.[32]

Assim, se de um lado, a Constituição se apresenta como rede de princípios axiológicos que demandam concretização, de outro, o sistema jurídico do qual ela faz parte é apenas um dos sistemas que integram o sistema social e, portanto, há necessidade de permanente diálogo entre todos esses (sistema político, social propriamente dito, econômico etc.) e os poderes públicos envolvidos nesse processo.

Nesse passo, concorda-se com a lição de Ingo Wolfgang Sarlet quando alerta:

> Se, portanto, todas as normas constitucionais sempre são dotadas de um mínimo de eficácia, no caso dos direitos fundamentais, à luz do significado outorgado ao art. 5º, §1º, de nossa Lei Fundamental, pode afirmar-se que aos poderes públicos incumbem a tarefa e o dever de extrair das normas que os consagram (os direitos fundamentais) a maior eficácia possível, outorgando-lhes, neste sentido, efeitos reforçados relativamente às demais normas constitucionais, já que não há como desconsiderar a circunstância de que a presunção da aplicabilidade imediata e plena eficácia que milita em favor dos direitos fundamentais, constitui, em verdade, um dos esteios de sua fundamentalidade formal no âmbito da Constituição.[33]

---

[31] FREITAS, Juarez. *A Interpretação Sistemática do Direito*. 4ª ed., São Paulo: Malheiros, 2004, p.182 e 183.
[32] Ibid., p. 54.
[33] SARLET, Ingo Wolfgang. *A Eficácia dos Direitos Fundamentais*. 3ª ed., Porto Alegre: Livraria do Advogado, 2003, p. 259.

Porém, diante de uma sociedade complexa e plural como a brasileira, entende-se que todos os setores da sociedade civil, quer sejam públicos ou privados, devem envidar esforços para que se extraia o máximo de efetividade do texto constitucional através de uma hermenêutica constitucional aberta, especialmente no que toca à concretização dos direitos fundamentais através da implementação de políticas públicas que visem a promovê-los.

Eugênio Facchini Neto, inclusive, já registrava que o fenômeno da Constitucionalização do Direito privado resulta de superação da conhecida dicotomia entre o público e o privado. A história testemunhou a cíclica alternância da preponderância de um sobre o outro (público/privado), sem, no entanto, verificar a integração desta clássica divisão.[34] Dessa forma, setores tradicionalmente públicos e privados devem superar antinomias e dialogar constantemente para a concretização do Texto Magno.

Daí surge a atividade interpretativa como ferramenta essencial. Veja-se:

> Se por "interpretação" se entende a fixação por via cognoscitiva do sentido do objeto a interpretar, o resultado de uma interpretação jurídica somente pode ser a fixação da moldura que representa o Direito a interpretar e, conseqüentemente, o conhecimento das várias possibilidades que dentro desta moldura existem. Sendo assim, a interpretação de uma lei não deve necessariamente conduzir a uma única solução como sendo a única correta, mas possivelmente a várias soluções que – na medida em que apenas sejam aferidas pela lei a aplicar – têm igual valor, se bem que apenas uma delas se torne Direito positivo no ato do órgão aplicador – no ato do tribunal, especialmente.[35]

Desse modo, jamais se pode olvidar de contextualizar o texto objeto da atividade hermenêutica com seu contexto de aplicação na realidade social vigente:

> O conflito de valores depreende-se em toda sua pureza: a favor do *status quo* o respeito certamente advoga pela segurança jurídica. Por de trás deste termo, 'abrange tudo', com características ideológicas pronunciadas (como a expressão, ainda mais conotada de 'direitos adquiridos'), faz-se valer uma série de argumentos [...]: citaremos, principalmente, a confiança dos jurisdicionados, que não se pode abalar impunemente, em um Estado de direito; a necessária previsibilidade das situações, indispensável a uma gestão sadia dos negócios públicos e privados; a irreversibilidade dos fatos materiais e do tempo decorrido, que não se pode impedir de haver sido.[36]

Interessante estudo, nessa linha de raciocínio, acerca do papel do juiz e o dever de motivar as suas decisões, realiza Chaïm Perelman, destacando-se a seguinte passagem:

> O juiz é considerado, em nossos dias, como detentor de um poder e não como 'a boca que pronuncia as palavras da lei', pois, mesmo sendo obrigado a seguir as prescrições da lei, possui uma margem de apreciação: opera escolhas, ditadas não somente pelas regras de direito aplicáveis, mas também pela busca da solução mais adequada à situação. É inevitável que suas escolhas dependam de juízos de valor; é por isso, aliás, que, para evitar demasiada subjetividade na matéria, prevê-se, para os casos mais importantes, a colegialidade dos tribunais, que contribui para eliminar modos de ver por demais afastados da opinião comum.[37]

---

[34] FACCHINI NETO, Eugênio. Reflexões histórico-evolutivas sobre a constitucionalização do direito privado, In: SARLET, Ingo Wolfgang. (org.). *Constituição, Direitos fundamentais e Direito Privado*. Porto Alegre: Livraria do Advogado, 2003, p. 13-15.

[35] KELSEN, Hans. *Teoria Pura do Direito*. Tradução de João Baptista Machado. 6ª ed., São Paulo: Martins Fontes, 1998, p. 390 e 391.

[36] OST, François. *O Tempo do Direito*. Bauru: Edusc, 2005, p. 181.

[37] PERELMAN, Chaïm. *Ética e Direito*. Tradução de Maria Ermantina Galvão. São Paulo: Martins Fontes, 1996, p. 566.

Disso depreende-se, pois, que, a temática proposta para esse estudo é de extrema relevância e possui contornos múltiplos para serem apreciados. Isso em virtude de que se sustenta que o controle jurisdicional da discricionariedade administrativa na eleição de políticas públicas se justifica pela busca da máxima efetividade dos direitos fundamentais.

Vê-se, nesse diapasão, que o controle da Administração Pública tem demonstrado ser tema de interesse geral. Acirra-se o interesse quando se analisa o controle jurisdicional da atividade eminentemente administrativa, oriunda especialmente do Poder Executivo, representando uma das formas de controle horizontal do poder.[38]

De fato, a Administração Pública exerce atividade que está limitada, de um lado, pela subordinação à legislação de regência de sua atuação, e, de outro, pelos mecanismos de controle positivados. Nesse ponto, entende-se que os direitos fundamentais exercem papel central, como legitimadores do controle.

Registre-se, nessa linha, inclusive, que o próprio conceito de "mérito administrativo" sofre modificações, deixando de ser uma espécie de área de livre atuação do administrador, tornando-se, em verdade, instituto adequado à evolução do próprio Direito Administrativo. Assim, o mérito administrativo não está totalmente imune ao controle jurisdicional. E, da mesma forma, a apreciação do mérito administrativo na via judicial, em certas hipóteses, não configurará quebra na necessária harmonia e independência dos poderes do Estado, previstas no art. 2º da Constituição Federal.

Não resta dúvida de que há o que se aprofundar no que diz respeito à extensão, profundidade, fundamentos e limites temáticos do controle perpetrado pelo Poder Judicial em face da discricionariedade da atividade administrativa para indicação de políticas públicas de concretização de direitos fundamentais. De tal fato emerge um quadro paradoxal quando se verifica uma outra realidade não menos verdadeira, a de que a função estatal potencialmente mais ameaçante e lesiva a direitos, especialmente fundamentais, é justamente a função administrativa, exercida em maior escala pelo Poder Executivo.

Não se pode negar que, nos dias de hoje, a atividade administrativa pode ser controlada sob uma perspectiva muito mais ampla do que o simples juízo de conformidade em relação às regras jurídicas que lhe dão supedâneo. O atual estágio evolutivo do tema apreciado habilita o Poder Judiciário a um controle muito mais amplo, de verdadeira adequação da conduta administrativa não somente em relação à regra legal que lhe embasa, mas com o ordenamento jurídico como um todo, incluído nisso toda a gama principiológica e axiológica constitucional pertinente, inserindo-se aqui os direitos fundamentais. Daí por que ser possível almejar, em relação às condutas administrativas, um controle que seja, a um só tempo, de sua conformidade com as regras constitucionais e de sua compatibilidade com os princípios e valores da ciência jurídico-administrativa.

Assim, na lição de Ana Paula Barcellos:

> Independentemente do juízo que cada cidadão possa e deva fazer sobre essa opção política, não há dúvida de que o dispêndio de recursos pelo Estado brasileiro é uma atividade de cada vez maior relevância para o país, tanto pelo volume de recursos que desloca, como pela importância dos fins que busca realizar.

---

[38] LIMBERGER, Têmis. *Atos da Administração lesivos ao patrimônio público* – Os princípios constitucionais da legalidade e moralidade. Porto Alegre: Livraria do Advogado, 1998, p. 23.

Justifica-se, portanto, que essa atividade, dentre todas as outras desempenhadas pelo Estado, receba atenção específica. Há mais que isso, porém.

[...]

Desperdício e ineficiência, precariedade de serviços indispensáveis à promoção de direitos fundamentais básicos e sua convivência com vultosos gastos em rubricas como publicidade governamental e comunicação social não são propriamente fenômenos pontuais e isolados da Administração Pública brasileira.[39] A questão ganha ainda maior relevância tendo em conta a grandiosidade dos números registrados [...] em matéria de arrecadação tributária. Como afinal o Estado gasta tais recursos e que limites e condicionamentos deve observar ao fazê-lo são perguntas que exigem a atenção não apenas do cidadão, mas também do jurista.[40]

Quer-se defender, nesse estudo, através das construções da hermenêutica constitucional, que o controle exercido pelo Poder Judiciário não atinge o mérito administrativo, critério de escolha de uma opção mais conveniente ao interesse público, dentre um conjunto de soluções estipulado pelo sistema jurídico-administrativo. Isso porque não se pode valer da impossibilidade de um controle jurisdicional do mérito administrativo para simular arbitrariedades, ou quaisquer outras ilegalidades. Além disso, não obstante se trate de escolha legal e, precipuamente, em consonância com os ditames constitucionais, pretende-se sustentar que é permitido ao Poder Judiciário exercer controle sobre o mérito administrativo manifestado na eleição do implemento de políticas públicas que vão de encontro à concretização dos direitos fundamentais ao invés de outras que os promoveriam.

Nesse passo, transcreve-se a lição de Juarez Freitas, a qual se coaduna com tal posicionamento. Veja-se:

Não raro, prioridades não são cumpridas. Outras tantas vezes, obras restam inconclusas, enquanto principiam outras altamente questionáveis. Traçados de estradas são feitos em desacordo com técnicas básicas de Engenharia. Decisões de obras são tomadas em rompantes conducentes a erros amazônicos. Hospitais são sucateados, enquanto se iniciam outros. Materiais são desperdiçados acintosamente. Obras apresentam projetos básicos que discrepam dos custos finais. Dá-se prioridade a contratos para objetivos de curta duração, sem converter, quando possível, o contratado em parceiro de longo prazo. Realizam-se contratos com cláusulas que impedem a amortização dos investimentos, acarretando dever indenizatório do Poder Público. Cogita-se de desapropriação imotivada, com altos custos para o erário. Descura-se do investimento em áreas estratégicas e vitais, como é o caso do controle de tráfego aéreo.[41]

A impossibilidade de tal controle poderia ser justificada na própria regra constitucional habilitante e legitimadora da atuação do Poder Judiciário, isto é, o art. 5º xxxv, da Carta Magna (Princípio da Inafastabilidade do Poder Judiciário).

Nesse sentido, veja-se que:

---

[39] Em interessante decisão, o desembargador Francisco Wildo, do TRF/5ª Região concedeu liminar, a pedido do Ministério Público Federal na Paraíba, e determinou que o governo do Estado deveria empregar 17,6% da verba destinada à publicidade para a regularização do fornecimento de medicamentos gratuitos e indispensáveis ao tratamento de pacientes portadores de mal de Parkinson (Processo nº 2004.82.00003315-0, em curso na 3ª Vara da Justiça Federal na Paraíba, e Agravo de Instrumento nº 67336-PB). A decisão foi reconsiderada pelo próprio Desembargador a pedido do Estado pouco depois. Comentário citado por BARCELLOS, Ana Paula de. Constitucionalização das políticas públicas em matéria de direitos fundamentais: o controle político-social e o controle jurídico no espaço democrático. In: *Revista de Direito de Estado*. Rio de Janeiro, v.1, n.3, jul./set. 2006, p. 19-21.

[40] BARCELLOS, Ana Paula de. Constitucionalização das políticas públicas em matéria de direitos fundamentais: o controle político-social e o controle jurídico no espaço democrático. In: *Revista de Direito de Estado*. Rio de Janeiro, v.1, n.3, jul./set. 2006, p. 19-21.

[41] FREITAS, Juarez. *Discricionariedade Administrativa e o Direito Fundamental à Boa Administração Pública*. São Paulo: Malheiros, 2007, p. 30-31.

A este propósito, tem-se que o princípio da inafastabilidade do controle jurisdicional constitui direito e garantia fundamental prevista no art. 5º, XXXV, da Constituição Federal. Na consecução desta competência reservada ao Judiciário mostra-se indispensável ao Estado decidir, diante de um conflito de interesses, nos termos da ordem jurídica vigente, a que se encontram submetidas as pessoas físicas e jurídicas. A compreensão dos limites do controle a ser realizado pelo Judiciário implica, em primeiro plano, o correto entendimento do princípio da legalidade. Se inicialmente se considerava atendido referido princípio com o simples cumprimento de regras legais isoladas, a idéia ampliou-se com a inserção do princípio da moralidade no art. 37, *caput*, da Constituição. Passou a se entender que não bastava à ação administrativa a legalidade estrita, sendo imprescindível a sua legitimidade, a saber, o atendimento simultâneo das normas legais e do padrão ético de conduta interna vigente na estrutura estatal, de acordo com os critérios de honestidade e lealdade administrativa.

[...] há quem diga que o Direito Administrativo do século XXI abandonou a bipolaridade principiológica "legalidade x supremacia do interesse público" para adotar como fundamentos basilares a segurança jurídica, a boa-fé objetiva, a proporcionalidade e a mínima concreção dos direitos fundamentais à vida e à saúde.[42]

E continua:

Se é certo que se exige boa-fé do cidadão ao se relacionar com a Administração, não há dúvida da sua indispensabilidade no tocante ao comportamento do administrador público. Isto principalmente quando se tatá de relações em que o Estado se vale da supremacia do interesse público e exerce o chamado "poder extroverso", com base em que pode ir além dos seus limites jurídicos vinculando e impondo obrigações a terceiros. Neste caso, é fundamental que o Poder Público haja com boa-fé, pondere os diferentes interesses e considere a realidade a que se destina a sua atuação. Outrossim, consubstancia direito subjetivo público de qualquer cidadão um mínimo de segurança no tocante à confiabilidade ético-social das ações dos agentes estatais.

[...]

O controle judicial, destarte, é possível, recomendável, necessário e indispensável, nos estritos termos da Constituição, para aferir a juridicidade que condiciona os limites da liberdade outorgada ao Poder Público quando da eleição dos meios destinados à consecução do direito à vida e à saúde.[43]

Por outro lado, entende-se que o controle judicial não poderá ultrapassar os limites que lhe são impostos pelo próprio sistema jurídico.

Não se trata, portanto, de simplesmente alterar-se eventuais arbitrariedades ou ilegalidades do administrador por uma atuação também arbitrária do Poder Judiciário, sendo fundamental a existência de limites àqueles que controlam a Administração Pública. Tais limites, todavia, não se prestam a afastar o importante mister institucional que o Poder Judiciário detém num Estado Democrático de Direito.

Veja-se que a definição dessas limitações apresenta complexidade, eis que exigem, num primeiro momento, a adoção de uma padronização terminológica no sentido do que sejam políticas públicas promotoras de direitos fundamentais e quais ramos do Direito reclamariam participação. Em um momento posterior, demanda-se o estabelecimento dos objetos controláveis e das modalidades de controle a serem exercidas.

Nesse sentido, Maria Paula Dallari Pucci refere que:

Uma abordagem analítica juridicamente estruturada consiste em examinar a noção de políticas públicas a partir dos campos que definem, na sua gênese, a particularidade do Direito, a Teoria geral do Direito e a teoria do Estado. Isso é necessário, mas sem que se perca de vista as aproximações com os temas correlatos no âmbito da ciência política e da ciência da administração pública.

---

[42] CARVALHO, Raquel Melo Urbano de. Controle jurisdicional dos atos políticos e administrativos na saúde pública. In: FORTINI, Cristiana; ESTEVES, Julio César dos Santos; DIAS, Maria Tereza Fonseca (Org.) *Políticas Públicas*: possibilidades e limites. Belo Horizonte: Fórum, 2008, p. 303-307.

[43] Ibid., p. 316-324.

No direito econômico, cumpre localizar a figura das políticas públicas nas dinâmicas da atividade de planejamento e sua relação com a temática do desenvolvimento.

Já no campo do direito administrativo, é o caso de aproximar a figura com as funções administrativas associadas aos seus instrumentos, construindo a chamada "caixa de ferramentas" do analista jurídico de políticas públicas, distinguindo as que se valem do poder de ordenação daquelas que se organizam sobre a prestação direta dos serviços do investimento ou fomento públicos.

A partir desse mesmo raciocínio, outras abordagens podem ser intentadas em outros campos estabelecidos, como o direito financeiro, o direito processual e até mesmo campo menos permeados diretamente pelo direito público, como o direito internacional e assim por diante.

A relevância da metodologia jurídica de análise das políticas públicas depende de saber se esse conjunto de abordagens será suficientemente consistente para superar as limitações presentes em cada um desses campos do conhecimento hoje.[44]

Ademais, no que tange aos objetos e modalidades de controle, Barcellos adverte que:

> Quando se trata de políticas públicas em matéria de direitos fundamentais – nos termos em que o conceito foi delimitado para este estudo –, que objetos podem ser alvo de controle jurisdicional? Em outros termos, o que é exigível nessa matéria e, portanto, pode ser sindicado judicialmente? É possível cogitar de 5 (cinco) objetos distintos (sem prejuízo de outros), ainda que interligados, que podem ser agrupados em dois grupos.
> No primeiro bloco, será possível controlar, in abstrato, (i) a fixação de metas e prioridades por parte do Poder Público em matéria de direitos fundamentais; em concreto, será possível cogitar do controle (ii) do resultado final esperado das políticas públicas em determinado setor. No segundo grupo, é possível controlar ainda três outros objetos: (iii) a quantidade de recursos a ser investida, em termos absolutos ou relativos, em políticas públicas vinculadas à realização de direitos fundamentais; (iv) o atingimento ou não das metas fixadas pelo próprio Poder Público; e (v) a eficiência mínima na aplicação dos recursos públicos destinados a determinada finalidade. Como é fácil perceber, os dois primeiros objetos de controle se ocupam do conteúdo das políticas públicas em si, ao passo que os três últimos pretendem controlar aspectos do processo de decisão e execução das políticas públicas levado a cabo pelo Poder Público.[45]

Alerta, ainda, para possíveis problemas da dogmática para o controle de políticas públicas, em razão de que, até o presente momento, não há parâmetros precisos para que se efetive esse controle.

Nesse sentido,

> [...] a construção de qualquer dogmática que pretenda viabilizar, do ponto de vista técnico-jurídico, o controle das políticas públicas, antes de qualquer outra coisa, da identificação dos parâmetros de controle aplicáveis. Com efeito, controlar as decisões do Poder Público nesse particular significará, *e.g.*, concluir que determinada meta constitucional é prioritária e, por isso, a autoridade pública está obrigada a adotar políticas a ela associadas. Significará, também, afirmar que determinada política pública, embora aprovada pelos órgãos majoritários, não deve ser implementada até que as metas prioritariamente estabelecidas pelo constituinte originário tenham sido atingidas. A questão, portanto, é a seguinte: com que fundamento se poderá chegar a tais conclusões? Por que determinada política pública pode ser considerada prioritária em relação a outra?
> [...]
> Lembre-se que muitos direitos fundamentais, assim como a própria dignidade humana, são veiculados sob a forma de princípios, que, por sua estrutura, admitem uma realização progressiva e a rigor amplíssima.

---

[44] BUCCI, Maria Paula Dallari. Notas para uma metodologia jurídica de análise de políticas públicas. In: *Fórum Administrativo* – Direito Público – FA, Belo Horizonte, ano 9, n. 104, p. 20-34, 2009, p. 32-33.

[45] BARCELLOS, Ana Paula de. Constitucionalização das políticas públicas em matéria de direitos fundamentais: o controle político-social e o controle jurídico no espaço democrático. In: *Revista de Direito de Estado*. Rio de Janeiro, v.1, n.3, jul./set. 2006, p. 25.

É preciso então esclarecer em que medida, de fato, a Constituição vincula juridicamente a definição das políticas públicas e, assim, estabelecer os parâmetros de controle que poderão ser utilizados.[46]

E, por fim, arremata, no que se refere à elaboração de instrumentos de controle que:

O controle jurídico constitucional das políticas públicas depende da construção dos parâmetros que serão utilizados, de informação acerca das receitas e despesas e, por fim, de instrumentos de controle. Com efeito, uma vez que os parâmetros sejam fixados e se verifique, em determinado momento e circunstância, que eles não foram observados, que conseqüências a ordem jurídica atribuirá a esse fato?
[...]
A construção do controle das políticas públicas depende do desenvolvimento teórico de três temas: (i) a identificação dos parâmetros de controle; (ii) a garantia de acesso à informação; e (iii) a elaboração dos instrumentos de controle. Assim, em primeiro lugar, é preciso definir, a partir das disposições constitucionais que tratam da dignidade humana e dos direitos fundamentais, o que o Poder Público está efetiva e especificamente obrigado a fazer em caráter prioritário; isto é, trata-se de construir parâmetros constitucionais que viabilizem o controle. O segundo tema diz respeito à obtenção de informação acerca dos recursos públicos disponíveis, da previsão orçamentária e da execução orçamentária. O terceiro tema, por sua vez, envolve o desenvolvimento de consequências jurídicas a serem aplicadas na hipótese de violação dos parâmetros construídos, seja para impor sua observância, para punir o infrator ou para impedir que atos praticados em violação dos parâmetros produzam efeitos.[47]

Diante das considerações tecidas, vê-se, pois, que o tema central da pesquisa apresentada é a aplicabilidade da Hermenêutica Constitucional aberta como forma de viabilizar e legitimar o controle judicial da escolha de políticas públicas de promoção dos direitos fundamentais. Ocorre que, para tanto, inúmeras outras questões podem ser suscitadas, inclusive na seara do Direito Processual Civil.

No entanto, deve restar claro que o propósito principal e motivador desse trabalho está relacionamento diretamente com uma proposta de Hermenêutica Constitucional concretizante. O cenário perseguido, muito além de reflexões acerca dos limites da discricionariedade administrativa ou do controle jurisdicional sobre a mesma, sua extensão, profundidade, fundamento(s) e limitações temáticas, discussões sobre separação de Poderes, possíveis restrições orçamentárias para implemento de políticas públicas e eventuais aspectos processual civis envolvidos, entre outros, são somente "pano de fundo" para o real intento: aproximar as atividades dos Poderes Públicos do Texto Constitucional para conferir-lhe a maior eficácia possível, isto é, perseguir inexoravelmente a máxima efetividade dos direitos fundamentais.

Destarte, oportuna a lição de Freitas ao se manifestar sobre os Preceitos para uma interpretação sistemática da Constituição, onde expõe que:

Primeiro Preceito: Numa adequada interpretação tópico-sistemática da Constituição os princípios fundamentais são a base e o ápice do sistema
[...]
[...] importa destacar que a interpretação constitucional, justamente por lidar com a Carta Maior, haverá de ser, sob certo aspecto, principiológica, isto é, marcada por uma hierarquização de princípios (sem prejuízo das regras), que será melhor fundamentada se conferir ao sistema coerência e abertura. É no cume principiológico do Direito Positivo que se enfeixa o plexo das prescrições geradoras da normatividade. Dito de outro modo, conscientemente, a interpretação constitucional aparece pautada e dirigida, em termos, pelos

---

[46] Idem. Neoconstitucionalismo, direitos fundamentais e controle das políticas públicas. In: *Revista de Direito Administrativo*. Rio de Janeiro, n. 240, abr./jun. 2005, p. 93-94.
[47] Ibid., p. 100-103.

objetivos, princípios e direitos fundamentais, os quais, se e quando ordenados inteligentemente pelo intérprete, podem imprimir densidade e consistência evolutiva ao Direito nos seus vários ramos.[48]

Também não se pode olvidar a adoção do princípio federativo pelo constituinte e as implicações disso para as diferentes esferas da Administração Pública. Veja-se que:

> O princípio federativo determina a autonomia das esferas federativas, especialmente no que tange a cada uma das Administrações Públicas: municipal, federal e estadual. Em vista das competências administrativas determinadas pela Constituição de 1988 a cada uma delas, fica assegurada a possibilidade de autodeterminação na consecução destas competências, com os devidos limitadores constitucionais.
>
> [...]
>
> O federalismo assimétrico significa a adoção de políticas desiguais entre entidades da federação (assimetria "de jure") a fim de corrigir as desigualdades existentes em termos de população, território, e riqueza entre essas entidades (assimetria "de facto"). Da mesma forma que a distribuição de receitas deve estar de acordo com as tarefas de cada entidade da federação, isto é, de acordo com suas necessidades para atingir seus fins, para evitar uma crise de sobrecarga,[49] também as formas de controle da administração devem estar adequadas a cada realidade de cada esfera federativa, o que funda o controle administrativo descentralizado e de base social.[50]

Advoga-se, aqui, pois, a ideia da possibilidade do controle judicial da discricionariedade administrativa, eis que todos os Poderes do Estado são obrigados a cumprir os mandamentos constitucionais, em atuação conjunta e complementar, em especial, no que toca a efetividade dos direitos fundamentais, não obstante haja diferenças entre políticas de Governo e de Administração, tal como se vê nas lições de quando afirma que

> [...] não se pode ignorar a dificuldade em demarcar as fronteiras entre os domínios do que vem a ser Governo e do que vem a ser Administração. Entretanto, isto não vem afastando a decisão de que qualquer decisão política ou de governo, inclusive no setor de saúde, submete-se ao princípio da legalidade, considerando a acepção que lhe contornou a estruturação democrática do Estado. Denota-se que parte da doutrina e da jurisprudência tem assentado que, a despeito da natureza política e não administrativa de tais atos, os mesmos encontram na Constituição vários parâmetros cuja observância se impõe de forma inarredável. Na medida em que tais critérios constitucionais vinculam a sua prática, o próprio princípio da juridicidade – condutor dos limites do controle judicial – deixa evidente a legitimidade da intervenção jurisdicional na espécie.[51]

Mas quais os efeitos jurídicos que decorreriam de uma decisão judicial de inconstitucionalidade de política pública? Veja-se que:

> É irrecusável, em primeiro lugar, reconhecer que o juízo de inconstitucionalidade atingiria todas as leis e atos normativos executórios envolvidos no programa de ação governamental. Não se pode, porém, deixar de admitir que esse efeito invalidante há de produzir-se tão-só *ex nunc*, ou seja, com a preservação de todos os atos ou contratos incluídos antes do trânsito em julgado da decisão, pois, de outra sorte, poder-se-ia instituir o caos na Administração Pública e nos negócios privados.

---

[48] FREITAS, Juarez. *A interpretação sistemática do Direito*. 5ª ed. São Paulo: Malheiros, 2010, p. 193.

[49] RAMOS, Dirceu Torrecillas. O Federalismo Assimétrico. São Paulo: Plêiade, 1998, p. 311-312 citado por OLIVEIRA, Cristiane Catarina Fagundes de. As espécies de controle da administração pública e o controle social. In: *Revista da Procuradoria-Geral do Município de Porto Alegre*/ Prefeitura Municipal de Porto Alegre. – Porto Alegre: CEDIM, n. 21, dez. 2007, p. 20-21.

[50] OLIVEIRA, Cristiane Catarina Fagundes de. As espécies de controle da administração pública e o controle social. In: *Revista da Procuradoria-Geral do Município de Porto Alegre*/ Prefeitura Municipal de Porto Alegre. – Porto Alegre: CEDIM, n. 21, dez. 2007, p. 20-21.

[51] CARVALHO, Raquel Melo Urbano de. Controle jurisdicional dos atos políticos e administrativos na saúde pública. In: FORTINI, Cristiana; ESTEVES, Julio César dos Santos; DIAS, Maria Tereza Fonseca (Org.) *Políticas Públicas*: possibilidades e limites. Belo Horizonte: Fórum, 2008, p. 325-326.

Seria desejável, em segundo lugar, que a demanda judicial de inconstitucionalidade de políticas públicas pudesse ter, além do óbvio efeito desconstitutivo (*ex nunc*, como assinalado), também uma natureza injuntiva ou mandamental. Assim, antes mesmo de se realizar em pleno um programa de atividades governamentais contrário à Constituição, seria de manifesta utilidade pública que ao Judiciário fosse reconhecida competência para impedir, preventivamente, a realização dessa política.[52]

Por derradeiro, impõe-se tecer comentários sobre o chamado ativismo judicial. Dworkin[53] explica essa postura da seguinte forma:

> [...] o programa da moderação judicial afirma que os tribunais deveriam permitir a manutenção das decisões dos outros setores do governo, mesmo quando elas ofendam a própria percepção que os juízes têm dos princípios exigidos pelas doutrinas constitucionais amplas, excetuando-se, contudo, os casos nos quais essas decisões sejam tão ofensivas à moralidade política a ponto de violar as estipulações de qualquer interpretação plausível, ou, talvez, nos casos em que uma decisão contrária for exigida por um precedente inequívoco.

Assim, impera compreender que, ao se falar de ativismo judicial, a expressão não deve possuir conotação pejorativa, eis que, inevitavelmente, quando um dos Poderes da República tem deixado a desejar, e muito, na realização de suas atribuições, outro deve cooperar para suplantar tais deficiências. Logo, em sendo o Judiciário o Poder constitucionalmente consagrado para fazer valer a Constituição, o ativismo desse Poder é salutar, desde que dentro dos limites do próprio sistema jurídico e, por último, do próprio Texto Magno.

Diante de todo o exposto, não há que se falar em óbices ao controle jurisdicional da constitucionalidade das políticas públicas de promoção dos direitos fundamentais.

5. CONCLUSÃO

Diante de tudo o que se expôs, pode-se concluir que a possibilidade do controle judicial da discricionariedade administrativa pode ser justificada no Princípio da Inafastabilidade do Poder Judiciário.

Considerando-se que tal regra se presta a legitimar a atuação do Poder Judiciário, entende-se que a norma jurídico-constitucional em questão serviria para justificar a possibilidade de o Poder Judiciário adentrar a análise daquilo que vem a ser a mais conveniente ou oportuna solução ao interesse público, ou seja, do juízo de mérito administrativo.

Almeja-se afirmar, com isso, que a possibilidade de se levar ao Poder Judiciário demanda cuja causa de pedir fulcra-se exclusivamente com questão de mérito administrativo não pode ser negada. Em razão do conceito abstrato da ação, não se faz possível a estipulação de limites temáticos. Contudo, proposta demanda perante o Poder Judiciário, caso a mesma se refira exclusivamente a mérito administrativo, este, em princípio, não estará autorizado a tomar nenhuma providência desconstitutiva da conduta administrativa, sob pena de invasão de seara resguardada ao Administrador Público.

---

[52] COMPARATO, Fábio Konder. Ensaio sobre o juízo de constitucionalidade de políticas públicas. In: *Revista de Informação Legislativa*. Brasília, ano 35, n. 138, p. 39-48, abr./jun. 1998, p. 47.

[53] DWORKIN, Ronald. *Levando os direitos a sério*. Tradução de Nelson Boeira. São Paulo: Martins Fontes, 2002, p. 215.

Por óbvio que o controle não poderá ultrapassar os limites que lhe são impostos pelo próprio sistema jurídico. Tais limites, todavia, não se prestam a afastar o importante mister institucional que o Poder Judiciário detém num Estado Democrático de Direito, em especial, acerca da promoção dos direitos fundamentais e de sua máxima eficácia possível. Assim, quando ao Poder Judiciário é levado demanda controvertendo acerca de políticas públicas, mesmo que envolvendo mérito administrativo, deverá o Juiz decidir com vistas a conceder a maior eficácia possível aos direitos fundamentais em jogo, mesmo que, nesta hipótese, seja obrigado a apreciar as escolhas administrativas.

6. REFERÊNCIAS

ALEXY, Robert. *Teoria dos direitos fundamentais*. Tradução de Virgílio Afonso da Silva. São Paulo: Malheiros, 2008.

BARCELLOS, Ana Paula de. Constitucionalização das políticas públicas em matéria de direitos fundamentais: o controle político-social e o controle jurídico no espaço democrático. In: *Revista de Direito de Estado*. Rio de Janeiro, v.1, n.3, jul./set. 2006, p. 17-54.

——. Neoconstitucionalismo, direitos fundamentais e controle das políticas públicas. In: *Revista de Direito Administrativo*. Rio de Janeiro, n. 240, abr./jun. 2005, p. 83-103.

BUCCI, Maria Paula Dallari. Notas para uma metodologia jurídica de análise de políticas públicas. In: *Fórum Administrativo – Direito Público – FA*, Belo Horizonte, ano 9, n. 104, p. 20-34, 2009.

CAPPELLETTI, Mauro. Repudiando Montesquieu? A expansão e a legitimidade da "justiça constitucional". In: *Revista do Tribunal Regional Federal da 4ª Região*. Porto Alegre, ano 12, n. 40, p. 15-49, 2001.

CARVALHO, Raquel Melo Urbano de. Controle jurisdicional dos atos políticos e administrativos na saúde pública. In: FORTINI, Cristiana; ESTEVES, Julio César dos Santos; DIAS, Maria Tereza Fonseca (Org.) *Políticas Públicas*: possibilidades e limites. Belo Horizonte: Fórum, 2008. p. 293-343.

CASTRO E COSTA, Flávio Dino de. A função realizadora do Poder Judiciário e as políticas públicas no Brasil. In: *Interesse Público – IP*, Porto Alegre, ano 6, n. 28, p. 64-90, nov./dez. 2004.

COMPARATO, Fábio Konder. Ensaio sobre o juízo de constitucionalidade de políticas públicas. In: *Revista de Informação Legislativa*. Brasília, ano 35, n. 138, p. 39-48, abr./jun. 1998.

DWORKIN, Ronald. *Levando os direitos a sério*. Tradução de Nelson Boeira. São Paulo: Martins Fontes, 2002.

FACCHINI NETO, Eugênio. Reflexões histórico-evolutivas sobre a constitucionalização do direito privado, In: SARLET, Ingo Wolfgang. (org.). *Constituição, Direitos fundamentais e Direito Privado*. Porto Alegre: Livraria do Advogado, 2003.

FIGUEIREDO, Marcelo. O controle das políticas públicas pelo Poder Judiciário no Brasil – uma visão geral. *Interesse Público – IP*, Belo Horizonte, v.9, n.44, p.27-66, jul./ago. 2007.

FREITAS, Juarez. *A Interpretação Sistemática do Direito*. 4ª ed., São Paulo: Malheiros, 2004.

——. *A interpretação sistemática do Direito*. 5ª ed. São Paulo: Malheiros, 2010.

——. *Discricionariedade Administrativa e o Direito Fundamental à Boa Administração Pública*. São Paulo: Malheiros, 2007.

——. Direito fundamental à boa administração pública e a constitucionalização das relações administrativas brasileiras. *Interesse Público – IP*, Belo Horizonte, ano 12, n. 60, p. 13-24, mar./abr. 2010.

——. *O controle dos atos administrativos e os princípios fundamentais*. 4. ed. São Paulo: Malheiros, 2009.

——. O intérprete e o poder de dar vida à Constituição: preceitos de exegese constitucional. In: *Revista do Tribunal de Contas do Estado de Minas Gerais – R. TCMG*, Belo Horizonte, v. 35, n. 2, p. 15-46, abr./jun. 2000.

——. O Princípio da Democracia e o controle do orçamento público brasileiro. In: *Revista Interesse Público Especial*. Responsabilidade Fiscal. Porto Alegre: Notadez, 2002. p. 11-23.

GUASTINI, Riccardo. Os princípios constitucionais como fonte de perplexidade. In: *Interesse Público – IP*, Belo Horizonte, ano 11, n. 55, p. 157-177, maio/jun. 2009.

HÄBERLE, Peter. *Hermenêutica Constitucional*. A sociedade aberta dos intérpretes da Constituição: contribuição para a interpretação pluralista procedimental da Constituição. Tradução de Gilmar Ferreira Mendes. Porto Alegre: Sergio Antonio Fabris, 1997.

HESSE, Konrad. *A força normativa da Constituição*. Tradução de Gilmar Ferreira Mendes. Porto Alegre: Sergio Antonio Fabris Editor, 1991.

KELSEN, Hans. *Teoria Pura do Direito*. Tradução de João Baptista Machado. 5. ed. São Paulo: Martins Fontes, 1996.

——. *Teoria Pura do Direito*. Tradução de João Baptista Machado. 6ª ed., São Paulo: Martins Fontes, 1998.

LIMBERGER, Têmis. *Atos da Administração lesivos ao patrimônio público* – Os princípios constitucionais da legalidade e moralidade. Porto Alegre: Livraria do Advogado, 1998.

MAcCORMICK, Neil. *H.L.A. Hart*. Tradução de Cláudia Santana Martins. Revisão técnica de Carla Henriete Beviláqua. Rio de Janeiro: Elsevier, 2010.

MORAES, Germana de Oliveira. *Controle jurisdicional da Administração Pública*. 2. ed. São Paulo: Dialética, 2004.

——. Obrigatoriedade de motivação, clara, congruente e tempestiva dos atos administrativos. In: *Interesse Público – IP*, São Paulo, ano 2, n. 8, out./dez. 2000.

OLIVEIRA, Cristiane Catarina Fagundes de. As espécies de controle da administração pública e o controle social. In: *Revista da Procuradoria-Geral do Município de Porto Alegre*/ Prefeitura Municipal de Porto Alegre. – Porto Alegre: CEDIM, n. 21, dez. 2007. p. 13-28.

OST, François. *O Tempo do Direito*. Bauru: Edusc, 2005.

PERELMAN, Chaïm. *Ética e Direito*. Tradução de Maria Ermantina Galvão. São Paulo: Martins Fontes, 1996.

QUEIROZ, Cristina. *Interpretação Constitucional e Poder Judicial*: Sobre a epistemologia da construção constitucional. Coimbra: Coimbra Editora, 2000.

SARLET, Ingo Wolfgang. *A Eficácia dos Direitos Fundamentais*. 3ª ed., Porto Alegre: Livraria do Advogado, 2003.

TRIBE, Laurence H. *American Constitutional Law*. Third Edition. Volume one. New York: New York Foundation Press, 2000.

— 5 —

O estado constitucional e a cooperação judicial internacional: notas introdutórias

MARCELO CAETANO GUAZZELLI PERUCHIN[1]

Sumário: 1. O Estado Constitucional e os direitos fundamentais; 2. A Globalização e o Estado Constitucional; 3. O Direito Internacional Público e o Direito Comunitário; 4. Considerações finais.

1. O ESTADO CONSTITUCIONAL E OS DIREITOS FUNDAMENTAIS

Profundas alterações afetam as comunidades do mundo civilizado nesta mudança de século, em cujo contexto histórico se acumulam impactos de transformação qualitativa e axiológica da vida humana.[2] A distribuição do poder nas sociedades, assim como as instituições reguladoras das pautas de comportamento, estão no centro dos acontecimentos.

Dentro desta perspectiva macropolítica, os temas relativos à gestão das políticas públicas em questões sociais, bem como o redimensionamento dos espaços políticos ante a crise dos Estados, são áreas tão particularmente problemáticas como intimamente relacionadas.

Nesse contexto, ganha relevo a apreciação do Estado Constitucional e do papel a ser exercido pelos governos democráticos dos países, cuja missão primordial, segundo Norberto Bobbio, seria a de "proteção das liberdades civis", dentre as quais figuram "a liberdade de imprensa, a liberdade de reunião e de associação".[3] Nesta marcante obra literária, intitulada "O futuro da democracia", originariamente publi-

---

[1] O autor é advogado, Professor de Direito Penal, Processo penal e de Prática Jurídica na Faculdade de Direito da Pontifícia Universidade Católica do Rio Grande do Sul, Professor de Processo Penal na Escola Superior da Magistratura do Rio Grande do Sul, Mestre em Ciências Criminais pela PUCRS e Doutorando em Direito pela PUCRS.

[2] ROGÉRIO SOARES, em 1969, em sua obra *Direito Público e Sociedade Técnica*, apresentou alguns contornos da alardeada *crise de paradigma*. Esse *vazio*, ou pelos menos, a dificuldade do encontro de novos e firmes referenciais teóricos para a construção de conceitos, regras, princípios e normas sólidos, nos mais variados campos do conhecimento científico, foi bem assim ilustrado pelo referido autor: "se fosse possível a um jurista particularmente interessado pelas coisas do direito público entrar no sono da princesa da fábula, não precisaria de deixar correr os cem anos para descobrir atônito que à sua volta tudo mudou. Bastava-lhe ter esperado pelo desencanto dos últimos vinte anos e verificaria que o seu castelo de construções e os seus servidores estavam irremediavelmente submersos no silvado de uma nova realidade perante a qual se encontram indefesos. E o dramático, quase trágico, é que não há forças benfazejas que rasguem novas clareiras e tracem novas sendas para um regresso ao velho mundo, como uma readmissão do paraíso e, apesar de tudo, de muitos lados se encontra um esforço para mergulhar na realidade com um arsenal obsoleto,e, pior ainda, com um phatos dissonante com o tempo". *Apud* CANOTILHO, J.J. Gomes. *Direito constitucional e teoria da Constituição*. 7. ed. Coimbra: Almedina, 2003, p.11.

[3] BOBBIO, Norberto. *O futuro da democracia*. 11. ed. São Paulo: Paz e Terra, 2009, p. 48.

cada em Turim, em 1984, Bobbio reitera a sua crença na continuidade histórica da democracia como o ambiente sem o qual não será possível a convivência política do homem em sociedade, com o respeito às suas liberdades e garantias, tendo demonstrado o seu fortalecimento gradativo e constante após a Segunda Guerra Mundial, a despeito das variadas formas que pode se apresentar: democracia liberal, socialista, corporativa, popular, totalitária, populista, elitista, pluralista, consensual, majoritária, dentre outras.[4]

A respeito do Estado Constitucional e Democrático de Direito, assevera J. J. Gomes Canotilho:[5]

> Independentemente das densificações e concretizações que o Princípio do Estado de Direito encontra implícita ou explicitamente no texto constitucional, é possível sintetizar os pressupostos materiais subjacentes a este princípio da seguinte forma: 1) juridicidade; 2) constitucionalidade; 3) *direitos fundamentais*.

Aqui estão, portanto, as três bases fundamentais do Estado de Direito na concepção constitucionalista moderna, de onde resulta notória a importância da pessoa como *ratio essendi* da estrutura constitucional de um sistema jurídico.[6]

É como se o que deveria ser essência soasse como novidade: no cenário da cooperação judicial internacional deve ser realçada (senão descoberta) a situação e os direitos do cidadão atingido pela medida (concernido). E, a partir deste enfoque – do indivíduo para o(s) Estado(s) –, mercê da concepção antropocêntrica sem a qual inexiste o Estado Constitucional, é possível construir um conjunto de princípios aplicáveis à Cooperação Penal Internacional, os quais vislumbrem – e efetivamente respeitem – o cidadão como centro do sistema.

Assim, sustentaremos neste artigo não ser juridicamente razoável se cogitar de uma cooperação entre os países, em matéria judicial, sem a percepção de que os *direitos do homem* constituem a *ratio essendi* do Estado Constitucional,[7] uma vez que representam um *topos* caracterizador da modernidade e do constitucionalismo. Está, no âmago do constitucionalismo moderno, que "os direitos fundamentais do homem constituem a raiz antropológica essencial da legitimidade da Constituição e do poder político",[8] e tal referencial tem que nortear, também, as relações internacionais entre os Estados.

Esta construção constitucional das garantias processuais tem encontrado, no Direito anglo-saxão, *exempli gratia,* uma natural expansão no âmbito da proteção dos direitos humanos no campo da cooperação judicial internacional de segundo e terceiro graus. Igualmente, sob a perspectiva continental europeia, autores como o catedrático

---

[4] BOBBIO, Norberto. Op. Cit., p. 09/10.

[5] Concordantemente com o expressado, FERRAJOLI, Luigi. *Direitos e garantias*. A lei do mais débil. Madri: Trotta, 1999, p. 41 e ss., desenvolveu o conceito de que o Estado Democrático de Direito se fundamenta e se projeta empiricamente na realização plena das garantias substanciais e adjetivas, reconhecendo nestas últimas o suporte básico do exercício pleno da qualidade de cidadão.

[6] CANOTILHO, J.J. Gomes. Op. cit., p. 357.

[7] Já lecionava GIORGIO DEL VECCHIO: "A constante tutela dos direitos naturais da pessoa é, por conseguinte, o fim imutável do Estado, a missão primária que este é chamado a cumprir, e a qual não se pode subtrair sem se privar do título que justifica a sua existência. Em suma, o Estado racionalmente concebido é o ponto ideal de convergência dos direitos individuais, que lhe são logicamente anteriores, mesmo quando deles esperam o positivo reconhecimento e a positiva confirmação". DEL VECCHIO, Giorgio. *Teoria do estado*. Tradução de: Antônio Pinto de Carvalho. São Paulo: Saraiva, 1957, p.100.

[8] CANOTILHO, J.J. Gomes. Op. cit., p. 19.

de Urbino Eduardo Rozo Acuña e o professor de Nápoles Andrea Castaldo manifestaram, com veemência, a concordância com o risco grave de lesão à soberania.[9]

Em nossa língua, J.J. Gomes Canotilho muito bem ressalta a importância da Constituição:

> Os homens são capazes de construir um projeto racional, condensando as idéias básicas desse projeto num pacto fundador — a Constituição. Em termos mais Filosóficos, dir-se-ia que a idéia de Constituição é indissociável da idéia de subjetividade projetante, ou se se preferir, da idéia de razão iluminante e/ou iluminista. [...] Através de um documento escrito concebido como produto da razão que organiza o mundo, iluminando-o e iluminando-se a si mesma, pretendia-se também converter a lei escrita (= lei constitucional) em instrumento jurídico de constituição da sociedade.

Apregoa Jorge Miranda que "a Constituição confere uma unidade de sentido, de valor e de concordância prática ao sistema dos direitos fundamentais. E ela repousa na dignidade da pessoa humana, ou seja, na concepção que faz a pessoa fundamento e fim da sociedade e do Estado".[10]

Mesmo para os constitucionalistas que denominam o Direito Constitucional atual como pós-moderno (Teubner, e.g.), enquanto pós-intervencionista, processualizado, dessubstantivado, neocorporativo, medial, etc., continuam a reconhecer a Constituição como "texto" de garantias individuais e de direitos fundamentais do homem, aduzindo que, além dessa função básica de sua existência, também é um estatuto reflexivo, capaz de sugerir progressos político-sociais, a coexistência de variados jogos políticos e até a possibilidade concreta da construção de rupturas.[11]

Por sua vez, Antônio Perez Luño sustenta que "os valores constitucionais compõem, portanto, o contexto axiológico fundamentador ou básico para a interpretação de todo o ordenamento jurídico; o postulado-guia para orientar a hermenêutica teleológica e evolutiva da Constituição; e o critério para medir a legitimidade das diversas manifestações do sistema da legalidade".[12]

Nesse pacto fundador do Estado Democrático de Direito que denominamos de Constituição estão insertos os direitos fundamentais do homem e expressas as suas garantias, dentre várias outras diretrizes que norteiam a atuação do Estado, e que, por consequência, a legitima.[13]

Já Luigi Ferrajoli, estabelecendo a distinção entre governo *sub lege* e governo *per lege*, assevera que a expressão "Estado de Direito" designa ambas as coisas: o poder judicial de descobrir e castigar os delitos é em efeito *sub lege*, porquanto o poder legislativo de defini-los se exercita *per leges*; e o poder legislativo atua *per leges*, enquanto, por seu turno, está *sub lege*, quer dizer, está prescrita por lei constitucional a reserva de lei genérica e abstrata em matéria penal. O poder *sub lege* pode

---

[9] Palestras proferidas no Seminário de AMALFI, abril/maio de 1999.
[10] MIRANDA, Jorge. *Manual de Direito Constitucional.* v.4. Coimbra: Coimbra, 1988, p. 66.
[11] CANOTILHO, J.J. Gomes. Op. cit., p.14.
[12] LUÑO, Antonio Enrique Perez, *apud* PIOVESAN, Flávia. *Direitos humanos e o Direito Constitucional internacional.* São Paulo: Max Limonad, 2000, p.53. Com base nisso, conclui FLAVIA PIOVESAN, na mesma obra aqui citada: "Neste sentido, o valor da dignidade da pessoa humana impõe-se como núcleo básico e informador de todo ordenamento jurídico, como critério e parâmetro de valoração a orientar a interpretação e compreensão do sistema constitucional".
[13] O mesmo CANOTILHO, J.J. Gomes. Op. cit., p.43, leciona: "O Estado concebe-se hoje como constitucional democrático, porque ele é conformado por uma lei fundamental escrita (= constituição juridicamente constitutiva das 'estruturas básicas da justiça') e pressupõe um modelo de legitimação tendencialmente reconducível a legitimação democrática".

ser entendido de duas formas: no sentido lato ou formal, posto que qualquer poder deve ser conferido pela lei e exercido na forma e nos procedimentos por ela estabelecidos; e no sentido estrito ou substancial, significando que qualquer poder deve ser limitado pela lei, que condiciona não só suas formas, mas também seu conteúdo. Ferrajoli aduz que a expressão "Estado de Direito", concebida como legalidade em sentido estrito ou substancial, é utilizada em sua obra Direito e Razão – Teoria do Garantismo Penal – como sinônimo de *garantismo*, denotando não simplesmente um estado legal ou regulado pela lei, senão um modelo de Estado nascido com as modernas Constituições e caracterizado:

> [...] a) no plano formal, pelo princípio da legalidade, em virtude do qual todo poder público – legislativo, judicial ou administrativo – está subordinado a leis genéricas e abstratas, que disciplinam suas formas de exercício e cuja observância se faça submetida a controle de legitimidade por parte de juízes separados do mesmo e independentes (o Tribunal Constitucional para as leis, os juízes ordinários para as sentenças, os Tribunais administrativos para as decisões desse caráter); b) no plano substancial, pela orientação de *todos os poderes do Estado a serviço das garantias dos direitos fundamentais dos cidadãos, mediante a incorporação limitativa em sua Constituição dos deveres públicos correspondentes, quer dizer, das proibições de lesar os direitos de liberdade e das obrigações de dar satisfação aos direitos sociais, assim como os correlatos poderes dos cidadãos de acionarem a tutela judicial.*[14] (tradução livre; grifo nosso)

Luigi Ferrajoli recorda que o Estado moderno nasceu historicamente, enquanto Estado de Direito, antes como monarquia constitucional do que como Estado Democrático (democracia representativa). Porém, nasceu exatamente como:

> Estado de Direito limitado por proibições (ou deveres negativos de não-fazer), mas não vinculado por obrigações (ou deveres positivos de fazer). O núcleo essencial das primeiras Cartas fundamentais – desde a antiga Magna Carta inglesa às declarações de direitos do século XVIII e até os Estatutos e as Constituições do século XIX –, está formado por regras sobre o limite do poder e não sobre suas fontes ou sobre suas formas de exercício.[15]

Continua, realçando, que a primeira regra de todo pacto constitucional sobre a convivência civil é aquela segundo a qual nenhuma maioria pode decidir a supressão (ou não decidir a proteção) de uma minoria ou de um só cidadão, o que, projetado para o Estado de Direito, entendido como *sistema de limites substanciais impostos legalmente aos poderes públicos em garantia dos direitos fundamentais*, se contrapõe ao Estado absoluto, seja autocrático ou democrático.[16]

A grande inovação institucional da qual este nasceu foi a positivação e constitucionalização destes direitos, ao que Luigi Ferrajoli denomina de "incorporação limitativa" ao ordenamento jurídico dos deveres correspondentes impostos ao exercício dos poderes públicos. É justamente com a contemplação constitucional de tais deveres que os direitos naturais passam a ser direitos positivos invioláveis, alterando a estrutura do Estado, de absoluto para limitado e condicionado.[17]

E neste rol está inserto o direito ao contraditório e à ampla defesa em toda e qualquer intervenção estatal nos direitos dos cidadãos. Tais direitos fundamentais e

---

[14] FERRAJOLI, Luigi. *Derecho y razón*: teoria del garantismo penal. Tradução de: Perfecto Andréz Ibáñez, Afonso Ruiz Miguel, Juan Carlos Bayón Mohino, Juan Terradillos Basoco, Rocio Cantanero Bandrés, Madri Trotta, 1997, p.856-857.
[15] Idem, p. 859.
[16] Id. Ibid.
[17] Idem, p.859-860.

suas garantias constituem "vínculos funcionais que condicionam a validade jurídica de toda a atividade do Estado".[18]

Advogamos, pois, a aplicabilidade da lição de Luigi Ferrajoli ao processo em geral, não somente ao processo penal, estendendo-se ao campo da cooperação judicial internacional vinculadas à matéria civil igualmente as construções jurídico-filosóficas desse autor italiano.

Ministra Luigi Ferrajoli, e em tal sentido também plenamente consonante com a lição de Sergio Moccia,[19] que as garantias penais e processuais não podem ser mais que um sistema de proibições inderrogáveis:

> Em um Estado de Direito, os direitos precisam ser tutelados, ainda quando seus pressupostos legais sejam vagos e incertos, sendo que o progresso da democracia de um povo se mede pela expansão dos direitos e de sua justiciabilidade.[20]

Com isso, pode-se concluir que a função garantista do Direito, especialmente no âmbito do processo em geral, consiste na limitação dos poderes e na correspondente ampliação das liberdades dos cidadãos ou, nas palavras de Sergio Moccia: "potencialidade da civilidade".

Assinala Francesco Palazzo que as modernas Constituições liberal-democráticas reforçam os chamados limites constitucionais garantidores, tanto do ponto de vista formal, quanto substancial, da utilização da sanção penal, razão pela qual consignam expressamente a *intangibilidade da dignidade humana*.[21]

Ademais, é na própria Constituição que está assentada a base antropológica estruturante do Estado Democrático de Direito em que se constitui a República Federativa do Brasil (art. 1º da Constituição brasileira de 1988). No mesmo art. 1º, III, consta expressamente que um dos fundamentos deste Estado Democrático de Direito é a dignidade da pessoa humana, sendo que, no art. 5º, estão consagrados os direitos e as garantias fundamentais[22] do cidadão.

Considerando que toda Constituição deve ser compreendida como uma unidade e como um sistema que privilegia certos valores, pode-se reconhecer que a Constituição brasileira de 1988 elegeu a dignidade da pessoa humana como um valor essencial que lhe dá unidade de sentido, informando a ordem constitucional, imprimindo-lhe uma feição própria ao conferir um suporte axiológico nitidamente garantista ao sistema jurídico brasileiro.[23]

---

[18] FERRAJOLI, Luigi, Op. cit., p. 905.

[19] MOCCIA, Sergio. *Tutela penale del patrimonio e principi constituzionali*. Padova: Cedam, 1998.

[20] FERRAJOLI, Luigi. Op. cit., p. 918.

[21] PALAZZO, Francesco. *Valores constitucionais e de Direito Penal*. Tradução de: Gérson Pereira dos Santos. Porto Alegre: Sergio Antonio Fabris, 1989, p. 17-18

[22] Os direitos fundamentais cumprem a função de direitos de defesa dos cidadãos sob uma dupla perspectiva: (1) constituem num plano jurídico-objetivo, normas de competência negativa destes poderes públicos, proibindo fundamentalmente a ingerência destes na esfera jurídica individual; (2) implicam, num plano jurídico-subjetivo, o poder de exercer positivamente direitos fundamentais (liberdade positiva) e de exigir omissões dos poderes públicos, de forma a evitar agressões lesivas por parte dos mesmos (liberdade negativa), consoante leciona CANOTILHO, J.J. Gomes. Op. cit., p.541.

[23] PIOVESAN, Flávia. Op. cit., p.54. Para ratificar este entendimento, basta constatar que a Constituição de 1988 consagra os princípios e direitos fundamentais nos primeiros títulos, para depois tratar da organização do Estado, enquanto que a Constituição de 1967, e.g., tratava primeiramente da organização nacional (titulo I) para, num segundo momento, estabelecer os direitos (titulo II – arts. 145 a 154).

Observa, ainda, Flavia Piovesan que:

[...] no intuito de reforçar a imperatividade das normas que traduzem direitos e garantias fundamentais, a Constituição de 1988 institui o princípio da aplicabilidade direta dessas normas, nos termos do art. 5º, § 1°. Este princípio realça a força normativa de todos os preceitos constitucionais referentes a direitos, liberdades e garantias fundamentais, prevendo um regime jurídico específico endereçado a estes direitos. Vale dizer, cabe aos poderes públicos conferirem eficácia máxima e imediata a todo e qualquer preceito definidor de direito e garantia fundamental.[24]

Continua a autora asseverando que a prevalência dos direitos humanos expressamente erigida como princípio da República Federativa do Brasil (art. 4°, II, da Constituição de 1988) não se circunscreve aos limites do território brasileiro, mas passa a reger o país em suas relações internacionais.[25]

Em consonância com o exposto, a garantia do acesso aos Tribunais também representa uma concretização do princípio estruturante do Estado de Direito, além de ser uma consequência natural do sistema jurisdicional de solução dos conflitos. Em termos sintéticos, significa o direito à proteção jurídica por meio dos Tribunais. Essa proteção eficaz engloba a exigência de apreciação pelo Poder Judiciário da matéria de fato e de direito, objeto do litígio ou da pretensão do cidadão, bem como a respectiva resposta plasmada na decisão judicial vinculativa. No caso brasileiro, tal garantia vem expressa no art. 5°, XXXV, da atual Constituição.[26]

Assim, a Constituição de 1988 institucionaliza a instauração de um regime democrático no Brasil, consubstanciando-se num marcante avanço na materialização legislativa e consolidação sistêmica das garantias e dos direitos fundamentais do cidadão. A partir dela, os direitos humanos ganharam extraordinário relevo, uma vez que foi o documento mais contundente, neste sentido, promulgado no Brasil,[27] traduzindo-se num verdadeiro marco no processo de democratização nacional.[28]

Verdadeiramente, as Constituições promulgadas nos últimos decênios caracterizam-se pela presença, no elenco de suas normas, de instâncias de garantias de prerrogativas individuais e, concomitantemente, de instâncias que traduzem imperativos de tutela de bens individuais e coletivos. Ou seja, os princípios do *Rechtsstaats* (Estado de Direito) e, ao mesmo tempo, do *Sozialstaats* (Estado Social). Os primeiros configuram-se em preceitos asseguradores dos direitos humanos e da cidadania, enquanto os segundos se fazem presentes na tutela dos valores sociais.[29]

Assevera Luiz Luisi que o *Rechtsstaats*, produto das ideias iluministas dos séculos XVII e XVIII, estruturou-se normativamente a partir da vigência das Constituições

---

[24] Idem, p. 58.

[25] Idem, p. 62.

[26] Art. 5, XXXV, CF/88: "A lei não excluirá da apreciação do Poder Judiciário lesão ou ameaça a direito".

[27] PIOVESAN, Flávia. Op. cit., p. 50.

[28] Sobre o processo de democratização, vale citar a lição de JOSÉ AFONSO DA SILVA: "A luta pela normalizacão democrática e pela conquista do Estado de Direito Democrático começara assim que se instalou o golpe de 1964 e especialmente após o AI 5, que foi o instrumento mais autoritário da história política do Brasil. Tomara, porém, as ruas, a partir da eleição de governadores, em 1982. Intensificara-se, quando, no início de 1984, as multidões acorreram entusiastas e ordeiras aos comícios em prol da eleição direta do Presidente da República, interpretando o sentimento da Nação, em busca do reequilíbrio da vida nacional, que só poderia consubstanciar-se numa nova ordem constitucional que refizesse o pacto político social". SILVA, José Afonso da. Curso de Direito constitucional positivo. 6.ed. São Paulo : RT, 1990, p.78-79.

[29] LUISI, Luiz. *Os princípios constitucionais penais*. Porto Alegre: Sergio Antonio Fabris Editor, 1991, p.9

americanas do segundo quartel do século XVIII e da Constituição francesa de 1791, sendo a sua tônica:

> [...] a afirmação dos direitos do homem e do cidadão e a limitação do papel do Estado a garantir a efetivação e eficácia dos mencionados direitos, principalmente no que concerne à inviolabilidade da liberdade individual e da propriedade.[30]

No entanto, adverte o mesmo autor:

> A liberdade no campo da economia, o direito da propriedade *le plus absolue* geraram uma sociedade profundamente injusta, com evidentes e chocantes desigualdades.[31]

Essa realidade inquestionável explica a existência do *Sozialstaats*, o qual preconiza a presença do Estado para garantir a todos os cidadãos o atendimento das necessidades básicas, superando as distorções desigualitárias geradas e fortemente acentuadas pelo Estado liberal.

Trazendo a análise para a seara penal, observa-se que as Constituições que são expressão do *Rechtsstaats* contêm normas que se traduzem em postulados de defesa dos direitos e garantias fundamentais, servindo como diretrizes da limitação a intervenção do Estado.

2. A GLOBALIZAÇÃO E O ESTADO CONSTITUCIONAL

Desde as formas associativas humanas mais primitivas diferentes do Estado, tendo sido a *família* a primeira forma embrionária e imperfeita de *polis*, segundo Aristóteles,[32] alcançaram-se níveis muito complexos de sociedade, marcadamente pelo fenômeno da *globalização*. Os autores convergem quanto à dificuldade de conceituação do processo de globalização. Como muito bem recorda Roberto Luiz Silva, a globalização deve ser melhor entendida como o processo de *mundialização da economia*, por meio da reorganização do espaço da produção, da fragmentação das atividades produtivas, do aceleramento e da facilidade cada vez maiores para a concretização de operações comerciais, o acirramento da concorrência de produtos e serviços, etc.[33]

Já Antonio Carlos Viana Santos agrega que:

> O traço fundamental dessa revolução começa a ser delineado pela migração do papel condutor do Estado Nacional, para o da grande corporação. A explosão da economia rompendo as barreiras tradicionais impõe que a produção e o consumo formem equação que ultrapassa aos limites do Estado Nacional, que passam a ser estreitos, porque esta nova escala tem como parâmetro, seja para a produção, seja para o consumo, o Mundo. Daí por que há autores que defendem ser mais adequada a expressão "mundialização" do que a tradicional "globalização", entendendo que a primeira tem como referência o Mundo, com suas heterogeneidades e consideradas a assimetria e a evolução do processo..Na verdade, este modo de produção globalizado ou mundializado implica processo transeunte dos espaços geográficos nacionais, e, conseqüentemente, na convivência com a pluralidade de ordenamentos jurídicos diferentes, ensejando com isso novas formas de relações internacionais, que ultrapassam os limites dos Atores internacionais, Sujeitos do Direito Internacional, usualmente conhecidos, Estados e organismos internacionais, fazendo surgir a necessidade de outra categoria, seja de ordenamento, seja de instituição.[34]

---

[30] Idem, p. 9.

[31] Idem ibidem.

[32] BOBBIO, Norberto. *Estado, Governo, Sociedade. Para uma teoria geral da política*. 3 ed. São Paulo: Paz e Terra, 1990, p. 61.

[33] SILVA, Roberto Luiz. *Direito Comunitário e da integração*. Porto Alegre: Síntese, 1999, p. 21.

[34] SANTOS, Antonio Carlos Viana. Tribunal de Justiça Supranacional do Mercosul, *Revista da Associação dos Juízes do Rio Grande do Sul*. Edição Especial. Porto Alegre, nov. 1998, p.195.

Nesta sociedade pluralista e complexa, a quebra dos consensos de base que na conformação da ordem socioeconômica correspondem à esfera pública, a inviabilidade de políticas que requeiram gastos consideráveis, a dificuldade severa de governabilidade gerada pela sobrecarga de expectativas da população confrontada com a falta de esperança, a crise de legitimidade ante os fracassos do assistencialismo estatal, o sucateamento das instituições do Estado, dentre outros.

Inequivocamente, esse panorama resulta da relevante contribuição do paradigma "liberalizante, enquanto noção mercadológica eminentemente capitalista",[35] a qual fundamenta ou orienta o Estado hodierno, e que desemboca no fenômeno da *globalização,* item imprescindível a ser examinado quando se fala em cooperação ou assistência entre países.

Assiste-se, atualmente, a uma nova revolução industrial, liderada pelas grandes empresas transnacionais, a qual provoca uma tendência de ruptura da antiga ordem mundial, exigindo novas regras, padrões, institutos e fundamentos de organização do mercado mundial.[36]

Vislumbrando o cenário internacional, pode-se dizer que o processo de globalização da economia teve seu início após a Segunda Guerra Mundial. Como assevera Roberto Luiz Silva, com o advento do neoliberalismo, a economia mundial passou a buscar uma forma de livrar o capital do forte controle do Estado, pois já se fazia necessária a superação das barreiras nacionais com maior velocidade.

Deste modo, a globalização implicou uma grande perda de poder por parte do Estado-nação[37] e gerou sérios efeitos para o sistema jurídico lógico positivo, instituídos a partir dos pilares conceituais do Estado de Direito. Por esta razão, na seara jurídica, o processo legislativo de construção do arcabouço normativo, do ponto de vista interno dos Estados, bem como a consolidação da integração entre os Estados no cenário internacional, também tendem a colocar os direitos e as garantias do cidadão num segundo plano, desprezando o fato de que o indivíduo constitui a *raiz antropológica* do Estado Democrático de Direito, e, portanto, a *ratio essendi* de sua própria existência, como mais adiante abordaremos com maior profundidade.

No plano internacional, é de se constatar que o fim da Guerra Fria e do Socialismo trouxe mudanças severas para os mais variados setores da sociedade, seja nos planos econômico, comercial, político,[38] social,[39] cultural, etc. Daí surge a ideia de crise do Estado-nação, compelindo-o a adequar-se às novas exigências, na mesma impressionante velocidade com que se altera o quadro internacional, especialmente

---

[35] WUNDERLICH, Alexandre Lima. *A criminalidade contra as relações de consumo.* Dissertação apresentada no Mestrado em Ciências Criminais da PUCRS, novembro de 1999, p.23.

[36] SILVA, Roberto Luiz. Op. cit., p.21.

[37] Observa SILVA, Roberto Luiz. Op. cit., p.21: "*O Estado-nação foi a instituição que deu base para a implementação da idéia de República e de comunidade*".

[38] No plano interno, a crise do Estado-nação é a mais visível decorrência da globalização, que deverá conduzir à sua transformação (aprimoramento), tornando-o capaz de estruturar políticas públicas eficientes para diminuir a desigualdade social que marca enquanto efeito negativo a globalização, fortalecendo as áreas nas quais o Estado não pode deixar de estar, quais sejam: segurança, saúde, educação, habitação, saneamento básico, dentre algumas outras. Para maiores esclarecimentos, vide FARIA, José Eduardo. *Direito e globalização econômica: implicação e perspectivas.* São Paulo: Malheiros, 1996.

[39] No campo social, podem ser referidos os seguintes efeitos provocados pela globalização: aumento das desigualdades sociais, aumento do índice de desemprego, aumento do contingente de sem-tetos e sem-terras, aumento do número de miseráveis, aumento do índice de criminalidade, aumento da evasão escolar, etc.

no campo econômico. A transformação atinge, dentre tantos aspectos, os modos de produção, o espaço onde se desenvolve a atividade econômica, a velocidade cada vez maior de produção, o aprimoramento das técnicas de produção, as relações de trabalho, o custo da produção, a depreciação da qualidade em detrimento da quantidade (competitividade).

As novas alternativas no cenário econômico passam a girar em torno de um sistema de produção mais ágil e enxuto, de baixo custo, com polivalência de trabalho, busca de trabalhadores multifuncionais, terceirização, o aprimoramento de tecnologias. Outro aspecto relevante decorrente da globalização é o fato de as atividades econômicas cada vez mais não ficarem restritas a um determinado território nacional, circulando cada vez com maior intensidade por vários países.[40]

Nesse contexto, as empresas transnacionais cresceram enormemente, fazendo com que as economias nacionais passassem por profundas modificações, no sentido de se adequarem à concorrência existente a fim de que viessem a se instalar em seus territórios.[41]

Alexandre Lima Wunderlich, observando as notórias diversidades existentes entre as sociedades, adverte para a necessidade de uma conscientização acerca dos efeitos[42] de tal realidade:

> A adoção do ideário globalização (em suas múltiplas faces, a econômica, principalmente) é hoje sinônimo de modernidade e solução para todos os problemas do mercado de consumo internacional. Todavia, se o fenômeno da globalização é inevitável na sociedade atual, ao menos devemos questionar que espécie de globalização desejamos. Parece-nos um contra-senso que uma sociedade sem referencial de velocidade, tempo e espaço, em permanente transmutação real/virtual, em evidente colisão de interesses, com enormes desigualdades sociais no plano material, busque uma uniformização de condutas na finalidade de atingir uma postura transnacional.[43]

Há que se frisar, ainda, que, inclusive sob o ponto de vista político, o Estado, em especial o dito *subdesenvolvido,* corre um sério risco com a *globalização*:[44] a perda da governabilidade, pelo aniquilamento de sua soberania, em face da submissão econômica e cultural frente aos Estados mais desenvolvidos. E este preocupante processo tem como consectário lógico e seguro a colocação do ser humano num plano secundário,

---

[40] SILVA, Roberto Luiz. Op. cit., p.23.

[41] Estes incentivos podem ser os mais variados, desde a doação do terreno, até a isenção tributária durante anos, passando pelo acesso a empréstimos a juros irrisórios, instalação de infraestrutra a cargo do Estado, construção gratuita de vias de acesso ao empreendimento, etc.

[42] Sob o enfoque econômico, com insofismáveis consequências sociais, pode-se dizer que a *globalização*, enquanto uma das metas traçadas pelo (neo)liberalismo, conseguiu aumentar a desigualdade entre os indivíduos, atingindo, inclusive, o mundo da cultura, entendido como "*conjunto de bens concebidos e criados pela humanidade, desde que teve ciência e consciência de seu poder espiritual ou mental*", segundo o conceito de REALE JÚNIOR, Miguel. *O estado democrático de Direito e o conflito das ideologias*. São Paulo: Saraiva, 1998, p. 81. Os efeitos nefastos da *globalização* foram denunciados por GRAU, Eros Roberto. *A ordem econômica na Constituição de 1988: interpretação e crítica*. 3.ed. São Paulo : Malheiros, 1997, p. 39: "Enfim, a globalização, na fusão de competição global e da desintegração social, compromete a liberdade. Por fim, a alusão às esperanças de um globalismo no sentido de uso eficiente dos recursos mundiais é de uma hipocrisia monumental. O nosso futuro mais imediato lastimavelmente pode ter sido antevisto por Pierre Salama, na afirmação de que nos países como a Argentina, o México, e o Brasil, as modalidades de integração ao comércio mundial supõem uma volta aos antigos modelos baseados na exportação de recursos naturais, ainda que esses países, em maior ou menor tamanho sejam economias industriais já quase totalmente urbanizadas; isso conduzirá à quebra do aparato industrial e à geração de alto grau de desemprego".

[43] WUNDERLICH, Alexandre Lima. Op. cit., p.23.

[44] Ainda sobre a relação entre globalização e política criminal, fazemos referência ao artigo de ZAFFARONI, Eugênio Raúl. *La globalización y las Actuales Orientaciones de la Política Criminal*. Belo Horizonte: Del Rey, 2000, p.9 e ss.

porque perde importância diante da excelência do valor *econômico*. A pessoa, portanto, deixa de ser o centro do sistema jurídico.⁴⁵ A conclusão óbvia é a de que, no momento atual, o Estado moderno se encontra envolvido num processo de adaptação e ajuste, gerando interrogação sobre seu próprio futuro num cenário cada vez mais globalizado e fragmentado. Paralelamente, os espaços políticos se redimensionam, como resposta à globalização e transnacionalização do sistema mundial de intercâmbio econômico e da queda da bipolaridade como resultado da luta pela supremacia e pelo poder.⁴⁶

Na tentativa de se conformar a esta realidade, vislumbra-se a tendência mundial da aglutinação de países em blocos regionais, num irreversível e cada vez mais intenso processo de integração, do que são exemplos a União Europeia e o Mercosul.

3. O DIREITO INTERNACIONAL PÚBLICO E O DIREITO COMUNITÁRIO

Há diferenças conceituais entre o Direito Internacional Público (DIP) e o Direito Comunitário.⁴⁷ O Direito Internacional Público⁴⁸ pode ser conceituado como "*o conjunto de normas que regula as relações externas dos atores que compõem a sociedade internacional*".⁴⁹

Ricardo Seitenfus e Deisy Ventura trazem em sua obra comum alguns conceitos de DIP: para Franz Von Liszt, é o "conjunto de regras jurídicas determinantes dos direitos e deveres mútuos dos Estados que fazem parte da comunidade internacional, naquilo que se refere ao exercício de sua soberania"; no entender de Raul Pederneiras, seria o "conjunto de princípios reguladores das relações dos Estados, sendo que estas, positivadas pelo consenso recíproco, estabelecem um conjunto de normas sobre a atividade jurídica, em situação estável".⁵⁰

É possível observar que, em todas as definições do DIP, está presente o *Estado*, como principal membro da sociedade internacional e o primeiro sujeito de direitos.

É neste ponto que se justifica a nota característica desta disciplina: a de regular, acima de tudo, a relação entre Estados, em nível de até ser considerado mero produto das vontades dos mesmos, no cenário internacional,⁵¹ relegando, com isto, o homem

---

⁴⁵ Neste viés, compartilhamos integralmente do entendimento esposado por WUNDERLICH, Alexandre Lima. Op. cit., p.26.

⁴⁶ ZULUAGA, Ricardo Gorosito. Una vision macropolitica de los procesos de cooperacion judicial internacional penal. *Curso de cooperación penal internacional*. Montevideo: Carlos Alvarez Editor, 1994, p.253-254.

⁴⁷ Evidentemente, face à extensão do universo desta disciplina, não há pretensão de esgotar a sua análise, tão somente, procurar-se-á situar esta nova realidade, especialmente acerca de suas particularidades no cenário internacional.

⁴⁸ Em Roma nasceu a expressão *jus gentium* e foi utilizada por Samuel Pufendorf (século XVII) como sendo um direito natural dos *Elementorum jurisprudentia*e *universalis*. Em verdade, a denominação *International Law* foi introduzida no último quartel do século XVIII por Jeremias Bentham na sua obra *An introduction to the Principles of Moral and Legislation*. A colocação do qualificativo *Público* desenvolveu-se nos países de língua latina, a fim de distinguir do Direito Internacional Privado. Esta denominação *Direito Internacional Público* encontrou acolhida na maioria das línguas latinas: *Droit International Public, Diritto Internazionale Publico, Derecho Internacional Público e Direito Internacional Público*.

⁴⁹ MELLO, Celso D. de Albuquerque. *Curso de Direito Internacional Público*. V.1, Rio de Janeiro: Renovar, 2000, p.67.

⁵⁰ Todos esses conceitos são encontrados na obra de SEITENFUS, Ricardo e VENTURA, Deisy. *Introdução ao Direito Internacional Público*. Porto Alegre: Livraria do Advogado, 1999, p.27.

⁵¹ Para BOURQUIN, o Direito Internacional Público "*se reduz às relações dos Estados e é produto da vontade destes mesmos Estados*". HEINRICH TRIEPEL, em 1899, na obra *Volkerrecht und Landesrecht*, chegou a afirmar que na ordem jurídica internacional o Estado é o único sujeito de direitos, *apud* MELLO, Celso D. de Albuquerque. Op. cit, p.109.

e suas garantias a um plano secundário. O DIP, portanto, apresenta-se como "*distante da cidadania e longe do próprio destino de todo o direito que se preze: a invocabilidade da justiça*".[52]

No que alude ao Direito Comunitário, desde a década de 1950, a Europa Ocidental vem conduzindo um processo de integração econômica complexo, o qual engendrou um novo ramo do Direito: o denominado *Direito Comunitário*.[53]

A doutrina, em sua grande maioria, expressa como fontes do Direito Comunitário as seguintes:

a) *Tratados constitutivos*: Dão origem ao que se denomina Direito Comunitário originário ou primário. Constituem a base de todo o ordenamento jurídico comunitário. Dentro deste tópico, podemos desenhar a evolução histórica da integração europeia: Os primeiros passos no sentido da integração europeia começaram com o Tratado de Dunquerque, de 1947, assinado entre a França e o Reino Unido, de aliança e assistência recíproca contra qualquer possível nova investida da Alemanha, mas que aludia, também, à promessa de cooperação no interesse geral da prosperidade e da segurança econômica dos dois países.

Seguiu-se o Congresso de Haia (1947), convocado pelo Comitê Internacional de Coordenação dos Movimentos para a Unidade Europeia, com o fim de discutir sobre *organizações e movimentos de unificação* surgidos na Europa do pós-guerra, o primeiro anúncio do Plano Marschall, em junho de 1947. Em julho deste mesmo ano se forma o Comitê de Cooperação Econômica Europeia, em abril de 1948. Em maio de 1949, foi firmado o estatuto do Conselho da Europa, prevendo a formação de uma assembleia consultiva: o chamado Parlamento europeu. Em 1950, foi criada a União Europeia de Pagamentos (UEP), que visava a facilitar o comércio e as transações financeiras multilaterais na área do Comércio europeu. Surge, então, a *Comunidade Europeia do Carvão e do Aço* (CECA), criada pelo Tratado de Paris, de 18 de abril de 1951.

A *Comunidade Europeia da Energia Atômica* (CEEA ou EURATOM), e a *Comunidade Econômica Europeia* (CEE) foram criadas pelos Tratados de Roma, de 25 de março de 1957. O mais importante deles foi o que instituiu a CEE, visando a formação do mercado comum europeu, conhecido como o Tratado de Roma. No início do processo de integração, entendia-se que deveriam ser atingidos setores específicos como o carvão e o aço, para paulatinamente se estender a outros domínios da economia, e, finalmente, alcançar a integração política. Nesta primeira fase da integração, compunham as Comunidades seis Estados-Membros: Alemanha, Bélgica, França, Holanda, Itália e Luxemburgo.

A partir de 1967, os órgãos executivos de cada uma das comunidades foram objeto de uma fusão. Ainda que estes entes coletivos mantivessem suas identidades jurídicas individuais, a referência conjunta ao processo de integração europeu passou a ser representada pela expressão *Comunidades Europeias*. Em 07.02.1992, assinou-se em Maastricht, Holanda, o Tratado que criou a *União Europeia* – Tratado da União Europeia –, denominado *Tratado de Maastricht*. Essa entidade funda-se sobre três pilares, pois compreende, além das Comunidades Europeias, duas estruturas intergo-

---

[52] SEITENFUS, Ricardo e VENTURA, Deisy. Op. cit., p.180.
[53] SILVA, Roberto Luiz. *Direito comunitário e da integração*. Porto Alegre: Síntese, 1999, p.45-46; SEITENFLUS, Ricardo e VENTURA, Deisy. Op. cit., p.185-188.

vernamentais de cooperação: a Política Externa e de Segurança Comum (PESC) e a Cooperação policial e judiciária em matéria penal.

Além disso, o Tratado de Maastricht transformou a CEE em *Comunidade Europeia (CE)*, com o claro propósito de aumentar o domínio de suas competências. Após sucessivas adesões – Dinamarca, Inglaterra e Irlanda em 1973; Grécia, em 1981; Espanha e Portugal, em 1986 –, quando da assinatura do Tratado de Maastricht, são 12 os Estados membros da União Europeia.

A atual *Europa dos Quinze* configura-se com a adesão, em 1994, de Áustria, Finlândia e Suécia. Por fim, o Tratado de Amsterdam, assinado em 02.10.1997, provoca diversas alterações nos procedimentos decisórios da Comunidade Europeia (CE) e regula transferências de competência entre os três pilares da União Europeia. Contudo, ele não pode ser considerado como fonte, pois ainda não foi internalizado pela maioria dos Estados-Membros da União;

b) *Direito Derivado*: A partir da estrutura orgânica da União Europeia, criada e investida de diversas competências pelos Tratados constitutivos, produz-se o *Direito Comunitário Derivado*. As instituições da Comunidade, o Conselho da União Europeia, o Conselho conjuntamente com o Parlamento europeu, a Comissão Europeia e o Banco Central Europeu, produzem atos normativos unilaterais, conformando um verdadeiro poder legislativo comunitário, obviamente de caráter derivado e limitado às matérias de competência das quais cada instituição é investida pelo Tratado.

A legitimidade desta aptidão normativa é a necessidade de criar novas regras que propiciem o atendimento dos objetivos dos Tratados. Os atos normativos unilaterais estão previstos no art. 189 do Tratado de Roma, podendo serem apresentados, sinteticamente, da seguinte forma:

b.1) *regulamento*: contém impressões gerais, impessoais e abstratas; possui eficácia *erga omnes* (oponível a todos os sujeitos de direito, a partir da publicação);

b.2) *Diretiva*: destina-se a um Estado-Membro, especificamente, ou, como sói acontecer, a todos eles; estipula um enunciado normativo que deve ser *internalizado* pelo destinatário dentro de um prazo determinado; constitui uma *obrigação de resultado* (o Estado-Membro deve alcançar os efeitos pretendidos, mas pode escolher a forma e os meios); seus efeitos podem ser invocados perante o Poder Judiciário tão logo expirado o prazo estipulado para a adequação da legislação do Estado-Parte à diretiva, desde que o destinatário não a tenha internalizado, ou a tenha operado de modo irregular;

b.3) *Decisão*: destina-se aos Estados-Membros, ou empresas ou indivíduos; é obrigatória em todos os seus elementos, mas apenas para o destinatário, seja coletivo ou individual; produz efeitos a partir da notificação do destinatário;

b.4) *Recomendação e Parecer*: destina-se a instituições comunitárias, ou Estados-membros ou empresas; são meros instrumentos de orientação, não possuindo força obrigatória; podem, excepcionalmente, representam condição necessária à vigência de outra norma, embora não vinculem a instituição que os recebe.

c) Acordos Internacionais: A entidade detentora de personalidade jurídica de direito internacional, a Comunidade Europeia (CE), firma Tratados com outros Estados e organizações internacionais. Estes acordos integram a ordem jurídica comunitária e constituem, portanto, fonte de direito. As condições para a sua produção de efeitos dependerá da natureza do acordo, vinculada, por sua vez, à matéria da competência em tela. Existem acordos assinados pela CE em nome de todos os Estados-Membros, caso, e.g., da política comercial comum, domínio no qual a CE possui competência exclusiva. Porém, existem acordos que concernem variados domínios, alguns deles sendo alvo de uma partilha de competências entre a Comunidade e seus membros.

Tais instrumentos são chamados de *acordos mistos*, e são firmados pela CE e pelos representantes de todos os Estados-Membros. Nesse caso, a vigência do acordo depende da ratificação de parte de cada um dos Estados-Partes, consoante os respectivos procedimentos constitucionais. Exemplo de *acordo misto* é o Acordo-quadro inter-regional de cooperação entre a Comunidade Europeia e seus Estados-Membros e o Mercosul, e seus Estados-Partes, celebrado em Madri, em 15 de dezembro de 1995;

d) *Princípios Gerais*: De origem jurisprudencial, são também fontes do direito comunitário os princípios que resultam da interpretação continuada dos Tratados constitutivos. Neste caso, não se trata de Princípios Gerais de Direito, no sentido estrito do termo, mas até podem com eles coincidir, sendo que a Corte de Justiça de Luxemburgo chega a reconhecê-los como princípios comuns às ordens jurídicas dos Estados-Partes. O Tratado de Maastricht consagra como princípios gerais do direito comunitário os *direitos fundamentais da pessoa humana,* tais como são definidos pela Convenção europeia de proteção aos direitos do homem e às liberdades fundamentais, de 1950, e pelas tradições constitucionais comuns aos Estados-Membros.

Trata-se, pois, de um ente complexo, na medida em que as matérias que lhe são afetas atinem tanto ao Direito Público, como ao Direito Privado. Não pode ser enquadrado como parte do Direito interno, mas longe está de constituir um simples braço do Direito Internacional, seja este Público ou Privado.[54]

No afã de conceituar o Direito Comunitário,[55] poder-se-ia dizer que constitui um sistema composto por normas e atos advindos das instituições supranacionais europeias, que tem por objetivo a uniformização do Direito para todo o bloco de Estados. Importa salientar que esta nova disciplina, atualmente encontrada apenas na União Europeia, implica a consolidação e a existência de normas supranacionais, traço marcante que a diferencia de nossa realidade regional.[56]

O Direito Comunitário possui princípios específicos, dentre os quais o da *autonomia*, da *aplicabilidade direta* e da *primazia* de suas regras em relação às normas internas dos Estados-Membros, os quais deverão ser abordados detidamente neste estudo. Reconhece a doutrina que tais princípios, plenamente vigentes no seio da União Europeia, importam uma flexibilização, senão uma efetiva mácula, ao concei-

---

[54] SEITENFUS, Ricardo e VENTURA, Deisy. Op. cit., p.184.

[55] Sustenta OLIVEIRA, Márcio Luís. *A União européia: do processo de integração econômica-política à formatação de uma cidadania comunitária.* Belo Horizonte: FDUFMG, 1999 (Dissertação de Mestrado), *apud* SILVA, Roberto Luiz. Op. cit., p.44: "*A norma fundamental do ordenamento jurídico comunitário europeu é a autoridade supranacional comunitária assentada no exercício compartilhado das soberanias dos Estados-membros em um processo de integração política, econômica e social movido pela inexorabilidade da identidade européia que é intrínseca e comum a todas as nacionalidades que se afirmaram naquele território histórico-geográfico*".

[56] A integração operada em nosso âmbito regional não se encontra em um estágio tão avançado como ocorre na União Europeia, sendo que no MERCOSUL não se observa a supranacionalidade. Aqui se estaria no início da estruturação do que se denomina de *Direito da Integração*, baseado na harmonização legislativa, fator indispensável para o seu êxito. A supranacionalidade é própria do Direito Comunitário, onde se vislumbra a possibilidade de que normas venham a ser editadas por organismos supranacionais, incidindo automaticamente em cada Estado-Parte.

to de soberania, sobretudo no que se refere à ideia de supremacia absoluta da ordem jurídica (especialmente a constitucional) interna.[57]

Assevera Márcio Luís Oliveira que, na União Europeia, a fonte de todo poder comunitário está na soberania originária de cada Estado-Membro que a integra. Os poderes da União são derivados da soberania de cada um deles, embora a ordem jurídica comunitária tenha primazia sobre as ordens jurídicas nacionais. O poder constituinte comunitário não se concentra na União, mas nos Estados-Membros que o exercem coletivamente.[58]

Na esteira do que sustentou Schuman, a supranacionalidade situa-se a meio caminho entre, por um lado, o individualismo internacional – que considera intangível a soberania nacional e aceita outras limitações desta soberania que não as resultantes de obrigações consensuais, ocasionais e revogáveis – e, por outro, a federação de Estados subordinados a um superestado dotado de soberania territorial própria.[59]

O primado do Direito Comunitário sobre o Direito interno dos Estados-Membros, além de estar consagrado no Tratado de Maastricht (1992), vem sendo objeto de uma luta sistemática da jurisprudência do TJCE (Tribunal de Justiça da Comunidade Europeia).[60]

A despeito disso, a preocupação no seio do Direito Comunitário é quanto à prevalência ou não do chamado *Direito Derivado*[61] em relação à legislação interna dos Estados, sendo que até o presente momento não se tem notícia de nenhum caso concreto que tenha ensejado a solução pelo TJCE.

Quanto à relação do Direito Internacional Público, e do Direito Comunitário, com o Direito Interno,[62] a grande parte dos internacionalistas[63] entende que devem prevalecer aqueles sobre este.[64]

---

[57] SILVA, Roberto Luiz. Op. cit., p.41.

[58] OLIVEIRA, Marcio Luis. Op. cit., *apud* SILVA, Roberto Luiz. Op. cit., p.41.

[59] SCHUMAN, *apud* SILVA, Roberto Luiz. Op. cit., p.41.

[60] Observa MELLO, Celso D. de Albuquerque. Op. cit., p.116: "Já em 1970, no caso 'Internationale Handelgesellchaft', o TJCE decidiu que a Constituição de um Estado não atinge a validade de um ato comunitário, Ainda, em 1964, no caso 'Costa-ENEL', o TJCE já afirmava que os Estados ao ingressarem nas comunidades consentiram em uma 'limitação definitiva de seus direitos soberanos".

[61] Quanto ao que vem sendo denominado de *Direito Derivado*, releva salientar que, na sua essência, tem origem no Conselho da Comunidade, constituído por representantes dos Governos. O TJCE, por sua vez, vem exercendo um controle sobre os regulamentos e diretivas, para ver se estão de acordo com os princípios gerais de Direito Comunitário que são consagrados na Convenção de Direitos Humanos (1948). Isso não impede que cada Estado-parte da União Europeia proceda ao controle do Direito Derivado produzido em seu território, face à sua Constituição, como faz, e.g., a Alemanha.

[62] Um renomado publicista alemão, KLAUS STERN, em sua obra *Derecho del Estado de la Republica Federal de la Alemania*, editada em 1987, afirma que há três modos de inserção do Direito Internacional Público no direito interno: a) teoria da transformação, em que o DIP precisa ser convertido em direito interno (Constituição dos EUA); b) teoria da execução que exige um ato intra-estatal e a norma internacional não é transformada, permanecendo DIP; c) teoria da incorporação ou da adaptação que dá validade imediata ao DIP no direito interno, fazendo os órgãos estatais internos um ato meramente homologatório.

[63] Como demonstrativo deste posicionamento, vide MELLO, Celso D. de Albuquerque. Op. cit., p.112, quando, ao comentar o Direito Internacional Público, diz que *"negar a sua superioridade é negar a sua existência, uma vez que os Estados seriam soberanos absolutos e não estariam subordinados a qualquer ordem jurídica que lhes fosse superior"*.

[64] Essa questão não é tão pacífica assim nem mesmo na União Europeia, onde vigora o paradigma da *supranacionalidade* do Direito Comunitário, quanto menos naqueles países que não estão inseridos naquele referencial de sistema jurídico. Na França, e.g., chegou a prevalecer o entendimento de que a lei interna prevalecia sobre o direito comunitário, e ainda hoje se entende que a Constituição é superior ao Direito Comunitário (MELLO, Celso D. de Albuquer-

Todavia, no contexto do Estado Democrático de Direito, plenamente sustentável que a norma prevalente, diante de um eventual conflito entre normas (internacionais e internas), deva ser aquela que mais respeite as garantias e os direitos fundamentais do cidadão. Ademais, a prevalência do Direito Internacional sobre o Direito interno não é automática, tampouco absoluta, como fica evidenciado do texto do art. 102, III, *b*, da Carta Magna brasileira de 1988.[65]

No Brasil, as resoluções das organizações internacionais têm sido promulgadas, como as da OEA ou da ONU, com fundamento no art. 84, IV, da Constituição de 1988, por meio de decreto do Poder Executivo.[66]

Neste cenário, o aparecimento da Comunidade Econômica Europeia (CEE) fez surgir uma nova figura jurídica, de certa forma estranha ao Direito, até então informado pelo princípio da territorialidade: o *bem jurídico comunitário*. Representa o *valor* ou o *interesse* cuja correta proteção seja necessária para o desenvolvimento do Direito Comunitário, situando-se, portanto, além do interesse particular ou individual de cada Estado-Membro daquela Comunidade. No esforço de encontrar a tão cobiçada eficácia na tutela de tais interesses, a *harmonização normativa*[67] tem sido um importante instrumento e alcança credibilidade cada vez maior no cenário jurídico europeu. A alusão é relativa à matéria criminal, porém aplicável a qualquer âmbito do Direito:

No pórtico dessa análise, releva salientar que:

> [...] as sanções próprias da Comunidade Européia, tanto se forem impostas pelos próprios órgãos comunitários, quanto pelos próprios organismos nacionais, em nenhum caso poderiam ter natureza penal, já que o papel das sanções comunitárias seria somente o de assegurar um mínimo sancionador comum na proteção de determinados interesses comunitários.[68]

Em relação ao instrumento mais adequado para realizar a harmonização, discute-se modernamente, na Europa, se seriam as *diretivas* ou os *Tratados*.[69]

---

que. Op. cit., p.122). No *Brasil*, enquanto precedente jurisprudencial, há o acórdão proferido pelo STF, o qual julgou o Recurso Extraordinário nº 80.004, em 1978, no qual ficou estabelecido que uma lei revoga o Tratado anterior que regule a matéria diferentemente. No sentido da prevalência do Direito Internacional, podem ser citados os seguintes precedentes também do STF: Apelação Cível nº 9.587, julgada em 1914; Apelação Cível nº 7.872, julgada em 1943; Pedido de Extradição nº 7, de 1913.

[65] Expressa o art. 102, III, *b* da CF/88: "*Compete ao Supremo Tribunal Federal, precipuamente, a guarda da Constituição, cabendo-lhe: ..(III, b) declarar a inconstitucionalidade de tratado ou lei federal*".

[66] Refere o art. 84, IV da Constituição Federal de 1988: "*Compete privativamente ao Presidente da República: ...(IV) sancionar, promulgar e fazer publicar as leis, bem como expedir decretos e regulamentos para sua fiel execução*".

[67] Segundo a lição de TERRADILLOS, Juan. *Delitos societarios. El derecho penal de las sociedades mercantiles a la luz de nuestra adhesión a la CEE*. Madri, 1987, p.11, a *harmonização penal* constitui a "*técnica de uniformização formal de preceitos penais, mediante a introdução de ilícitos relativamente uniformes nos distintos ordenamentos internos dos Estados membros*".

[68] MARTÍN, Adán Nieto. *Fraudes comunitários. Derecho Penal economico europeo*. Barcelona: Praxis, 1996, p.335.

[69] Os principais instrumentos jurídicos capazes de propiciar a *harmonização legislativa* entre Estados são os seguintes: a. *Tratados*: São acordos de vontades entre os Estados participantes, cujo conteúdo material apresenta certa similitude com as Constituições nacionais: enunciado programático, criação de órgãos e repartição de competências. São considerados a principal fonte do Direito de Integração, devendo cumprir com o procedimento especial determinado para sua celebração e recepção no Direito Interno de cada um dos Estados que o subscrevam. Em nosso caso específico, Brasil, Argentina, Uruguai e Paraguai decidiram constituir o Mercado Comum do Sul (MERCOSUL) por meio do *Tratado de Assunção*, que entrou em vigência em 29 de novembro de 1991. Tal Tratado se constituiu de cinco Anexos: (I)Programa de Liberação Comercial, (II)Regime Geral de origem, (III)Solução de controvérsias, (IV)Cláusulas de salvaguarda, (V)Subgrupos de trabalho do Grupo Mercado Comum. O anexo III foi complementado pelo Protocolo de Brasília, também ratificado pelos quatro países membros. Os anexos II e IV foram retificados e

Com efeito, vários preceitos de Tratados[70] subscritos na Europa outorgam a possibilidade de a Comunidade Europeia promulgar *diretivas* com a finalidade de harmonizar distintos âmbitos dos direitos nacionais, com o claro propósito de uniformizar substancialmente a posição jurídica dos cidadãos europeus, evitando, assim, que a disparidade jurídica altere a liberdade de movimentos dos fatores de produção. Não se trata de unificar direitos, senão tão somente de conseguir as

> [...] cotas de homogeneidade jurídica necessárias para evitar distorções no correto funcionamento do mercado comum ou, dito em outras palavras, a harmonização não é senão um meio para isso.[71]

Quanto à possibilidade de incidência do Direito Comunitário sobre o Direito interno de cada país, o art. 5° do Tratado da Comunidade Europeia deixa esta matéria nas mãos dos Estados-Membros, sendo que as decisões do Tribunal de Justiça das Comunidades Europeias têm deixado patente a viabilidade desta incidência, especialmente por meio de diretivas.[72] Esta realidade tem suscitado algumas preocupações como, por exemplo, a compatibilidade deste mecanismo com o princípio da legalidade, uma vez que a existência de uma diretiva, na qual sejam detalhadas condutas proibidas, reduz o grau de autonomia dos Parlamentos nacionais, que ficam vinculados à valoração feita pela instância comunitária. Há que se destacar que a não internalização da norma harmonizadora pelo Parlamento nacional do Estado-Membro pode dar lugar a um *recurso de incumprimento*,[73] com as consequentes sanções que o mesmo

---

substituídos pelo Acordo de Alcance Parcial de Complementação Econômica subscrito em 29 de novembro de 1991 pelos Estados, de conformidade com as disposições do Tratado de Montevideo de 1980, que criou a Associação Latinoamericana de Integração (ALADI). Entre os Protocolos adicionais que modificaram o Tratado de Assunção e seus anexos, merece particular destaque o firmado em Ouro Preto, em 17 de dezembro de 1994, que definiu a estrutura definitiva do Mercosul, e também se encontra vigente em virtude de sua ratificação pelos quatro Estados membros; b. *Diretivas:* o seu conteúdo não corresponde ao que lhe empresta o Direito Administrativo. Em efeito, *"não se trata de atos de orientação a seguir que não obrigam, a despeito de implicar responsabilidade ao órgão ou sujeito a que se dirigem, nem de atos obrigatórios para o Estado membro enquanto ao resultado que se deva conseguir, deixando, sem embargo, às autoridades nacionais a eleição da forma e dos meios"*, segundo reza o art. 189 do Tratado de Roma. Pelo contrário, seguindo a mesma técnica usada para as Decisões e Resoluções, o art. 20 do Protocolo de Ouro Preto dispõe que *"a Comissão de Comércio do Mercosul se pronunciará mediante Directivas ou Propostas"*. E acrescenta: *"As Directivas serão obrigatórias para os Estados-partes"*; c. *Resoluções*: Muito além do conceito empregado no Direito Administrativo, o art. 15 do Protocolo de Ouro Preto estabelece que *"o Grupo Mercado Comum se pronunciará mediante Resoluções, as quais serão obrigatórias para os Estados-partes"*. Em consequência, se trata da denominação atribuída aos atos emanados do *"órgão executivo do Mercosul"*(art. 10 deste Protocolo), o qual está subordinado hierarquicamente ao Conselho do Mercado Comum; d. *Decisões:* Conforme o art. 9° do Protocolo de Ouro Preto, o Conselho do Mercado Comum se pronunciará mediante Decisões, as quais serão obrigatórias para os Estados-partes. Do texto desta norma, restou claro que somente constituem *Decisões* os atos emanados do órgão superior do Mercosul (art. 3° do Protocolo de Ouro Preto), ao que se atribui supremacia institucional e hierárquica da organização. Lamentavelmente, até hoje não foram definidos o alcance, nem as características próprias dos três últimos institutos citados, no âmbito do MERCOSUL (segundo a obra *El derecho de la integración del Mercosur*, Montevideo: Universidad de Montevideo – Facultad de Derecho, 1999, capítulo 4, p.70-72).

[70] Vide artigos 100, 101 e 235 do Tratado da União Europeia, *exempli gratia*.

[71] MARTÍN, Adán Nieto. Op. cit., p.336.

[72] Refere MARTÍN, Adán Nieto. Op. cit., p.337, que, tanto no chamado *"Caso Amsterdam Bulb (Rec. 77, cit, p. 150)"*, como no *"Caso do maíz grego (Comissão/Grécia (Rec. 89, cit, p. 2965)"*, o Tribunal Comunitário afirmou, primeiramente, que os Estados membros possuem a liberdade de apreciação no momento de escolher as sanções, porém dita liberdade é concedida pelo Tribunal sob condições: *"tanto que uma regulamentação comunitária não contenha disposições específicas prevendo uma sanção em caso de violação ou reenvie sobre este ponto a disposições legislativas, regulamentares ou administrativas nacionais"*. Em consequência, sua liberdade de apreciação resta condicionada a uma específica intervenção da Comunidade.

[73] Este instrumento está previsto no art. 177 do Tratado da Comunidade Europeia, e tem por finalidade assegurar a eficácia com a qual os ordenamentos e instâncias nacionais cumprem com as obrigações penais derivadas do art. 5 do Tratado da Comunidade Europeia. Este incumprimento pode ser praticado por qualquer órgão, como, e.g., do legislador nacional por não ter criado tipos penais, do julgador por não tê-los aplicados, das autoridades policiais ou aduaneiras por não terem a vigilância ou a persecução de modo eficiente.

acarreta, caso se negue a acatar o resultado da sentença do Tribunal de Justiça das Comunidades Europeias (art. 171 do Tratado da Comunidade Europeia).

Assiste razão a Adán Nieto Martín quando assevera que a harmonização por meio de diretivas só será compatível com o princípio da legalidade enquanto deixar nas mãos do legislador nacional um grau de discricionariedade – como facultar ao Parlamento nacional a eleição da natureza administrativa ou penal da infração –, de modo que a sua atuação não reste meramente homologatória do mandamento comunitário.[74] Deste modo, por certo, estará, ao menos, compensada a inegável constrição que a incidência da diretiva provoca na ordem interna de cada Estado-Membro.

Entretanto, esse inconveniente flagrado quando da utilização das diretivas como instrumento harmonizador não se apresenta nos *Tratados*. Aqui, faz-se necessário um ato de ratificação de parte do Parlamento interno que, se caso inocorrer, não acarretará nenhum *incumprimento*, tampouco ensejará a imposição de qualquer sanção. Isto pode implicar um sério entrave para a harmonização.

A não ratificação de um dado Tratado deixa uma lacuna no processo de aproximação dos ordenamentos jurídicos internos, podendo fazer periclitar a indispensável harmonização legislativa da Comunidade Europeia. O certo é que há de existir grande sensibilidade e flexibilização na elaboração de tais instrumentos, a fim de que suas normas não ofendam a tradição jurídica de cada Estado subscritor do mesmo, viabilizando, com isto, a ratificação.

Como visto, tanto pelos Tratados, como via diretivas (especialmente por possuir o Direito Comunitário instrumentos coercitivos para obrigar os Estados à adoção de uma determinada regulamentação, como alude o art. 171 do Tratado da Comunidade Europeia) percebe-se o poder das instituições comunitárias.

Assevera Raúl Carnevali Rodríguez que o Direito Comunitário tem incidido de maneira notável nos ordenamentos jurídicos dos Estados-membros da União Europeia, ou seja: normas que emanam de uma entidade supranacional podem afetar os sistemas jurídicos dos Estados *soberanos*, mercê do objetivo almejado pelo fenômeno comunitário europeu, qual seja, a *integração* de seus membros.[75]

Observa esse mesmo autor que o Direito comunitário oferece características muito especiais:

> Se bem que surja por Tratados celebrados entre Estados, não constitui, ou melhor dito não participa das particularidades próprias do Direito Internacional. Em efeito, este último representa um ordenamento jurídico distinto ao dos Estados, de tal forma que somente é reconhecido quando estes se manifestam expressamente mediante seus próprios atos normativos, transformando-o em Direito Interno. É um Direito que se dirige exclusivamente aos Estados e somente pretende a coordenação destes, preservando suas soberanias. Pelo contrário, o Direito comunitário é um ordenamento jurídico autônomo, gerado por uma entidade supranacional e que se destina tanto aos Estados, como aos cidadãos. Como já se disse, o fenômeno comunitário é um fenômeno de integração, pelo qual os Estados cedem suas soberanias em matérias determinadas, para que estas sejam exercidas por um ente distinto, com personalidade jurídica própria, neste caso, a União Européia.[76]

---

[74] MARTÍN, Adán Nieto. Op. cit., p.338.
[75] RODRÍGUEZ, Raúl Carnevali. Relación entre el Derecho Comunitario europeo y los derechos nacionales de los Estados miembros. *La Justicia Uruguaya*, Montevidéo, Tomo 119, p.65.
[76] Idem, p.65-66.

E, tanto é assim, que as normas ditadas pela União Europeia integram-se *ipso jure* aos ordenamentos dos Estados, tornando-a uma Comunidade de Direito, sujeita a princípios próprios de um "*Estado de Direito*", como o da legalidade e controle jurisdicional.[77]

Depreende-se, dessa forma, que o ordenamento comunitário constitui uma *unidade jurídica*, pois, tanto as normas provenientes do Direito originário ou primário (Tratados constitutivos e suas modificações) e do Direito derivado ou secundário (atos normativos das instituições secundárias), como todos os atos executados pelos Estados-membros para sua adoção e os pronunciamentos do Tribunal de Justiça da Comunidade Europeia (TJCE), devem ser considerados como um todo só, cujo propósito é a integração. Aliás, as decisões do TJCE desempenham papel fundamental na construção desta *unidade*, consistindo as bases sólidas sobre as quais se incrementa o processo de integração.[78] Dentro deste contexto, é preciso que seja destacado que os Estados que intentarem participar da Comunidade Europeia deverão aceitar não somente os Tratados e o Direito derivado vigente, senão também

> [...] acatar sem reservas suas finalidades políticas, as decisões de toda ordem adotadas desde a entrada em vigor dos Tratados, e as opções tomadas em matéria de desenvolvimento e fortalecimento das Comunidades.[79]

Leciona Raúl Carnevali Rodríguez que fazem parte de todo este acervo *princípios* que constituem peças fundamentais na estrutura normativa comunitária, acarretando o esforço dos Estados que quiserem aderir à União Europeia, no sentido de adequarem suas legislações ao ordenamento comunitário. Estes princípios informadores não emanam explicitamente dos Tratados, mas são produto do labor realizado pelo TJCE,[80] sendo que o conhecimento de seus conteúdos é imprescindível para a compreensão sobre como se dá a *harmonização* na Comunidade Europeia, neste esforço comparativo para se concluir acerca dos moldes em que poderia ocorrer em sede de Mercosul, o que adiante se fará.

4. CONSIDERAÇÕES FINAIS

Parece-nos que um desafio para o século XXI será a compatibilização dos princípios inerentes ao Estado Constitucional com a cooperação judicial internacional, ou seja, a troca de atos judiciais entre os Estados, nas mais diversas áreas do Direito (civil, penal, administrativo, comercial, processual civil, processual penal, dentre outras).[81] Para tanto, serão imprescindíveis a revisão de conceitos do Direito

---

[77] ARÚS, Bueno. Características del ordenamiento jurídico comunitario. *Estudios de Derecho Comunitario Europeo*, Madrid Consejo General del Poder Judicial, 1989, p.159, *apud* RODRÍGUEZ, Raúl Carnevali. Op. cit., p.66.

[78] Nesse sentido: NAVARRO, González. *Derecho Administrativo Español*. 2.ed. Pamplona, 1993, p.866, *apud* RODRÍGUEZ, Raúl Carnevali. Op. cit., p.66.

[79] Ditame final da Comissão de 19 de janeiro de 1972 (sobre os pedidos de adesão da Dinamarca, Reino Unido e Irlanda), de 23 de maio de 1979 (Grécia) e 31 de maio de 1985 (Espanha e Portugal), *apud* MANGAS MARTÍN, A. *Derecho comunitario europeo y Derecho español*. Madrid, 1987, p.18.

[80] RODRÍGUEZ, Raúl Carnevali. Op. cit., p.66.

[81] Será objeto de tese de Doutorado a ser defendida pelo autor, perante o Programa de Pós-graduação da Faculdade de Direito da PUCRS (Doutorado em Direito), a Cooperação Judicial Internacional e o exercício do contraditório pelo cidadão atingido pela medida (carta rogatória), especificamente, onde toda essa temática dos princípios, incluindo o da publicidade, será desenvolvida com maior profundidade.

Internacional Público e do Direito Comunitário, sendo que nos tópicos anteriores revisitamos alguns deles, a título de resgate teórico da doutrina.

Inegavelmente, um desses princípios a ser valorizado é o da *publicidade*. Nas palavras de Bobbio, a *publicidade* acaba por garantir a licitude na atuação estatal,[82] sendo absolutamente intolerável que a *confidencialidade* seja estabelecida como a regra em atos de cooperação internacional.[83]

Porém, não é isto que se constata no cenário internacional, e daí a relevância do debate jurídico à luz da Democracia e do Estado Constitucional.

Historicamente, neste contexto, nem o Direito Internacional Público, tampouco o Direito Comunitário, jamais consideraram o *cidadão* como legitimado ativo na cooperação judicial internacional. A relação era e é concebida entre Estados, e a pessoa atingida pela cooperação nem mesmo ocupa assento na mesa de negociações. Esta constatação é válida tanto para o âmbito do Direito Comunitário, quanto para a nossa realidade regional.

Por esta razão, na grande parte dos Tratados e Acordos internacionais, como os dois exemplos citados, é estabelecida a regra da *não publicidade* na troca de atos processuais entre os Estados, sem que se garanta à pessoa atingida pela medida a prévia intimação, de parte do Estado requerido no qual esta resida, acerca do conteúdo de tal pedido de cooperação.

Há notória violação do princípio da *publicidade*, e, por corolário, dos princípios da ampla defesa e do contraditório, sólidos pilares do Estado Democrático de Direito.

Historicamente, a publicidade dos atos judiciais não se apresenta da mesma forma com que hoje ocorre no Brasil. A Declaração Universal dos Direitos do Homem (1948), em seu artigo 10, bem como o inciso I, do artigo 6º da Convenção Europeia para Salvaguarda dos Direitos do Homem e das Liberdades Fundamentais (1950) e, por fim, o inciso I do artigo 14 do Pacto Internacional de Direitos Civis e Políticos (1966) são alguns dos documentos legislativos que inseriram o direito das pessoas a um julgamento público.[84]

Segundo Juarez Freitas, ao comentar o princípio da publicidade no âmbito das relações administrativas, ele se constitui em um "pilar do controle sistemático que estimula a fluência das informações indispensáveis à eficácia do direito fundamental à boa administração pública, uma vez que a opacidade é a antítese de tal direito, que demanda alta dose de translucidez para se desenvolver e frutificar".[85]

É intolerável, no atual estágio de evolução da Democracia, que o cumprimento de atos de cooperação judicial internacional sejam cumpridos sem a participação ati-

---

[82] BOBBIO, Norberto. *O futuro da democracia*. Op. Cit., p. 43.

[83] A título de ilustração, citamos o art. 10 do Protocolo de San Luiz (Decreto nº 3468, de 17.05.2000), aplicável no âmbito do Mercosul, disciplinador da cooperação judicial internacional em matéria penal. Do mesmo modo, o Acordo Bilateral entre Brasil e Espanha (Decreto nº 166, de 03.07.1991), o qual regula a cooperação judicial entre os dois países nas matérias civil, comercial, trabalhista e contencioso administrativo, não prevê a intimação prévia do cidadão envolvido neste cenário, e o qual poderá sofrer prejuízo irreparável em face do cumprimento da medida que atinja algum direito seu.

[84] ALVIM, Artur da Fonseca. *Garantia constitucional da publicidade dos atos processuais*. In: *Constituição, jurisdição e processo: estudos em homenagem aos 55 anos da Revista Jurídica*. Coord.: MOLINARO, Carlos Alberto; PORTO, Sérgio Gilberto; MILHORANZA, Mariângela. Sapucaia do Sul: Notadez, 2007, p. 61/62.

[85] FREITAS, Juarez. *O controle dos atos administrativos*. 4. ed. São Paulo: Malheiros, 2009, p. 94.

va do cidadão involucrado, especialmente em virtude do risco de causação de prejuízo irreparável a algum direito seu. A partir desse referencial teórico, imprescindível a releitura de inúmeros dispositivos integrantes de normativas ratificadas pelo Brasil, celebrados com outros países, bem como uma visão crítica da harmonização normativa que possa ser estabelecida, sempre observadora e respeitante dos princípios citados.

Com efeito, a desconsideração desses princípios aludidos, por força da não participação ativa dos cidadãos envolvidos, provoca indubitável lesão a outro princípio nevrálgico do Estado de Direito, qual seja o da *segurança jurídica*. Ainda nas palavras de Juarez Freitas, este é *descendente da própria ideia do Estado Democrático*, sem o qual não se encontra a estabilidade e a ordem nas relações jurídicas.[86]

Em conclusão, primordial o estudo dessa temática da cooperação internacional, tanto no Direito Comunitário, quanto no cenário do Mercosul, à luz da formatação sistêmica e sistemática do Estado Democrático de Direito e dos princípios constitucionais que lhe esteiam. Por certo, a não publicidade ao cidadão atingido pela medida de cooperação torna incompatível – com as liberdades e garantias do cidadão, preservadas na Constituição –, o exercício da entre-ajuda estatal nos moldes dos modelos de Tratados e Acordos multilaterais e bilaterais celebrados pelo Brasil historicamente.

Apenas com o respeito aos princípios da publicidade, da ampla defesa e do contraditório, previstos no art. 5º, incisos LX e LV, respectivamente, da Constituição de 1988, é que se poderá cogitar da conformidade de tal troca de atos processuais entre o Brasil e outros países, em relação ao Estado Constitucional.

---

[86] FREITAS, Juarez. Op. Cit., p. 98.

— 6 —

A responsabilidade do Estado por danos ambientais: o nexo causal e a questão dos "refugiados" ambientais[1]

MARCIA ANDREA BÜHRING[2]

Sumário: Introdução; 1. Evolução histórica e conceitual da responsabilidade do Estado; 2. Estado e Responsabilidade Ambiental Civil, Penal e Administrativa; 3. Danos Ambientais; e 4. Responsabilidade por Danos Ambientais e o nexo de causalidade; 5. Responsabilidade do Estado em relação aos "refugiados" ambientais; Conclusão; Bibliografia.

INTRODUÇÃO

Num primeiro momento, verificar-se-á a evolução histórica e conceitual da responsabilidade, que vem desde o direito romano, responsabilidade esta que significa também uma resposta. E que na sua origem foi subjetiva, todavia, contemporaneamente, é objetiva em sede de dano ambiental.

Também apontar-se-á uma definição de Estado, que ganha contornos específicos, vez que traz em seu bojo a responsabilização.

Dessa forma, a Responsabilidade Ambiental é Civil, Penal e Administrativa.

No que se refere aos danos ambientais, enquanto, prejuízo, ofensa, requer que seja abordado do ponto de vista do risco da atividade, da degradação propriamente dita.

Também analisar-se-à a responsabilidade por danos ambientais, hodiernamente significa independente de culpa ou dolo, bastando para tanto a comprovação do nexo de causalidade entre a ação/omissão e o dano, para ao final verificar a situação das pessoas que precisam se deslocar em razão de danos provados pelas alterações climáticas.

1. EVOLUÇÃO HISTÓRICA E CONCEITUAL DA RESPONSABILIDADE DO ESTADO

A responsabilidade origina-se da palavra em latim *responsabilitatis*, que possui em sua essência o *responsabilizar-se,* ligada à ideia de resposta de *respostum*, da raiz, *spond*, do qual se origina *respondere*, que significa responder, replicar.[3]

---

[1] Tema apresentado na disciplina Interpretação Constitucional. Dr. Juarez Freitas, no Doutorado da PUC – Pontifícia Universidade Católica do Rio Grande do Sul. RS – Brasil.

[2] Doutoranda pela PUCRS, Mestre em direito pela UFPR – Universidade Federal do Paraná, professora da PUC – Pontifícia Universidade Católica do RS e da UCS – Universidade de Caxias do Sul –, graduada e pós-graduada em direito pela UNIJUI – Universidade de Ijuí. E-mail: marcia.buhring@pucrs.br.

[3] TELLES, Antônio A. Queiroz. *Introdução ao Direito administrativo.* 2. ed. rev., atual. e ampl. São Paulo: Revista dos Tribunais, 2000, p. 444.

Dessa forma, o vocábulo *responsável*, vem de *responder*, do latim "respondere", tomado na significação de responsabilizar-se, de assumir o pagamento do que se obrigou, por um lado, quer significar, a obrigação de "satisfazer ou executar o ato jurídico, que se tenha convencionado, ou a obrigação de satisfazer a prestação ou de cumprir o fato atribuído ou imputado à pessoa por determinação legal".[4]

Por outro lado, José de Aguiar Dias traz uma síntese da evolução da responsabilidade civil, que da vingança privada pelo princípio de que ninguém poderia fazer justiça com suas próprias mãos, "à medida que se afirma a autoridade do Estado", ou seja, "da primitiva assimilação da pena com a reparação, para a distinção entre a responsabilidade civil e responsabilidade penal, por insinuação do elemento subjetivo da culpa, quando se entremostra o princípio *nulla poena sine lege*".[5]

Com efeito na origem, a ideia da responsabilidade predominante era a vingança privada, no que, "não se distanciam as civilizações que o precederam".[6]

Destaca também Antonio Telles que a ideia de responsabilidade

> [...] foi considerada somente ao tempo e Justiniano, tendo que enfrentar – no curso dos séculos – grande óbice para que pudesse desenvolver-se, visto representar o inatingível Estado Soberano. É, portanto, a responsabilidade do Poder Público uma decorrência do próprio Estado de Direito, ou limitado pelo Direito.[7]

Já Caio Mário da Silva Pereira, afirma que em relação a responsabilidade civil, o risco tem sentido especial

> [...] e sobre ele a doutrina civilista, desde o século passado vem-se projetando, com o objetivo de erigi-lo em fundamento do dever de reparar, com visos de exclusividade, ou como extremação teórica, oposta à culpa.[8]

A responsabilidade civil é um instituto que vem se adaptando às "novas" necessidades postas pelas sociedades modernas. E, ainda assim ele revela-se um meio inadequado de lidar com danos ao meio ambiente, em algumas situações.[9]

A responsabilidade privada é, por conseguinte, bem mais antiga que a pública, pois, a responsabilidade do Estado incide sobre três tipos de funções que dividem o poder estatal: a administrativa, a jurisdicional e a legislativa; e é a subordinação que vai causar responsabilidade para o Estado. Cumpre ressaltar que a responsabilidade é do Estado, pessoa jurídica, e, será ainda responsabilidade civil por ser de ordem pecuniária.[10]

Aponta Édis Milaré que a responsabilidade civil objetiva se funda num princípio de equidade, existente desde o Direito Romano:

> [...] aquele que lucra com uma atividade deve responder pelo risco ou pelas desvantagens dela resultantes. Assumem o agente, destarte, todos os riscos de sua atividade, pondo-se fim, à prática inadmissível da socialização do prejuízo e privatização do lucro.[11]

---

[4] SILVA, De Plácido e. *Vocabulário Jurídico*. 24. ed. Rio de Janeiro: Forense, 2004, p. 1222.

[5] DIAS, José de Aguiar. *Da Responsabilidade Civil*. 10. ed. v.I. Rio de Janeiro: Forense, 1995, p. 31.

[6] ANTUNES, Paulo de Bessa. *Direito Ambiental*. 11. ed. Amplamente reformulada. Rio de Janeiro: Lúmen Júris, 2008, p.139.

[7] TELLES, Antônio A. Queiroz. *Introdução ao Direito administrativo*. 2. ed. rev., atual. e ampl. São Paulo: Revista dos Tribunais, 2000, p. 444.

[8] PEREIRA, Caio Mário da Silva. *Responsabilidade Civil*. 4. ed. Rio de Janeiro: Forense, 1993, p. 277.

[9] SANTOS,Cláudia Maria Cruz. DIAS, José Eduardo de Oliveira Figueiredo. ARAGÃO, Alexandra de Souza. *Introdução ao Direito do Ambiente*. Universidade Aberta, 1998, p.139.

[10] BÜHRING, Marcia Andrea. *Responsabilidade Civil Contratual do Estado*. São Paulo: IOB-Thomson, 2004, p. 77.

[11] MILARÉ, Édis. *Direito do Ambiente: doutrina – prática jurídica – jurisprudência – glossário*. 4ª ed. São Paulo: Revista dos Tribunais, 2005, p. 338-339.

Assim como a concepção de responsabilidade também envolve tanto no sentido geral, como no jurídico "a obrigação, encargo, dever, compromisso, sanção e imposição".[12]

No direito brasileiro, a responsabilidade evoluiu de subjetiva (que é fundada na culpa ou dolo do agente, que seja o causador do dano),[13] para responsabilidade objetiva (pelo risco). Contemporaneamente, principalmente no que se refere a responsabilidade por dano ambiental, não há que se falar em culpa, visto ser a responsabilidade objetiva.

Comenta-se sobre um novo paradigma,[14] voltado às novas concepções, e refere Annelise Monteiro Steigleder: "Importa para o estudo perceber que a autonomização do dano ao meio ambiente reflete a emergência de um novo paradigma a nortear a relação entre o homem e o seu ambiente, pautado por novos valores e sensibilidades".[15]

Portanto, a partir dessa evolução, dentro do sistema jurídico,[16] como rede axiológica, importante ressaltar, que necessária a interpretação sistemática, jurídica por essência, como afirma Juarez Freitas,[17] pois diante das antinomias, a melhor interpretação possível na área ambiental.

2. ESTADO E RESPONSABILIDADE AMBIENTAL[18] CIVIL, PENAL, ADMINISTRATIVA

Antes de verificar a responsabilidade em sua tríade apresentação, cumpre apresentar a conceituação de Estado, pois, o Estado é uma sociedade (política e jurídica) organizada para salvaguardar o bem comum.

---

[12] SOARES, Orlando. *Responsabilidade civil no Direito brasileiro*: teoria, prática forense e jurisprudência. 2. ed. Rio de Janeiro: Forense, 1997, p. 9.

[13] MILARÉ, Édis. *Direito do Ambiente: doutrina – prática jurídica – jurisprudência – glossário*. 4ª ed. São Paulo: Revista dos Tribunais, 2005, p.825.

[14] KUHN, Thomas, S. *A estrutura das revoluções científicas*. 3. ed. São Paulo: Perspectiva, 1992, p. 13. "Considero 'paradigmas' as realizações científicas universalmente reconhecidas que, durante algum tempo, fornecem problemas e soluções modelares para uma comunidade de praticantes de uma ciência".

[15] STEIGLEDER, Annelise Monteiro. *Responsabilidade Civil Ambiental: as dimensões do dano ambiental no direito brasileiro*. Porto Alegre: Livraria do Advogado, 2004, p. 15-16.

[16] Reconceitua Sistema Jurídico como "uma rede axiológica e hierarquizada de princípios gerais e tópicos, de normas e de valores jurídicos cuja função é a de, evitando ou superando antinomias, dar cumprimento aos princípios e objetivos fundamentais do Estado Democrático de Direito, assim como se encontram consubstanciados, expresso ou implicitamente, na Constituição". FREITAS, Juarez. *A interpretação sistemática do direito*. 5. ed. São Paulo: Malheiros, 2010, p. 56.

[17] *A interpretação sistemática, afirma Juarez Freitas*, é a interpretação jurídica, por essência. "Deve o intérprete, com sabedoria, contribuir para a descoberta e para a formação tópica do sistema jurídico. De outra parte, é irrenunciável a luta pela formação de um Direito dotado de concatenação interna, sendo este um desafio para aplicadores e legisladores: oferecer uma ordem que se deixe interpretar plástica e maleavelmente de modo a se manter respeitável e garantidora da segurança das relações jurídicas. Em últimas palavras, toda a perquirição empreendida parece revelar a necessidade de se robustecer uma formação consciente e séria do intérprete jurídico para a suma tarefa ético-jurídica que consiste em, diante das antinomias, alcançar o melhor e o mais fecundo desempenho da interpretação sistemática em todos os ramos, com o escopo de fazer promissora a perspectiva de um Direito que se confirme dotado de efetiva coerência e abertura. Em derradeiro, um Direito visto, ensinado e aplicado como o lídimo sistema normativo do Estado Democrático". FREITAS, Juarez. *A interpretação sistemática do direito*. 5. ed. São Paulo: Malheiros, 2010, p. 290.

[18] *O STJ elaborou uma linha do tempo em matéria legislativa ambiental, que a título de curiosidade de apresenta:*
1605 Surge a primeira lei de cunho ambiental no País: o Regimento do Pau-Brasil, voltado à proteção das florestas.
1797 Carta régia afirma a necessidade de proteção a rios, nascentes e encostas, que passam a ser declaradas propriedades da Coroa.
1799 É criado o Regimento de Cortes de Madeiras, cujo teor estabelece rigorosas regras para a derrubada de árvores.

Traz De Plácido e Silva a ideia de Estado:

Derivado do latim *status* (estado, posição ordem, condição, é vocábulo que possuí sentidos próprios no Direito Púbico e no Direito Privado. Estado. No sentido do Direito Público, Estado, segundo conceito dado pelos juristas, é o agrupamento de indivíduos, estabelecidos ou fixados em um território determinado e submetidos à autoridade de um poder público soberano, que lhes dá autoridade. É a expressão jurídica mais perfeita da sociedade, mostrando-se também a organização política de uma nação, ou de um povo.[19]

No direito ambiental há três esferas básicas de atuação: a preventiva (administrativa), a reparatória (civil) e a repressiva (penal).[20]

Pois o artigo 225, § 3°, da Carta Magna é claro ao referir a chamada tríplice responsabilidade do poluidor, conforme Celso Antonio Pacheco Fiorillo, tanto para as pessoas físicas como jurídicas:

A sanção penal, por conta da chamada responsabilidade penal (ou responsabilidade criminal), a sanção administrativa, em decorrência da denominada responsabilidade administrativa, e a sanção que didaticamente poderíamos denominar civil, em razão da responsabilidade vinculada à obrigação de reparar danos causados ao meio ambiente.[21]

1850 É promulgada a Lei n° 601/1850, primeira Lei de Terras do Brasil. Ela disciplina a ocupação do solo e estabelece sanções para atividades predatórias.
1911 É expedido o Decreto n° 8.843, que cria a primeira reserva florestal do Brasil, no antigo Território do Acre.
1916 Surge o Código Civil Brasileiro, que elenca várias disposições de natureza ecológica. A maioria, no entanto, reflete uma visão patrimonial, de cunho individualista.
1934 São sancionados o Código Florestal, que impõe limites ao exercício do direito de propriedade, e o Código de Águas. Eles contêm o embrião do que viria a constituir, décadas depois, a atual legislação ambiental brasileira.
1964 É promulgada a Lei 4.504, que trata do Estatuto da Terra. A lei surge como resposta a reivindicações de movimentos sociais, que exigiam mudanças estruturais na propriedade e no uso da terra no Brasil.
1965 Passa a vigorar uma nova versão do Código Florestal, ampliando políticas de proteção e conservação da flora. Inovador, estabelece a proteção das áreas de preservação permanente.
1967 São editados os Códigos de Caça, de Pesca e de Mineração, bem como a Lei de Proteção à Fauna. Uma nova Constituição atribui à União competência para legislar sobre jazidas, florestas, caça, pesca e águas, cabendo aos Estados tratar de matéria florestal.
1975 Inicia-se o controle da poluição provocada por atividades industriais. Por meio do Decreto-Lei 1.413, empresas poluidoras ficam obrigadas a prevenir e corrigir os prejuízos da contaminação do meio ambiente.
1977 É promulgada a Lei 6.453, que estabelece a responsabilidade civil em casos de danos provenientes de atividades nucleares.
1981 É editada a Lei 6.938, que estabelece a Política Nacional de Meio Ambiente. A lei inova ao apresentar o meio ambiente como objeto específico de proteção.
1985 É editada a Lei 7.347, que disciplina a ação civil pública como instrumento processual específico para a defesa do meio ambiente e de outros interesses difusos e coletivos.
1988 É promulgada a Constituição de 1988, a primeira a dedicar capítulo específico ao meio ambiente. Avançada, impõe ao Poder Público e à coletividade, em seu art. 225, o dever de defender e preservar o meio ambiente para as gerações presentes e futuras.
1991 O Brasil passa a dispor da Lei de Política Agrícola (Lei 8.171). Com um capítulo especialmente dedicado à proteção ambiental, o texto obriga o proprietário rural a recompor sua propriedade com reserva florestal obrigatória.
1998 É publicada a Lei 9.605, que dispõe sobre crimes ambientais. A lei prevê sanções penais e administrativas para condutas e atividades lesivas ao meio ambiente.
2000 Surge a Lei do Sistema Nacional de Unidades de Conservação (Lei n° 9.985/00), que prevê mecanismos para a defesa dos ecossistemas naturais e de preservação dos recursos naturais neles contidos.
2001 É sancionado o Estatuto das Cidades (Lei 10.257), que dota o ente municipal de mecanismos visando permitir que seu desenvolvimento não ocorra em detrimento do meio ambiente. Disponível em http\\ www.senado.org.br. Acesso em 07.06.2010.
[19] SILVA, De Plácido e. *Vocabulário Jurídico*. 24ª ed. Rio de Janeiro: Forense, 2004, p.553
[20] MILARÉ, Édis. *Direito do Ambiente: doutrina – prática jurídica – jurisprudência – glossário*. 4ª ed. São Paulo: Revista dos Tribunais, 2005, p.824.
[21] FIORILLO, Celso Antonio Pacheco. *Curso de Direito ambiental brasileiro*. 9. ed. São Paulo: Saraiva, 2008, p. 56.

Na primeira delas, *a responsabilidade civil ou reparatória*, informa a Constituição Federal de 1988 que a responsabilidade civil ambiental por danos encontra respaldo no § 3º do art. 225, veja:se:

> Art. 225 Todos têm direito ao meio ambiente ecologicamente equilibrado, bem de uso comum do povo e essencial à sadia qualidade de vida, impondo-se ao Poder Público e à coletividade o dever de defendê-lo e preservá-lo para as presentes e futuras gerações.
> [...]
> § 3º As condutas e atividades consideradas lesivas ao meio ambiente sujeitarão os infratores, pessoas físicas ou jurídicas, a sanções penais e administrativas, independentemente da obrigação de reparar os danos causados.

Adverte-se que mesmo antes da entrada em vigor da Carta Magna, o fundamento legal da responsabilidade civil objetiva por danos ao meio ambiente já estava insculpido no § 1º do art. 14 da Lei 6.938/81, que traz a "Política Nacional do Meio Ambiente", e que assim aduz:

> Art. 14. Sem prejuízo das penalidades definidas pela legislação federal, estadual e municipal, o não cumprimento das medidas necessárias à preservação ou correção dos inconvenientes e danos causados pela degradação da qualidade ambiental sujeitará os transgressores:
> § 1º Sem obstar a aplicação das penalidades previstas neste artigo, é o poluidor obrigado, independentemente da existência de culpa, a indenizar ou reparar os danos causados ao meio ambiente e a terceiros, afetados por sua atividade. O Ministério Público da União e dos Estados terá legitimidade para propor ação de responsabilidade civil e criminal, por danos causados ao meio ambiente.

Gize-se: o § 1° do art. 14 da Lei n° 6.938/81[22] mostra que a responsabilidade é independente da existência de culpa, a indenizar ou reparar os danos causados ao meio ambiente e a terceiros, e houve aqui uma constitucionalização.

Afirma Marcos Destefinni que a "constitucionalização é importante para que sejam evitadas tentativass de minimizar a responsabilidade dos degradadores".[23]

Quando se verifica a responsabilização do dano ambiental na esfera civil, a lei acima citada, cria duas estruturas, conforme afirma Wellington Pacheco Barros:

> A primeira delas é a que condiciona a obrigação do poluidor em *indenizar ou reparar os danos causados ao meio ambiente* [...]
> A segunda modalidade é a indenização ou reparação que o dano ambiental causou ao terceiro. Naturalmente que esta modalidade de responsabilização é mais complexa.[24]

A propósito, o Código Civil de 2002, no art. 927, prevê expressamente a possibilidade de reparação do dano em face do risco criado:

> Art. 927 Aquele que, por ato ilícito, causar dano a outrem, fica obrigado repará-lo.

---

[22] Nesse sentido também a *Súmula nº 18* (Súmulas do Conselho Superior do Ministério Público do Estado de São Paulo. Em matéria de dano ambiental, a Lei 6938/81 estabelece a responsabilidade *objetiva*, o que afasta a investigação e discussão da culpa, mas não se prescinde de nexo causal entre o dano havido e a ação ou omissão de quem cause o dano. Se o nexo não é estabelecido, é caso de arquivamento do inquérito civil ou das peças de informação. Fundamento: Embora em matéria de dano individual a Lei n. 6938/81 estabeleça a responsabilidade objetiva, com isso se elimina a investigação e a discussão da culpa do causador do dano, mas não se prescinde seja estabelecido o nexo causal entre o fato ocorrido e a ação ou omissão daquele a quem se pretenda responsabilizar pelo dano ocorrido (Art. 14, § 1º, da Lei 6938/81 Pt. ns. 35.752/93 e 649/94).).Disponível em http\www. Jurisway.com.br Acesso. 20.05.2010.

[23] DESTEFINNI, Marcos. *A responsabilidade civil ambiental e as formas de reparação do dano ambiental: aspectos teóricos e práticos*. Campinas: Bookseller, 2005, p. 149.

[24] Barros, Wellington Pacheco. Direito ambiental Sistematizado. Porto Alegre: Livraria do Advogado, 2008, p. 213.

Parágrafo único: Haverá obrigação de reparar o dano, independentemente da culpa, nos casos especificados em lei, ou quando a atividade normalmente desenvolvida pelo autor do dano implicar, por sua natureza, riscos para o direito de outrem.

Ao que Édis Milaré refere: o art. 927 do Código Civil que expressamente prevê a reparação "consiste em que "qualquer fato, culposo ou não culposo, impõe ao agente a reparação, desde que cause um dano".[25]

Frise-se: a responsabilidade civil é objetiva, fato que afasta a possibilidade da verificação do dolo ou culpa.

Na segunda delas, a responsabilidade administrativa ou preventiva encontra respaldo na Lei de Crimes Ambientais n° 9.605/98, a qual dispõe em seu art. 70:

Art. 70. Considera-se infração administrativa ambiental toda ação ou omissão que viole as regras jurídicas de uso, gozo, promoção, proteção e recuperação do meio ambiente.

Encontra respaldo também no Decreto n° 6.514, de 22 de julho de 2008, assim como na jurisprudência pátria,[26] que impôs multa como sanção administrativa.

Guido Landi, Potenza e Italia, a partir do direito italiano, referem bem esse *dever* de ressarcimento do dano, visto que a responsabilidade da Administração Pública é resolvida pelo dever de ressarcimento do prejuízo. Dito de outra forma, na obrigação de corresponder ao sujeito lesado o equivalente econômico pelo dano sofrido, estimado em moeda. Os danos pelos quais é aceito o ressarcimento são os patrimoniais.[27]

A seguir apresenta-se um quadro de Sanções Administrativas baseadas no Decreto n° 6.514/2008.

---

[25] MILARÉ, Édis. *Direito do Ambiente: doutrina – prática jurídica – jurisprudência – glossário*. 4ª ed. São Paulo: Revista dos Tribunais, 2005, p.827.

[26] Superior Tribunal de Justiça. REsp 442586/SP, Min. Luiz Fux – Primeira Turma, DJU 24/02/2003: ADMINISTRATIVO. DANO AMBIENTAL. SANÇÃO ADMINISTRATIVA. IMPOSIÇÃO DE MULTA. EXECUÇÃO FISCAL. 1. Para fins da Lei n° 6.938, de 31 de agosto de 1981, art 3°, entende-se por: I – meio ambiente, o conjunto de condições, leis, influências e interações de ordem física, química e biológica, que permite, abriga e rege a vida em todas as suas formas; II – degradação da qualidade ambiental, a alteração adversa das características do meio ambiente; III – poluição, a degradação da qualidade ambiental resultante de atividades que direta ou indiretamente: a) prejudiquem a saúde, a segurança e o bem-estar da população; b) criem condições adversas às atividades sociais e econômicas; c) afetem desfavoravelmente a biota; d) afetem as condições estéticas ou sanitárias do meio ambiente; e) lancem matérias ou energia em desacordo com os padrões ambientais estabelecidos; 2. Destarte, é poluidor a pessoa física ou jurídica, de direito público ou privado, responsável, direta ou indiretamente, por atividade causadora de degradação ambiental; 3. O poluidor, por seu turno, com base na mesma legislação, art. 14 – "sem obstar a aplicação das penalidades administrativas" é obrigado, "independentemente da existência de culpa", a indenizar ou reparar os danos causados ao meio ambiente e a terceiros, "afetados por sua atividade". 4. Depreende-se do texto legal a sua responsabilidade pelo risco integral, por isso que em demanda infensa a administração, poderá, inter partes, discutir a culpa e o regresso pelo evento. 5. Considerando que a lei legitima o Ministério Público da União e do Estados terá legitimidade para propor ação de responsabilidade civil e criminal, por danos causados ao meio ambiente, é inequívoco que o Estado não pode inscrever self-executing, sem acesso à justiça, quantum indenizatório, posto ser imprescindível ação de cognição, mesmo para imposição de indenização, o que não se confunde com a multa, em obediência aos cânones do devido processo legal e da inafastabilidade da jurisdição. 6. In casu, discute-se tão-somente a aplicação da multa, vedada a incursão na questão da responsabilidade fática por força da Súmula 07/STJ. 5. Recurso improvido. Disponível em http.www.planalto.gov.br. acesso em 20.05.10.

[27] LANDI, G; POTENZA, G; ITALIA, V. *Manuale di Diritto amministrativo*. 11. ed. Milano: Giuffré, 1999, p. 308. *Tradução livre de*: "La responsabilità della publica amministrazione si risolve nel dovere di risarcimento del danno, cioè nell'obbligo di corrispondere al soggetto leso l'equivalente economico – stimato in moneta – del danno sofferto. I danni dei quali è ammesso in via generale il risarcimento son quelli patrimoniali".

I – Advertência;	VI – Suspensão de venda e fabricação do produto;
II – Multa Simples;	VII – Embargo de obra ou atividade
III – Multa diária;	V III – Demolição de obra;
IV – apreensão dos animais, produtos e subprodutos da fauna e flora e demais produtos e subprodutos objeto da infração, instrumentos, petrechos, equipamentos ou veículos de qualquer natureza utilizados na infração; (Redação dada pelo Decreto nº 6.686, de 2008).	IX – Suspensão parcial ou total das atividades;
V – Destruição ou inutilização do produto;	X – Restritiva de direitos;

A terceira delas, *a responsabilidade penal ou repressiva*, encontra respaldo no art. 2° da Lei de Crimes Ambientais,[28] Lei n.° 9.605/98, a qual dispõe:

> Quem, de qualquer forma, concorre para a prática dos crimes previstos nesta lei, incide nas penas a estes cominadas, na medida de sua culpabilidade, como o diretor, o administrador, o membro do conselho e de órgão técnico, o auditor, o gerente, o preposto ou mandatário de pessoa jurídica, que, sabendo da conduta criminosa de outrem, deixar de impedir a sua prática, quando podia agir para evitá-la.

Assim como o art. 3° da mesma Lei:

> Art. 3º As pessoas jurídicas serão responsabilizadas administrativa, civil e penalmente conforme o disposto nesta Lei, nos casos em que a infração seja cometida por decisão de seu representante legal ou contratual, ou de seu órgão colegiado, no interesse ou benefício da sua entidade.

Por outro lado a própria Constituição Federal de 1988 traz a responsabilidade também da pessoa jurídica:

> Art. 173. Ressalvados os casos previstos nesta Constituição, a exploração direta de atividade econômica pelo Estado só será permitida quando necessária aos imperativos da segurança nacional ou a relevante interesse coletivo, conforme definidos em lei.
> § 5º – A lei, sem prejuízo da responsabilidade individual dos dirigentes da pessoa jurídica, estabelecerá a responsabilidade desta, sujeitando-a às punições compatíveis com sua natureza, nos atos praticados contra a ordem econômica e financeira e contra a economia popular.

Paulo de Bessa Antunes, refere[29] que os responsáveis por danos ao meio ambiente podem ser tanto pessoas físicas quanto jurídicas.[30]

---

[28] HC90023 / SP – SÃO PAULO HABEAS CORPUS Relator(a): Min. MENEZES DIREITO Julgamento: 06/11/2007 Órgão Julgador: Primeira Turma Publicação DJE-157 DIVULG 06-12-2007 PUBLIC 07-12-2007 DJ 07-12-2007 PP-00058 EMENT VOL-02302-02 PP-00254 Parte(s) PACTE.(S): MARIA PIA ESMERALDA MATARAZZO IMPTE.(S): LUIZ FERNANDO SÁ E SOUZA PACHECO E OUTRO(A/S) COATOR(A/S)(ES): SUPERIOR TRIBUNAL DE JUSTIÇA; EMENTA Habeas corpus. Trancamento da ação penal. *Crime contra o meio ambiente*. Perigo de dano grave ou irreversível. Tipicidade da conduta. Exame de corpo de delito. Documentos técnicos elaborados pelas autoridades de fiscalização. Inépcia formal da denúncia. 1. O dano grave ou irreversível que se pretende evitar com a norma prevista no artigo 54, § 3º, da Lei nº 9.605/98 não fica prejudicado pela degradação ambiental prévia. O risco tutelado pode estar relacionado ao agravamento das consequências de um dano ao meio ambiente já ocorrido e que se protrai no tempo. 2. O crime capitulado no tipo penal em referência não é daquele que deixa vestígios. Impossível, por isso, pretender o trancamento da ação penal ao argumento de que não teria sido realizado exame de corpo de delito. 3. No caso, há registro de diversos documentos técnicos elaborados pela autoridade incumbida da fiscalização ambiental assinalando, de forma expressa, o perigo de dano grave ou irreversível ao meio ambiente. 4. *Não se reputa inepta a denúncia que preenche os requisitos formais do artigo 41 do Código de Processo Penal e indica minuciosamente as condutas criminosas em tese praticadas pela paciente*, permitindo, assim, o exercício do direito de ampla defesa. 5. Habeas corpus em que se denega a ordem. Disponível em: http://direitoambiental.wordpress.com/ Acesso em 02.06.10.

[29] Art. 21. Compete à União: XXIII – explorar os serviços e instalações nucleares de qualquer natureza e exercer monopólio estatal sobre a pesquisa, a lavra, o enriquecimento e reprocessamento, a industrialização e o comércio de minérios nucleares e seus derivados, atendidos os seguintes princípios e condições: d) a responsabilidade civil por danos nucleares independe da existência de culpa; (Incluída pela Emenda Constitucional nº 49, de 2006)

[30] ANTUNES, Paulo de Bessa. *Manual de Direito Ambiental*. Rio de Janeiro: Lumen Juris, 2007, p. 107.

E de fato, Fausto Martin de Sanctis ainda refere nesse sentido, que houve expressa previsão dos entes coletivos:

> O legislador constitucional, atento às novas e complexas formas de manifestações sociais, mormente no que toca à criminalidade praticada sob o escudo das pessoas jurídicas, foi ao encontro da tendência universal de responsabilização criminal. Previu, nos dispositivos citados, a responsabilidade penal dos entes coletivos nos delitos praticados contra ordem econômica e financeira e contra a economia popular, bem como contra o meio ambiente.[31]

A grande novidade que a responsabilidade ambiental penal possui em relação à responsabilidade geral é justamente a responsabilização penal da pessoa jurídica. Embora seja matéria controversa, afirma Paulo de Bessa Antunes, "que a tradição jurídica opera sobre os conceitos de que a pessoa jurídica não pode delinquir. De fato, a responsabilidade penal das pessoas jurídicas é tratada em dois diferentes pontos de nosso Constituição Federal".[32]

Abaixo apresenta-se da mesma forma um quadro das Sanções Penais baseadas na Lei 9.605/98.

Penas Privativas da liberdade	Penas Restritivas de direito
Obs.: As penas restritivas de direitos são autônomas e substituem as privativas de liberdade quando:	I – Prestação de serviços à comunidade;
Tratar-se de crime culposo ou for aplicada a pena privativa de liberdade inferior a quatro anos;	II – Interdição temporária de direitos;
A culpabilidade, os antecedentes, a conduta social e a personalidade do condenado, bem como os motivos e as circunstancias do crime indicarem que a substituição seja suficiente para efeitos de reprovação e prevenção do crime.	III – Suspensão parcial ou total de atividades;
	IV – Prestação pecuniária;
	V – Recolhimento domiciliar;

Para tanto, adverte-se que no sistema jurídico nacional, identifica-se uma "bifurcação" do dano ambiental: Por um lado, "o dano *público* contra o meio ambiente", que é "bem de uso comum do povo", de natureza *difusa*, e que atinge um número indefinido de pessoas, cujo meio adequado é a Ação Civil Pública e a Ação Popular cuja indenização é destinada a um fundo. Já por outro lado, o dano ambiental *privado* é que dá ensejo à indenização que visa "à recomposição do patrimônio *individual* das vítimas".[33]

E esta diferenciação se torna importante na medida em que o dano deve ser esclarecido, e é o que irá se verificar neste momento.

3. DANOS AMBIENTAIS

A palavra *dano* provém do latin *damnu*, que significa *mal*, *prejuízo* ou *ofensa* a alguém ou que se faz a outrem, e sendo assim, não pode haver responsabilidade sem que haja um efetivo dano.[34]

---

[31] SANTICS, Fausto Martin de. *Responsabilidade penal da pessoa jurídica*. São Paulo: Saraiva, 1999, p.64.

[32] ANTUNES, Paulo de Bessa. *Manual de Direito Ambiental*. Rio de Janeiro: Lumen Juris, 2007, p. 107.

[33] MILARÉ, Édis. *Ação Civil Pública – 10 anos*. (Coord.) São Paulo: RT, 1995, p. 207

[34] STOCO, Rui. *Tratado de responsabilidade civil:* responsabilidade civil e sua interpretação doutrinária e jurisprudencial. 5. ed. São Paulo: Revista dos Tribunais, 2001. Edição revista, atualizada e ampliada do livro Responsabilidade civil e sua interpretação jurisprudencial – Doutrina e jurisprudência, p. 934.

Por danos à natureza, entende-se todo o mal ou ofensa causado a outrem, é o "prejuízo material causado a alguém. Ataque ou agressão a bem juridicamente protegido. Diminuição de utilidade, capacidade ou função".[35]

Para Édis Milaré, é o "dano ambiental a lesão aos recursos ambientais, com consequente degradação – alteração adversa ou *in pejus* – do equilíbrio ecológico e da qualidade de vida".[36] E seu conceito "embora amplo e aberto", como também o é o próprio conceito de meio ambiente, é demarcado por noções de degradação, ambiental e poluição.[37] [38]

O dano ambiental é difuso por sua própria natureza, e são três as características essenciais: "anormalidade, periodicidade e gravidade", e ainda, que "a manifestação de um dano pode se dar no plano coletivo e no plano individual".[39]

Nesse sentido, explica Paulo Afonso Leme Machado que a doutrina aponta três características do dano ambiental:

> [...] a sua *anormalidade*, que existe onde houver modificação das propriedades físicas e químicas dos elementos naturais de tal grandeza que estes percam, parcial ou totalmente, sua propriedade ao uso; a sua *periodicidade*, não bastando a eventual emissão poluidora e a sua *gravidade*, devendo ocorrer transposição daquele limite máximo de absorção de agressões que possuem os seres humanos e os elementos naturais.[40]

Há que se dar destaque inicial à primeira lei a cuidar sistematicamente da questão ambiental, a Lei n° 6.938/81, que definiu o meio ambiente no inciso I do artigo 3°, como um "[...] conjunto de condições, leis, influências e interações de ordem física, química e biológica, que permite, abriga e rege a vida em todas as suas formas", pois todos têm o direito ao meio ambiente.

Referência importante faz J.J.Gomes Canotilho ao direito ambiental como de Quarta Geração:[41]

> São os direitos de quarta geração [...] que abrangem as suas sucessivas sedimentações históricas ao longo do tempo, perpassando os tradicionais direitos negativos, conquista da revolução liberal; os direitos de participação política, emergentes da superação democrática do Estado Liberal; os direitos positivos de natureza econômica, social e cultural (direitos sociais), constituintes da concepção social do Estado; finalmente os direitos de quarta geração, como o direito ao meio ambiente e a qualidade de vida.[42]

---

[35] VIANA, Jorge Candido S.C. *Superdicionário do Advogado*. Vol: 1. Curitiba: Juruá, 2000, p.163.
[36] MILARÉ, Édis. *Direito do Ambiente: Doutrina – Jurisprudência – Glossário*. 4ª edição revista, atualizada e ampliada. São Paulo: RT, 2005, p. 734-736
[37] MILARÉ, Édis. *Direito do Ambiente:Doutrina – Jurisprudência – Glossário*. 4ª edição revista, atualizada e ampliada. São Paulo: RT, 2005, p. 734-736
[38] "A saúde, a segurança e o bem-estar da população; criem condições adversas às atividades sociais e econômicas; afetem desfavoravelmente a biota; afetem as condições estéticas ou sanitárias do meio ambiente [...] à míngua de critérios objetivos e seguros, pode-se concluir que a aferição da anormalidade ou perda do equilíbrio se situa fundamentalmente no plano fático, e não no plano normativo, segundo normas preestabelecidas". Em consequência a caracterização deste evento danoso resta sujeito ao "subjetivismo e descortino dos agentes públicos e dos juízes, no exame da situação fática e das peculiaridades de cada caso". MILARÉ, Édis. *Direito do Ambiente:Doutrina – Jurisprudência – Glossário*. 4ª edição revista, atualizada e ampliada. São Paulo: RT, 2005, p.832.
[39] PIVA, Rui Carvalho. *Bem Ambiental*. São Paulo: Max Limonad, 2000, p. 136.
[40] MACHADO, Afonso Leme. *Direito ambiental brasileiro*. 10 ed. São Paulo: Malheiros, 2002, p. 253.
[41] Ou dimensão como refere Ingo Wolfgang Sarlet. SARLET, Ingo Wolfgang. *A eficácia dos direitos fundamentais*. Porto Alegre: Livraria do Advogado, 1998.
[42] CANOTILHO,J.J.Gomes; MOREIRA, Vital. *Fundamentos da constituição*. Coimbra: Coimbra Ed., 1991.

Resta claro e evidente que esse direito há que ser reparado, em caso de possível dano vir a ser causado.

Dessa forma observa-se que o dano ambiental é "regida pelo sistema da responsabilidade objetiva,[43] fundada no *risco* inerente à atividade, que prescinde por completo da culpabilidade do agente".[44] É o elemento essencial à pretensão de uma possivel indenização.

Cumpre ao legislador encontrar o justo equilíbrio "entre o progresso econômico e social e o direito fundamental à manutenção e restauração de um ambiente são". E finaliza Anabela Miranda Rodrigues, "o que poderá fazer apelando também à técnica e promovendo novos meios ou recursos que permitam o controle daquelas actividades que podem causar danos ou pôr em perigo aquele interesse fundamental".[45]

Noutra seara, bem exemplifica Annelise Monteiro Steigleder o dano ambiental material e corporal:

> São exemplos de danos por intermédio do meio ambiente a contaminação de um rio situado em área particular, que gera a morte de peixes e a intoxicação daquele que ingere a água. Nesta hipótese, haverá dano material, que tem na água e nos peixes o seu objeto material; dano corporal imposto à vítima e dano moral, representado pelo seu sofrimento e perturbação de sua qualidade de vida. A tais prejuízos poderão, ainda, estar associados lucros cessantes e danos emergentes.[46]

Em se tratando de dano ambiental de reparação direta, ou seja, interesses individuais e homogêneos, o interessado que tenha sofrido lesão deverá ser diretamente indenizado,[47] como refere José Rubens Morato Leite, – o macrobem:

> O dano ambiental deve ser compreendido como toda lesão intolerável causada por qualquer ação humana (culposa ou não ao meio ambiente), diretamente como macrobem de interesse da coletividade, em uma concepção totalizante, e indiretamente a terceiros tendo em vista interesses próprios individualizáveis e que refletem o macrobem.[48]

---

[43] Nas palavras de Elida Séguin, ob. cit., p. 376: "Na teoria objetiva não se pesquisa a vontade do agente, apenas a causalidade entre a atividade exercida e o dano causado, dentro de uma concepção de que aquele *tem o bônus deve arcar com o ônus,* suportando os riscos naturais de seu empreendimento e assumindo o dever de indenizar os que sofreram prejuízos com suas atividades".

[44] MILARÉ, Edis. *Direito do Ambiente:Doutrina – Jurisprudência – Glossário.* 4ª edição revista, atualizada e ampliada. São Paulo: RT, 2005, p.825.

[45] MIRANDA RODRIGUES, Anabela. Direito penal do meio ambiente – uma aproximação ao novo Direito Português. *Revista de Direito ambiental,* n. 2, p. 15-18.

[46] STEIGLEDER, Annelise Monteiro. *Responsabilidade Civil Ambiental: as dimensões do dano ambiental no direito brasileiro.* Porto Alegre: Livraria do Advogado Editora, 2004, p. 66-67.

[47] Tribunal de Justiça de Minas Gerais – TJMG. Número do processo: 1.0024.05.734153-9/001(1). Numeração Única: 7341539-63.2005.8.13.0024 Relator: ALBERGARIA COSTA.Relator do Acórdão: ALBERGARIA COSTA. Data do Julgamento: 14/01/2010. Data da Publicação: 26/01/2010. EMENTA: APELAÇÃO CÍVEL. AÇÃO CIVIL PÚBLICA. DANOS AMBIENTAIS. VALOR DA INDENIZAÇÃO. PARECER TÉCNICO. FIXAÇÃO SEGUNDO O PRUDENTE ARBÍTRIO DO JUIZ. POSSIBILIDADE. O sistema brasileiro de proteção ao meio ambiente está fundado não apenas no princípio da prevenção, mas também no do poluidor-pagador (art. 4º da Lei n.º 6.938/81) e da reparação integral (artigo 225, §3º da CR/88), devendo o dano causado pela manutenção de pássaros silvestres em cativeiro ser indenizado. Recurso conhecido, mas não provido. APELAÇÃO CÍVEL N° 1.0024.05.734153-9/001 – COMARCA DE BELO HORIZONTE – APELANTE(S): FRANCISCO ERNESTO MACEDO – APELADO(A)(S): MINISTÉRIO PÚBLICO ESTADO MINAS GERAIS – RELATORA: EXMA. SRA. DESA. ALBERGARIA COSTA. Disponível em: http://jurisprudenciabrasil. Acesso 20.05.10.

[48] LEITE, Jose Rubens Morato. *Dano Ambiental: do individual ao coletivo extrapatrimonial.*São Paulo: Revistas dos Tribunais, 2002, p. 56.

Aponta ainda Annelise Monteiro Steigleder: "os danos ambientais *lato sensu* resultam sempre sobrepostos aos danos ecológicos puros e também aos danos individuais, [...]",[49] e refere outro exemplo:

> [...] um vazamento de óleo no mar, que produza a contaminação hídrica e a morte de peixes causará: a) um dano individual aos pescadores que dependem economicamente da atividade de pesca – em razão da existência de diversas pessoas ligadas a essa mesma situação de fato, configurar-se-á lesão a interesses individuais homogêneos, em que a nota continua a ser o individuo -; b) um dano ecológico puro, porquanto o ecossistema marítimo restará atingido em suas características essenciais, e c) um dano ambiental lato sensu, já que o valor ambiental protegido constitucionalmente, a qualidade do recurso hídrico e da biota estará gravemente afetada.[50]

Ao passo que o dano ambiental ecológico é a degradação que atinge o homem, o animal, o vegetal...como aponta Vladimir Passos de Freitas:

> O dano ambiental, ecológico, é toda a degradação que atinja o homem na saúde, na segurança, nas atividades sociais e econômicas, que atinja as formas de vida não humanos, vida animal ou vegetal e o meio ambiente em si, do ponto de vista físico, estético, sanitário e cultural. O dano ambiental, vê-se, assim, pode atingir bens materiais e imateriais, o leque de possibilidades é ilimitado. Os danos, aqui, devem gerar responsabilização do poluidor.[51]

No entender de Álvaro Luiz Valery Mirra:

> [...] toda a degradação do meio ambiente, incluindo os aspectos naturais, culturais e artificiais que permitem e condicionam a vida, visto como bem unitário imaterial coletivo e indivisível, e dos bens ambientais e seus elementos corpóreos e incorpóreos específicos que o compõem, caracterizadora da violação do direito difuso e fundamental de todos à sadia qualidade de vida de um ambiente são e ecologicamente equilibrado.[52]

Noutra seara, Luís Paulo Sirvinskas refere que os danos[53] são denominados extrapatrimoniais, em razão da origem do direito de personalidade.

> Não há dificuldade na qualificação dos danos patrimoniais. Tal dificuldade ocorrerá no que tange aos danos extrapatrimoniais, pois o critério para fixação desses danos são subjetivos. Para a fixação desse valor, o magistrado deverá avaliar a gravidade da dor, a capacidade financeira do autor do dano e a proporcionalidade entre a dor e o dano.[54]

O dano ambiental é uma preocupação que ultrapassa regiões isoladas e passa a difundir-se no mundo globalizado. Desastres ambientais alcançam efeitos irreversíveis e atingem todos e também o ecossistema. Não obstante os alertas referentes aos danos não estão trazendo melhoras expressivas, não está havendo transformações extraordinárias com relação à diminuição da poluição ambiental, e ao que tudo indica, esta dificuldade de controle do meio ambiente está diretamente relacionado com o desenvolvimento econômico das sociedades industrializadas.

---

[49] STEIGLEDER, Annelise Monteiro. *Responsabilidade Civil Ambiental: as dimensões do dano ambiental no direito brasileiro*. Porto Alegre: Livraria do Advogado Editora, 2004, p. 122.

[50] Ibidem, p. 123.

[51] FREITAS, Vladimir Passos de. Coord. – Direito Ambiental em Evolução. Curitiba: Juruá, 2004, p. 167.

[52] MIRRA, Álvaro Luiz Valery. *Ação Cível Pública e a Reparação do Dano ao Meio Ambiente*. 2ª ed., atual. São Paulo: Editora Juarez de Oliveira, 2004, p. 94.

[53] Luís Paulo Sirvinskas "A despeito dos danos patrimoniais, há também os danos morais, que podem ser pleiteados pelas vítimas (art. 1º da Lei 7.347/24/07/1985)" Art. 1º – Regem-se pelas disposições desta Lei, sem prejuízo da ação popular, as ações de responsabilidade por danos causados: I – Ao meio ambiente; II – Ao consumidor; III – A bens e direitos de valor artístico, estético, histórico, turístico e paisagístico; SIRVINSKAS, Luís Paulo. *Manual de Direito Ambiental*. 7.ed. São Paulo: Saraiva, 2009, p.192.

[54] SIRVINSKAS, Luís Paulo. *Manual de Direito Ambiental*. 7. ed. São Paulo: Saraiva, 2009, p. 192.

Todavia, a degradação ambiental, afirma Fábio Feldmann, não tem reparo, pois em regra é irreparável. E faz uma primeira pergunta: "Como reparar o desaparecimento de uma espécie?", E faz também uma segunda pergunta: "Como trazer de volta uma floresta de séculos que sucumbiu sob a violência do corte raso?" E finalmente uma última pergunta "Como purificar um lençol freático contaminado por agrotóxicos?".[55] Difícil de responder.

No entanto, Paulo de Bessa Antunes lembra que a reparação visa a restabelecer o *status quo ante*, como se dano não houvesse acontecido. E afirma:

> Esta é uma concepção teórica, pois na maior parte das vezes, é impossível a reconstrução da realidade anterior: e. g., morte de uma pessoa, destruição de uma obra de valor histórico, artístico ou paisagístico; extinção de uma espécie animal etc. Existem bens que são únicos e nesta qualidade, são insubstituíveis.[56]

Também nesse sentido, Paulo Affonso Leme Machado afirma que "a responsabilidade objetiva ambiental significa que quem danificar o meio ambiente tem o dever jurídico de repará-lo. Presente, pois, o binômio dano-reparação. Não se pergunta a razão da degradação para que haja o dever de reparar".[57] E nem poderia pois a responsabilidade é objetiva.

A compensação pelo dano sofrido, tem passado por diferentes etapas "e, por isso sua evolução não é linear".[58]

O melhor é mesmo prevenir o dano ao ambiente como aponta a Carta da Terra, no item 6, como o "melhor método de proteção ambiental e, quando o conhecimento for limitado, assumir uma postura de precaução".[59]

Vale lembrar que a responsabilidade civil pode ter sido gerada por uma atividade estatal ou particular, e adverte Elida Séguim,

> No primeiro caso, teremos, a Responsabilidade Civil do Estado e no segundo a do particular. Inegavelmente, o Estado é o maior poluidor, seja por duas ações seja por suas omissões em fiscalizar.[60]

E é esta responsabilidade do Estado como usualmente o maior "danificador", que se quer abordar neste trabalho a seguir.

4. RESPONSABILIDADE POR DANOS AMBIENTAIS E O NEXO DE CAUSALIDADE

A responsabilidade, ou seja, a qualidade de responsável, ou mesmo a obrigação de responder pelos próprios atos, ou pelo ato de outros, e que resultam consequên-

---

[55] FELDMANN, Fábio. *Apud* MILARÉ, Édis. *Direito do Ambiente*. 2. ed. São Paulo: RT, 2001, p. 420.

[56] ANTUNES, Paulo de Bessa. *Direito Ambiental*. 11. ed. Amplamente reformulada. Rio de janeiro: editora Lúmen Júris, 2008, nota 9, p.141.

[57] MACHADO, Paulo Affonso Leme. *Direito Ambiental Brasileiro*. 9. ed., rev., atual. e ampl. São Paulo: RT, 2001, p. 324.

[58] ANTUNES, Paulo de Bessa. *Direito Ambiental*. 11. ed. Amplamente reformulada. Rio de janeiro: editora Lúmen Júris, 2008, p. 152.

[59] A). Orientar ações para evitar a possibilidade de sérios ou irreversíveis danos ambientais mesmo quando a informação científica for incompleta ou não conclusiva. B). Impor o ônus da prova àqueles que afirmarem que a atividade proposta não causará dano significativo e fazer com que os grupos sejam responsabilizados pelo dano ambiental. C). Garantir que a decisão a ser tomada se oriente pelas consequências humanas globais, cumulativas, de longo prazo, indiretas e de longo alcance. D). Impedir a poluição de qualquer parte do meio ambiente e não permitir o aumento de substâncias radioativas, tóxicas ou outras substâncias perigosas. E). Evitar que atividades militares causem dano ao meio ambiente. Disponível em http\\www.cartadaterra.com.br. acesso 10.02.10.

[60] SEGUIM, Élida. *O direito ambiental*: Nossa casa Planetária. Rio de Janeiro: Forense, 2002, p. 380.

cias[61] do homem frente ao meio ambiente, assumindo assim, "ares" de prevenção,[62] com um objetivo maior que é: meio ambiente sadio e com qualidade.

O próprio preâmbulo da Declaração de Estocolmo de 1972 enuncia um "homem portador solene da obrigação de proteger e melhorar o meio ambiente, para as gerações presentes e futuras".[63]

Dessa forma, encontra-se o fundamento jurídico da esfera reparatória da responsabilidade, "o dano ambiental mede-se por sua extensão, impondo-se a reparação integral";[64] conforme verificado no art. 225, § 3º, da Constituição Federal de 1988.

Afirma Toufic Daher Deebeis que a sujeição é tanto de pessoas físicas quanto jurídicas e independente da culpa, vez que consagra a responsabilidade objetiva no direito pátrio em sede de dano ambiental

> As condutas e atividades consideradas lesivas ao meio ambiente sujeitarão os infratores, pessoas físicas ou jurídicas, à reparação dos danos causados ao meio ambiente e a terceiros, afetados por tais atividades, independentemente da existência de culpa. (Cf. art. 225, § 3º; art. 14, § 1º da Lei 6.938/81).
>
> Em relação ao dano causado ao meio ambiente, assinala a doutrina, que o Direito brasileiro consagrou o princípio da responsabilidade civil objetiva, isto é, independente da existência de culpa (art. 14, § 1º da Lei 6.938/81). Mas a imposição legal de reparação dos danos causados ao meio ambiente depende da existência dos seguintes pressupostos: "o ato ou o fato danoso, o dano provocado e o liame de causalidade entre eles.[65]

Dessa forma, Sergio Ferraz *apud* Édis Milaré, em posicionamento pioneiro, sustentava que no dano ecológico, não há que se pensar em colocação diversa que não seja a do risco integral, e adverte:

> [...] Não se pode pensar em outra malha que não seja a malha realmente bem apertada, que possa, na primeira jogada da rede, colher todo e qualquer responsável pelo prejuízo ambiental. É importante que, pelo simples fato de ter havido omissão, já seja possível enredar agente administrativo e particulares, todos aqueles que de alguma maneira possam ser imputados ao prejuízo provocado para a coletividade.[66]

Conforme Carolina Zancaner Zochum, adverte para o fato de a doutrina divergir quanto à responsabilidade ser objetiva, pelo risco integral ou pelo risco mitigado.

A *teoria do risco integral* se funda na ideia de que a pessoa que cria o risco deve reparar os danos advindos de seu empreendimento, pela simples existência deste.

Já para a *teoria mitigada do risco*, a ideia de responsabilização objetiva traz em seu cerne a obediência às normas jurídicas. E, sendo assim, esta – a responsabilização

---

[61] VIANA, Jorge Candido S.C. *Superdicionário do Advogado*. Vol: 1. Curitiba: Juruá, 2000, p.388.

[62] Nas palavras de Cristiane Derani, ob. cit., p. 162, podemos definir como *poluidores*: "são todas aquelas pessoas – que contribuem com a poluição ambiental, pela utilização de materiais danosos ao ambiente como também pela sua produção (inclusive os produtores de energias) ou que utilizam processos poluidores". Neste princípio, o poluidor arca "com os custos necessários a diminuição, a eliminação ou neutralização deste dano". De fato tal custo não se vincula exclusivamente à imediata reparação do dano, mas sim uma ação preventiva, consistente no preenchimento da norma ambiental, que pode ser obrigado pelo Estado "a mudar o seu comportamento ou adotar medidas de diminuição da atividade danosa". DERANI, Cristiane. *Direito Ambiental Econômico*. 2. ed. rev. São Paulo: Max Limonad, 2001, p. 158-162.

[63] Disponível em http//www.declaracaodeestocolmo. Acesso 20.05.2010.

[64] MILARÉ, Édis. *Direito do Ambiente:Doutrina – Jurisprudência – Glossário*. 4ª edição revista, atualizada e ampliada. São Paulo: RT, 2005, p.830.

[65] DEEBEIS, Toufic Daher. *Elementos de direito ambiental brasileiro*. São Paulo: liv.e ed. Universitária de direito. 1999, p.105.

[66] MILARÉ, Edis. *Direito do Ambiente:Doutrina – Jurisprudência – Glossário*. 4ª edição revista, atualizada e ampliada. São Paulo: RT, 2005, p.827.

– somente pode ser imputada para aquele que atuou em dissonância com a legislação de regência.[67]

Pois bem, a Carta Magna adotou a teoria da reparação integral do dano ambiental, quando não houver a possibilidade de reparar-se o dano, "ainda será devida a indenização pecuniária correspondente, a ser revertida para os Fundos de Defesa dos Direitos Difusos, já estavam previstos no art.13 da Lei 7.347/85".[68]

Momento posterior importante foi a Rio 92, da qual resultou a "Declaração do Rio de Janeiro sobre o Meio Ambiente e Desenvolvimento", e cujo *Princípio 13* adverte sobre a responsabilidade do Estado em desenvolver legislação em âmbito nacional, e cooperação nas normas internacionais:

> Os Estados devem desenvolver legislação nacional relativa à responsabilidade de indenização das vítimas de poluição e outros danos ambientais. Os Estados devem ainda cooperar de forma expedita e determinada para o desenvolvimento de normas de direito internacional ambiental relativas à responsabilidade e indenização por efeitos adversos de danos ambientais causados, em áreas fora de sua jurisdição, por atividades dentro de sua jurisdição ou sob seu controle.

José Afonso da Silva afirma que a responsabilidade previne e reprime:

> Quando todas as políticas públicas de precaução e, todas as medidas de prevenção do meio ambiente falham, a responsabilização dos danos causados pela não observância dos princípios supracitados surge. A responsabilidade, de certa forma, previne e reprime os comportamentos causadores de danos, atuando, assim, de forma conjunta e unificada.[69]

O interesse público, que é a base do Direito Ambiental, afirma Édis Milaré, "encontra na responsabilidade civil objetiva uma forma de convivência com a atividade particular voltada, normalmente, para o lucro".[70]

Noutra seara, José Rubens Morato Leite enfatiza que o requisito da culpa "restringe a medida jurisdicional reparatória ambiental, posto que grande parte das condutas ao meio ambiente são lícitas, isto é, contam, por exemplo, com autorização ou licença administrativa e exclui a responsabilidade do agente".[71]

Nesse particular, refere também Paulo de Bessa Antunes que a legislação brasileira "está muito mais adiantada do que a de diversos países europeus. Em verdade, a responsabilidade por danos causados ao meio ambiente, em muitos países europeus, por exemplo, está fundada na culpa, sendo, portanto, subjetiva".[72]

Comenta Celso Antonio Pacheco Fiorillo que inexiste relação indissociável entre o ato ilícito (ou não) e a responsabilidade:

> [...] de forma que haverá dano *mesmo que este não derive de um ato ilícito*. [...] ocorrendo lesão a um bem *ambiental,* resultante de *atividade* praticada por pessoa física ou jurídica, pública ou privada, que direta ou

---

[67] ZOCHUN, Carolina Zancaner. Da Responsabilidade do Estado na Omissão da fiscalização ambiental. In: *Responsabilidade Civil do Estado*. Org. Juarez Freitas. São Paulo: Malheiros, 2007, p. 82 e 85.

[68] MILARÉ, Édis. *Direito do Ambiente: Doutrina – Jurisprudência – Glossário*. 4. ed. São Paulo: RT, 2005, p. 830.

[69] SILVA, José Afonso da. *Direito ambiental constitucional*. 3. ed. São Paulo: Malheiros, 2000, p. 33.

[70] MILARÉ, Édis. *Direito do Ambiente: Doutrina – Jurisprudência – Glossário*. 4. ed. São Paulo: RT, 2005, p. 340-341.

[71] MORATO LEITE, José Rubens. *Dano Ambiental: do individual ao coletivo extrapatrimonial*. São Paulo: Revista dos Tribunais, 2000, nota 31, p. 127.

[72] ANTUNES, Paulo de Bessa. *Direito Ambiental*. 3 ed. rev. e ampl. Rio de Janeiro: Lumen Juris, 1999, p. 140.

indiretamente seja responsável pelo dano, não só há caracterização deste como a identificação do poluidor, aquele que terá o dever de indenizá-lo.[73]

A introdução da responsabilidade objetiva em matéria ambiental ocorreu conforme sustenta Andreas Joachim Krell porque:

> [...] a maioria dos danos ambientais graves era, e está sendo, causada por grandes corporações econômicas (indústrias, construtoras) ou pelo próprio Estado (empresas estatais de petróleo, geração de energia elétrica, prefeituras), o que torna quase impossível a comprovação de culpa concreta desses agentes causadores de degradação ambiental.[74]

Ou seja, a maior parte dos danos ambientais, pelo menos os mais graves, foi e é causada por grandes indústrias, empresas estatais, entre outras, o que tornaria impossível comprovar culpa dos agentes, se fosse necessário, mas é bom que se diga que em sede de responsabilidade ambiental, não há que se falar em culpa, pois a responsabilidade é objetiva.

A responsabilidade por dano ambiental é objetiva, e devido à dificuldade muitas vezes de comprovação dos prejuízos, a responsabilidade do Estado é objetiva, pela própria razão e também necessidade que se tem, de repartir de forma igualitária, tanto ônus, como bônus.

Já o fez a própria Constituição Federal de 1988 em seu art. 37, § 6°, que dispõe:

> As pessoas jurídicas de direito público e as de direito privado prestadoras de serviços públicos responderão pelos danos que seus agentes, nessa qualidade, causarem a terceiros, assegurado o direito de regresso contra os responsáveis no caso de dolo e culpa.

Asssume, dessa forma, o Direito Brasileiro "o princípio da responsabilidade objetiva pelo dano[75] ecológico, [...]", como afirma José Afonso da Silva.[76]

Nesse ínterim, Afonso Leme Machado aduz que a responsabilidade objetiva ambiental "significa que quem danificar o ambiente tem o dever jurídico de repará-lo. Não se pergunta a razão da degradação para que haja o dever de indenizar e/ou reparar".[77]

Vale afirmar: Não importa se todas as precauções foram tomadas para evitar o dano, basta a verificação do nexo causal entre a atividade e o dano, para que haja necessariamente o dever de indenizar.

A palavra *nexo*, significa *ligação, vínculo, união, elo*. A palavra *causalidade* significa relação de causa e efeito. Assim, o *nexo de causalidade*, ou *nexo causal*, é a ligação entre a atividade do Estado e o dano sofrido pelo administrado.

---

[73] FIORILLO, Celso Antonio Pacheco. *Curso de Direto Ambiental Brasileiro*. 9. ed. São Paulo: Saraiva, 2008, p. 43-44.

[74] KRELL, Andreas Joachim. Concretização do dano ambiental. Algumas objeções à teoria do "risco integral". In: *Revista de informação Legislativa*, Brasília, Secretaria de Edições Técnicas do Senado Federal, n.º 139, 1988, p. 25.

[75] EMENTA: RESPONSABILIDADE CIVIL. DANOS CAUSADOS EM DECORRÊNCIA DE INUNDAÇÃO PROVOCADA POR TEMPORAL. CULPA DO MUNICÍPIO, A QUEM CABIA A MANUTENÇÃO DO SISTEMA DE ESGOTO PLUVIAL. INEXISTÊNCIA DE FORÇA MAIOR ANTE A PREVISIBILIDADE DO FATO. PROCEDÊNCIA DA AÇÃO DE INDENIZAÇÃO. (APC Nº 586044687, PRIMEIRA CÍVEL, TJRS, RELATOR: DES. TÚLIO MEDINA MARTINS, JULGADO EM 04/08/1987) RECURSO: APELAÇÃO CÍVEL NUMERO: 586044687 RELATOR: TÚLIO MEDINA MARTINS TRIBUNAL: TRIBUNAL DE JUSTIÇA DO RS DATA DE JULGAMENTO: 04/08/1987 ORGÃO JULGADOR: PRIMEIRA CÍVEL COMARCA DE ORIGEM: PORTO ALEGRE. SEÇÃO: CÍVEL. FONTE: JURISPRUDÊNCIA TJRS, C-CIVEIS, 1987, V-2, T-7, P-14-23 RJTJRS, V-126/281 Disponível em: http://www.mp.rs.gov.br/ Acesso em: 20.05.2010.

[76] SILVA, José Afonso da. *Direito Ambiental Constitucional*. 4. ed. São Paulo: Malheiros, p. 312.

[77] MACHADO, Afonso Leme Machado. *Direito ambiental brasileiro*. 10. ed. São Paulo: Malheiros, 2002, p. 315.

Nexo de causalidade é, portanto, "o vínculo, o elo de ligação entre a atividade estatal e o dano produzido ao terceiro. Ele surge da obrigação extracontratual entre o sujeito estatal e o particular".[78]

O nexo, por outro lado, nem sempre é facil de ser verificado, afirma Marcos Destefenni, que a "no direito ambiental, a questão é ainda mais problemática".[79]

Como aduz também, Toufic Daher Deebeis, quanto aos pressupostos, ou seja: "o ato ou o fato danoso, o dano provocado e o liame de causalidade entre eles".[80]

Também Caio Mário da Silva Pereira comenta que ao "invés de exigir que a responsabilidade civil seja a resultante dos elementos tradicionais (culpa, dano e vínculo de causalidade entre um e outro) assenta na equação binária cujos pólos são o dano e a autoria do evento danoso".[81]

Elucida em boa hora, Magda Montenegro o risco criado

> A responsabilidade civil no âmbito da proteção ao meio ambiente estabelece a obrigação de reparar o dano àquele que concorreu para o evento danoso, em razão do risco criado por sua atividade, independente de culpa sua, uma vez comprovado o nexo de causalidade entre tal atividade e o dano ambiental, cujas vítimas se apresentam de forma pulverizada. É um dano de ordem coletiva, apenas reflexamente se traduzindo em dano individual.[82]

Frise-se: O nexo de causalidade (vez que foi adotada a teoria do risco integral) deve ser estabelecido entre a atividade do lesante e o dano.

E assim explica Annelise Monteiro Steigleder, que:

> Atenua-se o nexo de causalidade, que se transforma em mera 'conexão' entre a atividade e o dano, falando-se em dano 'acontecido' porque, a rigor, não se exigirá um nexo de causalidade adequada entre a atividade deverão ser internalizados no processo produtivo e, se o dano ocorrer, haverá uma presunção de causalidade entre tais riscos e o dano.[83]

Em comento à responsabilidade decorrente da escolha, aborda Carlos Alberto Bittar:

> A responsabilidade decorre da faculdade de escolha e de iniciativa que o indivíduo possui para atuar no mundo fático, submetendo-o, ou seu respectivo patrimônio, aos resultados de suas ações e gerando-lhe, no campo civil, quando contrários à ordem jurídica, a obrigação de ressarcir o dano, ao atingir componentes pessoais, morais ou patrimoniais jurídica de outrem.[84]

E mostra Édis Milaré que "há duas formas de reparação do dano ambiental: a recuperação natural[85] ou o retorno ao *status quo ante*; e a indenização em dinheiro".[86]

---

[78] SIQUEIRA, B. L. W. O nexo de causalidade na responsabilidade patrimonial do Estado. *Revista de Direito Administrativo*, Rio de Janeiro, n. 219, p. 96, jan./mar. 2000.

[79] DESTEFINNI, Marcos. *A responsabilidade civil ambiental e as formas de reparação do dano ambiental: aspectos teóricos e práticos*. Campinas: Bookseller, 2005, p. 166-167.

[80] DEEBEIS, Toufic Daher. Elementos de direito ambiental brasileiro. São Paulo: liv.e ed. Universitária de direito. 1999, p.105.

[81] PEREIRA, Caio Mário da Silva. Responsabilidade Civil. Rio de Janeiro: Forense, 1990, p. 287.

[82] MONTENEGRO, Magda. *Meio Ambiente e Responsabilidade Civil*. São Paulo: IOB Thomson, p.49.

[83] STEIGLEDER, Annelise Monteiro. *Responsabilidade Civil Ambiental: as dimensões do dano ambiental no direito brasileiro*. Porto Alegre: Livraria do Advogado, 2004, p. 203-204.

[84] *Apud* MONTENEGRO, Magda. *Meio Ambiente e Responsabilidade Civil*. São Paulo: IOB Thomson, p.18.

[85] DANO AMBIENTAL. REPARAÇÃO E INDENIZAÇÃO TESE: no caso de dano ambiental, é possível a cumulação de indenização pecuniária e obrigações de fazer, voltadas à recomposição do objeto da lesão. FUNDAMENTO: a obrigação de recuperar o meio ambiente degradado é compatível com a indenização pecuniária por eventuais prejuízos, até sua restauração plena, sendo que, havendo a restauração imediata e completa do bem lesado, mesmo

Importante mencionar ainda, conforme Luís Paulo Sirvinskas, que a Ação Civil Pública "poderá ser proposta contra o responsável direto, contra o responsável indireto ou contra ambos pelos danos causados ao meio ambiente".[87]

Para finalizar, juntamente com José Joaquim Gomes Canotilho, que enfatiza o Estado Constitucional Ecológico e Democracia Sustentada, e que aborda dois pontos essenciais em sede específica da responsabilidade.[88]

E também, por outro lado, Olinto Pegoraro traz que a responsabilidade do homem também é moral:

> De um modo geral, a ética do meio ambiente estuda o significado ético das relações do homem com o meio. Sinaliza, com insistência e clareza, a responsabilidade moral do homem a respeito da natureza em geral e das outras formas de vida, em particular.[89]

José Nedel descreve a relação do poder e da responsabilidade observado por Hans Jonas, de responsabilidade sociopolítica:

> De qualquer maneira, o homem e toda a vida sobre a Terra correm hoje um risco máximo de danos irreversíveis e mesmo de extinção. Por isso o futuro aparece hoje como a dimensão mais típica da responsabilidade, o objeto prioritário da consciência moral e da ação a realizar (R, p. 32-33). Isto, porém não exclui a responsabilidade em relação ao presente. Pelo visto, a nova dimensão da responsabilidade concerne ao "que se tem de fazer" (T, p. 188), ao que ainda não é, ao dever do poder. Trata-se da obrigação de responder pelo que está compreendido no âmbito de poder de uma pessoa ou instituição.[...] Note-se que a responsabilidade com as gerações futuras em princípio é indefinida. Não contratual, independe da idéia de direito e de reciprocidade (R, p. 82). Mais do que individual, é uma responsabilidade sócio-política: não recai só em pessoas concretas, mas também e principalmente em instituições.[90]

Franco Gaetano Scoca informa que no Direito italiano a responsabilidade jurídica se configura como situação correlata ao poder de reação do ordenamento seguido da comissão de um fato ilícito.[91]

---

não subsistindo obrigação de reparação, pode haver a obrigação de reverter à coletividade os benefícios econômicos auferidos com a exploração ilegal do meio ambiente. ÓRGÃO: Segunda Turma. RELATOR: Min Herman Benjamin. PROCESSO: REsp 1.114.893-MG. Disponível em: jusbrasil.com.br. Acesso em: 22-05-10

[86] MILARÉ, Édis. *Direito do Ambiente:Doutrina – Jurisprudência – Glossário*. 4ª edição revista, atualizada e ampliada. São Paulo: RT, 2005, p. 741.

[87] SIRVINSKAS, Luís Paulo. *Manual de Direito Ambiental*. 7.ed. São Paulo: Saraiva, 2009, p.200.

[88] NEDEL, José. *A ética da responsabilidade de Hans Jonas* In: Juris Plenum, Caxias do Sul: Plenum, v. 2, n. 88, maio/jun. 2006. "Um deles, é o da indispensabilidade de uma responsabilidade objectiva pelos danos causados ao ambiente por actividades intrinsecamente perigosas. O segundo é o da necessidade de definir como sujeitos responsáveis os operadores que exercitam um controlo efectivo sobre uma actividade reentrante no regime de responsabilidade por danos ambientais. Como talvez se saiba, a delimitação intensional e extensional de 'operadores' causou graves dificuldades na jurisprudência americana que chegou ao ponto de ampliar o círculo de sujeitos responsáveis aos financiadores de um projecto conducente ao desenvolvimento de actividades industriais potencialmente danosas para o ambiente. Se o Estado Constitucional Ecológico pressupõe uma democracia sustentada, é lógico que se coloque o problema de saber se pode haver democratização/participação no *acesso* à justiça por parte de cidadãos ou grupo de cidadãos pertencentes a organizações não governamentais para a defesa do ambiente".

"O Estado Constitucional Ecológico terá talvez de reconstruir os esquemas processuais de legitimação activa nas acções de responsabilidade, mas parece seguro que: (1) em primeiro lugar, o Estado deve dinamizar acções de responsabilidade tendentes a garantir a reparação dos danos à biodiversidade e descontaminização das áreas poluídas, utilizando as verbas indemnizatórias pagas pelos agentes lesivos; (2) em segundo lugar, abrir a possibilidade (pelo menos) às associações não governamentais de defesa do ambiente de agirem a título subsidiário quando o Estado não intervenha ou não actue de forma adequada" José Joaquim Gomes Canotilho Disponível em http.www........Acesso em 10.07.08.

[89] PEGORARO A. Olinto. *Ética é Justiça*, Petrópolis: Vozes, 1995, p. 123.

[90] NEDEL, José. *A ética da responsabilidade de Hans Jonas* In: Juris Plenum, Caxias do Sul: Plenum, v. 2, n. 88, maio/jun. 2006.

[91] SCOCA, F. G. *La responsabilitá amministrativa ed il suo processo*. Rome: Cedam-Casa Editrice Dott. Antonio Milani, 1997, p. 17. Tradução livre de: "Nell' ambito di un'organizzazione regolata dal diritto, la responsabilità se

Comenta por derradeiro que "os valores democráticos cultuados pela Constituição 88 favorecem o ingresso do país no terceiro milênio imbuído do respeito ao homem brasileiro".[92]

Indaga neste contexto Juarez Freitas sobre a omissão do Estado, no caso dos danos ambientais.

> Passou da hora de acolher, com todos os efeitos, o direito fundamental à boa administração pública, cogente o bastante para reorientar a gestão pública brasileira, no intuito de fazê-la menos burocrática, mais parceira da sociedade. Menos evasiva, mais assertiva e lúcida. Menos campeã da inconstitucionalidade (por ação e por omissão), mais confiável na guarda efetiva dos direitos fundamentais. Em geral, as enchentes não matam. O que mata é a omissão.[93]

E como não poderia deixar de se fazer menção à questão do **risco**, segundo Cláudia Alves de Oliveira, passa pela análise da diferença entre países ricos e pobres.

> A questão do risco ambiental tradicionalmente recebe abordagem distinta no que respeita aos países ricos e aos países pobres, criando-se modelos de transição de risco.
> Os primeiros, países economicamente fortalecidos, devem cuidar dos riscos resultantes da poluição atmosférica atribuída ao tráfego intenso nas grandes cidades e à empresas emissoras de fumaça, ou, ainda, reduzir o elevado consumo de energia necessário para movimentar sua pujante economia, grande responsável pela produção mundial de poluição sonora, lixo, resíduos tóxicos e ilhas de calor.
> Quanto aos os países pobres, torna-se premente a admissão dos riscos relacionados às doenças atribuídas à pobreza e á falta de saneamento básico. O desenvolvimento econômico desses países significará a melhoria da qualidade de vida de sua população, ainda que seja acompanhada de novos riscos trazidos pela tecnologia importada sem maiores cuidados.[94]

Ou seja, passou-se de uma etapa de preocupação efetiva em reparar os danos, para uma outra fase: para um direito de risco, em busca da prevenção/precação.

Segundo Solange Teles da Silva, a sociedade do risco é diferente da sociedade industrial clássica:

> O risco é mais que uma simples ameaça, ele condiciona a ação humana. Em realidade, não é simples defini-lo, pois se está diante de um conceito complexo que agrega duas dimensões, que devem ser avaliadas: a gravidade de suas conseqüências – expectativas dos resultados – e a probabilidade da ocorrência de um evento duvidoso – juízos de probabilidade e possibilidades. É nesse contexto que se apresentam novos desafios para o instituto da responsabilidade civil ambiental.[95]

Aponta Marcos Destefinni que em direito ambiental podem-se apontar as seguintes formas de reparação:

> a) Restauração natural ou reparação in natura (restituir dentro do possivel, o estado anterior à conduta danosa);
> b) Compensação (consiste em solução alternativa è reparação);
> c) Indenização (forma clássica, financeira, pecuniária)[96]

---

especifica nella sottomissione alle conseguenze previste per la violazione di norme che tutelano determinati interessi: la "responsabilità di reazione dell'ordinamento a seguito della commissione di un fatto illecito".

[92] LAZZARINI, Alvaro. Sanções Administrativas Ambientais. Revista de Direito Administrativo out/dez.1998, n° 214, Renovar, p. 143.

[93] FREITAS, Juarez. Chuvas de Omissão. Tema para debate, *Zero Hora* 11.04.2010.

[94] OLIVEIRA, Cláudia Alves de. *Meio Ambiente Cotidiano*: A qualidade de vida na cidade. Rio de Janeiro: Lumen Juris, 2008, p. 32-33.

[95] TELES DA SILVA, Solange In: PHILIPPI JR, Arlindo; ALVES, Alaôr Caffè. Editores. *Curso Interdisciplinar de Direito Ambiental*. Barueri: Manole, 2005, p.

[96] DESTEFINNI, Marcos. *A responsabilidade civil ambiental e as formas de reparação do dano ambiental: aspectos teóricos e práticos*. Campinas: Bookseller, 2005, p. 185-196.

Importante destacar que quando se comenta a reparação de danos ambientais, essa reparação deve-se dar de forma total, de modo integral.

5. RESPONSABILIDADE DO ESTADO EM RELAÇÃO AOS "REFUGIADOS" AMBIENTAIS

Inicialmente cabe ressaltar que o Ordenamento jurídico nacional "constitucionalizou" a proteção ao meio ambiente.

Bem adverte Ingo Sarlet que a Constituição Federal em seu artigo 225, *caput*, e art. 5º, § 2º, atribuiu ao direito ao ambiente o *status* de direito fundamental do indivíduo e da coletividade, bem como consagrou a proteção ambiental como um dos objetivos ou tarefas fundamentais do Estado – Socioambiental – de Direito brasileiro. Há, portanto, o reconhecimento, pela ordem constitucional, da *dupla funcionalidade da proteção* ambiental no ordenamento jurídico brasileiro, a qual toma a forma simultaneamente de um *objetivo e tarefa estatal* e de um *direito (e dever) fundamental do* indivíduo e da coletividade, implicando todo um complexo de direitos e deveres fundamentais de cunho ecológico, muito embora a controvérsia em torno da existência de um direito subjetivo, especialmente no que diz com a possibilidade de a Natureza e as futuras gerações humanas poderem ser consideradas titulares de direitos subjetivos, discussão esta que aqui não pretendemos adentrar.[97]

E uma das questões que se projeta no atual cenário jurídico é a do aumento de pessoas deslocadas por causas ambientais, que se elevará significativamente até a metade desde século, produzindo uma quantidade enorme de indivíduos que, repentinamente ou em face de um processo gradual de destruição do meio ambiente, serão forçados a abandonar seus lares, em busca de outro lugar onde lhe seja garantida a sobrevivência. Estima-se, inclusive, que o número de pessoas deslocadas por questões ambientais já supera a própria quantidade de refugiados perseguidos por razões políticas, sociais ou religiosas.

A proteção a estas pessoas foi sistematizada durante o século passado, ganhando força após o término da Segunda Guerra Mundial e a criação das Nações Unidas, quando se instituiu o primeiro acordo global para tratar dos destinos dos refugiados.

Aponta a Fundação Getúlio Vargas que deslocar-se faz parte da história, mas que o marco fundante se deu a partir do fim da Segunda Guerra.

> É claro que o "deslocar-se" faz parte da história, mas foi o final da Segunda-Guerra Mundial o marco inaugural para o abrigo internacional a sua proteção, em determinadas situações, no contorno específico da figura do refugiado.
>
> A proteção ao refugiado encontra abrigo no marco fundamental dos direitos humanos: assinada em 1948, a Declaração Universal dos Direitos Humanos estabelece que *toda pessoa vítima de perseguição tem o direito de procurar e de gozar asilo em outros países*. Nesse sentido, 134 países comprometeram-se com a causa no momento da assinatura da Convenção sobre o Estatuto dos Refugiados de 1951 e do Protocolo de 1967.[98]

Contudo, em nenhum momento sequer os problemas ambientais que provocam deslocamentos foram apontados, nem mesmo nos protocolos que posteriormente foram elaborados, até mesmo porque a quantidade de pessoas que se movimentavam

---

[97] SARLET, Ingo Wolfgang. *A eficácia dos direitos fundamentais*. Porto Alegre: Livraria do Advogado, 2008, p. 2.
[98] Disponível em http\\www.Fundação Getúlio Vargas. Acesso em 15.10.09.

por estas razões era incomparavelmente menor aos refugiados de guerra, por exemplo.

Dados estatísticos da Fundação Getúlio Vargas:

> Nascidos em períodos históricos diversos, o Direito Internacional Humanitário (DIH), o Direito Internacional dos Refugiados (DIR) e o Direito Internacional dos Direitos Humanos (DIDH) apresentam aplicabilidades e mecanismos de supervisões diferenciados. Todavia, tais particularidades não afastam, e sim intensificam sua complementaridade, uma vez que tais vertentes possuem um elemento em comum: a proteção da pessoa humana. A realidade do mundo contemporâneo refletida em temas como guerra contra o terrorismo, conflitos armados, refugiados, deslocados, entre tantos outros, conduz à inafastabilidade do estudo do DIH e do DIR. *Refugiados no Brasil: o lado humano dos conflitos que assolam o mundo em território nacional Por Patrícia Pereira* Há 3 mil refugiados no Brasil. São mulheres e, em grande parte, homens com idade entre 20 e 25 anos. Às vezes, famílias inteiras de desterrados. A maioria é de africanos e latino-americanos. O elo que os une: expulsos por terríveis guerras civis, perseguições políticas, ideológicas e religiosas, violências étnicas e tribais e outras violações graves de direitos humanos, fugiram de seus países de origem e realizaram verdadeiras façanhas para chegar ao Brasil.[99]

Destaquem-se os elementos característicos do DIH:

> Definição: trata-se do corpo de normas jurídicas de origem convencional ou consuetudinário, especificamente aplicável aos conflitos armados, internacionais ou não-internacionais, e que limita, por razões humanitárias, o direito das partes em conflito de escolher livremente os métodos e os meios utilizados na guerra, evitando que sejam afetados as pessoas e os bens legalmente protegidos.[100]

Assim, verifica-se a premente necessidade de se estudar as motivações que levam as pessoas a deslocarem-se, seus reflexos nos países receptores ou internamente, quando os fluxos migratórios ocorrerem dentro dos próprios países e, principalmente, as soluções propostas para o amparo destes grupos, entendendo-se que o Direito, nesse sentido será fundamental, pois quaisquer das saídas apontadas exigirão a formatação de um complexo sistema jurídico internacional, baseado em acordos regionais ou globais, que reconheçam estas pessoas enquanto grupos vulneráveis e que atribuam responsabilidades aos Estados no sentido de oferecer-lhes proteção, bem como buscar prevenir e mitigar as causas e as consequências das alterações que os homens provocaram no meio ambiente.

Hannah Arendt argumenta nesse sentido:

> A situação dos refugiados e refugiadas é, sem dúvida, uma das mais precárias a que fica sujeito o ser humano. Extremamente vulnerável, distante de tudo o que habitualmente sustenta as relações e a estrutura emocional e afetiva de uma pessoa, o refugiado se depara com os desafios de quem só tem a alternativa de recomeçar a própria vida, com a força das boas lembranças e da terra de origem, com a experiência dos difíceis momentos que o expulsaram de sua pátria e com a esperança de que alguém, um país, uma comunidade, o acolham e lhe protejam, pelo menos, o grande bem que lhe restou, a própria vida.
>
> Em outra situação, embora circundado por semelhante realidade, vulnerável, impelido pela instintiva busca de caminhos de sobrevivência, o migrante forçado clama pela intervenção de órgãos e instituições específicas e pela aplicação de medidas que promovam e assegurem o respeito a seus direitos fundamentais e a criação de condições onde sua vida e dignidade possam ser humanas e plenas.[101]

---

[99] Disponível em http:\\www.fgv.br. Acesso em 15.10.09.
[100] PEYTRIGNET, Gerard; e SANTIAGO, Jaime Ruiz de (orgs.). *As três vertentes da proteção internacional dos direitos da pessoa humana*. San José, CR: Instituto Interamericano de Direitos Humanos, Comitê Internacional da Cruz Vermelha, Alto-Comissariado das Nações Unidas para os Refugiados, 1996. FGV DIREITO rio direitos humanos p. 34...
[101] ARENDT, Hannah. *As origens do totalitarismo*. Anti-semitismo. Imperialismo. Totalitarismo. Tradução de Roberto Raposo. 4. reimp. São Paulo: Companhia das Letras, 1989, p.327.

Afirma Chris Wold:

> O surgimento de mudanças ambientais globais induzidas por determinadas atividades humanas, contudo, poderá ensejar a mudança de postura de determinados Estados quanto a uma maior aplicação do princípio da responsabilidade estatal. Assim, não será surpresa se, em futuro breve, o grupo dos pequenos Estados insulares, formado por países extremamente vulneráveis aos efeitos negativos das mudanças climáticas, decidir-se por procurar responsabilizar internacionalmente os estados Unidos pelos danos ambientais que venham a suportar em virtude do aquecimento global.[102]

E o inusitado acontece: o Município deve pagar aluguel de vítima de chuvas, conforme 11ª Câmara Cível do Tribunal de Justiça do Rio de Janeiro, em decisão:

> O desabamento de encostas durante fortes chuvas já é previsível no estado do Rio de Janeiro. E, inevitavelmente, os danos causados nessas ocasiões acabam chegando ao Judiciário. A 11ª Câmara Cível do Tribunal de Justiça do Rio de Janeiro se deparou com a situação e entendeu que, no caso de locais de risco, não cabe danos morais às vítimas das chuvas. Mas manteve condenação do município de Sumidouro (RJ) a pagar o aluguel para essas pessoas até que, através de programas sociais, forneça uma moradia a elas.[103]

Se em sede nacional e internacional a responsabilidade é objetiva, baseada no risco, então, no caso dos refugiados, a responsabilidade também é objetiva, baseada no risco, embora ainda falte muito para se responsabilizar efetivamente.

CONCLUSÃO

A responsabilidade sempre representou uma ideia de resposta, de satisfação, e se outrora representava uma ideia de reparo, hodiernamente, necessita de adaptações, principalmente em relação ao meio ambiente.

Verificou-se que a partir da evolução histórica e conceitual da responsabilidade, que na sua origem foi subjetiva, é hoje objetiva em sede de danos ambientais.

Responsabilidade objetiva que está fundada no princípio da equidade, ou seja, enquanto dever do "agente" de assumir todos os riscos inerentes à atividade. Dessa forma, o dano ao ambiente bem reflete a ideia de um novo paradigma pautado em novos valores e que demandam novas interpretações.

A responsabilidade, portanto, é a obrigação, o dever de resposta, o compromisso, e a própria definição de Estado, que traz em seu bojo o caráter responsabilizatório, perquire a responsabilidade ambiental, que é *civil*, também chamada de reparatória, indenizatória; a *penal*, também chamada de repressiva, e *administrativa*, também chamada de preventiva.

Portanto, uma não exclui a outra, pois o Estado, como organização política de um povo, tem vistas a atender um bem maior: o coletivo.

A responsabilidade civil ambiental por danos encontra respaldo no § 3º do art. 225 da Constituição Federal de 1988, quando refere que todos têm direito ao meio ambiente ecologicamente equilibrado, além de mencionar a imposição tanto ao Poder Público (Estado) e à coletividade o dever de defesa e preservação para as gerações (presentes e futuras). E, quando menciona as condutas e atividades consideradas le-

---

[102] WOLD, Chris e outros. *Princípios de Direito ambiental*. Belo Horizonte: Del Rey, 2003, p. 31.

[103] Disponível em <http://www.conjur.com.br/2010-jun-07/municipio-pagar-aluguel-quem-perdeu-casa-depois-chuvas# Acesso 11.06.10.

sivas ao meio ambiente, menciona também a sujeição dos infratores, (tanto pessoas físicas como jurídicas), às sanções penais, administrativas e civis.

Mesmo antes da entrada em vigor da Magna Carta, o fundamento legal da responsabilidade civil objetiva por danos ao meio ambiente já estava insculpido no § 1º do art.14 da Lei 6.938/81, quando refere à Política Nacional do Meio Ambiente, afirmando que é o poluidor obrigado – independentemente da existência de culpa, – a indenizar ou reparar os danos causados ao meio ambiente e a terceiros que venham a ser afetados por sua atividade.

Também o Código Civil de 2002, no art. 927, prevê expressamente a possibilidade de reparação do dano em face do risco criado.

Da mesma forma a responsabilidade administrativa ou preventiva encontra respaldo na Lei de Crimes Ambientais n° 9.605/98, artigo 70, que considera infração administrativa ambiental toda ação ou omissão que viole as regras jurídicas de uso, gozo, promoção, proteção e recuperação do meio ambiente. Ou seja, há responsabilização, e encontra respaldo também no Decreto nº 6.514, de 22 de julho de 2008, assim como na jurisprudência.

Também a responsabilidade penal ou repressiva encontra respaldo ainda no art. 2° da Lei de Crimes Ambientais, Lei n° 9.605/98, a qual dispõe que quem, de qualquer forma, concorre para a prática dos crimes previstos nesta lei, incide nas penas a estes cominadas, na medida de sua culpabilidade. Assim como o art. 3º que refere que as pessoas jurídicas serão responsabilizadas administrativa, civil e penalmente conforme o disposto nesta Lei.

A própria Constituição Federal de 1988 traz a responsabilidade também da pessoa jurídica no art. 173, a responsabilidade individual dos dirigentes da pessoa jurídica estabelecerá a responsabilidade desta, sujeitando-a às punições compatíveis com sua natureza.

Quanto aos danos ambientais, como prejuízo, ofensa, estes, uma vez causados a outrem-terceiros, devem ser necessariamente reparados de forma total.

Vale lembrar que o dano ambiental é difuso, restando caracterizadas três características essenciais: a anormalidade, a periodicidade e a gravidade e ainda que a manifestação de um dano pode se dar tanto no plano coletivo como no individual.

Afirme-se que o dano ambiental é uma preocupação que ultrapassa fronteiras e passa a difundir-se no mundo globalizado. Desastres ambientais alcançam efeitos irreversíveis e atingem todos e também o ecossistema. Não obstante os alertas referentes aos danos não estão trazendo melhoras expressivas, não está havendo transformações extraordinárias com relação à diminuição da poluição ambiental, e ao que tudo indica, esta dificuldade de controle do meio ambiente está diretamente relacionada com o desenvolvimento econômico das sociedades industrializadas. E o que se busca: um justo equilíbrio.

Então, sendo a responsabilidade por danos ambientais, contemporaneamente objetiva, basta à comprovação do nexo causal entre a ação/omissão e o dano. Todavia ,há que se ressaltar, comprovação esta nem sempre fácil, ou possível.

A responsabilidade pode ter sido gerada ou causada por uma atividade estatal ou particular, fatalmente ter-se-à no primeiro caso, responsabilidade Civil do Estado e no segundo a do particular. Inegavelmente, o Estado é o maior poluidor, seja por suas ações, seja por suas omissões em fiscalizar.

E é esta responsabilidade do Estado como usualmente o maior "danificador", que se pretende investigar, apreciar, delimitar e confrontar.

O próprio preâmbulo da Declaração de Estocolmo de 1972 já enunciava que o homem é o portador solene da obrigação de proteger e melhorar o meio ambiente para as gerações presentes e futuras.

Para corroborar, a Declaração do Rio de Janeiro sobre o meio ambiente em 1992, adverte no princípio 13 sobre a responsabilidade do Estado em desenvolver legislação em âmbito nacional, e cooperação nas normas internacionais relativas à responsabilidade e indenização por efeitos adversos de danos ambientais causados, em áreas fora de sua jurisdição, por atividades dentro de sua jurisdição ou sob seu controle.

Afirme-se: quando políticas de precaução e medidas de prevenção do meio ambiente falham, a responsabilização surge, pois a responsabilidade previne e reprime.

O nexo de causalidade (vez que foi adotada a teoria do risco integral) deve ser estabelecido entre a atividade do lesante e o dano.

Obsevervem-se, porém, os seguintes pressupostos, "o ato ou o fato danoso, o dano provocado e o liame de causalidade entre eles".

A responsabilidade por dano ambiental é objetiva; logo, a responsabilidade do Estado é objetiva, pela própria razão e também necessidade que se tem de repartir de forma igualitária, tanto ônus, como bônus.

Vale afirmar: não importa se todas as precauções foram tomadas para evitar o dano, basta a verificação do nexo causal entre a atividade e o dano, para que haja necessariamente o dever de indenizar.

Por fim, o nexo de causalidade é, portanto, o vínculo, o elo, entre a atividade estatal e o dano produzido, e corroboram duas formas de reparação: a recuperação natural ou o retorno ao *status quo ante*; e a indenização em dinheiro. Ou seja, sempre há que se cogitar a restauração/reparação; compensação e indenização.

A própria Constituição Federal de 1988, em seu artigo 225, *caput*, e art. 5º, § 2º, atribuiu ao direito ao ambiente o *status* de direito fundamental do indivíduo e da coletividade, consagrando a proteção ambiental como objetivo e tarefa fundamental do Estado Socioambiental.

Por derradeiro, deslocar-se, migrar, transitar, faz parte da história, principalmente pós-final da 2ª Guerra Mundial, o que demandou abrigo internacional "no contorno específico da figura do refugiado".

Encontra pois, a proteção ao refugiado abrigo no marco fundamental dos direitos humanos com a Declaração Universal dos Direitos Humanos em 1948.

Assim como o compromisso mundial dos países com a assinatura da Convenção sobre o Estatuto dos Refugiados de 1951 e do Protocolo de 1967.

O surgimento de mudanças ambientais globais enseja uma mudança de postura, de comportamento de determinados Estados quanto a uma maior e mais ampla aplicação do princípio da responsabilidade estatal.

As pessoas que precisam, ou melhor, que tiveram que se deslocar em razão de danos provados pelas alterações climáticas, merecem especial atenção do Estado, e merecem a indenização/ressarcimento/amparo e salvaguarda dos direitos humanos e fundamentais, como por exemplo, a vida digna.

BIBLIOGRAFIA

ANTUNES, Paulo de Bessa. *Direito Ambiental.* 11 ed. Amplamente reformulada. Rio de Janeiro: Lúmen Júris, 2008.

——. *Manual de Direito Ambiental.* Rio de Janeiro: Lumen Juris, 2007.

ARENDT, Hannah. *As origens do totalitarismo.* Anti-semitismo. Imperialismo. Totalitarismo. Tradução de Roberto Raposo. 4. reimp. São Paulo: Companhia das Letras, 1989.

BARROS, Wellington Pacheco. *Direito ambiental Sistematizado.* Porto Alegre: Livraria do Advogado, 2008.

BÜHRING, Marcia Andrea. *Responsabilidade Civil Contratual do Estado.* São Paulo: IOB-Thomson, 2004.

CANOTILHO, J.J.Gomes; MOREIRA, Vital. *Fundamentos da constituição.* Coimbra: Coimbra Ed., 1991.

DEEBEIS, Toufic Daher. *Elementos de direito ambiental brasileiro.* São Paulo: Liv.e Ed. Universitária de Eireito. 1999.

DERANI, Cristiane. *Direito Ambiental Econômico.* 2. ed. rev. São Paulo: Max Limonad, 2001.

DESTEFINNI, Marcos. *A responsabilidade civil ambiental e as formas de reparação do dano ambiental:* aspectos teóricos e práticos. Campinas: Bookseller, 2005.

DIAS, José de Aguiar. *Da Responsabilidade Civil.* 10. ed. v.I. Rio de Janeiro: Forense, 1995.

FELDMANN, Fábio. Apud MILARÉ, Édis. *Direito do Ambiente.* 2. ed. rev. e ampl. São Paulo: RT, 2001.

FIORILLO, Celso Antonio Pacheco. *Curso de Direito ambiental brasileiro.* 9. ed. São Paulo: Saraiva, 2008.

FREITAS, Juarez. *A interpretação sistemática do direito.* 5. ed. São Paulo: Malheiros, 2010.

——. *Chuvas de Omissão.* Tema para debate, *Zero Hora* 11.04.2010.

FREITAS, Vladimir Passos de. Coord. – Direito Ambiental em Evolução. Curitiba: Juruá, 2004.

KRELL, Andreas Joachim. Concretização do dano ambiental. Algumas objeções à teoria do "risco integral". In: *Revista de informação Legislativa*, Brasília, Secretaria de Edições Técnicas do Senado Federal, nº 139, 1988.

KUHN, Thomas, S. *A estrutura das revoluções científicas.* 3. ed. São Paulo: Perspectiva, 1992.

LANDI, G; POTENZA, G; ITALIA, V. *Manuale di Diritto amministrativo.* 11. ed. Milano: Giuffré, 1999. Disponível em: http://direito-ambiental.wordpress.com/ Acesso em 02.06.10.

LAZZARINI, Alvaro. Sanções Administrativas Ambientais. Revista de Direito Administrativo out/dez.1998, nº 214, Renovar.

LEITE, José Rubens Morato. *Dano Ambiental: do individual ao coletivo extrapatrimonial.*São Paulo: Revistas dos Tribunais, 2002.

MACHADO, Afonso Leme. *Direito ambiental brasileiro.* 10 ed. São Paulo: Malheiros, 2002.

MILARÉ, Édis. *Ação Civil Pública – 10 anos.* (Coord.) São Paulo: RT, 1995

——. *Direito do Ambiente:* doutrina – prática jurídica – jurisprudência – glossário. 4ª ed. São Paulo: Revista dos Tribunais, 2005.

MIRANDA RODRIGUES, Anabela. Direito penal do meio ambiente – uma aproximação ao novo Direito Português. *Revista de Direito ambiental*, n. 2.

MIRRA, Álvaro Luiz Valery. *Ação Cível Pública e a Reparação do Dano ao Meio Ambiente.* 2ª ed., atual. São Paulo: Editora Juarez de Oliveira, 2004.

MONTENEGRO, Magda. *Meio Ambiente e Responsabilidade Civil.* 1ª ed., São Paulo: IOB Thomson.

NEDEL, José. *A ética da responsabilidade de Hans Jonas* In: Juris Plenum, Caxias do Sul: Plenum, v. 2, n. 88, maio/jun. 2006.

OLIVEIRA, Cláudia Alves de. *Meio Ambiente Cotidiano:* A qualidade de vida na cidade. Rio de Janeiro: Lumen Juris, 2008.

PEGORARO A. Olinto. *Ética é Justiça*, Petrópolis: Vozes, 1995.

PEREIRA, Caio Mário da Silva. *Responsabilidade Civil.* 4 ed. Rio de Janeiro: Forense, 1993.

PEYTRIGNET, Gerard; e SANTIAGO, Jaime Ruiz de (orgs.). *As três vertentes da proteção internacional dos direitos da pessoa humana.* San José, CR: Instituto Interamericano de Direitos Humanos, Comitê Internacional da Cruz Vermelha, Alto-Comissariado das Nações Unidas para os Refugiados, 1996. FGV DIREITO rio direitos humanos .

PIVA, Rui Carvalho. *Bem Ambiental.* São Paulo: Max Limonad, 2000.

SANTOS,Cláudia Maria Cruz. DIAS, José Eduardo de Oliveira Figueiredo. ARAGÃO, Alexandra de Souza. *Introdução ao Direito do Ambiente.* Universidade Aberta, 1998.

SANTICS, Fausto Martin de. *Responsabilidade penal da pessoa jurídica.* São Paulo: Saraiva, 1999.

SARLET, Ingo Wolfgang. *A eficácia dos direitos fundamentais.* Porto Alegre: Livraria do Advogado, 1998.

SCOCA, F. G. *La responsabilitá amministrativa ed il suo processo.* Rome: Cedam-Casa Editrice Dott. Antonio Milani, 1997.

SEGUIM, Élida. *O direito ambiental:* Nossa casa Planetária. Rio de Janeiro: Forense, 2002.

SILVA, De Plácido e. *Vocabulário Jurídico*. 24 ed. Rio de Janeiro: Forense, 2004.

SILVA, José Afonso da. *Direito ambiental constitucional*. 3. ed. São Paulo: Malheiros, 2000..

SIQUEIRA, B. L. W. O nexo de causalidade na responsabilidade patrimonial do Estado. *Revista de Direito Administrativo*, Rio de Janeiro, n. 219. jan./mar. 2000.

SIRVINSKAS, Luís Paulo. *Manual de Direito Ambiental*. 7.ed. São Paulo: Saraiva, 2009.

SOARES, Orlando. *Responsabilidade civil no Direito brasileiro*: teoria, prática forense e jurisprudência. 2. ed. Rio de Janeiro: Forense, 1997.

STEIGLEDER, Annelise Monteiro. *Responsabilidade Civil Ambiental: as dimensões do dano ambiental no direito brasileiro*. Porto Alegre: Livraria do Advogado, 2004, p. 15-16.

STOCO, Rui. *Tratado de responsabilidade civil*: responsabilidade civil e sua interpretação doutrinária e jurisprudencial. 5. ed. São Paulo: Revista dos Tribunais, 2001. Edição revista, atualizada e ampliada do livro Responsabilidade civil e sua interpretação jurisprudencial – Doutrina e jurisprudência.

TELLES, Antônio A. Queiroz. *Introdução ao Direito administrativo*. 2. ed. rev., atual. e ampl. São Paulo: Revista dos Tribunais, 2000..

TELES DA SILVA, Solange In: PHILIPPI JR, Arlindo; ALVES, Alaôr Caffè. Editores. *Curso Interdisciplinar de Direito Ambiental*. Barueri: Manole, 2005

VIANA, Jorge Candido S.C. *Superdicionário do Advogado*. Vol: 1. Curitiba: Juruá, 2000..

WOLD, Chris e outros. *Princípios de Direito ambiental*. Belo Horizonte: Del Rey, 2003.

ZOCHUN, Carolina Zancaner. Da Responsabilidade do Estado na Omissão da fiscalização ambiental. *In:* Responsabilidade Civil do Estado. Org. Juarez Freitas. São Paulo: Malheiros, 2007.

— 7 —

Os princípios da prevenção, precaução: uma análise da RDC nº 56/09 – a proibição do uso das câmaras de bronzeamento

MÁRCIA ROSA DE LIMA[1]

Sumário: Introdução; O princípio da prevenção, precaução e proporcionalidade; A Resolução da Diretoria Colegiada nº 56/09; Decisão do Tribunal Regional Federal da 4ª Região; Conclusão; Referências Bibliográficas.

INTRODUÇÃO

Este artigo analisará a RDC nº 56/2009, da Agência Nacional de Vigilância Sanitária do Brasil, a qual proibiu, em todo o território nacional, o uso dos equipamentos para bronzeamento artificial, com finalidade estética, baseada na emissão da radiação ultravioleta (UV), sob o enfoque dos princípios da prevenção, precaução e proporcionalidade.

E ainda pretende demonstrar que a decisão do Tribunal Regional Federal da 4ª Região em suspensão de liminar ou antecipação de tutela nº 0001782-44.2010.404.0000/RS, relatada pelo Des. Federal Vilson Daros, cujo interessado é a Associação Brasileira de Bronzeamento Artificial – ABBA – obedece a estes princípios e ao direito fundamental à boa administração.

O fulcro da discussão judicial é a competência da ANVISA para proibir uma atividade econômica (a disponibilização de câmaras de bronzeamento para uso estético) baseando-se na prevenção de danos à saúde (mais precisamente carcinoma de pele). A entidade autora da demanda judicial aduz a não comprovação do prejuízo, futuro, à saúde do cidadão que utilizar tais câmaras...

É importante ressaltar uma das fundamentações da expedição de tal norma:

Considerando que a Vigilância Sanitária tem *como missão precípua a prevenção de agravos à saúde,* a ação reguladora de garantia de qualidade de produtos e serviços, que inclui a aprovação de normas e suas atualizações, bem como a fiscalização de sua aplicação; (RDC nº 56/2009, Anvisa, *grifo nosso*)

---

[1] Procuradora do Município de Porto Alegre, Mestre e Doutoranda em Direito pela Pontifícia Universidade Católica do Rio Grande do Sul, membro do Grupo de Pesquisa Interpretação Constitucional e Direito Administrativo, coordenado pelo Prof. Dr. Juarez Freitas e do Grupo de Estudos de Direitos Fundamentais, coordenado pelos Profs. Dr. Ingo Wolfgang Sarlet e Dr. Carlos Alberto Molinaro, ambos da PUCRS e cadastrados no CNPq.

Sendo dever do Estado e direitos de todos (art. 196, CF/88)[2] a saúde (com caráter fundamental, na categoria prestacional) será que não é exigível do Estado a atitude preventiva na formulação de suas políticas públicas?

Se considerarmos a definição de políticas públicas proposta por Maria Paula Dallari Bucci,[3] a qual diz que é "programa de ação governamental que resulta de um processo ou conjunto de processos juridicamente regulados -... – visando coordenar os meios à disposição do Estado e as atividades privadas, para a realização de objetivos socialmente relevantes e politicamente determinados", vemos que o determinado pela Agência Nacional de Vigilância Sanitária, a bem da verdade, é uma política pública de prevenção de riscos dentro da regulamentação de saúde pública.

Caso não se implemente uma política de saúde pública preventiva, poderá ser cobrada do Estado a saúde curativa, alegando o direito fundamental à saúde. A solicitação desse direito fundamental prestacional[4] *versus* a política pública definida pela administração nos dará a dimensão da atenção dispensada à boa administração, direito fundamental, no dizer de Juarez Freitas:[5]

> [...] trata-se do direito fundamental à administração pública eficiente e eficaz, proporcional cumpridora de seus deveres, com transparência, motivação, imparcialidade e respeito à moralidade, à participação social e à plena responsabilidade por suas condutas omissivas e comissivas. A tal direito corresponde o dever de administração pública observar, nas relações administrativas, a cogência da totalidade dos princípios constitucionais que a regem.

A forma como devem ser formuladas as políticas públicas devem seguir o direito à boa administração e para isto, principalmente quando tratamos de saúde, deverá considerar os princípios da prevenção e da precaução.

O PRINCÍPIO DA PREVENÇÃO, PRECAUÇÃO E PROPORCIONALIDADE

Os princípios da prevenção e da precaução em alguns textos são considerados sinônimos, não apresentando diferenças entre si. Contudo, esta posição não é pacífica.

Sobre esses princípios verifica-se entre Sunstein[6] e Juarez Freitas uma divergência fundamental: o primeiro afirma que o "princípio é literalmente paralisante – proibindo inação, regulação rígida e mesmo ações intermediárias",[7] uma "forma mal elaborada de proteção desses objetivos"[8] (proteção à saúde e ao meio ambiente)

---

[2] Constituição Federal/1988: "Art. 196. A saúde é direito de todos e dever do Estado, garantido mediante políticas sociais e econômicas que visem à redução do risco de doença e de outros agravos e ao acesso universal e igualitário às ações e serviços para sua promoção, proteção e recuperação".

[3] Bucci, Maria Paula Dallari, Políticas Públicas: reflexões sobe o conceito jurídico, p. 39.

[4] Ver a respeito da categoria do direito fundamental à saúde Ingo Wolfgang Sarlet in A eficácia dos direitos fundamentais Uma teoria geral dos direitos fundamentais na perspectiva constitucional, 10ª ed. Porto Alegre, Livraria do Advogado, 2009.

[5] Freitas, Juarez. Discricionariedade administrativa e o direito fundamental à boa administração pública, 2ª ed. São Paulo: Malheiros, 2009, p. 22.

[6] Sunstein, Cass R.. (Para) Além do princípio da precaução, Tradução de:Marcelo Fensterseifer, Martin Haeberlin e Tiago Fensterseifer. Revista Interesse Público 37, ano VIII, 2006, Porto Alegre, Notadez.

[7] Sunstein, p. 119.

[8] Sunstein, p. 120.

e o segundo que tal princípio é "dotado de eficácia direta" e estabelece a "obrigação de adotar medidas antecipatórias ...e proporcionais".[9]

O Prof. Juarez Freitas afirma[10] que tal princípio é "dotado de eficácia direta e imediata, estabelece(não apenas no campo ambiental), mas nas relações de administração em geral) a *obrigação de adotar medidas antecipatórias e proporcionais mesmo nos casos de incerteza* quanto à produção de danos fundadamente temidos". (grifo nosso)

Já para Montague[11] o princípio da precaução é uma "nova forma de tomar decisões sobre meio ambiente e saúde" (*new way of making decisions about environment and health*), é centrada na prevenção dos danos (*one focused more on preventing harm*).Diga-se que o texto analisado é uma resposta às críticas (11 pontos) ao princípio da precaução e a partir disto é que são feitas as assertivas do autor.

Ressalte-se que tanto Montague como Sunstein mencionam que o uso de tal princípio não é explícito nos Estados Unidos, e no dizer de Montague, a "velha forma" ainda encontra-se presente e esta diz que tudo pode ser feito desde que não seja ilegal levando a litígios que duram décadas e com dispêndio de milhares de dólares, pois é necessário provar o dano. Nesta via, as ações alternativas somente são necessárias após a ocorrência (e comprovação) do dano.[12] Um exemplo desta atuação seria a questão da utilização do chumbo em tintas e na gasolina, bem como a questão do uso do amianto, referido por Montague. Neste modo de agir e pensar o ônus de provar o dano é do lesado. Apesar da ratificação de tratados e declarações, como a do Rio/1992, os Estados Unidos ainda não atuam em conformidade com tal princípio.

Destas discussões exsurge a questão da regulação. Sunstein[13] refere a existência de dois princípios (ou versões): fraco e forte. A fraca autorizaria a regulação "mesmo se não pudermos estabelecer uma conexão definitiva..."; a forte diz que "...então decisões devem ser tomadas de modo a prevenir tais atividades de ser conduzidas a menos e até que evidência científica demonstre que o dano não ocorrerá".[14]

Na Declaração do Rio sobre Meio Ambiente e Desenvolvimento em 1992 foi definindo no princípio 15 da Carta e afirma sua função como:

> [...] a garantia contra os riscos potenciais que, de acordo com o estado atual do conhecimento, não podem ser ainda identificados. Este princípio afirma que a ausência da certeza científica formal, a existência de um risco de um dano sério ou irreversível requer a implementação de medidas que possam prever este dano.

Segue-se a esta a Declaração de Wingspread (1998), a qual afirma que o princípio deve ser "implantado" quando uma atividade represente ameaças de danos à saúde humana ou ao meio ambiente. E em 2004, através da Convenção de Estocolmo sobre Poluentes Orgânicos Persistentes, o princípio é mencionado como base para a proteção da saúde humana e do meio ambiente.

---

[9] Juarez Freitas no livro *O controle dos atos administrativos e os princípios fundamentais*, p. 140, e no livro *Discricionariedade administrativa e o direito fundamental à boa administração pública*, p. 101

[10] Freitas, Juarez. *"Discricionariedade..."*, p.101.

[11] Montague, Peter. Answering the Critics of Precaution (Draft 3, April 17, 2004) http://www.rachel.org/library/getfile.cfm?ID=378

[12] Esta perspectiva também aparece na resposta a critica 2 a qual afirma que a precaução não é necessária, que o atual sistema de regulamentação atua bem e que não há necessidade de mudar.

[13] Sunstein, p. 127

[14] Sunstein, p. 129

Conforme Montague[15] temos três elementos comuns à formulação do princípio da precaução:

1. se temos uma razoável suspeita de ocorrência de danos *(If we have reasonable suspicion of harm)*
2. acompanhada de incerteza científica, e em seguida *(accompanied by scientific uncertainty, then)*
3. todos temos o dever de agir para evitar os danos *(we all have a duty to take action to prevent harm)*

Há que se fazer diferenciação entre o principio da precaução e o da prevenção. Para o Prof. Juarez Freitas a diferença é sutil e reside no grau estimado de probabilidade de ocorrência,[16] sendo que o princípio da prevenção leva a administração pública para *"o dever incontornável de agir preventivamente"*, sendo que *"o ponto relevante é que não se admite a inércia administrativa perante o dano previsível"*.

Devemos ressaltar que esse autor, desde o resumo do artigo *"Princípio da Precaução: vedação de excesso e de inoperância"* informa que vincula a precaução aos princípios da proporcionalidade e da motivação aos quais a boa administração pública deve estar atenta.

"A motivação compensa a insegurança da dúvida circunstancial".[17] Este dever de motivar retira o receio da ausência de indícios justificadores da medida adotada com fundamento na precaução. Em síntese, o exercício da precaução requer motivação consistente: os fundamentos de fato e de direito para as decisões estatais de precaução são de rigorosa inafastabilidade".[18]

No dizer do Prof. Juarez quando o assunto é direito ambiental "não se admite inércia do estado"[19] e apresenta nos elementos de fundo: "a) alta e intensa probabilidade(certeza) de dano especial e anômalo; b) atribuição e possibilidade de o Poder Público evitá-lo; e c) o Estado arca com o ônus de produzir a prova da excludente reserva do possível ou de outra excludente do nexo de causalidade".

Outro princípio que deve atuar em conjunto com o da precaução é o da proporcionalidade em sentido estrito. Quem afirma isto é o Prof. Juarez Freitas, dizendo que esta última cláusula decorre do "reconhecimento de que os meios podem ser idôneos para atingir o fim, contudo desproporcionais em relação ao custo/benefício.[...] a proporcionalidade indaga pelo preço a pagar, no caso da precaução. Faz a conta do lucro e da perda, ao apurar se os ônus interventivos não são desmesurados".[20]

Depois desta análise conjunta o autor sintetiza nos seguintes termos:[21]

> À vista disso, no que concerne à harmonia do princípio constitucional da precaução com o princípio da motivação e sob o crivo do tríplice teste da proporcionalidade, vital possuir em mente que: a) a aplicação direta e imediata do princípio da precaução nada mais deve acarretar do que a hierarquização governada pelos princípios e direitos fundamentais74; b) embora autônomo, o princípio da precaução deve ser compreendido entrelaçadamente com os demais, isto é, relativo e considerado superior às regras, por definição; c) a efetividade do princípio da precaução supõe o Poder Público animado por carreiras de vínculo institucional típico, na perspectiva do Direito Administrativo Ambiental mais de Estado do que governativo; e d) deve ser

---

[15] É parte da resposta à crítica 1 a qual afirma que não faz sentido o princípio da precaução tendo em vista suas muitas maneiras de afirmação.

[16] Em todos os textos referidos: "O controle...", p. 140, Discricionariedade...", p. 103,

[17] Freitas, Juarez. *Princípio da precaução...*, p. 39

[18] Idem, p. 40

[19] Idem, p. 35

[20] Idem, p. 44

[21] Idem, p. 44

amplamente sindicada a conduta estatal (omissiva ou comissiva), com a noção clara de que o princípio da proporcionalidade veda ações excessivas e inoperância. Com tais vetores assentes, força inferir a responsabilidade objetiva75 e proporcional do Estado no tocante às condutas omissivas (falta de precaução) ou comissivas (excesso de precaução). De passagem, útil reter que, na seara ambiental, a responsabilidade do Estado não será meramente subsidiária, mas solidária.

Com estas ponderações, as críticas feitas por Sunstein (e também as respondidas por Montague) podem ser minoradas e até mesmo dirimidas.

O princípio da precaução é mais corriqueiramente mencionado quando da discussão de direito ambiental, sendo que a saúde humana ali aparece como em sentido lato, e não específico na busca de um procedimento ou medicamento sob prescrição médica. No entanto, é de se dizer que deve ser observado também quando da efetivação do direito à saúde, principalmente quando das tomadas de decisões da administração pública ao definir suas políticas públicas.

Sunstein menciona que a política ambiental na Alemanha, desde meados de 70, está baseada no *vorsorgeprinzip* (prontidão/princípio da precaução), e classifica como intervencionista (p. 121). Faz menção à existência de pelo menos 14 documentos internacionais.[22]

Se transpusermos este seu entendimento para a política de saúde no Brasil, diga-se que aparecerá a regulação como meio de externalização.

Este autor afirma que:

> [...] o princípio da precaução parece muito sensato, até sedutor.[...]Isto faz sentido para gastar recursos ao prevenir uma chance pequena de desastre – considere os altos custos, pecuniários ou não, que são gastos para reduzir o risco de ataques terroristas[...]. O princípio da precaução deve também ser visto como um apelo para um tipo de seguro regulatório[...]Apesar disto insisto que o princípio da precaução não pode ser defendido plenamente nesses termos, simplesmente porque riscos estão por todos os lados das relações sociais. Qualquer esforço para ser universalmente precavido vai se tornar paralisante, proibindo todos os passos imagináveis, incluindo nenhum passo também.[23]

Poder-se-ia dizer que o princípio da precaução está presente na nossa Constituição nos arts. 196, 225, 227, sendo que os núcleos estariam nas seguintes expressões:

> Art. 196. A saúde é direito de todos e *dever do Estado*, garantido mediante *políticas* sociais e econômicas *que visem à redução do risco* de doença e de outros agravos e ao acesso universal e igualitário às ações e serviços para sua promoção, proteção e recuperação.
>
> Art. 225. Todos têm direito ao meio ambiente ecologicamente equilibrado, bem de uso comum do povo e essencial à sadia qualidade de vida, *impondo-se ao poder público e à coletividade o dever de defendê-lo e preservá-lo para as presentes e futuras gerações* [...].
>
> Art. 227. É dever da família, da sociedade e do Estado assegurar à criança e ao adolescente, com absoluta prioridade, o direito à vida, à saúde, à alimentação, à educação, ao lazer, à profissionalização, à cultura,

---

[22] Sunstein, p. 121/123.
1982: Carta Mundial para a Natureza das Nações Unidas: primeiro reconhecimento internacional;
1987: segunda Conferência Internacional de proteção do Mar do Norte
1992: Declaração do Rio sobre Meio Ambiente e Desenvolvimento
1992: Convenção-quadro das Nações Unidas sobre mudanças climáticas
1995: Declaração Final da Primeira Conferência Europeia sobre Mares em Risco
1998: Declaração de Wingspread
1997: Tratado da União Europeia
2000: Comissão Europeia
2000: Protocolo de Cartagena sobre Biossegurança da Convenção sobre Diversidade Biológica
[23] Sunstein, p. 123

à dignidade, ao respeito, à liberdade e à convivência familiar e comunitária, além de colocá-los a salvo de toda forma de negligência, discriminação, exploração, violência, crueldade e opressão [...].

Na área da saúde, o Prof. Juarez Freitas cita como exemplo de utilização do princípio da precaução a não liberação de medicamentos sem a segurança mínima quanto aos efeitos colaterais, o que torna necessário um lapso de tempo entre a sua apresentação ante a administração pública (no caso a ANVISA, administração pública federal) e a sua colocação no mercado visando à utilização pelos cidadãos. É o dever de cautela. Até porque, conforme este autor, para a aplicação deste princípio *"o dano se afigura somente provável, a partir de indícios e presunções"*.[24]

O atual conceito de saúde pública não é na origem um conceito científico, mas uma ideia comum, ao alcance de todos.[25]

Se aceitarmos o argumento posto na crítica de número 8[26] analisada por Montague (de que o princípio da precaução prevê um papel intrusivo para o governo, sem precedente ou legitimidade) teremos um governo inoperante, apenas ratificador da atitude do poder privado. Não admitiria qualquer regulamentação de atividade privada, mesmo que em benefício da comunidade. O dever do estado proteger desapareceria.

Destas leituras feitas é possível depreender que a diferenciação para a aplicabilidade do princípio da precaução está na interpretação deste, se prudente, como mencionado pelo Prof. Juarez Freitas.

A crítica colocada em sétimo lugar no texto de Montague é de que tal princípio é baseado em valores e emoções, e não na ciência. Pois bem, a percepção da possibilidade de danos não é resultado de emoções. A valoração faz parte do Homem, a vida, sua qualidade, são elementos presentes em toda e qualquer decisão tomada de forma individual. Não há porque o mesmo não ocorrer quando se trata de definição de política pública, a qual atingirá um contingente de pessoas. Há que se hierarquizar os bens e projetar as consequências das decisões tomadas hoje. Nisto não há elemento que diminua a coerência do princípio.

Na resposta à crítica de numero 3, a abordagem da precaução pretende atingir risco zero, o que é impossível.[27] Montague aponta a intenção da precaução a diminuição dos riscos de ocorrência de danos, a questão posta neste princípio é " como pode-se evitar o dano?"

Quando é dito que é uma anticiência tendo em vista a questão da incerteza científica, deve-se anotar que a diferença desta para a velha forma, no dizer de Montague, é a consequência do olhar sobre tal incerteza. Na velha forma é uma luz verde (como não há certeza de que ocorrerá dano vamos em frente, corremos o risco). Com o olhar do princípio da precaução é um sinal de alerta (amarelo ou até mesmo vermelho). O autor entende que na base da ciência sempre há a incerteza.

---

[24] Freitas, Juarez, Princípio da precaução,..., p. 37

[25] Dallari, Sueli Gandolfo, Ventura, Deyse de Freitas Lima, O princípio da precaução, dever do estado ou protecionismo disfarçado?, São Paulo Perspectiva; vol. 16, April/June 2002

[26] Montegue, criticism 8: The precautionary principle envisions an intrusive new role for government, one without precedent or legitimacy.

[27] Montague, Peter. "Answering...:criticism 3: The precautionary approach aims to achieve zero risk, which is impossible.

Talvez uma das críticas mais contundentes é a enumerada em quinto lugar: o princípio impedirá o progresso se tal estivesse me vigência quando da criação do automóvel não o teríamos criado... Montague infere que o necessário é a discussão e a criação de alternativas menos danosas para o desenvolvimento. A solução de substituição do cavalo em 1900 talvez pudesse ter sido menos danosa se mais discutida.

Contudo, também temos que considerar que a discussão acontece em um determinado tempo e baseia-se nas informações científicas e tecnológicas conhecidas naquele momento, portanto se hoje aplicarmos o princípio da precaução sobre decisões do passado, podemos "condenar" soluções que à época não poderiam ter sido diferentes. O ponto central é o uso das informações disponíveis para alcançarmos a melhor solução.

A crítica 6 (*Precaution will stifle innovation and destroy job.*) guarda relação com a 5 no momento em que menciona a inibição de inovações e novos empregos. Acerta Montague quando contradita tal crítica afirmando que com os questionamentos hoje postos surge a necessidade de maior estudo e apresentação de alternativas e desta forma abre-se o mercado da pesquisa e de novas criações.

O Prof. Juarez Freitas, em certa medida concorda com Sunstein, afirmando que devem ser coibidos os excessos e deste modo é de se rejeitar a versão forte do princípio da precaução, considerando que nesta medida este o seria incoerente, dado que permitiria ação e inação.[28] E, adiante alerta: *"Precaução em demasia é não precaução"*.[29]

Porém deixa claro o entendimento de que "o princípio da precaução, congruentemente fundamentado, determina uma inovadora lógica de atuação do Estado: a lógica das estratégias prudentes de longo prazo".[30]

Diga-se que com o entendimento de que o princípio da precaução é um dever de agir para o Estado (dentro das referências postas pelo Prof. Juarez Freitas) a responsabilidade civil do estado também se modifica, sendo suficiente o questionamento e prova de que não realizou as medidas de precaução devidas e aí surgirá o nexo de causalidade gerador do dever de indenizar a quem sofreu o dano.[31]

Uma das maneiras de entendermos melhor a aplicabilidade e o alcance do princípio da precaução é problematizando. Suponhamos a situação de um indivíduo que pretende estar diagnosticado com obesidade mórbida.

Tal doença não tem o caráter transmissivo da Gripe A, contudo a necessidade de atenção por parte do ente público gerador da política pública mostra-se cabível pelo risco de complicações (ou comorbidades) que podem gerar ônus ao sistema (complicações que gerem internações hospitalares, realização de exames, necessidade de próteses, etc.), nos termos do art. 196 da Constituição Federal/88.

---

[28] Freitas, Juarez, Princípio da precaução...p. 38

[29] Idem, p. 39

[30] Idem, p. 40/41

[31] Ver Juarez Freitas, Princípio da precaução..., p. 45: "Quer no exame das condutas comissivas, quer no controle das condutas omissivas, mister sobrepassar a indagação privatista acerca da prova da imperícia, da imprudência, da negligência ou da intencionalidade de provocar dano. Basta verificar se as medidas exigíveis de precaução, que deveriam ter sido tomadas tempestivamente, não o foram. Em caso afirmativo, o nexo causal estará formado. Não se trata de culpa presumida, nem de imputação objetiva de culpabilidade, todavia de afirmar a indiferença de prova da culpa individual ou anônima na apuração do liame proporcional de causalidade. Trata-se de sutileza que faz toda a diferença na afirmação efetiva e eficaz do princípio constitucional da precaução".

Outro exemplo não seria a permissão de acesso às câmaras de bronzeamento para fins estéticos, as quais podem vir a reclamar no futuro cuidados médicos curativos de carcinoma de pele? A não permissão de hoje não estaria gerando uma redução de gastos com saúde curativa no futuro? Não se poderia dizer que a RDC nº 56/2009 está traçando uma política de saúde coletiva, considerando inclusive as características climáticas do país?

Pelo sistema de saúde vigente no Brasil (o qual pode-se dizer público em sua maioria, seja pela universalidade, seja pela gratuidade), houve uma hierarquização de situações de saúde para orientar o gestor no cumprimento de suas obrigações.

Quando se fala em precaução voltada ao meio ambiente fica bem presente a questão da qualidade ou sua melhoria. Quando abordamos tal princípio em relação à saúde, há uma aparente dificuldade em percebermos isto.

Daí a tentativa de visualizarmos a aplicação através do problema. Qual (ou quais) procedimentos são exigíveis do poder público como formulador de política pública? O que orienta o gestor público na suas escolhas?

Em se tratando de política pública de saúde, existem dois pontos fundamentais: o sistema e o indivíduo. O sistema deve ser pensado no momento das definições de custeio tendo em vista as consequências financeiras do não atendimento desta demanda, o Estado deve considerar o princípio da precaução inteligindo qual o tratamento(ou medicamento) – atitudes, menos onerosas ao sistema considerando aquela doença. E aqui o menos oneroso pode não significar o mais barato no momento da decisão.

E do ponto de vista individual o Estado deve determinar atitudes do órgão executor da medida de saúde para que a garantia à saúde não fique apenas com característica emocional. Se alguém pede um procedimento cirúrgico de redução de estômago em face de obesidade mórbida, cabe ao Estado proteger o paciente, determinando que não sejam suprimidas etapas de preparação para tal processo.

Em certa medida é o estado protegendo o indivíduo de sua própria emoção que pretende a cura de sua enfermidade, aceitando toda e qualquer possibilidade.

A Agência Nacional de Saúde Suplementar,[32] por exemplo(assim como também a Agência Nacional de Vigilância Sanitária), tem por escopo a proteção do indivíduo através da definição de regras de funcionamento. Poder-se-ia dizer que tais regras, em certa medida, levam a uma diminuição da esfera de liberalidade dos agentes econômicos, contudo isto ocorre em proteção à saúde (um direito fundamental).

Acontece que nem todas as pessoas têm condições de serem submetidas ao procedimento com sucesso e pode acontecer de irem a óbito por não terem passado por todas as etapas de preparação e ou verificação de caso.

Pensando nestes dois pontos, cabe ao Estado criar um programa específico onde os ritos e cuidados estão predefinidos, garantindo saúde segura. Evitando riscos.

Deste modo, entendo que é desejável a aplicação do princípio da precaução quando a Administração Pública realiza suas escolhas em saúde pública, principal-

---

[32] *Lei 9.656 de 03/06/1998* – Dispõe sobre a regulamentação dos planos e seguros privados de assistência à saúde.
Lei 9.961 de 28/01/2000 – Criação da Agência Nacional de Saúde Suplementar –ANS.
A ANS terá por finalidade institucional promover a defesa do interesse público na assistência suplementar à saúde, regulando as operadoras setoriais, inclusive quanto às suas relações com prestadores e consumidores, contribuindo para o desenvolvimento das ações de saúde no País". (Art. 3º da Lei 9961)

mente num sistema de saúde público como o brasileiro. Por certo que nenhum dos princípios pode ou deve ser usado isoladamente e em se tratando de aplicabilidade ao direito fundamental à saúde, é importante a sua conjugação com a proporcionalidade.

O Prof. Doutor Vasco Pereira da Silva, em disciplina[33] ministrada na Pontifícia Universidade Católica do Rio Grande do Sul, talvez tenha resumido o entendimento, com a seguinte manifestação:

> Prevenção: aplicação do senso comum, é preferível antecipar os acontecimentos e minorar os danos do que saná-los depois. Princípio que obriga o juízo de prognose por parte da administração.

A RESOLUÇÃO DA DIRETORIA COLEGIADA Nº 56/09

Sem sombra de dúvidas, o teor da RDC nº 56/2009 atende o princípio da precaução. A medida[34] proposta pela Resolução da Diretoria Colegiada[35] da ANVISA visa a minorar os riscos de uma doença de pele que, além de gerar custos ao sistema de saúde (público e ou privado), acarreta mal-estar ao indivíduo.

Se, num primeiro momento o cidadão entende beneficiar-se com o bronzeamento artificial produzido pelas câmaras, o seu uso continuado pode gerar um malefício a este mesmo indivíduo que solicitará (albergado no seu direito à saúde) uma atuação curativa do Estado (uma prestação).

Nas justificativas colocadas na própria Resolução, vê-se que estão presentes as diretrizes da política de saúde coletiva atendendo aos princípios da prevenção e precaução:

> Considerando que a Vigilância Sanitária tem como missão precípua a *prevenção de agravos à saúde*, a ação reguladora de garantia de qualidade de produtos e serviços, que inclui a aprovação de normas e suas atualizações, bem como a fiscalização de sua aplicação;
>
> Considerando a necessidade de implementar ações que venham *contribuir para o controle de bens de consumo que, direta ou indiretamente, se relacionem com a saúde*, compreendidas todas as etapas e processos, da produção ao consumo;
>
> Considerando a Resolução RDC nº 56, de 06 de abril de 2001, que estabelece os requisitos essenciais de segurança e eficácia aplicáveis aos produtos para saúde e determina que os possíveis riscos associados a tecnologia devem ser aceitáveis em relação ao benefício proporcionado pelo uso do produto;
>
> Considerando a *reavaliação da IARC* – International Agency for Research on Câncer (instituição vinculada à Organização Mundial da Saúde – OMS) em julho de 2009, na qual foi considerada que *exposição aos raios ultravioletas possui evidências suficientes para considerá-la carcinogênica para humanos*;
>
> Considerando que *não existem benefícios que contraponham os riscos* decorrentes do uso dos equipamentos para bronzeamento artificial estético; e

---

[33] Constituição, direitos fundamentais e meio ambiente II, em 01.06 e 02.06.2010, no Programa de pós-graduação em Direito – Mestrado e Doutorado.

[34] Resolução Nº 56, de 9 de novembro de 2009
*Ementa:*Proíbe em todo território nacional o uso dos equipamentos para bronzeamento artificial, com finalidade estética, baseada na emissão da radiação ultravioleta (UV).

[35] Resolução nº 56, de 9 de novembro de 2009
A Diretoria Colegiada da Agência Nacional de Vigilância Sanitária, no uso da atribuição que lhe confere o inciso IV do art. 11 do Regulamento aprovado pelo Decreto nº 3.029, de 16 de abril de 1999, e tendo em vista o disposto no inciso II e nos §§ 1º e 3º do art. 54 do Regimento Interno aprovado nos termos do Anexo I da Portaria nº 354 da ANVISA, de 11 de agosto de 2006, republicada no DOU de 21 de agosto de 2006, em reunião realizada em 9 de novembro de 2009.

Considerando as dificuldades de se determinar um nível de exposição seguro ao uso dos equipamentos para bronzeamento artificial estético; (RDC n56/2009)

Com tais fundamentos, a decisão foi exposta da seguinte maneira:

Art.1º Fica proibido em todo o território nacional a importação, recebimento em doação, aluguel, comercialização e o uso dos equipamentos para bronzeamento artificial, com finalidade estética, baseados na emissão de radiação ultravioleta.

§ 1º Os equipamentos para bronzeamento artificial considerados nesta resolução são os aparelhos emissores de radiação ultravioleta (UV) destinados ao bronzeamento artificial estético.

§ 2º A proibição não se aplica aos equipamentos com emissão de radiação ultravioleta, registrado ou cadastrado na ANVISA conforme regulamento sanitário aplicável, destinados a tratamento médico ou odontológico supervisionado.

Art. 2º Revoga-se a Resolução RDC nº 308, de 14 de novembro de 2002.

Art. 3º Esta Resolução entra em vigor na data de sua publicação. DIRCEU RAPOSO DE MELLO"(RDC nº 56/2009)

DECISÃO DO TRIBUNAL REGIONAL FEDERAL DA 4ª REGIÃO

A decisão mais recente proferida pelo tribunal Regional Federal sobre o tema foi em suspensão de liminar ou antecipação de tutela nº 0001782-44.2010.404.0000/RS, pelo Des. Federal Vilson Darós, tendo requerente a Agência Nacional de Vigilância Sanitária – ANVISA; e interessada a Associação Brasileira de Bronzeamento Artificial, como se transcreve:

É o relatório. Decido.

O pedido de extensão dos efeitos merece ser acolhido.

De fato, analisando a decisão que concedeu a antecipação dos efeitos da tutela é possível verificar que a questão controversa naquele feito corresponde àquela debatida nos autos da Ação Ordinária nº 0001024-08.2010.404.7100, cuja liminar restou suspensa no pedido de Suspensão de Tutela Antecipada nº 0001782-44.2010.404.0000, formulado pela ANVISA.

Dessa forma, para evitar tautologia, reporto-me aos fundamentos lançados pelo eminente Desembargador Federal Élcio Pinheiro de Castro, que, no exercício da Presidência deste Tribunal, analisou a questão de forma irretocável:

[...]

Trata-se de pedido formulado pela Agência Nacional de Vigilância Sanitária – ANVISA, objetivando suspender a execução da tutela antecipada deferida pelo MM. Juiz da 4ª Vara Federal de Porto Alegre, nos autos da Ação Ordinária nº 0001024-08.2010.404.7100.

Consoante se verifica, a referida demanda foi ajuizada pela Associação Brasileira de Bronzeamento Artificial – ABBA, com o intuito de ver garantida a continuidade das atividades das empresas associadas, afastando a proibição contida na Resolução RDC nº 56/09 editada pela ANVISA. A antecipação de tutela foi deferida nos seguintes termos (fl. 30):

Ação ordinária. Antecipação de Tutela. Pedido de suspensão da Resolução ANVISA 56/09, que proibiu a importação, recebimento em doação, aluguel, comercialização e uso de equipamentos de bronzeamento artificial para finalidade estética, com emissão de radiação ultravioleta. Proibição fundada na classificação das radiações ultravioletas como cancerígenas pela Agência Internacional de pesquisa sobre o câncer (IARC) ligada à Organização Mundial de Saúde.

Adoto, no exame do pedido antecipatório, a fundamentação da decisão proferida sobre o tema pelo Juiz Federal Altair Antônio Gregório, da 6ª Vara Federal desta Subseção Judiciária, no proc. 2009.71.00.031832-9, mantida pelo TRF/4ª Região no AI 2009.04.00.042968-8, em decisão indeferindo o efeito suspensivo:

'A antecipação da tutela, como medida de urgência que é, passa pela análise de requisitos cuja configuração é essencial à sua concessão. Dentre estes requisitos é fundamental que se reconheça a verossimilhança do direito alegado, a fim de que, com os elementos que constam dos autos se possa subsumir com um mínimo de convencimento a situação fática aos ditames da lei.

No presente caso, a resolução RDC 56/09 da ANVISA, fundada em critérios desconhecidos utilizados pela IARC, para afirmar que a exposição a raios ultravioletas possui evidências suficientes para considerá-la carcinogênica para humanos, desborda do princípio da razoabilidade, porque não informa o tempo de exposição necessário para o desenvolvimento da doença.

Assim, da forma como foi redigida a Resolução e da forma como se pretende aplicá-la, sem que haja especificação dos limites de tolerância, é possível imaginar que chegará o dia em que a ANVISA proibirá que os seres humanos transitem sob a luz do sol, pois esse é, deveras, o maior elemento gerador de raios ultravioleta do meio.

Quanto às atribuições da ANVISA para regulamentar a atividade da parte autora, de fato incide, sobre o caso em tela, o ordenamento constitucional que estabelece que tal proibição somente poderia decorrer de lei em sentido estrito, da mesma forma em que ocorreu com a proibição de consumo de álcool ao volante.

Entendo, portanto, que, em sede de tutela antecipada, estão presentes a verossimilhança do direito alegado e o perigo de dano irreparável ou de difícil reparação, face ao impedimento da autora em dar continuidade a sua atividade econômica.'

Com essas considerações, defiro o pedido de antecipação de tutela para o fim de suspender, em relação à autora e suas filiadas, até decisão final, os efeitos da Resolução ANVISA nº 56/09. Intimem-se".

Sustenta a Requerente, em síntese, a presença do requisito da grave lesão à saúde pública, na medida em que "os equipamentos para bronzeamento artificial, com câmaras emitentes de radiação ultravioleta estão difundidos por todo o território nacional, alcançando incontável número de pessoas e, a partir do momento em que estudos científicos comprovam que sua utilização representa acentuado risco de provocar câncer de pele e lesões oculares, a questão ganha dimensão coletiva, configurando típico tema de saúde pública".

Aduz que a Agência Nacional de Vigilância Sanitária é competente para controlar e fiscalizar produtos e serviços, conforme o disposto na Lei nº 9.782/99, bem como que, ao editar a guerreada Resolução, a autarquia não desbordou de suas atribuições legais, pois exerce poder normativo regulamentar. Aponta que a Resolução 56/09, da Diretoria Colegiada, encontra-se baseada em fundamentos científicos, além de consulta pública realizada em setembro/2009. Refere, por fim, que o princípio do livre exercício da atividade econômica não deve prevalecer frente à proteção da saúde pública, assegurada na Constituição.

Em face disso, alegando a plausibilidade do direito, bem como a urgência na concessão da medida, requer a suspensão da antecipação de tutela deferida pelo MM. Juiz da 4ª Vara Federal de Porto Alegre, nos autos da Ação Ordinária nº 0001024-08.2010.404.7100.

O procedimento da suspensão de ato judicial, dirigido à Presidência dos Tribunais, está respaldado nas Leis nºs 12.016/09, 8.437/92 e 9.494/97, que versam sobre a suspensão da execução da decisão concessiva de liminar, de segurança definitiva não transitada em julgado, ou tutela antecipada.

O pressuposto fundamental para a concessão da medida suspensiva consiste na preservação do interesse coletivo diante da ameaça de lesão à ordem, saúde, segurança ou economia pública, sendo deferida nos casos em que determinado direito reconhecido em juízo pode ter seu exercício suspenso para submeter-se, mesmo que temporariamente, ao interesse público e evitar a ocorrência de grave dano aos bens juridicamente tutelados. A propósito, veja-se a redação do art. 4º da Lei 8.437/92:

"Art. 4° Compete ao presidente do tribunal, ao qual couber o conhecimento do respectivo recurso, suspender, em despacho fundamentado, a execução da liminar nas ações movidas contra o Poder Público ou seus agentes, a requerimento do Ministério Público ou da pessoa jurídica de direito público interessada, em caso de manifesto interesse público ou de flagrante ilegitimidade, e para evitar grave lesão à ordem, à saúde, à segurança e à economia públicas.

§ 1° Aplica-se o disposto neste artigo à sentença proferida em processo de ação cautelar inominada, no processo de ação popular e na ação civil pública, enquanto não transitada em julgado. [...]

§ 7º. O Presidente do Tribunal poderá conferir ao pedido efeito suspensivo liminar, se constatar, em juízo prévio, a plausibilidade do direito invocado e a urgência na concessão da medida. (Incluído pela Medida Provisória nº 2,180-35, de 2001).

§ 8º. As liminares cujo objeto seja idêntico poderão ser suspensas em uma única decisão, podendo o Presidente do Tribunal estender os efeitos da suspensão a liminares supervenientes, mediante simples aditamento do pedido original. (Incluído pela Medida Provisória nº 2.180-35, de 2001).

§ 9º. A suspensão deferida pelo Presidente do Tribunal vigorará até o trânsito em julgado da decisão de mérito na ação principal. (Incluído pela Medida Provisória nº 2.180-35, de 2001).

Fixados os parâmetros norteadores do pedido de suspensão, em cotejo às razões elencadas na inicial, observa-se a existência de elementos suficientes evidenciando a possibilidade de grave lesão ou risco de ofensa à saúde pública, caso mantida a decisão impugnada.

Com efeito, a questão em debate contrapõe dois preceitos jurídicos distintos, quais sejam, o direito à proteção da saúde e ao livre exercício da atividade econômica, ambos garantidos constitucionalmente. Ponderando a relevância de tais fatores, o primeiro deve prevalecer, em detrimento do interesse meramente financeiro das empresas que se dedicam ao bronzeamento artificial.

Em recentíssima decisão, a eminente Juíza Federal Vivian Josete Pantaleão Caminha, da 4ª Turma desta Corte, analisou percucientemente a matéria, em resumo, nas seguintes letras:

"Em análise perfunctória do tema, é de se reconhecer que milita em favor da Resolução de Diretoria Colegiada/ANVISA n. 56/09 – que proibiu, em todo o território nacional, "a importação, recebimento em doação, aluguel, comercialização e o uso dos equipamentos para bronzeamento artificial, com finalidade estética, baseados na emissão de radiação ultravioleta" – a presunção de legalidade. A Autarquia recorrida possui a atribuição, legalmente conferida, de proteger a saúde da população, mediante normatização, controle e fiscalização de produtos, substâncias e serviços de interesse para a saúde, podendo, assim, restringir ou mesmo proibir o uso de determinados equipamentos que coloquem em risco o bem que objetiva proteger.

Nesse sentido, dispõem os arts. 7º e 8º da Lei 9.782/99:

Art. 7º Compete à Agência proceder à implementação e à execução do disposto nos incisos II a VII do art. 2º desta Lei, devendo: [...] III – estabelecer normas, propor, acompanhar e executar as políticas, as diretrizes e as ações de vigilância sanitária; IV – estabelecer normas e padrões sobre limites de contaminantes, resíduos tóxicos, desinfetantes, metais pesados e outros que envolvam risco à saúde; [...] VIII – anuir com a importação e exportação dos produtos mencionados no art. 8º desta Lei; [...] XIV – interditar, como medida de vigilância sanitária, os locais de fabricação, controle, importação, armazenamento, distribuição e venda de produtos e de prestação de serviços relativos à saúde, em caso de violação da legislação pertinente ou de risco iminente à saúde; XV – proibir a fabricação, a importação, o armazenamento, a distribuição e a comercialização de produtos e insumos, em caso de violação da legislação pertinente ou de risco iminente à saúde; [...].

Art. 8º Incumbe à Agência, respeitada a legislação em vigor, regulamentar, controlar e fiscalizar os produtos e serviços que envolvam risco à saúde pública.

§ 1º Consideram-se bens e produtos submetidos ao controle e fiscalização sanitária pela Agência: [...] III – cosméticos, produtos de higiene pessoal e perfumes; [...] V – conjuntos, reagentes e insumos destinados a diagnóstico; VI – equipamentos e materiais médico-hospitalares, odontológicos e hemoterápicos e de diagnóstico laboratorial e por imagem; [...] IX – radioisótopos para uso diagnóstico in vivo e radiofármacos e produtos radioativos utilizados em diagnóstico e terapia; [...] XI – quaisquer produtos que envolvam a possibilidade de risco à saúde, obtidos por engenharia genética, por outro procedimento ou ainda submetidos a fontes de radiação. [...]

§ 2º. Consideram-se serviços submetidos ao controle e fiscalização sanitária pela Agência, aqueles voltados para a atenção ambulatorial, seja de rotina ou de emergência, os realizados em regime de internação, os serviços de apoio diagnóstico e terapêutico, bem como aqueles que impliquem a incorporação de novas tecnologias. [...]

§ 4º. A Agência poderá regulamentar outros produtos e serviços de interesse para o controle de riscos à saúde da população, alcançados pelo Sistema Nacional de Vigilância Sanitária.

§ 5º. A Agência poderá dispensar de registro os imunobiológicos, inseticidas, medicamentos e outros insumos estratégicos quando adquiridos por intermédio de organismos multilaterais internacionais, para uso em programas de saúde pública pelo Ministério da Saúde e suas entidades vinculadas. (Incluído pela Medida Provisória nº 2.190-34, de 2001) [...].

No exercício de suas atribuições legais, e tendo constatado que a utilização de câmaras de bronzeamento, para fins meramente estéticos, oferece efetivo risco à saúde de seus usuários, não contrabalançado por qualquer vantagem significativa que justificasse a mera limitação do uso, para o qual não existe margem segura, a Agência editou a norma restritiva/proibitiva, inclusive implementando a determinação constitucional e legal de formulação e execução de políticas econômicas e sociais que visem à redução de riscos de doenças e de outros agravos... (art. 196 da Constituição Federal e 2º, § 1º, da Lei n. 8.080/90).

Vale destacar que as conclusões da agravada não emanaram de meras hipóteses ou informações infundadas, mas foram embasadas em recente avaliação realizada por órgão ligado à Organização Mundial da Saúde e especializado na pesquisa sobre o câncer (International Agency for Research on Cancer – IARC) que incluiu a exposição a raios ultravioletas na lista de práticas e produtos carcinogênicos para humanos, indicando, ainda, que o bronzeamento artificial aumenta em 75% o risco de desenvolvimento de melanoma em pessoas que se submetem ao procedimento até os 35 anos de idade (http:portal.anvisa.gov.br).

Tais constatações coadunam-se com as da Sociedade Brasileira de Dermatologia (SBD) que, segundo seu Presidente Omar Lupi "há muitos anos [...] é contrária ao uso das câmaras [de bronzeamento]" (http: g1.globo.com/notícias/ciência.).

Tendo em vista que o câncer de pele, segundo o Instituto Nacional do Câncer (id. ib.) é o tipo mais freqüente de neoplasia no Brasil, correspondendo a cerca de 25% de todos os tumores malignos registrados no País, não vejo como entender que a questão se restrinja à saúde individual e à liberdade de opção dos usuários das câmaras de bronzeamento. Trata-se, isso sim, de questão de saúde pública, que envolve, inclusive, consideráveis recursos despendidos pelo Poder Público com o tratamento de milhares de pessoas acometidas pela enfermidade – só em 2008, os gastos do Ministério da Saúde foram da ordem de 24 milhões (http://www.anvisa.gov.br/DIVULGA/NOTICIAS/ 2009.htm).

Mostra-se, assim, perfeitamente cabível a regulamentação do tema por órgão responsável pela saúde pública, o que é corroborado pelo fato de que, nos termos dos arts. 5º, inc. XXXII, da Constituição Federal e 1º da Lei n. 8.078/90 – Código de Defesa do Consumidor, é de ordem pública a proteção ao consumidor (qualidade conferida aos usuários dos serviços de bronzeamento artificial disponibilizados no mercado brasileiro) sendo que o Código em questão prevê, expressamente, que "os produtos e serviços colocados no mercado de consumo não acarretarão riscos à saúde ou segurança dos consumidores, exceto os considerados normais e previsíveis em decorrência de sua natureza e fruição, obrigando-se os fornecedores, em qualquer hipótese, a dar as informações necessárias e adequadas a seu respeito" (art. 8º, grifo nosso); há, ainda, previsão de que "o fornecedor não poderá colocar no mercado de consumo produto ou serviço que sabe ou deveria saber apresentar alto grau de nocividade ou periculosidade à saúde ou segurança" (CDC, art. 10) além da tipificação, como crime, da conduta consistente em "executar serviço de alto grau de periculosidade, contrariando determinação de autoridade competente" (CDC, arts. 61 c/c 65).

Todos esses dados, juntamente com o fato de a questão ter sido devidamente debatida com a sociedade, antes da edição da RDC/ANVISA n. 56/09, por meio de audiência e consulta públicas, conferem à norma infralegal legitimidade, a qual já seria presumível do simples fato de se tratar de ato administrativo.

Apenas uma prova técnica amplamente fundamentada e justificada poderia descaracterizar as conclusões dos órgãos supracitados [...].

Acrescente-se que, sopesados os interesses debatidos na lide, o interesse econômico, perfeitamente indenizável, de uma única pessoa não pode prevalecer sobre a preservação da saúde de incontáveis seres humanos, cuja fragilização seria irreversível.

Finalmente, no que diz respeito à suposta utilização da câmara de bronzeamento artificial para tratamento de saúde, se a necessidade do equipamento, para fins terapêuticos, for efetivamente demonstrada, nada impede a liberação da máquina, para tanto, junto à ANVISA, tendo em vista que a Resolução impugnada ressalva expressamente que "a proibição não se aplica aos equipamentos com emissão de radiação ultravioleta, registrado ou cadastrado na ANVISA conforme o regulamento sanitário aplicável, destinados a tratamento médico ou odontológico supervisionado" (art. 1º, § 2º).

Efetivamente, não há falar em ausência de amparo legal para a atuação da ANVISA, na medida em que lhe foi conferido pelo Legislador amplo poder de fiscalização e controle no que pertine às questões relativas à saúde pública (Lei nº 9.782/99 e Decreto 3.029/99).

Ad exemplum, cumpre lembrar inclusive que a própria configuração da tipicidade dos crimes de tráfico de drogas depende da prévia regulamentação dos órgãos de vigilância sanitária, conforme as seguintes disposições da Lei 11.343/2006, *verbis*:

> Art. 1º. [...] Parágrafo único. Para os fins desta Lei, consideram-se como drogas as substâncias ou os produtos capazes de causar dependência, assim especificados em lei ou relacionados em listas atualizadas periodicamente pelo Poder Executivo da União.
>
> Art. 66. Para fins do disposto no parágrafo único do art. 1º desta Lei, até que seja atualizada a terminologia da lista mencionada no preceito, denominam-se drogas as substâncias entorpecentes, psicotrópicas, precursoras e outras sob controle especial, constantes da Portaria SVS/MS nº 344, de 12 de maio de 1998.
>
> Da mesma forma, os delitos elencados no art. 273, § 1º, do Código Penal (com a redação inserida pela Lei 9.677/98) relacionados a medicamentos, matérias-primas, insumos farmacêuticos, cosméticos, etc., reportam-se aos registros ou licenças das autoridades sanitárias competentes, os quais são estabelecidos em normas regulamentares, como resoluções e portarias.
>
> Logo, se no exercício de seu poder fiscalizatório, os órgãos estatais de vigilância sanitária têm atribuição para definir e caracterizar os crimes previstos em lei, com mais razão ainda poderão regulamentar as práticas consideradas lesivas à saúde pública, como na hipótese sub judice.
>
> Assim, não se verificando, a priori, ilegalidade na Resolução nº 56, de 9 de novembro de 2009, da Diretoria Colegiada da Anvisa (fl. 028) o simples argumento de que estaria restringindo atividade econômica não autoriza o afastamento da norma, até porque precedida de estudos e audiência pública.
>
> A liberdade de trabalho assegurada na Constituição não alcança o oferecimento de bens ou serviços de segurança duvidosa, que, em tese, podem causar prejuízos físicos, devendo, portanto, restar privilegiada a incolumidade dos usuários e consumidores.
>
> Desse modo, considerando que a manutenção dos efeitos da decisão ora combatida implica em risco de dano à saúde pública, cabe ser preservada a vigência da proibição determinada pela Resolução 56/09 da ANVISA.
>
> Ante o exposto, defiro o pedido de suspensão da tutela antecipada concedida nos autos da Ação Ordinária nº 0001024-08.2010.404.7100, até decisão final do processo. Intimem-se. Publique-se. Após, arquivem-se.
>
> Porto Alegre, 22 de janeiro de 2010.
>
> Des. Federal Élcio Pinheiro de Castro
>
> Vice-Presidente"

Registro, ainda, que a decisão acima transcrita desafiou dois agravos que, após terem sido levados a julgamento perante a egrégia Corte Especial desse Tribunal, tiveram o seu provimento negado, restando mantida a decisão monocrática na íntegra – acórdão de fls. 830-5.

> Ante o exposto, *defiro o pedido formulado pela ANVISA para suspender* os efeitos da tutela antecipada concedida na Ação Ordinária nº 5022250-81.2010.404.7100/RS.
>
> Intimem-se. Publique-se. Após, arquivem-se.
>
> Porto Alegre, 13 de outubro de 2010.
>
> Desembargador Federal VILSON DARÓS
>
> Presidente" (grifo nosso)

Nas decisões apresentadas, vê-se que houve ponderação entre o direito de livre exercício da profissão e a necessidade de regulação da saúde coletiva. Pode-se dizer que de forma explícita não constam os princípios da prevenção e da precaução. No entanto, ao observar-se os fundamentos, mesmo sem a menção expressa a estes princípios, encontram-se presentes.

CONCLUSÃO

Os princípios da prevenção e da precaução, mais comumente utilizados como orientadores da administração pública frente a decisões sobre meio ambiente, também podem ser considerados quando se trata de saúde, principalmente quando para a formulação de política pública em saúde.

Devemos recordar, nos termos propostos pela Dra. Maria Paula Dallari Bucci,[36] que "a política pública deve visar a realização de objetivos definidos,expressando a seleção de prioridades, a reserva de meios necessários à sua consecução e o intervalo de tempo em que se espera o atingimento dos resultados".

A legislação escolhida para análise (RDC nº 56/2009) expedida pela Agência Nacional de Vigilância Sanitária conseguiu demonstrar que quando o Poder Público pretende estabelecer regras preventivas em relação à saúde do indivíduo, o próprio indivíduo pode não perceber o alcance e então caberá à administração pública demonstrar, de modo mais enfático, que assim está agindo (no caso concreto proibindo uma atividade comercial) em prol da saúde coletiva.

Assim atuando e demonstrando a sua justificativa, a administração pública deixará claro aos sujeitos do direito fundamental em questão que os princípios constitucionais estão sendo respeitados e orientando a formulação de políticas, as quais devem visualizar e, efetivamente, atingir a coletividade.

REFERÊNCIAS BIBLIOGRÁFICAS

BRASIL. *Constituição da República Federativa do Brasil*. Brasília: Senado Federal.

BRASIL. *Conselho Nacional de Justiça, recomendação 31*, www.cnj.jus.br/atos, capturado em 30/04/2010.

BRASIL. *Constituições do Brasil, compilação e atualização dos textos Adriano Campanhole e Hilton Lobo Campanhole*, 13ª ed., São Paulo: Atlas, 1999.

BRASIL. *Lei 9.656 de 03/06/1998* – Dispõe sobre a regulamentação dos planos e seguros privados de assistência à saúde.

BRASIL. *Lei 9.961 de 28/01/2000* – Criação da Agência Nacional de Saúde Suplementar –ANS.

BRASIL. *Ministério da Saúde*. Agência Nacional de Vigilância Sanitária. Resolução nº 56, de 9 de novembro de 2009, disonível em http://portal.anvisa.gov.br em 20//05/2010

BRASIL.Tribunal Regional Federal da 4ª Região, disponível em www.trf4.jus.br em 03.12.2010

BUCCI, Maria Paula Dallari. O conceito de política pública em Direito. BUCCI, Maria Paula Dallari (org.), *Políticas públicas: reflexões sobre o conceito jurídico*. São Pualo: Editora Saraiva,2006, p,1/50.

DALLARI, Sueli Gandolfo, VENTURA, Deyse de Freitas Lima. *O princípio da precaução, dever do estado ou protecionismo disfarçado?*, São Paulo: Perspectiva, vol. 16, April/June 2002.

ESTEVES, João Luiz Moraes. *Direitos Fundamentais Sociais no Suremo Tribunal Federal*. São Paulo: Método, 2007 (col. Prof. Gilmar Mendes, 5)

FIGUEIREDO, Mariana Filchtiner. *Direito fundamental à saúde*: parâmetros para sua eficácia e efetividade.Porto Alegre: Livraria do Advogado, 2007.

FREITAS, Juarez. *Discricionariedade administrativa e o direito fundamental à boa administração pública*, 2ª ed. São Paulo: Malheiros, 2009.

——. *O controle dos atos administrativos e os princípios fundamentais*, 4ª ed., Malheiros, 2009.

HOCHMAN, Gilberto (org.) *Políticas públicas no Brasil*, Rio de Janeiro: Editora Fiocruz, 2007.

LEITE, José Rubens Morato. AYALA, Patryck de Araújo. *Direito ambiental na sociedade de risco*. Rio de Janeiro: Forense Universitária, 2002.

MONTAGUE, Peter. Answering the Critics of Precaution (Draft 3, April 17, 2004) http://www.rachel.org/library/getfile.cfm?ID=378.

SARLET, Ingo Wolfgang. *A eficácia dos direitos fundamentais Uma teoria geral dos direitos fundamentais na perspectiva constitucional*, 10ª ed., Porto Alegre: Livraria do Advogado, 2009.

SUNSTEIN, Cass R.. *(Para) Além do princípio da precaução*, Tradução de:Marcelo Fensterseifer, Martin Haeberlin e Tiago Fensterseifer. Revista Interesse Público 37, ano VIII, 2006, Porto Alegre, Notadez.

UNIÃO EUROPÉIA. *Carta dos direitos fundamentais da União Européia*, Nice, 2000.

WEDY, Gabriel. *O princípio constitucional da precaução*: como instrumento de tutela do meio ambioente e da saúde pública. Belo Horizonte: Fórum, 2009.

VELOSO, Zeno. Efeitos da declaração de inconstitucionalidade. In *Leituras complementares de constitucional*. CAMARGO, Marcelo Novelino (organizador). Bahia: JusPodivm, 2007. p. 135-146.

---

[36] BUCCI, Maria Paula Dallari. O conceito de política pública em Direito, p. 39

― 8 ―

O objeto do direito à saúde: para além das ações judiciais de fornecimento de medicamentos[1]

MARIANA FILCHTINER FIGUEIREDO[2]

Sumário: I. Notas introdutórias; II. Dimensões subjetiva e objetiva dos direitos fundamentais; 2.1. Dimensão subjetiva dos direitos fundamentais; 2.2. Dimensão objetiva dos direitos fundamentais; III. Deveres fundamentais; IV. O objeto do direito fundamental à saúde: para além do dever de prestação de medicamentos e tratamentos; Bibliografia.

I. NOTAS INTRODUTÓRIAS

O direito fundamental à saúde tem constituído objeto de inúmeros debates doutrinários, que refletem não somente uma preocupação geral a respeito da eficiência dos serviços públicos de saúde, mas também uma realidade de crescimento geométrico do número de ações judiciais sobre o tema. Contudo, o foco central de tais discussões, na academia e nos tribunais, ainda se concentra sobre uma parcela específica dessa problemática, qual seja, a concretização do direito à saúde na condição de direito a prestações materiais, precipuamente frente ao Poder Público. Sustenta-se e postula-se a condenação do Estado ao fornecimento das mais diversas prestações (medicamentos, cirurgias, internações hospitalares, exames, dietas especiais, etc.) e, mesmo nas demandas movidas contra empresas de planos e seguros de saúde, a situação praticamente não se altera, com a tônica nas pretensões à extensão da cobertura contratada, ou seja, na discussão das prestações materiais passíveis de exigibilidade perante esses entes particulares. Dito de outro modo, é possível notar uma delimitação da problemática da eficácia do direito à saúde às obrigações de cunho eminentemente "curativo", como se a prevenção e a promoção da saúde tivessem sido postergadas para um momento ulterior de preocupação; e sequer se cogita – salvo algumas poucas exceções – de um aprofundamento em torno dos limites e das possibilidades decorrentes do reconhecimento de outros deveres jurídicos e, menos ainda, de uma eficácia objetiva, e devidamente contextualizada à realidade brasileira, do direito fundamental à saúde.

---

[1] O presente artigo consiste em versão revista, atualizada e bastante ampliada para a presente coletânea do trabalho originalmente publicado sob o título "Apontamentos acerca do Projeto de Lei nº 5.139/2009: preocupações a partir de uma perspectiva dos direitos fundamentais sociais", na Revista do Programa de Pós-Graduação em Direito da Universidade Federal da Bahia, nº 20, 2010.1, p. 103-116.

[2] Mestre e Doutoranda em Direito pela Pontifícia Universidade Católica do Rio Grande do Sul (PUCRS). Especialista em Direito Municipal pelo Centro Universitário Ritter dos Reis (UniRITTER). Integrante do Grupo de Estudos e Pesquisas em Direitos Fundamentais (GEADF) vinculado à PUCRS e ao CNPq. Advogada da União junto à Procuradoria Regional da União na 4ª Região.

Conforme já mencionado em outras oportunidades,[3] o conteúdo do direito à saúde não se resume à obrigação de fornecimento de prestações materiais, conquanto não se negue (e nem se poderia, evidentemente) a relevância jurídica e social dessa especial dimensão. Cumpre remarcar, todavia, que o próprio texto constitucional permite que se identifiquem, como parte do conteúdo do direito à saúde, direitos e deveres de natureza diversa, ligados à assim designada dimensão objetiva dos direitos fundamentais, cuja afirmação pode concretizar a imposição de obrigações atinentes à prevenção e à promoção da saúde, não restringidas, como referido inicialmente, à noção de saúde curativa e, em certas hipóteses, suscetíveis de dedução pela via judicial, sob a forma, então, de posições subjetivas.

Cumpre ter presente que a norma jurídica não se confunde com o enunciado linguístico que a contém (texto não é sinônimo de norma[4]), o que possibilita o reconhecimento de diferentes normas jurídicas (regras e princípios) e, portanto, de distintas posições e deveres,[5] subjetivos e objetivos, decorrentes de um mesmo enunciado normativo.[6] De modo mais específico, pode-se dizer que os direitos e deveres fundamentais dão origem e se efetivam por meio de posições subjetivas de cunho defensivo (direitos de defesa), vedando ingerências indevidas, por parte do Estado ou de outros particulares, sobre o âmbito de proteção do direito fundamental em causa; e posições subjetivas prestacionais, sejam estas direitos a prestações em sentido amplo, em que abrangidos deveres de proteção e deveres de organização e procedimento, sejam direitos a prestações *stricto sensu* ou, como mais comumente conhecidos, direitos a prestações materiais. Como salienta Sarlet, essa tipologia ou classificação multifuncional é aplicável à categoria dos deveres fundamentais, ensejando o reconhecimento de "deveres fundamentais defensivos (ou negativos) e deveres fundamentais prestacionais (ou positivos)", que podem até mesmo se sobrepor num mesmo enunciado

---

[3] A respeito do tema, entre outros, conferir os nossos *Direito Fundamental à Saúde: parâmetros para sua eficácia e efetividade*. Porto Alegre: Livraria do Advogado, 2007; e, mais recentemente, *Direito à Saúde. Leis nºs 8.080/90 e 8.142/90*. Salvador: JusPodivm, 2009. Ainda: SARLET, Ingo Wolfgang; FIGUEIREDO, Mariana Filchtiner. "Algumas considerações sobre o direito fundamental à proteção e promoção da saúde aos 20 anos da Constituição Federal de 1988". *Revista de Direito do Consumidor*, v. 67, p. 125-172, 2008.

[4] Como leciona STRECK, "o texto, preceito ou enunciado normativo é alográfico. Não se completa com o sentido que lhe imprime o legislador. Somente estará completo quando o sentido que ele expressa é produzido pelo intérprete, como nova forma de expressão. Assim, o sentido *expressado* pelo texto já é algo novo, diferente do *texto*. É a norma. A interpretação do Direito faz a conexão entre o aspecto geral do *texto* normativo e a sua aplicação particular: ou seja, opera sua *inserção no mundo da vida*. As normas resultam sempre da interpretação. E a ordem jurídica, em seu valor histórico concreto, *é um conjunto de interpretações*, ou seja, um conjunto de normas. O conjunto das disposições (textos, enunciados) é uma *ordem jurídica* apenas *potencialmente*, é um *conjunto de possibilidades*, um *conjunto de normas potenciais*. O significado (ou seja, a norma) é o resultado da tarefa interpretativa". Cf. STRECK, Lenio. *Hermenêutica jurídica e(m) crise: uma exploração hermenêutica da construção do Direito*. Porto Alegre: Livraria do Advogado, 1999, p. 16.

[5] Sobre os deveres fundamentais, cf. SARLET, Ingo Wolfgang. *A Eficácia dos Direitos Fundamentais. Uma teoria geral dos direitos fundamentais na perspectiva constitucional*. 10ª ed., rev., atual. e ampl. Porto Alegre: Livraria do Advogado, 2009, p. 226 e ss; NABAIS, José Casalta. *Por uma Liberdade com Responsabilidade. Estudos sobre direitos e deveres fundamentais*. Coimbra: Coimbra Editora, 2007, p. 197 e ss. Acerca da concepção de dever fundamental, decorrente do direito à saúde, cf. FIGUEIREDO, 2007, op. cit., p. 86 e ss; e SARLET; FIGUEIREDO, op. cit., p. 132 e ss.

[6] Nesse sentido, e a título ilustrativo, confira-se a lição de Martin Borowski: "[e]n el sentido de un concepto semántico de norma [...], debe diferenciarse entre norma y enunciado normativo. A un mismo enunciado normativo pueden adscribirse, mediante interpretación, diferentes normas. En ese sentido, bajo una misma disposición de derechos fundamentales pueden ser cobijadas diversas normas de derechos fundamentales, trátese bien de reglas o de principios". BOROWSKI, Martin. *La estructura de los derechos fundamentales*. Trad. Carlos Bernal Pulido. Bogotá: Universidad Externado de Colombia, 2003, p. 48 (nota de rodapé nº 59).

normativo, "como é o caso dos deveres de defesa e promoção da saúde", exatamente em consonância à posição aqui sustentada.[7]

Sem a pretensão de esgotar a matéria – o que já seria em si pretensioso, mais ainda no contexto de um breve ensaio –, o texto que segue pretende explorar algumas possíveis densificações do direito fundamental à saúde, especialmente no que se refere à imposição de deveres, ao Estado e aos particulares, quer decorram da dimensão subjetiva do direito à saúde, quer resultem da dimensão objetiva desse direito, com o escopo de colaborar para a ampliação das investigações acerca da efetivação administrativa e judicial do direito fundamental à saúde.

II. DIMENSÕES SUBJETIVA E OBJETIVA DOS DIREITOS FUNDAMENTAIS

2.1. Dimensão subjetiva dos direitos fundamentais

A noção de dimensão subjetiva dos direitos fundamentais – e aqui o direito à saúde não contém nenhuma especificidade que importe distingui-lo – reconduz-se à concepção clássica de direito subjetivo, tal como desenvolvida no âmbito do Direito Privado e, nessa condição, "importada" para a seara do Direito Público, em geral, e dos direitos fundamentais, em particular, durante o final do século XVIII, no período do constitucionalismo e da afirmação das primeiras Declarações de direitos. Como assinala Sarmento, mesmo construções doutrinárias conhecidas, como é o caso da teoria do *status* de Georg Jellinek, ainda se respaldavam sobre os pressupostos de subjetivismo e individualismo que caracterizavam essa época.[8]

De lá para cá, e nada obstante uma realidade social e jurídica sempre cambiante, a noção de direito subjetivo não deixou de apresentar atualidade, perpassando o debate jurídico em torno da eficácia dos direitos fundamentais. Se o texto do artigo 5º, § 1º, da Constituição Federal assegurou aplicabilidade imediata às normas definidoras de direitos e garantias fundamentais, vigendo como verdadeiro mandado de otimização[9] da eficácia de tais direitos, o reconhecimento de posições subjetivas passíveis de dedução em juízo é matéria por vezes controvertida e que questiona, na verdade, a real eficácia dos direitos fundamentais, jurídica e socialmente. A ideia central que sustenta a assim designada dimensão subjetiva dos direitos fundamentais está calcada, portanto, na possibilidade de reconhecimento de posições jurídico-subjetivas ao(s) titular(es) do direito fundamental em causa, sobremodo no sentido de direito(s) passível(is) de exigibilidade em juízo, sempre que presente ameaça ou violação (CF, art. 5º, XXXV).[10]

---

[7] Para ambas as citações, cf. SARLET, 2009, p. 229.

[8] Para maiores esclarecimentos sobre a teoria de Jellinek cite-se, entre outros, SARMENTO, Daniel. "A dimensão objetiva dos direitos fundamentais: fragmentos de uma teoria". In: SAMPAIO, José Adércio Leite (Org.) *Jurisdição constitucional e direitos fundamentais*. Belo Horizonte: Del Rey, 2003, p. 258-259. Quanto ao desenvolvimento da teoria dos direitos fundamentais a partir do paradigma do direito subjetivo, consultar CANOTILHO, José Joaquim Gomes. "Tomemos a sério dos direitos econômicos, sociais e culturais". In: *Boletim da Faculdade de Direito da Universidade de Coimbra*, Coimbra, 1991, número especial, 1991, p. 474-478.

[9] A expressão é de Ingo Sarlet, que desde a primeira edição de *A Eficácia dos Direitos Fundamentais* já defendia essa interpretação, depois reiterada nas reedições da obra e nos demais textos que se sucederam. Cf., SARLET, 2009, op. cit., p. 270.

[10] "[...] el derecho subjetivo no 'es' conceptualmente ni un poder de la voluntad ni un interés protegido, sino una posición jurídica. Ser un poder de la voluntad y ser un interés digno de protección, son razones que deben tenerse en

Esta ideia, por sua vez, encontra lastro na classificação multifuncional dos direitos fundamentais, desenvolvida por Robert Alexy[11] e Gomes Canotilho,[12] e adaptada ao contexto brasileiro, entre outros, por Ingo Sarlet[13] e Gilmar Mendes.[14] A partir da teoria de Jellinek, propõe-se a classificação dos direitos fundamentais de acordo com as funções que podem exercer, o que permite o reconhecimento de múltiplas funções a um mesmo direito fundamental, ou, em outros termos, a afirmação de que um único dispositivo normativo pode ensejar diferentes posições subjetivas ao titular do direito fundamental. Com essa concepção, superam-se a teoria geracional dos direitos fundamentais, bem como o dualismo "direitos de liberdade *versus* direitos sociais", ou "direitos negativos *versus* direitos positivos", que realçava apenas uma determinada parcela de eficácia dos direitos fundamentais, como se outras possíveis perspectivas não lhes pudessem ser reconhecidas – e como se os custos econômico-financeiros de efetivação dos direitos fundamentais fossem problema atinente tão só aos direitos sociais.[15] Em apertadíssima síntese, os direitos fundamentais podem dar origem a funções de direito de defesa (direitos negativos) e de direito a prestações (direitos positivos), neste último caso alcançando tanto uma eficácia prestacional em sentido amplo (direito à proteção e direito à organização e ao procedimento), quanto vigendo como direitos a prestações *stricto sensu*, ou direitos a prestações materiais.[16]

De outra parte, a investigação acerca da dimensão subjetiva dos direitos fundamentais determina um aprofundamento da análise a respeito dos titulares desses direitos. Isso porque, no caso do direito à saúde – como de resto acontece com outros direitos fundamentais, especialmente no âmbito dos direitos sociais –, a dimensão subjetiva se desdobra na titularidade simultaneamente individual e coletiva (ou difusa), ampliando a noção individual de direito subjetivo para alcançar a titulação abrangente e o caráter inclusivo[17] de que se revestem, de modo geral, os direitos so-

---

cuenta para que existan derechos subjetivos en el sentido de posiciones jurídicas. Finalmente, la exigibilidad judicial es una propiedad de las posiciones jurídicas". Cf. BOROWSKI, op. cit., p. 43-44.

[11] ALEXY, Robert. *Teoria de los derechos fundamentales*. Traducción Ernesto Garzón Valdés. Madrid: Centro de Estúdios Constitucionales, 1997.

[12] CANOTILHO, José Joaquim Gomes. *Direito constitucional e teoria da constituição*. 7. ed. Coimbra: Almedina, 2003, p. 407 e ss. e p. 1.402-1.403; e op. cit., 1991, p. 479-480.

[13] SARLET, 2009, op. cit., p. 155 e ss.

[14] MENDES, Gilmar Ferreira. "Os Direitos Individuais e suas limitações: Breves reflexões". In: MENDES, Gilmar Ferreira [et al.] *Hermenêutica Constitucional e Direitos Fundamentais*. Brasília: Brasília Jurídica, 2000, p. 197 e ss.

[15] Durante o período da Guerra Fria, essa dicotomia estendeu-se para o campo das relações internacionais, contrapondo-se liberdade e igualdade, numa lógica que, a depender do polo capitalista ou socialista para a qual pendia, procurava dar prevalência a uns direitos sobre os outros e chegou a justificar a formalização de documentos distintos de proteção desses direitos: o Pacto Internacional de Direitos Civis e Políticos (PIDCP) e o Pacto Internacional de Direitos Econômicos, Sociais e Culturais (PIDESC), ambos de 1966. A superação desse dualismo deu-se no plano teórico e prático, notadamente depois da queda do muro de Berlim, em 1989, e das políticas de abertura da antiga União Soviética (URSS), conhecidas como Perestroika e Glasnost. Com diferentes aportes, cf. ABRAMOVICH, Víctor; COURTIS, Christian. *Los derechos sociales como derechos exigibles*. Madrid: Editorial Trotta, 2002; e HOLMES, Stephen; SUNSTEIN, Cass R. *The Cost of Rights: Why Liberty Depends on Taxes*. New York: W. W. Norton & Company, 1999, com especial ênfase sobre os custos que demanda a efetivação de todos os direitos, não somente os *welfare rights*, mas também os clássicos direitos de liberdade.

[16] Nesse sentido e com maior detalhamento, ver, por todos, SARLET, 2009, op. cit., p. 167.

[17] A referência ao caráter inclusivo dos direitos sociais é feita por Liana Cirne Lins, em artigo no qual defende, entre outros, uma aplicação mais efetiva da faculdade contida no artigo 7º da Lei nº 7.347/85 (Lei da Ação Civil Pública), pela qual se permite que o magistrado, diante da potencialidade de uma demanda individual veicular pretensão que poderia ensejar apreciação coletiva, remeter peças ao Ministério Público, para que este possa avaliar o cabimento e a oportunidade de ajuizamento de ação civil pública com objeto semelhante. Desse modo, sustenta que se deva privilegiar a tutela coletiva dos direitos sociais, sem, contudo, excluir a possibilidade de ajuizamento de ações individuais

cioambientais. Importa assinalar, portanto, que a titularidade do direito fundamental à saúde não se esgota no indivíduo, ou seja, no direito de cada pessoa, como também não se restringe a determinado grupo ou mesmo à sociedade, sendo de sublinhar a inexistência de qualquer relação de prevalência abstratamente estabelecida entre a titularidade individual e a coletiva, menos ainda de caráter excludente em relação a qualquer uma delas. Tal característica não afasta, contudo, o fato de que "[o]s direitos sociais [...] já pelo seu forte vínculo [...] com a dignidade da pessoa humana e o correlato direito a um mínimo existencial"[18] sempre foram "direitos referidos, em primeira linha, à pessoa humana individualmente considerada".[19]

Nesse sentido, não podemos assentir com o argumento, sustentado por parcela da doutrina e por vezes utilizado no debate forense como "óbice teórico" à admissão de ações judiciais individuais, de que o direito à saúde, por ser direito social, contemplaria apenas uma dimensão subjetiva de índole coletiva ou difusa, que se sobreporia ao direito individualmente considerado, tornando-o, nessa condição, impassível de exigibilidade judicial. Com todas as vênias, a natureza "social" do direito à saúde em nada se relaciona com a titularidade individual ou coletiva, ligando-se, diversamente, à caracterização dos direitos sociais como pretensões marcadas pela busca de equalização das condições materiais de vida que diferencia(va)m as pessoas, num reequilíbrio que atenda ao princípio da igualdade em sua vertente substancial e realize a justiça social.[20] Frente a tal circunstância, não faria sentido algum que se lutasse pela consagração de direitos que fossem, pela adjetivação "social" que a linguagem doutrinária lhes atribuiu, desde logo limitados, mediante o aniquilamento da relevante parcela que é sua justiciabilidade individual. "Sociais" são os direitos nascidos em decorrência de um movimento de emancipação, individual e coletiva, que se iniciou com a luta pela ampliação da titularidade dos direitos políticos para além das restrições impostas pelo poder econômico (a começar pelo direito de sufrágio),[21] posteriormente alargada para abraçar a reivindicação de direitos que fossem efetivados por intermédio de uma atuação ativa e concreta do Estado, não mais de cunho absenteísta, senão notoriamente interventivo e dirigista, de um Estado capaz de prover adequadas condições de vida digna e desenvolvimento humano. "Sociais", outrossim, são tradicionalmente chamados os direitos dos trabalhadores, quer tenham conteúdo individual (como o direito à justa remuneração pelo trabalho prestado), quer se exerçam de modo coletivo (como o direito de greve ou à negociação coletiva, por exemplo), e em nenhuma dessas hipóteses jamais se pretendeu que a titularidade individual desses direitos, e mesmo sua acionabilidade judicial, pudessem ser estancadas em face da dimensão coletiva que geralmente assumem. Como assevera Ingo Sarlet, "nem a distinção entre direitos individuais e sociais, nem mesmo a inserção de ambos os

---

– o que certamente parece mais adequado. LINS, Liana Cirne. "A Tutela Inibitória Coletiva das Omissões Administrativas: um enfoque processual sobre a justiciabilidade dos direitos fundamentais sociais". In: *Direito do Estado*. Rio de Janeiro: Renovar/Instituto Ideias, n. 12, out-dez 2008, p. 223-261.

[18] Sobre o conceito de mínimo existencial, mas com destaque para as implicações concernentes ao direito à saúde, cf. SARLET; FIGUEIREDO, op. cit., p. 135-137; e, dos mesmos autores, "Reserva do possível, mínimo existencial e direito à saúde: algumas aproximações". In: SARLET, Ingo Wolfgang; TIMM, Luciano Benetti. (org.) *Direitos Fundamentais: orçamento e "reserva do possível"*. Porto Alegre: Livraria do Advogado, 2008, p. 11-53 (especialmente p. 42-49); FIGUEIREDO, 2007, op. cit., p. 204 e ss.

[19] SARLET, 2009, op. cit., p. 214.

[20] Em sentido semelhante, cf. SARLET, 2009, op. cit., p. 217.

[21] Nesse sentido, cf. PECES-BARBA, Gregorio. "Diritti sociali: origini e concetto". In: *Sociologia del Diritto*, ano XXVII, v. 1, 2000, p. 41-42.

grupos de direitos em duas distintas (embora complementares e conexas) dimensões ou gerações [...] foi em si pautada pelo critério da titularidade individual ou coletiva dos direitos civis e políticos em relação aos direitos sociais".[22] De modo ainda mais categórico, afirma Rodolfo Arango "[q]ue titular de los derechos sociales fundamentales es el individuo parece una afirmación obvia e incontrovertible", exemplificando que o direito à alimentação só pode referir-se a um indivíduo, assim como o direito à saúde, no sentido de direito a uma atenção médica mínima, direciona-se à proteção do indivíduo que está enfermo.[23]

Lembre-se ainda, no que concerne à seara processual, que a garantia constitucional de acesso à jurisdição (CF, art. 5º, XXXV), mais do que assegurar um direito à tutela judicial para coibir lesão ou ameaça de lesão a direito, significa a "*garantia da protecção jurídica* e *abertura da via judiciária* para assegurar ao cidadão o acesso ao direito e aos tribunais", integrando, na lição de Canotilho, o próprio conceito de Estado de Direito.[24] Trata-se de "uma protecção jurídico-judiciária individual *sem lacunas*",[25] que não admite um tal recorte na eficácia dos direitos sociais, como se cada pessoa não pudesse aceder ao Judiciário em defesa de alguma posição jurídica decorrente do direito fundamental social que, individualmente, tituláriza. "Por definição, os direitos fundamentais têm de receber, em Estado de Direito, protecção jurisdicional", salienta Jorge Miranda[26] – proteção esta que pressupõe, ademais, um controle de suficiência (e eficiência) das medidas e providências tendentes a concretizá-la, o que desde já se opõe ao mencionado argumento de exclusão total da justiciabilidade individual dos direitos sociais e implica, de seu turno, a aplicação do princípio da proporcionalidade como proibição de insuficiência.[27] Como observa Ingo Sarlet, se o cumprimento do "dever geral de efetivação" dos direitos fundamentais imposto ao Estado resulta na adoção das mais diversas medidas, esta incumbência "tem sido reconduzida especialmente ao monopólio estatal no que diz com a tutela contra violações de direitos e exercício do poder (no sentido de uma compensação pela retirada desse poder das 'mãos' dos indivíduos)",[28] reforçando o argumento contrário à negação da exigibilidade individual dos direitos fundamentais sociais.

---

[22] Op. cit., 2009, p. 215.

[23] Cf. ARANGO, Rodolfo. *El concepto de derechos sociales fundamentales*. Bogotá: LEGIS, 2005, p. 55-113 (e, aqui apontadas, p. 60 e 87).

[24] Os demais elementos formais do Estado de direito seriam "(1) o princípio da constitucionalidade e correlativo princípio da supremacia da constituição (2) divisão de poderes, entendida como princípio impositivo da vinculação dos actos estaduais a uma competência, constitucionalmente definida e da ordenação relativamente separada das funções; (3) princípio da legalidade da administração; (4) independência dos tribunais (institucional, funcional e pessoal e vinculação do juiz à lei". CANOTILHO, 2003, op. cit., p. 255 (grifos originais).

[25] CANOTILHO, 2003, op. cit., p. 274.

[26] MIRANDA, Jorge. *Manual de direito constitucional*. v. 4. Coimbra: Coimbra, 1996, p. 232.

[27] Sobre o princípio da proporcionalidade como proibição de insuficiência, consultar: SARLET, Ingo Wolfgang. "Os Direitos Fundamentais e sua Dimensão Organizatória e Procedimental: alguns pressupostos para uma adequada compreensão do processo na perspectiva constitucional". In: MARTINS, Ives Gandra da Silva; JOBIM, Eduardo (orgs.). *O Processo na Constituição*. São Paulo: Quartier Latin, 2008, p. 879-880; e, do mesmo autor, "Constituição e Proporcionalidade: o Direito Penal e os Direitos Fundamentais entre proibição de retrocesso e de insuficiência". *Revista de Estudos Criminais*, n. 86. In: Datadez, 2006. Ver ainda: FREITAS, Juarez. *O Controle dos Atos Administrativos e os princípios fundamentais*. 4ª ed., ref. e ampl. São Paulo: Malheiros, 2009, p. 61 e ss.; STRECK, Lenio. "A Dupla Face do Princípio da Proporcionalidade: da proibição de excesso (*Übermassverbot*) à proibição de proteção deficiente (*Untermassverbot*) ou *de como não há blindagem contra normas penais inconstitucionais*". Revista da *AJURIS*, Porto Alegre, v. 32, n. 97, p. 171-202, mar./2005.

[28] SARLET, 2008, op. cit., p. 878.

Seguindo direção semelhante, é com cautela que vemos algumas propostas de reforma e consolidação do que vem sendo designado de "processo coletivo", articuladas no projeto de lei nº 5.139/2009 e nos sucessivos substitutivos que a ele têm sido apresentados.[29] Sem a devida contextualização às peculiaridades da realidade jurídica e social pátria, mas, sobretudo, sem a previsão de garantias efetivas de proteção dos titulares de direitos, informação e condições de exercício do denominado *opt-out*, isto é, o direito de cada interessado em excluir-se da ação coletiva ajuizada e, portanto, de se apartar dos limites subjetivos da coisa julgada que daí será formada, as *class actions* brasileiras correm o risco de se subverterem em instrumento de limitação de direitos, e não de sua efetivação. O exemplo da coisa julgada é bastante significativo da nossa preocupação: enquanto o artigo 32 do aludido projeto de lei nº 5.139/2009 prescreve que "[a] sentença no processo coletivo fará coisa julgada *erga omnes*, independentemente da competência territorial do órgão prolator ou do domicílio dos interessados", sem qualquer restrição ou especificidade quanto à natureza da pretensão jurídica tutelada ou de seus titulares; o artigo 34 prevê que "[o]s efeitos da coisa julgada coletiva na tutela de direitos individuais homogêneos não prejudicarão os direitos individuais dos integrantes do grupo, categoria ou classe, que poderão propor ações individuais em sua tutela". Logo adiante, no § 1º do mesmo dispositivo, estabelece, contudo, que "não serão admitidas novas demandas individuais relacionadas com interesses ou direitos individuais homogêneos, quando em ação coletiva houver julgamento de improcedência em matéria exclusivamente de direito, sendo extintos os processos individuais anteriormente ajuizados".

São muitas as questões daí suscitadas, e uma investigação mais detida desses problemas escapa ao objeto do presente texto – como denota tão só o exemplo das condições pelas quais se exercerá o direito e dever de informação, quanto ao exercício do *opt-out* por parte dos possíveis atingidos pela coisa julgada da ação coletiva (haveria um direito de "arrependimento", com possibilidade de ulterior *opt-in*? Haveria uma limitação quanto a um mínimo de interessados remanescentes, em caso de elevado número de exclusões por *opt-out*? Como exercer o dever de comunicação em relação a quem também possua ação individual suspensa e passível de extinção após o trânsito em julgado da decisão final da ação coletiva?, etc.). Retomando o fio condutor do texto, então, considere-se apenas a dificuldade na definição da natureza do direito em causa, se individual (homogêneo) ou transindividual (coletivo ou difuso), se envolve matéria de fato ou de direito. Mais do que a procura por um acordo semântico entre a nomenclatura estabelecida pela doutrina constitucional (e que em si mesma não é impassível de controvérsia) e aquela comumente utilizada pela doutrina processual, o receio é de que esse exercício de conformação mútua possa repercutir num esvaziamento da tutela judicial individual dos direitos fundamentais sociais. Pondere-se o prejuízo de quem já tenha oportuna e adequadamente exercido seu próprio direito de acesso ao Judiciário, pela suspensão e mesmo pelo posterior arquivamento das respectivas demandas individuais, sem a adequada informação sobre a coisa julgada formada na ação coletiva (art. 37 do PL nº 5.139/2009). De modo ainda mais grave, considere-se a situação daqueles que sequer logram exercer essa garantia constitucional de modo efetivo e para quem o "direito ao *opt-out*" pode não passar de abstração, embora os efeitos da coisa julgada numa ação de improcedência talvez

---

[29] O projeto de lei nº 5.139/2009 foi rechaçado, encontrando-se pendente de recurso, todavia.

excluam a possibilidade de salvaguarda da dimensão individual de um direito social prejudicado. Retoma-se aqui o paradoxo da proteção do exercício da autonomia individual por sujeitos colocados em situação fática de flagrante desigualdade, para quem a garantia de condições materiais mínimas – e que por vezes podem constituir exatamente o objeto de uma ação coletiva em matéria de direitos sociais, o que torna a situação ainda mais dramática – é um *prius* necessário e inafastável ao exercício da liberdade que está subentendida na fruição do direito à informação, como condição prévia ao *opt-out*.[30]

Se medidas de política judiciária são necessárias, especialmente frente ao crescimento geométrico do número de ações individuais sobre direitos sociais – e o exemplo do direito à saúde talvez seja o mais eloquente a esse respeito – não se deve perder de vista que a tutela coletiva não afasta a titularidade individual dos direitos sociais, que não pode ser sobrepujada em prol de uma eficiência de estatísticas e, menos ainda, de soluções coletivizantes dos direitos e das necessidades individuais. É certo que se deve perquirir por soluções, e aqui não se acusa o projeto de Lei nº 5.139/2009 de algum tipo de autoritarismo nesse sentido, muito pelo contrário; o que se quer advertir, porém, é para a necessidade de que o foco central esteja na consecução de instrumentos de proteção mais ampla e efetiva dos direitos socioambientais, e não em outros interesses (por vezes até corporativos), como ressalva o exemplo do direito comparado.[31] Com razão, Teori Zavascki assinala, depois de se deter na distinção entre direitos transindividuais (coletivos e difusos) e direitos individuais homogêneos, que "[h]á situações que os direitos tuteláveis se apresentam como transindividuais ou como individuais homogêneos, ou ainda em forma cumulada de ambos, tudo a depender as circunstâncias de fato",[32] cumprindo ao intérprete-aplicador "a tarefa de promover a devida adequação, especialmente no plano dos procedimentos, a fim de viabilizar a tutela jurisdicional mais apropriada para o caso".[33] Como será feita essa adequação, contudo, é problema que permanece ainda em aberto, conquanto pareça urgente a necessidade de se traçarem soluções conciliatórias. Tenha-se presente que a garantia de inafastabilidade da jurisdição tem sido compreendida como "o direito

---

[30] "The class action collectivizes adjudication of those substantive rights, often revoking – either legally or practically – the individual right holder's ability to control the protection or vindication of this rights through resort to the legal process. Thus, the more freely available the collectivizing impact of the class action, the less opportunity the individual litigant will have to control the vindication of his substantive right. Through rarely either acknowledged or explored by court or scholar, this inherent tension threatens to undermine both political and constitutional values that place significant weight on preservation and protection of the individual's integrity and autonomy – particularly the autonomy of participation in the democratic processes as a means of protecting his own interests". Cf. REDISH, Martin H. *Wholesale Justice: constitutional democracy and the problem of the class action lawsuit*. Stanford: Stanford Books, 2009, p. 2-3.

[31] Entre as críticas ao sistema norte-americano, Martin Redish menciona a deturpação das *class actions* em instrumento mais precipuamente voltado à obtenção de vultosos honorários advocatícios do que à defesa de direitos coletivos (op. cit., p. 52), embora reconheça que os escritórios de advocacia acabem exercendo, nessa procura por possíveis demandas coletivas, uma espécie de fiscalização sobre os setores público e privado (op. cit., p. 34). E conclui: "the class action procedure, properly structured, could remain an extremely important joinder device. But it would be disingenuous to suggest that, under this revised structure, class action lawyers would have nearly the same incentives to act that they presently have". Op. cit., p. 54. Sobre a matéria, conferir, ainda, GIDI, Antonio. *A Class Action como instrumento de tutela coletiva dos direitos. As ações coletivas em uma perspectiva comparada*. São Paulo: Revista dos Tribunais, 2007.

[32] ZAVASCKI, Teori Albino. *Processo Coletivo. Tutela de Direitos Coletivos e Tutela Coletiva de Direitos*. 4ª ed., rev. e atual. São Paulo: Revista dos Tribunais, 2009, p. 38. Quanto à definição do que seja cada uma das categorias de direitos, conferir, na mesma obra, p. 32 e ss.

[33] Idem, p. 39.

de todo o homem de ser ouvido por Tribunal independente e imparcial, previamente instituído por lei", ou seja, "o devido Direito AO processo e NO processo",[34] numa concepção alinhada, portanto, aos textos normativos nacionais e internacionais[35] e que em nenhum momento, ademais, exclui a possibilidade de acesso à justiça para a defesa individual de direitos fundamentais sociais. Ao mesmo tempo, o reconhecimento de uma garantia implícita a condições materiais mínimas à vida com dignidade e saúde (mínimo existencial), muito embora passível de adequação às condições da comunidade em que a pessoa se encontre, não deixa de apresentar um viés marcadamente individual, pois será sempre o indivíduo, em suas peculiaridades, a referência principal à definição das prestações materiais devidas – e o direito à saúde talvez seja o exemplo mais rico e dramático disso.

2.2. Dimensão objetiva dos direitos fundamentais

A noção de que os direitos fundamentais podem respaldar o reconhecimento de normas e efeitos jurídicos diversos, de natureza complementar à dimensão subjetiva e passíveis de recondução à categoria dos deveres fundamentais, muito embora a estes não se restrinjam, informa o que doutrina e jurisprudência denominam de dimensão objetiva dos direitos fundamentais.[36] Nesse senso, a dimensão objetiva compreende os efeitos que transcendem o âmbito específico das posições subjetivas (ou "direitos subjetivos"), conquanto se resguarde primazia a estas, pelo menos em linha de princípio.[37] Consoante leciona Vieira de Andrade, a dimensão subjetiva não se mostra suficiente para explicar todas as consequências resultantes dos preceitos de direitos fundamentais. "É precisamente a esses restantes efeitos, a essa 'mais-valia' jurídica que se pode dar o nome de dimensão objectiva em sentido *funcional*",[38] com a afirmação de efeitos jurídicos que excedem às posições subjetivas.

O delineamento de uma dimensão objetiva dos direitos fundamentais reporta-se, sobretudo, ao constitucionalismo alemão desenvolvido na época de Weimar, com as teorias de Carl Scmitt e Rudolf Smend, e, mais tarde, à conhecida decisão do Tribunal Federal Constitucional no caso *Lüth*, em que afirmada uma "eficácia irradiante" dos direitos fundamentais. Carl Schmitt sustentou que, ademais de direitos fundamentais subjetivos, as normas constitucionais também pressupunham a proteção de certas instituições (de direito público) e institutos (de direito privado), contra supressões ou ofensas ao que consubstanciasse seu conteúdo essencial, notadamente

---

[34] AZEVEDO, André Jobim de. "Princípio da inafastabilidade do controle jurisdicional, outros e Constituição Federal". In: ASSIS, Araken; MADEIRA, Luís Gustavo de Andrade (coord.) *Direito processual civil: as reformas e questões atuais do direito processual civil*. Porto alegre: Livraria do Advogado, 2008, p. 62 (original grifado).

[35] O direito à tutela judicial é assegurado desde o nível internacional, com as previsões contidas, entre outros, na Declaração Universal de Direitos Humanos da Organização das Nações Unidas (DUDH/ONU, art. 10: "[t]oda pessoa tem direito, em plena igualdade, a uma audiência justa e pública por parte de um Tribunal independente e imparcial, para decidir de seus direitos e deveres ou do fundamento de qualquer acusação criminal contra ela"), no Pacto Internacional dos Direitos Civis e Políticos (PIDCP, art. 14, 1), na Declaração Americana dos Direitos e Deveres do Homem (art. 18) e na Convenção Americana sobre Direitos Humanos (Pacto de San Jose da Costa Rica, art. 8º, 1).

[36] Sobre a dimensão objetiva dos direitos fundamentais, confiram-se, *v.g.*: ANDRADE, José Carlos Vieira de. *Os direitos fundamentais na Constituição Portuguesa de 1976*. 2. ed. Coimbra: Almedina, 2001, p. 138 e ss.; SARMENTO, Daniel. *Direitos Fundamentais e Relações Privadas*. Rio de Janeiro: Lumen Juris, 2004, p. 133 e ss.; SARLET, 2009, op. cit., p. 142 e ss.

[37] Nesse sentido, ANDRADE, op. cit., p. 111-113; SARLET, 2008, op. cit., p. 876.

[38] ANDRADE, op. cit., p. 138.

em face ao legislador, consistindo o que chamou de "garantias constitucionais". Isso significava a tutela de bens jurídicos coletivos tidos como essenciais pelo ordenamento constitucional,[39] no sentido de "um *conjunto jurídico-normativo* [que] regula um determinado sector da realidade económica, social ou administrativa em torno de um 'direito fundamental' e em vista da sua realização",[40] extrapolando, portanto, uma dimensão puramente subjetiva e individual.

Já Rudolf Smend postulava que o papel primordial da Constituição estaria em promover a integração da comunidade, o que só seria possível pela tutela dos valores vividos e socialmente compartilhados. "Para ele, o mais essencial numa Constituição são os valores fundamentais em que esta se apoia, e a principal fonte desses valores encontra-se nos direitos fundamentais".[41] A teoria da Constituição como integração reforçou o argumento em favor da dimensão axiológica dos direitos fundamentais, ligada à legitimação do Estado, à hermenêutica em geral e ao que hoje se compreende como a fundamentalidade material desses direitos, ou seja, a ideia de que resguardam valores considerados essenciais pela ordem jurídica e social,[42] É nesse ambiente cultural "que vai se forjar a ideia da Constituição como 'ordem vinculada a valores que, na proteção da liberdade e da dignidade humana, reconhece o mais alto fim do Direito'".[43] Conquanto se possa contrapor severas críticas a uma noção puramente valorativa da Constituição, notadamente pela perda da necessária força normativa e vinculante de seus preceitos e pela insegurança decorrente de um puro "decisionismo" na jurisdição constitucional, não há dúvida de que a Constituição consagra e juridiciza os valores estimados como mais relevantes pela comunidade, em determinado contexto histórico. Os fundamentos em que se alicerça, os objetivos a que se propõe, a estrutura principiológica com que se normatiza, entre outros, dota a Constituição de um caráter axiologicamente relevante, em que os princípios ganham importância e aplicação.

A decisão proferida em 1958 no caso *Lüth* mostra-se congruente a todo esse contexto. Além de outros aspectos, afirmou o Tribunal Federal Constitucional alemão que os direitos fundamentais, ademais de informarem o reconhecimento de posições jurídicas de caráter subjetivo, "constituem decisões valorativas de natureza jurídico-objetiva da Constituição, com eficácia em todo o ordenamento jurídico e que fornecem diretrizes para os órgãos legislativos, judiciários e executivos", na sempre precisa referência de Ingo Sarlet.[44] De acordo com o jurista gaúcho, essa perspectiva axiológica respalda a tese de que os direitos fundamentais "devem ter sua eficácia valorada não só sob um ângulo individualista [...], mas também sob o ponto de vista da sociedade, da comunidade na sua totalidade, já que se cuida de valores e fins que esta deve respeitar e concretizar".[45] Dessa forma, a generalidade dos autores passou a aludir à "existência de uma 'dupla dimensão', de uma 'dupla natureza', de um 'duplo

---

[39] Cf. SARMENTO, 2004, op. cit., p. 139-140.

[40] ANDRADE, op. cit., p. 139.

[41] SARMENTO, 2004, op. cit., 140.

[42] "A ideia de *fundamentalidade material* insinua que o conteúdo dos direitos fundamentais é decisivamente constitutivo das estruturas básicas do Estado e da sociedade". CANOTILHO, 2003, op. cit., p. 379.

[43] SARMENTO, 2004, op. cit., p. 149, citando decisão do Tribunal Federal Constitucional alemão de 20-12-1970 (BVerfGE 12, p. 51).

[44] SARLET, 2009, op. cit., 143.

[45] SARLET, 2009, op. cit., p. 145.

carácter' ou de uma 'dupla função' (em qualquer dos casos, subjectiva e objectiva, individual e comunitária) dos direitos fundamentais".[46]

A partir dessa nova perspectiva, doutrina e jurisprudência passaram a identificar diferentes efeitos decorrentes da admissão de uma dimensão objetiva aos direitos fundamentais. Sem que aqui se pretenda estabelecer algum tipo de hierarquia ou ordem de prioridade entre tais efeitos, cumpre fazer referência ao que se tem denominado de "eficácia irradiante" dos direitos fundamentais, pois calcada exatamente na relevância axiológica e normativa desses direitos, como o afirmou a decisão do caso *Lüth*. Nesse sentido, passou-se a reconhecer que os valores e bens consagrados pelos direitos fundamentais, cujo liame parece estar na proteção da dignidade da pessoa humana, perpassam e imantam todo o restante ordenamento jurídico, outorgando-lhe novo fundamento de validade e determinando-lhe uma aplicação-interpretação segundo as normas de direitos fundamentais.[47] No âmbito constitucional, por exemplo, pode-se afirmar que a abertura material do catálogo de direitos fundamentais já seria viabilizada com base nesta eficácia irradiante do conjunto dos direitos fundamentais expressamente positivados, que assim reforça a eficácia inclusiva da norma de abertura contida no § 2º do artigo 5º da Constituição Federal, notadamente quanto ao reconhecimento de direitos fundamentais "decorrentes do regime e dos princípios por ela adotados". De sua parte, os movimentos de constitucionalização e repersonalização do direito privado também se reportam a essa eficácia irradiante dos direitos fundamentais, por meio da qual os valores consagrados pelos direitos fundamentais migraram para o direito privado, recosturando o tecido jurídico num ordenamento único, ainda que respeitadas certas peculiaridades pertinentes a cada direito ou instituto, revitalizados e reinterpretados segundo os valores constitucionais, sobremodo quando consagrados em normas de direitos fundamentais. Nesse sentido, pode-se dizer que a interpretação conforme a Constituição é, também e antes de tudo, uma interpretação conforme os direitos fundamentais, exatamente no sentido de sua dimensão objetiva.

Próxima à ideia de efeito irradiante, encontra-se a denominada eficácia dos direitos fundamentais entre particulares (*Drittwirkung*), que pressupõe a vinculação não apenas do Estado, mas das pessoas privadas, físicas e jurídicas, às normas de direitos fundamentais. A despeito da discussão doutrinária acerca da eficácia direta ou indireta das normas de direitos fundamentais sobre os particulares[48] – o que por si só ultrapassa os lindes deste ensaio –, parece difícil deixar de admitir a existência, em paralelo ao dever geral de proteção dos direitos fundamentais que incumbe ao Estado, de um dever geral de respeito aos direitos fundamentais por parte dos particulares entre si, seja pela vedação de condutas que acarretem restrição excessiva à fruição dos direitos por outros particulares, seja pela imposição de um dever geral de proteção,

---

[46] ANDRADE, op. cit., p. 110

[47] Nesse sentido, exemplificativamente, cf. SARMENTO, 2004, op. cit., p. 154-160. Ingo Sarlet ainda refere que a doutrina estrangeira tem visto, nessa dimensão objetiva dos direitos fundamentais, uma "função axiologicamente vinculada, demonstrando que o exercício dos direitos subjetivos individuais está condicionado, de certa forma, ao seu reconhecimento pela comunidade na qual se encontra inserido e da qual não pode ser dissociado, podendo falar-se, neste contexto, de uma responsabilidade comunitária dos indivíduos". Op. cit., 2009, p. 145-146.

[48] Sobre o tema, entre outros, cf. CANARIS, Claus-Wilhelm. *Direitos Fundamentais e Direito Privado*. Trad. Ingo Wolfgang Sarlet e Paulo da Mota Pinto. Coimbra: Almedina, 2003, 165 p.; SARLET, 2009, p. 374 e ss.; SARMENTO, 2004, p. 223 e ss.

calcado nos princípios da solidariedade e da subsidiariedade,[49] pelo menos no sentido de que as pessoas privilegiem, sempre que possível, comportamentos e opções voltados à consecução dos direitos fundamentais e à salvaguarda dos bens e valores por esses protegidos. Trilhando esse caminho, Ingo Sarlet aponta um certo consenso na doutrina, "no âmbito da perspectiva jurídico-objetiva dos direitos fundamentais, que todos, Estado e particulares, se encontram a estes vinculados por um dever geral de respeito", que corresponderia a "uma eficácia externa dos direitos fundamentais".[50] Tal interpretação apoia-se não apenas na ideia de que a própria Constituição Federal jamais restringiu a destinação dos direitos fundamentais unicamente ao Estado, nem tampouco a aplicabilidade direta das normas de direitos fundamentais (CF, art. 5º, § 1º),[51] mas, de outra parte, que a construção de uma "sociedade livre, justa e solidária", voltada a "promover o bem de todos" e a "erradicar a pobreza e a marginalização e a reduzir as desigualdades sociais e regionais (CF, art. 3º, I, III e IV) passa pela definição de um papel ativo e de uma responsabilidade compartilhada também por parte dos atores privados[52] – ainda que se possa discutir a forma e os limites como isso deve ocorrer. Com razão, Canotilho fala de uma *shared responsibility*, exatamente nesse sentido de responsabilidade de todas as forças sociais pela efetivação dos direitos fundamentais e que justificaria a imposição de deveres fundamentais.[53]

Próximo dessa ideia encontra-se outro dos efeitos atribuídos à dimensão objetiva dos direitos fundamentais, qual seja, a imposição, ao Estado, de um dever geral de proteção (*Schutzpflichten*), "no sentido de que a este incumbe zelar, inclusive preventivamente, pela proteção dos direitos fundamentais dos indivíduos, não somente contra os poderes públicos, mas também contra agressões provindas de particulares e até mesmo de outros Estados".[54] Trata-se de um dever imposto precipuamente ao legislador, mas do qual não se exime a Administração Pública e, num segundo momen-

---

[49] Sem aprofundar o tema, refira-se recente estudo a respeito do assim designado Estado de Solidariedade, em que Wambert Gomes di Lorenzo leciona que o princípio da solidariedade "implica a ação de todos em favor do bem comum, isto é, o empenho de todos para que todos e cada um realizem sua dignidade. [...] Também um tipo de relação em que a pessoa só se realiza à medida que se empenha na realização do outro. [...] Relação que é conteúdo da chamada *responsabilidade social* na qual todos são responsáveis por todos e por cada um. Não é, portanto, um tipo de altruísmo puro, mas condição da própria existência humana". Já sobre o princípio da subsidiariedade, destaca o autor que a "subsidiariedade é corolário da dignidade da pessoa humana. Ela regula a solidariedade na realização do bem comum nos diversos estratos sociais e nas suas relações entre si. [...] A dignidade da pessoa requer o protagonismo individual, que é limitado pela insuficiência do indivíduo de realizá-la isoladamente. Por sua natureza social, esse *sumo bem* exige a participação solidária do meio humano em que a pessoa está inserida". Cf. LORENZO, Wambert Gomes di. *Teoria do Estado de Solidariedade*. Rio de Janeiro: Elsevier, 2010, p. 132-133 e 102-103, respectivamente.

[50] Cf. SARLET, 2009, op. cit., p. 381.

[51] Nesse sentido, SARLET, 2009, op. cit., p. 383.

[52] Em direção semelhante, lembra Daniel Sarmento que "ao lado do dever primário do Estado de garantir os direitos sociais, é possível também visualizar um dever secundário da sociedade de assegurá-los", fundado, entre outros, no princípio da solidariedade. Cf. SARMENTO, 2004, op. cit., p. 337 e ss.

[53] A referência é feita em relação ao direito ao ambiente e ao estabelecimento de um "dever fundamental ecológico". CANOTILHO, José Joaquim Gomes. "O direito ao ambiente como direito subjectivo". In: ——. *Estudos sobre direitos fundamentais*. Coimbra: Coimbra, 2004, p. 178. Em sentido semelhante, José Casalta Nabais afirma que se deve ter presente "a concepção de homem que subjaz às actuais constituições, segundo a qual ele não é um mero indivíduo isolado ou solitário, mas sim uma pessoa solidária em termos sociais, constituindo precisamente esta referência e vinculação sociais do indivíduo – que faz deste um ser ao mesmo tempo livre e responsável – a base do entendimento da ordem constitucional assente no princípio da repartição ou da liberdade como uma ordem simultânea e necessariamente de liberdade e de responsabilidade, ou seja, uma ordem de liberdade limitada pela responsabilidade. Enfim, um sistema que confere primazia, mas não exclusividade, aos direitos face aos deveres fundamentais [...]". NABAIS, José Casalta. *Por uma Liberdade com Responsabilidade. Estudos sobre direitos e deveres fundamentais*. Coimbra: Coimbra Editora, 2007, op. cit., p. 215.

[54] Cf. SARLET, 2009, op. cit., p. 148-149. Em sentido semelhante, cf. BOROWSKI, op. cit., p. 144.

to, o próprio Judiciário, pois cumpre conformar a ordem jurídica, criar instituições e assegurar procedimentos (de acesso e controle) que permitam a efetiva fruição dos direitos fundamentais, identificando-se aqui a função prestacional *lato sensu* (deveres de proteção e deveres de organização e procedimento) desses direitos.[55] Segundo Martin Borowski, trata-se de mandados de ação, dirigidos ao Estado, no sentido de que atue para proteger e realizar os direitos fundamentais,[56] e cujo cumprimento se submete a um controle de suficiência, a partir da aplicação do princípio da proporcionalidade como vedação de proteção deficiente[57] – conforme, de resto, já mencionado alhures. Como observa Daniel Sarmento, a jurisprudência constitucional alemã tende a admitir um controle cada vez mais estrito, quanto mais valioso for o direito fundamental cujas medidas de efetivação estejam sendo analisadas.[58] A extensão desse dever de proteção, segundo asseverou o Tribunal Federal Constitucional alemão, "deve determinar-se mais propriamente em razão do significado e da necessidade de proteção que tenha o bem jurídico protegido..., de uma parte, e, por outra, em razão dos bens jurídicos que joguem em sentido contrário".[59] Refira-se ainda que, em termos de positivação no ordenamento pátrio, a *sedes materiae* desse dever geral de proteção estaria, para além das normas que podem ser inferidas de cada direito fundamental, nos princípios da segurança (CF, art. 6º) e do Estado de Direito, no sentido de cumprir ao Estado "o dever de agir no plano social para proteger os indivíduos da violação dos seus direitos fundamentais por atos de terceiros".[60]

Outrossim, a dimensão objetiva dos direitos fundamentais justifica a tutela das garantias institucionais, por meio de uma proteção especial e reforçada, atinente à salvaguarda do núcleo essencial desses complexos jurídico-normativos em face de sua supressão ou excessiva restrição pelo legislador ordinário, proibindo "a *destruição*, bem como a *descaracterização* ou a *desfiguração* da instituição", nas palavras de Vieira de Andrade.[61] Em sentido semelhante, Paulo Bonavides reitera essa função protetiva das garantias institucionais, destinadas que são a preservarem aquele "mínimo de substantividade ou essencialidade", cuja violação implicaria o perecimento de seu objeto, seja este uma instituição ou instituto propriamente dito, seja o componente institucional que caracteriza alguns direitos fundamentais.[62] Normalmente correspondem a imposições de legislar, associadas aos direitos fundamentais e protegidas segundo uma lógica própria de conjunto, na condição de realidades objetivas concretas.[63] Para Canotilho, as garantias institucionais se traduzem "numa imposição

---

[55] Nesse sentido, cf. SARMENTO, 2004, p. 161-162.

[56] A partir da Lei Fundamental alemã, comenta José Casalta Nabais que "as normas constitucionais relativas aos deveres, mais do que visarem os comportamentos dos particulares, constituem a legitimação para a intervenção dos poderes públicos em determinadas relações sociais ou em certos âmbitos da autonomia pessoal dos cidadãos, e uma tal legitimação resultar amplamente da determinação dos objectivos para o poder público decorrente da atual fórmula do 'estado social' [...]". Cf. NABAIS, op. cit., p. 202.

[57] BOROWSKI, op. cit., p. 156 e ss, com ampla análise a respeito dos princípios aplicáveis na eleição do melhor meio de efetivação do direito fundamental de proteção em causa.

[58] SARMENTO, 2004, op. cit, p. 166.

[59] Tradução livre da versão espanhola da decisão BVerfGe 88, 203 (254), colacionada por BOROWSKI, op. cit., p. 155.

[60] SARMENTO, 2004, op. cit., p. 168.

[61] Op. cit., p. 141.

[62] BONAVIDES, Paulo. 10 ed., rev., atual. e ampl. *Curso de Direito Constitucional*. São Paulo: Malheiros, 2000, p. 497 e 492.

[63] ANDRADE, op. cit., p. 140.

dirigida ao legislador, obrigando-o, por um lado, a respeitar a essência da instituição e, por outro lado, a protegê-la tendo em atenção os dados sociais, económicos e políticos", sem que se trate, adverte, do reconhecimento de direitos subjetivos.[64]

III. DEVERES FUNDAMENTAIS

Antes de ingressar num exame mais detalhado da aplicação dessas categorias jurídicas relativamente ao direito fundamental à saúde, com o objetivo – já agora antevisto e de certo modo delineado – de demonstrar que o objeto desse direito vai muito além das pretensões ao fornecimento de medicamentos e tratamentos, cumpre ainda aludir, mesmo que sem a profundidade que o tema merece, aos denominados deveres fundamentais. E, nessa senda, cabe desde logo fazer uma distinção importante: não se está aqui a tratar dos deveres correlativos aos direitos fundamentais,[65] já vistos anteriormente, mas da possibilidade de reconhecimento de deveres fundamentais como categoria constitucional autônoma, conquanto relacionada ao regime geral dos direitos fundamentais e vinculada, por isso, ao que José Casalta Nabais denomina de "estatuto constitucional do indivíduo".[66] Os deveres fundamentais corresponderiam a posições jurídicas passivas, no sentido de "posições subjectivamente imputadas ao indivíduo pela própria constituição",[67] muito embora possam determinar condutas ativas por parte dos indivíduos (e pessoas jurídicas, públicas e privadas[68]) sujeitos a cumpri-los.[69] Ademais, os deveres fundamentais são caracterizados pela universalidade, sendo atribuídos a todos os indivíduos, sem discriminações (pelo menos em linha de princípio); pela permanência, sendo impassíveis de renúncia por parte do legislador;[70] e pela tipicidade (ou princípio do *numerus clausus*), delimitando-se apenas àqueles previstos pela Constituição, expressa ou implicitamente.[71] Por fim, refere Casalta Nabais que os deveres fundamentais devem ser tomados como posições jurídicas essenciais, ou seja, "posições que traduzam a quota parte constitucionalmente exigida a cada um e, consequentemente, ao conjunto dos cidadãos para o bem comum".[72]

Os deveres fundamentais rendem ensejo a diferentes obrigações, podendo ser reconduzidos às funções de deveres prestacionais (positivos) e defensivos (negativos), quer imponham um *facere* ou *dare*, no caso dos primeiros, quer determinem deveres de abstenção (*non facere*) ou deveres de tolerância ou de suportar (*pati*), no caso dos últimos.[73] À semelhança dos direitos, todavia, muitos deveres fundamentais abrangem a consecução simultânea de diferentes tipos de obrigações, sendo difícil

---

[64] CANOTILHO, 2003, op. cit., p. 475. A impossibilidade de reconhecimento de direitos subjetivos, decorrentes de garantias constitucionais, não é uníssona, conforme menciona Ingo Sarlet; cf: SARLET, 2009, op. cit., p. 148.

[65] NABAIS, op. cit., p. 268-271. Conclui o jurista: "[q]ualquer destes deveres não goza de qualquer autonomia face aos respectivos direitos, autonomia que é característica dos deveres fundamentais em sentido próprio" (p. 270-271).

[66] NABAIS, op. cit., p. 220 e ss.

[67] Ibidem, p. 255. Não obstante, os deveres fundamentais apresentam também uma dimensão objetiva, como abordado, na mesma obra, à p. 288 e ss.

[68] Ibidem, p. 258-259.

[69] Ibidem, p. 253.

[70] Ibidem, p. 26-261.

[71] Ibidem, p. 278.

[72] Ibidem, p. 262

[73] NABAIS, op. cit., p. 306-307; SARLET, 2009, p. 228-229.

enquadrá-los em uma única das categorias mencionadas.[74] Em termos de possíveis classificações, e sem aqui esgotar o tema, pertine mencionar a distinção entre deveres autônomos e deveres não autônomos, conforme tenham conteúdo independente ou associado em relação aos direitos fundamentais a que se refiram – podendo-se falar, nesta última hipótese, em direitos-deveres e deveres-direitos, conforme a tônica esteja em uns ou noutros.[75]

Importa destacar, por fim, que os deveres fundamentais observam, de modo geral, o mesmo regime jurídico dos direitos fundamentais, inclusive no que concerne à possibilidade de aplicação imediata, com arrimo na cláusula do artigo 5º, § 1º, do texto constitucional pátrio, consoante sustenta Ingo Sarlet – distanciando-se, nesse sentido, de Casalta Nabais.[76] Ressalva o jurista gaúcho, no entanto, a necessidade de máxima cautela, sobremodo pela concomitante incidência do princípio da legalidade na ponderação do caso concreto, o que também não deve impedir a admissão de alguns efeitos comuns às demais normas constitucionais (revogação da legislação anterior incompatível e aplicação como parâmetro de aferição da constitucionalidade dos atos normativos posteriores),[77] passíveis de recondução a uma dimensão objetiva dos deveres fundamentais.

IV. O OBJETO DO DIREITO FUNDAMENTAL À SAÚDE: PARA ALÉM DO DEVER DE PRESTAÇÃO DE MEDICAMENTOS E TRATAMENTOS

A partir das premissas teóricas anteriormente assentadas, pode-se intentar uma análise do direito fundamental à saúde, no marco regulatório do sistema jurídico brasileiro, com o escopo de estender o objeto que lhe tem sido desenhado, pelo menos se tomarmos por base o foco central das ações judiciais nesta seara: o fornecimento de medicamentos e tratamentos, pelo Sistema Único de Saúde (doravante designado SUS) ou, de modo indireto, a extensão da cobertura dos planos e seguros privados de saúde.

Dessa forma, e retomando a ideia de multifuncionalidade dos direitos e deveres fundamentais, pode-se verifica, no caso da saúde, que se está diante de um típico direito-dever, "em que os deveres conexos ou correlatos têm origem, e são assim reconhecidos, a partir da conformação constitucional do próprio direito fundamental".[78] Se a letra do texto constitucional brasileiro já não deixaria muita margem de dúvida, tendo afirmado que "[a] saúde é direito de todos e dever do Estado" (CF, art. 196), a delimitação de possíveis posições subjetivas, deveres objetivos e efeitos decorrentes da dimensão objetiva demonstra a extensão e transversalidade dos conteúdos passíveis de dedução do direito fundamental à saúde.

Importa consignar, portanto, que o direito à saúde, na condição de direito de defesa, resguarda a saúde individual contra ingerências indevidas por parte de terceiros, sejam estes o Estado ou outros particulares, e, neste aspecto, pode-se admitir uma

---

[74] Ibidem, p. 306-307.
[75] NABAIS, op. cit., p. 308; SARLET, 2009, p. 228.
[76] Cf. SARLET, 2009, op. cit., p. 229-230; NABAIS, op. cit., p. 307-308.
[77] SARLET, 2009, idem.
[78] SARLET; FIGUEIREDO, 2008, op. cit., p. 132-133.

eficácia direta e originária do direito fundamental na esfera das relações privadas, a impedir condutas nocivas à saúde de outrem. De modo corespectivo, pode-se identificar um dever de proteção que daí exsurge para o Estado, determinando a regulação da vida privada e pública, nos mais diversos campos, de modo a assegurar este dever de não interferência e de proteção sobre a saúde das pessoas, individual e coletivamente consideradas (saúde pública, portanto), momento a partir do qual estabelece sanções para o caso de descumprimento dessas normas – ou seja, trata-se então da eficácia indireta do direito fundamental à saúde sobre os particulares, pois já mediada pelo legislador ordinário. Exemplo disso são as normas penais que criminalizam condutas omissivas e comissivas, contrárias à integridade física e psíquica e à saúde individual, como no exemplo dos crimes de omissão de socorro e de maus-tratos (CP, arts. 135 e 136), ou contrárias à saúde pública, como os crimes contra a saúde pública (CP, arts. 267 e seguintes). Também são exemplos as normas de vigilância sanitária, epidemiológica e de saúde do trabalhador, constitucionalmente inseridas no espectro do SUS e que abarcam, entre outros, a fiscalização sobre alimentos, água e bebidas, insumos diversos, sangue e hemoderivados, medicamentos e equipamentos, substâncias e produtos tóxicos, além do controle sanitário de fronteiras (CF, art. 200).[79]

Em termos de deveres fundamentais depreendidos diretamente do conjunto das normas que dispõem sobre o direito à saúde, pode-se falar num dever de proteção da saúde da pessoa para consigo mesma, a impedir que o indivíduo atente contra si mesmo, prejudicando a própria saúde;[80] e um dever geral de proteção da saúde pública, no sentido de vedar condutas dos particulares, pessoas físicas e jurídicas, que possam causar dano à saúde da coletividade em geral. Quanto à primeira hipótese, verifica-se uma clara interconexão entre a proteção da saúde e a tutela da dignidade humana, que serve como fundamento para medidas de regulação e, eventualmente até de intervenção do Estado, no sentido de que a pessoa não possa atentar contra si mesma, contra sua saúde e sua dignidade. Um exemplo cada vez mais eloquente e sempre complexo é a participação de pessoas na fase de testes em pesquisas científicas para desenvolvimento de novas substâncias e procedimentos, em que o fundamento da regulamentação dialoga com os princípios de bioética e da precaução/prevenção e se volta, entre outros, à proteção da pessoa contra si mesma e da saúde pública de modo

---

[79] Em nível infraconstitucional, a matéria encontra ampla regulação, sendo de referir, sem caráter exaustivo, os seguintes diplomas: Lei nº 8.080/90 (regulamenta o SUS); Lei nº 6.360/76 (define o que sejam e estabelece o controle sobre medicamentos, drogas, insumos farmacêuticos e correlatos, cosméticos, corantes, saneantes, etc.); Lei nº 6.437/77 (define as infrações à legislação sanitária federal e fixa as sanções correspondentes); Decreto-lei nº 986/69 (institui normas básicas sobre defesa e proteção da saúde no que respeita aos alimentos); Lei nº 5.991/73 (dispõe sobre o controle sanitário do comércio de drogas, medicamentos, insumos farmacêuticos e correlatos); Lei nº 9.294/96 (impõe restrições ao uso e à propaganda de produtos fumígeros, bebidas alcoólicas, medicamentos, terapias e defensivos agrícolas, regulamentando o art. 220, § 4º, da CF); Lei nº 9.782/99 (estabelece o Sistema Nacional de Vigilância Sanitária e cria a Agência Nacional de Vigilância Sanitária – ANVISA, agência reguladora constituída sob a forma de autarquia de regime especial, com competência para promover a proteção da saúde, pelo controle sanitário da produção e comercialização de produtos e serviços submetidos à vigilância sanitária); Lei nº 9.434/97 (regulamenta o art. 199, § 4º, da CF, dispondo sobre a remoção de órgãos, tecidos e partes do corpo humano, para fins de transplante e tratamento); Lei nº 10.205/2001 (regulamenta o art. 199, § 4º, da CF, dispondo sobre coleta, processamento, estocagem, distribuição e aplicação do sangue, seus componentes e derivados, inclusive quanto à proteção do doador e do receptor).

[80] Embora não se restrinja à função defensiva, José Casalta Nabais trata desse "auto-dever" de proteção da saúde, como exemplo de "deveres para com o próprio destinatário. É o caso do dever de defender e promover a saúde enquanto dirigido à defesa e promoção da saúde própria, a qual, como componente da saúde pública, é assumida como valor jurídico-constitucional e suporte de imposição de comportamentos aos indivíduos", salientando a identidade entre titular e destinatário do dever. NABAIS, op. cit., p. 298.

geral.[81] Observe-se que, nesta hipótese, há uma dupla hipossuficiência do indivíduo, decorrente não apenas de um desigual domínio técnico sobre as informações e resultados da pesquisa, como de sua posição em relação à doença, normalmente própria ou de familiar. Já no que concerne à saúde pública, é interessante notar que o instrumento jurídico das suspensões de segurança,[82] que alcança as hipóteses de suspensão de decisões (liminares, tutelas antecipadas e algumas sentenças) com força executória imediata, tem por pressuposto, entre outros, exatamente a violação a esse dever geral de proteção da saúde pública, permitindo, respeitado o caráter excepcional de que se deve revestir como medida de contra-cautela, a sustação imediata dos efeitos de decisão judicial que possam atentar contra a saúde pública. A medida tem sido utilizada, *v.g.*, para os casos de liberação de ingresso no país, circulação, comercialização e eventual plantio (quando cabível) de mercadorias (animais, sementes, produtos vegetais e respectivos derivados) que não tenham passado pelo controle fitossanitário, ou tenham sido por este reprovadas;[83] bem como nas hipóteses de interconexão do direito à saúde com outros direitos fundamentais, como os direitos ao saneamento básico[84] e ao ambiente ecologicamente equilibrado.[85] Recentemente, contudo, a maior parte das decisões em suspensão de segurança tratando aspectos da eficácia do direito à saúde tem decorrido da alegação de grave lesão à ordem e à economia

---

[81] Ainda que num prisma diverso, sobre a noção de "saúde sustentável", como "resultado emergente da intersecção de processos ecológicos, sociais, tecnológicos e políticos", cuja abrangência (no espaço e no tempo) e complexidade, "requerem o desenvolvimento de novas abordagens para o desenho, a realização e a avaliação das políticas ambientais e das tecnologias 'amigas do ambiente' e da forma como as intervenções no campo da saúde coletiva e da oferta de cuidados de saúde são guiadas por preocupações com a justiça social e ambiental e pela ação precaucionária", cf.: NUNES, João Arriscado; MATIAS, Marisa. "Rumo a uma Saúde Sustentável: saúde, ambiente e política". In: *Saúde e Direitos Humanos*. Ministério da Saúde. Fundação Oswaldo Cruz, Núcleo de Estudos em Direitos Humanos e Saúde Helena Besserman. Ano 3 (2006), n. 3. Brasília: Ministério da Saúde, 2006, p. 11. Disponível em http://www.ensp.fiocruz.br/portal-ensp/publicacoes/saude-e-direitos-humanos/pdf/sdh_2006.pdf, acesso em 31.05.2008.

[82] A matéria é regulada, atualmente, pelas Leis nºs 8.437/92, 9.494/97 e 12.016/2009.

[83] A título exemplificativo, confiram-se os seguintes precedentes: REsp nº 656.879/RS, Rel. Min. Luiz Fux, DJ 25.11.2004; Ag nº 624.572/RS, Rel. Min. Denise Arruda, DJ 18.11.2004; Ag 1.156.716/RS, Rel. Min. Benedito Gonçalves, DJ 17-08-2009; Ag nº 1.093.716/SP, Rel. Min. Benedito Gonçalves, DJ 18-02-2009; REsp nº 380.410/SC, Rel. Min. Herman Benjamin, DJ 19-09-2008; Ag nº 1.061.134/SP, Rel. Min. Hamilton Carvalhido, DJ 04-09-2008; REsp nº 674.761/CE, Rel. Min. Luiz Fux, DJ 25-05-2005.

[84] Na decisão da Suspensão de Liminar e de Sentença nº 1.140/RS (2009/0205534/3), DJ 26.10.2009, o Min. Cesar Asfor Rocha determinou a suspensão dos efeitos de tutela de urgência, concedida em ação civil pública, para liberar as obras de construção e ampliação da estação de tratamento de esgotos do Município de Osório/RS, como forma de proteger a saúde pública e o ambiente, pela execução de medida de saneamento. Consta da parte final da decisão: "a necessidade e a urgência da instalação e operação da estação de tratamento de esgoto é induvidosa, sobretudo considerando-se o fato de que a Lagoa dos Barros já vem servindo de destino para dejetos *in natura*, causando graves danos ao meio ambiente e à saúde da população próxima, que utiliza os recursos hídricos respectivos".

[85] Em decisão que destaca a interconexão entre saúde pública e ambiente, destacando o exercício do dever de proteção que cumpre ao Estado pela edição de normas penais, decisão do Superior Tribunal de Justiça confirma a competência da Justiça Federal para processamento de denúncia de liberação indevida de sementes de soja transgênica, que poderia constituir a hipótese prevista pelo artigo 13, inciso V, da Lei nº 11.105/2005 (Lei da Biossegurança). Consta da ementa: "A Comissão Técnica Nacional de Biossegurança (CNTBio) – Órgão diretamente ligado à Presidência da República, destinado a assessorar o governo na elaboração e implementação da Política Nacional de Biossegurança – é a responsável pela autorização do plantio de soja transgênica em território nacional. Cuidando-se de conduta de liberação, no meio ambiente, de organismo geneticamente modificado – sementes de soja transgênica – em desacordo com as normas estabelecidas pelo Órgão competente, caracteriza-se, em tese, o crime descrito no art. 13, inc. V, da Lei de Biossegurança, que regula manipulação de materiais referentes à Biotecnologia e à Engenharia Genética. Os eventuais efeitos ambientais decorrentes da liberação de organismos geneticamente modificados não se restringem ao âmbito dos Estados da Federação em que efetivamente ocorre o plantio ou descarte, sendo que seu uso indiscriminado pode acarretar consequências a direitos difusos, tais como a saúde pública. Evidenciado o interesse da União no controle e regulamentação do manejo de sementes de soja transgênica, inafastável a competência da Justiça Federal para o julgamento do feito" (CC nº 41.301/RS, 3ª Seção, Rel. Min. Gilson Dipp, DJ 17.05.2004).

públicas, abordando a questão do fornecimento de medicamentos e tratamentos pelo SUS – como referido inicialmente.

Na condição de direito a prestações em sentido lato, o direito à saúde desdobra-se na realização de atividades da mais diversa natureza por parte do destinatário da norma jusfundamental, precipuamente o Estado. Origina, primeiro, um dever de cunho marcadamente organizacional, no sentido de impor ao Estado a criação e organização de instituições e procedimentos que viabilizem o acesso universal e igualitário (de todos, mas não necessariamente gratuito)[86] aos serviços públicos de saúde, a participação e o controle social sobre tais serviços e políticas públicas de saúde, inclusive quanto à distribuição de recursos financeiros e sanitários. Densifica-se, com isso, o que Häberle denominou de *status activus processualis,*[87] podendo-se cogitar até mesmo do reconhecimento de posições subjetivas específicas, como, por exemplo, nas hipóteses de negativa de homologação às decisões dos Conselhos de Saúde ou de quebra da paridade de representação dos usuários nos Conselhos e Conferências de Saúde, na forma da Lei nº 8.142/90 (art. 1º, §§ 2º e 4º,[88] respectivamente). Quanto ao acesso propriamente dito, cabe observar que, se há a implementação de programas visando à melhoria do acesso e, pois, à aproximação dos serviços de saúde à população usuária – com a atuação dos agentes comunitários de saúde e a estruturação de políticas especiais, caso do Subsistema de Atenção Indígena (Lei nº 9.836/99) e do Sistema Integrado de Saúde das Fronteiras (SIS-Fronteiras) –, também se deve admitir que o ingresso da pessoa em alguns programas de atendimento à saúde, pela necessidade de preenchimento de complexos formulários e anexação de variados documentos e exames, muitas vezes se transforma num caminho tortuoso, que conduz ao abandono do tratamento. Pertinente, aqui, um controle de adequação dessas exigências, sob pena até mesmo de tratamento não isonômico no que respeita à garantia de igualdade de acesso, já que as carências de escolaridade e (in)formação, aliadas a dificuldades como transporte e manutenção em outros centros urbanos, são óbices ligados diretamente a esse problema.

Em segundo lugar, a dimensão organizatória e procedimental concretiza-se pelas garantias fundamentais processuais, por meio das quais se resguardam, entre outros, os direitos à ação e ao processo (juridicamente devido), ao contraditório e à ampla defesa, à prestação jurisdicional efetiva e oportuna. Os deveres que daí exsurgem guardam pertinência direta com outros direitos fundamentais, como é o caso do acesso à jurisdição e da gratuidade de justiça, ou da assistência jurídica quando ne-

---

[86] A extensão da gratuidade dos serviços públicos de saúde é matéria tormentosa e que não encontra necessariamente eco no direito estrangeiro, merecendo um aprofundamento que foge aos limites deste ensaio, sobretudo quanto às condições e limites em que eventual cobrança poderia ser feita. Para aprofundamento do tema, conferir: Cf., entre outros, SARLET, 2009, p. 325 e ss; AZEM, Guilherme Beaux Nassif. "Direito à Saúde e Comprovação da Hipossuficiência". In: ASSIS, Araken de. (coord.). *Aspectos Polêmicos e Atuais dos Limites da Jurisdição e do Direito à Saúde*, p. 13-25; e FIGUEIREDO, 2007, op. cit., p. 170 e ss; SARLET; FIGUEIREDO, 2008, op. cit., p. 155 e ss.

[87] Sobre os direitos de participação na organização e procedimento, v. SARLET, 2009, p. 194 e ss. Sobre o *status activus processualis*, cf. CANOTILHO, José Joaquim Gomes. "Constituição e Défice Procedimental". In: CANOTILHO, 2004, op. cit., p. 69-84.

[88] Lei nº 8.142/90, art. 1º, § 2º: "O Conselho de Saúde, em caráter permanente e deliberativo, órgão colegiado composto por representantes do governo, prestadores de serviço, profissionais de saúde e usuários, atua na formulação de estratégias e no controle da execução da política de saúde na instância correspondente, inclusive nos aspectos econômicos e financeiros, cujas decisões serão homologadas pelo chefe do poder legalmente constituído em cada esfera do governo". E § 4º: "A representação dos usuários nos Conselhos de Saúde e Conferências será paritária em relação ao conjunto dos demais segmentos".

cessária, que se efetivam não somente pelo estabelecimento de normas processuais, mas pela organização e funcionamento de uma série de instituições (Judiciário, Ministério Público, Defensoria Pública, Advocacia Pública), inclusive entre particulares (associações, sindicatos, advogados privados, organizações não governamentais).

Ainda de certo modo relacionada à dimensão organizatória e procedimental, embora isso não se traduza numa perda de materialidade, deve-se reconhecer que, frente ao complexo jurídico-normativo pelo qual a Constituição da República diretamente o instituiu e estruturou, o Sistema Único de Saúde (SUS) consiste em garantia institucional no ordenamento pátrio. Importa aqui retomar as palavras de Paulo Bonavides a respeito do caráter social das garantias institucionais, no sentido de que "se tornam efetivas, por obra de pressões sociais ou de imperativos da consciência pública, empenhada e inclinada a promover a igualdade",[89] para lembrar que o SUS, como tal, é resultado do Movimento de Reforma Sanitária e das reivindicações que foram consolidadas pela VIII Conferência Nacional de Saúde, cujo conteúdo forneceu subsídio direto para o constituinte de 1986/1987. Em vista disso, pode-se notar que o texto constitucional dispensa uma proteção reforçada ao direito à saúde, ultrapassando sua explicitação como direito fundamental, para alcançar a consagração dos princípios e diretrizes pelos quais se deve organizar e estruturar como sistema: público, embora admitida a participação da iniciativa privada e desde que assegurados o controle social e a participação da coletividade na tomada de decisões; único, conquanto descentralizado e regionalizado na prestação dos serviços e ações de saúde; hierarquizado, mas simultaneamente ordenado em diferentes graus de complexidade, de acordo com critérios de eficiência e adequação dos serviços oferecidos. Dessa forma, a amplitude e, ao mesmo tempo, o detalhamento das normas constitucionais, notadamente daquelas inferidas dos artigos 196 a 200 da Constituição Federal, permitem afirmar que, para além da dimensão subjetiva do direito à saúde, estabeleceu-se, no Sistema Único de Saúde (SUS), uma garantia institucional fundamental,[90] sujeita à proteção reforçada, inclusive contra medidas que tendam a aboli-lo.

Também como direito a prestações em sentido lato, fala-se no direito à proteção da saúde – expressão, aliás, mais comum no direito estrangeiro[91] –, para indicar toda uma gama de deveres relacionados à proteção da saúde individual e pública. O próprio texto constitucional já dá fortes indícios de que tais deveres de proteção devem ultrapassar as medidas de cunho curativo, pois também assegurada a promoção da saúde, que ocorre, entre outros, por medidas preventivas. Observe-se que além da ideia de "recuperação", refletindo o aspecto curativo do direito à saúde, o artigo 196 faz referência à realização de políticas públicas que visem à "redução do risco de doença e outros agravos", à promoção e proteção da saúde; enquanto o artigo 198, inciso II, estabelece uma preferência em favor das atividades preventivas. De seu turno, o artigo 200, ademais de arrolar uma série de atribuições do SUS, torna explícitas algumas interconexões entre o conteúdo do direito à saúde e o objeto de outros direi-

---

[89] BONAVIDES, op. cit., p. 497.

[90] À semelhança do SUS, o sistema nacional de saúde português também é considerado uma garantia institucional. Nesse sentido, cf. ANDRADE, op. cit., p. 140.

[91] CASAUX-LABRUNÉE, L. chega a referir que, sendo a saúde um bem indisponível, que não pode ser conferido, mas somente resguardado e promovido, não faria sentido falar em "direito à saúde", sendo preferível a expressão "direito à proteção da saúde". Cf. CASAUX-LABRUNÉE, L. "Le 'droit à la santé'". In CABRILLAC, R.; FRISON-ROCHE, M-A; REVET, T. *Libertés et droits fondamentaux*. 6 ed. rev. e aum. Paris: Dalloz, 2000, p. 617-619.

tos fundamentais, com as referências ao saneamento básico, ao ambiente, à educação e cultura, especialmente quanto ao desenvolvimento científico e tecnológico. A letra do texto constitucional, portanto, indica uma concepção dilargada do direito à saúde, associada à noção de qualidade de vida (e vida digna!), que se aproxima à garantia do mais alto nível possível de saúde, tal como prescrito pelo artigo 12 do Pacto Internacional dos Direitos Econômicos, Sociais e Culturais (PIDESC). Vida, saúde e dignidade humana, portanto, são noções que imediatamente exsurgem do complexo normativo a respeito do direito à saúde, no texto constitucional.

Como decorrência desse dever geral de proteção, é possível delinear alguns específicos deveres de proteção à saúde atribuídos ao Estado. A imposição de um dever geral de informação parece ser um bom exemplo disso, vigendo tanto nas relações entre paciente, familiares e setor público, como nas relações dos particulares entre si (profissionais da saúde, hospitais, clínicas e eventualmente seguradoras de planos de saúde, de um lado, e paciente e familiares, de outro). Protege-se o indivíduo na sua dupla condição de hipossuficiência, como paciente e consumidor, determinando-se que tenha informações o bastante para que possa decidir com autonomia – donde o claro elo, nesse aspecto, com os princípios da bioética. A exigência de consentimento informado, bem como, sendo o caso, de termo de ausência de conflito de interesses firmado pelo profissional da área da saúde são instrumentos que procuram concretizar esse dever de informação. Outro exemplo de dever de proteção específico diz respeito à regulação da participação da iniciativa privada no SUS, a teor do disposto no artigo 199 da Constituição Federal, cumprindo ao Estado o estabelecimento de limites à contratação de planos de saúde, bem como ao conteúdo das cláusulas assim firmadas, novamente pela aplicação combinada das normas constitucionais de tutela da saúde e do consumidor. Um último exemplo a ser elencado, e que também interfere nas relações privadas a respeito do direito à saúde, é a regulamentação não apenas da atividade de fabricação e comercialização de produtos e insumos farmacêuticos, mas a eventual limitação do direito de propriedade, sobretudo intelectual, em favor da garantia de proteção à saúde pública, com a "quebra" de patentes, e, o que parece ainda mais tormentoso, a salvaguarda dos saberes tradicionais e das espécies orgânicas e minerais que fazem parte da cultura nacional, em sentido amplo, e da cultura de comunidades indígenas e autóctones específicas.[92]

Finalmente, na condição de direito a prestações *stricto sensu*, o direito à saúde fundamenta posições subjetivas originárias frente ao Estado, concernentes à exigibilidade, inclusive judicial, de prestações materiais variadas (leitos hospitalares, medicamentos, exames, cirurgias, tratamentos, etc.). Situação semelhante acontece frente a particulares, especialmente seguradoras de planos privados de saúde, embora se trate, nesse caso, de prestações derivadas, porque fundadas nos contratos de planos e seguros de saúde, cuja regulamentação já foi objeto de conformação legislativa.

O aspecto talvez mais importante a respeito do correspondente dever de fornecimento de prestações materiais – e que não se resume ao direito à saúde, ainda que as prestações sanitárias constituam parcela importante de seu conteúdo – é a denominada garantia do mínimo existencial, ou seja, a garantia de condições materiais mínimas

---

[92] Sobre o tema, consultar ABDELGAWAD, Walid. "La Biopiratarie et le Commerce des Produits Pharmaceutiques face aux Droits des Populations Locales sur leurs Savoirs Traditionnels". In: MOINE-DUPUIS, Isabelle. *Le Médicament et la Personne. Aspects de Droit Internacional*. Paris: LexisNexis Litec, 2007, p. 323-362.

à vida digna e saudável. As controvérsias acerca do conteúdo abrangido pelo mínimo existencial, porém, estão longe de se esgotarem, bastando lembrar não serem poucos os autores que, seguindo a lição preconizada pelo eminente professor Ricardo Lôbo Torres, sustentam que a eficácia direta (originária) dos direitos fundamentais sociais estaria limitada somente à parcela do seu conteúdo que consubstancie o mínimo existencial, identificado como um direito a prestações básicas determinadas previamente (educação fundamental, saúde primária, um "teto" para morar, etc.), excluindo-se de exigibilidade judicial aquilo que supere esse patamar mínimo. Se em termos teóricos o debate ainda é intenso, a tarefa de aplicação prática dessa garantia, pelo menos no que concerne ao direito à saúde, tem-se mostrado ainda mais árdua, mesmo que se cogite apenas da proteção da saúde de um certo indivíduo e diante do pedido de fornecimento de prestação material pelo Estado – e as ações judiciais não deixam dúvidas quanto a isso. A problemática se agrava, contudo, quando se questionam os limites e as possibilidades de extensão dessa proteção a uma coletividade de pessoas, a toda a sociedade e até mesmo às futuras gerações: como e com quais instrumentos proceder? Pode-se falar num direito da sociedade ao mínimo existencial? A resposta para tais questões parece continuar em aberto, à espera de um aprofundamento a respeito.

Além disso, a necessidade de investigação acerca dos critérios a serem utilizados na tarefa de densificação do âmbito de proteção da garantia do mínimo existencial parece ainda mais evidente. A proteção de um direito fundamental não pode descurar da proteção de outros direitos e titulares, nem tampouco pode comprometer o equilíbrio do sistema como um todo. Se há princípios e objetivos eleitos pelo constituinte como prioritários, a opção por uns ou outros é complexa, não apenas quanto às escolhas a respeito do modo por que melhor efetivar o direito à saúde, como também no que concerne à eleição de quais políticas públicas implementar e com qual prioridade, quais sujeitos privilegiar e com base em quais critérios. No caso específico do direito à saúde, tal problemática deve levar em consideração, para além de critérios jurídicos, parâmetros sanitários, bioéticos, econômicos, entre outros. Por exemplo: ao lado dos princípios da precaução e prevenção, convivem os critérios epidemiológicos e a hierarquia dos serviços de saúde em ordem crescente de complexidade; junto ao princípio da máxima efetividade dos direitos fundamentais, vige o princípio bioético da não maleficência; entre proibição de excesso e insuficiência, vigem os princípios da eficiência e da economicidade.

A solução para esses dilemas, verdadeiros *hard cases* em decisões de macrojustiça, depende não somente de discussões como esta que se propõe, mas de uma conduta mais ativa e participativa de todos os interessados, pela atuação junto aos Conselhos e Conferências de Saúde, pela intervenção junto ao processo de orçamento público, pelo controle social das políticas públicas. Recuperando o que foi exposto inicialmente, o direito fundamental à saúde não se efetiva unicamente como direito a prestações materiais a cargo do Estado; ao contrário, mesmo a definição das prestações materiais, se são adequadas e razoáveis, se estão incluídas no mínimo existencial ou não, depende da investigação de todas essas questões – aqui tratadas, ainda, de maneira superficial. Mostra-se pertinente, portanto, um redimensionamento do problema, quer para permitir uma melhor exploração das possíveis densificações do direito à saúde, quer para barrar uma excessiva substituição do técnico pelo administrador, e do administrador pelo juiz, tendo por resultado, a final, a banalização e o consequente esvaziamento do próprio direito fundamental; quer, finalmente, para que se procurem meios de otimização da eficácia do direito fundamental à saúde em todas as searas pelas quais se faz incidente.

BIBLIOGRAFIA

ABDELGAWAD, Walid. "La Biopiratarie et le Commerce des Produits Pharmaceutiques face aux Droits des Populations Locales sur leurs Savoirs Traditionnels". In: MOINE-DUPUIS, Isabelle. *Le Médicament et la Personne. Aspects de Droit Internacional*. Paris: LexisNexis Litec, 2007.

ABRAMOVICH, Víctor; COURTIS, Christian. *Los derechos sociales como derechos exigibles*. Madrid: Editorial Trotta, 2002.

ALEXY, Robert. *Teoria de los derechos fundamentales*. Traducción Ernesto Garzón Valdés. Madrid: Centro de Estúdios Constitucionales, 1997.

ANDRADE, José Carlos Vieira de. *Os direitos fundamentais na Constituição Portuguesa de 1976*. 2. ed. Coimbra: Almedina, 2001.

ARANGO, Rodolfo. *El concepto de derechos sociales fundamentales*. Bogotá: LEGIS, 2005.

AZEM, Guilherme Beaux Nassif. "Direito à Saúde e Comprovação da Hipossuficiência". In: ASSIS, Araken de. (coord.). *Aspectos Polêmicos e Atuais dos Limites da Jurisdição e do Direito à Saúde*, p. 13-25.

AZEVEDO, André Jobim de. "Princípio da inafastabilidade do controle jurisdicional, outros e Constituição Federal". In: ASSIS, Araken; MADEIRA, Luís Gustavo de Andrade (coord.) *Direito processual civil: as reformas e questões atuais do direito processual civil*. Porto alegre: Livraria do Advogado, 2008.

BOROWSKI, Martin. *La estructura de los derechos fundamentales*. Trad. Carlos Bernal Pulido. Bogotá: Universidad Externado de Colombia, 2003.

CANARIS, Claus-Wilhelm. *Direitos Fundamentais e Direito Privado*. Trad. Ingo Wolfgang Sarlet e Paulo da Mota Pinto. Coimbra: Almedina, 2003.

CANOTILHO, José Joaquim Gomes. *Direito constitucional e teoria da constituição*. 7. ed. Coimbra: Almedina, 2003.

——. "O direito ao ambiente como direito subjectivo". In: ——. *Estudos sobre direitos fundamentais*. Coimbra: Coimbra, 2004.

——. "Constituição e Défice Procedimental". In: ——. *Estudos sobre direitos fundamentais*. Coimbra: Coimbra, 2004.

——. "Tomemos a sério dos direitos económicos, sociais e culturais". In: *Boletim da Faculdade de Direito da Universidade de Coimbra*, Coimbra, 1991, número especial, 1991.

CASAUX-LABRUNÉE, L. "Le 'droit à la santé'". In: CABRILLAC, Rémy; FRISON-ROCHE, Marie-Anne; REVET, Thierry. *Libertés et droits fondamentaux*. 6 ed. rev. e aum. Paris: Dalloz, 2000.

FIGUEIREDO, Mariana Filchtiner. *Direito Fundamental à Saúde: parâmetros para sua eficácia e efetividade*. Porto Alegre: Livraria do Advogado, 2007.

——. *Direito à Saúde*. Leis nºs 8.080/90 e 8.142/90. Salvador: JusPodivm, 2009.

FREITAS, Juarez. *O Controle dos Atos Administrativos e os princípios fundamentais*. 4ª ed., ref. e ampl. São Paulo: Malheiros, 2009.

GIDI, Antonio. *A Class Action como instrumento de tutela coletiva dos direitos. As ações coletivas em uma perspectiva comparada*. São Paulo: Revista dos Tribunais, 2007.

HOLMES, Stephen; SUNSTEIN, Cass R. *The Cost of Rights: Why Liberty Depends on Taxes*. New York: W. W. Norton & Company, 1999.

LINS, Liana Cirne. "A Tutela Inibitória Coletiva das Omissões Administrativas: um enfoque processual sobre a justiciabilidade dos direitos fundamentais sociais". In: *Direito do Estado*. Rio de Janeiro: Renovar/Instituto Idéias, n. 12, out-dez 2008, p. 223-261.

LORENZO, Wambert Gomes di. *Teoria do Estado de Solidariedade*. Rio de Janeiro: Elsevier, 2010.

MENDES, Gilmar Ferreira. "Os Direitos Individuais e suas limitações: Breves reflexões". In: MENDES, Gilmar Ferreira [et al.] *Hermenêutica Constitucional e Direitos Fundamentais*. Brasília: Brasília Jurídica, 2000.

MIRANDA, Jorge. *Manual de direito constitucional*. v. 4. Coimbra: Coimbra, 1996.

NABAIS, José Casalta. *Por uma Liberdade com Responsabilidade*. Estudos sobre direitos e deveres fundamentais. Coimbra: Coimbra Editora, 2007.

NUNES, João Arriscado; MATIAS, Marisa. "Rumo a uma Saúde Sustentável: saúde, ambiente e política". In: *Saúde e Direitos Humanos*. Ministério da Saúde. Fundação Oswaldo Cruz, Núcleo de Estudos em Direitos Humanos e Saúde Helena Besserman. Ano 3 (2006), n. 3. Brasília: Ministério da Saúde, 2006, p. 11. Disponível em http://www.ensp.fiocruz.br/portal-ensp/publicacoes/saude-e-direitos-humanos/pdf/sdh_2006.pdf, acesso em 31-05-2008.

PECES-BARBA, Gregorio. "Diritti sociali: origini e concetto". In: *Sociologia del Diritto*, ano XXVII, v. 1, 2000, p. 33-50.

REDISH, Martin H. *Wholesale Justice*: constitutional democracy and the problem of the class action lawsuit. Stanford: Stanford Books, 2009.

SARLET, Ingo Wolfgang. *A Eficácia dos Direitos Fundamentais. Uma teoria geral dos direitos fundamentais na perspectiva constitucional.* 10ª ed., rev., atual. e ampl. Porto Alegre: Livraria do Advogado, 2009.

——. SARLET, Ingo Wolfgang. "Os Direitos Fundamentais e sua Dimensão Organizatória e Procedimental: alguns pressupostos para uma adequada compreensão do processo na perspectiva constitucional". In: MARTINS, Ives Gandra da Silva; JOBIM, Eduardo (orgs.). *O Processo na Constituição.* São Paulo: Quartier Latin, 2008, p. 867-893.

——. Constituição e Proporcionalidade: o Direito Penal e os Direitos Fundamentais entre proibição de retrocesso e de insuficiência". Revista de Estudos Criminais.

SARLET, Ingo Wolfgang; FIGUEIREDO, Mariana Filchtiner. "Reserva do possível, mínimo existencial e direito à saúde: algumas aproximações". In: SARLET, Ingo Wolfgang; TIMM, Luciano Benetti. (org.) *Direitos Fundamentais: orçamento e "reserva do possível".* Porto Alegre: Livraria do Advogado, 2008, p. 11-53.

——; ——. "Algumas considerações sobre o direito fundamental à proteção e promoção da saúde aos 20 anos da Constituição Federal de 1988". *Revista de Direito do Consumidor,* v. 67, p. 125-172, 2008.

SARMENTO, Daniel. *Direitos Fundamentais e Relações Privadas.* Rio de Janeiro: Lumen Juris, 2004

——. "A dimensão objetiva dos direitos fundamentais: fragmentos de uma teoria". In: SAMPAIO, José Adércio Leite (Org.) *Jurisdição constitucional e direitos fundamentais.* Belo Horizonte: Del Rey, 2003, p. 251-314.

STRECK, Lenio. *Hermenêutica jurídica e(m) crise*: uma exploração hermenêutica da construção do Direito. Porto Alegre: Livraria do Advogado, 1999.

——. "A Dupla Face do Princípio da Proporcionalidade: da proibição de excesso (*Übermassverbot*) à proibição de proteção deficiente (*Untermassverbot*) ou *de como não há blindagem contra normas penais inconstitucionais*". *Revista da AJURIS,* Porto Alegre, v. 32, n. 97, p. 171-202, mar./2005.

ZAVASCKI, Teori Albino. *Processo Coletivo. Tutela de Direitos Coletivos e Tutela Coletiva de Direitos.* 4ª ed., rev. e atual. São Paulo: Revista dos Tribunais, 2009.

— 9 —

Direito de patentes à luz do princípio da igualdade: como fica o acordo TRIPS?[1]

MILTON LUCÍDIO LEÃO BARCELLOS[2]

Sumário: 1. Introdução; 2. Sistema de patentes e o Acordo TRIPS: Busca de uma atrofia indesejada?; 3. Princípio da Igualdade: necessidade de compreensão da sua dimensão material; 4. Princípio da Igualdade e o sistema de patentes; 5. Conclusões; 6. Referências bibliográficas.

1. INTRODUÇÃO

O sistema de patentes é de relevância ímpar na sociedade contemporânea e representa uma realidade internacional inegável, movimentando bilhões de Euros anualmente, sendo um dos instrumentos essenciais para as políticas de desenvolvimento nacionais ou regionais.[3]

---

[1] Este ensaio inspira-se na Tese de Doutorado defendida na PUCRS em agosto de 2010, intitulada Limites e Possibilidades Hermenêuticas do Princípio da Igualdade no Direito de Patentes Brasileiro, para a qual tive a honra e o privilégio de ter como orientador o Prof. Dr. Ricardo Aronne (PUCRS) e como co-orientador o Prof. Michael Meurer (Boston University), partindo-se agora para um enfoque mais detalhado sobre a harmonia de suas conclusões com o próprio Acordo TRIPS.

[2] Mestre e Doutor em Direito pela PUCRS. Professor Visitante na Faculdade de Direito da Universidade de Boston/MA/EUA. Especialista em Direito Internacional pela UFRGS. Advogado sócio do Escritório Leão Propriedade Intelectual. Associado e membro da Diretoria da Associação Brasileira dos Agentes da Propriedade Industrial – ABAPI. Ex-Presidente da Associação Brasileira dos Agentes da Propriedade Industrial – Seccional Sul (ABAPISUL – 2006/2007). Membro e Ex-Presidente da Comissão de Propriedade Intelectual da OAB/RS. Autor dos livros "O sistema internacional de patentes" (Thomson/IOB – 2004) e "Propriedade Industrial & Constituição: As teorias preponderantes e sua interpretação na realidade brasileira" (Livraria do Advogado – 2007). Associado à ABPI, ABAPI, AIPPI e LIDC. Professor de Cursos de Extensão e Especialização na área de Propriedade Intelectual. E-mail: milton@trademarks.com.br.

[3] De acordo com dados do Escritório Europeu de Patentes – EPO –, existem diversos impactos diferentes que a utilização do sistema de patentes proporciona: a) Impacto macroeconômico: Há uma relação direta entre o número de patentes requeridas e o estágio de desenvolvimento de determinado país ou região, sendo que a tendência dos últimos 20 anos é baseada em um aumento considerável de pedidos de patente para pequenas invenções ou melhoramentos; b) Impacto no indivíduo: O sistema internacional de patentes é realmente muito caro para ser utilizado por inventores individuais, sendo que a transferência de direitos para empresas capitalizadas é o melhor caminho para o reconhecimento e obtenção de lucro com a invenção a ser economicamente explorada; c) Impacto nas pequenas empresas: De acordo com estudos da OECD, o sistema de patentes é muitas vezes a salvação de pequenas empresas para ingressar e manterem-se em mercados competitivos, evitando a luta predatória de preços dos grandes *players* com recursos econômicos ilimitados; d) Impacto nas grandes empresas: Atualmente quanto maior o número de patentes válidas, ativas e relacionadas a produtos inseridos no mercado, maior o valor da empresa que as detém e maior o potencial de obtenção de aumento de receitas futuras, servindo de exemplo mundial o fato da IBM receber anualmente mais de US$ 1,5 bilhão em receita decorrente de royalties oriundos de licenças de uso de suas patentes, sendo a grande maioria destas licenças em um formato não exclusivo; e) Impacto em instituições de pesquisa e universidades: A tendência em aproveitar e difundir a pesquisa aplicada nas universidades e centros de pesquisa iniciada na década de 80 nos Estados Unidos transformou as universidades em reais polos de inovação e atração de investimentos, possibilitando

Mas trata-se de um sistema internacionalizado com base em quatro requisitos principais e engessados: novidade, atividade inventiva, aplicação industrial e suficiência descritiva.

Estes requisitos foram embasados em tecnologias existentes no século XIX, servindo perfeitamente bem para a proteção destas tecnologias de forma a estimular a utilização do sistema de patentes como um todo em uma direção pró-desenvolvimento.

No entanto, ao longo do presente ensaio, restará demonstrado que o atual sistema de patentes precisa de mudanças e de uma reavaliação axiológica auxiliada por dados empíricos para seguir cumprindo os seus objetivos (evitando tornar-se apenas um fim em si mesmo).

Nesse sentido, tendo em vista a relevância do sistema de patentes na realidade do comércio internacional, igualmente pretende-se demonstrar que as adequações necessárias e constitucionalmente essenciais estão em sintonia com o disposto no Acordo TRIPS.

Para que os objetivos do trabalho sejam atingidos, passa-se, inicialmente, pela definição do sistema de patentes, do Acordo TRIPS e da recepção no ordenamento jurídico, fazendo, como Juarez Freitas[4] destaca, os devidos acordos semânticos para construção mais linear possível do raciocínio e da compreensão.

Primeiro, busca-se definir o que se entende como sendo as bases fundantes do sistema de patentes e a sua utilização com requisitos engessados para o tratamento de tudo que se entende como tecnologia que preencha tais requisitos de patenteabilidade.

Posteriormente, analisa-se a definição e necessária consideração do princípio da igualdade, em sua dimensão material, como um dos elementos fundamentais a ser observado pelo sistema de patentes para corrigir desvios e realinhar sua utilização da melhor forma possível como instrumento não apenas gerador de desenvolvimento, mas sim gerador de desenvolvimento com a maior eficiência social, econômica e tecnológica possível.

Passa-se para uma análise da transição do ambiente no qual estava tradicionalmente inserido o sistema de patentes para o âmbito de discussões e sanções da OMC, reconhecendo no Acordo TRIPS um instrumento de negociação e imposição de interesses nacionais e regionais diretamente conectados com as relações de comércio internacional.

Analisam-se os impactos e possibilidades do atual sistema de patentes no ambiente concorrencial, demonstrando-se que o tratamento formalmente igual conferido pelo sistema de patentes às tecnologias suscetíveis de proteção, gera efeitos que facilitam o uso "legal" de medidas anticompetitivas, criando barreiras de entrada no mercado.

Nas conclusões, convida-se a refletir a respeito do atual sistema de patentes quando confrontado com uma interpretação sistemática integradora do sistema jurídico, reconhecendo-se uma necessidade de revisitar este sistema auscultando o princípio

---

uma real e efetiva transferência de tecnologia com benefício social. Disponível em http://www.epo.org/topics/innovation-and-economy/economic-impact.html, acesso em 06.11.2010.

[4] FREITAS, Juarez. *A interpretação sistemática do direito*. 4. ed. São Paulo: Malheiros, 2004.

da igualdade, sem que isso represente qualquer tipo de violação aos compromissos internacionais assumidos quando da assinatura do Acordo TRIPS.

2. SISTEMA DE PATENTES E O ACORDO TRIPS: BUSCA DE UMA ATROFIA INDESEJADA?

Inserida em um contexto histórico, observa-se a estrutura do sistema de patentes como um todo, que parte da premissa de que toda criação intelectual que preencha os requisitos de novidade, atividade inventiva, aplicação industrial e suficiência descritiva, da forma como os mesmos são interpretados atualmente, não estando vedada por expressa disposição legal, é elegível como direito subjetivo à obtenção de uma patente com outorga de direitos iguais ao titular.

Tal sistema ou direito de patentes recentemente passou a ter imposições decorrentes do Acordo TRIPS que buscam harmonizar internacionalmente tais direitos, para que haja, em tese, melhores condições de comércio internacional sem que tal sistema seja usado com objetivos políticos nacionais em prejuízo de interesses internacionais.[5]

Este intuito de harmonização internacional em prol do comércio e desenvolvimento econômico mundial traz consigo algumas interpretações de dispositivos do Acordo TRIPS que provocam uma atrofia indesejada no sistema de patentes, pois, em uma análise geral do sistema, tais interpretações estariam a impossibilitar, por exemplo, a exclusão ou adaptação de patenteabilidade de tecnologias sobre as quais os efeitos da utilização do sistema de patentes geram um desenvolvimento inferior do que se este sistema simplesmente não existisse.[6]

Ora, se o Acordo TRIPS for interpretado restritivamente e compreendido em seu sentido puramente de harmonia formal internacional (mesmo que tal harmonia gere violação do próprio sentido de desenvolvimento para o qual o Acordo deveria ter sido constituído), tem-se um real retrocesso e atrofia do sistema de patentes como um todo, em um caminhar para o descumprimento dos objetivos constitucionais de atendimento ao interesse social e desenvolvimento econômico e tecnológico do País.

Na prática, o que ocorre é que, em uma interpretação restritiva e preenchidos os engessados requisitos de patenteabilidade não inseridos nas exceções do Acordo, os Membros do Acordo TRIPS são obrigados a conceder patentes para todas as tecnologias por um prazo legal mínimo com direitos decorrentes igualmente engessados.[7]

---

[5] De acordo com o artigo primeiro do Acordo TRIPS (Anexo 1C do Acordo Constitutivo da Organização Mundial do Comércio – OMC, concluído em Marraqueche em 15 de abril de 1994 e em vigor desde 1º de janeiro de 1995), que define a natureza e abrangência das obrigações, os Membros poderão, mas não estarão obrigados a prover, em sua legislação, proteção mais ampla que a exigida neste Acordo, desde que tal proteção não contrarie as disposições deste Acordo. *Os Membros determinarão livremente a forma apropriada de implementar as disposições deste Acordo no âmbito de seus respectivos sistema e prática jurídicos.*

[6] Exemplificativamente, diversas críticas estão sendo feitas à proteção de tecnologias envolvendo programas de computador, pois tais tecnologias têm gerado, de acordo com pesquisa empírica de fôlego feita por Michael Meurer (entre outros críticos) em sua obra Patent Failure (Princeton University Press: Princeton, New Jersey, 2008), mais custos do que benefícios devido a diversos fatores peculiares desta área tecnológica quando inserida no universo de proteção do sistema de patentes.

[7] Assim dispõe o art. 27.1 do Acordo TRIPS: Sem prejuízo do disposto nos parágrafos 2 e 3 abaixo, qualquer invenção, de produto ou de processo, em todos os setores tecnológicos, será patenteável, desde que seja nova, envolva um passo inventivo e seja passível de aplicação industrial. Sem prejuízo do disposto no parágrafo 4 do Artigo 65, no parágrafo 8 do Artigo 70 e no parágrafo 3 deste Artigo, as patentes serão disponíveis e os direitos patentários serão

Nesse sentido, explica Denis Borges Barbosa:[8]

Completamente em oposição ao sistema da CUP, o TRIPs constitui-se fundamentalmente de parâmetros mínimos de proteção; embora presente, a regra de tratamento nacional é subsidiária em face do patamar uniforme de proteção.

Busca-se, portanto, compreender o direito de patentes enquanto necessária engrenagem de um sistema maior que almeja, em âmbito nacional brasileiro, atingir o interesse social, desenvolvimento econômico e tecnológico do País, assim como necessária engrenagem que se dedica a harmonizar e incrementar o comércio internacional em prol desta cláusula finalística vinculativa constitucional, mesmo em se considerando as intenções mais restritas dos objetivos do Acordo TRIPs.

O que deve evidenciar-se igualmente é que se o disposto no artigo 27.1 do Acordo TRIPS consiste em limitação imposta que admite interpretação que aplique o princípio da igualdade em seu sentido material, e não simplesmente em seu sentido formal, pois caso assim o fosse, até mesmo os EUA estariam violando TRIPS por possibilitar discriminação formalmente diversa para a extensão do prazo de vigência de patentes farmacêuticas em decorrência do atraso em sua entrada efetiva no mercado (vinculando o direito de patentes ao momento de colocação do produto final no mercado), conforme nos ensina o próprio Livro de Referência sobre TRIPS e Desenvolvimento:[9]

The non-discrimination rule contained in Article 27.1 is intended to protect right-holders against arbitrary policies that undermine their rights, when such policies are adopted on grounds of the field of technology, the place of invention or the origin (locally manufactured or imported) of the products.

The need to differentiate the rights according to the types of inventions concerned has been extensively debated. Many have wondered why patent rights of equal effect and duration should be granted to inventors who have made different contributions, some of them significant and others less so. Debates have largely focused on the duration of patent rights, since the rate of obsolescence of technology and the periods necessary to recover R&D investments significantly vary across sectors.

In fact, patent laws in many countries currently allow for a differentiation based on the field of technology, as illustrated by the extension of protection conferred to pharmaceutical patents in the U.S. and Europe in order to compensate for the period required to obtain the marketing approval of a new drug.[10]

Com efeito, a compreensão do Artigo 27.1 do Acordo TRIPS, em um sentido restritivo, não apenas fere o princípio da igualdade materialmente considerado, como

---

usufruíveis sem discriminação quanto ao local de invenção, quanto a seu setor tecnológico e quanto ao fato de os bens serem importados ou produzidos localmente.

[8] BARBOSA, Denis Borges. Propriedade Intelectual: A aplicação do Acordo TRIPS. 2. ed. Rio de Janeiro: Lumen Juris, 2005, p. 52.

[9] Resource Book on TRIPs and Development, Part II: Substantive Obligations. 2.5 Patents. ICTSD-UNCTAD. *Capacity Building Project on IPRs and Sustainable Development*, p. 29-35. Disponível em: <http://www.iprsonline.org/unctadictsd/docs/RB2.5_Patents_2.5.2.pdf>. Acesso em: 10 jan. 2010.

[10] Tradução livre: A regra da não discriminação contida no artigo 27.1 é voltada para proteger os titulares de direitos contra políticas arbitrárias que minem seus direitos, quando esses tipos de políticas são adotadas em termos de áreas tecnológicas, o local de invenção ou de origem (produzido localmente ou importado) dos produtos.

A preocupação sobre a necessidade de diferenciar direitos de acordo com os tipos de invenções foi debatida exaustivamente. Muitos consideraram por que direitos de patentes de efeitos e duração iguais devem ser concedidos para invenções que tenham feito contribuições diferentes, algumas delas significantes e outras nem tanto. Os debates foram focados largamente sobre a duração dos direitos sobre patentes, tendo em vista a taxa de obsolência da tecnologia e os períodos necessários para recuperar investimentos em P&D variam significativamente de setor para setor. De fato, leis de patentes em muitos países frequentemente permitem uma diferenciação com base na área tecnológica, como ilustrado através da extensão de proteção conferida a patentes farmacêuticas nos EUA e Europa no sentido de compensar o período necessário para obter a aprovação de comercialização de uma nova droga.

igualmente não condiz com os próprios princípios desenvolvimentistas do Acordo,[11] engessando-se um modelo hermético ultrapassado e cuja uniformização formal pura e simples gera mais problemas do que soluções na sociedade contemporânea.

Portanto, a uniformização formal de requisitos de patenteabilidade do sistema de patentes, que em outros tempos era benéfica, hoje desempenha papel atrofiante do sistema em determinadas novas áreas tecnológicas para as quais o sistema não está preparado para absorver em seu cumprimento de objetivos funcionais.[12]

3. PRINCÍPIO DA IGUALDADE: NECESSIDADE DE COMPREENSÃO DA SUA DIMENSÃO MATERIAL

Já dizia o romancista francês Honoré de Balzac, no século XIX, que a igualdade pode ser um direito, mas não há poder sobre a Terra capaz de a tornar um fato.

Não há dúvidas de que a noção de igualdade é abordada há mais tempo do que as noções de concorrência e de patentes, sendo claro que o princípio da igualdade material explorado por Aristóteles há mais de dois mil anos demonstra claramente, até os dias de hoje, que tratar de forma igual os desiguais não corresponde à busca ideal de justiça.[13]

O princípio da igualdade em nosso ordenamento jurídico está positivado, essencialmente, no art. 5°, *caput,* e inciso I, assegurando, em síntese, que todos os homens e mulheres são iguais e devem ser tratados de forma materialmente (e não apenas formalmente) igual.[14] Note-se que a manifestação do princípio da igualdade não decorre apenas do art. 5., *caput* e inciso I da Carta Magna de 1988, mas também da própria essência do art. 1°, inciso III, e artigo 3° e incisos da mesma Carta.[15]

Nesse contexto em que se alça a relevância do Princípio da Igualdade, Ingo Sarlet destaca a aplicabilidade imediata das disposições do artigo 5° da Constituição Cidadã amparada pelo seu § 1°:[16]

---

[11] Mesmo em um sentido utilitarista econômico estrito, a interpretação restritiva do art. 27.1 contradiz os próprios interesses do Acordo TRIPS, pois em suas declarações de objetivos e princípios contidos nos arts. 7 e 8, resta claro o interesse e disposição ao desenvolvimento efetivo e não à manutenção de um *status quo ante* incompatível com a realidade tecnológica contemporânea e futura.

[12] Deve-se compreender que a preocupação internacional com harmonização teve (e tem) como um dos objetivos evitar que determinados países usem esta liberdade de estabelecimento de requisitos para a proteção da indústria nacional relacionada à determinadas tecnologias em relação à determinadas tecnologias estrangeiras para as quais a proteção poderia acabar sendo menor ou inexistindo se não fosse a existência de uma harmonia internacional. Pois bem, não é desta discriminação que se fala, mas sim da discriminação meramente formal que não compreende o fato de que o tratamento igual de tecnologias diametralmente diversas, em que pese tratar-se de uma igualdade formal, trata-se de uma total desigualdade material combatida desde Aristóteles.

[13] ARISTÓTELES. *Ética a Nicômaco.* São Paulo: Martin Claret, 2003.

[14] Constituição Federal de 1988: Art. 5°: Todos são iguais perante a lei, sem distinção de qualquer natureza, garantindo-se aos brasileiros e aos estrangeiros residentes no País a inviolabilidade do direito à vida, à liberdade, à igualdade, à segurança e à propriedade, nos termos seguintes: I – homens e mulheres são iguais em direitos e obrigações, nos termos desta Constituição;

[15] Constituição Federal de 1988: Art. 1° A República Federativa do Brasil, formada pela união indissolúvel dos Estados e Municípios e do Distrito Federal, constitui-se em Estado Democrático de Direito e tem como fundamentos: III – a dignidade da pessoa humana; Art. 3° Constituem objetivos fundamentais da República Federativa do Brasil: I – construir uma sociedade livre, justa e solidária; II – garantir o desenvolvimento nacional; III – erradicar a pobreza e a marginalização e reduzir as desigualdades sociais e regionais; IV – promover o bem de todos, sem preconceitos de origem, raça, sexo, cor, idade e quaisquer outras formas de discriminação.

[16] SARLET, Ingo Wolfgang. A eficácia dos direitos fundamentais. Porto Alegre: Livraria do Advogado, 4ª ed, 2004, p. 77.

Talvez a inovação mais significativa tenha sido a do art. 5º, § 1º da CF, de acordo com o qual as normas definidoras dos direitos e garantias fundamentais possuem aplicabilidade imediata, excluindo, em princípio, o cunho programático destes preceitos, conquanto não exista consenso a respeito do alcance deste dispositivo. De qualquer modo ficou consagrado o status jurídico diferenciado e reforçado dos direitos e garantias fundamentais na Constituição vigente. Esta maior proteção outorgada aos direitos fundamentais manifesta-se, ainda, mediante a inclusão destes no rol das "cláusulas pétreas" (ou "garantias de eternidade") do art. 60, § 4.º, da CF, impedindo a supressão e erosão dos preceitos relativos aos direitos fundamentais pela ação do poder Constituinte derivado.

A análise do princípio da igualdade no ordenamento jurídico é de fundamental importância para a compreensão de como tal princípio deve exercer a função de "retificador" das dissonâncias existentes no tratamento formalmente igual que o sistema de patentes confere às tecnologias[17] suscetíveis de patenteabilialidade na atualidade.

De acordo com Jorg Neuner,[18] a igualdade de tratamento pode ser essencialmente justificada e devida por três motivos: proteção do indivíduo, proteção do grupo envolvido e interesse da coletividade.

Nos dizeres de Patrícia Uliano Effting Zoch de Moura:[19] "Pelo entendimento de que os seres humanos, embora iguais quanto sua espécie, mostram-se desiguais quanto aos aspectos sociais, surge a razão pela busca de igualá-los". De certa forma, consiste na aplicação do princípio da igualdade material, reconhecendo-se as desigualdades e, frente a elas, estabelecer tratamentos proporcionalmente desiguais.

Examinando-se o princípio da igualdade material como uma das vertentes de expressão da dignidade, cumpre analisar a questão mais ampla da dignidade, destacada por Ricardo Aronne,[20] afirmando que: "Qualquer noção de dignidade, tendo em vista um patamar material e não meramente formal, deve ser apreendida concreta (tópica) e intersubjetivamente, como traduz Ingo Sarlet, na mais significativa obra dedicada ao tema, na literatura jurídica nacional". Significa dizer que pré-compreensões abstratas sobre a definição de igualdade material pecam pela falta de concretude necessária à compreensão tópica.

Para tanto, forçoso é efetivamente aplicar as disposições da Constituição Federal, conforme leciona José Afonso da Silva[21] ao afirmar: "Não basta, com efeito, ter uma Constituição promulgada e formalmente vigente; impende atuá-la, completando-lhe a eficácia, para que seja totalmente cumprida".

Ou seja, fugindo-se do conceito meramente formal de igualdade, obrigatoriamente deve-se analisar topicamente este princípio para que se possa chegar à sua definição materialmente aceita.

---

[17] O termo "tecnologia" possui diversos significados, dependendo do contexto em que é empregado. Adota-se o conceito de tecnologia expresso na Enciclopédia Wikipédia: *A tecnologia é, de uma forma geral, o encontro entre ciência e engenharia. Sendo um termo que inclui desde as ferramentas e processos simples, tais como uma colher de madeira e a fermentação da uva, até as ferramentas e processos mais complexos já criados pelo ser humano, tal como a Estação Espacial Internacional e a dessalinização da água do mar*. Disponível em: <http://pt.wikipedia.org/wiki/Tecnologia>. Acesso em: 10 set. 2010.

[18] NEUNER, Jorg. O princípio da igualdade de tratamento no direito privado alemão. *Direitos Fundamentais & Justiça*, n. 2, p. 85, Jan./Mar. 2008.

[19] MOURA, Patrícia Uliano Effting Zoch de. *A finalidade do princípio da igualdade* – A nivelação social – Interpretação dos atos de igualar. Porto Alegre: Sergio Antonio Fabris Editor, 2005, p. 38.

[20] ARONNE, Ricardo. *Razão & Caos no Discurso Jurídico e outros ensaios de Direito Civil-Constitucional*. Porto Alegre: Livraria do Advogado Editora, 2010, p. 69.

[21] SILVA, José Afonso da. *Aplicabilidade das Normas Constitucionais*. 7. ed. São Paulo: Malheiros, 2007, p. 226.

Em obra dedicada exclusivamente à análise do princípio da igualdade, Celso Antônio Bandeira de Mello[22] propõe a pergunta nodal que, também em sua forma positiva de necessidade de estabelecer discriminações, interessa ao desenvolvimento da presente tese: "Quando é vedado à lei estabelecer discriminações? Ou seja: quais os limites que adversam este exercício normal, inerente à função legal de discriminar?".

Indo além das importantes constatações aristotélicas de tratamento desigual aos desiguais e tratamento igual aos iguais, Celso Antônio Bandeira de Mello,[23] afirmando que "ao próprio ditame legal é interdito deferir disciplinas diversas para situações equivalentes", conclui haver ofensa ao preceito constitucional da isonomia/igualdade quando:

> II – A norma adota como critério discriminador, para fins de diferenciação de regimes, elemento não residente nos fatos, situações ou pessoas por tal modo desequiparadas. É o que ocorre quando pretende tomar o fator 'tempo' – que não descansa no objeto – como critério diferencial.
>
> III – A norma atribui tratamentos jurídicos diferentes em atenção a fator de adotado que, entretanto, não guarda relação de pertinência lógica com a disparidade de regimes outorgados.
>
> IV – A norma supõe relação de pertinência lógica existente em abstrato, mas o estabelecido conduz a efeitos contrapostos ou de qualquer modo dissonantes dos interesses prestigiados constitucionalmente.

Conclui-se que o autor citado claramente defende que "não há como desequiparar pessoas e situações quando nelas não se encontram fatores desiguais",[24] tomando por base para o tratamento desigual não apenas a pessoa, mas também os fatos e situações que as desigualam.

Com efeito, a Declaração dos Direitos do Homem e do Cidadão de 1789[25] é um marco histórico internacional paradigmático no início da compreensão do sentido material do princípio da igualdade.

Vanessa Batista Oliveira Lima[26] destaca que: "A tese da igualdade jurídica proposta desde a revolução francesa, vem sofrendo profundas alterações, passando de igualdade formal para real, de abstrata para concreta; mas sempre posta como pilar dos sistemas jurídicos ocidentais".

A mesma autora acrescenta: "Parafraseando Canotilho, força (*sic*) é reconhecer que o princípio da igualdade não proíbe, mas antes pressupõe, que a lei estabeleça distinções de situações, desde que haja fundamento material e objetivo para tal discriminação".[27]

Não há dúvidas de que a aplicação efetiva da noção de igualdade em seu sentido material reafirma o reconhecimento da livre concorrência aplicada em um mercado cada vez menos regulado pelo Estado. Tal pode não ser constatado na atualidade justamente porque o alcance de uma igualdade material através de um efetivo tratamen-

---

[22] MELLO, Celso Antônio Bandeira de. *Conteúdo Jurídico do Princípio da Igualdade*. 3. ed. São Paulo: Malheiros, 2009, p. 13.

[23] MELLO, Celso Antônio Bandeira de. Op. cit., p. 11 e 47.

[24] Idem, p. 35.

[25] Art. 1º Os homens nascem e são livres e iguais em direitos. As distinções sociais só podem fundamentar-se na utilidade comum.

[26] LIMA, Vanessa Batista Oliveira. Ações afirmativas como instrumentos de efetivação do princípio da igualdade e do princípio da dignidade da pessoa humana, p. 9. Disponível em: <http://www.fa7.edu.br/recursos/imagens/File/direito/ic/v_encontro/acoesafirmativascomoinstrumentos.pdf>. Acesso em 21 de Nov. 2010.

[27] LIMA, Vanessa Batista Oliveira. Op. cit., p. 10.

to desigual aos desiguais na medida de suas desigualdades represente tarefa árdua e quase utópica em um Estado Democrático de Direito permeado por desigualdades seculares a serem corrigidas gradativa e constantemente.

Assim, deve-se atentar para o fato de que o sistema de patentes possui vinculação direta com um sistema eficaz e corretamente compreendido de livre concorrência, da mesma forma que possui vinculação valorativa com uma base axiológica focada em uma igualdade material ou substancial que acaba não sendo observada em algumas situações que tem por base a aplicação de uma igualdade meramente formal quando da ausência de tratamento desigual para tecnologias desiguais na medida de suas desigualdades.

Ou seja, a necessidade de igualar ou discriminar não decorre apenas da análise das igualdades e desigualdades entre os seres humanos enquanto pessoas naturais, mas sim das igualdades e desigualdades levando-se em consideração os fatos, situações ou pessoas iguais ou desiguais. Tratar igualmente ou desigualmente iguais ou desiguais pressupõe uma análise mais profunda do que a simples comparação interpessoal, pois caso assim não o seja, a própria equiparação ou discriminação irá ferir o princípio da igualdade.

Procurando algumas respostas contributivas no Direito Comparado, verifica-se que a Enciclopédia de Filosofia da Universidade de Stanford[28] estabelece que o princípio da igualdade (*equality*) é um conceito complexo e altamente contestado, donde divide a igualdade em 4 possíveis princípios (Igualdade Formal,[29] Igualdade Proporcional,[30] Igualdade Moral[31] e Presunção de Igualdade[32]).

---

[28] Disponível em: <http://plato.stanford.edu/entries/equality/>. Acesso em: 15 de nov. de 2010.

[29] *When two persons have equal status in at least one normatively relevant respect, they must be treated equally with regard to this respect. This is the generally accepted* formal *equality principle that Aristotle formulated in reference to Plato: "treat like cases as like" (Aristotle,* Nicomachean Ethics, *V.3. 1131a10-b15;* Politics, *III.9.1280 a8-15, III. 12. 1282b18-23).* Tradução livre: Quando duas pessoas têm um mesmo status em pelo menos um aspecto normativo relevante, elas devem ser tratadas igualmente no que tange a este aspecto. Esse é o genericamente aceito princípio da igualdade formal que Aristóteles formulou em relação a Platão: "tratar da mesma forma casos que se apresentem da mesma forma".

[30] *When factors speak for unequal treatment or distribution, because the persons are unequal in relevant respects, the treatment or distribution proportional to these factors is just. Unequal claims to treatment or distribution must be considered proportionally: that is the prerequisite for persons being considered equally.* Tradução livre: Quando fatores determinam um tratamento ou distribuição desigual porque as pessoas são desiguais em aspectos relevantes, o tratamento ou distribuição proporcional desses fatores é justo. Reivindicações desiguais para tratamento ou distribuição devem ser consideradas proporcionais: esse é o pré-requisito para as pessoas serem consideradas iguais.

[31] *Since "treatment as an equal" is a shared moral standard in contemporary theory, present-day philosophical debates are concerned with the kind of equal treatment normatively required when we mutually consider ourselves persons with equal dignity. The principle of moral equality is too abstract and needs to be made concrete if we are to arrive at a clear moral standard. Nevertheless, no conception of just equality can be deduced from the notion of moral equality. Rather, we find competing philosophical conceptions of equal treatment serving as interpretations of moral equality. These need to be assessed according to their degree of fidelity to the deeper ideal of moral equality (Kymlicka 1990, p. 44). With this we finally switch the object of equality from treatment to the fair distribution of goods and ills or bads.* Tradução livre: Sendo o "tratamento com igualdade" um padrão moral compartilhado na teoria contemporânea, os debates filosóficos dos dias de hoje estão preocupados com o tipo de tratamento igual requerido normativamente quando consideramos uns aos outros com igual dignidade. O princípio da igualdade moral é muito abstrato e precisa ser transformado em concreto se queremos chegar a um padrão moral claro. Não obstante, nenhuma concepção de igualdade justa pode ser deduzida da noção de igualdade moral. Melhor, nós encontramos concepções filosóficas competitivas de tratamento igualitário servindo de interpretação para igualdade moral. Elas precisam ser acessadas de acordo com os seus graus de fidelidade para com o mais profundo ideal de igualdade moral (Kymlicka 1990, p. 44). Com isso nós finalmente trocamos o objeto da igualdade de um tratamento para uma distribuição justa de produtos e doenças ou males.

Historicamente, quando o ideal de igualdade "nasceu" na Declaração de Independência dos Estados Unidos da América o contraste entre este ideal e a realidade na época era enorme.[33]

Um dos símbolos na defesa do princípio da igualdade como forma de abolir a discriminação racial nos EUA foi o Juiz da Suprema Corte dos EUA Thurgood Marshall, acreditando e defendendo que a igualdade seria melhor alcançada através de um movimento de integração da sociedade.

Para que haja um mercado totalmente livre (sem regulação), forçoso seria pressupor uma situação de igualdade material ou substancial absoluta. Como tal pressuposto não existe, a busca de maiores correções em prol de uma igualdade material contribui para uma maior possibilidade de afastamento do Estado na regulação em um atendimento pós-moderno do princípio da livre concorrência.

Como adverte Paula Forgioni,[34] nesta correlação de atendimento dos princípios da igualdade e da livre concorrência, deve-se ter atenção ao atual modelo capitalista, pois:

> Como veremos na terceira parte dessa linha de evolução das normas disciplinadoras da concorrência que estamos traçando, o grande perigo atual está em considerarmos, apenas, essa função restrita da regulamentação antitruste, como se ainda estivéssemos no período inicial do liberalismo econômico, desconsiderando seu processo de evolução, que corre paralelo àquele das funções exercidas pelo moderno Estado capitalista.

4. PRINCÍPIO DA IGUALDADE E O SISTEMA DE PATENTES

A dimensão material do princípio da igualdade repousa no tratamento desigual de desiguais na medida de suas desigualdades, sendo que tal premissa básica, ou o que se pode chamar de "fator de discrímen ideal", deve permear o sistema de patentes.

Interessante notar, como constatação empírica, que a própria legislação infraconstitucional consubstanciada na Lei 9.279/96 já pressupõe e indica algumas situações de tratamento desigual baseado nas diferenças existentes entre tecnologias.[35]

---

[32] *The presumption of equality provides an elegant procedure for constructing a theory of distributive justice. The following questions would have to be answered in order to arrive at a substantial and full principle of justice: What goods and burdens are to be justly distributed (or should be distributed)? Which social goods comprise the object of distributive justice? What are the spheres (of justice) into which these resources have to be grouped? Who are the recipients of distribution? Who has the prima facie claim to a fair share? What are the commonly cited yet in reality unjustified exceptions to equal distribution? Which inequalities are justified? Which approach, conception or theory of egalitarian distributive justice is therefore the best?* Tradução livre: A presunção de igualdade fornece um procedimento elegante para a construção de uma teoria de justiça distributiva. As seguintes questões deverão ser respondidas para que se alcance um completo e substancial princípio de justiça: Que produtos e encargos devem ser justamente distribuídos (ou se devem ser distribuídos)? Quais produtos sociais compreendem o objeto da justiça distributiva? Quais são as esferas (de justiça) dentro das quais esses recursos devem ser agrupados? Quem são os recebedores da distribuição? Quem possui o direito de reivindicar claramente uma parte justa? O que são ou ainda normalmente citados na realidade de exceções injustificadas para distribuição igualitária? Quais desigualdades são justificadas? Qual abordagem, concepção ou teoria de justiça distributiva igualitária é então a melhor?

[33] Por exemplo, no que tange ao direito de votar na época, apenas as pessoas do sexo masculino é que detinham propriedade e direito de voto nos novos estados independentes. Tal fato demonstra a aceitação de um ideal maior contra uma prática cultural normal, gerando um choque saudável entre o ser e o dever ser assim considerados na época.

[34] FORGIONI, Paula A. Op. Cit., p. 69.

[35] O sistema de patentes brasileiro trabalha com dois tipos diferentes de patentes: De invenção e de modelo de utilidade. Abstraindo-se a discussão terminológica/conceitual do modelo de utilidade ser efetivamente uma patente (no

Para gerar o direito subjetivo à patente, todas as tecnologias submetidas a um pedido de patente devem atender requisitos de ordem formal e material. Dentre os requisitos de ordem formal estão aqueles referidos no artigo 19 da Lei 9.279/96[36] e dentre os requisitos de ordem material estão aqueles estabelecidos nos arts. 8°, 9° e 24 da mesma Lei.[37]

Há situações de tratamento desigual das tecnologias sujeitas legalmente à obtenção de patente, sendo que quanto aos requisitos formais, exemplificativamente, tecnologias que não impliquem a necessidade de representação através de desenhos, obviamente são dispensadas de tal apresentação. Claro que o tratamento desigual quanto aos requisitos formais não é o objetivo desse trabalho, mas serve apenas para demonstrar que, até mesmo formalmente, as diferenças já são legalmente identificadas. O importante para o presente estudo é a análise de tratamento desigual de tecnologias quando da verificação de seus requisitos materiais, ou seja, exemplificativamente, como já ressaltado, a Lei 9.279/96 estabelece uma atividade inventiva em menor grau (ato inventivo) e um prazo temporal de direito de excluir terceiros da exploração do objeto da patente menor (15 anos ao invés de 20 anos).

Ou seja, a Lei 9.279/96 já reconhece e aplica o princípio da igualdade em sua dimensão material ao tratar explicitamente de forma diferente tecnologias diferentes.

A problemática se insere quando um sistema harmonizado internacionalmente há mais de um século não foi concebido e harmonizado para tratar de tecnologias não existentes naquela época.[38]

Com efeito, na época, o único tratamento desigual necessário em vista das tecnologias existentes era quanto ao modelo de utilidade, cuja relação de menor atividade inventiva x proteção proporcionalmente menor foi a solução adequada e suficientemente encontrada. Portanto, nossas pré-compreensões sobre o sistema de patentes acabam vinculando nossas compreensões do atual sistema, sendo necessário ter consciência das pré-compreensões como elemento integrante da compreensão.[39]

---

sentido internacional em que é tratado pela CUP, PCT e TRIPS), trata-se de um tratamento desigual para tecnologias diferentes, pois estabelece requisitos diferentes de patenteabilidade, assim como outorga prazos de proteção diferentes. Além dessa questão, temos ainda outro exemplo na área da biotecnologia que, em certos casos, exige o depósito de material biológico para a efetiva análise da suficiência descritiva e compreensão da invenção, tratando desigualmente (no que tange aos requisitos necessários para a obtenção da patente) tecnologias desiguais.

[36] Art. 19. O pedido de patente, nas condições estabelecidas pelo INPI, conterá: I – requerimento; II – relatório descritivo; III – reivindicações; IV – desenhos, se for o caso; V – resumo; e VI – comprovante do pagamento da retribuição relativa ao depósito.

[37] Art. 8° É patenteável a invenção que atenda aos requisitos de novidade, atividade inventiva e aplicação industrial.
Art. 9° É patenteável como modelo de utilidade o objeto de uso prático, ou parte deste, suscetível de aplicação industrial, que apresente nova forma ou disposição, envolvendo ato inventivo, que resulte em melhoria funcional no seu uso ou em sua fabricação.
Art. 24. O relatório deverá descrever clara e suficientemente o objeto, de modo a possibilitar sua realização por técnico no assunto e indicar, quando for o caso, a melhor forma de execução.

[38] Para citar apenas alguns exemplos, biotecnologia, circuitos integrados, computadores, *softwares*, entre outros não existiam no século XIX.

[39] Ver GADAMER, Hans-Georg. Verdade e Método. Tradução de Flávio Paulo Meurer, com nova revisão por Ênio Paulo Giachini e Márcia Sá Cavalcante Schuback. 5. ed. Rio de Janeiro: Vozes, 2003.

Meurer e Bessen[40] destacam que os benefícios da propriedade privada estão diretamente relacionados às regras de aquisição e à clara determinação dos limites ou abrangência de tal direito, concluindo que:

> The benefits of private property derive from the promise of efficient, non-arbitrary enforcement. The details of the rules of acquisition and the determinants of the scope of the rights affect this efficiency. Poorly designed rules of acquisition, ownership, and scope can cause property to fail.[41]

Se o direito de propriedade possui vícios em suas regras de aquisição ou difícil delimitação dos seus limites, quando passam a existir propriedades em larga escala e de diversas titularidades, tais problemas, que antes eram ignorados, passam a assumir relevância.

É o que está ocorrendo na área de patentes, pois é muito mais simples identificar e delimitar os direitos sobre uma patente na área mecânica ou elétrica do que fazer o mesmo em uma patente envolvendo programas de computador (entendida na forma de métodos ou etapas para a solução de um problema técnico e não com base na proteção do programa ou código fonte em si). O sistema de patentes não foi criado para proteger esse tipo de tecnologia e a sua simples adaptação acaba por tratar igualmente tecnologias diametralmente diversas.

Importante notar que a insegurança jurídica inerente ao sistema de patentes, quando aplicada na área de programas de computador, assume dimensões ainda maiores porque a utilização de termos mais abrangentes para a proteção da solução técnica desenvolvida gera um impacto muito maior na análise dos limites da patente quando do seu *enforcement*. Boa parte desse problema pode ser atribuído à utilização de princípios, regras e critérios de proteção não desenvolvidos especificamente com a observância das peculiaridades da tecnologia envolvendo programas de computador.

Outra questão problemática no atual sistema de patentes é o tratamento dado às patentes de segundo uso médico[42] (ou até mesmo de primeiro uso[43] ou terceiro uso[44] médicos).

A definição de patente de segundo uso médico, dada pelo próprio INPI em sua discussão pública sobre patenteabilidade de tais tecnologias, é a de que "A invenção de segundo uso médico se baseia no relato de uma nova atividade terapêutica de um composto químico já conhecido, visando à obtenção de um medicamento com finalidade diferente daquela já empregada no estado da técnica".[45]

---

[40] MEURER, Michael J. ; BESSEN, James. *Patent Failure*: How Judges, Bureaucrats, and Lawyers Put Innovation at Risk. Princeton: Princeton University Press, 2008, p. 45.

[41] Tradução livre: Os benefícios da Propriedade privada derivam de uma promessa de eficiência, de uma execução não arbitrária. Os detalhes das regras de aquisição e os fatores determinantes do escopo dos direitos afetam essa eficiência. Regras de aquisição, de propriedade e de abrangência mal desenhadas podem gerar o fracasso da propriedade.

[42] Um novo uso médico para um determinado produto/composto que já é usado como medicamento para outra finalidade.

[43] Um novo uso, como medicamento, de um produto/composto que já era conhecido, mas nunca foi usado na área médica.

[44] Um novo uso médico para um determinado produto/composto que já foi usado como medicamento para uma finalidade, assim como, posteriormente, para outra finalidade e, finalmente, é pesquisada e desenvolvida uma terceira finalidade médica para aquele produto/composto.

[45] Disponível em: <http://www.inpi.gov.br/menu-esquerdo/patente/discussoes-tecnicas/diretrizes-para-o-exame-de-pedidos-de-patentes-na-area-de-segundo-uso-medico/>. Acesso em: 20 dez. 2009.

Ou seja, as invenções de segundo uso médico seriam aquelas que desenvolveram uma nova finalidade para um composto químico já conhecido, sendo, em tese, patenteável se preencher os requisitos de novidade, atividade inventiva e suficiência descritiva,[46] pois o requisito da aplicação industrial, se entendido em seu sentido amplo, é facilmente preenchido nessa área tecnológica.

Vários são os argumentos contrários à concessão de patentes para segundo uso médico, sendo que um dos principais deles diz respeito à ausência de novidade, aplicação industrial e atividade inventiva ou a existência de uma atividade inventiva em menor grau (pois o composto ou princípio ativo já existia, sendo que a pesquisa e aplicação para tratar uma patologia diversa estaria mais associado à descoberta do que invenção quanto ao requisito da atividade inventiva).

Para resolver esse problema de preenchimento ou não dos requisitos de patenteabilidade (novidade, atividade inventiva, aplicação industrial e suficiência descritiva), a própria discussão pública avançada estabelecida pelo INPI já começa a delinear considerações específicas para evitar que patentes de segundo uso sejam concedidas sem critério técnico e exame claro dos seus requisitos de patenteabilidade.

Quando se analisam as patentes de segundo uso sob a ótica do Acordo TRIPS, verifica-se que as previsões do artigo 27.1[47] de dito Acordo abrangem a proteção de patentes de segundo uso, desde que preenchidos os elásticos requisitos de patenteabilidade estabelecidos em TRIPS.[48]

Isso porque no TRIPS todas as tecnologias que preencham tais requisitos e não estejam expressamente excepcionadas pelos demais dispositivos do referido Acordo,

---

[46] De acordo com as referidas diretrizes provisórias ainda em debate no INPI, seguem as definições de novidade, atividade inventiva e suficiência descritiva:

3. Novidade: O segundo uso para ser considerado novo, deve ser substancialmente diferente do uso já revelado no estado da técnica. O pedido de patente de segundo uso médico deve revelar a aplicação de um produto farmacêutico já conhecido para tratar uma patologia e/ou um quadro clínico distinto daquele para o qual este produto já era empregado no primeiro uso.

4. Atividade inventiva: A invenção de segundo uso é dotada de atividade inventiva sempre que, para um técnico no assunto, não decorra de maneira evidente ou óbvia do estado da técnica. Entretanto, nesta área específica, alguns aspectos devem ser cuidadosamente observados para aferição deste requisito: a) o mecanismo de ação; b) relação atividade terapêutica-estrutura química; c) etiologia das doenças alvos.

5. Suficiência descritiva: Abordagem clínica? Descrição das fases de ensaios clínicos? Testes experimentais in vivo associados aos testes in vitro?

[47] *Artigo 27. Matéria Patenteável: 1. Sem prejuízo do disposto nos parágrafos 2 e 3 abaixo, qualquer invenção, de produto ou de processo, em todos os setores tecnológicos, será patenteável, desde que seja nova, envolva um passo inventivo e seja passível de aplicação industrial. Sem prejuízo do disposto no parágrafo 4 do Artigo 65, no parágrafo 8 do Artigo 70 e no parágrafo 3 deste Artigo, as patentes serão disponíveis e os direitos patentários serão usufruíveis sem discriminação quanto ao local de invenção, quanto a seu setor tecnológico e quanto ao fato de os bens serem importados ou produzidos localmente.*

[48] Importante notar que, além do espaço hermenêutico aberto dos conceitos de atividade inventiva ou passo inventivo e de aplicação industrial, TRIPS faz referência expressa, em nota de rodapé, que *Para os fins deste Artigo, os termos "passo inventivo" e "passível de aplicação industrial" podem ser caracterizados por um Membro como sinônimos aos termos "não-óbvio" e "utilizável"*. Tais ressalvas vêm harmonizar TRIPS com o tratamento dos requisitos de patenteabilidade estadunidenses e daqueles países que seguem denominações desses requisitos de patenteabilidade de forma ainda mais elástica. O problema estabelecido em TRIPS (e que interessa para a presente tese) é de que TODAS as soluções técnicas que se enquadrem no artigo 27.1 (fora as exceções previstas neste mesmo Acordo) são passíveis de proteção por patente sendo que estas patentes possuem prazo de vigência não inferior a 20 anos (artigo 33 do mesmo Acordo). Ou seja, dentro de TRIPS, considerando-se os dispositivos aplicáveis à área de patentes, não há como estabelecer fatores de tecnológico tanto com base no tipo de proteção quanto com base na extensão de vigência da referida proteção.

são passíveis de proteção por patentes com iguais direitos e obrigações decorrentes.[49]

Nesse sentido, Maria Thereza Wolff e Paulo de Bessa Antunes[50] afirmam:

> A importância da pesquisa sobre outros usos de moléculas conhecidas cresce enormemente nesses dias, já que se tornou proibitivamente custosa a busca de moléculas novas para invenções de medicamentos, desde as suas pesquisas iniciais até a venda nas prateleiras das farmácias. Assim, os novos efeitos terapêuticos passaram a ter importância vital nas pesquisas tecnológicas e a proteção por patentes é absolutamente necessária como incentivo para os testes clínicos e a Pesquisa e Desenvolvimento (P&D). É relevante assinalar que no desenvolvimento de uma nova molécula existem várias linhas de pesquisa, sendo uma principal e as demais secundárias. A concessão de patentes para o segundo uso médico tem o grande mérito de servir de estímulo para que as linhas secundárias sejam desenvolvidas e, não raras vezes, as linhas secundárias se tornam as principais.
>
> Estamos falando aqui de novas invenções e não de "descobertas" aleatórias, já que com as invenções de medicamentos conhecidos para o tratamento de outras doenças têm-se circunstâncias inteiramente diferentes que terão que ser testadas. O novo uso, decorre de pesquisas, análises, investimentos e não de um mero acaso, como aqueles que são contrários ao patenteamento de segundo uso querem parecer. Na verdade, não pode existir uma justificativa que discrimine o primeiro ou os demais usos já que todos representam passos inventivos patenteáveis, muito embora a substância química possa ser a mesma. Protege-se e remunera-se a pesquisa como trabalho inventivo, não óbvio e com evidente utilidade industrial.

Mesmo do ponto de vista econômico, o sistema de patentes apresenta diversas falhas decorrentes de, entre outros fatores, diferenças de custos fixos relacionados às criações intelectuais em diferentes áreas tecnológicas, conforme destacam Posner e Landes:[51]

> Whether a given degree of patent protection is socially desirable depends on the patentee's fixed costs, the inherent difficulty of inventing around the patent (that is, holding constant the degree of patent protection), and the extra profits that the patentee can expect to receive from greater protection. The greater the fixed costs of research and development and the easier it is to invent around the patent, the greater will be the degree of patent protection required to create adequate incentives to invest in developing the invention in first place. The patent system makes no effort, however, to match the degree of patent protection to those variables. A patentee's monopoly markup, which of course is influenced by the degree of patent protection, beers no direct relation to the fixed costs that he actually incurred in creating the patented invention.[52]

---

[49] Exemplificativamente, a interpretação do INPI argentino para não conceder patentes de segundo uso está formalmente de acordo com TRIPS, pois ou reconhece a ausência de novidade ou reconhece tratar-se de método terapêutico, não violando as disposições do referido Acordo (ao menos formalmente consideradas). Ora, o maior problema de tais interpretações que geram ou a possibilidade de concessão de patentes de segundo uso ou a sua simples não concessão está justamente no extremismo de tais opções, desconsiderando soluções intermediárias baseadas na aplicação do princípio da igualdade. Soluções técnicas focadas no segundo uso claramente possuem menor potencial inventivo em relação às soluções técnicas de desenvolvimento de composto totalmente novo para curar a AIDS, por exemplo. Usar esse mesmo composto, adaptado, para tratamento de câncer claramente economizou a etapa inventiva de identificação do composto. Simplesmente dizer que a proteção também será proporcional ao que foi criado como *plus* ao composto inicialmente desenvolvido e que haverá dependência entre as patentes não estabelece fator suficiente para o cumprimento do princípio da igualdade materialmente considerado.

[50] WOLFF, Maria Thereza; ANTUNES, Paulo de Bessa. Patentes de segundo uso médico. *Revista da ABPI*, N. 74, p. 53, Jan./Fev. 2005.

[51] POSNER, Richard A. e LANDES, William M. The economic structure of intellectual property law. Londres, The Belknap Press of Harvard University Press, Cambridge, Massachussetts, and London, England, 2003, p. 300.

[52] Tradução livre: Mesmo um grau de proteção por patentes sendo socialmente desejável isso depende dos custos fixos do titular da patente (o que significa manter um grau constante de proteção da patente), e dos lucros extras que o titular da patente pode esperar receber através de uma maior proteção. Quanto maiores os custos fixos de pesquisa e desenvolvimento e quanto mais fácil for inventar ao redor da patente, maior será o grau de proteção patentária necessário para criar os incentivos adequados para o investimento em desenvolver a invenção. Apesar disso, o sistema de patente não faz nenhum esforço para alcançar o grau de proteção de acordo com essas variáveis. A base do monopólio do titular da patente, o qual evidentemente é influenciado pelo grau de proteção da patente, não possui qualquer relação direta com os custos fixos que ele despende em efetivamente criar uma invenção patenteável.

Em um aspecto econômico específico, identifica-se que o sistema de patentes falha em estabelecer uma modulação proporcionalmente relacionada aos custos fixos envolvidos na criação de invenções patenteáveis.

Destaque deve ser dado à recente publicação de Marshall Phelps e David Kline[53] no sentido de que os direitos de propriedade intelectual devem estar em constante adequação para efetivamente servirem aos seus propósitos essenciais:

> Today's renaissance boom in information age technology hás once again strained our patent system. The PTO simply hasn't had the resources to respond to the three-fold increase in patent applications over the past 20 years. And as a result, patent quality has suffered in some areas and litigation rates have risen. Hence, the need once again for reforms to help patent system meet the challenges of today's new technologies and new industries.
>
> Patent quality must improve. We must make it easier for small businesses and independent inventors to obtain patents for their discoveries. We must take reasonable steps to reduce the flood of litigation. And we need to harmonize our patent system with those of other countries. This last item is perhaps the most important measure we could take in the short term, for it is incredibly inefficient and expensive for applicants to conduct prior art searches and obtain patents in each and every country separately.
>
> But there are voices today – in some cases, very loud voices – for whom reform is not enough. They argued that intellectual property is outmoded, a tool used by monopolists to crush innovative young firms, and a barrier to open innovation, knowledge sharing and economic growth. They cloak their arguments in the rhetoric of "the common good". But some of their misguided proposals – such as they call to eliminate patent rights for software or to abrogate IP rights in order to achieve greater interoperability – would, if adopted, cut the heart out of the knowledge economy and lead to devastating losses in jobs and living standards for millions worldwide.[54]

Idealmente, se analisado o princípio da igualdade como base para a determinação do espectro de proteção de uma patente, até mesmo do ponto de vista da justificação econômica do sistema, haveria uma modulação mais adequada, pois a consideração do princípio da igualdade de acordo com cada tipo de tecnologia a ser protegida auxilia a adequar uma proporção mais próxima do ideal entre a tecnologia desenvolvida e a proteção concedida.

Portanto, exatamente as falhas existentes no sistema de patentes devem servir de indicativo para que se conheça melhor o sistema enquanto um sistema limitado

---

[53] PHELPS, Marshall; KLINE, David. *Burning the Ships – Intellectual property and the transformation of Microsoft*. Hoboken/New Jersey: John Wiley & Sons, 2009, p. 161-162.

[54] Tradução livre: O *boom* renascentista na era da informação tecnológica mais uma vez restringiu o nosso sistema de patentes. O PTO simplesmente não tem tido recursos para atender à triplicação no número de pedidos de patente nos últimos 20 anos. E como resultado, a qualidade das patentes tem sofrido em algumas áreas e o percentual de litígios tem aumentado. Assim, a necessidade mais uma vez de reformas para ajudar o sistema de patentes a atingir os desafios das novas tecnologias e novas indústrias.

A qualidade das patentes deve ser melhorada. Nós precisamos tornar mais fácil para que pequenas empresas e inventores independentes obtenham patentes para as suas descobertas. Temos que tomar passos razoáveis para reduzir o fluxo de processos judiciais. E nós precisamos harmonizar o nosso sistema de patentes com aqueles de outros países. Este último item é talvez a medida mais importante que nós podemos tomar em um curto prazo, por isso é incrivelmente ineficiente e caro para os requerentes conduzir buscas prévias no estado da técnica e obter patentes em cada um dos países separadamente.

Mas existem vozes hoje – em alguns casos, vozes muito altas – para as quais reforma não é suficiente. Elas argumentam que a propriedade intelectual está desadaptada, uma ferramenta usada por monopolistas para esmagar jovens empresas inovadoras, e uma barreira para a inovação aberta, compartilhamento de conhecimento e de crescimento econômico. Eles focalizam os seus argumentos na retórica do "bem comum". Mas algumas de suas propostas desviadas – como as que denominam de eliminação dos direitos de patentes para programas de computador ou para a ab-rogação de direito de propriedade intelectual no sentido de adquirir maior interoperabilidade – iriam, se adotadas, arrancar fora o coração da economia do conhecimento e levar a perdas devastadoras de empregos e padrões de vida para milhões ao redor do mundo.

intrinsecamente para a proteção de inovações tecnológicas cada vez mais diversas, peculiares e desafiadoras.

Vale lembrar, por oportuno, os ensinamentos de Habermas[55] quanto a uma postura do Direito que não seja meramente formal:

> O projeto de realização do direito, que se refere às condições de funcionamento de nossa sociedade, portanto de uma sociedade que surgiu em determinadas circunstâncias históricas, não pode ser meramente formal. Todavia, divergindo do paradigma liberal e do Estado social, este paradigma do direito não antecipa mais um determinado ideal de sociedade, nem uma determinada visão de vida boa ou de uma determinada opção política. Já que ele é formal no sentido de que apenas formula as condições necessárias segundo as quais os sujeitos do direito podem, enquanto cidadãos, entender-se entre si para descobrir os seus problemas e o modo de solucioná-los.

Transparece a olhos nus que um dos problemas do sistema de patentes em geral e do Acordo TRIPS em específico é justamente a sua aparente falta de flexibilidade em possibilitar uma modulação temporal ou de extensão protetora daquelas soluções técnicas que sejam essencialmente diversas das tradicionalmente e originariamente previstas como suscetíveis de proteção pelo sistema de patentes, gerando uma dissintonia passível de solução através da adequada interpretação e aplicação do princípio da igualdade materialmente considerado.

5. CONCLUSÕES

A melhor forma de aplicar o princípio da igualdade material ou substancial no âmbito do sistema de patentes e, consequentemente, também em sintonia com o Acordo TRIPS, é sempre examinar a hermenêutica dentro de um olhar realista do ser, o qual é inegavelmente constituído por suas pré-compreensões, importante ressaltar as palavras de Gadamer:[56]

> A superação de todo preconceito, essa exigência global da *Aufklärung*, irá mostrar-se ela própria como um preconceito cuja revisão liberará o caminho para uma compreensão adequada da finitude, que domina não apenas o nosso caráter humano mas também nossa consciência histórica.
>
> Será verdade que achar-se imerso em tradições significa em primeiro plano estar submetido a preconceitos e limitado em sua própria liberdade? O certo não será, antes, que toda existência humana, mesmo a mais livre, está limitada e condicionada de muitas maneiras? E se isso for correto então a idéia de uma razão absoluta não representa nenhuma possibilidade para a humanidade histórica. Para nós a razão somente existe como real e histórica, isto significa simplesmente: a razão não é dona de si mesma, pois está sempre referida ao lado no qual exerce sua ação.
>
> Ou seja, há uma historicidade da pré-compreensão e da compreensão, mas é a pré-compreensão que nos constitui, pois a verdade vai além do método.

Uma das pré-compreensões que faz parte do sistema de patentes é aquela relacionada à pressuposição de que o sistema de patentes em si, considerado em sua essência, possui mais benefícios do que custos. Tal pré-compreensão é apenas parcialmente verdadeira, como já demonstrado por diversos autores citados quanto aos problemas apresentados pelo sistema de patentes em determinadas áreas tecnológicas.

Para desconstruir algumas pré-compreensões, a mais importante das compreensões é situar o sistema de patentes temporalmente e compreender que o mesmo

---

[55] HABERMAS, Jurgen. *Direito e Democracia*: Entre Facticidade e Validade. V. II [s.l.]: Tempo Universitário, 1992 (original de 1959b), p. 190.

[56] GADAMER, Hans-Georg. Op. Cit., p. 367.

não sofreu adaptações substanciais em sua história evolutiva, de modo que beira a um século uma certa estabilidade internacional quanto aos requisitos de obtenção de uma patente.

Evidentemente que antes do Acordo TRIPS havia uma maior liberdade nacional para estabelecer matéria patenteável ou não, definir o que se considerava invenção, entre outras liberdades existentes em um sistema que previa apenas padrões mínimos recomendáveis de proteção à tecnologia sem imposição de sanções ou repercussões internacionais.

Aquele sistema secular não impositivo e composto por normas prevendo tecnologias mais tradicionais[57] transformou-se em um sistema de obrigatória observância, mais uniforme, com desconsideração à etapa evolutiva de cada país[58] e sem a devida adequação às peculiaridades das diferentes novas tecnologias criadas.

Tais aspectos não escapam a um filtro constitucional preocupado com um sistema harmônico e integrado que elimine, dentro das possibilidades do mundo dos fatos, a maior parte das dissintonias desintegradoras do sistema.

É nesse caminho pretensioso – no sentido positivo da palavra – que busca-se uma sintonia hermenêutica baseada na aplicação do princípio da igualdade como base teórica harmônica do sistema de patentes enquanto consideração constitucionalmente assegurada de um fator de *discrímen* embasado nas diferenças naturais de cada tecnologia submetida à proteção pelo sistema de patentes o que, de acordo com os artigos 7 e 8 do Acordo TRIPS, obrigam a uma releitura materialmente considerada do artigo 27.1 do mesmo Acordo.

Como já destacado e comprovado empiricamente, o problema de delimitação de proteção é mais acentuado na área de patentes envolvendo softwares, de modo que a interpretação restritiva deve estar atenta a esta peculiaridade para evitar ampliação equivocada do escopo de proteção compreendido em determinada(s) patente(s).

Através de uma interpretação restritiva além daquela prevista para tecnologias mais tradicionais e de uma rigorosa análise baseada em suficiência descritiva e atividade inventiva, boa parte dos problemas que geram a indefinição dos limites das patentes envolvendo softwares estará solucionada.

No entanto, no que tange às patentes de segundo uso médico, a hermenêutica encontra barreiras que necessitam de reformulação legislativa igualmente possuindo como norte direcionador o princípio da igualdade na base do sistema de patentes para compreender-se que, sendo patentes que envolvem menor atividade inventiva (e se desigualam claramente por este motivo), deverá ser atribuído menor prazo de proteção às mesmas a exemplo do que ocorre com as patentes de modelo de utilidade. Para tanto, necessária alteração legislativa integradora e precedida de maior pesquisa empírica para determinar, no âmbito desse tipo específico de tecnologia, qual prazo

---

[57] Convenção da União de Paris de 1883 (atualmente em vigor a Revisão de Estocolmo de 1967) sem qualquer tipo de norma impositiva quanto à não discriminação positiva.

[58] Por mais que se alegue na exposição de motivos em TRIPS haver uma atitude *Reconhecendo igualmente as necessidades especiais dos países de menor desenvolvimento relativo Membros no que se refere à implementação interna de leis e regulamentos com a máxima flexibilidade, de forma a habilitá-los a criar uma base tecnológica sólida e viável*, fato é que TRIPS, enquanto acordo em âmbito do comércio internacional como o é, privilegiou o poder de barganha e os interesses específicos dos países com maiores condições de impor sua vontade. Tal fato, ressalte-se, não gera a possibilidade de descumprimento deste Acordo, mas demonstra uma necessidade de harmonização e leitura do mesmo em consonância com a Constituição Federal Brasileira de 1988.

corresponde a uma aplicação efetiva do princípio da igualdade, mantendo-se o balanceamento funcional que siga estimulando a pesquisa e desenvolvimento de novas invenções nesta área tecnológica específica sem violar, através destas soluções propostas, os termos do Acordo TRIPS.

Quanto ao problemático excesso de proprietários (tragédia do *anticommons*) e os reflexos que tal excesso pode gerar no mercado, igualmente o princípio da igualdade deve ser visto como elemento norteador de base, pois os problemas decorrentes do excesso de proprietários fazem aflorar questões jurídicas antes submersas pela ausência de o que se pode denominar de "tráfego" de patentes específico em cada área tecnológica.

Nestes casos em que determinada área tecnológica esteja com um tráfego de patentes intenso e haja dificuldade expressa, clara e definida na obtenção de licenças para exploração lícita da tecnologia, mais uma vez o fator de *discrímen* é essencial para, dentro de um âmbito mercadológico específico, acolher-se uma intensidade maior ou menor de interpretação dos requisitos para a utilização compulsória de tecnologias.

Evidentemente que a aplicação do princípio da igualdade materialmente considerado não resolve todos os problemas através de hermenêutica e adequação de proteção à diversidade tecnológica, deixando ainda perguntas que devem ser respondidas por estudos posteriores.

Mas, uma vertente na qual o princípio da igualdade também pode contribuir enquanto determinante para a aplicação do fator de *discrímen* é no caso do exercício do direito de patente(s) no mercado, pois o tratamento diferenciado de tecnologias diferentes auxilia na identificação, prevenção e repressão de condutas anticompetitivas, privilegiando uma concorrência constitucionalmente sadia em um mercado povoado por um excesso de titulares e barreiras à entrada causadas exatamente pelo exercício de um direito de patentes abusivo ou desajustado, muitas vezes de difícil identificação.

Conclui-se que as necessárias modulações temporais e hermenêuticas, além de contribuir para o aperfeiçoamento do sistema de patentes, cumprindo com o princípio da igualdade em sua vertente material, funcionam como otimizadoras de todo o sistema nacional e internacional de patentes em plena sintonia com o Acordo TRIPS.

6. REFERÊNCIAS BIBLIOGRÁFICAS

ANDERMAN, Steven D. (Ed.). *The interface between intellectual property rights and competition policy.* Cambridge: Cambridge University Press, 2008.

Antitrust Enforcement and Intellectual Property Rights: Promoting Innovation and Competition, DOJ/FTC, abr. 2007.

ARISTÓTELES. *Ética a Nicômaco.* São Paulo: Martin Claret, 2003.

ARONNE, Ricardo. Razão & Caos no Discurso Jurídico e outros ensaios de Direito Civil-Constitucional. Porto Alegre: Livraria do Advogado Editora, 2010.

BARBOSA, Denis Borges. *Uma introdução à propriedade intelectual.* 2. ed. São Paulo: Lumen Juris, 2003.

——. *Propriedade Intelectual* – A aplicação do Acordo TRIPs. 2. ed. Rio de Janeiro: Lumen Juris, 2005.

BARCELLOS, Milton Lucídio Leão. *O sistema internacional de patentes.* São Paulo: Iob/Thomson, 2004.

——. *Propriedade Industrial & Constituição* – As teorias preponderantes e sua interpretação na realidade brasileira. Porto Alegre: Livraria do Advogado, 2007.

——. Limites e possibilidades hermenêuticas do princípio da igualdade no direito de patentes brasileiro. Tese de Doutorado em Direito defendida na PUCRS. Porto Alegre, 2010.

BASSO, Maristela. *O direito internacional da propriedade intelectual*. Porto Alegre: Livraria do Advogado, 2000.

———. *Propriedade intelectual na era pós-OMC*. Porto Alegre: Livraria do Advogado, 2005.

BERNARD, Catherine. *The principle of equality in the community context*: P, Grant, Kalanke and Marschall: Four uneasy bedfellows? Cambridge University Press. The Cambridge Law Journal (1998), 57:2:352-373.

BUNGE, Mario. *Tratado de Filosofia Básica*. Semântica II: Interpretação e Verdade. Tradução de Leônidas Hegenberg e Octanny S. da Mota. São Paulo: Universidade de São Paulo, 1976. V. 2.

BURK, Dan L.; LEMLEY, Mark A.. *The patent crisis and how the Courts can solve it*. Chicago: The University of Chicago Press, 2009.

CARVALHO, Nuno Pires de. *A Estrutura dos Sistemas de Patentes e de Marcas* – Passado, presente e futuro. Rio de Janeiro: Lumen Juris, 2009.

CARRIER, Michael A. *Resolving the patent-antitrust paradox through tripartite innovation*. Vanderbilt Law Review, May, 2003.

DREYFUSS, Rochelle Cooper. *Patents and Human Rights*: Where is the Paradox? Disponível em: <http://ssrn.com/abstract=929498>. Acesso em: 08.10.2009.

DWORKIN, Ronald. *Foundations of Liberal Equality*. Em Darwall, S. (Ed.) Equal Freedom. Selected Tanner Lectures on Human Values. Ann Arbor: University of Michigan Press, 1995.

FISHER, William. Theories of Intellectual Property. In: MUNZER, Stephen (Ed.). *New essays in the legal and Political Theory of Property*. Cambridge University: Press, 2001.

———. *The Growth of Intellectual Property*: A History of the Ownership of Ideas in the United States, 1999. Disponível em: <http://cyber.law.harvard.edu/property99/history.html>. Acesso em: 04.05.2009.

FREITAS, Juarez. *A interpretação sistemática do direito*. 4. ed. São Paulo: Malheiros, 2004a.

FORGIONI, Paula A. *Os fundamentos do antitruste*. 3. ed. São Paulo: Revista dos Tribunais, 2008.

GADAMER, Hans-Georg. *Verdade e Método*. Tradução de Flávio Paulo Meurer, com nova revisão por Ênio Paulo Giachini e Márcia Sá Cavalcante Schuback. 5. ed. Rio de Janeiro: Vozes, 2003.

HABERMAS, Jurgen. *Direito e Democracia*: Entre Facticidade e Validade. V. II [s.l.]: Tempo Universitário, 1992 (original de 1959b).

HELLER, Michael A. *The Tragedy of the Anticommons*: Property in the Transition from Marx to Markets. V. 111, Harvard Law Review, 1997.

———. *The gridlock economy*: How too much ownership wrecks markets, stops innovation, and costs lives. Nova Iorque: Basic Books, 2008.

HUGHES, Justin. The Philosophy of Intellectual Property. *Georgetown University Law Center and Georgetown Law Journal*, 77 Geo. L.J. 287, december de 1988.

ICTSD-UNCTAD. Resource Book on TRIPs and Development, Part II: Substantive Obligations. 2.5 Patents. In: *Capacity Building Project on IPRs and Sustainable Development*. Disponível em: <http://www.iprsonline.org/unctadictsd/docs/RB2.5_Patents_2.5.2.pdf>. Acesso em: 10 jan. 2010.

JAFFE, Adam B. e LERNER, Josh. *Innovation and its discontents* – How our broken patent system is endangering innovation and progress, and what to do about it. Princeton: Princeton University Press, 2004.

KRETSCHMANN, Ângela. Universalidade dos Direitos Humanos e Diálogo na Complexidade de um Mundo Multicivilizacional. Curitiba: Juruá, 2008.

LIMA, Vanessa Batista Oliveira. *Ações afirmativas como instrumentos de efetivação do princípio da igualdade e do princípio da dignidade da pessoa humana*. Disponível em: <http://www.fa7.edu.br/recursos/imagens/File/direito/ic/v_encontro/acoesafirmativascomoinstrumentos.pdf>. Acesso em: 21 de novembro de 2010.

MATSUURA, Jeffrey H. *Jefferson vs. the patent trolls* – A populist vision of intellectual property rights. Virginia: University of Virginia Press, 2008.

MELLO, Celso Bandeira de. *Conteúdo Jurídico do Princípio da Igualdade*. São Paulo: Malheiros, 2003.

MEURER, Michael J. e BESSEN, James. *Patent Failure*: How Judges, Bureaucrats, and Lawyers Put Innovation at Risk. Princeton University Press: Princeton, New Jersey, 2008.

MOREIRA, Luiz (Org.). *Com Habermas, contra Habermas*: Direito, Discurso e Democracia. São Paulo: Landy Editora, 2004.

MOURA, Patrícia Uliano Effting Zoch de. *A finalidade do princípio da igualdade* – A nivelação social – Interpretação dos atos de igualar. Porto Alegre: Sergio Antonio Fabris Editor, 2005.

MYERS, Gary. *The intersection of antitrust and intellectual property* – cases and materials. St. Paul, MN: Thomson West, 2007.

NEUNER, Jorg. O princípio da igualdade de tratamento no direito privado alemão. *Direitos Fundamentais & Justiça*, n. 2, Jan./Mar. 2008.

PALMER, Tom G. Are patents and copyrights morally justified? The philosophy of property rights and ideal objects. *Harvard Journal of Law and Public Policy*, v. 13, n. 3, verão de 1990.

PHELPS, Marshall e KLINE, David. *Burning the Ships* – Intellectual property and the transformation of Microsoft. Hoboken/New Jersey: John Wiley & Sons, 2009.

POSNER, Richard A. e LANDES, William M. *The economic structure of intellectual property law*. Londres, The Belknap Press of Harvard University Press, Cambridge, Massachussetts, and London, England, 2003.

PRONER, Carol. *Propriedade Intelectual e Direitos Humanos* – Sistema Internacional de Patentes e Direito ao Desenvolvimento. Porto Alegre: SAFE, 2007.

SANTOS, Luiz Antônio Xavier dos. *A proteção jurídica do software com ênfase em patente – Os conflitos, interesses e alternativas*. Elaborado em 02/2007 e inserido no Jus Navigandi n. 1644 de 01.01.2008. Disponível em: <http://jus2.uol.com.br/doutrina/texto.asp?id=10312&p=2>. Acesso em 23 fev. 2009.

SARLET, Ingo Wolfgang. *A eficácia dos direitos fundamentais*. 4. ed. Porto Alegre: Livraria do Advogado, 2004.

SILVA, José Afonso da. *Aplicabilidade das Normas Constitucionais*. 7. ed, Malheiros Editores, 2007.

STANFORD UNIVERSITY. *Enciclopédia de Filosofia da Universidade de Stanford*. Disponível em: http://plato.stanford.edu/entries/equality/. Acesso em: 15 de nov. de 2010.

STIGLITZ, Joseph E. *Intellectual-property rights and wrongs*. Disponível em: <http://www.dailytimes.com.pk/default.asp?page=story_16-8-2005_pg5_12>. Acesso em: 20 ago. 2010.

STOUT, Maria Vitoria. Crossing the TRIPS nondiscrimination line: How CAFTA Pharmaceutical patent provisions violate TRIPS article 27.1. *Boston University Journal of Science and Technology Law*, V. 14, p. 177-200, 25 abr. 2008.

U.S. Department of Justice and the Federal Trade Commission. *Antitrust enforcement and intellectual property rights*: promoting innovation and competition. Washington, DC: Abril de 2007. Disponível em: <www.usdoj.gov/atr/public/hearings/ip/222655.pdf>. Acesso em: 05 abr. 2009.

VILLARES, Fábio (org.). *Propriedade Intelectual:* tensões entre o capital e a sociedade. São Paulo: Paz e Terra, 2007.

WALTERSCHEID, Edward C. *To promote the progress of useful arts*: American patent Law and administration, 1787-1836. Littleton, Colorado: Fred B. Rothman & Co., 1998.

WOLFF, Maria Thereza; ANTUNES, Paulo de Bessa. Patentes de segundo uso médico. *Revista da ABPI*, N. 74, Jan./Fev. 2005.

— 10 —

O processo de tombamento na perspectiva de defesa dos direitos do proprietário

PEDRO DE MENEZES NIEBUHR[1]

Sumário: Introdução; 1. Desmitificando a origem do instituto; 2. Fundamento constitucional e tratamento legal; 3. Conceito operacional e natureza jurídica; 3.1. O tombamento como modalidade autônoma de intervenção do Estado na propriedade privada; 3.2. A questão da gratuidade ou onerosidade do tombamento; 4. A posição do proprietário; 4.1. Implicações decorrentes do devido processo legal substantivo; 4.2. A necessidade de se apurar o *quantum* indenizatório no próprio processo administrativo; 4.3. A avaliação judicial dos motivos (mérito) do ato administrativo de qualificação do bem objeto de tombamento. Considerações finais; Referências.

INTRODUÇÃO

A literatura jurídica nacional dispõe de um relativamente farto material sobre o tombamento. Isso se explica diante do fato de que o tema suscita, ao mesmo tempo, atenção de estudiosos das duas grandes classificações do direito: público e privado. De um lado, examina-se o papel do Estado que, ao atuar no exercício do poder-dever de proteção do patrimônio cultural nacional/estadual/municipal, exerce atribuições típicas do poder de polícia para impor medidas restritivas ao exercício do direito de propriedade do particular. Noutro vértice da equação está o proprietário, que se vê, na maioria dos casos, inconformado com a investida do Poder Público que o coloca em latente desigualdade frente aos demais em condições equivalentes.

O tema não é dos mais pacíficos. Caloroso debate que se sucede na doutrina e na jurisprudência envolve, dentre diversos pontos, a discussão a respeito da natureza jurídica do instituto, circunstância relacionada, em regra, ao reconhecimento de sua gratuidade ou do dever correlato de indenizar. E neste sentido os textos e decisões judiciais tendem, muitas vezes, a reproduzir entendimentos já consagrados desprovidos de uma maior reflexão, perfilando-se o intérprete a uma ou outra corrente sem aprofundamentos.

A proposta do presente artigo é apresentar uma abordagem diferenciada. Buscar-se-á analisar o tombamento a partir da ótica de defesa e respeito dos direitos do proprietário mais do que como um ato de típica manifestação do *poder de polícia* do

---

[1] Doutorando em Direito pela PUC/RS. Mestre e Bacharel em Direito pela Universidade Federal de Santa Catarina. Membro-nato do Instituto Catarinense de Direito Administrativo – IDASC. Autor dos livros "Parcerias Público-Privadas: Perspectiva Constitucional Brasileira" (Forum, 2008) e "O Princípio da Competitividade na Licitação Pública" (Obra Jurídica, 2004), além de artigos publicados em revistas especializadas. Advogado e Professor Universitário.

Estado, esperando-se, com isso, atender do modo mais eficiente à proteção dos valores culturais identificados em um determinado bem.

O presente estudo, por recorte metodológico, ao referir-se ao patrimônio e bens de valor cultural, trata basicamente da propriedade imobiliária, salvo disposição contrária específica.

1. DESMITIFICANDO A ORIGEM DO INSTITUTO

Muitos dos manuais de Direito Administrativo remetem as origens do tombamento ao registro ou inventário que costumava ser feito em Portugal, na Torre do Tombo, ao final do período medieval.[2]

Antônio Queiroz Telles, em tese de doutoramento *entitulada "Aspectos jurídicos do tombamento"*, desenvolve esse entendimento. O autor aponta que, na Idade Média, os antigos monarcas lusitanos valiam-se de arquivos ambulantes, transportados no dorso de animais, em razão das contínuas peregrinações e campanhas bélicas que se viam envolvidos. Dada a especial relevância dos documentos constantes nestes arquivos (testamentos reais, correspondências e atos oficiais, dentre outros) e temendo-se seu extravio, providenciavam-se cópias para serem depositadas em seguros conventos. No séc. XIV, instaurou-se o arquivo real, sob inspiração do modelo inglês, que o tinha na Torre de Londres. Por muitos séculos funcionou no prédio do arquivo real – a Torre de Albarrã do Castelo São Jorge –, o depósito dos produtos dos impostos e das rendas, e por isso, do respectivo tombo, que teria dado nome ao instituto (Telles, 1997, p. 20-21).

Fácil observar que aquele tombo (registro ou inventário dos produtos dos impostos e das rendas) guarda pouca similaridade ao instituto que hoje conhecemos, destinado à preservação de bens culturais. Quando muito, a remissão ao ato de tombar, cujas origens remonta à Portugal do final da Idade Média, fornece-nos a explicação histórica da expressão.

Resposta à origem do tombamento enquanto iniciativa institucionalizada e estatal voltada à proteção de bens portadores de significativo valor cultural parece ser feita com maior acuidade por Maria Cecília Londres Fonseca, também em tese de doutorado entitulada *"O patrimônio em processo: trajetória da política federal de preservação no Brasil"*.

De acordo com Fonseca, as primeiras ações de proteção do patrimônio cultural, que remontam ao final da Antiguidade, consubstanciavam-se em medidas isoladas, tomadas por particulares e geralmente ligadas a questões religiosas. O amor à arte e ao saber histórico, aponta a autora, não foi suficiente para, ao longo do tempo, consolidar a prática de preservação. Foi preciso que surgissem ameaças concretas de perda de documentos já valorizados, o vandalismo da Reforma Protestante e da Revolução Francesa e o culto à nação que a preservação dos monumentos passou a se tornar tema de interesse público (Fonseca, 2005, p. 57).

No final do Antigo Regime francês a monarquia, influenciada pelos iluministas, tomou iniciativa no sentido de dar acesso a seus acervos através da criação de museus. Com a Revolução, entretanto, o projeto de inaugurar um novo tempo (inclusive

---

[2] CARVALHO FILHO, 2010, p. 868; DI PIETRO, 2007, p. 125; MEIRELLES, 2007, p. 576.

com calendários novos) justificava, aos olhos do povo, a destruição dos bens identificados com a nobreza e o clero (Fonseca, 2005, p. 58).

Os atos de vandalismo eram contrários, entretanto, aos ideais iluministas de difusão do saber. Por esse motivo o governo revolucionário passou a regulamentar a proteção dos bens confiscados, justificando-a no seu interesse para instrução pública (Fonseca, 2005, p. 58).

Desenvolveu-se, assim, a noção de patrimônio cultural – como de propriedade da nação – que se inseriu no projeto de construção de uma identidade nacional e passou a servir ao processo de consolidação dos Estados-nações modernos. Ela, a noção de patrimônio cultural, serviu para: 1) reforçar a noção de cidadania; 2) identificar os bens representativos da nação; 3) funcionar como prova material das versões oficiais da história nacional (Fonseca, 2005, p. 59-60).

A respeito dos primórdios, no Estado de Direito, das formas de proteção do patrimônio cultural, Fonseca conclui o seguinte:

> No séc. XIX se consolidaram dois modelos de política de preservação: o modelo anglo-saxônico, com o apoio de associações civis, voltado para o culto ao passado e para a valoração ético-estética dos monumentos, e o modelo francês, estatal e centralizador, que se desenvolveu em torno da noção de patrimônio, de forma planificada e regulamentada, visando ao atendimento de interesses políticos do Estado. Esse último modelo predominou entre os países europeus, e foi exportado, na primeira metade do século XX, para países da América Latina, como o Brasil e a Argentina, e, após a Segunda Guerra Mundial, para as ex-colônias francesas (Fonseca, 2005, p. 62).

A lição de Fonseca afigura-nos, efetivamente, mais plausível e apropriada para explicar a origem do tombamento, qualquer que fosse a denominação do instituto designada pela legislação de regência.

Sublinha-se, neste sentido, a consagração em nosso ordenamento de um mecanismo através do qual o Poder Público invoca-se na prerrogativa de qualificar o patrimônio do particular como de relevante valor cultural, circunstância capaz, nesta condição, de impor ao titular de seu domínio uma série de restrições e deveres compulsórios.

2. FUNDAMENTO CONSTITUCIONAL E TRATAMENTO LEGAL

As vigentes ordens jurídicas ocidentais foram construídas, basicamente, a partir da proposta liberal de Estado, que tem como um de seus pilares a proeminência da propriedade privada.

Dentre as diversas leituras hábeis a justificar dita constatação está a legitimação da propriedade privada decorrente da teoria de John Locke. Sua teoria do contrato social desenhava o Estado enquanto estrutura de poder garantidora dos direitos naturais de liberdade, igualdade e propriedade dos indivíduos (Locke, 2004. p. 101). O contrato social a que os indivíduos aderem, justamente por pretender resguardar o direito natural da propriedade, não confere ao governante direito patrimonial sobre os bens dos particulares (2004, p. 38); justifica, ao contrário, a ingerência mínima do Poder Público sobre o patrimônio privado, condição necessária ao desenvolvimento do livre mercado. Essa é a herança percebida pelas Constituições modernas, de *sobrevalorização* da propriedade privada.

Ao final do séc. XIX e início do século XX, o modelo liberal de Estado, calcado nessa ingerência mínima sobre a propriedade privada e na supremacia de uma livre ordem econômica, sofreu contundentes ataques (por reivindicações de classe trabalhadora, advento de teorias socialistas, surgimento de novas demandas, dentre outros). Passa-se a admitir novas dimensões ao direito de propriedade, bem como exigir do Estado, no lugar apenas de um dever de abstenção, postura pró-ativa no sentido de regular o mercado (ordem econômica), a ordem social, prestar serviços públicos, dentre outros.

É nessa perspectiva que, num dado momento do século XX, se consagrou a percepção de que a conservação dos elementos criados pelo homem, que nos foi entregue pelas gerações passadas, passa a ser considerada tão necessária e não menos indispensável ao equilíbrio psicológico e biológico dos seres humanos quanto a proteção do ambiente natural. A proteção dos bens de interesse cultural é relacionada ao bem estar e ao pleno gozo de direitos fundamentais do cidadão (UNESCO, 1979, p. 9). E o fato é que tal realidade se confrontar-ia diretamente com o exercício pleno da propriedade pelos seus titulares.

A evolução ora traçada e o conflito entre a dimensão social da propriedade com seu pleno uso, gozo e disposição pelo particular é verificada na realidade pátria. Dentre os diversos valores protegidos pela ordem constitucional brasileira, a Carta Maior recepciona o aspecto cultural como autêntico patrimônio da nação. A própria Constituição da República e a legislação de regência reconhecem que bens materiais e imateriais são capazes de constituir esse patrimônio nacional, seja por referirem-se à identidade, à ação ou à memória dos diferentes grupos formadores da sociedade brasileira.

Então, quando um bem patrimonial, no que nos interessa, possui valor cultural específico (artístico, histórico, arqueológico, etnográfico, paisagístico, etc.), que se refira à identidade, à ação, à memória dos diferentes grupos formadores da sociedade brasileira, este bem passa a ser tutelável pelo Poder Público. O proprietário fica privado de, em nome de interesses egoísticos, usar, gozar e dispor livremente de seus bens se estes traduzem interesse público referentes àqueles valores (Carvalho Filho, 2010, p. 86).

O tombamento, reveste-se, pois, de uma forma de intervenção do Estado na propriedade privada que se justifica para o cumprimento de sua função social – identificada com a proteção do valor cultural eventualmente identificado naquele bem. É expressamente previsto, em nossa Carta Constitucional, no §1º do art. 216, nos seguintes termos:

> Art. 216. Constituem patrimônio cultural brasileiro os bens de natureza material e imaterial, tomados individualmente ou em conjunto, portadores de referência à identidade, à ação, à memória dos diferentes grupos formadores da sociedade brasileira, nos quais se incluem:
>
> I – as formas de expressão;
>
> II – os modos de criar, fazer e viver;
>
> III – as criações científicas, artísticas e tecnológicas;
>
> IV – as obras, objetos, documentos, edificações e demais espaços destinados às manifestações artístico-culturais;
>
> V – os conjuntos urbanos e sítios de valor histórico, paisagístico, artístico, arqueológico, paleontológico, ecológico e científico.

§ 1º – O Poder Público, com a colaboração da comunidade, promoverá e protegerá o patrimônio cultural brasileiro, por meio de inventários, registros, vigilância, tombamento e desapropriação, e de outras formas de acautelamento e preservação (grifo acrescido).

Afora a indicação do tombamento como uma das ferramentas hábeis à proteção do patrimônio cultural brasileiro, a Constituição da República também regula o tema quando disciplina normas relativas à competência legislativa e executiva dos entes federados.

O art. 24, inc. VII, da Constituição da República estabelece competência concorrente para a União e o Estado legislarem sobre a proteção do patrimônio cultural. À União cabe, portanto, editar normas gerais sobre o instituto, ao passo que aos Estados é assegurada competência para suplementar (§ 2º do supracitado artigo) referida legislação. Existe controvérsia doutrinária em reconhecer se ao município seria dado competência para, com força no art. 30, inc. I, também da Constituição da República, editar regras complementares à legislação estadual e federal quando estiverem envolvidos interesses locais. Parece-nos que a competência local de legislar sobre a proteção do patrimônio cultural limita-se à criação, organização de estruturas administrativas, distribuição de competências e eventual instituição de compensações ao particular na execução de iniciativas relacionadas ao tombamento. A criação ou alteração de normas materiais relacionadas à proteção do patrimônio cultural foi reservada somente aos estados e à União, de modo concorrente. Quisesse a Constituição que fosse atribuída tal competência aos municípios, tê-lo-ia feito expressamente. O silêncio implica negativa da competência legislativa material aos municípios.[3]

Pois bem, a ordem jurídica vigente recepcionou o Decreto-Lei nº 25/37 como o diploma geral referido no art. 24, inc. VII, da Constituição da República. Este estatuto geral, ao longo de cerca de trinta artigos, dispõe acerca de requisitos para se qualificar determinado bem como de interesse social para efeitos de tombamento, define algumas de suas modalidades, aponta formalidades que devem ser respeitadas na edição daquele ato, cria e distingue diferentes Livros do Tombo de acordo com a natureza do valor cultural a ser tutelado, e estabelece alguns efeitos da medida administrativa.

No que toca ao procedimento, o Decreto-Lei nº 25/37 divide o tombamento em basicamente cinco etapas: 1) qualificação do bem; 2) notificação do proprietário; 3) decisão do órgão competente; 4) homologação; e, 5) registro no Livro do Tombo respectivo (artigos 4º a 10 do Decreto-Lei nº 25/37).

Dentre os diversos efeitos do tombamento previstos na legislação, o principal deles é a imposição, ao proprietário, de obrigações de não fazer, consistente na proibição de destruir, demolir ou mutilar o bem tombado. O proprietário de bem tombado só pode reparar, pintar ou restaurar o bem com prévia autorização do Poder Público (art. 17 do Decreto-Lei nº 25/37).

São também impostas ao proprietário obrigações positivas, dentre os quais se destacam o dever de conservar o bem para manter dentro de suas características originais e, na hipótese de seu titular não dispor de recursos, o dever de comunicar ao órgão de proteção referida situação, que executará as obras de conservação e reparação às suas próprias expensas (art. 19 do Decreto-Lei nº 25/37).

---

[3] Em sentido contrário, admitindo a plena competência legislativa concorrente dos Municípios: Carvalho Filho, 2010, p. 876

Fácil observar, neste sentido, a gravidade de restrições impostas ao particular atingido pela medida de tombamento. O uso, gozo e a disposição do bem são veementemente circunscritos pelo ato, haja vista que em situação de normalidade o particular poderia dar ao bem a destinação que bem lhe aprouvesse (respeitadas, evidentemente, normas de caráter geral e abstrato, tais quais o zoneamento, normas para obras e construções, etc.). Apenas a proibição constante no art. 17 do Decreto-Lei nº 25/37, por exemplo, inviabiliza que o particular reforme ou altere as condições físicas do imóvel. Impede que ele destrua a edificação para nova construção, maximizando o potencial construtivo de determinada área. Ou mesmo impede a demolição para nada construir, utilizando da propriedade para outros fins (como transformar o imóvel num estacionamento, e auferir, com isso, renda).

Referidas anotações estão umbilicalmente relacionadas à natureza jurídica do instituto. Antes de se passar à tarefa de defini-la (a natureza jurídica), convém ainda fazer um último comentário quanto ao seu tratamento legal.

O Decreto-Lei nº 25/37 dispõe de modo bastante sintético sobre o tombamento de bens públicos. No art. 5º, define-se a forma de comunicação à autoridade competente do parecer de qualificação do valor cultural do bem, ao passo que no art. 11 é feita a previsão do efeito de inalienabilidade do bem em decorrência da medida. O fato, e mais importante, é que a legislação não define em quais circunstâncias pode um ente federado tombar um bem público de titularidade de outro ente.

Parte relevante dos doutrinadores entende que no silêncio do Decreto-Lei nº 25/37 deve ser aplicada a regra prevista na legislação de desapropriação (§§ 2º e 3º do art. 2º do Decreto-Lei nº 3.365/41),[4] que autoriza sempre um ente mais abrangente a expropriar um bem de ente menos abrangente (p. ex. Carvalho Filho, 2010, p. 876; Freitas, 1995, p. 28). Estados poderiam, neste diapasão, tombar bens públicos dos municípios, e a União poderia fazê-lo sobre bens de ambos (estados e municípios).

A alternativa ora cogitada não é a que melhor se coaduna à ordem constitucional vigente, especialmente em virtude da horizontalidade dos entes – da inexistência de hierarquia entre eles. Neste sentido, tomam-se os artigos 18 e 19, inc. III, da Constituição da República:

> Art. 18. A organização político-administrativa da República Federativa do Brasil compreende a União, os Estados, o Distrito Federal e os Municípios, *todos autônomos*, nos termos desta Constituição.(...)
> Art. 19. É vedado à União, aos Estados, ao Distrito Federal e aos Municípios: (...)
> III – *criar* distinções entre brasileiros ou *preferências entre si*. (grifo acrescido).

O fato é que diante de circunstâncias concretas, é bastante possível que bem público pertencente à Administração indireta federal (cogite-se, por exemplo, o prédio de um banco, uma estatal), seja revestido de significativo valor cultural para determinada comunidade, por ter sido palco de fatos históricos ligados à sua colonização, por exemplo. Negar o direito do município, neste caso, de promover o tombamento

---

[4] "Art. 2º Mediante declaração de utilidade pública, todos os bens poderão ser desapropriados pela União, pelos Estados, Municípios, Distrito Federal e Territórios. § 1º A desapropriação do espaço aéreo ou do subsolo só se tornará necessária, quando de sua utilização resultar prejuizo patrimonial do proprietário do solo. § 2º Os bens do domínio dos Estados, Municípios, Distrito Federal e Territórios poderão ser desapropriados pela União, e os dos Municípios pelos Estados, mas, em qualquer caso, ao ato deverá preceder autorização legislativa. § 3º É vedada a desapropriação, pelos Estados, Distrito Federal, Territórios e Municípios de ações, cotas e direitos representativos do capital de instituições e empresas cujo funcionamento dependa de autorização do Governo Federal e se subordine à sua fiscalização, salvo mediante prévia autorização, por decreto do Presidente da República".

daquele bem com base na aplicação analógica dos §§2º e 3º do art. 2º do Decreto-Lei nº 3.365/41 (que trata de desapropriação) é negar vigência aos artigos 18 e 19, inc. III, da Constituição da República.

Vale dizer, neste sentido, que a competência constitucional executória (ou administrativa) de exercer o poder de polícia para promover a efetiva proteção do patrimônio cultural é *comum* entre União, estados e municípios (art. 23, inc. III, da Constituição). Se os entes têm, indistintivamente, prerrogativa comum para promover a proteção do patrimônio cultural, urge reconhecer que esta incumbência envolve, indiscutivelmente, iniciativa de deflagração dos atos procedimentais do tombamento, independentemente da titularidade do imóvel.[5]

Em resumo: é cediço que se os municípios e os estados são entes autônomos entre si e em relação à União, que se a união de todos eles, em igualdade de condições, é a base da organização política da República, e que se a eles é atribuída competência comum, sem reservas, para a proteção do patrimônio cultural, podem entes federados menos abrangentes tombar bens pertencentes a entes mais abrangentes (impropriamente chamados de superiores), se configurados os requisitos de qualificação de seu valor cultural e respeitadas as demais normas de regência.

3. CONCEITO OPERACIONAL E NATUREZA JURÍDICA

Os apontamentos já realizados dão conta, basicamente, do seguinte: a) o tombamento é instrumento jurídico de atribuição estatal, através do qual se submete a propriedade particular a um regime especial; b) tem como escopo a proteção do partrimônio cultural; c) fundamenta-se na função social da propriedade; d) e implica uma série de restrições ao exercício da propriedade relacionadas aos seus atributos de uso, gozo e disposição.

Tais elementos, ordenados e percebidos sistematicamente, são suficientes para delinear um conceito operacional. Para os propósitos deste estudo, tombamento, enquanto instrumento de realização da função social da propriedade, é a forma de proteção do patrimônio cultural brasileiro – ao lado dos inventários, registros, vigilância, desapropriação, entre outros – que, restringindo o uso, gozo e/ou a disposição da propriedade, impõe ao proprietário, sem a supressão do domínio sobre aquela, deveres especiais de não fazer, de fazer, e eventualmente de suportar que se faça, tudo para a proteção do valor histórico, paisagístico, artístico, arqueológico ou cultural do bem.

3.1. O tombamento como modalidade autônoma de intervenção do Estado na propriedade privada

Como antecipado na introdução, questão nuclear a respeito do tombamento reside em identificar sua natureza jurídica. Doutrina e jurisprudência conhecem, tradicionalmente, cinco formas de intervenção estatal na propriedade privada: desapropriação, requisição administrativa, ocupação temporária, servidão administrativa e limitações administrativas. A *desapropriação* é o meio mais radical delas (Gasparini, 2007, p. 757), pois retira compulsoriamente o conteúdo essencial do direito de propriedade a ponto, inclusive, de extingui-la. Por esta razão é sempre onerosa ao

---

[5] Neste sentido, confira-se VITTA, 200, p. 175.

Poder Público; deve ser compensada, por imperativo constitucional, com indenização justa e prévia ao proprietário.

A *requisição administrativa* é modalidade de intervenção através do qual o Estado utiliza bens móveis, imóveis e serviços particulares em situação de perigo público iminente (Carvalho Filho, 2010, p. 855). Por exemplo, na hipótese de calamidade pública, é invocada para permitir a utilização pelo Estado das instalações, equipamentos e serviços médicos de determinado hospital privado. Já a *ocupação temporária* outorga ao Poder Público o direito de usar, por período transitório de tempo, a propriedade privada com o fim de servir como meio de apoio à execução de obras e serviços públicos, mesmo diante da ausência de perigo público iminente (Gasparini, 2007, p. 740). Pense-se na alocação de tratores, escavadeiras, barracão de serventes e afins nas margens de uma rodovia em construção. Ambas as modalidades – a requisição administrativa e a ocupação temporária – são , em geral, gratuitas, isto é, não geram ao particular direito de indenização, *salvo diante da comprovação de assunção, pelo proprietário, de prejuízos em decorrência da medida.*

As duas formas de intervenção do Estado na propriedade importantes para a presente análise são as servidões e as limitações administrativas. Parece ser consenso entre os adminstrativistas que as *servidões administrativas* se configuram como o direito real que autoriza o Poder Público a usar a propriedade imóvel para permitir a execução de obras e serviços públicos de interesse coletivo (Carvalho Filho, 2010, p. 847). Os exemplos comumente utilizados para ilustrá-las são as hipóteses de servidão para instalação de redes elétricas, implantação de gasodutos, dentre outros. Usualmente são onerosas, posto que naquela porção que passa a servir ao interesse público, o conteúdo essencial do direito de propriedade também é afetado. O particular não pode dispor e usar livremente da propriedade uma vez instituída a servidão, motivo pelo qual faz jus à compensação pecuniária.

As *limitações administrativas* são determinações de caráter geral, por excelência provenientes de lei, através do qual o Poder Público impõe a sujeitos indeterminados obrigações abstratas com o fim de condicionar o exercício de seu direito de propriedade ao interesse coletivo (Di Pietro, 2007, p. 119). Exemplos típicos são as limitações de gabarito, o zoneamento, as normas de recuo de edificações, etc. A limitação não restringe as faculdades inerentes ao conteúdo do direito; ela integra esse conteúdo. Por esta razão, por ser a limitação considerada como o próprio desenho do direito de propriedade, bem como por ser geral e abstrata (isto é, não impor a um particular específico restrições exacerbadas em relação aos demais em situações equivalentes), não gera, ao Estado, dever de indenizar.

O grande debate travado na doutrina, com reflexos marcantes na jurisprudência, ocorre na qualificação do tombamento ora como uma espécie de limitação administrativa ora como servidão administrativa. E fazendo-o nega-se ou admite-se o direito/dever de indenização pelo ato.

Os que consideram o tombamento uma modalidade de limitação administrativa o fazem porque o Estado não expropria o bem do particular, nem esvazia, por completo, o conteúdo econômico do direito de propriedade. Ao proprietário permanece reservada a titularidade sobre o domínio do imóvel, circunstância que afastaria o dever de indenizar.

A corrente que defende que o tombamento é modalidade de intervenção caracterizada como uma servidão administrativa o faz ao argumento de que a medida não poderia ser qualificada como limitação, pois este é ato geral e abstrato, enquanto o tombamento é específico, incidente sobre um bem ou um conjunto de bens determinados. Cria, ao proprietário, restrições maiores no uso, gozo e disposição da propriedade não experimentadas por particulares em situação equivalente. Por ser um típico ato de servidão administrativa, ensejaria, em regra, direito à indenização. Entre nós perfilam-se a esse entendimento juristas do timbre de Juarez Freitas (1995, p. 28), Celso Antônio Bandeira de Mello (2007, p. 876) e Adilson de Abreu Dallari (1988, p. 37).

Há quem entenda que o tombamento pode ser tanto qualificado como limitação ou como servidão,[6] dependendo de seus efeitos. Pode ter natureza de limitação se não causar prejuízo ao particular; de servidão, se causar; ou de desapropriação, se esvaziar por completo o conteúdo econômico do bem.[7]

José dos Santos Carvalho Filho e Maria Sylvia Zanella Di Pietro qualificam o tombamento como modalidade autônoma e *sui generis* de intervenção do Estado na propriedade privada, não enquadrada como limitação nem como servidão administrativa (2010, p. 872; 2007, p. 134, respectivamente). Esta é a posição que mais adequadamente se enquadra ao perfil jurídico do instituto.

O tombamento não é espécie de limitação administrativa, posto que, de fato, não é geral e abstrato. Alcança, em regra, imóvel específico e individualizado por seu valor cultural relevante.

Ocorre que também não é servidão administrativa, haja vista que ao instituto é intrínseca a figura do imóvel serviente e dominante, não existente no tombamento (Carvalho Filho, 2010, p. 871; Di Pietro, 2007, p. 133). Demais, a servidão administrativa presta-se efetivar ou manter serviços públicos ou de utilidade pública (Freitas, p. 24), circunstância *a priori* não verificada no tombamento. Por fim, não se cogitaria instituir servidão administrativa sobre bens móveis, que são suscetíveis, entretanto, de serem tombadas.

Há que se refutar, também, a ideia de natureza vinculada aos efeitos do tombamento. Determinado instituto tem as características que lhes são próprias independentemente de seu efeito; aliás, é o perfil jurídico da medida que fornece subsídios para fundamentar, ou não, o dever de indenizar. Evidentemente que se o tombamento não é modalidade de desapropriação, de ocupação temporária e requisição administrativa, tampouco se enquadra como uma limitação ou servidão administrativa, ele é uma uma modalidade distinta de intervenção, com traços peculiares que lhes são próprios.

3.2. A questão da gratuidade ou onerosidade do tombamento

A principal implicação em se refutar o enquadramento do tombamento enquanto espécie de limitação ou de requisição administrativa relaciona-se à questão da gratuidade ou onerosidade da medida. Enquanto sustentava-se que o tombamento era uma limitação administrativa, a consequência lógica era reconhecer sua gratuidade; ao contrário, na medida em que se reputava uma medida de servidão administrativa, tornar-se-ia imperioso indenizar.

---

[6] Telles, 1997, p. 43.
[7] Vide AZEVEDO; CÂMARA; FIGUEIREDO, 2000, p. 44.

O quadro agora é outro: reconhece-se que o tombamento é forma autônoma, *sui generis* de intervenção do Estado na propriedade, distinta, por características que lhes são próprias, da limitação e da servidão administrativa. Tal constatação implica a necessidade de se utilizar novo critério para fundamentar e justificar a gratuidade ou onerosidade da medida. O critério que melhor responde à questão da (des)necessidade de indenizar passa por identificar se o tombamento configura, ou não, um verdadeiro sacrifício de direito. Se o for, a indenização é impositiva.

Uma das mais importantes investigações sobre a definição de *sacrifícios de direito*, especialmente concernentes àqueles impostos pelo Poder Público, é de lavra de Celso Antônio Bandeira de Mello: *"Tombamento e dever de indenizar"*.

Bandeira de Mello assevera que ao Estado é dada a prerrogativa de delinear o conteúdo dos direitos reconhecidos pela ordem jurídica, o que ocorre, também, com o direito de propriedade. Quando o Estado disciplina e regula o exercício do direito de propriedade, de modo geral e abstrato (impondo limitações administrativas), ele está definindo aquele conteúdo. Como sustenta o autor, o direito de propriedade é a propriedade já limitada. A definição do conteúdo do direito de propriedade não gera dever do Estado em indenizar o particular porque não se afeta o conteúdo básico daquele direito; ao contrário, preserva-o (1987, p. 65).

Ocorre que em determinadas situações o Poder Público, mesmo por razões legítimas (como amparado em dado interesse público ou social), investe contra o conteúdo básico do direito de propriedade do cidadão, elidindo ou bloqueando o livre e total uso, gozo e disposição da propriedade. Bandeira de Mello ensina que o bloqueio desses atributos (uso, gozo e disposição da propriedade) não caracterizam a definição do âmbito do direito. Ao contrário, são definidos como sacrifícios de direito e geram, em regra, o dever de indenizar. São exemplos de sacrifícios de direito as desapropriações e servidões administrativas, investidas contra o próprio direito de propriedade que afetam o conteúdo básico assegurado constitucionalmente, posto que suprem ou comprimem aquele uso, gozo e disposição que qualquer outro proprietário teria (1987, p. 66).

O critério distintivo das limitações administrativas em relação aos sacrifícios de direito seriam, na ótica de Bandeira de Mello, a generalidade ou especificidade da medida. As limitações, por delinearem o conteúdo do direito, só poderiam ser veiculadas por lei, que, por essência, devem ser gerais e abstratas. Os sacrifícios, por submeterem dado objeto específico (em atenção ao seu peculiar valor, no caso cultural, de interesse da sociedade), não corresponde ao genérico e abstrato desenho do perfil do direito de propriedade. É medida específica, que coloca o particular atingido em desvantagem excessiva em relação aos demais, posto que reduz a extensão do direito de propriedade do particular, e só dele (em virtude das características de seu imóvel) em prol de todos (1987, p. 68). Essa situação de desigualdade a que se submete o proprietário de bem portador de significativo valor cultural é que gera a obrigação de indenizar.

O equívoco da abordagem de Bandeira de Mello é, em nossa opinião, não ter vislumbrado o tombamento como modalidade autônoma de intervenção estatal. Ao contrário, qualificou a medida como espécie de servidão adminsitrativa. Isso não repercute, todavia, na utilidade de sua lição especialmente no que toca à distinção entre limitação e sacrifício de direito, sobretudo se se admitir que o tombamento, em regra, supre ou reduz desproprorcionalmente (em relação aos demais particulares) atributos da propriedade sobre bens específicos.

Não é compatível com o princípio da igualdade que alguns devessem ser suprimidos de seus direitos (ou reduzida a sua extensão), enquanto todos os outros o desfrutem. Providências gravosas a alguns, tomada em prol de todos, por todos devem ser custeadas, conforme preceito da repartição dos ônus entre os beneficiários dos cômodos (Mello, 1987, p. 69).

A regra é que o tombamento gera, ao Estado, dever de indenizar o proprietário, posto que se trata, em essência, de sacrifício de direito imposto ao último em prol da coletividade.

Carlos Ari Sundfeld desenvolve o entendimento de Bandeira de Mello. Muito embora noticie que o critério utilizado pelo último (generalidade x singularidade) para distinção entre limitação e sacrifício de direito não seja infalível (afinal, pode haver tombamento de toda uma região ou cidade, circunstância que lhe aproximaria do caráter geral típico da limitação), reconhece que tal posição aponta para o caminho correto (1993, p. 80).

De acordo com Sundfeld, o que se deve ter em conta para definir se a investida do Poder Público é limitação ou sacrifício de direito é o princípio da igualdade, que veda a discriminação entre pessoas, exigindo mais de umas que de outras (1993, p. 80). O sacrifício seria, neste sentido, um constrangimento extraordinário, excedente dos padrões de normalidade habitualmente aceitos (1993, p. 83), posto que impede ou reduz drasticamente a utilização do bem. O ato estatal que implica verdadeiro sacrifício de direito ao particular, por colocá-lo em situação de desequilíbrio em face dos demais, deve ser indenizado. Não é justo que para o desfrute do valor cultural de determinado bem por todos, o particular seja privado, ainda que parcialmente, da utilização (uso, gozo e disposição) da coisa, sem a correspondente reparação da restrição imposta a seu direito.

Enfim, a constatação de que o tombamento é modalidade peculiar de intervenção do Estado na propriedade (não caracterizável como limitação ou servidão administrativa) não impede admiti-lo como verdadeiro sacrifício de direito quando restringe desproporcionalmente os atributos da propriedade e impõe, ao particular, prejuízo econômico. O sacrifício de direito se configura, na hipótese, em vista da supressão ou redução da extensão do direito de propriedade do titular de bem tombado, situação que o coloca em flagrante desequilíbrio em face dos demais (não obrigados a suportar aquelas restrições). Como assinala Bandeira de Mello, o tratamento a que se submete o proprietário de bem tombado passa a ser totalmente distinto do dispensado a todos os demais proprietários, pois os poderes de domínio destes serão diferentes daqueles (1987, p. 70). Daí o fundamento do dever de indenizar pelo tombamento.

4. A POSIÇÃO DO PROPRIETÁRIO

Em sendo tombado um bem imóvel, o proprietário não terá poderes de alterá-lo fisicamente. Fica privado de extrair maior conforto ou funcionalidade no uso. É tolhido no gozo, pois não pode extrair todo rendimento que lhe seria proporcionado diante de eventual modificação física da instalação. A disponibilidade, o mais importante dos três elementos constitutivos da propriedade, é gravemente comprometida. Não se pode demolir para reedificar, o que importa em substantivo decréscimo econômico do bem. (Mello, 1987, p. 69).

Vale lembrar, entretanto, que a Administração é autorizada pela Constituição a impor tais sacrifícios ao particular. A questão passa a ser, então, conciliar a atuação administrativa ao respeito dos direitos do proprietário, especialmente: a) observando o devido processo legal (e, principalmente, sua dimensão substantiva); b) reconhecendo que se o dever de indenizar é impositivo, a Administração deve fazê-lo mesmo sem a provocação do Judiciário, e; c) admitindo a revisão judicial do ato de tombamento, se não forem subsistentes os fundamentos que levaram a qualificação do bem como de relevante interesse cultural.

4.1. Implicações decorrentes do devido processo legal substantivo

A garantia do devido processo legal é máxima inafastável num ambiente que pretende ser caracterizado como Estado de Direito. Roberto Dromi justifica a legitimidade de garantias jurídicas processuais nos seguintes termos:

> Para o Estado de Direito, como modelo jurídico, e a República, como um modelo político, saiam exitosos, é necessário que os indivíduos conheçam os meios de proteção para fazer valer seus direitos, e saibam quais são seus alcances e limitações. Não é suficiente a consagração constitucional das liberdades públicas para que seu exercício seja garantido, é indispensável a previsão processual de meios jurídicos para tornarem efetivo o exercício dos direitos e proteger seus titulares contra agravos de terceiros. (tradução livre. 2005, p. 270)[8]

A garantia do devido processo legal surge num contexto de limitação aos poderes dos governantes, visando à contenção da arbitrariedade. Seus antecedentes remontam à Magna Carta de 1215, que previa que "nenhum homem livre será aprisionado, capturado, privado de seus direitos (…) a não ser por um julgamento de seus pares, *de acordo com a lei da terra*"[9] (tradução livre, grifo acrescido). A expressão consagrou-se com a edição da Quinta Emenda à Constituição Norte-Americana.[10]

Entre nós, o devido processo legal é previsto no rol dos direitos e garantias individuais (art. 5º, inc. LIV, da CRFB) nos seguintes termos: "ninguém será privado da liberdade ou de seus bens sem o devido processo legal".

A norma em questão representa uma obrigação imposta ao Estado quando diante da produção de ato que porventura envolva os direitos de liberdade e propriedade dos cidadãos: somente é legítima a atuação estatal, naquelas hipóteses, quando assegurado o integral respeito aos requisitos e condições processuais estabelecidos para sua prática. É diante da observância das normas processuais condicionantes da edição do

---

[8] No original: "Para que el Estado del derecho, como modelo jurídico, y la República, como modelo político, salgan airosos, se necesita que los individuos conozcan los medios de protección para hacer valer sus derechos, y sepan cuáles son sus alcances y limitaciones. No es suficiente la consagración constitucional de las libertades públicas para que su ejercicio está garantizado; es indispensable la previsión procesal de medios jurídicos para hacer efectivo el ejercicio de los derechos y proteger a sus titulares contra los agravios de terceros".

[9] "No free man shall be seized or imprisoned, or stripped of his rights or possessions, or outlawed or exiled, or deprived of his standing in any other way, nor will we proceed with force against him, or send others to do so, except by the lawful judgment of his equals or by the law of the land".

[10] "No person shall be held to answer for a capital, or otherwise infamous crime, unless on a presentment or indictment of a Grand Jury, except in cases arising in the land or naval forces, or in the Militia, when in actual service in time of War or public danger; nor shall any person be subject for the same offense to be twice put in jeopardy of life or limb; nor shall be compelled in any criminal case to be a witness against himself, nor be deprived of life, liberty, or property, without due process of law; nor shall private property be taken for public use, without just compensation".

ato estatal que se assegura ao cidadão não só formalmente o direito de ser ouvido, de discordar ou contraditar a pretensão inicial da Administração, produzir provas em seu favor, influenciar na decisão final e provocar seu reexame, mas, sobretudo, de que o ato administrativo final será materialmente conforme à ordem jurídica vigente.

Daí é que se reconhece que a garantia do devido processo legal tem duas dimensões: a formal (ou procedimental) e a material (ou substantiva) (cf. Moraes, 2001, p. 117).

A perspectiva formal do devido processo legal é a acepção comum. Assegura ao indivíduo o manejo de todas as ferramentas jurídicas admitidas no ordenamento para sustentar sua pretensão ou resistência em face da investida do Estado contra direitos de liberdade e propriedade. Demanda o respeito a procedimentos que visam a assegurar ao cidadão o direito de falar e ser ouvido, de participar da instrução processual, de recorrer, dentre outros.

Interessa-nos, especialmente, a dimensão substantiva do devido processo. Esta acepção decorre de teoria inicialmente desenvolvida na *common law* norte-americana. No caso Marbury vs. Madison, de 1803, ao Judiciário foi reconhecido, num primeiro momento, a prerrogativa de declarar que não bastava uma lei seguir os procedimentos formais de aprovação para ser válida; era necessário também a congruência da lei a regras de cunho material.

Em 1857, no caso Dred Scott v. Sanford, a Suprema Corte dos Estados Unidos da América pela primeira vez referiu-se expressamente ao termo *devido processo substantivo*, para, com base nele, fundamentar a invalidação de lei federal por aqueles mesmos pressupostos (Pereira, 2008, p. 76 e 139).

Nosso Supremo Tribunal Federal lançou mão, pela primeira vez, da teoria do devido processo substantivo para fundamentar decisão nos autos da Representação nº 1054/84. No voto do Ministro Néri da Silveira, o devido processo substantivo justificou a possibilidade do Tribunal controlar a validade material de lei para além da observância de requisitos de competência e procedimento (Pereira, 2008, p. 15).

Sebastião Tavares Pereira, ao dissertar sobre a essência devido processo substantivo, assinala:

> Toda ação, embora se desenvolva por determinado método, tem um fim, produz um resultado. E é o resultado que deve, no fim e por tudo, estar de acordo com o Direito, ou seja, representar a concretização dos valores e anseios sociais. Se há procedimentos a serem seguidos, há, antes e acima deles, barreiras materiais, substantivas, a serem respeitadas na ação. A vida, a liberdade e a propriedade impõem limites à ação, decorrentes do princípio do Devido Processo (2008, p. 145-146).

O que a teoria do devido processo substantivo enuncia, neste diapasão, é que tanto atos legislativos quanto executivos devem, para ser reputados válidos, não só a observância de procedimentos formais previamente estipulados (em relação aos atos administrativos, especialmente o respeito a procedimentos que conferem ao particular o direito de se manifestar, de contraditar e de recorrer da medida administrativa), mas, sobretudo, serem congruentes à própria ordem jurídica, a regras e enunciados correlatos àquela medida.

Um dos principais efeitos do devido processo substantivo, em matéria de tombamento, é reconhecer que o ato administrativo de restrição à propriedade não pode ser editado em desconformidade ao conjunto de regras materiais que lhes são pertinentes. O devido processo substantivo não autoriza, por exemplo, que a Administração negue ao particular atingido pelo sacrifício de direito a ele imposto a prerrogativa de ser ressarcido ou compensado pelos prejuízos sofridos. Ou ainda, que o tombamento alcance bens de duvidoso e fundamentadamente contestado valor cultural.

4.2. A necessidade de se apurar o *quantum* indenizatório no próprio processo administrativo

Como visto, dentre as principais implicações da dimensão substantiva do devido processo de tombamento, está o necessário respeito às demais regras e normas materiais constantes no ordenamento jurídico quando da edição do ato administrativo final.

Uma das mais importantes dessas normas materiais correlatas, corolário inafastável do Estado de Direito, é a garantia à indenização diante da ocorrência de dano. A Constituição chega a fazer da indenização norma geral para a hipótese de desapropriação (art. 5º, inc. XXIV), implícita também no caso de responsabilidade civil do Estado (art. 37, §6º).

O fato é que se o ato administrativo produzido pela Administração causar, em proveito da coletividade, dano ou prejuízo ao particular, ele deve ser indenizado. A Administração tem o dever de fazê-lo, de ofício e sem a intervenção do Judiciário, em decorrência sobretudo do princípio da legalidade e da presunção de legitimidade de seus atos. Se por força do princípio da legalidade a Administração só pode fazer aquilo que a lei lhe autoriza (Zagrebelsky, 1995, p. 28), e se em face da presunção de legitimidade do ato administrativo lhe é atribuída a qualidade de ser tido como verdadeiro e conforme ao Direito (Gasparini, 2006, p. 74), tem-se que o ato de tombamento não pode negar o direito elementar do cidadão de ser compensado ou reparado diante de uma restrição excessiva, desproporcional, que lhe comprime os atributos do direito de propriedade.

Todo e qualquer ato administrativo deve ser praticado em conformidade ao Direito. Se o Direito demanda a reparação do particular que sofre prejuízo em decorrência da atuação administrativa, causadora de gravames desproporcionais, o ato de tombamento deve ser, espontaneamente, indenizado. Remeter à questão da indenização ao Judiciário equivale a negar ao particular aquele direito. A título de exemplo, seria como, num contrato administrativo, o Poder Público negar-se a fazer o pagamento da contraprestação devida, forçando o particular a recorrer ao Judiciário para receber o que lhe é de direito.

Decorrência direta do reconhecimento da obrigação do Estado de indenizar, de ofício, o particular atingido pelo tombamento diante da ocorrência de prejuízo está a necessidade de, no bojo do próprio processo de tombamento, apurar-se o *quantum* indenizatório.

Como visto, a dimensão substantiva do devido processo legal demanda a necessidade de se assegurar, naquele mesmo processo que grava toda uma série de restrições sobre a propriedade particular, o respeito à gama de direitos inerentes à condição do proprietário, em especial, de ser indenizado caso sofra prejuízo. O devido processo legal, em sua acepção substantiva, não respalda o tombamento que desconsidere a necessidade de ressarcir o particular que suporta ônus desproporcional em proveito da coletividade. Desta constatação, extrai-se a necessidade de, naquele mesmo processo administrativo, apurar-se a extensão do prejuízo patrimonial sofrido pelo indivíduo para que lhe possa ser feito o respectivo pagamento ou compensação.

Seria absolutamente desproporcional remeter a um momento futuro a apuração daquele valor, enquanto a partir do tombamento provisório o particular já sofre os efeitos do ato administrativo – desde a notificação do proprietário já incidem as restrições previstas no Decreto-Lei nº 25/37.

Muito embora a Constituição da República tenha estipulado a necessidade de indenização *prévia* somente para a hipótese de desapropriação (art. 5º, inc. XXIV), o referido não autoriza que se submeta o particular, em outras modalidades de intervenção, à situação de indefinição eterna. O fato de a Constiuição assegurar indenização *prévia* somente no caso de desapropriação não dispensa a Administração de, em situações similares (quando o conteúdo do direito de propriedade é igualmente atingido), promover também previamente à edição do ato final todas as medidas necessárias à apuração do *quantum* indenizatório, ainda que seu pagamento seja feito posteriormente.

Seria inclusive antiproducente instaurar novo processo administrativo para apurar o valor indenizatório posteriormente se a máquina administrativa já está voltada à análise daquele caso específico, qualificando o bem como de valor cultural, notificando o particular, etc.

Em síntese, ao se reconhecer que todo e qualquer ato administrativo deve ser praticado em conformidade ao Direito, vem à tona a obrigação da Administração de indenizar o particular caso a medida restritiva por ele imposta implique prejuízos patrimoniais ao último. Se referida obrigação decorre da própria ordem jurídica vigente, deve a Administração, por força do princípio da legalidade e da presunção de legitimidade de seus atos, promover a reparação de ofício, sem provocação do Judiciário. O momento oportuno para apurar o valor da indenização é no bojo do próprio processo de tombamento, oportunidade em que a máquina administrativa já está voltada para a análise do caso específico.

Admitir a indenização ao proprietário como dever da Administração é a forma mais eficiente de garantir a efetiva proteção do patrimônio cultural. A verdade é que, salvo exceções, ao particular que tem um bem tombado não é dado qualquer incentivo para mantê-lo em suas características originais. Ao contrário, em regra o indivíduo conta com a inércia do Poder Público para permitir (quiçá provocar) a deterioração do imóvel e o consequente desaparecimento do valor cultural objeto daquela tutela, para que então possa aproveitar o potencial construtivo do bem.

Como assinala Adilson de Abreu Dallari, o tombamento gratuito (não indenizado) acaba agindo como se fosse uma sanção ao particular. Pune o dono do bem tombado pelo "crime" de o haver preservado. Por isso, para o autor, pretender tombar sem indenizar acarreta estímulo à destruição (1988, p. 37).

A vantagem de se deslocar a discussão a respeito da indenização pelo tombamento à esfera administrativa é que, uma vez tendo o particular recebido recursos públicos em virtude da restrição que lhe é imposta, torna-se mais fácil exigir-lhe o cumprimento do seu dever de preservar. A uma, porque recebeu recursos para tanto, o que esvazia o argumento de insuficiência financeira para a restauração ou reforma.

A duas, porque tendo recebido recursos públicos pela restrição, a sociedade passa a ser credora da obrigação de preservar, sujeitando o particular inclusive a acusação de enriquecimento sem justa causa na hipótese de perecimento do imóvel e a perdas e danos em favor do erário se tal fato vier a ocorrer.

Registre-se, por fim, que em regra a verba indenizatória será a diferença entre o que o imóvel valia antes do tombamento e o que passou a valer depois dele, considerando especialmente o potencial construtivo da propriedade.

4.3. A avaliação judicial dos motivos (mérito) do ato administrativo de qualificação do bem objeto de tombamento

Ao se tratar do conteúdo material do processo de tombamento, não se pode deixar de abordar a questão da qualificação do valor cultural do bem em análise. Como visto nas linhas precedentes, é indispensável no processo administrativo a elaboração de parecer da unidade técnica do órgão incumbido de proteção do patrimônio cultural com a indicação dos motivos que o leva a opinar pelo tombamento. Esse parecer é, em essência, a motivação do ato de tombamento (ainda que provisório) e permitirá, ao particular, contrapor os argumentos da Administração e exercer sua ampla defesa.

É desnecessário ressaltar que o ato de tombamento deve ser amparado em relevante justificativa técnica capaz de demonstrar, convincentemente, os elementos utilizados pelo órgão de proteção para pretender impor, ao particular, as restrições decorrentes do Decreto-Lei nº 25/37.

A inovação na abordagem ora proposta reside no fato de que presente relevante controvérsia técnica a respeito dos motivos indicados pelo órgão ambiental para qualificação do bem, deve ser reconhecido ao Judiciário o poder/dever de examinar o mérito do ato administrativo, ou seja, de avaliar a legitimidade dos argumentos técnicos utilizados para se pretender tombar o bem particular (Ferreira, 1997, p. 12).

A questão tangencia a polêmica sobre a vinculação ou a discricionariedade do ato de tombar, longe de solução pela doutrina. Fica adstrita à constatação de que tendo a Administração o dever de respeitar a dimensão substantiva do devido processo legal, não pode tombar bem cujo significativo valor cultural não tenha sido satisfatoriamente comprovado. Por significativo valor cultural entende-se aquilo que é vinculado a fatos memoráveis da história do Brasil, do estado ou do município, bem como portador de *excepcional* valor histórico, artístico, paisagístico, ecológico, arqueológico, paleontológico, etnográfico, bibliográfico ou científico.

As expressões *fatos memoráveis* e *excepcional valor* são conceitos jurídicos indeterminados e, neste condão, são suscetíveis de ser distintamente compreendidos pelos intérpretes. Não há qualquer motivo, entretanto, para atribuir, *per se*, maior valor à opinião do técnico servidor do órgão de proteção do patrimônio cultural em detrimento a de outros profissionais igualmente capacitados. Por esta razão é que, havendo divergência entre a opinião técnica do servidor do órgão competente e de profissional gabaritado eventualmente contratado pelo particular, a demanda há de ser necessariamente dirimida no Judiciário, que determinará a produção de prova técnica cotejando ambas as posições. Persistindo a dúvida quanto à expecionalidade ou a vinculação do bem a fatos memoráveis, os argumentos lançados pelo órgão técnico não se mostram convincentes; a não satisfação dos requisitos legais induz à invalidação do tombamento.

Ademais, na perspectiva de admissão da indenização em razão do tombamento, a qualificação do bem – reconhecimento de seu valor cultural – adquire especial relevância no tombamento voluntário (naquele que é pleiteado pelo próprio proprietário). O órgão de proteção deve ter redobrado cuidado na aprovação deste tipo de requerimento para evitar que, onerando excessivamente a coletividade, não se promova o enriquecimento sem justa causa do proprietário.

Admitir a revisão judicial da motivação do tombamento é, também nesta perspectiva, indispensável, haja vista que o ato administrativo é suscetível, se mal conduzido, de causar lesão aos cofres públicos. Passa a ser tutelado pela ação popular, inclusive.

CONSIDERAÇÕES FINAIS

A presente investigação, ao fazer uma releitura do processo administrativo de tombamento, constatou o seguinte:

1. O tombamento, enquanto ato estatal de proteção do patrimônio cultural, segue inspiração do modelo francês. A semelhança ao tombamento ocorrido em Portugal no final da Idade Média e início da Idade Moderna refere-se somente à origem histórica do vocábulo;

2. Trata-se de ato que, visando a assegurar a função social da propriedade, impõe restrições no uso, gozo e disposição de propriedade específica, restrições não experimentadas por particulares em situações equivalentes;

3. O tombamento desenha modalidade *sui generis* de intervenção do Estado na propriedade, não caracterizável como servidão ou limitação administrativa;

4. A constatação de que o tombamento é modalidade autônoma e diferenciada de intervenção – ao lado da limitação e da servidão administrativa – não impede reconhecê-lo como verdadeiro sacrifício de direito, passível, portanto, de ser indenizado com base no princípio da isonomia, da repartição dos ônus sociais e da responsabilidade do Estado na hipótese de provocação de dano ao particular;

5. Dentre as principais implicações de se analisar o tombamento a partir da perspectiva do proprietário do bem tombado está a necessidade de, observando-se a dimensão substantiva do devido processo, apurar o *quantum* indenizatório ainda administrativamente, no bojo do próprio processo de tombamento, bem como permitir a ampla avaliação judicial dos motivos indicados pelo órgão ou autoridade competente para a edição do ato.

REFERÊNCIAS

AZEVEDO, Pedro Ubiratan Escorel de; CÂMARA, Ana Lúcia; FIGUEIREDO, Guilherme José Purvin de. *O tombamento como instrumento de proteção ambiental. In* Revista de Direitos Difusos, vol. 1. Editora Esplanada-ADCOAS; Instituto Brasileiro de Advocacia Pública –IBAP, 2000. p. 39-50.

CARVALHO FILHO, José dos Santos. *Manual de Direito Administrativo.* 23ª ed. Rio de Janeiro, Lúmen Júris, 2010.

DALLARI, Adilson de Abreu. Tombamento. In *Revista de Direito Público*, nº 86. São Paulo: RT, 1988. p. 37-41.

DI PIETRO, Maria Silvia Zanela. *Direito Administrativo.* 20ª ed. São Paulo: Altas, 2007.

DROMI, Roberto. *El Derecho Público em la Hipermodernidad.* Madrid: Hispanias Libros: 2005.

FERREIRA, Sergio de Andréa. *O tombamento e o devido processo legal*. In Revista de Direito Administrativo, nº 208. Rio de Janeiro, Renovar: 1997. p. 1-35.

FONSECA, Maria Cecília Londres. *O patrimônio em processo: trajetória da política federal de preservação no Brasil*. 2º ed. Rio de Janeiro: Editora UFRJ: MinC – Iphan, 2005.

FREITAS, Juarez. *Reconceituando o ônus real de uso público*. In Revista Trimestral de Jurisprudência dos Estados, n. 133. São Paulo: Jurid Vellenich, 1995. p. 23-29.

GASPARINI, Diógenes. *Direito Administrativo*. 11ª ed. São Paulo: Saraiva, 2006.

MEIRELLES, Hely Lopes. *Direito Administrativo Brasileiro*. 33ª ed. São Paulo: Malheiros, 2007.

MELLO, Celso Antônio Bandeira de. *Curso de Direito Administrativo*. 23ª ed. São Paulo: Malheiros, 2007.

——. *Tombamento e dever de indenizar*. In Revista de Direito Público, n. 81. São Paulo: RT, 1987. p. 65-73.

MORAES, Alexandre de. *Direito Constitucional*. 9ª ed. São Paulo: Atlas, 2001.

PEREIRA, Sebastião Tavares. *Devido Processo Substantivo (Substantive Due Process)*. Florianópolis: Conceito Editorial, 2008.

SOUZA, Sueide Castro Neco de. *Aspectos históricos e tratamento constitucional do tombamento*. In Revista Jurídica da Universidade de Franca, nº 7. Franca: Universidade de Franca, 2001. p. 221-230.

SUNDFELD, Carlos Ari. *Condicionamentos e Sacrifícios de Direitos: Distinções*. In Revista Trimestral de Direito Público, n. 4. São Paulo: Malheiros, 1993. p. 79-83

TELLES, Antônio A. Queiroz. *Tombamento e seu regime jurídico*. São Paulo: RT, 1992.

UNESCO. La protection du patrimoine culturel mobilier: recueil de textes législatifs. Paris: Unesco, 1979.

VITTA, Heraldo Garcia. Tombamento: *Uma Análise Crítica*. In Revista Trimestral de Direito Público, nº 31. São Paulo: Malheiros, 2000. p. 166-188.

ZAGREBELSKY, Gustavo. *El derecho ductil: ley, derechos y justicia*. Tradução para espanhol Marina Gescón. Madrid: Trotta, 1995.

Neil MacCormick's Step Ahead: How to avoid strong discretion and achieve more neutrality without heroic judges?[1][2][3]

RAFAEL DE FREITAS VALLE DRESCH

Contents: Introduction. 1. Discretion in the debate between Hart vs. Dworkin; 1.1. Discretion as a Critique to Legal Positivism; 1.2. The positivist reply. 2. MacCormick's advance; 2.1. The decisionism; 2.2. Against decisionism. Conclusions. References.

INTRODUCTION

This paper aims to present a contribution in legal theory related to judges' power to create law and the neutrality[4] in doing so.[5] The analysis will be centered on Herbert Hart's and Ronald Dworkin's debate on the discretion and on the work of Neil MacCormick, *Rhetoric and The Rule of Law*.[6]

The importance of the issue is based on the famous debate between legal positivism – more specifically represented by its contemporary so-called soft positiv-

---

[1] Paper selected to participate in First Prize of the Collection "Filosofía y Derecho for Young Researchers", in the 1st "Philosophy and Law" series Conference: "Neutrality and theory of Law", Girona, Spain, 2010.

[2] Paper developed in a PhD visiting research period in the University of Edinburgh, UK.

[3] I want to thank Elaine Schmitz, Wendy Van der Neut and Cláudio Michelon Jr. for the contribution and discussion in the development of this paper.

[4] It is important to clarify that this work will analyze neutrality as a value that can be used to qualify our practices, more specifically here, the legal practices. So it will not be engaged in any special debate about a complete neutral theory of law, because a pure neutral theory is a myth. All these theories, including legal theories, try to be grounded on unconditional and non-depend beliefs. However, these beliefs make a pure neutral theory impossible even in sciences like mathematics (For a complete analysis about that point see CLOUSER, 2005). Therefore, this work will try to show that neutrality could be applied in different ways and contexts to qualify practices as more neutral or less neutral. The value of neutrality will be understood here as the capacity of refraining from taking previous and/or not rationally justified sides in a dispute. To see how neutrality could be applied as a value to qualify our legal practices see for example Frederick Schauer's discussion about judicial review (SCHAUER, 2008) and Joseph Raz's discussion about a moderate principle of political neutrality (RAZ, 2010).

[5] In a different approach this analysis will explore an argument first presented by Claudio Michelon in these words: MacCormick seeks to offer a solution for what many consider to be an intrinsic insufficiency of legal positivism. The attempt to tackle that shortcoming of positivism, even if carried out in a spirit not entirely inimical to positivism, has progressively distanced MacCormick from his positivist forbearers and contemporaries. A good way to understand that trajectory is to start by identifying this alleged insufficiency of positivism. And that alleged deficiency is better perceived in the canonical presentations of epistemic positivism by Kelsen and Hart. Simply put, that deficiency, which is apparent in both Kelsen's Pure Theory and Hart's analytical positivism is that epistemic positivism offers very little help to the legal decision maker or, more broadly, to the practitioner. Neither has it offered the secure basis for a legal methodology or for a theory of legal argumentation. (MICHELON, 2009: 44).

[6] MACCORMICK, 2005.

ism – and the legal philosopher Ronald Dworkin on the role of judicial discretional power.

The study in the first section attempts to present one understanding of this debate and its application in the analysis of the judge's performance, in respect to the power of the creation of law from the judges' part and to their neutrality in doing it so.

The above-mentioned relation between the discretion and the judge's performance, before the possibility of judicial creation of law, will be reflected on from the point of view of legal theory and philosophy in this article and not merely on the basis of a consequentialist analysis of the social and economic pros and cons of a system of legislating judges.

Furthermore, the focus will be on Neil MacCormick's analysis, who presents, as it will be demonstrated, an advance in relation to the developed antagonistic positions presented in the first section, although this new step could not be considered the end of the way, as it will be shown afterwards.

1. DISCRETION IN THE DEBATE BETWEEN HART VS. DWORKIN

The issue referring to discretional power and neutrality in law cannot, currently, in legal study, be done without analyzing the concept of discretion and its role in the scope of legal decisions. In this sense, aiming at the presentation of the criticism, related to legal philosophy, of the judges' power to create law, the development for the explanation of the controversy between Ronald Dworkin and Herbert Hart, which focus exactly the thematic in question, should be the starting point. The analysis will be centered on the main works of these thinkers above mentioned, Hart's famous *The Concept of Law*[7] and Dworkin's correspondents *Taking Rights Seriously*[8] and *Law's Empire*.[9]

1.1. Discretion as a Critique to Legal Positivism

Ronald Dworkin aims to demonstrate in his mentioned writings that there is only one adequate sense to understand discretion. The discretion concept is only adequate in one type of context, that is, when someone is in charge of taking a decision subjected to norms determined by an authority. In that form, Dworkin makes some important distinctions in senses of discretion. The first weak sense occurs when, in some way, the norms that an official must apply cannot be mechanically applied without a choice, and therefore they demand a discernment from the applicator (for example, a sergeant who must choose the five most experienced soldiers); A second weak sense occurs when some Official has the final authority to take a decision that cannot be revised, nor annulled, by another Official with the power to change his or her decision. The strong sense of discretion occurs when the official uses his own judgment to apply or not the previous norms imposed by the authority, that is, when the official is not an entailed-debtor to such norms. The official, in this case, has to be able to decide if he or she applies the norms or not, which does not mean freedom

---
[7] HART, 1994.
[8] DWORKIN, 1977.
[9] DWORKIN, 1986.

without critical limits. However, someone who acts in the strong discretion cannot be criticized for disobedience, or for depriving someone from his or her rights.[10]

In this direction, it is worth citing the words of the author himself about the positivist thought:

> So the decision a Judge must take in hard cases is discretionary in this strong sense: it is left opening by the correct understanding of past decisions. A judge must find some of other kind of justification beyond law's warrant, beyond any requirement of consistency with decisions made in past, to support what he then does.[11]

Considered the differences of senses, Dworkin analyzes the strong sense to demonstrate the necessity of the bindingness of the principles. For such, he presents the following arguments:[12]

> 1. There is nothing that hinders the bindingness of the principles. The positivists support that a principle is not binding, but this is an error according to Dworkin, because nothing restrains the principles to be enforceable and, thus, can serve as a criteria to invoke the error of the judge when taking a decision. If the principles are not enforceable, they are not part of the law, but, simply, non-legal rules that the courts use in case of convenience;
>
> 2. The principles do not determine the result as the rules, but they base the decision. The positivists argue that the principles could not be enforceable because they do not determine a result in particular. For Dworkin, it is certain that the principles in particular, do not determine a result, but this only means that they are not rules because only rules determine specific results. This does not mean, however, that the judges who apply the principles as obligatory are acting on a discretional way in the strong sense, but, only, that they act in the first weak sense, that is, they use only the discernment;
>
> 3. The bindingness of the principles can be justified by the legal practices. The positivists could argue that the principles are not obligatory, because authority and weight are relative in the principles. The authority and the weight of the principles cannot be demonstrated as the validity of a rule, but it is absolutely possible to base the application of the principles through the set of practices demonstrated through legislative, judicial and communitarian history;
>
> 4. Without minimum principles, there is no obligatory rule. Unless it is recognized, at least some principles as obligatory, it cannot be said that a rule is obligatory, because it is very common the cancellation or the alteration of rules for the jurisprudence on the basis of principles. Thus, for Dworkin, the positivist doctrine will have to argue in the direction of the existence of some minimum principles, at least to justify the alteration of rules by the judges without appeals to the discretion in the strong sense mentioned earlier.

Based on the enforceability of the principles, Dworkin tries to show the necessity to abandon the dogma of the judicial discretion (strong sense), the dogma of the just valid rules obligation and the dogma of the rule of recognition. In the first place, the rule of recognition by Hart does not enclose the principles. According to such rule, most rules are valid because a competent agency promulgated them either as statutes or as preceding ones, so it does not fit in the principles, because their origins are not based on a particular decision of a competent agency, but only on a sense of convenience and opportunity which is only developed with time. To prove the applicability of a principle, it is not possible to deduce it from a master rule, but only to demonstrate its applicability in general legal practices. Thus, the principles cannot be considered obligatory because they are tied to an act of competent will. Furthermore, they cannot be considered obligatory just because of the simple acceptance of

---

[10] DWORKIN, 1977: 31-33.
[11] DWORKIN, 1986: 115.
[12] DWORKIN, 1977: 35-38.

the community, as it usually happens. Finally, the principles cannot be considered as part of the recognition rule because, in this case, such formularization would cause a redundancy, that is, law is what the law is. In that case, the recognition rule would remain absurdly broad, ahead of the possible field of the principles. At this rate, a system that admits the enforceability of the principles does not permit the discretional power in the strong sense, because in the absence of valid rules, the judges would apply principles, another kind of norms.[13]

In this manner, based on an order of rules and principles not necessarily valid in agreement to the recognition rule, the judges would have to search the only right answer for a legal case in the molds of the ideal judge Hercules.[14] If the ideal judge, with complete knowledge of the foundations principles of legal system is able to find the right answer, the duty of the real judges is the same – try to find the right answer:

> [...] he is likely to value most of the concepts that figure in the justification of the institutions of his own community. In that case his analysis of these concepts will not display the same self-conscious air of sociological inquiry. He will begin within, rather than outside, the scheme of values that approves the concepts, and he will be able to put to himself, rather than some hypothetical self, questions about the deep morality that gives the concept value.
>
> [...]
>
> It might concede, *arguendo*, that Hercules' technique is appropriate to Hercules, who by hypothesis has great moral insight. But it would deny that the same technique is appropriate for judges generally, who do not.[15]

Therefore, with Hercules as a paradigm, it seems that Dworkin understands that judges have the duty to try to find the right answer grounded on principles and, in that sense, on the basis of what we can nominate as a strong neutrality, because one who can know every fact and every rule or principle can be neutral in a strong sense. The neutrality, as the capacity of refraining from taking previous and/or not rational justified sides in a dispute, for Dworkin in that debate is the neutrality that the judges must find in an action based on a rational knowledge of the primary principles; in the same way that they must try to find the right answer; the neutrality is obtained when the judge can find, in a rational way, the right answer according to a complete understanding of the rules and principles.

1.2. The positivist reply

Herbert Hart's reply to Ronald Dworkin's criticism, as already pointed out, was presented in his post-script to the book *The Concept of Law*. In this text, Hart does not only construct answers, but a certain reformulation of its legal theory as well, even accepting some of Ronald Dworkin's criticism.

Hart initiates his reply establishing an essential difference between his and Dworkin's theory, that is, while his theory would be a descriptive theory of law, Dworkin's theory would be prescriptive and evaluative.[16] Moreover, Hart claims that

---

[13] DWORKIN, 1977: 39-45.

[14] *I have invented, for this purpose, a lawyer of superman skill, learning, patience and acumen whom I shall call Hercules. I suppose that Hercules is a judge in some representative American jurisdiction. I assume that he accepts the main uncontroversial constitutive and regulative rules of the law in his jurisdiction.* (DWORKIN, 1977: 105).

[15] DWORKIN, 1981: 135.

[16] HART, 1994: 239-244.

he has never affirmed that the meaning of the word *law* would derive from the rule of recognition in any legal system and, that his theory is not a semantic theory that deals with a set of linguistic rules on what is *the* law and on what is *law* in a certain system.[17] In the same line, his theory would not be a conventionalist theory, because while for Dworkin the goal of the law is to justify the use of coercion, for Hart the goal of the law is only to discipline behaviors, considering the use of coercion or not. Thus, in his thought, the use of coercion would not only be justified through conformity with a determined rule.[18]

Stepping forward, in this context, Hart defends his positivism as being moderate (soft positivism), because he would never have moved away from the rule of recognition and the law as a whole, moral principles or substantive values. Therefore, in contrast to what Dworkin thinks, his positivism admits a moral content, without, however, specifying which this content would be, because his legal positivism accepts a penumbra of uncertainty in the application of law.[19]

Nevertheless, Dworkin's main criticism for the goals of the present work, is related to the completeness of the legal system, because while Hart admits an incompleteness of the system, by linking the decisions of the judges to the use of the discretional power in the strong sense, that is, the judicial creation of the law, Dworkin does not accept such incompleteness – in result of the existence of the principles – and the appeal to the pure judicial creation, having the understanding that, mainly in the hard cases, the judges must decide based on principled rules and not on personal beliefs. On the other hand, Hart affirms that these principled instruments do not move away the creative character of the decisions and, because of that, he does not believe that some controversial philosophical theory must be adopted by the law.

On the same matter, Hart gets back to the discussion related to the discretional power allowed to the judges in the so-called hard cases of the natural incompleteness of the legal systems, since the rules do not enclose the total complexity of the relations of human beings. Hart defends the existence of this pure creative power of the judge, but a limited and interstitial discretion power. Moreover, although he recognizes that in practice the judges search to construct their decisions on the basis of the order and try not to create new rules, he affirms that, when deciding hard cases, the judges end up having to choose between two or more lines of possible reasoning, possibly justifiable in the legal system and, in this situation, they end up creating a new rule. As the author mentions:

> But though this procedure certainly defers, it does not eliminate the moment for judicial law-making, since in any hard case different principles supporting competing analogies may present themselves and a judge will often have to choose between them, relying, like a conscientious legislator, on his sense of what is best and not on any already established order of priorities prescribed for him by law. Only if for all such cases there was always to be found in the existing law some unique set of higher-order principles assigning relative weights or priorities to such competing lower-order principles, would the moment for judicial lawmaking be not merely deferred but eliminated.[20]

Following in this analysis, another critical batting by Hart is the one that the judges could not create law because they are not elected. In case they receive such

---
[17] HART, 1994: 244-248.
[18] HART, 1994: 248-250.
[19] HART, 1994: 250-254.
[20] HART, 1994: 275.

power, we would be violating the democratic principle. Hart does not see any problem in this aspect for the reason that the situations of judicial creation would be exceptional and such delegation of legislative powers is acceptable in a modern democracy.[21]

A last critical batting by Hart is, in the aspect of the strong discretional power, that judicial creation would represent the application of new law to past facts, what is totally contrary to the notion of the Rule of law. Hart does not consider this an important problem to the rule of law, because hard cases are rare and, as the law has regulated these cases in an incomplete way, there is no rule of law, clearly established, which grounds citizens' expectations in those situations.[22] Here, we can find the kind of neutrality that Hart emphasizes, neutrality as the capacity of refraining from taking previous and/or not rationally justified sides in a dispute, possibly according to a neutral legal theory and a neutral description of the structure of the legal system, thus, for Hart, the neutrality is not centered in judges' rational capacities in the act of decision. The theory of law must recognize all kinds of contents to legal systems, because the content of these neutral systems are established by officials' strong discretion, including the judges' strong discretion that have the pure political power to create new law in hard cases.

Therefore, after having briefly defined the terms of the last century debate on the power of judicial creation of the law and the Rule of Law, it is necessary, at this moment of the study, to verify the contemporary argument that represents one step ahead in the analyses of judicial creation of law and the consequences in terms of neutrality.

2. MACCORMICK'S ADVANCE

As mentioned in the introduction, the second part of the study on the judicial creation of law and neutrality is centered on Neil MacCormick's recent work *Rhetoric and Rule of Law*. More specifically, the matter dealt here constitutes the object of the last chapter of the book, which on its heading presents the following question: *Mistakenly Judging?*

The above problem is related to the main question on his book: the importance of rhetoric in the Rule of Law, in which he suggests that the Rule of Law depends on one special way of argumentation if we want to construct certainty:

> The idea of the arguable character of law seems to pour cold water on any idea of legal certainty or security. If there can be no legal certainty, how can the Rule of Law be of such value as is claimed? What prospect can there be of reconciling these two? Rhetoric itself would be the discipline to apply in trying to find a convincing reconciliation or equilibrium between two commonplaces in apparent mutual contradiction.[23]

Again, MacCormick tries to show that argumentation is not only compatible with the Rule of Law, despite considering the common way of thinking the indeterminate characteristic of the *topoi*, but it is the way of surpassing the difficulty that the lawyers face to defend the Rule of Law in the cases that we have more than one reasonable solutions.

---
[21] HART, 1994: 275.
[22] HART, 1994: 276.
[23] MACCORMICK, 2005: 13.

In chapter 13, to achieve a solution to the main question, MacCormick tries to investigate the power of judicial creation, basically, presenting two chains that diverge about the judicial creation of the law. To illustrate the antagonistic positions, the related author mentions the judgment of the case *Anisminic v. Foreign Compensation Commission*,[24] which has for substance the possibility of judicial control on the decisions of regulating agencies in respect to the distribution of compensation for Anisminic's properties in the Sinai Peninsula.[25] This example is presented to show that there are two common different ways of thinking the role of the judge in deciding a judicial case.

2.1. The decisionism

The first chain presented by MacCormick about the power of creating law shows that normally part of the judges understand, according to him, that the answers to the legal problems are a matter of opinion. Therefore, the answers cannot be evaluated to absolute parameter of rightness or wrongness. The accurate words of Lord Diplock in the above-mentioned paradigmatic case that illustrates this conception are the following:

> Lawyers, when they talk of 'error', whether of fact or of law... are dealing not with absolutes but with the opinions of human beings. A statement that there exist particular facts which give rise to specified legal consequences is 'right' if it is made by a person to whose opinion as to the existence or non-existence of those facts, and as to their legal consequences, effect will be given by the executive branch of government. Such a statement from being 'right' may became 'wrong', however, is subsequently a contrary statement made by some other person to whose opinion as to the legal consequences of those facts effect will be given by the executive branch of government in substitution for that of the person who made the first statement.[26]

Of such luck, in this first understanding, what is right can be defined only in terms of authority of the opinion of the person who decided. All the sentences would be right unless (in case it occurs) they are declared wrong by some superior authority or the same authority in the future. The rightness of the decisions depends on the prevalent opinion from the highest authority.

For MacCormick, it is possible to insert in this chain some of the main theories of contemporary law, amongst which it is possible to cite Oliver Wendell Holmes Jr.'s *American Legal Realism*, Hans Kelsen's *Positivism* and the theorists of Critical Legal Studies, for example.[27]

It is important to point out that this positioning opens the possibility to the full judicial discretion, in terms where it does not consider the existence of criteria for a decision content rightness. A decision will always be right until another decision from a superior authority or the same authority (in case of overruling) opposes to the decision taken. Although MacCormick does not refer to it, Hart´s position in the so-called hard cases could also fit in this chain, because in these kinds of cases, according to Hart's opinion as mentioned, the judge will be able to adopt one of the possible lines of reasoning, without the possibility to say that he or she is wrong, since he

---

[24] [1969] 2 AC 197.
[25] MACCORMICK, 2005: 14.
[26] MACCORMICK, 2005: 268-269.
[27] MACCORMICK, 2005: 272.

would not have a right answer presented for these extreme situations and he does not have limits to consider a case as a hard one.

2.2. Against decisionism

The opposing chain, in relation to the judicial creation of law, conserves the distinction between the concept of validity and the concept of rightness of a law decision. According to such chain, there is an analysis of rightness (material) independent from the authority of the judge, because it is always possible for the judge to commit an error of judgment, independently from the validity of the decision. Again, another illustrious English magistrate, Lord Reid, exemplified this common opinion in the mentioned paradigmatic case:

> But there are many cases where, although the tribunal had jurisdiction to enter on the enquiry, it has done or failed to do something in the course of the enquiry which is of such a nature that its decision is a nullity. (...) If it is entitled to enter on the enquiry and does not do any of those things which I have mentioned in the course of the proceedings, then its decision is equally valid whether it is right or wrong, subject only to the power of the court in certain circumstances to correct an error of law.[28]

In the thinking of philosophy and legal theory, this chain would be represented by the Jusnaturalism and Ronald Dworkin's Egalitarian Liberalism, according to MacCormick.[29] Such theories, in the view defended in this work, present some values, preventing characteristic relativism of the first chain above analyzed. These primary values can inform the content that would be used in the absence of a clear solution of a law case.

The positioning in relation to the two above-mentioned chains would bring important consequences to the legal practice. First, in relation to the academic activity, the effects presented by MacCormick can thus be summarized:[30]

> 1. The positioning for the first chain (decisionist) would determine the necessity of concentration on the academic studies in the decisions and motivations of the judges;
>
> 2. The favorable position to the second chain generates the necessity of the search for the *mysterious* essence that bases the rightness of a decision;
>
> 3. An intermediate, constructivist position would admit that the law is partially a theoretical object and, therefore, the decisions must search the fundaments in a content previously given. However, due to the complexity and diversity of cases, the fundament of authority is necessary for the practical jurisdiction to become viable, because the legal practice presents innumerable situations where more than one answer appears to be reasonable.

In relation to the activity of the judges, there should be the need of distinct approaches in the following terms:[31]

> 1. By admitting the superiority of the first chain, the decisions would have to aim at the clarity in the presentation of opinions that determines a decision;
>
> 2. The second position would try to focus on the debates and the elaborated arguments to search for what is considered right in a legal question;

---

[28] MACCORMICK, 2005: 269.
[29] MACCORMICK, 2005: 273.
[30] MACCORMICK, 2005: 273-274.
[31] MACCORMICK, 2005: 274-275.

Concerning the politic power of the judges, the chains would fit accordingly:[32]

1. In the first chain, the judges are political actors in the pure sense. There is, in this case, the necessity of election on the basis of representation in a democratic system.

2. The second position admits that the judges are limited political actors when deciding on questions of social welfare and preservation of fairness. In this context, the election must occur on the criteria of capacity of theoretical and practical discernment.

However, in the search for the affirmation of the Rule of Law, MacCormick maintains a well-clear intermediate position in defense of the necessity of a legal reasoning theory that entails the judges and the jurists in search for the answer based on a main deductive scheme, even if after the reasoning way for the right answer, we find out more than one possible reasonable answer:

If the Rule of Law means a government of laws and not of men, then it is impossible if the judicial infallibility thesis is true. For the governance of law turns out to be just the governance of the people that do the legal deciding. On the alternative view, the idea of the Rule of Law will acquire a different sense. The idea will be that the persons who do the deciding are charged with upholding and implementing the law rather than making it by their opinions. Thus our belief in the law and order, if it is a belief in the rule of law, will be greatly coloured by which opinion we take on the question whether judges can make mistakes.[33]

Such position has direct consequences for legal reasoning theory, because the study and the necessity of legal reasoning depend on the attempt to demonstrate the most adequate argument in relation to other rivals. Opinions, in legal reasoning theory, cannot simply be auto-certifiers for its authority.

Nevertheless, about the central question, *Mistakenly Judging?*, MacCormick claims that Diplock's thesis can be useful when it gets beyond the reasoning instruments; looking for rightness, the Law, objectifying determination, remains incomplete in search for the right answer. This does not mean, however, the auto-certification and the absence of the search for the answer by means of reasoning. It also means a certain conciliating position, which admits the necessity for the law to be focused on the legal reasoning directed towards the right answer, but accepted that, after the reasoning way has been covered, more than one possible reasonable answer could remain. In this point, human beings, not Hercules, need to use the opinion of the authority from a higher hierarchy to define the presumed most right answer after the process of reasoning.[34]

Overall, we can see that MacCormick tries to present a more elaborated theory of the importance of legal reasoning and the focus on a certain limit of discretion established by the argumentation. Nonetheless, the legal reasoning and the search for the answer will not avoid the possibility of a result with more than one reasonable answer. In that sense, the search for neutrality, as the capacity of refraining from taking previous and/or not rationally justified sides in a dispute, can be found not purely in the judge's capacities to find the right answer, or in not interfering in the neutral form of the legal system, but better, in the previous senses combined by the rational process of legal reasoning.

Perhaps we could only defend that a judge commits errors if he is subjected to previous contents, external to his being, not only because of a process of reasoning

---

[32] MACCORMICK, 2005: 275-276.
[33] MACCORMICK, 2005: 277.
[34] MACCORMICK, 2005: 278-279.

certification. Thus, being able to have an analysis of rightness of a legal decision in its material aspect, and not merely formal, using argumentation, it must, necessarily, be understood that the judge is tied to a previous content, because legal reasoning could be just formal too. Such content can only be given by norms and an entailed argument to these norms. Exactly, in the cases where a specific valid rule does not exist, the judge is not apt to create law, or better saying, to legislate. The judge will have to apply the law on the basis of legal reasoning guided by more abstract norms, but still norms to tie the applicators, and just with that belief in the existence of external limitations to the individual, we can defend MacCormick's main argument that the legal reasoning is the main way to look for certainty and neutrality. The major problem with legal reasoning without some rules and principles, given by internal or external sources, is that the legal reasoning seems, in that case, to continue to be mere formal criteria, best saying, legal reasoning without content is just a way of formal certification that maintains the discretion in, what Dworkin calls, the strong sense.

However, with Michelon's interpretation of MacCormick's theory,[35] it is possible to understand that MacCormick's theory can give us the content to support a substantial legal reasoning. If this interpretation is correct, we can say that MacCormick's position is closer to the end of the way to explain the Rule of Law in finding these external sources in the institutional practices,[36] but even in that case if the middle way's step ahead is more voluntarist than rationalist, and these external sources are more created by agents in certain contexts than perceptible by them, MacCormick's legal theory is a more elaborate procedural political and legal theory that focuses the neutrality in a formal and not substantial process of argumentation.

CONCLUSIONS

1. It was demonstrated in the first section that for Ronald Dworkin a legal system admits the enforceability of principles, even the non-formally validated and, in this way, it does not accept the discretional power in the strong sense to the judges. Therefore, the focus of neutrality is centered in the judge's rational capacities to find the right answer for a judicial case.

2. On the other hand, in the second part of the first section, it could be seen that Herbert Hart, despite recognizing that in practice the judges try to construct their decisions based on the legal system and not on the creation of new rules, affirms that

---

[35] But external justification is still legal justification, and it is so in two related ways. Firstly, they are legal in the sense that no description of the nuts and bolts of the legal system would do without giving them pride of place. If a theory of law brushes those forms of arguments aside by referring to them as merely moral, it is bound to be (at best) an incomplete theory of law. The legal theorist should not underestimate the centrality of legal reasoning to the phenomenon of law. Secondly, they are arguments about sources of law which are institutionally created, that is to say, they apply to law that is created by certain acts of certain agents in certain contexts. The law to which those arguments apply is primarily created. The best way to understand MacCormick's particular take on law as practical reason would be to see it as an attempt at providing a middle way between Dworkin's ultra rationalism and the exaggerated voluntarism of most epistemic positivists. The former tends to obscure the fact that law is an institution, that is to say, is created by contingent social decisions by social actors and the community at large. The latter is blind to the fact that law can only derive its sense from a broader conception of practical reason (and, consequently, legal decision-making can only be seen as part of rational decision-making). Between the Scylla and Charybdis of ultra rationalism and voluntarism stands MacCormick institutional theory of law. (MICHELON, 2009: 60-61)

[36] [...] we develop rules and principles, grounds of decisions and arguments, and practices of reasoning and of trying to secure reasonable decisions, decisions reasoned and reasonable within an institutional framework, upon these matters. (MACCORMICK, 2005: 278)

mainly when deciding hard cases, judges choose between two or more lines of possible reasoning of justification and, in this case, they create a new rule subsequent to the considered facts. More than that, according to his own words, his theory is just descriptive and in this sense there is no problem to admit the possibility of judicial creation of new law. Neutrality in this way is centered in the formal description of the law system by a neutral legal theory.

3.Finally, in the last chapter, it was analyzed how Neil MacCormick presents a step ahead in the Hart-Dworkin debate, when demonstrating the importance of how legal reasoning turns to an attempt to find the right answer in a rule of law, but also standing out the fact that, being the law practiced by men and not by heroes, covered all the reasoning ways, the judge might have to take a position between more than one possible rational answer. Nevertheless, this work has tried to show that even in the case of MacCormick's main argument, that legal reasoning is the main way to look for certainty and neutrality; it could only be completely coherent with the avoidance of auto-certification if we could defend that legal reasoning can surpass the positive sources. The interpretation that Michelon presents to MacCormick's legal theory seems to give the right answer in showing that possibility. The remained step to the discussion, not focused in this brief article, is whether these external sources have to be created or not by the agents in certain contexts or, in other words, whether the final answer in the looking for certainty and neutrality is more voluntarist or rationalist.

REFERENCES

CLOUSER. R., 2005: *The Myth of Religious Neutrality: An Essay on the Hidden Role of Religious Belief in Theories.* Notre Dame Press.
DWORKIN. R., 1977: *Taking Rights Seriously.* London: Gerald Duckworth & Co. Ltd.
DWORKIN. R., 1986: *Law's Empire.* London: Fontana Press.
HART. H. L. A., 1994: *The Concept of Law.* (Second Edition) Oxford: Oxford University Press.
MACCORMICK. N., 2005. *Rhetoric and The Rule of Law: A Theory of Legal Reasoning.* Oxford: Oxford University Press.
MICHELON. C., 2009: «MacCormick's Institutionalism between theoretical and Practical Reason» *Diritto & Questioni Publicche,* n.9/2009: 53-62.
RAZ, J., 2010: «Respect, Authority & Neutrality» *Oxford Legal Studies Research Paper.* No. 30/2010 (February 20, 2010). Available at SSRN: http://ssrn.com/abstract=1556437
SCHAUER, F., 2008: «Neutrality and Judicial Review» *KSG Working Paper* No. RWP 03-008. Available at SSRN: http://ssrn.com/abstract=380920

— 12 —

Existe saúde sem levar o lazer a sério?
Interfaces entre o direito ao lazer e o direito à saúde[1]

SIMONE TASSINARI CARDOSO[2]

Sumário: 1. À guisa de introdução: as exigências da sociedade contemporânea; 2. Das interfaces entre lazer e saúde; 2.1. O lazer como liberação das fadigas físicas ou nervosas; 2.2. O lazer como veículo de liberação do tédio cotidiano e caminho para superação humana; 3. Consequências jurídicas da falta de lazer à saúde; 4. Notas finais: um silêncio eloquente e preocupante; 5. Referências bibliográficas.

1. À GUISA DE INTRODUÇÃO: AS EXIGÊNCIAS DA SOCIEDADE CONTEMPORÂNEA

O *life style* contemporâneo exige dos indivíduos comportamentos outrora impensáveis. Imediatismo, respostas às multi-tarefas, habilidades ímpares de autocontrole e resiliência são apenas alguns dos exemplos de expectativas e necessidades sociais acerca dos seres humanos.

Muitas transformações podem ser identificadas nos dias atuais, mas talvez a mais significativa delas seja a

> velocidade das transformações em ocorrência desde as três últimas décadas do século passado a esta data, propiciadas pela configuração da sociedade informacional, encurtando os espaços do mundo e presentificando a vida por uma aparente descontinuidade cotidiana que gera o aturdimento e a incerteza diante das mudanças em nossos modos de vida. Como época de transição histórica, portanto, de ebulição social mais visibilizada (até porque dispomos de meios de comunicação mais poderosos e ágeis), por contraste a épocas de estabilidade sociopolítica (talvez aparentes), a que vivemos, é rica em possibilidades de trajetórias, direcionadas por uma visão hegemônica mais conhecida por *discurso único*, e, na contramão, por visões contra-hegemônicas.(Silveira, s/d, p. 2)

O progresso, o desenvolvimento científico e a revolução tecnológica alteraram significativamente a noção de tempo-espaço.[3] A aceleração impôs aos sentidos hu-

---

[1] Este trabalho surge através de um desafio proposto em meio ao Observatório de Direitos Sociais, vinculado às pesquisas dos professores Ingo Sarlet e Carlos Alberto Molinaro que teve por objeto último a análise do direito à saúde. Considerando o eixo da vinculação do direito à saúde a outros direitos fundamentais, entendeu-se por bem desenvolver a pesquisa tendo por pergunta: Qual a relação existente entre o direito fundamental ao lazer e o direito à saúde?

[2] Mestre em Direito pela PUCRS. Professora de Direito no Centro Universitário Metodista IPA. Professora convidada da Associação dos Juízes do Rio Grande do Sul (AJURIS), Pontifícia Universidade Católica do Rio Grande do Sul, IMED-CETRA, Escola da Defensoria Pública do Rio Grande do Sul, ESADE.

[3] "Tudo se passa como se tivéssemos descolado o eixo diacrônico que liga o presente ao passado e ao futuro e o nosso presente, infinitamente dilatado, ocupasse doravante todo o espaço disponível. Será o reino do instante, ou antes o da eternidade? Ninguém sabe exactamente. Uma coisa é certa: esse tempo não é o da expectativa, do projeto paciente e da longa memória. Radicalmente acelerado é reconduzido do longo prazo ao curto prazo, e deste ao imediato. De-

manos um ajustamento à circulação das imagens e das informações. As ferramentas televisivas e da internet "têm por efeito misturar instantaneamente o tempo de todas as histórias [...] identifica-se uma intertemporalidade aleatória". (Ost, 1999, p. 349) Logo, a relação dia-noite (tempo cronológico) e a articulação vivida do passado, presente e futuro (tempo histórico) são "como que absorvidas num dia sem fim. Um presente eterno, que é o do instante dilatado da comunicação interactiva". (Ost, 1999, p. 348)

Essas exigências acabam por contribuir para o aparecimento de doenças, além de um modo de viver completamente incompatível com o que se poderia imaginar como vida com qualidade.

A modernidade viu erigir vitória da *vita activa* sobre a *vita contemplativa* de outrora (Arendt, 1997, p. 302), o fazer e a ação passam a ocupar local central na vida humana. A produtividade e a criatividade iriam tornar-se altos ideais daquele período histórico, características essenciais do *homo faber,* construtor e fabricante. (Arendt, 1997, p. 309). "Os processos , portanto, e não as ideias os modelos e as formas das coisas a serem criadas, tornam-se na era moderna os guias das atividades de fazer e de fabricar, que são atividades do *homo faber*". (Arendt, 1997, p. 313).

O resultado deste processo foi o desenvolvimento da chamada sociedade industrial. O industrialismo forneceu à sociedade valores como a divisão do trabalho, a racionalidade, a capacidade de execução, a organização da vida, a padronização, a eficiência, a produtividade, a forma piramidal de organização, a concorrência e a concentração do trabalho em unidades precisas de tempo e lugar. (De Masi, 2000, p. 205).

> O esquema, portanto, é o seguinte: a indústria fabrica produtos, serviços e valores para depois impô-los à sociedade que, por isso, se chamará "industrial". Os valores descendem diretamente do iluminismo francês e do pragmatismo anglo-saxão. Por reação ao fatalismo, ao beatismo, à atomização social que os indivíduos afrontaram durante séculos os problemas da própria existência, desloca-se o acento para o racismo, o racionalismo, o coletivo, o espírito empreendedor. (DE MASI, 2000, p.143)

A sociedade pós-industrial surge em resposta à sociedade industrial em decorrência do progresso científico tecnológico, da globalização, do incremento das viagens. Graças a ele produziu-se o resultado da explosão demográfica, poluição ambiental, armas nucleares, mas também, o prolongamento do tempo de vida, produção de bens imateriais e subjetividades contrapostas à massificação. (DE MASI, 200, p.223) Se na sociedade industrial o foco centrou-se no trabalho, a sociedade que se coloca precisa encontrar outras alternativas.

2. DAS INTERFACES ENTRE LAZER E SAÚDE

Contemporaneamente, as interfaces entre lazer e saúde vêm sendo estudadas pelas ciências da saúde, por este motivo, para a construção de um artigo que pretende aliar esses dois direitos fundamentais, faz-se necessário buscar contribuições fora da área do Direito.

---

clina-se doravante em 'tempo real' , isto é, no eixo da simultaneidade absoluta, sem distância e sem exterioridade (ao mesmo tempo)". OST, François. *O tempo do Direito*. Lisboa: Instituto Piaget, 1999.p. 347.

Embora a situação econômico-social[4] seja causa significativa de doenças (Hunt, 2007) devido a fatores como a violação dos demais direitos humanos,[5] tais como alimentação adequada, educação, moradia e até mesmo discriminação,[6] não se pode ignorar o crescimento das chamadas doenças não transmissíveis, geralmente decorrentes do modo de vida contemporâneo.

A construção deste artigo utilizou revisões, que são pesquisas científicas que têm por objetivo reunir informações sobre determinado tema da área da saúde, aproveitando-se de uma gama de investigações realizadas anteriormente por outros autores. Esta metodologia tem por objetivo reunir o maior número de informações possíveis, sem que se necessite realizar a pesquisa originária, com coleta de material.

> O lazer tem sido reconhecido como um fenômeno de grande relevância para a emancipação humana e cidadania, figurando fortemente como estratégia da promoção da saúde. Apesar disto, nos campos da Saúde Coletiva e Saúde Pública, embora essas importâncias sejam freqüentemente destacadas, é evidente como esse fenômeno é explorado de forma superficial, carecendo de reflexão crítica. Ainda predominam abordagens que o tratam como um direito e uma necessidade fundamental da humanidade que se explica por si só, sem que sejam resgatadas as tensões históricas que envolvem sua concepção e sua conquista. (Bacheladenski e Matiello Junior, 2010, p. 2.570).

Para facilitar o estudo da relação entre o direito fundamental ao lazer e o direito fundamental à saúde, faz-se necessário encontrar as relações existentes entre o lazer e a saúde humana. Neste processo talvez o equilíbrio e a qualidade da vida (Sen e Nussbaum, 1993) tenham papel fundamental.

Na década de 70, o sociólogo Joffre Dumazedier levou a pesquisa sobre lazer a sério e analisou a sociedade francesa em comparação a outras no que tange ao lazer. (1999)

---

[4] A temática do lazer pode ser considerada uma espécie de segunda importância frente aos desafios cotidianos que a população brasileira enfrenta. Ausência de segurança (situação ocorrida na última semana das favelas do complexo do Alemã no Rio de Janeiro), de moradia (dificuldades em implementar políticas públicas de moradia, incluindo-se entre elas as políticas de propriedade ou as demais também vinculadas a este direito), falta de saneamento básico, como esgotos a céu aberto e ausência de água tratada. A fome e a miséria que colocam o ser humano em situação degradante. Enfim, ciente de toda a problemática sócio-econômica, este trabalho tem origem nas imagens televisivas da catástrofe ocorrida na cidade de Porto Príncipe – Haiti. Em meio à completa destruição da cidade, desolação e cadáveres espalhados a céu aberto, ainda sim era possível perceber pequenos grupos de crianças jogando e brincando. A pergunta que se fez foi, o que leva um ser humano em meio à perda de tudo o que lhe é essencial fazer aflorar seu lado lúdico?

[5] Utiliza-se a expressão *Direitos Humanos*, pois esta é a expressão contida nos documentos da Organização Mundial da Saúde, todavia, no caso brasileiro poder-se-ia reconhecê-los, também, como direitos fundamentais. Tecnicamente, retoma-se a distinção entre Direitos Humanos e Direitos fundamentais trabalhada por Ingo Sarlet, segundo a qual "direitos fundamentais se aplica para aqueles direitos do ser humano reconhecidos e positivados na esfera do direito constitucional de determinado Estado, ao passo que direitos humanos guardaria relação com os documentos de direito internacional". *In* SARLET, Ingo Wolfgang, *A eficácia dos Direitos Fundamentais*. Porto Alegre: Livraria do Advogado, 2009, p. 29.

[6] *"Neglected diseases are more likely to occur where human rights, such as the rights to health, education and housing are not guaranteed. Neglected diseases also often result in violations of human rights and fundamental freedoms, including equality and non-discrimination. [...]The failure to respect certain human rights, such as the rights to water, adequate housing, education and participation, increases the vulnerability of individuals and communities to neglected diseases"*. Em tradução livre: As doenças negligenciadas são mais prováveis de ocorrer quando os direitos humanos, tais como os direitos à educação, saúde e habitação não são garantidos. As doenças negligenciadas também muitas vezes resultam em violações dos direitos humanos e liberdades fundamentais, incluindo a igualdade e não discriminação. [...] O desrespeito a certos direitos humanos, tais como os direitos à água, moradia adequada, educação e participação, aumenta a vulnerabilidade dos indivíduos e das comunidades para as doenças negligenciadas. *In* HUNT, Paul; com auxílio de STEWARD, Rébecca, MESQUITA, Judith Bueno de e OLDRING, Lisa. Neglected diseases: a human rights analysis. *Special topics in social, economic and behavioural research report series* ; no. 6. Switzerland : WHO Library:2007, sumário e p. 3.

Em obras específicas sobre o tema, é possível identificar uma espécie de tipologia das atividades de lazer, buscando reuni-las através das características comuns.

Quanto às atividades, Dumazedier, após explanar longamente sobre as dificuldades das classificações em geral e apresentar outras possibilidades distintas da dele, encontra as seguintes possibilidades para as atividades de lazer. A primeira delas refere-se aos lazeres físicos, em segundo lugar identifica os lazeres artísticos, no terceiro momento explana sobre os lazeres práticos. Por fim, apresenta os lazeres intelectuais e os lazeres sociais (1999, p. 122-129)

Em outra classificação, concebida em 2008, pelo jornalista e sociólogo Luiz Lima Camargo, as possíveis atividades de lazer podem ser divididas em O *dolce far niente* (o ócio), as atividades de praticar, assistir e estudar, atividades manuais de lazer, atividades artísticas de lazer, atividades intelectuais de lazer, atividades associativas de lazer, atividades turísticas de lazer. (Camargo, 2008, p. 18-28) E tal qual o sociólogo francês, indica a existência de caracteres específicos das atividades de lazer.

Dumazedier (1999) identifica que são características comuns das atividades de lazer o caráter liberatório, informando que "o lazer resulta da livre escolha" (p.94), o caráter desinteressado, pois "o lazer não está fundamentalmente submetido a um fim lucrativo algum, como o trabalho profissional, a fim utilitário algum como as obrigações domésticas, a fim ideológico ou proselitístico algum". (p. 94) Enuncia também o caráter hedonístico, vinculado à satisfação pessoal, "tomado como um fim em si" (p. 95) e por fim, identifica o autor um caráter pessoal pois

> ele está ligado à realização, encorajada ou contrariada, das virtualidades desinteressadas do homem total, concebido como um fim em si, em relação, ou contradição com as necessidades da sociedade.
> 1. Ele oferece ao homem as possibilidades da pessoa libertar-se das fadigas físicas ou nervosas que contrariam os ritmos biológicos da pessoa. Ele é o poder de recuperação ou ensejo de flanação.
> 2. Ele oferece a possibilidade da pessoa liberar-se do tédio cotidiano que nasce das tarefas parcelares repetitivas abrindo o universo real ou imaginário do divertimento, autorizado ou interditado pela sociedade.
> 3. Ele permite que cada um saia das rotinas e dos estereótipos impostos pelo funcionamentos dos organismos de base; abre caminho para uma livre superação de si mesmo e de uma liberação do poder criador, em contradição ou em harmonia com os valores dominantes na civilização.(Dumazedier, 1999, p. 96-97)

Mais do que isso, em análise sobre o papel do lazer, deixa-o aliado à condição humana, de ser, o que nem sempre está de acordo com as necessidades que a sociedade passa a impor aos homens. Identifica o autor, portanto, que o lazer é componente essencial do livre desenvolvimento da personalidade (Mota Pinto, 1999, p. 150-246 e Cantali, 2009, p. 201-224), e que por vezes, pode estar, inclusive, em contradição com os valores sociais.

Essa constatação de inclusão do lazer na seara do livre desenvolvimento da personalidade foi realizada pelo Tribunal Alemão no julgado 19. Bverfge 80, 137 (Reiten Im Walde), no voto dissidente de Dieter Grim: "não resta dúvida de que o direito ao livre desenvolvimento da personalidade não deve cessar no âmbito do lazer, mas encontra aqui uma possibilidade de concretização cada vez mais importante em face da redução do tempo de trabalho na semana e na vida e ao paralelo prolongamento do tempo [da expectativa] de vida". (Schwabe, 2005, p. 233).

Assim, a partir do caráter pessoal do lazer, passa-se a analisar as interfaces com relação à saúde.

2.1. O lazer como liberação das fadigas físicas ou nervosas

Essa característica do lazer remete à verificação das consequências dos ritmos contemporâneos para o ser humano. Uma das grandes características do momento atual é a existência do *stress*. Se o lazer pode contribuir para a liberação da fadiga física, conforme informa o sociólogo, *contrario sensu*, a falta de lazer e o ritmo de vida atribulado contribuem para o aparecimento das situações estressoras. Por este motivo, investiga-se as consequências do *stress* na vida do ser humano.

O *stress* faz parte da rotina de vida contemporânea e sua definição pode encontrar, no mínimo, três perspectivas distintas e complementares. A primeira, ambiental, a segunda, psicológica e, por fim, a biológica. (Soares e Alves, 2006, p. 165-166) Na perspectiva ambiental está centrada na avaliação de eventos ambientais ou experienciais objetivamente associados a exigências adaptativas substanciais. (Soares e Alves, 2006, p.166) Psicologicamente, refere-se às avaliação subjetivas dos indivíduos nas próprias capacidades para lidar com as exigências colocadas por acontecimentos ou experiências específicas. (Soares e Alves, 2006, p.166) Já a perspectiva biológica preocupa-se com a ativação dos sistemas fisiológicos específicos que são modulados por condições físicas e psicológicas. (Soares e Alves, 2006, p.166)

Selye (1956) afirma que o *stress* se constitui em parte natural do funcionamento humano, todavia, informa que a maneira de enfrentar a vida por cada ser humano é um dos condicionantes do *stress*.

Outra das noções mais comuns de *stress* é processo no qual as demandas do ambiente excedem a capacidade adaptativa de um indivíduo, contribuindo para mudanças psicológicas e biológicas que podem colocá-lo em risco de doenças (Cohen; Kessler; Gordon, 1997).

É consequência biológica do *stress* a liberação de cortisol.[7] Várias são as funções deste hormônio. Em baixas concentrações "asseguram uma fonte adequada de glucose aos tecidos e músculos, em particular às células nervosas". (*sic*) (Soares e Alves, 2006, p. 169) O problema surge com as altas concentrações deste hormônio. "Altas doses de cortisol levam à atrofia do tecido linfoide do timo, baço e nódulos da linfa", (Soares e Alves, 2006, p. 169) dentre outras consequências para a saúde humana.

> Deste modo, actualmente conceptualiza-se a influência do *stress* no desenvolvimento de doença, através do excesso de produção de hormonas em circulação. Estas hormonas de stress têm sido implicadas na patogénese da doença cardíaca (Matthews, 1986) e doenças involvendo o sistema imunológico, incluindo cancro, doenças infecciosas e doenças auto-imunes. (*sic*) (SOARES e ALVES, 2006, p. 170)

---

[7] "As funções do organismo são reguladas por dois grandes sistemas de controle, o sistema nervoso e o sistema endócrino. A ativação do sistema nervoso autônomo ocorre segundos depois de percebido o agente estressor, resultando em aumentos na secreção de epinefrina proveniente da medula adrenal e de norepinefrina proveniente dos neurônios do sistema nervoso autônomo central e periférico. A ativação do sistema endócrino é dada através do eixo de HPA (hipotálamo-pituitária-adrenal) e ocorre mais lentamente ao cabo de minutos ou horas, com aumentos na liberação do hormônio liberador de corticotrofina (CRH) do hipotálamo O hipotálamo controla a secreção de corticotrofina do lobo anterior da hipófise (adeno-hipófise). Quando aumentam os níveis de CRH, ocorre um estímulo na glândula pituitária para liberar ACTH (hormônio adrenocorticotrófico) na circulação e este, por sua vez, estimula o córtex da glândula adrenal a liberar cortisol". AMENÁBAR, José Miguel. *Níveis de cortisol salivar, grau de estresse e de ansiedade em indivíduos com síndrome de ardência bucal,* tese doutoral da Pontifícia Universidade Católica do Rio Grande do Sul, Porto Alegre: 2006, p. 31-32).

Cientificamente, resta comprovada a influência direta entre o hormônio do *stress* e algumas doenças da contemporaneidade. Portanto, a vinculação entre a liberação do cortisol e doenças, acaba por trazer consequências à ideia de saúde pública, – o que nos países desenvolvidos já é preocupação séria. Exemplo disso é a última "Consulta de Alto-nível na região Europeia sobre doenças não transmissíveis" das Nações Unidas,[8] ocorrida em novembro deste ano, na cidade de Oslo.

De acordo com a OMS (Organização Mundial da Saúde) as quatro doenças não transmissíveis mais preocupantes são o diabetes, o câncer, as doenças pulmonares crônicas e as doenças cardiovasculares, que foram reconhecidas como prioridades chave naquela região.[9] A preocupação com estas doenças é intensa porque a "cada ano, 60% das mortes em todas as faixas etárias são devidas a doenças não transmissíveis, representando 35 milhões de pessoas. Mais de 80% dessas mortes são causadas por doenças cardíacas, derrame, diabetes, câncer e doença pulmonar crônica".[10] Indica-se, ainda, que dentre estas, "9.000 mil pessoas têm idade inferior a 60 anos e que essas são mortes que poderiam ter sido evitadas".[11]

Há relação direta entre o cortisol (*stress*) as doenças isquêmicas do coração e cardiovasculares, inclusive podendo levar à morte.[12]

---

[8] *High-level Consultation in the European Region on the Prevention and Control of Noncommunicable Diseases, with a Particular Focus on the Developmental Challenges* (http://www.who.int/en/ European high-level consultation on noncommunicable diseases).

[9] "Nos dias 24, 25 e 26 de novembro deste ano, em Oslo, na Noruega, ocorre o *High-level Consultation in the European Region on the Prevention and Control of Noncommunicable Diseases, with a Particular Focus on the Developmental Challenges, da Organização Mundial da saúde. The four most prominent NCDs – cardiovascular diseases, cancer, diabetes and chronic lung diseases – are recognized as the key health priority in the WHO European Region in this decade.* http://www.who.int/en/ European high-level consultation on noncommunicable diseases

Place: Oslo, Norway. Date: 25–26 November 2010 – European health officials will meet in Oslo as part of the global build-up to the world's first UN heads of state summit on the prevention and control of noncommunicable diseases (NCDs) next September.

The European consultation on NCDs is a critical step in campaign to reduce death and suffering caused by diseases including cancer, diabetes, heart disease and stroke, and chronic lung diseases.

The meeting, hosted by Norway and co-sponsored by WHO and the United Nations Department of Economic and Social Affairs, will also discuss support for the implementation of the 2008-2013 Action Plan for the Global strategy for the prevention and control of noncommunicable diseases". Em tradução livre "agentes de saúde europeus reúnem-se em Oslo, como parte do global do projeto para os chefes do mundo antes de cúpula da ONU sobre o estado de prevenção e controle das doenças não transmissíveis (DCNT) em Setembro próximo. A consulta europeia sobre DNT é um passo crítico na campanha para reduzir a morte eo sofrimento causados por doenças como câncer, diabetes, doença cardíaca e acidente vascular cerebral e doenças pulmonares crônicas. O encontro, organizado pela Noruega e pela copatrocinado pela OMS e pela Organização das Nações Unidas Departamento de Assuntos Econômicos e Sociais, também vai discutir o apoio à implementação do Plano de Acção 2008-2013 para a estratégia global para a prevenção e controle das doenças não-transmissíveis." (http://www.who.int/en/ European high-level consultation on noncommunicable diseases).

[10] Tradução livre de: *Each year, 60% of deaths in all age groups are due to NCDs, accounting for 35 million people. More than 80% of these deaths are caused by heart disease, stroke, diabetes, cancers and chronic lung disease.* (http://www.who.int/en/ European high-level consultation on noncommunicable diseases).

[11] Tradução livre de: *Of these, 9 million are people aged under 60 years and are deaths that could have been prevented.* (http://www.who.int/en/ European high-level consultation on noncommunicable diseases).

[12] Como conclusão de pesquisa realizada por pesquisadores holandeses e italianos tem-se que: Altos níveis de cortisol predizem morte cardiovascular entre pessoas com e sem doença cardiovascular preexistente. A ligação específica com a mortalidade cardiovascular, e não outras causas de mortalidade, sugere que níveis elevados de cortisol poderia ser particularmente prejudicial ao sistema cardiovascular. Tradução livre de "Conclusions: High cortisol levels strongly predict cardiovascular death among persons both with and without preexisting cardiovascular disease. The specific link with cardiovascular mortality, and not other causes of mortality, suggests that high cortisol levels might be particularly damaging to the cardiovascular system". (VOGELZANGS, Nicole; BEEKMAN, Aartjan T. F.; MILANESCHI, Yuri; BANDINELLI, Stefania; FERRUCCI, Luigi and PENNINX, Brenda W. J. H. Urinary Cortisol

2.2. O lazer como veículo de liberação do tédio cotidiano e caminho para superação humana

Com relação ao tema da liberação do tédio e, por consequência, sensação de bem-estar, a área da saúde já apresenta pesquisas científicas. Nesta primeira revisão foram utilizadas 83 pesquisas científicas anteriores que investigaram o tema da atividade física voluntária, procurando verificar se há razão no saber popular de que os exercícios físicos causam consequências significativas nos níveis de endorfinas no organismo humano, o que significaria, em suma, sensação de prazer e de bem-estar. Como conclusão, informam o papel das endorfinas na vida humana.

> Endorfinas desempenham um papel na modulação dos neurônios dopamina em certas partes do cérebro envolvidas com a motivação e prazer, podendo assim indiretamente ter influência positiva no humor. Opióides também estão envolvidos nos processos cerebrais neurotróficos induzida pela atividade física voluntária (Al Koehl al., 2008; Persson et al., 2004). Estas respostas neurotrópicas podem influenciar um amplo espectro de comportamento do sistema cerebral, tais como aprendizagem e plasticidade neural após estímulos cerebrais (Dishman et al. 2006).13 (Dishman e O'Connor, 2009, p. 6-8)

Motivação e prazer são, então, consequências da atividade física e ainda influenciam na aprendizagem e plasticidade neurais.

Em revisão de 28 pesquisas sobre o tema, no âmbito médico que chegaram a resultados positivos no que diz respeito ao exercício físico para tratamento de depressão. (Foley Louise S., Prapavessis, Harry, Osuch, Elizabeth A. e De Pace, Joanne, 2008, p. 69-73):

> No mesmo sentido se pode afirmar a redução do stress em função da atividade física realizada, como resultado da revisão de 71 pesquisas com a mesma temática:
>
> A atividade física desempenha um papel fundamental no controle da neuroendócrinos, autonômicos e respostas comportamentais ao estresse físico e psicossocial. No entanto, pouco se sabe sobre como o nível de atividade física modula a resposta do stress. Aqui, nós testamos se diferentes níveis de atividade física estão associados com diferentes supra-renais, cardiovasculares e psicológicas respostas ao estresse psicossocial. Além disso, a competitividade é avaliada como um traço de personalidade que possivelmente modula a relação entre atividade física e estresse reatividade. Dezoito desportistas de elite, 50 atletas amadores e 24 homens treinados foram expostos a um padrão estressores psicossociais laboratório (Trier Social Stress Test). [...] Nossos resultados estão alinhados com estudos anteriores que indicavam que a redução da reatividade do sistema nervoso autônomo ao estresse psicossocial em indivíduos treinados. Mais importante ainda, esses resultados implicam um efeito diferencial do nível de atividade física em diferentes relacionados com o stress sistemas neurofisiológicos em resposta ao estresse psicossocial.14 (RIMMELE, Ulrike, SEILER, Roland, MARTI, Bernard e WIRTZ, Petra H, 2009, p. 190-198)

---

and Six-Year Risk of All-Cause and Cardiovascular Mortality. *The Journal of Clinical Endocrinology & Metabolism.* Vol. 95, No. 1. p 4.959-4.964.)

[13] Tradução livre de :"*Endorphins play a role in modulating dopamine neurons in parts of the brain involved with motivation and pleasure and could thus indirectly influence positive moods. Opiods also are involved in brain neurotrophic processes induced by voluntary physical activity (Koehl et al., 2008; Persson et al., 2004). Neurotrophic responses can influence a broad spectrum of brain-behavior systems, such as learning and neural plasticity after brain insults (Dishman et al., 2006), but their importance for understanding mood changes in response to physical activity is not known. Plasma endorphin is usually elevated during intense exercise, but a plausible link between peripheral endorphins and mood responses to acute exercise has not been established*". (DISHMAN e O'CONNOR, 2009, p. 6-8)

[14] Tradução livre de: "*Physical activity plays a key role in the control of neuroendocrine, autonomic, and behavioral responses to physical and psychosocial stress. However, little is known about how the level of physical activity modulates stress responsiveness. Here, we test whether different levels of physical activity are associated with different adrenal, cardiovascular, and psychological responses to psychosocial stress. In addition, competitiveness is assessed as a personality trait that possibly modulates the relationship between physical activity and stress reactivity. Eighteen elite sportsmen, 50 amateur sportsmen, and 24 untrained men were exposed to a standardized psychosocial*

Considerando tratar-se de revisões, ou seja, estudos que sintetizam pesquisas anteriormente realizadas, é possível concluir que 234 pesquisas sérias da área bioquímica, médica ou psicológica, encontra efeitos positivos do lazer na vida humana.

Tomando-se a ideia de lazer como descanso, mais essencial tornar-se a vinculação com a saúde. Em revisão de artigos, onde foram consideradas 49 pesquisas já comprovadas sobre o tema (Cauter, 2008, p. s24) as pesquisadoras Cauter, Tasali, Leproult e Spiegel[15] investigaram as consequências metabólicas do sono e da falta do sono. Concluem que há uma significativa liberação hormonal enquanto se dorme e que sua falta pode ser fator de risco de desenvolvimento de diabetes e obesidade. Informam ser o SWS, um momento de sono profundo e sobre ele se pode dizer que:

> Várias importantes atividades fisiológicas ocorrem somente durante o SWS, incluindo a redução da freqüência cardíaca, pressão arterial, atividade nervosa simpática e aumento do tônus vagal. SWS também está associada com uma diminuição do metabolismo cerebral da glicose [7]. Além disso, SWS exerce grandes efeitos modulatórios sobre a liberação do sistema endócrino. A liberação do hormônios da hypothalamamic-pituitária-adrenal.16 [...]

> A maior delas [referindo-se às pesquisas], a prospectiva de 10 anos Nurses Health Study, em 70.026 mulheres, mostrou que os indivíduos que dormiam cinco horas por noite ou menos tinham um risco significativamente maior de serem diagnosticados com diabetes (odds ratio [OR] 1,57, 95% CI: 1.28â '1 0,92) em comparação com aqueles que dormiam oito horas por noite, embora essa associação não foi significativa após ajuste para obesidade e outros fatores que pudessem causar confusão (OR 1,18, IC 95%: 0.96â '1 0,44). No entanto, o aumento no risco de diabetes sintomático com 5 horas de sono por noite, contra 8 horas permaneceu significativo mesmo após o ajuste (OR 1,34, IC 95%: 1.04â '1 0,72), sugerindo que, embora o risco de diabetes seja aumentado pela obesidade (O que parece ser mais prevalente em travessas de curta distância e, inversamente, pode resultar em má qualidade do sono), insuficiência o sono pode ser um fator de risco para diabetes mais grave.17

Ao reconhecer a falta de sono como fator de risco para diabetes, tem-se um dado alarmante. Considerando que existem 4 milhões de mortes ao ano em decorrência do

---

laboratory stressor (Trier Social Stress Test). Repeated measures of salivary free cortisol, heart rate, and psychological responses to psychosocial stress were compared among the 3 study groups. Elite sportsmen exhibited significantly lower cortisol, heart rate, and state anxiety responses compared with untrained subjects. Amateur sportsmen showed a dissociation between sympathetic and hypothalamic—pituitary—adrenal responsiveness to stress, with significantly reduced heart rate responses but no difference in cortisol responses compared with untrained men. Different levels of competitiveness among groups did not mediate stress reactivity. Our results are in line with previous studies indicating reduced reactivity of the autonomic nervous system to psychosocial stress in trained individuals. More importantly, these findings imply a differential effect of the level of physical activity on different stress-related neurophysiological systems in response to psychosocial stress". (RIMMELE, Ulrike , SEILER, Roland, MARTI, Bernard e WIRTZ, Petra H. The level of physical activity affects adrenal and cardiovascular reactivity to psychosocial stress, in Psychoneuroendocrinology (2009) 34, 190-198.).

[15] INSERM/UCBL – U628, *Physiologie int´egr´ee du syst`eme d'´eveil, D´epartement de M´edecine* Exp´erimentale, Facult´e de M´edecine, Universit´e Claude Bernard Lyon 1, 69373 Lyon Cedex 08, France.

[16] Tradução livre de: "*Several important physiological activities only occur during the SWS, including a reduction in heart rate, blood pressure, sympathetic nervous activity and an increase in vagal tone [6]. SWS is also associated with a decrease in brain glucose metabolism [7]. Additionally, SWS exerts major modulatory effects on endocrine release. The release of the hormones of the hypothalamamic–pituitary–adrenocortical (HPA) system is inhibited [8], whereas the release of growth hormone (GH) and prolactin is increased*". (CAUTER e ots, 2008, p. 23)

[17] Tradução livre de: "*The largest of these, the prospective 10-year Nurses Health Study in 70,026 women [15], showed that individuals who slept 5 hours per night or less had a significantly higher risk of being diagnosed with diabetes (odds ratio [OR] 1.57, 95% CI: 1.28–1.92) compared with those who slept 8 hours per night, although this association was not significant after adjustment for obesity and other confounding factors (OR 1.18, 95% CI: 0.96–1.44). However, the increase in the risk of symptomatic diabetes with _5 hours sleep per night versus 8 hours remained significant even after adjustment (OR 1.34, 95% CI: 1.04–1.72), suggesting that, although diabetes risk is increased by obesity (which appears to be more prevalent in short sleepers and, conversely, may result in poor sleep quality), insufficient sleep may be a risk factor for more severe diabetes [15]*". (CAUTER e ots, 2008, p. 24)

diabetes e suas complicações, estima-se que 9% da população mundial seja levada à morte por portar a doença. (Ministério da Saúde, 2006, p. 7) Assim, se a falta de sono pode ser fator de risco para o diabetes mais grave e esta doença representa quase 10% das mortes no mundo, tem-se, sem dúvidas, questão de saúde pública significativa a ser trabalhada.

Outra situação que merece atenção é a ideia de sociabilidade. A noção de bem-estar está intimamente relacionada com as relações sociais. Todavia, não se pode afirmar que esteja completamente condicionada por ela. O Grupo de Pesquisa de Psicologia Moral de Oxford afirma que devem estar incluídas no rol das situações que causam bem-estar ao ser humano a saúde mental, um trabalho satisfatório, a realização de metas, autoestima, a frequência das relações sexuais, exercícios físicos, o altruísmo e, nas suas conclusões está também, um tempo satisfatório de lazer.[18] Reconhece-se a relação entre bem-estar, saúde e lazer.

3. CONSEQUÊNCIAS JURÍDICAS DA FALTA DE LAZER À SAÚDE

As pesquisas na área de saúde apontam para uma relação íntima entre os temas apresentados. Qualidade de vida, bem-estar, ausência de *stress,* lazer, sob a forma de descanso, atividade física ou mesmo *hobbies* acabam por interferir positivamente na construção de uma vida saudável.

Ao contrário disso, o *stress* acaba atingindo o direito fundamental dos seres humanos à saúde, previsto como direito social fundamental no art. 6º da Constituição Federal e acaba por causar algumas consequências significativas no âmbito do Poder Judiciário.

O tema da judicialização das políticas públicas esteve na agenda de discussões dos últimos anos.[19] "O papel do Judiciário, especialmente das cortes constitucionais e supremos tribunais deve ser resguardar o processo democrático e promover os valores constitucionais superando o déficit de legitimidade dos demais Poderes". (Barroso, 2009, p. 390)

---

[18] *"In this light, life satisfaction researchers have been particularly interested in correlations between life satisfaction and conditions of life over which people might have control. Their findings are that many things correlate well with life satisfaction: mental health, strong social ties, satisfying work, satisfying leisure time, goal achievement, self-esteem, and frequency of sex, and exercise.16 Recent work also shows that volunteer work and other altruistic actions are correlated with life satisfaction (Piliavin 2002). One of the most robust correlations is with strong social ties. In one study Diener and Seligman (2002) divided subjects into three groups (based on peer reports of affect, self-reports of life satisfaction, and self-reports of affect both global and daily): high, average, and low happiness individuals. They found that all members of the high-happiness group reported having good social relationships (reports that were corroborated by informants), and therefore concluded that 'social relationships form a necessary but not sufficient condition for high happiness'".* (TIBERIUS, Valerie; PLAKIAS, Alexandra. Well-Being in DORIS, John M., *The Moral Psychology Research Group.* (eds.) *The Oxford Handbook of Moral Psychology.* Nova Iorque: Oxford University Press, 2010, p. 412.

[19] O debate sobre a judicialização dos direitos sociais encontra respaldo na temática da discussão geral sobre judicialização da política. Sobre o tema, apontando riscos e dificuldades SANTOS, Boaventura de Sousa. A Judicialização da Política. *Center for Social Studies.* 26 de Maio de 2003. Disponível em http://www.ces.uc.pt/opiniao/bss/078en.php, acesso em 23.11.2010, ás 14h35min. Vinculando a judicialidade à jusfundamentalidade BARROSO, Luís Roberto. Da falta de efetividade à judicialização excessiva: direito à saúde, fornecimento gratuito de medicamentos e parâmetros para a atuação judicial, in: SOUZA NETO, Cláudio Pereira; SARMENTO, Daniel (Orgs.). *Direitos Sociais.* Fundamentos, Judicialização e Direitos Sociais em Espécie. Rio de Janeiro: Lumen Juris, 2008.

Quando se trata do assunto "Direito à Saúde", tem relevância a definição de seu conteúdo. Existem ao menos dois conceitos de saúde tradicionalmente concebidos, que dão origem à indicação de conteúdo. O primeiro é o funcionalista de Boorse. Segundo ele, saúde é "a ausência de doenças". (Almeida Filho e Jucá, 2002) A segunda noção, mais ampliada, vem da OMS, e supera a ideia de Boorse, pois qualifica saúde como "a obtenção de um estado completo de bem-estar físico". Para Bolzan de Morais o núcleo de proteção da saúde está conectado à sadia qualidade de vida. (2003, p. 23-24) Logo, verifica-se que a sadia qualidade de vida toma espaço. O que parece ser consenso doutrinário diz respeito aos aspectos curativo, preventivo e promocional da saúde. (Figueiredo, 2007, p. 81) Tem-se "uma saúde efetivamente palpável e preventiva". (Scwartz, 2001, p.39)

Por certo que o lazer encontra maiores espaços de conexão com as funções preventivas e promocionais da saúde e com o conceito da OMS do que possa ser considerada questão de salubridade.

Todavia, ao constatar a vinculação direta entre o *stress* e o ritmo de vida contemporâneo à existência de doenças, tem-se que o lazer acaba por auxiliar, inclusive, na função curativa da saúde.

Se as funções preventivas e promocionais são geralmente desenvolvidas com pessoas não doentes, a função curativa é específica para o momento posterior doença, portanto, momento de fragilidade.

É conclusão deste estudo que a ausência do lazer pode influir decisivamente na formação das doenças humanas, podendo, inclusive chegar a exigir do Estado prestações[20] em função do risco/dano sofrido. Exemplo desta realidade é a decisão do agravo proferida em 2009, em que se pretendeu pagamento de medicamento exatamente em função de reação aguda ao *stress*.

> AGRAVO INTERNO. DIREITO PÚBLICO NÃO ESPECIFICADO. FORNECIMENTO DE MEDICAMENTOS. ENFERMIDADE: TRANSTORNO MISTO ANSIOSO DEPRESSIVO E REAÇÃO AGUDA AO STRESS. MEDICAMENTOS: SERTALINA 50MG, CARBOLITIUM 300MG E RISPERIDON 3MG. LEGITIMIDADE PASSIVA DO MUNICÍPIO. O Município é parte legítima para figurar do pólo passivo de demanda que visa ao fornecimento de medicamento, independentemente de qual seja este, tendo em vista que o art. 23 da CF prevê como competência comum da União, Estado, Distrito Federal e Município, cuidar da saúde. SEPARAÇÃO DOS PODERES. Não viola a separação dos poderes a determinação judicial de que o Município forneça medicamentos, quando este deixa de assegurar garantia constitucional que lhe compete. RESERVA DO POSSÍVEL E PREVISÃO ORÇAMENTÁRIA. Não há nos autos prova de que o Município não tenha condições de custear os medicamentos postulados pela autora ou que existam outras prioridades que com o custeio da medicação postulada acabariam por ficar desatendidas. ANTECIPAÇÃO DE TUTELA. No caso, considerando que o interesse protegido é a saúde, é possível a antecipação de tutela, mesmo que a requerida seja a Fazenda Pública. Caso em que foram atendidos os requisitos do art. 273 do CPC, sendo perfeitamente possível a concessão da antecipação da tutela. PREQUESTIONAMENTO. Desnecessária a análise de todos os dispositivos legais indicados para fins de prequestionamento, estando fundamentada a decisão, com apreciação das questões relevantes ao deslinde da controvérsia. AGRAVO INTERNO DESPROVIDO. (Agravo Nº 70028152668, Primeira Câmara Cível, Tribunal de Justiça do RS, Relator: Jorge Maraschin dos Santos, Julgado em 27/05/2009).

No caso em questão, o Município de São Gabriel, no Rio Grande do Sul, alega que não teria responsabilidade de fornecer medicamentos que não constam na lista

---

[20] "Os direitos sociais implicam o dever de o estado fornecer as prestações correlativas ao objecto destes direitos". (CANOTILHO, Joaquim José Gomes. *Estudos sobre direitos fundamentais*. Coimbra: Coimbra Editora, 2008, p. 101.) Jorge Reis Novais refere-se a "natureza de prestações própria dos direitos sociais". (*Direitos Fundamentais: Trunfos contra a maioria*. Coimbra: Coimbra Editora, 2006, p. 190).

de atendimento obrigatório a ser observada por este ente público. Alegam que não podem estar no polo passivo desta demanda. Além disso, informam não ter recursos suficientes para arcar com a prestação continuada.

Ocorre que, em decisão monocrática, o desembragador Jorge Maraschin dos Santos discorreu sobre a legitimidade passiva do município para figurar em lides com esta, afirmando a solidariedade entre os entes estatais, "compete aos entes federados, solidariamente, responsabilidade pelo fornecimento de fármacos visando à assistência à saúde". No mesmo sentido consignou ainda, "que se a Carta Magna atribuiu a todos os entes federados competência para cuidar da saúde, tal competência não pode ser afastada pela legislação infraconstitucional".

Com relação à alegação de não haver recursos para a concessão dos medicamentos requeridos, o relator ocupa-se de refutar o argumento da reserva do possível.

Já no que tange aos direitos econômicos e sociais, utilizou como fundamento de decidir o argumento da metodologia "Fuzzy". (Canotilho, 2008, p. 99) Ou seja, argumentou a grande dificuldade dos direitos econômicos e sociais é sua vagueza e indistinção, não se sabendo especificamente o jurista do que está a falar quando se trata de direitos fundamentais econômicos e sociais. (Canotilho, 2 008, p. 99)

Os fundamentos de decidir foram mantidos pela Primeira Câmara e o poder Público condenado ao pagamento da medicação.[21] Em suma, alguns dos prejuízos do *stress* começam a chegar ao Judiciário, na forma de demandas.

Em pesquisa realizada nos Tribunais Superiores, Supremo Tribunal Federal e Superior Tribunal de Justiça, no banco de dados de jurisprudência disponível na *internet*, no dia 16 de novembro de 2010, através dos verbetes "direito ao lazer" e "direito à saúde" chegou ao seguinte resultado:

No Supremo Tribunal Federal (STF) foram encontrados 4 julgamentos,[22] 2 diziam respeito ao soldo dos militares, decidindo o Tribunal que o soldo não poderia ser inferior ao salário mínimo, pois deveria atender a tais direitos; 1 diz respeito a uma disputa de guarda de infante, tendo apenas citado os direitos das crianças e dos adolescentes e dentre eles o lazer e a saúde.

O último julgado refere-se a uma ação direita de inconstitucionalidade de lei do Estado do Espírito Santo que assegurava meia entrada nos ingressos de cultura, es-

---

[21] Da mesma forma ocorre em outra decisão do Tribunal de Justiça do Rio Grande do Sul: EMENTA: DECISÃO MONOCRÁTICA. AGRAVO DE INSTRUMENTO. DIREITO PÚBLICO NÃO ESPECIFICADO. FORNECIMENTO DE MEDICAMENTOS. TRANSTORNO MISTO ANSIOSO DEPRESSIVO E REAÇÃO AGUDA AO *STRESS*. MEDICAMENTOS: SERTALINA 50MG, CARBOLITIUM 300MG E RISPERIDON 3MG. LEGITIMIDADE PASSIVA DO MUNICÍPIO. O Município é parte legítima para figurar do pólo passivo de demanda que visa ao fornecimento de medicamento, independentemente de qual seja este, tendo em vista que o art. 23 da CF prevê como competência comum da União, Estado, Distrito Federal e Município, cuidar da saúde. SEPARAÇÃO DOS PODERES. Não viola a separação dos poderes a determinação judicial de que o Município forneça medicamentos, quando este deixa de assegurar garantia constitucional que lhe compete. RESERVA DO POSSÍVEL E PREVISÃO ORÇAMENTÁRIA. Não há nos autos prova de que o Município não tenha condições de custear os medicamentos postulados pela autora ou que existam outras prioridades que com o custeio da medicação postulada acabariam por ficar desatendidas. ANTECIPAÇÃO DE TUTELA. No caso, considerando que o interesse protegido é a saúde, é possível a antecipação de tutela, mesmo que a requerida seja a Fazenda Pública. Caso em que foram atendidos os requisitos do art. 273 do CPC, sendo perfeitamente possível a concessão da antecipação da tutela. NEGADO SEGUIMENTO AO AGRAVO DE INSTRUMENTO. (Agravo de Instrumento Nº 70027632579, Primeira Câmara Cível, Tribunal de Justiça do RS, Relator: Jorge Maraschin dos Santos, Julgado em 26/11/2008)

[22] RE 201460 AgR / RS – RIO GRANDE DO SUL, RE 197078 AgR / RS – RIO GRANDE DO SUL, HC 69303 / MG – MINAS GERAIS e ADI 3512 / ES – ESPÍRITO SANTO.

porte e lazer aos doadores de sangue. No julgamento desta demanda o STF entendeu que a "lei hostilizada é expressiva de intervenção por indução" do Estado na economia. A relação entre o direito ao lazer e à saúde não foi tratada.

Na pesquisa no Superior Tribunal de Justiça (STJ), ao cruzar os dois verbetes, foram encontrados 19 julgados,[23] dentre os quais apenas 3[24] enfrentam efetivamente a temática de lazer e saúde. O primeiro trata de ação para cumprimento de obrigação de inserção de adolescente em programa socioeducativo, declarando a absoluta prioridade deste na efetivação de seus direitos. Os dois últimos enfrentam as possibilidades de restrições administrativas no direito de propriedade a serem realizadas pelos municípios para atender à saúde e ao lazer.

Novamente, a realidade de ausência de tratamento do tema do lazer, ainda que vinculado à saúde, resta flagrante.

4. NOTAS FINAIS: UM SILÊNCIO ELOQUENTE E PREOCUPANTE

As pesquisas bioquímicas e comportamentais foram capazes de demonstrar que a saúde está intimamente relacionada com a noção de bem-estar, de descanso, de atividades físicas e de ausência de *stress*. Correlacionam diretamente o lazer à redução do cortisol através das atividades físicas, indicam a existência de risco de diabetes severa com a falta de sono, além disso, apontam dados alarmantes com relação aos riscos cardiovasculares para todos os seres humanos com *stress* dentre outros.

Assim, mais do que um tema de segundo escalão, o lazer implica uma necessidade social importante, principalmente quando relacionada às noções contemporâneas de saúde pública. Em países desenvolvidos, novos paradigmas vêm sendo trabalhados na administração pública, no que tange às preocupações com as consequências da contemporaneidade.[25] Trata-se de uma agenda bastante atual.

É certo que lazer é um significante ao qual se pode atribuir uma gama imensa de significados, todos eles relacionados à noção de qualidade de vida e de desenvolvimento pessoal e estritamente vinculado à noção de dignidade humana. "El derecho al ócio forma parte de La categoria jurídica de los derechos humanos, es decir, del conjunto de atributos innatos, de las cualidades cuyo origen no há de buscarse em la ley humana, sino em la própria dignidad del indivíduo". (Cabeza, 2009, p. 75)

Certo também é o fato de que este direito fundamental social merece receber tutela por ele próprio,[26] sem condicionamentos referentes a outros direitos. Todavia, sem deixar de levar em conta o tratamento do lazer em si,[27] deve-se considerar, tam-

---

[23] REsp 1120117, REsp 1027318, REsp 840011, REsp 811608, REsp 851174, REsp 695665, AgRg no REsp 752190, REsp 736524, REsp 710594, REsp 718203, REsp 700853, REsp 716512, REsp 681012, REsp 630765, AgRg no RMS 12042, RMS 13252, REsp 497447, RMS 8766,RHC 384.

[24] REsp 630765, RMS 13252 e RMS 8766..

[25] Città del buon vivere. (http://www.cittaslow.org/index.php?method=section&id=17&title=Filosofia)

[26] "El derecho al ócio supone una defensa del ocio en sí mismo, es decir, del ócio considerado como fin, como experiencia vital diferenciada, no como medio para conseguir otras meditas". Em tradução livre: O direito ao lazer supõe uma defesa do lazer em si mesmo, ou seja, o lazer considerado como fim, como experiência vital diferenciada, não como meio para conquistar outras medidas. (CABEZAS, Manuel Cuenca. *Ocio Humanista*. Bilbao: Publicacines de la Universidad de Deusto, 2009, p. 75)

[27] Sinala-se que esta temática deverá ser abordada em tese doutoral vinculada ao Programa de Pós-Graduação da Faculdade de Direito da Pontifícia Universidade Católica do Rio Grande do Sul.

bém as imensas relações entre este direito e o direito à saúde. Sabe-se que as questões de salubridade têm recebido muito mais atenção da comunidade jurídica que, por vezes, sequer entende o lazer como tema relevante para produção científica.[28]

Olvidam-se que talvez uma das contribuições significativas para a saúde em seu sentido amplo esteja exatamente no lazer. Não pode estar correta a cultura que coloca a velocidade e as exigências em primeiro lugar. Mortes prematuras por doenças não transmissíveis são consequência da falácia progressista da modernidade que espalha suas sementes de eficiência e consumo cada vem em ritmo mais acelerado.

Ao colocar em cheque a temática dos direitos ao lazer e à saúde pretendeu-se demonstrar através de pesquisas científicas os riscos de uma sociedade que não toma seriamente suas políticas de saúde e de lazer.

O silêncio de produção científica jurídica sobre os temas congregados pode significar ausência de atenção para as interconexões flagrantes entre estes dois direitos fundamentais.

Tratar de direitos sociais e econômicos já enfrenta resistência doutrinária, imagine pensar sobre lazer...ora, é só lazer.

5. REFERÊNCIAS BIBLIOGRÁFICAS

ARENDT, Hannah. *A condição humana*. Rio de Janeiro: Forense Universitária, 1997.

AMENÁBAR, JOSÉ MIGUEL. *Níveis de cortisol salivar, grau de estresse e de ansiedade em indivíduos com síndrome de ardência bucal*, tese doutoral da Pontifícia Universidade Católica do Rio Grande do Sul, Porto Alegre: 2006.

BACHELADENSKI, Miguel Sidenei; MATIELLO JUNIOR, Edgard. Contribuições do campo crítico do lazer para a promoção da saúde. *Ciênc. saúde coletiva*, Rio de Janeiro, v. 15, n. 5,Aug. 2010. p. 2.569-2.579.

BARROSO, Luís Roberto. *Curso de Direito Constitucional Contemporâneo*. Rio de Janeiro: Renovar, 2009.

BOLZAN DE MORAIS, José Luiz. O direito da Saúde. *In* SCHWARTZ, Germano (org.) *A saúde sob os cuidados do Direito*. Passo Fundo: UPF, 2003.

BRASIL, MINISTÉRIO DA SAÚDE. Caderno de Atenção Básica – diabetes mellitus. Brasília: DF, 2006.

CABEZAS, Manuel Cuenca. *Ocio Humanista*. Bilbao: Publicacines de la Universidad de Deusto, 2009.

CALDWELL, L. L. & SMITH, E. A. leisure: An overlooked component of health promotion. *Canadian Journal of Public Health*, 1988, *79*(2), p. 44-48.

DE MASI, Domenico. *O futuro do trabalho*: fadiga e ócio na sociedade pós-industrial. Brasília: Ed. UnB, 2000.

OST, François. *O tempo do Direito*. Lisboa: Instituto Piaget, 1999.

SILVEIRA, Rosa Maria Godoy. *Complexidade e Epistemologia*. Comitê Paraibano de Educação em Direitos Humanos, Artigos. Universidade Federal da Paraíba, s/d.

SOARES, António José de Almeida e ALVES, Maria da Graça Pereira. Cortisol como variável em psicologia da saúde. *Psicologia, Saúde & Doenças*, 2006, vol.7, no.2, p.165-177.

ALMEIDA FILHO, Naomar de e JUCÁ, Vládia. Saúde como ausência de doença: crítica à teoria funcionalista de Christopher Boorse. *Ciência e Saúde Coletiva*.vol.7 , n.4, Rio de Janeiro, 2002. p. 879-889.

CANOTILHO, Joaquim José Gomes. *Estudos sobre direitos fundamentais*. Coimbra: Coimbra Editora, 2008.

CANTALI, Fernanda Borghetti. *Direitos da Personalidade*. Porto Alegre: Livraria do Advogado, 2009.

COHEN, S.; KESSLER, R.C.; GORDON, L.U. Strategies for measuring stress in studies of psychiatric and physical disorders. In: COHEN, S; KESSLER, *R.C. Ciênc. saúde coletiva* 7(4): 879-889, . 2002.

DISHMAN, Rod K. e O'CONNOR, Patrick J. Lessons in exercise neurobiology: The case of endorphins. *Mental Health and Physical Activity 2* Science Direct, 2009, p. 4-9.

FIGUEIREDO, Mariana Filchtiner. *Direito Fundamental à Saúde*. Porto Alegre: Livraria do Advogado, 2007.

GORDON, L.U. *Measuring stress: a guide for health and social scientists*. New York: Oxford University Press, 1997. p 3-26.

---

[28] Um exemplo significativo da ausência de produção doutrinária sobre o tema é a pesquisa em um dos maiores distribuidores de livros do país com os verbetes "direito à saúde" e "direito ao lazer". Enquanto o primeiro verbete indica 43 obras passíveis de aquisição, o segundo indica apenas 1 exemplar. (http://www.livrariacultura.com.br/scripts/cultura/busca/busca.asp?palavra=direito+ao+lazer&tipo_pesq=titulo&sid=0121236111234433122362081&k5=8FBEB73&uid=&limpa=0&parceiro=OXORAT)

HUNT, Paul; com auxílio de STEWARD, Rébecca, MESQUITA, Judith Bueno de e OLDRING, Lisa. *Neglected diseases: a human rights analysis*. Special topics in social, economic and behavioural research report series ; no. 6. Switzerland : WHO Library:2007.

RIMMELE, Ulrike , SEILER, Roland, MARTI, Bernard e WIRTZ, Petra H. The level of physical activity affects adrenal and cardiovascular reactivity to psychosocial stress, in *Psychoneuroendocrinology* (2009) 34, 190—198.

SCHWABE, Jürgen. Cinqüenta Anos de Jurisprudência do Tribunal Constitucional Federal Alemao. Urugay: Fundación Konrand Adenauer, 2005.

SELYE, H. *Stress of life*. Nova York : McGraw-Hill, 1956.

MOTA PINTO, Paulo. O direito ao livre desenvolvimento da personalidade. *In Studia Iuridica*, n. 40. Coimbra: Universidade de Coimbra, 1999, p. 150-246.

NUSSBAUM, M. & SEN, A. (Eds.) *The Quality of Life*. Oxford, Clarendon Press, 1993.

SCHWARTZ, Germano André Doerdertlein. *Direito à saúde: efetivação em uma perspectiva sistêmica*. Porto Alegre: Livraria do Advogado, 2001.

SILVEIRA, Rosa Maria Godoy. (Silveira, s/d) *Complexidade e Epistemologia, in* Comitê Paraibano de Educação em Direitos Humanos. s/d.

SOUZA NETO, Cláudio Pereira; SARMENTO, Daniel (Orgs.). *Direitos Sociais*. Fundamentos, Judicialização e Direitos Sociais em Espécie. Rio de Janeiro: Lumen Juris, 2008.

TIBERIUS, Valerie; PLAKIAS, Alexandra. Well-Being in DORIS, John M., *The Moral Psychology Research Group*. (eds.) The Oxford Handbook of Moral Psychology. Nova Iorque: Oxford University Press, 2010.

SANTOS, Boaventura de Sousa. A Judicialização da Política. *Center for Social Studies*. 26 de Maio de 2003. Disponível em http://www.ces.uc.pt/opiniao/bss/078en.php, acesso em 23.11.2010, ás 14h35min.

VOGELZANGS, Nicole; BEEKMAN , Aartjan T. F.; MILANESCHI, Yuri; BANDINELLI, Stefania; FERRUCCI, Luigi and PENNINX, Brenda W. J. H. Urinary Cortisol and Six-Year Risk of All-Cause and Cardiovascular Mortality. The Journal of Clinical Endocrinology & Metabolism. Vol. 95, No. 1. p 4.959-4.964.

NOVAIS, Jorge Reis. *Direitos Fundamentais: Trunfos contra a maioria*. Coimbra. Coimbra Editora, 2006.

— 13 —

O direito fundamental social ao trabalho digno frente à atual conjuntura econômica

SONILDE KUGEL LAZZARIN[1]

Sumário: 1. Introdução; 2. O trabalho em condições decentes; 3. O custo do trabalho formal no Brasil: definição e critérios de composição; 4. Novas modalidades de relações laborais e a precarização de direitos; 5. O novo papel do Estado nas relações laborais na sociedade contemporânea; 6. Considerações finais; Referências.

1. INTRODUÇÃO

A Declaração Universal dos Direitos Humanos, adotada pela Organização das Nações Unidas, em 1948, declarava expressamente que "Toda pessoa tem direito ao trabalho, à livre escolha de emprego, a condições justas e favoráveis de trabalho e à proteção contra o desemprego".[2]

No âmbito constitucional, o trabalho é considerado um direito social. A ordem social tem como base o primado do trabalho, e como objetivo o bem-estar e a justiça sociais.[3] Entretanto, a Carta Magna, do artigo 7º ao artigo 11, assegura aos trabalhadores rurais e urbanos uma série de direitos protetivos (individual e coletivo) aplicáveis aos trabalhadores com vínculo formal de emprego, estendendo seus efeitos apenas aos trabalhadores avulsos.[4]

Ocorre que as inovações tecnológicas, com a consequente globalização da economia, vêm favorecendo os países economicamente mais desenvolvidos. Os avanços da informática e da telecomunicação geraram os computadores de círculos integrados, a telemática e a robótica, ocasionando profundas inovações na estrutura empresarial e nas relações de trabalho. A concorrência comercial exige maior produtividade, melhor qualidade dos produtos e serviços e melhores custos. Dentro deste panorama,

---

[1] Advogada, Especialista e Mestre pela PUCRS, Doutoranda em Direito pela PUCRS, Professora do Curso de Direito da PUCRS e do UNIRITTER. Pesquisadora do Núcleo de Pesquisas CNPQ/PUCRS Estado Processo e Sindicalismo e Pesquisadora do UNIRITTER, Grupo de Direitos Humanos e Fundamentais: A (Des) Proteção ao Direito Fundamental Social ao Trabalho em Condições Justas e a Crescente Precarização das Relações Laborais.

[2] Artigo XXIII, 1. *Declaração Universal dos Direitos Humanos.* Disponível em http://www.dudh.org.br/ index.php?option=com_content&task=view&id=49&Itemid=59. Acesso em 20 de maio de 2010.

[3] Artigos 6º e 193 da Constituição Federal (BRASIL. *Constituição da República Federativa do Brasil de 1988.* Disponível em https://www.planalto.gov.br/ccivil_03/Constituicao.htm. Acesso em 04 de junho de 2010.

[4] Trabalhador avulso é uma modalidade de trabalhador eventual, sem vínculo empregatício, em que o trabalho é realizado com a intermediação entre o prestador e o tomador de serviços, de um órgão gestor de mão de obra ou de um órgão de representação sindical.

Süssekind[5] salienta duas especiais consequências no campo empresarial: a horizontalização da produção de bens ou serviços, mediante a contratação de empresas especializadas em determinados segmentos e a ampliação das hipóteses de flexibilização das normas de proteção ao trabalho.

As empresas precisam adaptar-se às novas regras da economia global, cuja ênfase centra-se na aceleração da integração das cadeias de produção; na aplicação de tecnologias modernas a processos tradicionais; na adoção de técnicas de produção enxuta e de terceirizações, ocasionando a queda do emprego direto e o crescimento do indireto. Nos países centrais, essa internacionalização se deu fundamentalmente por fusões e aquisições. Para as grandes corporações transnacionais, responsáveis pelo desenvolvimento das tecnologias, as metas são direcionadas para a competição e o crescimento, e não para a criação de empregos; ao contrário, reforçam o desemprego estrutural, na medida em que há uma remodelação dos empregos existentes, com o corte de excedentes. Soma-se a isso, de acordo com Dupas[6] "a relativa facilidade que as empresas transnacionais adquiriram recentemente em transferir o local de sua produção de acordo com as conveniências de custos, benefícios fiscais, políticas industriais e comerciais".

O que se verifica é o aumento do desemprego e de postos de trabalho menos qualificados nos países pobres. Assim,

> as economias não-desenvolvidas transformam-se em uma grande feira mundial de concorrência pelos menores custos de trabalho possíveis, a ser visitada por compradores de força de trabalho que representam as grandes corporações transnacionais. Quanto mais dóceis os governos, e submissos à lógica de exploração intensiva de trabalho, mais dependentes são suas políticas macroeconômicas nacionais.[7]

Esta reorganização da produção gerou uma ampla fragmentação no mercado de trabalho, promovendo, de acordo com Santos,[8] uma mudança no paradigma do trabalho, tornando progressivamente mais flexível o emprego tradicional e a informalidade. A crise existente, sob a égide das leis do mercado, tem características estruturais. Gerou, conforme dados da Organização Internacional do Trabalho, 150 milhões de desempregados e 850 milhões de subempregados, o equivalente a 1/3 da população economicamente ativa mundial.[9]

No Brasil, paralelamente ao desemprego, surge um grande mercado informal e com ele uma rede de precarização das condições de trabalho, com baixos salários, jornadas extenuantes, péssimas condições de higiene e segurança, exploração de trabalho infantil, e muitas vezes, em condições análogas às de escravo. O mais grave, de acordo com Lopes,[10] é que este mercado informal é utilizado pelo mercado formal,

---

[5] SUSSEKIND, Arnaldo. *O Futuro do Direito do Trabalho no Brasil*. São Paulo, Revista LTr n. 64 – outubro 2000, p. 1231.

[6] DUPAS, Gilberto. *Economia Global e Exclusão Social*. São Paulo: Paz e Terra, 2001, p. 99.

[7] POCHMANN, Marcio. *O Emprego na Globalização: A Nova Divisão Internacional do Trabalho e os Caminhos que o Brasil Escolheu*. São Paulo: Boitempo Editorial, 2001, p. 8.

[8] SANTOS, Enoque Ribeiro dos. *Fundamentos do Direito Coletivo do Trabalho nos Estados Unidos da América, na União Européia, no Mercosul e a Experiência Brasileira*. Rio de Janeiro: Lúmen Júris, 2005, p. 133.

[9] Prensa OIT de 21.06.2000, Genebra, p. 1 e 2 in SUSSEKIND, Arnaldo. *O Futuro do Direito do Trabalho no Brasil*. São Paulo, Revista LTr n. 64 – outubro 2000, p. 1231.

[10] LOPES, Otávio Brito. Limites da Flexibilização das Normas Legais Trabalhistas in MARTINS FILHO, Ives Gandra da Silva et al (Coord). *Direito e Processo do Trabalho em Transformação*. Rio de Janeiro: Elsevier, 2007, p. 188.

que terceiriza várias etapas produtivas, o que significa a exploração indireta desses trabalhadores pelo mercado formal.

As transformações ocasionadas nos processos de produção, de acordo com Habermas,[11] destruíram a teoria do valor, na medida em que a introdução da microeletrônica, da robótica, dos novos materiais de produção e de novas fontes de energia, nos processos de trabalho, deslocou o trabalho como unidade dominante na produção de riquezas. Agora é a ciência que é elevada à condição de primeira força produtiva. Por isso, o trabalho passa por uma verdadeira revolução, uma vez que a atividade produtiva passa a fundar-se em conhecimentos técnico-científicos, em oposição ao trabalho rotineiro, repetitivo e desqualificado.

A sociedade contemporânea, de acordo com Chevallier,[12] seria caracterizada pela complexidade, desordem, indeterminação e pela incerteza, novas figuras da "rede", agora promovida ao nível de paradigma dominante nas ciências sociais. Paralelamente há a ocorrência de um hiperindividualismo, uma mudança de relação com o coletivo, tendendo a desaparecer a linha de demarcação que separa a vida pública da privada. De acordo com o autor, esse fenômeno contamina a vida social. A sociedade contemporânea é atingida por um movimento de individualização, tornando ultrapassadas as antigas classificações, categorizações, dispositivos de controle, territorialidades que asseguravam a divisão do espaço social e da produção das identidades coletivas; "a própria empresa não escapa desse movimento, como testemunham a individualização das ocupações, remunerações e das carreiras, o apelo à iniciativa pessoal, ao sentido das responsabilidades e à mobilização", embora tenha o custo de uma permanente tensão evidenciada pelo crescimento dos suicídios no trabalho.[13]

O presente estudo inicialmente faz uma análise do direito social ao trabalho decente como viabilizador do principio da dignidade da pessoa humana, em face da importância deste direito para a concretização de vários outros direitos, também sociais e garantidos constitucionalmente, que dele logicamente são consequentes, como, por exemplo, a moradia, a alimentação, o laser, a educação, além de outros.

Antes da abordagem da precarização das relações laborais, e, também, para fundamentar o crescimento veloz do fenômeno, faz-se uma análise dos custos do trabalho formal no Brasil, com as divergências relativas à carga tributária e demais contribuições; bem assim, em relação ao custo com o próprio trabalhador, para, posteriormente, apontar a necessidade da modernização das normas trabalhistas e o novo papel que o Estado deveria adotar frente à complexidade da sociedade contemporâ-

---

[11] HABERMAS, Jürgen. *Técnica e Ciência como Ideologia*. Lisboa: Edições 70, 2007, p. 68.

[12] CHEVALLIER, Jacques. *O Estado Pós-Moderno*. Belo Horizonte, Fórum, 2009, 17-19.

[13] Em matéria divulgada pela BBC News Pequim, apenas este ano, ocorreram doze tentativas de suicídio entre funcionários da Foxconn – que fabrica o iPhone, da Apple – emprega mais de 700 mil pessoas. Mais de 400 mil delas trabalham na fábrica da empresa na província de Shenzhen, na China continental na província de Shenzen. Segundo a Apple, a investigação revelou que alguns funcionários da Foxconn estavam cumprindo jornadas mais longas do que a jornada máxima permitida e que cerca de 25% não estavam tendo um dia de descanso por semana. A ONG americana China Labour Watch, que faz campanha pelos direitos dos trabalhadores, criticou a Foxconn por manter o que considerou ser "uma administração estilo militar e condições de trabalho ruins" e pediu que a empresa "inicie uma análise aprofundada da vida nas suas linhas de produção". BRISTOW, Michael. *Fabricante chinês de iPhone atingida por suicídios volta a subir salários*. BBC News Pequim, 07/06/2010. Disponível em http://www.bbc.co.uk/portuguese/noticias/ 2010/06/100607 _foxconn 2aum entofn.shtml. Acesso em 12 de junho de 2010.

nea, a fim de garantir o direito fundamental ao trabalho em condições justas a qualquer modalidade de labor humano.

2. O TRABALHO EM CONDIÇÕES DECENTES

O respeito à dignidade da pessoa humana consta do preâmbulo da Declaração Universal dos Direitos Humanos e também está expresso na Constituição Federal brasileira[14] como um dos fundamentos do Estado Democrático de Direito. O direito ao trabalho está incluído no rol de direitos sociais previstos no Capítulo II da Constituição Federal, sob o título dos Direitos e Garantias Fundamentais.[15]

A interpretação constitucional, conforme destaca Freitas:

> Justamente por lidar com a Carta Maior, haverá de ser, sob certo aspecto, principiológica, isto é, marcada por uma hierarquização de princípios (sem prejuízo das regras), que será melhor fundamentada se conferir ao sistema coerência e abertura.[16]

A constituição do sujeito ético e a sua inserção social representam a significação social do trabalho do ponto de vista ético, de acordo com Battaglia,[17] para quem o trabalho pode ser conceituado sob vários aspectos, de acordo com noções parciais provindas da mecânica e física, da biologia, da economia..., mas é a filosofia que unifica estes conceitos numa noção integral: "o conceito de trabalho como essência do homem, que é atividade, que em si atinge o objeto e o constitui", devendo ser repelida toda e qualquer prática de trabalho lesiva à dignidade humana.

O Direito do Trabalho surgiu para proteger os hipossuficientes, ou seja, verificou-se que, apesar da proclamação da liberdade e da igualdade (formal), continuava a exploração dos mais débeis pelos economicamente mais fortes. Para o equilíbrio de tais relações o Estado, através das normas, propiciou uma desigualdade jurídica para alcançar o equilíbrio, ou seja, uma igualdade substancial. Entretanto, o sistema protetivo abarca apenas os trabalhadores inseridos no mercado de trabalho formal, isto é, com vinculação empregatícia. Considerando-se que a maior parte dos trabalhadores ativos se encontra à margem desta modalidade contratual e nem por isso deixam de ser hipossuficientes, ficam desprotegidos e são explorados em condições inaceitáveis para um Estado Democrático de Direito.[18] O direito ao trabalho em condições decentes é um direito social previsto constitucionalmente e deve ser viabilizado de modo igual para todos os grupos vulneráveis, independentemente da modalidade contratual. Nesse sentido, perfeita a reflexão de Bonavides, quando afirma: "os direitos sociais

---

[14] Art. 1º A República Federativa do Brasil, formada pela união indissolúvel dos Estados e Municípios e do Distrito Federal, constitui-se em Estado Democrático de Direito e tem como fundamentos: III – a dignidade da pessoa humana. (BRASIL. *Constituição da República Federativa do Brasil de 1988*. Disponível em https://www.planalto.gov.br/ccivil_03/Constituicao.htm. Acesso em 04 de junho de 2010).

[15] Embora não se desconheça as diferentes argumentações que sustentam a inconsistência dos diretos sociais como direitos fundamentais, no sentido de não ter aplicabilidade imediata e garantia das cláusulas pétreas, tornando-se meras normas programáticas, discorda-se desta posição, mas não será, pela necessidade de limitação do tema, objeto de aprofundamento neste estudo.

[16] FREITAS, Juarez. *A Interpretação Sistemática do Direito*. São Paulo: Malheiros, 2010, p. 193.

[17] BATTAGLIA, Felice. *Filosofia do Trabalho*. São Paulo: Saraiva, 1958, p. 24.

[18] De acordo com Arango, "se um Estado se denomina social, constitucional e democrático não se pode permitir que permaneça cego diante de situações de discriminação, marginalização e desvantagem material".(ARANGO, Rodolfo. Direitos Fundamentais Sociais, Justiça Constitucional e Democracia in MELLO, Cláudio Ari. *Os Desafios dos Direitos Sociais*. Revista do Ministério Público do Rio Grande do Sul nº 56 – set/dez 2005, p. 95.

nasceram abraçados ao principio da igualdade, do qual não se podem separar, pois fazê-lo equivaleria a desmembrá-los da razão de ser que os ampara e estimula".[19]

O reconhecimento da liberdade de organização sindical, a limitação da jornada de trabalho, o direito ao descanso, a proibição de discriminação e do trabalho infantil nas relações laborais, inegavelmente representam o resultado de reivindicações em face da exploração e degradação que caracterizava tais relações. Relações nas quais os trabalhadores viviam apenas como um ser econômico, em condições indignas, extenuados pelo trabalho, servindo a remuneração apenas para aplacar a fome.

A legislação trabalhista limita a autonomia de vontades, porém aplica-se apenas a um segmento (atualmente, o menor) das relações de trabalho, ou seja, às relações com vínculo de emprego. O grande contingente de trabalhadores que estão laborando em outras modalidades, especialmente no sistema de cooperativas, terceirizados, autônomos ou simplesmente na informalidade fica sem proteção alguma, expostos a longas jornadas, sem vínculo previdenciário e vítimas em potencial de acidentes e doenças ocupacionais. São no dizer de Bauman

> Apenas uma linha colateral do progresso econômico, a produção de refugo humano tem todas as marcas de um tema impessoal, puramente técnico. Os principais atores desse drama são "termos de comércio", "demandas do mercado", "pressões competitivas", "padrões de produtividade" e "eficiência", todos encobrindo ou negando de modo explícito qualquer conexão com as intenções, a vontade, as decisões e as ações de pessoas reais, dotadas de nomes e endereços.[20]

Do ponto de vista da lei, ainda de acordo com Bauman,[21] a exclusão é um ato de autossuspensão, isto é, a lei mantém o marginalizado fora da aplicação da norma que ela mesma circunscreveu, ou seja, não há lei para o excluído, "a lei atua sobre esta preocupação proclamando que o excluído não é assunto seu". Daí a imperiosidade de um novo papel do Estado frente às mudanças sociais, especialmente do legislador no sentido de atender às exigências constitucionais em tempos de globalização econômica, privatizações, aumento da exclusão social e do poder exercido pelas grandes corporações internas e internacionais.

O direito ao trabalho deve abarcar uma proteção à dignidade do trabalhador, indiferentemente da modalidade contratual adotada, ou seja, a dignidade da pessoa humana deve ter uma concepção multidimensional, conforme definida por Sarlet:

> Dignidade da pessoa humana é a qualidade intrínseca e distintiva reconhecida em cada ser humano que o faz merecedor do mesmo respeito e consideração por parte do Estado e da comunidade, implicando, neste sentido, um complexo de direitos e deveres fundamentais que assegurem a pessoa tanto contra todo e qualquer ato de cunho degradante e desumano, como venham a lhe garantir as condições existenciais mínimas para uma vida saudável, além de propiciar e promover sua participação ativa e co-responsável nos destinos da própria existência e da vida em comunhão com os demais seres humanos, mediante o devido respeito aos demais seres que integram a rede da vida.[22]

Toda mudança ou inovações no âmbito do trabalho deve antes levar em consideração a dignidade do trabalhador como valor maior em comparação a outros valores, uma vez que esse princípio fundamenta o Estado Democrático de Direito.

---

[19] BONAVIDES, Paulo. *Curso de Direito Constitucional*. São Paulo: Malheiros, 2001, p. 518.
[20] BAUMAN, Zigmunt. *Vidas Desperdiçadas*. Rio de Janeiro: Jorge Zahar, 2005, p. 54.
[21] Idem, p. 43.
[22] SARLET, Ingo Wolfgang. *Dignidade da Pessoa Humana e Direitos Fundamentais na Constituição Federal de 1988*. Porto Alegre: Livraria do Advogado, 2010, p. 70.

3. O CUSTO DO TRABALHO FORMAL NO BRASIL: DEFINIÇÃO E CRITÉRIOS DE COMPOSIÇÃO

Quando se discutem alternativas para estimular a geração de empregos no Brasil, muito se fala em medidas para desonerar a folha de pagamentos da exagerada tributação que incide sobre ela, como forma de redução do custo de contratação de mão de obra formal pelas empresas.

Não existe uma fórmula clara e inconteste de cálculo dos percentuais representativos dos tributos incidentes sobre a folha de pagamento; pelo contrário, há inúmeras discussões conceituais que acabam por demonstrar resultados completamente afastados, a começar pelo próprio conceito de tributo.

O Código Tributário Nacional define tributo como "toda prestação pecuniária compulsória, em moeda ou cujo valor nela se possa exprimir, que não constitua sanção de ato ilícito, instituída em lei e cobrada mediante atividade administrativa plenamente vinculada".[23] Desse modo, a expressão *tributo* significa o conjunto dos impostos, taxas e todas as contribuições sociais e de melhorias, cobradas nas três esferas governamentais, dependendo das competências e prerrogativas de cada ente governamental, dispostas na Constituição Federal.

Roth,[24] ao analisar o rol de Tributos Federais, Estaduais e Municipais, elenca entre eles os seguintes tributos incidentes sobre as parcelas salariais.

Nº	DENOMINAÇÃO	SIGLA	OBSERVAÇÕES
1	Contribuição à Direção de Portos e Costas	DPC	Empresas Marítimas – 2,5%
2	Contribuição ao Fundo Nacional de Desenvolvimento da Educação (Salário-Educação)	FNDE	Lei 4.440/1964. Alíquota de 2,5%. 2/3 para os Estados e 1/3 para o FNDE
3	Contribuição ao Instituto Nacional de Colonização e Reforma Agrária	INCRA	Lei 2.613/1955. Alíquota de 2,7% para a agroindústria e 0,2% para as demais empresas.
4	Contribuição ao Seguro Acidente de Trabalho	SAT	Lei 6.367/1976. Alíquota de 1% a 3%, conforme o risco.
5	Contribuição ao Serviço Brasileiro de Apoio à Pequena Empresa	SEBRAE	Lei 8.029/1990. Alíquota de 0,3%
6	Contribuição ao Serviço Nacional de Aprendizado Comercial	SENAC	Decreto-lei 8.621/1946. Alíquota de 1%(comerciários)
7	Contribuição ao Serviço Nacional de Aprendizado dos Transportes	SENAT	Lei 8.706/1993. Alíquota de 1% (transportes)
8	Contribuição ao Serviço Nacional de Aprendizado Industrial	SENAI	Decreto-lei 4.048/1942. Alíquota de 1% (indústrias)
9	Contribuição ao Serviço Nacional de Aprendizado Rural	SENAR	Lei 8.315/1991. Alíquota de 3,5% (rurais)
10	Contribuição ao Serviço Social da Indústria	SESI	Lei 9.403/1946. Alíquota de 1,5%(industriais)
11	Contribuição ao Serviço Social do Comercio	SESC	Decreto-lei 9.853/1946. Alíquota 1,5%(comerciários)

[23] BRASIL. *Código Tributário Nacional*. Disponível em http://www.planalto.gov. br/ccivil_03/LEIS/L5172Compilado.htm. Acesso em 06 de maio de 2010.

[24] ROTH, João Luiz. *Custo Brasil: Por que não crescemos como outros países?* São Paulo: Saraiva, 2006.

12	Contribuição ao Serviço Social do Cooperativismo	SESCOOP	Medidaprovisória 1.715/1998. Alíquota 2,5% (cooperativas)
13	Contribuição ao Serviço Social dos Transportes	SEST	Lei 8.706/1993. Alíquota1,5%(transportadoras)
14	Contribuição Confederativa Laboral	Empregados	Conforme cada confederação
15	Contribuição Confederativa Patronal **	Patronal	Conforme cada confederação
16	Contribuição Sindical Laboral	Empregados	Correspondente à remuneração de um dia de trabalho, para os empregados – art. 580 CLT
17	Contribuição Previdenciária sobre a Folha de Salários	INSS Patronal	Alíquota de 20%
18	Contribuição Previdenciária sobre os Salários	INSS Empregado	Alíquota de 7,65% a 11%
19	Contribuição Previdenciária sobre rendimentos e pró-labore	INSS	Alíquota de 20%
20	Fundo de Garantia por Tempo de Serviço	FGTS	Alíquota de 8%
21	Multa Rescisória sobre o FGTS	MR-FGTS	40%

Estes tributos não são aplicados concomitantemente, variando conforme as categorias. Quanto aos demais encargos sociais no Brasil, existem duas divergentes interpretações. A primeira conclui que o peso dos encargos sociais é em torno de 25,2 % sobre os salários. A segunda entende que os encargos sociais no Brasil atingem mais de 100% do valor do salário. Há acentuadas disparidades nas duas correntes; entretanto, independentemente do entendimento adotado quanto à composição do custo do trabalho formal, indiscutivelmente este é o principal fator que impulsiona o surgimento de novas relações de trabalho à margem do sistema legal trabalhista padrão.

Para uma melhor compreensão das controvérsias relativas ao cálculo dos percentuais representativos dos encargos sociais, a autora realizou um estudo, publicado em revista especializada tributária,[25] onde são apresentados, mediante tabelas de cálculos, os componentes do custo total do trabalho; as controvertidas definições e diferenciações de salário, encargos sociais e obrigações trabalhistas, tendo-se em vista as confusões que frequentemente ocorrem entre estas três figuras, o que ocasiona conclusões divergentes e tão acentuadas, fundamentos que sinteticamente serão a seguir explicitados.

O custo total do trabalho é composto por salário, encargos sociais e obrigações trabalhistas. As divergências entre os percentuais de tributação, os quais variam de 25% a mais de 100% sobre a folha de pagamentos, têm origem nas diferentes conceituações dos componentes que integram o custo do trabalho.[26]

---

[25] LAZZARIN, Sonilde K. A Tributação Sobre a Folha de Pagamento e sua Repercussão sobre o Custo do Trabalho Formal no Brasil in *Revista Jurídica Tributária*. Notadez, nº 8 – Janeiro/março 2010, p. 11-38.

[26] As divergências conceituais dos componentes do custo total do trabalho e as duas correntes interpretativas sobre o cálculo do percentual relativo aos encargos sociais constam bem explicitadas no Relatório – Meta II da Secretaria Executiva do Ministério do Trabalho e Emprego. (Ministério do Trabalho e Emprego – Secretaria Executiva. Meta II – Relatórios. *Encargos Sociais no Brasil: Conceito, Magnitude e Reflexos no Emprego*. Convenio DIEESE, Abril 2006, p. 5-16)

De acordo com a legislação trabalhista,[27] integram o salário não só a importância fixa estipulada, como também as comissões, percentagens, gratificações ajustadas e abonos pagos pelo empregador, ou seja, aquelas parcelas recebidas diretamente pelo trabalhador como contraprestação pelo seu serviço, pagas pelo empregador.

Surge a primeira divergência conceitual. A vertente[28] que conclui ser o percentual de encargos sociais de 25,2%, adotada pelo DIEESE – Departamento Intersindical de Estatística e Estudos Socioeconômicos –[29] entende o conceito de salário como sendo a remuneração total recebida integral e diretamente pelo empregado como contraprestação pelo seu serviço ao empregador. Nesse sentido, a contraprestação se subdivide em três modalidades de salário: salário contratual, percebido mensalmente pelo empregado, incluindo-se neste as férias; salário diferido, recebido uma vez a cada ano, como ocorre com o décimo terceiro salário e um terço sobre as férias; e, salário recebido eventualmente, como ocorre com o FGTS e outras verbas rescisórias.

Por este prisma, as três modalidades de salário são contraprestações pagas diretamente pelo empregador ao empregado, embora a parcela relativa ao FGTS seja em forma de depósito em conta bancária vinculada, o que equivaleria, em última análise, a uma conta-poupança que pode ser movimentada somente nos casos previstos em lei, mas, ainda assim, constitui um patrimônio individual do empregado.

Nesse sentido, o Banco Mundial, no relatório sobre o "Custo Brasil", adotou conceito semelhante ao considerar que o FGTS, o descanso semanal remunerado, as férias, feriados, abono de férias, aviso-prévio, auxílio-enfermidade, décimo terceiro salário e as verbas rescisórias não se constituem encargos sociais, mas salários (ou benefícios) indiretos, uma vez que "os trabalhadores se beneficiam diretamente desses itens e o montante do benefício tem relação direta com o montante da contribuição".[30]

A outra corrente interpretativa,[31] que conclui ser mais de 100% o percentual de encargos sociais, parte de um conceito restrito de salário. Nesta concepção, salário é apenas a remuneração das horas efetivamente trabalhadas, a base de comparação dos encargos não é a remuneração total do trabalhador, nem o salário contratual, mas apenas uma parte dele. A base de cálculo exclui a parte do salário relativa ao descanso semanal remunerado, aos dias de férias e feriados, ao décimo terceiro salário, aos

---

[27] Art. 457, § 1º: Integram o salário não só a importância fixa estipulada, como também as comissões, percentagens, gratificações ajustadas, diárias para viagens e abonos pagos pelo empregador (BRASIL, Decreto-Lei n.º 5.452, de 1º de maio de 1943 – *Consolidação das Leis do Trabalho*. São Paulo: LTr, 2009).

[28] Inclui-se nessa vertente, o professor Edward Amadeo, da Pontifícia Universidade Católica do Rio de Janeiro (PUC-RJ); Demian Fiocca, articulista do jornal *Folha de São Paulo* e pós-graduado em Economia pela Universidade de São Paulo (USP); Jorge Jatobá, professor da Universidade Federal de Pernambuco (UFPE) e ex- assessor especial do Ministério do Trabalho durante o governo Fernando Henrique Cardoso; Carlos Alonso B. de Oliveira, Paulo Eduardo de A. Baltar e Márcio Pochmann, pesquisadores do Instituto de Economia da Universidade Estadual de Campinas (Unicamp) (Ministério do Trabalho e Emprego – Secretaria Executiva. Meta II – Relatórios. *Encargos Sociais no Brasil: Conceito, Magnitude e Reflexos no Emprego*. Convenio DIEESE, Abril 2006, p. 8.)

[29] DIEESE. *Encargos Sociais no Brasil – Conceito, Magnitude e Reflexos no Emprego*. Pesquisa DIEESE Nº 12 – São Paulo, agosto de 1997.

[30] WORLD BANK. Brazil: the Custo Brasil since 1990-92. Washington, 1996. 54 p. (Report, 15663-BR) *apud* Ministério do Trabalho e Emprego – Secretaria Executiva. Meta II – Relatórios. *Encargos Sociais no Brasil: Conceito, Magnitude e Reflexos no Emprego*. Convenio DIEESE, Abril 2006, p. 8.

[31] Esta posição é defendida pelos empresários e especialmente por José Pastore, professor da Faculdade de Economia e Administração da Universidade de São Paulo (USP) e consultor de empresas, autor de vários trabalhos sobre a temática.

dias de afastamento por motivos de doença pagos pelas empresas, ao aviso-prévio e à despesa por rescisão contratual. Todos esses itens são considerados como encargos sociais.[32]

Outra grande dificuldade é a falta de consenso na doutrina quanto à denominação que se dá aos chamados encargos:

> Alguns os chamam genericamente de encargos sociais, outros os subdividem em contribuições sociais e encargos trabalhistas; outros ainda se referem a encargos sociais, encargos tributários e contribuições parafiscais. Menos consenso existe também quanto aos itens que compõem cada um desses grupos, o que dificulta uma análise comparativa.[33]

Os encargos sociais constituem o outro componente, não menos polêmico, do custo total do trabalho. Isso porque, de acordo com conceitos diferentes de salário, consequentemente chega-se a conceitos divergentes de encargos sociais. Para a primeira vertente, encargos sociais restringem-se apenas às contribuições pagas pelo empregador como parte do custo total do trabalho, mas que não revertem em benefício direto e integral do trabalhador; nesse caso, o percentual sobre o valor que o empregado recebe fica em torno de 25%. Integraria o valor da folha, as parcelas referentes à proporção do décimo terceiro salário, do adicional de 1/3 sobre as férias, repouso semanal remunerado...

A corrente de pensamento, que entende salário de modo restrito, inclui no conceito de encargos sociais tudo que o empregador desembolsa como custo da relação de emprego, excetuando-se apenas o custo da hora efetivamente laborada. Para estes, além das obrigações sociais recolhidas pelo governo sobre a folha de pagamentos, conforme tabela acima (INSS, Salário-Educação, Contribuições repassadas ao SESI, SESC, SENAC, SEBRAE, INCRA...), compõem ainda o cômputo dos encargos sociais todas as demais parcelas que fazem parte da remuneração do empregado e que não correspondem às horas efetivamente laboradas. É o caso do repouso semanal remunerado, dos dias relativos às férias e feriados, décimo terceiro salário, dias de afastamento por motivo de saúde[34] pagos pelo empregador..., motivo pelo qual o percentual de encargos ultrapassa a 100% do salário. Assim, os percentuais de encargos variam de 25,2% a 179,42%, conforme os diversos critérios adotados.[35]

Por fim, importante ressaltar a distinção entre obrigações trabalhistas e encargos sociais, que em geral são conceitualmente confundidos. Obrigações trabalhistas são todas aquelas obrigações que decorrem da contratação formal de em empregado. Entre estas obrigações estão incluídos os encargos sociais que incidem sobre a folha de pagamentos. Desse modo, pode-se dizer que os encargos sociais não são sinônimos de obrigações trabalhistas, mas apenas parte delas.

---

[32] DIEESE. *Encargos Sociais no Brasil – Conceito, magnitude e reflexos no emprego.* Pesquisa DIEESE Nº 12 – São Paulo, agosto de 1997.

[33] Ministério do Trabalho e Emprego – Secretaria Executiva. Meta II – Relatórios. *Encargos Sociais no Brasil: Conceito, Magnitude e Reflexos no Emprego.* Convenio DIEESE, Abril 2006, p. 8.

[34] Os primeiros 15 dias de afastamento por motivo de doença ou acidente de trabalho são pagos pelo empregador, a partir do 16º dia o empregado percebe o benefício previdenciário denominado auxílio-doença ou auxílio-doença acidentário, conforme o caso.

[35] O percentual e encargos de 179,42% refere-se ao custo total dos encargos sociais da Construção civil do Estado de São Paulo, de janeiro de 2009, elaborado pelo sindicato da categoria – SINDUSCONSP. (LAZZARIN, Sonilde K. A Tributação Sobre a Folha de Pagamento e sua Repercussão sobre o Custo do Trabalho Formal no Brasil in *Revista Jurídica Tributária.* Notadez, Nº 8 – Janeiro/março 2010, p.28).

Nesse contexto, seriam consideradas obrigações trabalhistas pecuniárias,[36] relativas ao pagamento pelo trabalho em jornada e condições normais: o salário contratual,[37] as férias anuais com o adicional de 1/3 sobre a remuneração, décimo terceiro salário e o depósito mensal de 8% relativo ao FGTS em conta individual do empregado. Fariam também parte deste rol de obrigações trabalhistas os mecanismos de proteção em caso de dispensa imotivada: pagamento do aviso prévio de 30 dias[38] e multa de 40% sobre o valor do FGTS.

O conceito de encargos sociais, baseado em trabalhos de várias entidades internacionais como a Organização Internacional do Trabalho (OIT), o *Bureau of Labor Statistics* (BLS), dos Estados Unidos, empregado no *Centre d'Étude dês Revenus et des coûts* (CERC), da França,[39] consiste nas contribuições impostas pelo Estado, destinadas ao financiamento de atividades sociais, que não são apropriadas diretamente pelos empregados; ou seja, seriam aqueles itens incidentes sobre a folha de salários que favoreceriam apenas de forma indireta, e não individualizada o trabalhador. Nesse sentido, muitas atividades, como já explicitadas na tabela constante deste item, são financiadas por meio de contribuições calculadas sobre a folha de pagamentos sem que revertam de modo direto e integral aos empregados: Previdência Social; "Sistema 7 S" (SESI, SESC, SENAI, SENAC, SENAR, SENAT, SEST); recursos destinados ao SEBRAE, ao INCRA, do salário-educação...

Há, ainda, outras atividades[40] que são financiadas através de contribuições calculadas sobre as receitas operacionais, sobre o faturamento; ou, ainda, sobre o lucro líquido das empresas (PIS-PASEP, COFINS E CSLL).

4. NOVAS MODALIDADES DE RELAÇÕES LABORAIS E A PRECARIZAÇÃO DE DIREITOS

A relação de emprego não corresponde mais à modalidade contratual quase monopolizadora da prestação pessoal de serviços. Novas formas de contratação, como a empreitada, a subcontratação, a terceirização, os contratos provisórios, o trabalho em tempo parcial, o trabalho intermitente; o teletrabalho, a contratação da chamada "PJ",[41] as cooperativas fraudulentas, o salário mínimo insuficiente à subsistência digna do trabalhador, a informalidade..., vêm sendo utilizados com frequência. Além

---

[36] Existem várias outras obrigações, previstas legalmente, que decorrem automaticamente da contratação com vinculação empregatícia, como as obrigações trabalhistas de natureza formal: anotação na Carteira de Trabalho, fornecimento de recibos de pagamento...; obrigações de observância de limites mínimos e máximos: salário-mínimo, jornada máxima diária de oito horas, limite de duas horas extras diárias, pagamento até o quinto dia útil do mês subsequente...; obrigações de pagamento de adicionais ao salário em situações específicas: ocorrência de horas extras, trabalho noturno, insalubre...

[37] No salário contratual mensal está incluído o descanso semanal remunerado e os feriados.

[38] O empregador poderá conceder o aviso-prévio dispensando ou não o empregado da prestação do labor no período. No caso de dispensa do cumprimento, o empregador tem a obrigação de indenizar o valor do período de aviso.

[39] Ministério do Trabalho e Emprego – Secretaria Executiva. Meta II – RELATÓRIOS. *Encargos Sociais no Brasil: Conceito, Magnitude e Reflexos no Emprego.* Convenio DIEESE, Abril 2006, p.17.

[40] Nesta modalidade encontra-se, por exemplo, o Seguro-Desemprego, que é financiado por meio do FAT – Fundo de Amparo ao Trabalhador, com recursos arrecadados pelo PIS-PASEP.

[41] PJ – Pessoa Jurídica: são trabalhadores que constituem uma empresa, normalmente formada por uma pessoa, o profissional que trabalha com 99,9% do capital, mais um parente que não trabalha e tem uma cota apenas para completar a sociedade (PEREIRA, José Luciano de Castilho. O Trabalho Intelectual e Artístico e a Contratação entre Pessoas Jurídicas *in* MARTINS FILHO, Ives Gandra da Silva *et al* (Org.). *Direito e Processo do Trabalho em Transformação.* Rio de Janeiro: Elsevier, 2007, p. 220).

disso, as novas tecnologias estimulam a diferenciação, dividindo o mercado de trabalho entre aqueles que detêm e os que não detêm o conhecimento numa sociedade da informação. Assim, destaca Robortella[42] que é evidente a grande e crescente heterogeneidade do mercado de trabalho, a tornar disfuncional a proteção homogênea que trata os trabalhadores como se fossem todos iguais nos moldes fordistas.

Atualmente, excluindo-se o núcleo estratégico permanente, a empresa prefere contratos por prazo determinado, atendendo a necessidades tópicas. Ainda, esclarece o mesmo autor, além da precariedade do trabalho, este não mais se concentra no mesmo local, na concepção da indústria clássica. O teletrabalho desfaz a concentração dos processos produtivos, uma vez que o trabalhador exerce suas atividades em diversos locais e até em sua própria residência. Desse modo, "a globalização, a desindustrialização, a terceirização, as novas tecnologis e outros fatores desconcentram o processo produtivo, precarizam as condições de trabalho, geram desemprego e enfraquecem os sindicatos".[43]

Para ter uma ideia do fenômeno no Brasil, durante os anos 40 e 70, a cada 10 postos de trabalho criados, apenas 2 não eram assalariados, ao passo que na década de 90, a cada 10 vagas existentes, somente duas eram assalariadas.[44] O desemprego formal com a proteção social e trabalhista é diretamente proporcional ao aumento da informalidade e subempregos, ou seja, da degradação das condições de trabalho.

Na verdade, a precarização das relações de trabalho afeta os trabalhadores de modo geral, inclusive os desempregados, que passam a ter o sentimento de inutilidade social, ou seja, há a desqualificação também sob o ponto de vista cívico e político. Concorda-se com Marques, na medida em que para aqueles que têm a condição de empregado, parcial ou totalmente, não há mais a segurança da continuidade da relação de emprego, gerando incerteza e perda da capacidade de inserção dos indivíduos na sociedade.[45]

Em tese, a terceirização visa a atender a busca pela competitividade, pela inserção na nova ordem globalizada da economia, na medida em que focaliza seus esforços na atividade-fim, e, ainda, possibilita o crescimento e a multiplicação de oportunidades para pequenas e médias empresas. O que se verifica na prática, de acordo com o DIEESE,[46] é a existência de dois padrões de terceirização: o primeiro denominado de reestruturante, visa à redução de custos a partir de determinantes tecnológicos e organizacionais, em que a focalização possibilita ganhos de produtividade e eficiência, ao mesmo tempo em que, diante da instabilidade do mercado, transfere riscos para terceiros; o segundo, predominante no Brasil, caracteriza-se pela redução de custos através da exploração de relações precárias de trabalho: subcontra-

---

[42] ROBORTELLA, Luiz Carlos Amorim. Prevalência da Negociação Coletiva sobre a Lei *in* FREDIANI, Yone; SILVA, Jane Granzoto Torres da (Orgs). *O Direito do Trabalho na Sociedade Contemporânea*. São Paulo: Jurídica Brasileira, 2001, p. 66.

[43] ROBORTELLA, Luiz Carlos Amorim. Prevalência da Negociação Coletiva sobre a Lei *in* FREDIANI, Yone; SILVA, Jane Granzoto Torres da (Orgs). *O Direito do Trabalho na Sociedade Contemporânea*. São Paulo: Jurídica Brasileira, 2001, p. 67.

[44] Fonte: BACEN, FIBGE e MT *in* POCHMANN, Marcio. *O Emprego na Globalização: A Nova Divisão Internacional do Trabalho e os Caminhos que o Brasil Escolheu*. São Paulo: Boitempo Editorial, 2001, p. 97.

[45] MARQUES, Rosa Maria. *A Proteção Social e o Mundo do Trabalho*. São Paulo: Bienal, 1997, p.69.

[46] DIEESE. Seminários e Eventos. Os Trabalhadores e o Programa Brasileiro da Qualidade e Produtividade. São Paulo, DIEESE, n.1, set. 1994a in DRUCK, Maria da Graça. *Terceirização: (Des) Fordizando a Fábrica*. São Paulo: Boitempo, 2001, p. 135.

tação de mão de obra; contrato temporário; contrato de mão de obra por empreiteiras; trabalho a domicílio, trabalho por tempo parcial, e o trabalho sem registro formal. Denota-se uma deterioração dos direitos trabalhistas, ou seja, a utilização de mecanismos de neutralização da regulação estatal e sindical.

Ainda, de acordo com o DIEESE,[47] e para exemplificar a intensidade do problema, em estudo realizado sobre a terceirização na Petrobrás quanto aos fatores que motivaram a contratação de empresas terceirizadas, verificou-se que 98% das contratações ocorreram em função do menor preço e apenas 2% das contratações foram efetivadas considerando a motivação técnica. A partir deste fato é possível compreender as principais consequências apontadas, entre elas, o aumento dos acidentes fatais de trabalho em empresas terceiras contratadas pela Petrobrás. De 1998 a 2005 foram 167 acidentes fatais; destes, 137 entre os terceirizados e 30 entre os efetivos, sendo que nos efetivos estão incluídos os 11 trabalhadores que morreram no acidente da plataforma P36, em 2001.

A Petrobrás oferece, periodicamente, cursos e treinamentos aos trabalhadores contratados diretamente, a fim de melhor qualificá-los para o trabalho. A mesma empresa reconhece, como um dos problemas, a baixa qualificação dos trabalhadores terceirizados. Ocorre que a qualificação por iniciativa individual fica inviabilizada em face da falta de tempo decorrente das longas jornadas de trabalho e da falta de recursos para custear a formação, tendo-se em vista que os terceirizados recebem salários infinitamente menores que os efetivos. Além disso, as empresas terceirizadas não se sentem estimuladas a adotar uma política de qualificação, em face da contratação movida sempre pelo menor preço e com curta duração dos contratos, em média, dois anos.

Não se pode deixar de mencionar que esta situação gera uma série de outras consequências para os trabalhadores, como fraudes trabalhistas, condições subumanas de trabalho, alimentação inadequada, transporte, alojamentos e condições precárias de higiene, alta rotatividade de mão de obra, insegurança, mutilações, acidentes, rivalidade com os empregados efetivos e um sentimento de inferioridade pela exploração exacerbada.

Salienta-se que, embora evidenciada a precariedade dos direitos garantidos constitucionalmente aos trabalhadores, a Petrobrás vem aumentando consideravelmente o contingente de trabalhadores terceirizados: em 1995, somavam aproximadamente 29 mil. Ao final de 2005, o número de terceirizados era aproximadamente de 143,7 mil trabalhadores, conforme dados publicados pela Petrobrás.[48]

A terceirização também é muito utilizada nos países do sudeste asiático, que utilizam uma cadeia de subcontratações a fim de cumprir os contratos de produção de mercadorias esporádicas, normalmente feita por pequenas empresas. A subcontratação é feita muitas vezes pelos próprios membros da família. A Nike, por exemplo, passou a fabricar tênis na Coreia por US$ 16.00, pois nos Estados Unidos o mesmo tênis custa US$ 100.00.[49]

---

[47] DIEESE. *A Terceirização na Petrobrás*. Rio de Janeiro: Subseção DIEESE – FUP, dez. 2006, p. Disponível em http://www.fup.org.br/dieese2.pdf. Acesso em 02 de junho de 2010.

[48] Idem.

[49] MARTINS, Sérgio Pinto. *A Terceirização e o Direito do Trabalho*. São Paulo: Atlas, 2005, p. 35.

A prática da terceirização tem ainda como efeito nefasto prejudicar largamente o movimento sindical, na medida em que há a desintegração da identidade coletiva, um enfraquecimento do sindicato em face da pulverização da prestação de serviços por várias empresas para um mesmo tomador de serviços.

Desse modo, a crescente precarização dos direitos trabalhistas nas diversas modalidades de contratações sustentam cada vez mais a injustiça social. Mello[50] acredita que pelo menos 70% da população mundial está mais interessada nos direitos sociais e econômicos do que nos civis e políticos, na medida em que não faz sentido a liberdade de expressão se não se tem direito à saúde, ao trabalho e à alimentação. Aduz o referido autor que, na verdade, não terão condições de exercer a liberdade de expressão porque são marginalizados, são denominados apenas de "massa humana excedente", pelos quais a sociedade ocidental não tem interesse, ou como diz Bauman,[51] trata-se do "refugo" ou do "lixo" humano.

O Estado, forçosamente terá que repensar o seu papel diante dessa realidade a fim de proteger constitucionalmente e de modo igualitário, a dignidade da pessoa do trabalhador na mais ampla abrangência das modalidades laborais, não se prestando mais para garantir apenas os direitos assegurados ao trabalho formal, nos moldes previstos por ocasião da Revolução Industrial.

5. O NOVO PAPEL DO ESTADO NAS RELAÇÕES LABORAIS NA SOCIEDADE CONTEMPORÂNEA

O Direito do Trabalho surgiu para regular o trabalho subordinado que se caracterizou em face do processo de transformação provocado pela Revolução Industrial, como afirmação da intervenção estatal em detrimento do liberalismo, dada a desproporção de poderes existente entre os sujeitos da relação de emprego. Desse modo, pode-se afirmar que o Direito do Trabalho foi um dos primeiros instrumentos jurídicos de limitação do poder econômico.

O aumento da concorrência comercial decorrente da globalização exige, como anteriormente afirmado, uma maior produtividade empresarial, melhor qualidade dos produtos e serviços, além da redução dos custos. Estes fatores repercutem diretamente no nível de emprego, na flexibilização das normas de proteção do trabalhador e na intensificação do debate político sobre as diferentes posições no que se refere ao papel do poder público frente às relações de trabalho.[52]

---

[50] MELLO. Celso Albuquerque. A Proteção dos Direitos Humanos Sociais nas Nações Unidas in SARLET, Ingo Wolfgang (Org). *Direitos Fundamentais Sociais: Estudos de Direito Constitucional, Internacional e Comparado.* Rio de Janeiro: Renovar, 2003, p. 221.

[51] Os seres humanos refugados são produtos inevitáveis da sociedade e consequência inseparável da modernização, são "baixas colaterais", não intencionais e não planejadas, do progresso econômico (BAUMAN, Zygmunt.*Vidas Desperdiçadas*. Rio de Janeiro: Jorge Zahar, 2005, p. 53).

[52] Salienta Delgado, que o novo paradigma do Estado Democrático de Direito seria o mais evoluído na dinâmica dos Direitos Humanos, por fundar-se em critérios de pluralidade e de reconhecimento universal de direitos, revelando-se por meio de princípios basilares que, embora já revelados em outros modelos, neste encontrarão maior sustentação teórica e, consequentemente, maior possibilidade de concretização diante do reconhecimento do caráter normativo dos princípios, de sua função normativa própria e não de simples enunciado programático. Neste modelo, os valores jurídicos são revelados em torno da pessoa humana, ou seja, o homem é o centro convergente de direitos; assim, todos os direitos fundamentais do homem deverão orientar-se pelo valor-fonte da dignidade. (DELGADO, Gabriela Neves. *Direito Fundamental do Trabalho Digno*. São Paulo: LTr, 2006, p.49/50).

O Estado Liberal de Direito surgiu com a Revolução Francesa e a Revolução Industrial, um modelo fundado no individualismo econômico e no liberalismo político. O Estado mínimo, atuando apenas em defesa da ordem e segurança públicas. O valor preponderante à época era a liberdade, com a emergência dos direitos individuais. O Estado limitado à legalidade.

No início do século XX, com o surgimento da Organização Internacional do Trabalho, em 1919, houve a universalização do Direito do Trabalho, que passou, sistematicamente a fazer parte das Constituições dos Estados, disciplinando as relações laborais e limitando a autonomia de vontades.

No Estado Social de Direito, com base na filosofia trabalhista, defende-se a intervenção estatal nas relações de trabalho, na medida necessária à efetivação dos princípios formadores da justiça social e à preservação da dignidade humana. Sob este prisma, pressupõe-se a pluralidade das fontes de direitos, podendo ser ampliado pelos instrumentos da negociação coletiva entre sindicatos de trabalhadores e empresários.[53]

Os adeptos do Estado Social admitem a redução da intervenção da lei nas relações de trabalho; entretanto, as regras indisponíveis devem estabelecer um mínimo de proteção a todos os trabalhadores, sob pena de não atender ao princípio da dignidade humana. Essas regras devem possibilitar a complementação ou a flexibilização mediante negociação coletiva, com a participação dos sindicatos nos moldes preconizados pela Convenção 87 da Organização Internacional do Trabalho.[54] Ainda, a flexibilização deve visar ao atendimento de peculiaridades regionais, empresariais ou profissionais; a implementação de novas tecnologias ou de novos métodos de trabalho e a preservação da saúde econômica da empresa e dos respectivos empregos,[55] não se confundindo com a defesa da desregulamentação.

O pensamento com base na ideologia que pretende suceder o paradigma do Estado Social defende a ideia do Estado mínimo, com a desregulamentação do trabalho e redução ou extinção dos encargos sociais, a fim de reduzir as taxas de desemprego, ou seja, entendem que as condições de emprego devem ser ditadas, basicamente pelas leis do mercado.

Atualmente, dada a atual conjuntura econômica, as garantias trabalhistas são entendidas apenas sob o aspecto econômico, representando um custo, um encargo a dificultar a obtenção de lucros. Não há preocupação com o homem, com a sua dignidade. O capital[56] deve ser privilegiado em detrimento da proteção aos trabalhadores e da distribuição de riquezas, ou seja, sustentam "o primado do mercado econômico privado na estruturação e funcionamento da economia e da sociedade, com a submis-

---

[53] SUSSEKIND, Arnaldo. *O Futuro do Direito do trabalho no Brasil*. São Paulo, Revista LTr n. 64 – outubro 2000, p. 1233.

[54] A Convenção 87 da OIT que trata de Liberdade Sindical ainda não foi ratificada pelo Brasil.

[55] Entre os adeptos desta posição, inclui-se Arnaldo Süssekind (SUSSEKIND, Arnaldo. *O Futuro do Direito do Trabalho no Brasil*. São Paulo, Revista LTr n. 64 – outubro 2000, p. 1233).

[56] De acordo com David Harvey, "o capital é um processo de reprodução da vida social por meio da produção de mercadorias em que todas as pessoas do mundo capitalista avançado estão profundamente implicadas. Suas regras internalizadas de operação são concebidas de maneira a garantir que ele seja um modo dinâmico e revolucionário de organização social que transforma incansável e incessantemente a sociedade em que está inserido" (HARVEY, David. *Condição Pós-Moderna*. São Paulo: Loyola, 2000, p. 307)

são do Estado e das políticas públicas a tal prevalência".[57] O Estado deveria preocupar-se apenas com a criação de condições favoráveis aos investidores e com a gestão monetária da economia.

Entretanto, o fundamento justificador da precarização das relações de trabalho em face do alto custo das relações formais de emprego, o que impediria a inserção e competição no cenário econômico mundial, não se sustenta tecnicamente. Basta verificar o custo, em dólares, da hora paga pelo trabalho no Brasil e nos demais países, exemplificativamente: na Alemanha: 24,87; Noruega: 21,90; Suíça: 21,64; Bélgica: 21,00; Holanda: 19,83; Áustria: 19,26; Dinamarca: 19,21; Suécia: 18,30; Japão: 16,40; Estados Unidos: 16,26; França: 15,38; Finlândia: 14,82; Itália: 12,91; Austrália: 12,91; Reino Unido: 12,37; Irlanda: 11,88; Espanha: 8,19; Nova Zelândia: 8,19; Taiwan: 5,12; Singapura: 5,12; Coreia do Sul: 4,93; Portugal: 4,63; Hong Kong: 4,21; Brasil: 2,68.[58] Importa dizer que o custo Brasil, como anteriormente analisado, é formado também por impostos e contribuições estranhas às relações de emprego.

Discorda-se de Robortella, quando afirma que a globalização rompe com as barreiras do protecionismo econômico, afetando as empresas e exigindo, como consequência necessária e inevitável, o menor grau de protecionismo social e mais intensa flexibilização dos sistemas de proteção ao trabalho.[59] Entende-se que, no mundo globalizado, a liberdade de operação dos mercados precisa ser combinada com um novo tipo de intervenção do Estado. A questão, de acordo com Dupas,[60] é determinar o papel e a efetividade deste Estado. Aduz o referido autor que "o desenvolvimento requer um Estado normativo e catalisador, facilitando, encorajando e regulando os negócios privados", sem o qual parece impossível o desenvolvimento econômico e social.

Por certo, há necessidade de modernização das normas trabalhistas, que devem ser atualizadas e adequadas para as relações de trabalho atuais, já que tais relações sofrem uma dinâmica diferenciada dos demais ramos. Necessária, também, uma maior participação dos entes coletivos como viabilizadores dos direitos fundamentais do homem, especialmente o direito ao trabalho digno. A flexibilização, atendendo os princípios constitucionais e protetivos basilares do Direito do Trabalho é adequada e indicada para adaptações a situações peculiares, regionais e profissionais, respeitando-se sempre a sobrevivência de um patamar mínimo protetivo, constituído de normas impositivas, indisponíveis.

Há um núcleo essencial dos direitos sociais que se encontra diretamente conectado ao princípio da dignidade da pessoa humana, que não pode sofrer retrocesso.

O direito fundamental ao trabalho recebeu atenção especial na Constituição Federal, o que se justifica em face da importância deste para viabilizar outros direitos sociais elencados no artigo 6º, como educação, alimentação, moradia, lazer, além de

---

[57] DELGADO, Mauricio Godinho. *Globalização e Hegemonia: Cenários para a Desconstrução do Primado do Trabalho e do Emprego no Capitalismo Contemporâneo*. Revista LTr. 69, nº 5, Maio de 2005, p. 543.

[58] Salários menores que no Brasil, só em países paupérrimos ou em situação de caos, semiescravidão ou guerra civil: Em dólares (por hora) – Malásia: 1,80, Tailândia: 0,71, Filipinas: 0,68. China: 0,54, Rússia: 0,54, Indonésia: 0,28 (Fonte: Morgan Stanley Research Apud *Folha de São Paulo*, Caderno Especial Trabalho, 01.05.98, pg. 5).

[59] ROBORTELLA, Luiz Carlos Amorim. Prevalência da Negociação Coletiva sobre a Lei in FREDIANI, Yone; SILVA, Jane Granzoto Torres da (Orgs). *O Direito do Trabalho na Sociedade Contemporânea*. São Paulo: Jurídica Brasileira, 2001, p. 65.

[60] DUPAS, Gilberto. *Economia Global e Exclusão Social*. São Paulo: Paz e Terra, 2001, p. 231.

outros.⁶¹ Entretanto, com a desregulamentação, ocorreria a desconstrução do Direito, não haveria intervenção do Estado nas relações de trabalho, não haveria limites legais à autonomia privada ou coletiva, seria sem dúvida um retrocesso, o retorno à história de exploração dos trabalhadores que fundamentou a criação do próprio Direito do Trabalho. Deveria sim, o sistema legal trabalhista conter preceitos mais gerais a fim de abrir mais espaço para a negociação coletiva, propiciando certa flexibilidade na sua aplicação atendendo peculiaridades regionais, empresariais ou profissionais.

Em reunião realizada em dezembro de 2006, pela Organização Internacional do Trabalho,⁶² com cerca de cinquenta pesquisadores de vários países do mundo com o objetivo de elaborar uma linha de estudos para fazer propostas de políticas públicas para melhorar a proteção do trabalho no mundo, foi debatida a questão do aumento do trabalho por conta própria no mundo inteiro, sendo que na maioria dos casos, as proteções atuais não se aplicam àquele tipo de relação.

De acordo com Pastore, que participou do referido evento,

> Vários pesquisadores reconheceram haver no mundo atual um novo mercado de trabalho, que é *global*. A Internet e as telecomunicações ligaram os mercados nacionais em um só mercado. Salários e proteções passaram a depender do que acontece com o mercado de produtos em varias regiões do mundo. A situação da empresa e do trabalhador do setor de calçados do Brasil, por exemplo, é profundamente determinada pelo que ocorre nos mercados de calçados de nossos concorrentes, especialmente, na Ásia e Leste Europeu.⁶³

Além dessa interdependência entre mercados e regiões, salienta o relatório que, entre 1985 e 2005, entraram no mercado de trabalho global cerca de 1,5 bilhão de trabalhadores de baixos salários, chegando à cifra de 3 bilhões de pessoas.⁶⁴ A entrada desses trabalhadores trouxe enormes mudanças nos preços dos bens e serviços. As economias do mundo passaram a ser desafiadas a se ajustar aos preços mundiais. Atualmente, o sucesso dos empreendimentos é determinado pela capacidade de adaptação das respectivas sociedades e isto, por sua vez, depende da qualidade das instituições para realizar esse ajuste, mantendo um mínimo de proteção social.

Apesar das novas tecnologias e da criação de empregos nos países receptores, foi verificado pela Organização Internacional do Trabalho⁶⁵ que a economia informal aumentou no mundo inteiro, decorrendo, em grande parte, do enorme aumento do número de pequenas empresas que, com o avanço da globalização, se tornaram participantes estratégicos nas cadeias e redes de produção. A desigualdade também aumentou. Estima-se que 50% da riqueza mundial esteja nas mãos de 2% dos habitantes de Terra. Por sua vez, os 40% mais pobres detêm apenas 1% da riqueza, e a maior parte da pobreza coincide com a informalidade no mercado do trabalho. Nesse sentido, Lira:

---

⁶¹ Art. 6º São direitos sociais a educação, a saúde, o trabalho, a moradia, o lazer, a segurança, a previdência social, a proteção à maternidade e à infância, a assistência aos desamparados, na forma desta Constituição.

⁶² *Relatório de Reunião Realizada na OIT, Genebra, 01/12/2006 in* PASTORE, José. *A Desproteção do Trabalho.* Disponível em http://www.josepastore.com.br/artigos/rt/rt_114.htm. Acesso em 05 de junho de 2010.

⁶³ PASTORE, José. *A Desproteção do Trabalho.* Disponível em http://www.josepastore. com.br/artigos/rt/rt_114.htm. Acesso em 15 de maio de 2010.

⁶⁴ Dados do Relatório de Reunião Realizada na OIT, Genebra, 01/12/2006. *A Desproteção do Trabalho.* Disponível em http://www.josepastore.com.br/artigos/rt/rt_114.htm. Acesso em 5 de junho de 2010.

⁶⁵ Estatísticas e Indicadores do Mercado de Trabalho. *OIT – Organização Internacional do Trabalho.* Disponível em http://www.oitbrasil.org.br/info/estat.php. acesso em 20 de maio de 2010.

Isso comprova que a informalidade mascarada de alternativa ao desemprego é uma miragem que cria expectativas junto aos trabalhadores que jamais serão cumpridas, ao contrário, cada vez mais a informalidade os coloca em situação de vulnerabilidade social.[66]

Na referida reunião, divergiram os participantes dos diferentes países sobre a adequação, rigidez e fiscalização das normas trabalhistas atuais no sentido se serem capazes de proteger os trabalhadores de um mercado globalizado. Os pesquisadores dos países desenvolvidos acreditam que o maior problema está na falta de fiscalização e implementação. Os pesquisadores dos países em desenvolvimento entendem que o problema decorre da natureza superada das próprias normas trabalhistas, enfatizando que demandar melhor proteção é necessário, mas não resolve o problema. Para estes,

> não adianta fazer das empresas bodes expiatórios. Muitos dos problemas da informalidade decorrem de ações que deveriam ser tomadas pelos governos e não pelas empresas. Incluem-se aí os investimentos em educação e qualificação profissional assim como a edição de normas realistas.

Para Camargo, a elevada informalidade no Brasil é uma consequência direta da rigidez do contrato de trabalho, e não dos salários reais e nominais e da grande diferença entre o salário do trabalhador e o custo do trabalho para a empresa.[67]

Significa dizer que para a proteção dos trabalhadores de modo geral, muitos fatores além das normas trabalhistas seriam de grande importância, como a concessão de crédito, desburocratização, acesso aos mercados e previdência especial.

Para ilustrar essa situação global com um exemplo local, mostra-se elucidativa a Pesquisa realizada na RMPA – Região Metropolitana de Porto Alegre –, onde foram analisados dados entre 1993 e 2008, das características da chamada contratação flexibilizada, compreendendo assalariados sem carteira de trabalho assinada; terceirizados e autônomos que trabalham para empresas, distinguindo-se dos assalariados com vínculo de emprego formal e contratação direta e da contratação informal. Verificou-se que a contratação flexibilizada foi o único segmento que cresceu de 8,8% para 14,4%, bem como foi o segmento que apresentou maior instabilidade nos postos de trabalho, rendimentos médios mais baixos e elevada precariedade das condições de trabalho. Ainda, mais de 60% dos trabalhadores nesta modalidade não mantêm vínculo com a Previdencia Social.[68]

Para frear a crescente precarização das relações laborais e garantir a proteção dos trabalhadores, o Relatório da Reunião da Organização Internacional do Trabalho de 2006[69] aponta as seguintes conclusões: primeiramente, a informalidade é uma questão de conveniência buscada pelos atores sociais. Desse modo, a sugestão, como estratégia geral, é de que as novas normas trabalhistas venham a ser formuladas de

---

[66] LIRA. Trabalho Informal como Alternativa ao Desemprego: Desmistificando a Informalidade in YAZBEK, Maria Carmelita; SILVA, Maria Ozanira da Silva (orgs). *Políticas Públicas de Trabalho e Renda no Brasil Contemporâneo*. São Paulo: Cortez, 2008, p.134.

[67] CAMARGO, José Márcio. Desemprego, Informalidade e Rotatividade: Reformas que Fazem Diferença in GIAMBIAGI, Fábio; BARROS, Octavio de Barros (orgs). *Brasil Pós-Crise: Agenda para a Próxima Década*. Rio de Janeiro; Elsevier, 2009, p. 231.

[68] Fonte: PED-RMPA – Convênio FEE, FGTAS/SINE-RS, SEAD-SP, DIEESE e apoio da PMPA in *Carta de Conjuntura FEE. Governo do Estado do rio Grande do Sul – Secretaria do Planejamento e Gestão*. Ano 18, n. 11, Novembro de 2009, p. 07.

[69] PASTORE, José. Relatório de Reunião realizada na OIT, Genebra, 01/12/2006. *A Desproteção do Trabalho*. Disponível em http://www.josepastore.com.br/artigos/rt/rt_114.htm. Acesso em 15 de maio de 2010.

modo a tornar a informalidade mais onerosa e, ao mesmo tempo, a formalidade mais barata. Em segundo lugar, são necessárias mais pesquisas sobre a interface entre as políticas econômicas e comerciais e as políticas voltadas para o mercado de trabalho.

> Os economistas do trabalho não participam da formulação dos modelos de comercio da OMC e, por isso, não levam em conta o impacto de suas políticas sobre o emprego. Na verdade, eles assumem existir um pleno emprego no mundo e livre circulação dos trabalhadores entre os mercados de trabalho – o que não é verdade. Ao analisarem setores isoladamente (como se estivessem lidando com a economia como um todo), desconsideram a complexa interface que existe entre aqueles setores e o mercado de trabalho.[70]

Em terceiro, as políticas macroeconômicas, assim como os investimentos em educação e pesquisa e desenvolvimento, são fundamentais. As novas modalidades de contratação tornaram-se um ingrediente intrínseco da produção moderna. Ocorre uma acentuada transformação no mundo do trabalho, e os governos são desafiados a encontrar formas de proteger os trabalhadores, nas suas mais variadas formas de inserção do mercado de trabalho, pois as normas convencionais não mais são suficientes.

O grande desafio do Estado é melhorar as proteções sociais, propiciar a inclusão social, reduzir a informalidade e a exploração do trabalho, ou seja, buscar conciliar uma proteção controlada com uma competição incontrolável.

6. CONSIDERAÇÕES FINAIS

O Direito do Trabalho foi o grande instrumento que as democracias ocidentais mais avançadas tiveram de integração social, de distribuição de renda e de democratização social. Trata-se de uma modalidade de integração dos seres humanos ao sistema econômico, apesar de todas as diferenças sociais. Delgado[71] salienta que, nos países líderes do capitalismo, mais de 80% do pessoal ocupado, considerando-se a população economicamente ativa, está sob a égide do Direito do Trabalho. No Brasil, em torno de 70% dos trabalhadores ocupados estão excluídos das normas trabalhistas, significando que há várias dezenas de milhões de pessoas ocupadas no Brasil a quem se denega o patamar civilizatório básico de inclusão socioeconômica assegurado pelo Direito do Trabalho.

É totalmente equivocado transformar o Direito do Trabalho em obstáculo ao desenvolvimento de um País com nossas peculiaridades e características. Embora o Direito do Trabalho não tenha como finalidade regular o processo econômico, representa um instrumento de limitação do poder nas relações de trabalho e de viabilização da cidadania para os trabalhadores.

Ainda, não tem respaldo técnico a alegação de que os altos custos sociais e trabalhistas das relações formais de emprego são responsáveis pela obstrução do desenvolvimento econômico e pelo aumento do desemprego. De acordo com os dados do IBGE, pela Pesquisa Nacional de Amostra de Domicílios, de 2001, verificou-se que no País, menos de 30% do pessoal ocupado mantém uma relação formal regida

---

[70] PASTORE, José. Relatório de Reunião realizada na OIT, Genebra, 01/12/2006. *A Desproteção do Trabalho*. Disponível em http://www.josepastore.com.br/artigos/rt/rt_114.htm. Acesso em 15 de maio de 2010.

[71] DELGADO, Mauricio Godinho. *Capitalismo, Trabalho e Emprego. Entre o Paradigma da Destruição e os Caminhos da Reconstrução*. São Paulo: LTr, 2006, p. 128 a 142.

pelas leis trabalhistas. Os dados oficiais evidenciam que pouco mais de 23 milhões de pessoas são empregados formais, mas detectou a existência de 18 milhões de empregados sem carteira assinada, o que somaria 41 milhões de empregados que deveriam estar protegidos pelas normas trabalhistas.

No estudo não são computados na população economicamente ativa o rol de mais de 7 milhões de desempregados. Existem, ainda, quase 17 milhões de pessoas enquadradas pelo IBGE como trabalhadores autônomos e mais 9 milhões de pessoas inseridas na denominada economia familiar no setor de subsistência, ou seja, trabalhadores não remunerados. Apenas nestas duas classificações (autônomos e economia familiar) somam aproximadamente 26 milhões de pessoas.

Considerando-se a realidade fática existente no Brasil relativamente às relações caracterizadas como de emprego, porém sem registro formal, acrescidas das demais relações de trabalho *lato sensu*, não protegidas pelo ordenamento jurídico, evidencia-se a dimensão da exclusão social. São milhões de trabalhadores laborando em condições precárias e sem proteção alguma. Nesse sentido entende-se que a legislação trabalhista não mais corresponde aos fins para os quais foi elaborada, pois alcança apenas uma pequena parcela dos trabalhadores, pois no sistema econômico atual não há mais preponderância do trabalho subordinado nos moldes celetistas. A grande maioria dos trabalhadores hipossuficientes encontra-se totalmente desamparada, tanto pelo Estado como pelos entes coletivos. Certamente não se advoga a inclusão de todos os trabalhadores *lato sensu* nas normas relativas à relação de emprego, mas a existência de uma regulamentação mínima, adequada às diversas situações existentes, possibilitaria a inclusão social do trabalhador, o trabalho com cidadania.

De acordo com o Censo Demográfico 2000 – Trabalho e Rendimento – ficou demonstrado que do contingente de empregados sem registro, somente 9,4% eram contribuintes da Previdência Social[72] e, dentre os trabalhadores autônomos, no ano de 2002, apenas 13,9% mantinham vínculo com a Previdência Social. No Nordeste este índice era de 4,2%,[73] o que denota a o grau de exclusão social neste segmento.

Entende-se que a regulamentação das relações laborais não é incompatível com a nova ordem econômica. Pelo contrário, conforme se verifica pela própria história do capitalismo, constitui meio de eficaz integração do homem como cidadão ao sistema econômico, preservando a sua dignidade pessoal, ou seja, constitui-se em instrumento indispensável à justiça social.

Relativamente ao mercado de trabalho no Brasil, quando se discutem alternativas para estimular a geração de empregos, frequentemente se fala em medidas para desonerar a folha de pagamentos dos encargos sociais que incidem sobre ela, como forma de redução do custo de contratação de mão de obra pelas empresas. Na realidade, a maioria das propostas apresentadas almeja não a redução dos encargos sociais propriamente ditos, mas a eliminação pura e simples de itens que compõem a remuneração dos trabalhadores, denotando uma contradição entre o discurso dos representantes empresariais e de seus consultores e as propostas por eles elaboradas.

---

[72] IBGE – *Censo demográfico 2000: Trabalho e Rendimento*. Resultados da amostra v. 1. Rio de Janeiro: IBGE, 2000, p. 61 Disponível em http://www.ibge.gov.br/home/estatistica/ populacao/censo2000. Acesso em 20 de maio de 2010.

[73] IBGE – *Coordenação de População e Indicadores Sociais. Síntese de Indicadores Sociais 2003*. Disponível em http://www.ibge.gov.br/home/estatistica/populacao/condicaodevida/indicadoresminimos/ sinteseindicsociais2003/ indic_sociais2003. Acesso em Acesso em 02 de junho de 2010.

Quanto ao trabalho formal, o que deveria ser objeto de discussão quando se propõem alternativas para baratear o custo de contratação por parte das empresas, é a parcela de tributos que pagam ao governo e não o valor que o trabalhador recebe na forma de salário mensal ou como salário diferido e eventual; ou, pelo menos, evidenciar os critérios analisados a fim de visibilizar a discussão sobre os critérios reais.

De acordo com os técnicos da Organização Internacional do Trabalho, a experiência de alguns países que buscaram alternativas de precarização da relação de trabalho não indica resultados positivos quanto à geração de empregos, citando como exemplo o caso da Espanha e da Argentina. Defendem que o incentivo à geração de empregos está muito mais associado à criação de um ambiente propício ao investimento produtivo, com taxas de juros baixas e diretrizes claras de política industrial, agrícola, cambial e creditícia, e às políticas ativas de emprego do que à redução ou eliminação de encargos sociais.[74]

Em estudos realizados, mostrou-se que a educação foi um fator importante para o crescimento econômico do Brasil, especialmente nas últimas décadas, o que evidencia que a educação não é uma panaceia para o crescimento. Ainda, os países em que o capital humano teve maior impacto no crescimento foram aqueles que formularam políticas macro e microeconômicas que criaram os incentivos corretos para que as qualificações dos trabalhadores fossem utilizadas de forma socialmente eficiente.[75]

Atualmente, o grande contingente de trabalhadores informais, portanto à margem da proteção legal está intimamente ligada não só a redução de custos, como também ao baixo custo da ilegalidade e das dificuldades existentes no sistema jurídico que não permite a organização sindical nas empresas (como ocorre em outros países), inexistindo meios de solução de conflitos extrajudiciais. Assim, do ponto de vista econômico, uma medida adequada à inibição do mercado de trabalho informal, seria a elevação do custo da informalidade e, simultaneamente, a redução do custo da formalidade.

Importante ressaltar alguns equívocos relativos ao "custo dos encargos" e ao "custo total do trabalho" (também chamado "Custo Brasil"). O primeiro, o custo dos encargos, encontra duas interpretações relativas ao menor ou maior percentual representativo, chegando, de acordo com a interpretação mais restrita de salário, alcançar na média, para um salário de 100, o custo da empresa calculado em cerca de 180%. O segundo, o "Custo Brasil", que é o custo total do trabalho utilizado para comparar o custo em relação a outros países, sob o ponto de vista da competitividade é bastante crítico: o custo da hora de trabalho no Brasil, em dólares é muito baixo, salários menores que no Brasil, somente são encontrados em países paupérrimos, como Malásia, Indonésia e Filipinas.

O Banco Mundial divulgou Relatório[76] no sentido de que uma eventual redução dos encargos sociais no Brasil teria efeitos muito modestos sobre o custo das empresas. De acordo com seus cálculos, na hipótese de redução em 50% dos encargos

---

[74] DIEESE Boletim nº 196 – Julho de 1997. *O Polêmico Peso dos Encargos Sociais no Brasil*. Disponível em http://www.dieese.org.br/bol/cju/cjujul97.xml. Acesso em 12 de maio de 2010.

[75] FERREIRA. Sérgio Guimarães; VELOSO, Fernando A. A Escassez de educação in GIAMBIAGI, Fábio; VILLELA, André. *Economia Brasileira Contemporânea (1945-2004)*. Rio de Janeiro: Elsevier, 2005, p. 395.

[76] Relatório do Banco Mundial, citado pelo DIEESE Boletim nº 196 – Julho de 1997. *O Polêmico Peso dos Encargos Sociais no Brasil*. Disponível em http://www.dieese.org.br/bol/cju/cjujul97.xml. Acesso em 05 de junho de 2010.

sociais que não revertem diretamente para o trabalhador, haveria uma redução de apenas 2% a 5% no custo total das empresas. O relatório aponta entre os principais fatores responsáveis pelo chamado "Custo Brasil" a valorização cambial, a elevação das taxas de juros, os custos de fretes ferroviários e de operações portuárias, a sistemática de incidência de impostos indiretos e a ineficiência e falta de previsibilidade dos mecanismos de regulação governamental.

Conclui-se, por fim, que o processo de globalização da economia é irreversível. As leis trabalhistas atuais não são capazes de proteger as novas modalidades de relações laborais utilizadas diante da nova conjuntura econômica. Diante desse fato, os trabalhadores excluídos do sistema padrão (emprego formal) enfrentam condições inaceitáveis de trabalho, além de terem inviabilizados outros direitos sociais (moradia, educação, alimentação, saúde, laser), que decorrem logicamente do trabalho em condições justas. Ao Estado incumbe a garantia do princípio da dignidade da pessoa humana, investindo em educação e qualificação profissional, combatendo a exclusão social de modo efetivo a fim de garantir um nível de proteção cada vez mais completo e impedir o retrocesso em relação aos direitos fundamentais sociais previstos constitucionalmente.

REFERÊNCIAS

ARANGO, Rodolfo. Direitos Fundamentais Sociais, Justiça Constitucional e Democracia in MELLO, Cláudio Ari. *Os Desafios dos Direitos Sociais*. Revista do Ministério Público do Rio Grande do Sul nº 56 – set/dez 2005.

BACEN, FIBGE e MT *in* POCHMANN, Marcio. O Emprego na Globalização: A Nova Divisão Internacional do Trabalho e os Caminhos que o Brasil Escolheu. São Paulo: Boitempo Editorial, 2001.

BATTAGLIA, Felice. *Filosofia do Trabalho*. São Paulo: Saraiva, 1958.

BAUMAN, Zigmunt. *Vidas Desperdiçadas*. Rio de Janeiro: Jorge Zahar, 2005.

BONAVIDES, Paulo. *Curso de Direito Constitucional*. São Paulo: Malheiros, 2001.

BRASIL. *Constituição da República Federativa do Brasil de 1988*. Disponível em https://www.planalto.gov.br/ccivil_03/Constituicao.htm. Acesso em 04 de junho de 2010.

BRASIL. *Código Tributário Nacional*. Disponível em http://www.planalto.gov. br/ccivil_03/LEIS/L5172Compilado.htm. Acesso em 06 de maio de 2010.

BRASIL, Decreto-Lei n.º 5.452, de 1º de maio de 1943 – Consolidação das Leis do Trabalho. São Paulo: LTr, 2009.

BRISTOW, Michael. *Fabricante chinês de iPhone atingida por suicídios volta a subir salários*. BBC News Pequim, 07/06/2010. Disponível em http://www.bbc.co.uk/portuguese/noticias/ 2010/06/100607 _foxconn 2aum entofn.shtml. Acesso em 12 de junho de 2010.

CAMARGO, José Márcio. Desemprego, Informalidade e Rotatividade: Reformas que Fazem Diferença in GIAMBIAGI, Fábio; BARROS, Octavio de Barros (orgs). *Brasil Pós-Crise: Agenda para a Próxima Década*. Rio de Janeiro; Elsevier, 2009.

CHEVALLIER, Jacques. *O Estado Pós-Moderno*. Belo Horizonte, Fórum, 2009.

Declaração Universal dos Direitos Humanos. Disponível em http://www.dudh.org.br/ index.php?option=com_content&task=view &id=49&Itemid=59. Acesso em 20 de maio de 2010.

DELGADO, Gabriela Neves. *Direito Fundamental do Trabalho Digno*. São Paulo: LTr, 2006.

DELGADO, Mauricio Godinho. *Globalização e Hegemonia*: Cenários para a Desconstrução do Primado do Trabalho e do Emprego no Capitalismo Contemporâneo. Revista LTr. 69, nº 5, Maio de 2005.

——. *Capitalismo, Trabalho e Emprego*. Entre o Paradigma da Destruição e os Caminhos da Reconstrução. São Paulo: LTr, 2006.

DIEESE. Seminários e Eventos. Os Trabalhadores e o Programa Brasileiro da Qualidade e Produtividade. São Paulo, DIEESE, n.1, set. 1994a in DRUCK, Maria da Graça. *Terceirização: (Des) Fordizando a Fábrica*. São Paulo: Boitempo, 2001.

DIEESE Boletim nº 196 – Julho de 1997. *O Polêmico Peso dos Encargos Sociais no Brasil*. Disponível em http://www.dieese.org. br/bol/cju/cjujul97.xml. Acesso em 12 de maio de 2010.

DIEESE. *A Terceirização na Petrobrás*. Rio de Janeiro: Subseção DIEESE – FUP, dez. 2006, p. Disponível em http://www.fup. org.br/dieese2.pdf. Acesso em 02 de junho de 2010.

DIEESE. Encargos Sociais no Brasil – Conceito, Magnitude e Reflexos no Emprego. Pesquisa DIEESE Nº 12 – São Paulo, agosto de 1997.

DUPAS, Gilberto. *Economia Global e Exclusão Social.* São Paulo: Paz e Terra, 2001.

ESTATÍSTICAS e Indicadores do Mercado de Trabalho. *OIT – Organização Internacional do Trabalho.* Disponível em http://www.oitbrasil.org.br/info/estat.php. Acesso em 20 de maio de 2010.

HABERMAS, Jürgen. *Técnica e Ciência como Ideologia.* Lisboa: Edições 70, 2007.

HARVEY, David. *Condição Pós-Moderna.* São Paulo: Loyola, 2000.

FERREIRA. Sérgio Guimarães; VELOSO, Fernando A. A Escassez de educação in GIAMBIAGI, Fábio; VILLELA, André. *Economia Brasileira Contemporânea (1945-2004).* Rio de Janeiro: Elsevier, 2005.

FREITAS, Juarez. *A Interpretação Sistemática do Direito.* São Paulo: Malheiros, 2010.

HARVEY, David. *Condição Pós-Moderna.* São Paulo: Loyola, 2000.

IBGE – *Censo demográfico 2000: Trabalho e Rendimento.* Resultados da amostra v. 1. Rio de Janeiro: IBGE, 2000, p. 61 Disponível em http://www.ibge.gov.br/home/estatistica/ populacao/censo2000. Acesso em 20 de maio de 2010.

IBGE – *Coordenação de População e Indicadores Sociais. Síntese de Indicadores Sociais 2003.* Disponível em http://www.ibge.gov.br/home/estatistica/populacao/condicaodevida/indicadoresminimos/ sinteseindicsociais2003/indic_sociais2003. Acesso em Acesso em 2 de junho de 2010.

LAZZARIN, Sonilde K. A Tributação Sobre a Folha de Pagamento e sua Repercussão sobre o Custo do Trabalho Formal no Brasil in *Revista Jurídica Tributária.* Notadez, Nº 8 – Janeiro/Março 2010, p.11-38.

LIRA. Trabalho Informal como Alternativa ao Desemprego: Desmistificando a Informalidade in YAZBEK, Maria Carmelita; SILVA, Maria Ozanira da Silva (orgs). *Políticas Públicas de Trabalho e Renda no Brasil Contemporâneo.* São Paulo: Cortez, 2008.

LOPES, Otávio Brito. Limites da Flexibilização das Normas Legais Trabalhistas in MARTINS FILHO, Ives Gandra da Silva et al (Coord). *Direito e Processo do Trabalho em Transformação.* Rio de Janeiro: Elsevier, 2007.

MARQUES, Rosa Maria. *A Proteção Social e o Mundo do Trabalho.* São Paulo: Bienal, 1997.

MARTINS, Sérgio Pinto. *A Terceirização e o Direito do Trabalho.* São Paulo: Atlas, 2005.

MELLO. Celso Albuquerque. A Proteção dos Direitos Humanos Sociais nas Nações Unidas in Ministério do Trabalho e Emprego – Secretaria Executiva. Meta II – RELATÓRIOS. *Encargos Sociais no Brasil: Conceito, Magnitude e Reflexos no Emprego.* Convenio DIEESE, Abril 2006, p. 5-16.

MORGAN Stanley Research apud *Folha de São Paulo*, Caderno Especial Trabalho, 01.05.98.

PASTORE, José. *A Desproteção do Trabalho in* Relatório de Reunião realizada na OIT, Genebra, 01/12/2006 Disponível em http://www.josepastore. com.br/artigos/rt/rt_114.htm. Acesso em 15 de maio de 2010.

PED-RMPA – Convênio FEE, FGTAS/SINE-RS, SEAD-SP, DIEESE e apoio da PMPA in *Carta de Conjuntura FEE. Governo do Estado do rio Grande do Sul – Secretaria do Planejamento e Gestão.* Ano 18, n. 11, Novembro de 2009.

PEREIRA, José Luciano de Castilho. O Trabalho Intelectual e Artístico e a Contratação entre Pessoas Jurídicas *in* MARTINS FILHO, Ives Gandra da Silva et al (Org). *Direito e Processo do Trabalho em Transformação.* Rio de Janeiro: Elsevier, 2007.

POCHMANN, Marcio. *O Emprego na Globalização: A Nova Divisão Internacional do Trabalho e os Caminhos que o Brasil Escolheu.* São Paulo: Boitempo Editorial, 2001.

PRENSA OIT de 21.06.2000, Genebra, p. 1 e 2 in SUSSEKIND, Arnaldo. *O Futuro do Direito do Trabalho no Brasil.* São Paulo, Revista LTr n. 64 – outubro 2000.

RELATÓRIO de Reunião Realizada na OIT, Genebra, 01/12/2006 in PASTORE, José. *A Desproteção do Trabalho.* Disponível em http://www.josepastore.com.br/artigos/rt/rt_114.htm. Acesso em 5 de junho de 2010.

RELATÓRIO do Banco Mundial, citado pelo DIEESE Boletim nº 196 – Julho de 1997. *O Polêmico Peso dos Encargos Sociais no Brasil.* Disponível em http://www.dieese.org.br/bol/cju/cjujul97.xml. Acesso em 05 de junho de 2010.

ROBORTELLA, Luiz Carlos Amorim. Prevalência da Negociação Coletiva sobre a Lei *in* FREDIANI, Yone; SILVA, Jane Granzoto Torres da (Orgs). *O Direito do Trabalho na Sociedade Contemporânea.* São Paulo: Jurídica Brasileira.

ROTH, João Luiz. *Custo Brasil:* Por que não crescemos como outros países? São Paulo: Saraiva, 2006.

SANTOS, Enoque Ribeiro dos. *Fundamentos do Direito Coletivo do Trabalho nos Estados Unidos da América, na União Européia, no Mercosul e a Experiência Brasileira.* Rio de Janeiro: Lúmen Júris, 2005.

SARLET, Ingo Wolfgang (Org.). *Direitos Fundamentais Sociais*: Estudos de Direito Constitucional, Internacional e Comparado. Rio de Janeiro: Renovar, 2003.

——. *Dignidade da Pessoa Humana e Direitos Fundamentais na Constituição Federal de 1988.* Porto Alegre: Livraria do Advogado, 2010.

SUSSEKIND, Arnaldo. *O Futuro do Direito do trabalho no Brasil.* São Paulo, Revista LTr n. 64 – outubro 2000.

WORLD BANK. Brazil: the Custo Brasil since 1990-92. Washington, 1996. 54 p. (Report, 15663-BR) apud Ministério do Trabalho e Emprego – Secretaria Executiva. Meta II – RELATÓRIOS. *Encargos Sociais no Brasil: Conceito, Magnitude e Reflexos no Emprego.* Convenio DIEESE, Abril 2006.

— 14 —

A possibilidade de transformação do caráter da posse e da detenção: interpretação constitucional dos efeitos da posse

TULA WESENDONCK

Sumário: Introdução; I – O direito das coisas no Código Civil de 1916; II – Interpretação sistemática aplicada ao direito das coisas; a) A interpretação sistemática do Direito – uma forma de romper com o modelo de Direito das Coisas preconizado no CC de 1916; b.1) A função social da posse e da propriedade; b) Mecanismos para atingir a interpretação sistemática do Direito; b.2) A interpretação dos artigos 1.208 e 1.203 do Código Civil de 2002; Conclusão; Bibliografia.

INTRODUÇÃO

A inversão do título da posse, ou *intervesio possessionis*,[1] consiste na transformação da posse exercida em nome de outrem (originada na detenção ou posse direta) para a posse em nome próprio, inclusive com o caráter de posse *ad usucapionem*. É uma das matérias mais polêmicas e importantes do Direito das Coisas na atualidade, tendo em vista a repercussão de efeitos por ela gerados em relação ao proprietário inerte.

Essa matéria ganha maior relevância tendo em vista as transformações pelas quais passou o Direito das Coisas no Direito Brasileiro.

No âmbito do Direito das Coisas, o Código Civil de 1916 foi redigido com a finalidade de atender aos interesses da sociedade da época, que era agrarista e individualista. A propriedade era considerada como um direito absoluto, sem limitações, podendo se perceber na doutrina da época a conceituação da propriedade como um direito absoluto, exclusivo e perpétuo.[2]

---

[1] A matéria foi objeto da elaboração do Enunciado 237 publicado na Terceira Jornada de Estudos do CNJ ("237 – Art. 1.203: É cabível a modificação do título da posse – *interversio possessionis* – na hipótese em que o até então possuidor direto demonstrar ato exterior e inequívoco de oposição ao antigo possuidor indireto, tendo por efeito a caracterização do *animus domini*").

[2] A esse respeito interessante incluir a noção de propriedade trazida por Silvio Rodrigues em seu *Manual de Direito das Coisas*. O autor trata da propriedade na edição de 2002, já com as alterações do CC de 2002, como se a propriedade fosse um direito absoluto, exclusivo e perpétuo (p. 79), referindo que as limitações ao direito de propriedade ocorreriam por sua liberalidade (constituição de direitos reais para terceiros) e excepcionalmente por imposição legal (direito de vizinhança). O autor ainda defende que o art. 1228 do CC de 2002 teria tratado nos parágrafos 1º e 2º do abuso o direito (p. 85). Ao comentar o art. 1228, § 1º o autor não faz referência à função social da propriedade, e no final do capítulo que trata da propriedade (p. 89) faz uma referência tímida à função social, dizendo que é uma *nova tendência* (sem fazer a referência à relevância que isso exerce no Direito das Coisas). Além de trazer uma visão superficial do que é a função social, finaliza as suas ponderações com a inclusão de uma nota de rodapé, na qual estabelece uma vinculação da função social direcionada a imóveis rurais. Essa visão é trazida para este estudo com a finalidade denunciar a mentalidade de alguns juristas que tratam da matéria. Serve como uma provocação no sentido

Esse panorama foi alterado no CC de 2002 através da funcionalização incluída no Direito das Coisas (função social da posse e da propriedade), com o objetivo de tornar lei o tratamento que já existia na vigência do Código anterior. Embora tenha sido procedida uma mudança significativa na legislação, o Direito brasileiro ainda sofre com a influência herdada do sistema anterior no que se refere à interpretação individualista do direito de propriedade, e essa interpretação, calcada nos princípios da legislação revogada, não permite de forma efetiva a ruptura com o modelo anterior.

O questionamento sobre a possibilidade de modificação do caráter de um poder exercido sobre a coisa (posse direta ou detenção), para a condição de posse com *animus domini*, é matéria que leva a discussão a respeito do conteúdo e limites do direito de propriedade em razão dos princípios da função social da posse e da propriedade, para análise das consequências dogmáticas na resolução de problemas concretos no âmbito do Direito das Coisas.

A funcionalização do direito de propriedade pretendida no CC de 2002 esbarra na interpretação que poderá ser dada a alguns dispositivos da legislação revogada, usados com a finalidade de consagrar a propriedade como um direito absoluto, e que foram repetidos no CC de 2002. Segundo esses dispositivos, e a interpretação que lhes era dada, o proprietário jamais sofreria com o reconhecimento de usucapião[3] nos casos em que a posse tivesse origem precária ou então na detenção.

Se a interpretação dos dispositivos importados da legislação revogada for feita com o mesmo olhar lançado ao CC de 1916, ocorrerá um grande equívoco, pois havendo a manutenção da propriedade, independentemente de se vislumbrar a inércia do proprietário, fica afastada a efetividade da funcionalização do direito de propriedade.[4]

A interpretação sistemática do Direito através do exame integrado da legislação com a Constituição Federal é o mecanismo a ser usado com a finalidade de manter a integridade da funcionalização da propriedade.

Diante disso, instaura-se o problema a ser enfrentado neste estudo, através de dois questionamentos: 1) como interpretar uma legislação, que prevê a propriedade vinculada à sua função social, e não como um direito absoluto, e ao mesmo tempo repetiu alguns dispositivos que protegiam de forma absoluta o proprietário? 2) em virtude da ruptura com o modelo de propriedade apresentada no CC de 2002, pode-se defender a mudança do caráter de um poder exercido sobre a coisa, posse direta ou detenção, para considerar a viabilidade de posse com *animus domini* e por consequência o reconhecimento de usucapião?

Na resolução do problema têm-se adotado posições completamente antagônicas, tomando por base situações idênticas, gerando insegurança jurídica,[5] e isso faz com

---

de se questionar os livros que são lidos por grande número de acadêmicos de Direito e que acabam formando as suas posições. (RODRIGUES, Silvio. *Direito Civil – Direito das Coisas*. Vol. V, São Paulo: Saraiva, 2002.)

[3] Neste estudo irá se usar a expressão a usucapião para acompanhar a legislação brasileira que preferiu tratar o instituto como palavra feminina. Porém, não se fará a análise a respeito de qual vocábulo é o mais adequado.

[4] MADAIME, Marcio Manoel. A possibilidade de Mudança do Caráter da Posse Precária e sua utilidade para fins de usucapião. *Revista de Direito Privado*, n. 11, Revista dos Tribunais, São Paulo, 2002, p.188-213.

[5] A esse respeito podem ser citadas duas decisões que tratam de situações idênticas e têm solução distinta, a se ver: USUCAPIÃO EXTRAORDINÁRIO. COMPROVAÇÃO DOS REQUISITOS. MUTAÇÃO DA NATUREZA JURÍDICA DA POSSE ORIGINÁRIA. POSSIBILIDADE. O usucapião extraordinário – art. 55, CC – reclama, tãosomente: a) posse mansa e pacífica, ininterrupta, exercida com animus domini; b) o decurso do prazo de vinte anos;

que a matéria objeto do estudo seja de grande relevância, em virtude da necessidade de fornecer alternativas à discrepância de soluções apresentadas pelos Tribunais.

I – O DIREITO DAS COISAS NO CÓDIGO CIVIL DE 1916

O Código Civil de 1916 em seu art. 485[6] adotou a teoria objetiva da posse de Jhering, para quem a posse depende somente do elemento objetivo, o *corpus*.[7] A redação dada ao artigo conceituava possuidor como aquele que tivesse o exercício de fato de alguns dos poderes inerentes ao domínio, fazendo uma separação entre posse e propriedade: ser proprietário não significava ser possuidor, e vice e versa.[8]

Mesmo com essa distinção, percebia-se que a legislação estabelecia mecanismos de proteção ao direito de propriedade, que era considerado como um direito absoluto em seu artigo 524.[9]

Curioso perceber que na mesma legislação que fazia a distinção entre posse e propriedade havia a proteção do proprietário através dos dispositivos que tratavam da posse (art. 505).[10] Ou seja, usava-se a posse para proteger a propriedade, e a propriedade como justificativa para a proteção possessória, tornando assim o direito de propriedade ainda mais intocável.

Não só a legislação, mas também a interpretação dada aos artigos que tratavam da posse, em especial dos art. 492 e 497, 505,[11] possibilitava conclusões no sentido de proteger esse caráter absoluto da propriedade.

---

c) presunção juris et de jure de boa-fé e justo título, "que não só dispensa a exibição desse documento como também proíbe que se demonstre sua inexistência". E, segundo o ensinamento da melhor doutrina, "nada impede que o caráter originário da posse se modifique", motivo pelo qual o fato de ter havido no início da posse da autora um vínculo locatício, não é embaraço ao reconhecimento de que, a partir de um determinado momento, essa mesma mudou de natureza e assumiu a feição de posse em nome próprio, sem subordinação ao antigo dono e, por isso mesmo, com força ad usucapionem. Precedentes. Ação de usucapião procedente. Recurso especial conhecido, com base na letra "c" do permissivo constitucional, e provido. REsp 154733 / DF, Rel. Ministro Cesar Asfor Rocha, julgamento em 05.12.2000.

USUCAPIÃO – Posse da autora que se originou de contrato de locação – Cessação de pagamento de locativos, em determinado momento, por mera tolerância da proprietária do imóvel – Inteligência do art. 497, do Código Civil de 1916 (a que corresponde o art. 1.208, do Código Civil de 2002) – "Animus domini" não caracterizado – Recurso desprovido. Apelação 994060372867 (4521114300) Rel. Luiz Antonio de Godoy, 1ª Câmara de Direito Privado julgamento em 04/05/2010.

[6] "Art. 485. Considera-se possuidor todo aquele que tem de fato o exercício pleno, ou não, de algum dos poderes inerentes ao domínio, ou propriedade".

[7] BEVILÁQUA, Clóvis. *Direito das Coisas*. 5ª ed, Rio de Janeiro: Forense, 1973, p. 30.

[8] É bem verdade que o CC de 1916 cometeu o deslize de confundir no art. 505 os juízos possessórios e petitórios, e essa confusão conduziu à proteção exagerada do proprietário porque até a edição da súmula 487 do STF havia a interpretação de que a parte final do artigo poderia sempre ser invocada pelo proprietário. O proprietário sempre teria defesa contra o possuidor (qualquer que fosse) porque a lei determinava que a posse seria deferida a quem provasse o domínio, essa orientação terminaria com a defesa da posse do possuidor não proprietário contra o proprietário da coisa.

[9] "Art. 524. A lei assegura ao proprietário o direito de usar, gozar e dispor de seus bens, e de reavê-los do poder de quem quer que injustamente os possua". O art. 527 do CC de 196 referia que a propriedade era direito ilimitado e essa característica não foi repetida no CC de 2002 tendo em vista as limitações constantes do art. 1228 do CC atual.

[10] "Art. 505. Não obsta à manutenção, ou reintegração na posse, a alegação de domínio, ou de outro direito sobre a coisa. Não se deve, entretanto, julgar a posse em favor daquele a quem evidentemente não pertencer o domínio".

[11] "Art. 492. Salvo prova em contrário, entende-se manter a posse o mesmo caráter com que foi adquirida. Art. 497. Não induzem posse os atos de mera permissão ou tolerância, assim como não autorizam a sua aquisição os atos violentos, ou clandestinos, senão depois de cessar a violência, ou a clandestinidade".

No que se refere ao art. 492 do CC de 1916 (que tem idêntica redação do art. 1.203 do CC de 2002) a interpretação dada pela doutrina conduzia à conclusão de que o caráter da posse não poderia ser mudado arbitrariamente pelo possuidor.[12] Essa lição passou a criar uma visão nos Tribunais de que a alteração do caráter da posse adquirida por determinada causa dependeria de ação do proprietário, e essa orientação ainda perdura em alguns tribunais nos dias de hoje.

Assim, o proprietário ficaria protegido pela interpretação dada ao artigo, que o tornava imune em relação ao possuidor, já que a alteração do caráter da posse dependia única e exclusivamente de um ato de vontade do próprio proprietário. A formulação dessa interpretação ignorava o fato de que alteração do caráter da posse não depende somente da ação do proprietário, mas também de sua omissão, que pode levar à perda da posse e da propriedade.

Outro artigo que autorizava a proteção do proprietário e a preservação do caráter absoluto de propriedade era o art. 497 do CC de 1916 (que foi repetido em sua integralidade na redação do art. 1.208 do CC de 2002). O artigo trazia, e ainda trará se não houver cautela do intérprete, dois problemas.

Em *primeiro lugar,* referia a permissão e tolerância[13] como atos que não induzem posse. Quem tem a coisa por ato de permissão ou tolerância jamais poderia ser caracterizado como possuidor e por consequência não teria condições de buscar os efeitos da posse. A permissão e tolerância serviram como um mecanismo de proteção do proprietário, que era usado com o objetivo de minar a caracterização de posse do não proprietário, pois representava uma solução à caracterização da perda da posse do proprietário pelo abandono.

Assim, toda vez que um indivíduo, não sendo proprietário da coisa, exercesse um poder de fato sobre determinado bem, corria o risco de não ter o reconhecimento desse exercício como posse, pois era muito provável (e conveniente) que o proprietário do bem quisesse disfarçar o abandono da posse, e para isso alegaria conhecimento do exercício desse poder de fato sobre a coisa por outro indivíduo, usando o argumento da permissão e tolerância. Permissão e tolerância, assim como comodato verbal, são "defesas prontas" do proprietário nas ações de usucapião.

Em *segundo lugar,* a parte final do artigo 497 trouxe outro problema com a afirmação de que somente haverá posse quando cessados os atos de violência e de clandestinidade. Como o artigo não contemplava a precariedade, passou a ser consolidada a interpretação de que somente os vícios da clandestinidade e violência poderiam cessar. A precariedade passou a ser considerada como um vício tão nefasto que jamais convalesceria.[14] Embora o artigo não dissesse isso de forma literal (e isso será demonstrado do decorrer deste estudo), a interpretação de que a precariedade jamais convalesceria foi adequada ao sistema da legislação da época, que se destinava a proteger a propriedade como direito absoluto que era (lembre-se que o art. 524 do CC de

---

[12] BEVILÁQUA. Op. cit., p. 51.

[13] A permissão e a tolerância não podem ser confundidas com abandono por parte do proprietário ou do legítimo possuidor. Permissão ocorre quando se autoriza de forma expressa que outra pessoa retire um proveito da coisa, sem transferir a posse direta do bem. Na tolerância se sabe que outra pessoa está retirando um proveito do bem e isso é consentido de forma tácita, sem transferir a posse do bem. Nos dois casos não há posse daquele que retira o proveito da coisa e não há perda da posse por abandono, porque o proprietário ou legítimo possuidor permanecem exercendo posse sobre o bem. (RIZZARDO, Arnaldo. *Direito das Coisas.* 2ª ed, Rio de Janeiro: Forense, 2006, p. 42)

[14] RODRIGUES, Op. cit., p. 31, e RIZZARDO, Op. cit., p. 42.

1916 somente se assemelha com o *caput* do art. 1.228 do atual CC,[15] a propriedade era um feixe de direitos sem limitação interna ou externa,[16] e por isso a legislação não é mesma).

A verdade é que o artigo trata da aquisição da posse, e não de precariedade. E a aquisição pode ter origem viciada no caso de violência ou clandestinidade. Sendo um artigo destinado a tratar de aquisição da posse, não poderia tratar de precariedade que é vício de transformação, ou seja, a posse inicia justa com o desdobramento e transforma-se em posse injusta quando há o vício da precariedade que é a negativa de restituição da coisa.[17] [18]

O fato de a precariedade não estar incluída no o art. 497 do CC jamais pode ser argumento para afastar o vício da precariedade como ato de posse, porque o artigo estabelecia isso.

Por fim, não se pode esquecer de que o CC de 1916 também trazia uma proteção ao proprietário através do art. 505, o qual estabelecia em sua redação que a proteção possessória deveria ser deferida a quem fosse proprietário.

Tal redação trouxe inúmeros problemas de interpretação, tendo em vista que não se coadunava com a teoria objetiva da posse adotada no CC brasileiro, porque abria a viabilidade de o proprietário usar de seu direito de propriedade para disputar a posse em ações possessórias. Isso seria inviável, já que a proteção possessória era tratada como um dos efeitos da posse, e a contradição que se apresentava no artigo (primeira parte: a alegação de domínio não obsta a proteção possessória, e segunda parte: a posse será deferida a quem provar o domínio).

Somente depois da edição da Súmula 487 do STF, em 03 de dezembro de 1969, é que foi pacificada a distinção entre juízo possessório e petitório, através da orientação de que a posse seria deferida a quem tivesse o domínio, se com base nele fosse disputada.[19] Importante referir que o equívoco que constava no CC de 1916 foi corrigido no CC de 2002 que não repete a parte final do art. 505 do CC anterior, matéria que foi objeto do Enunciado 79 do CJF, publicado na primeira Jornada.[20]

---

[15] "Art. 1.228. O proprietário tem a faculdade de usar, gozar e dispor da coisa, e o direito de reavê-la do poder de quem quer que injustamente a possua ou detenha. § 1º O direito de propriedade deve ser exercido em consonância com as suas finalidades econômicas e sociais e de modo que sejam preservados, de conformidade com o estabelecido em lei especial, a flora, a fauna, as belezas naturais, o equilíbrio ecológico e o patrimônio histórico e artístico, bem como evitada a poluição do ar e das águas. § 2º São defesos os atos que não trazem ao proprietário qualquer comodidade, ou utilidade, e sejam animados pela intenção de prejudicar outrem. § 3º O proprietário pode ser privado da coisa, nos casos de desapropriação, por necessidade ou utilidade pública ou interesse social, bem como no de requisição, em caso de perigo público iminente. § 4º O proprietário também pode ser privado da coisa se o imóvel reivindicado consistir em extensa área, na posse ininterrupta e de boa-fé, por mais de cinco anos, de considerável número de pessoas, e estas nela houverem realizado, em conjunto ou separadamente, obras e serviços considerados pelo juiz de interesse social e econômico relevante. § 5º No caso do parágrafo antecedente, o juiz fixará a justa indenização devida ao proprietário; pago o preço, valerá a sentença como título para o registro do imóvel em nome dos possuidores.".

[16] No Código Civil de 1916 a propriedade era tratada como um conjunto de direitos sem nenhuma referência ao aspecto funcional do instituto. A esse respeito consultar TEPEDINO, Gustavo. Contornos Constitucionais da Propriedade Privada. In *Temas de Direito Civil*, 3ª ed, Rio de Janeiro: Renovar, 2004, p. 305.

[17] RIZZARDO, Op. cit., p. 42.

[18] Como será visto neste estudo, a alteração do caráter da posse ocorre nos casos de desdobramento quando o possuidor não reconhece mais domínio alheio.

[19] Informação disponível no *site* http://www.stf.jus.br/portal/jurisprudencia/listarJurisprudencia.asp?s1=487.NUME. NAO S.FLSV.&base=baseSumulas, acesso em 07 de junho de 2010.

[20] Enunciado 79 – "Art. 1.210: A exceptio proprietatis, como defesa oponível às ações possessórias típicas, foi abolida pelo Código Civil de 2002, que estabeleceu a absoluta separação entre os juízos possessório e petitório".

II – INTERPRETAÇÃO SISTEMÁTICA APLICADA AO DIREITO DAS COISAS

O Código Civil de 2002 teve a sua redação norteada pelos princípios da eticidade, operabilidade e socialidade. Para o desenvolvimento desse estudo, interessa a socialidade.

O princípio da socialidade estabelece os valores coletivos como prevalecentes em relação aos valores individuais.[21] Favorece uma relação entre a "dimensão individual e comunitária do ser humano, sendo uma reação ao individualismo característico da era codificatória oitocentista".[22]

Através da socialidade, a propriedade deixou de ser um "direito exclusivo e ilimitado, ligado a uma visão liberal-individualista, para assumir uma concepção social humanista", conforme se pode perceber dos parágrafos do art. 1.228 do CC.[23]

A socialidade trouxe outra perspectiva no cenário do Direito, pois a função social da posse e a função social da propriedade deixaram de ser tratadas no Direito Civil como matéria de segunda relevância, para se transformar no centro das questões relacionadas à posse e à propriedade,[24] reforçando assim a ideia de que a função social passa a integrar o conceito de propriedade,[25] impondo limites e ações ao proprietário.[26]

Os artigos 492 e 497 do CC de 1916 tiveram a sua redação repetida no CC de 2002. Mas, ainda que a redação seja a mesma, a sua interpretação não pode ser repetida, tendo em vista os princípios norteadores do CC, em especial o da Socialidade, e o princípio constitucional da função social da propriedade. Segundo Judith Martins-Costa a nova legislação, ainda que repita dispositivos do CC de 1916, deve ser lida com novas lentes,[27] com as lentes fornecidas ao Direito Civil pela Constituição Federal. Ou seja, não é admissível o exame da legislação com os olhos fincados numa realidade que não nos pertence mais.

Nessa ótica, os artigos. 1.203 e 1.208 do Código Civil devem sem interpretados em consonância com a Constituição Federal que traz a função social da propriedade[28] e o direito à moradia[29] como direitos fundamentais.

a) A interpretação sistemática do Direito – uma forma de romper com o modelo de Direito das Coisas preconizado no CC de 1916

Como visto acima, ainda que a legislação do CC de 2002 estivesse vinculada ao princípio da socialidade,[30] alguns dispositivos que foram usados para prestigiar a

---

[21] AMARAL, Francisco. *A interpretação jurídica segundo o Código Civil*. Revista do Tribunal Regional Federal da 1ª Região, Brasília, p. 34-44, v. 18, n. 4, abr. 2006, p. 38.

[22] MARTINS-COSTA, Judith. *O Novo Código Civil brasileiro: " em busca da ética da situação"* in Diretrizes Teóricas do Novo Código Civil brasileiro, p. 144.

[23] BRANCO, Gerson Luiz Carlos e MARTINS-COSTA, Judith. *O Culturalismo de Miguel Reale e a Sua expressão no Novo Código Civil* in Diretrizes Teóricas do Novo Código Civil Brasileiro, p. 67.

[24] MARTINS-COSTA, Op. cit., p. 147.

[25] *Idem. Ibidem*, p. 151.

[26] *Idem. Ibidem*, p. 152.

[27] MARTINS-COSTA, Judith. *Os avatares do abuso do direito e o rumo indicado pela boa-fé*. In: NICOLAU JÚNIOR, Mauro (org.) e Outros. Novos Direitos. Curitiba: Juruá, 2007, p. 211.

[28] Art. 5º, XXIII.

[29] Art. 6º.

[30] A esse respeito sugere-se consultar a obra conjunta de MARTINS-COSTA, Judith e BRANCO, Gerson Luiz Carlos. *Diretrizes Teóricas do novo Código Civil*. São Paulo: Saraiva, 2003.

proteção do proprietário na legislação revogada foram repetidos no Código em vigor. Diante disso, ao se interpretar a legislação, é necessário que se faça uma interpretação sistemática do Direito, para não comprometer a evolução do ordenamento, com o erro de interpretar os dispositivos legislativos com a mesma forma de interpretação que vigorava no CC de 1916. Não se pode interpretar o CC de 2002 com a mentalidade do CC de 1916 que era marcado pela "exegese legal".[31]

Dentro dessa ótica, é necessário fazer uma análise da legislação de forma integrada, o que pode fazer com que o Direito Civil ressurja, seja reconstruído,[32] do contrário, caso não haja empenho em ter outra postura na interpretação da legislação, o CC de 2002 se tornará uma legislação ultrapassada. Nesse sentido é necessário que haja "esforço hermenêutico".[33]

Esse esforço hermenêutico passa pela verificação de que a propriedade aparece funcionalizada, e isso coloca um novo modelo de Direito das Coisas, que atribui poderes ao magistrado para fazer a desapropriação, podendo proceder a reforma agrária e urbana, com previsto no art. 1.228, §§ 4º e 5º, o que Kraemer chama de poder de conversão de ações petitórias em indenizatórias.[34]

Para realizar uma interpretação sistemática do Direito, calcada na ideia de que o sistema jurídico deve ser considerado na sua "totalidade axiológica", pode ser usada a noção trazida pelo professor Juarez Freitas, que pretende a aplicação do Direito em sua totalidade, "como rede axiológica e hierarquizada de princípios gerais",[35] e nesse sentido nos apresenta o princípio da hierarquização axiológica como um "metaprincípio, unificador e sistematizante". É um princípio que ordena a "prevalência do princípio axiologicamente superior".[36] Assim, a lei passa a ser a primeira etapa da interpretação, mas deve estar vinculada com os princípios e os valores, ou seja: "interpretar uma norma é interpretar um sistema inteiro, pois qualquer exegese comete, direta ou obliquamente, uma aplicação a totalidade do Direito, para além de sua dimensão textual".[37]

Na matéria em questão, o princípio prevalecente é a função social (da posse e da propriedade), trazida na CF de 88,[38] e o aparecimento desse princípio no CC de 2002 se deu através do seu princípio norteador que é a socialidade, assim, o Direito das Coisas rompeu com a característica individualista.

Nessa ótica, os artigos. 1.203 e 1.208 do Código Civil devem sem interpretados em consonância com a Constituição Federal.[39] que traz a função social da proprie-

---

[31] BRANCO, Op. cit., p. 72.

[32] A esse respeito, sugere-se a consulta da obra MARTINS-COSTA, Judith (Org.). *A reconstrução do direito privado: reflexos dos princípios, diretrizes e direitos fundamentais constitucionais no direito privado*. São Paulo: Revista dos Tribunais, 2002.

[33] KRAEMER, Eduardo. *Algumas Anotações sobre os direitos reais no novo Código Civil*. In O Novo Código Civil e a Constituição, org Ingo Wolfgan Sarlet, Livraria do Advogado Editora, Porto Alegre, 2003, p. 200.

[34] *Idem. Ibidem*, p. 201.

[35] FREITAS, Juarez. *A interpretação sistemática do Direito*. 5ª ed., Malheiros Editores, São Paulo, 2010, p. 63

[36] *Idem. Ibidem*, p.132.

[37] *Idem. Ibidem*, p. 76

[38] Na interpretação da legislação deve se atender à hierarquia do sistema, devendo se interpretar o Código à luz da Constituição, e não o contrário. TEPEDINO, Op. cit., p. 313.

[39] Pode-se afirmar que a sociedade é fundada sobre o Direito Privado, mas ela não pode ser separada do Estado, ela deve estar integrada ao Estado, num sistema que Ludwig Raiser considerava vinculado à Lei Fundamental dos alemães. RAISER, Ludwig. *Il Compito Del Diritto Privato*. Milão: Editora Giufrè, 1990, p.183.

dade[40] e o direito à moradia[41] como direitos fundamentais, sempre lembrando que "a interpretação conforme a Constituição nada mais é do que uma das facetas da interpretação sistemática"[42] e que a "relação entre a Constituição e a legislação infraconstitucional é uma relação em que a primeira se apresenta como fundamento interpretativo da segunda".[43]

Tal interpretação foi utilizada em importante e polêmica decisão proferida mesmo antes da vigência do CC de 2002, em Passo Fundo, pelo Juiz Luís Christiano Enger Aires, que rejeitou pedido liminar de reintegração na posse da Fazenda Rio Bonito, em Pontão. A decisão, ao julgar matéria relativa à posse, apresentou interpretação inovadora ao vincular a concessão da medida liminar nas ações possessórias ao cumprimento da função social da propriedade. Ou seja, passou a entender que os incisos XXII e XXIII do art. 5ª da CF deveriam ser considerados no exame do cumprimento dos requisitos para a concessão da medida liminar. A decisão foi posteriormente confirmada pelo Tribunal de Justiça do Rio Grande do Sul.[44]

O raciocínio utilizado nas decisões (de Primeiro e Segundo Graus) está em consonância com a orientação já consagrada pela doutrina do Direito das Coisas Constitucionalizado de que "aquela propriedade que não cumpre com a sua função social, não pode ser tutelada pelo ordenamento jurídico".[45]

b) Mecanismos para atingir a interpretação sistemática do Direito

O modelo do Direito das Coisas que vigorava no CC de 1916 está atualmente superado, não só pela revogação da legislação, mas também por se viver hoje em uma sociedade completamente distinta. O rompimento deste modelo superado depende da interpretação dos artigos 1203 e 1208 de forma integrada com a funcionalização da propriedade, o que se propõe nos títulos a seguir.

b.1) A função social da posse e da propriedade

A função social da propriedade não é novidade no Direito Brasileiro, acompanha-nos desde a Constituição Federal de 1934 que no seu art. 113, n. 17, foi a primeira a referir embora garantido o direito de propriedade, o seu exercício não poderia contrariar interesse social ou coletivo. Essa orientação foi retomada na Constituição Federal de 1946 (a Constituição de 1937 somente tratou da propriedade como um direito pleno) no art. 141, § 16 ("É garantido o direito de propriedade, salvo o caso de desapropriação por necessidade ou utilidade pública, ou por interesse social...") e 147 ("O uso da propriedade será condicionado ao bem-estar social. A lei poderá, com

---

[40] Art. 5º, XXIII

[41] Art. 6º.

[42] FREITAS, Op. cit., p. 82.

[43] TEPEDINO, Op. cit., p. 313.

[44] POSSESSÓRIA. ÁREA RURAL. MST. FUNÇÃO SOCIAL DA PROPRIEDADE. INVESTIGAÇÃO. POSSIBILIDADE. Função social da propriedade como Direito Fundamental. Construção de nova exegese da norma material e procedimental. Investigação da produtividade e aproveitamento da área em ação possessória. Necessidade. Art. 5º, XXII e XXIII, CF. Lei nº 8.629/93. Negaram provimento. Voto vencido. Agravo de Instrumento n. 70003434388, Décima Nona Câmara Cível, Relator Carlos Rafael dos Santos Junior, julg. em 06 de novembro de 2001.

[45] TEPEDINO, Op. cit., p. 320.

observância do disposto no art. 141, § 16, promover a justa distribuição da propriedade, com igual oportunidade para todos"); na CF de 1967 no art. 150, § 22 ("É garantido o direito de propriedade, salvo o caso de desapropriação por necessidade ou utilidade pública ou por interesse social, mediante prévia e justa indenização em dinheiro, ressalvado o disposto no art. 157, § 1º") e na de 1969 no art. 153, § 22 (É assegurado o direito de propriedade, salvo o caso de desapropriação por necessidade ou utilidade pública ou interêsse social, mediante prévia e justa indenização em dinheiro...").[46]

Na CF 88 o princípio da função social aparece nos arts. 5º, XXIII, 170, 182 e 186. Porém, não é possível referir a matéria sem tecer a crítica ao disposto no art. 185, II, da CF, que limitou a possibilidade de desapropriação para fins de interesse social nos casos de propriedade produtiva. Sendo a propriedade produtiva somente um dos requisitos do cumprimento da função social, o dispositivo foi visto como negativo no Direito Agrário, pois limitou as possibilidades de exigência de cumprimento da função social da propriedade, já que bastaria a produtividade para tornar a área imune à desapropriação (mesmo que isso fosse alcançado sem atender os outros incisos do art. 186, ou seja, à custa de exploração da mão de obra semiescrava, sem cuidado preciso com medidas de preservação ambiental, etc.).[47]

Além das disposições constitucionais, o Direito Agrário contribuiu para a aplicação e disseminação do princípio da Função Social da propriedade, tanto na doutrina que marcou presença no cenário nacional em defesa da propriedade funcionalizada (podendo ser citados os Estudos de Paulo Tormin Borges, Fernando Sodero, etc.) como na Legislação (iniciando com o Estatuto da Terra, que embora tenha sido promulgado na vigência do Regime da Ditadura Militar tinha por objetivo a realização da reforma agrária como mecanismo de efetivação da função social da propriedade e seguindo com a Lei 8.629/93).

No âmbito do Direito Civil, embora o Código Civil não autorizasse de forma expressa a compreensão da função social da propriedade, isso se tornava viável pela doutrina que tratava da matéria, podendo ser referido entre outros, importante artigo de Orlando Gomes,[48] que trouxe para o Direito Civil a noção de que propriedade é uma função social, no sentido de ser reconhecida como parte integrante da propriedade, ou como alguns preferem sendo uma limitação interna da propriedade.[49]

A doutrina civilista sempre tratou da função social da propriedade, mas o que se observa é que a jurisprudência era tradicional no exame da matéria, sendo que a partir da Constituição de 1988, com o que se convencionou chamar de movimento da constitucionalização do Direito Privado passou a se ter uma aplicação mais efetiva da função social da propriedade podendo ser citadas as ideias de Tepedino, Facchini,

---

[46] O texto integral das Constituições está disponível no *site* http://www.planalto.gov.br

[47] Tepedino refere que não se pode interpretar o art. 185, II da Constituição Federal sem considerar o conjunto de cumprimento da Função Social, assim mesmo sendo produtiva, se não atingisse a função social poderia a área ser desapropriada, TEPEDINO, Op. cit., p. 311.

[48] GOMES, Orlando – A Função Social da Propriedade – In: BFDC, nº especial, (Estudos em Homenagem ao Prof. Dr. Ferrer-Correia), 1989, 423 e ss.

[49] A função social altera a estrutura do domínio, inserindo-se no seu perfil interno. Também é tratada como critério do exercício do direito, que deve ser direcionado para o bem comum. TEPEDINO, Op. cit., p. 319.

Fachin e Pelingieri[50] que colaboram para a interpretação integrativa do Direito Civil em consonância com a Constituição Federal.

Esse movimento da constitucionalização foi responsável pela interpretação da legislação civil de 1916 em harmonia com a CF, o que talvez tenha dado uma sobrevida ao Código Civil de 1916. Prova disso é o que já ocorria na doutrina e na jurisprudência a respeito da necessidade de aplicação do princípio da função social no exame de questões envolvendo a posse e a propriedade.

A esse respeito pode ser citado artigo de Marcio Manoel Madaime, que na vigência do CC de 1916 já fazia a defesa da possibilidade da mudança do caráter da posse em virtude da função social da propriedade, e também a decisão já referida neste estudo, proferida pelo Juiz Luís Christiano Enger Aires, que depois foi confirmada pelo Tribunal de Justiça do RS no sentido de exigir a comprovação do cumprimento da função social para a defesa da posse através dos interditos possessórios sob a ótica que a propriedade é um direito fundamental que será protegido, se, e desde que, seja atendida a sua função social.

Se a harmonização da legislação civil com a CF 88 era viável e defendida na vigência do CC de 1916, o qual refletia a defesa do proprietário, atualmente, com CC de 2002, que traz em seu bojo, dispositivos relacionados à função social (da posse e da propriedade!) essa interpretação harmonizada com a CF agora é uma necessidade.[51]

O art. 1.228 do CC de 2002 traz mostras de que a propriedade não é mais um direito absoluto, está condicionada à sua função social. O dispositivo em questão trata também do abuso do direito e da perda da propriedade pela desapropriação por ato do poder judiciário, limites ao direito de propriedade que não estavam disciplinados no CC de 1916.

Além da referência expressa à função social da propriedade no art. 1.228, o CC de 2002 traz também a função social da posse, princípio que estava adormecido no sistema do Direito das Coisas do CC de 1916. Através da função social da posse se vê a valorização do possuidor que cumpre com a função social, tendo no bem a sua moradia, fazendo com que o bem atinja a sua utilidade econômica e social.

Isso pode ser percebido com o art. 1.238, parágrafo único, do CC que traz a possibilidade de redução de 1/3 do prazo prescricional para o reconhecimento de usucapião extraordinário, nos casos em que o possuidor tiver ali a sua moradia ou então obras de relevante interesse econômico e social.[52]

Interessante referir que o prazo de usucapião extraordinário na redação original do CC de 1916 era de 30 anos, tendo depois passando a ser de 20 anos pela Lei 2.437,

---

[50] PERLINGIERI, Pietro. Perfis do Direito Civil – Introdução ao Direito Civil Constitucional. 2 ed. Rio de Janeiro: Renovar, 2002. TEPEDINO, Maria Celina B. M. A caminho de um Direito Civil Constitucional. Revista de Direito Civil, São Paulo, n. 65, julho-setembro de 1993. FACHIN, Luiz Edson. Questões do Direito Civil Brasileiro Contemporâneo. Rio de Janeiro:Renovar, 2008.

[51] O CC de 2002 traz "maiores possibilidades hermenêuticas [...] sendo forçoso transportar o dispositivo do § 1º do art. 1228 do papel para a vida", sob pena de que a lei se transforme em letra morta.TEPEDINO, Op. cit., p.328.

[52] Art. 1.238. Aquele que, por quinze anos, sem interrupção, nem oposição, possuir como seu um imóvel, adquire-lhe a propriedade, independentemente de título e boa-fé; podendo requerer ao juiz que assim o declare por sentença, a qual servirá de título para o registro no Cartório de Registro de Imóveis.

Parágrafo único. O prazo estabelecido neste artigo reduzir-se-á a dez anos se o possuidor houver estabelecido no imóvel a sua moradia habitual, ou nele realizado obras ou serviços de caráter produtivo.

de 07 de março de 1955.⁵³ Agora, com o art. 1.238, o prazo de usucapião extraordinário passa a ser de 15 anos (caput) podendo ser reduzido a 10 (parágrafo único), nos casos em que o indivíduo tiver no imóvel a sua moradia ou obras de relevante interesse econômico ou social.

A regra do *caput* passa a ser exceção, pois dificilmente o indivíduo que não for proprietário do imóvel estará exercendo posse sobre o mesmo sem ter ali a sua moradia ou obras de relevante interesse econômico ou social, ou seja, em regra o prazo de usucapião extraordinário será de 10 anos, privilegiando aquele que cumpre com a função social posse.

Essas informações conduzem à conclusão de que o sistema de posse e propriedade foi alterado no direito brasileiro, e por isso a legislação não pode mais ser interpretada como antes, ainda que alguns dispositivos tenham sido repetidos em sua íntegra.

Além desse aspecto, merece referência o art. 1.255 e seu parágrafo único do CC de 2002,⁵⁴ que tendo em vista a função social da posse mudou o sistema da regra das acessões por plantações e construções que consagrava o princípio *superficie solo cedit*,⁵⁵ princípio consagrado no Direito das Coisas desde o Direito Romano. Superfície designava tudo o que se encontrava sobre o solo e a este estaria ligado, vigorando o princípio *superficies solo cedit* (se alguém constrói sobre nosso terreno, a construção, apesar de realizada pelo construtor em nome próprio, é nossa por Direito Natural, porque a superfície segue o solo).⁵⁶

A força de acessoriedade era tão grande no regime da legislação anterior que não admitia exceções. O proprietário do solo era proprietário das construções e plantações, não importando o valor das acessões e também não importando se o proprietário tinha empregado materiais alheios sobre o seu imóvel, caso em que teria a possibilidade de adquirir as acessões, necessitando somente indenizar por perdas e danos.

No direito brasileiro, houve mudança da regra de que o acessório segue a sorte do principal, tendo em vista a relevância que passou a se dar ao critério da destinação econômica e social do bem, a exemplo do que ocorre com a distinção dada às pertenças, que mesmo sendo bens principais não seguem a sorte do principal.⁵⁷

Assim, o critério da acessoriedade passa a ser secundário, já que foi instaurado um sistema de que o acessório nem sempre seguirá o bem principal, pois poderá ocorrer o contrário. No sistema do CC atual, para definir as acessões, será relevante o valor que a construção ou plantação representa em relação ao terreno, ou seja, vislumbra-se uma clara preocupação com o exercício da função social da posse, privile-

---

⁵³ BEVILAQUA, Op. cit., p. 148.

⁵⁴ Art. 1.255. Aquele que semeia, planta ou edifica em terreno alheio perde, em proveito do proprietário, as sementes, plantas e construções; se procedeu de boa-fé, terá direito a indenização.
Parágrafo único. Se a construção ou a plantação exceder consideravelmente o valor do terreno, aquele que, de boa-fé, plantou ou edificou, adquirirá a propriedade do solo, mediante pagamento da indenização fixada judicialmente, se não houver acordo.

⁵⁵ Para BEVILÁQUA, Op. cit., p. 140, o solo era considerado coisa principal sobre o qual se aderiam às construções e plantações como coisas acessórias, que seriam consideradas unidas ao solo, mesmo que fossem mais valiosas que ele.

⁵⁶ ANDRADE, Fabio S. *A atualidade do Direito de Superfície*. Revista Ajuris. Porto Alegre, n. 65, p. 157-174, nov. 1996, p. 160.

⁵⁷ A esse respeito, sugere-se consultar ALVES, José Carlos Moreira. *A Parte Geral do Projeto de Código Civil Brasileiro*. São Paulo: Saraiva, 1986.

giando aquele que exerce um poder sobre a coisa com o fito de valorizá-la, atingindo a finalidade econômica e social do bem, em detrimento daquele proprietário que, por sua inércia, abre mão do exercício da posse da coisa.

Importante salientar que o artigo não estabelece prazo de exercício de posse para essa aquisição, os requisitos são a superioridade do valor das construções e plantações em relação ao terreno, e que o possuidor pague o valor do terreno ao proprietário.

Inverte-se a lógica da aquisição da propriedade porque o sistema apresentado no Código Civil de 2002 está adequado à função da posse e da propriedade. Com isso percebe-se que propriedade rima com responsabilidade, não basta ser proprietário para garantir o seu direito, é necessário ser diligente, cauteloso e zeloso sobre o bem em questão, sob pena de perder a propriedade para aquele que fizer com que a sua função social seja cumprida.

Esse sistema de relativização da regra das acessões também está adequado ao direito de superfície que veio para o CC de 2002, depois de várias tentativas de inclusão na legislação civil.

O instituto já existia no Direito brasileiro até 1864, quando foi abolido por uma lei que deixou de enumerá-lo entre os direitos reais.[58] No projeto do Código Civil de 1916 havia um artigo que autorizava o direito de superfície, porém tal artigo foi excluído do texto legal quando o projeto tramitou no Congresso Nacional.[59] O Anteprojeto do Código Civil de Orlando Gomes previa o direito de superfície.[60] Quando transformado em projeto, a Comissão revisora formada por Caio Mário, Orozimbo Nonato e Orlando Gomes, não manteve o direito de superfície.[61] No anteprojeto do CC de 2002, a redação apresentada por Ebert Chamoun não incluía o Direito de Superfície como Direito Real. Posteriormente, por indicação de Miguel Reale e José Carlos Moreira Alves foi incluído o Direito de Superfície.[62]

O direito de superfície é um direito real de gozo e fruição, que permite ao proprietário, que não quiser exercer posse direta sobre o seu bem, transferir o direito real de gozo e fruição do bem ao superficiário. O direito de superfície pode ser encarado como um direito real de proteção do proprietário diligente.

Com a constituição desse direito real, o proprietário fica imune ao risco de perda da propriedade pela usucapião ou pelas acessões, bem como fica isento de ter que indenizar o possuidor sobre as construções e plantações feitas no imóvel.

Ao mesmo tempo em que o sistema exige o cumprimento da função social da propriedade, coloca à disposição do proprietário mecanismos que o deixam numa posição de tranquilidade caso não quiser exercer a posse de forma direta, ficando o direito de propriedade protegido e garantido.

O que se vislumbra é que não existe mais a possibilidade ou justificativa para deixar os bens abandonados sem dar uma destinação econômica e social, pois tal con-

---

[58] SOUSA, Luis Alberto Garcia de. *A Lei de Diretrizes Urbanas e o Direito de Superfície*. Disponível em http://www.camara.rj.gov.br/setores/proc/revistaproc/revproc2002/arti_luizgarcia.pdf, acesso em maio de 2009, p. 6.

[59] *Idem. Ibidem*, p. 6.

[60] *Idem. Ibidem*, p. 6.

[61] ANDRADE, Op. cit., p. 164.

[62] *Idem. Ibidem*, p. 164.

duta não se harmoniza com o sistema que se coloca no ordenamento atual a respeito da posse e da propriedade.

b.2) A interpretação dos artigos 1.208 e 1.203 do Código Civil de 2002

Como visto acima, posse e propriedade não podem mais ser vistos como no Código Civil de 1916, tendo em vista o fenômeno da funcionalização da posse e da propriedade, isso influencia a interpretação de alguns artigos que estão no CC de 2002 e que merecem interpretação adequada.

Inicia-se pela interpretação do art. 1.208 do CC de 2002. O dispositivo não trata do vício da precariedade, mas isso não pode ser encarado como um motivo para desqualificar a existência de posse nos casos de existência desse tipo de vício.

Essa interpretação teria justificativa se fosse analisado o sistema de aquisição de propriedade e do exercício da posse consagrado no Direito Brasileiro antes mesmo do CC de 1916.

Naquela época não havia a modalidade de usucapião extraordinária. A usucapião ficava condicionada ao exercício de posse de boa-fé e isso era inviável no caso de precariedade.[63]

Ao contrário do que ocorria no ordenamento anterior o CC de 1916 previa a possibilidade de reconhecimento de usucapião extraordinária, desvinculada do exercício de posse com boa-fé. Mas, mesmo assim, a realidade vivida antes de sua vigência acabou fundamentando o aparecimento de uma interpretação de que a precariedade jamais cessaria (alguns doutrinadores ainda hoje consideram como requisito indispensável para o reconhecimento de usucapião a posse justa – sob o argumento de que a posse deve ser mansa e pacífica, – o que inviabilizaria o reconhecimento de usucapião nos casos de cessação de violência e clandestinidade. Mas, mansa e pacífica é aquela exercida sem oposição).

Houve na vigência do CC de 1916 a consagração de um dogma trazido na doutrina de que a precariedade, por ser um vício tão nefasto, jamais cessaria.[64]

Essa interpretação calcada em um sistema anterior ao próprio CC de 1916, embora não fosse autorizado pela interpretação literal dos dispositivos legais, interessava à preservação da propriedade como um direito absoluto e por isso foi vencedora no Direito das Coisas da época.

Porém, o que se vislumbra hoje é uma realidade diferente. E por isso a interpretação não se sustenta mais.

O art. 1.208 merece interpretação mais adequada. O dispositivo trata de aquisição de posse, por isso os vícios que estão definidos ali são os de violência e clandestinidade que uma vez cessados dão início à posse injusta. Tal posse pode ser usada para a atribuição dos efeitos da posse, inclusive para fins de usucapião.

No que se refere à precariedade, havendo desdobramento da posse, o possuidor direto a possui a título precário, pois sabe que não tem posse plena sobre o bem, deve restituir a coisa ao proprietário. Uma vez implementado o termo para restituição da coisa, se o possuidor direto não restitui a coisa, incide o vício da pre-

---

[63] BEVILÁQUA, Op. cit., p. 147.

[64] Dentre os doutrinadores pode ser citado Silvio Rodrigues.

cariedade. Com isso haverá a mudança do caráter da posse pela incidência do vício da precariedade.[65]

Essa mudança do caráter da posse, a qual se dá o nome de *intervessio possessionis*, está prevista no art. 1.023 do CC de 2002, que é o próximo artigo a ser interpretado de forma sistemática.

O art. 1.203 é cópia fiel do art. 492 do CC de 1916. Ou seja, sempre houve a possibilidade de interpretar o caso, de acordo com mutabilidade do exercício de um poder sobre a coisa. Porém, essa não era a opção da doutrina e da jurisprudência na vigência do CC de 1916, que estavam vinculadas com um sistema de posse e propriedade voltado a consagrar o direito de propriedade como um direito absoluto.

Tal interpretação já não tem mais lugar no CC de 2002. O artigo usado para justificar o aproveitamento da posse nos casos de vício de precariedade será o mesmo que já estava na legislação de 1916, mas agora receberá outra conotação, fundada em um sistema de Direito das Coisas constitucionalizado.

Assim, segundo o que determina a própria lei, a posse presume-se manter o mesmo caráter com que foi adquirida, mas se houver mudança de comportamento das partes, o seu caráter poderá ser mudado, é o que se vislumbra, por exemplo, nos casos em que o possuidor direto passa a possuir sem reconhecer ou se submeter a domínio alheio, porque tendo que restituir a coisa se nega a fazê-lo, e o seu proprietário não negligencia a sua proteção. Nesse caso, a posse de *ad interdicta* passará a receber a feição de *ad ucapinonem*, e uma vez cumpridos os requisitos para uma das modalidades específicas de usucapião haverá a possibilidade de seu reconhecimento.

Esse tem sido o posicionamento da jurisprudência atual que embora não seja unânime, tem crescido de maneira considerável nos últimos anos, e através de uma visão dinâmica da propriedade, e não estática da propriedade que admitia a figura do proprietário inerte.

A esse respeito, o Tribunal de Justiça do Rio Grande do Sul reconheceu a possibilidade de inversão do caráter da posse em situação na qual o início do poder sobre a coisa se dera em virtude de contrato de trabalho, ou seja, o poder exercido sobre a coisa era inicialmente subordinado ao interesse de terceiro, em virtude da detenção. Depois de terminado o contrato de trabalho, e tendo em vista a inércia do proprietário em retomar o bem, iniciava a posse que perdurou por 50 anos e seria apta a fins de reconhecer usucapião.[66]

Outra importante decisão foi proferida pelo Tribunal de Justiça de Minas Gerais, que reconheceu a possibilidade de inversão do caráter da posse iniciada na permissão do proprietário, ou no contrato de comodato. No caso concreto, haveria a transformação da posse pelo comportamento do possuidor que deixou de exercer um

---

[65] VIANA, Marco Aurélio S. *Comentários ao Novo Código Civil – Direitos Reais*. Forense: Rio de Janeiro, 2003, p. 87.
[66] "APELAÇÃO CÍVEL. AÇÃO DE USUCAPIÃO EXTRAORDINÁRIO. Exercício da posse há mais de 50 anos. mansa, pacífica e sem oposição. Atendimento dos requisitos legais. MAJORAÇÃO DA verba honorária.NEGADO PROVIMENTO À APELAÇÃO DAS RR. PROVIDA À DOS AA. UNÂNIME". Apelação Cível 70034731439, Décima Oitava Câmara Cível, Rel. Desa. Nara Leonor Castro Garcia, julgamento em 08 de abril de 2010.

poder subordinado ao proprietário, passando a exercer um poder desvinculado, em nome próprio.[67]

A matéria também foi enfrentada no STJ, que também reconheceu a possibilidade de transformação da posse nos casos de transformação da posse de imprópria, decorrente de compromisso de compra e venda, para posse própria.[68]

Posição semelhante foi tomada pelo STJ em outro julgamento, no qual se discutiu a possibilidade de reconhecimento de usucapião de imóvel que havia sido locado. O Tribunal Superior entendeu viável a transformação da posse nos casos em que ocorre a mudança do caráter da posse (subordinada para própria) quando extinto o contrato de locação o proprietário fica inerte, não toma as medidas cabíveis para a retomada do bem ou para a execução dos aluguéis vencidos, podendo o prazo de posse ser contado para fins de usucapião a partir do momento em que se inverte o caráter da posse.[69]

Interessante mencionar que essa decisão foi proferida antes da entrada em vigor do CC de 2002, mas faz uma leitura integrada da legislação, operando a interpretação sistemática. A decisão trata de um caso que doutrina tradicional costumava considerar como "exemplo clássico de precariedade, vício nefasto não sujeito ao convalescimento". Se não fosse por essa visão integrada, a interpretação continuaria sendo nos moldes de preservação da propriedade estática.

A título meramente ilustrativo pode ser referido o Código Civil português que preferiu tratar da matéria de forma expressa nos artigos 1.290 e 1.263, *d*, autorizando o reconhecimento de usucapião do detentor ou nos casos de vício da precariedade desde que haja a aquisição da posse através da inversão do título da posse.[70]

---

[67] USUCAPIÃO EXTRAORDINÁRIA. POSSE PRECÁRIA. TRANSFORMAÇÃO. POSSE 'AD USUCAPIONEM'. ÂNIMO DE DONO. 1. Atos de mera permissão não induzem posse 'ad interdicta' e, muito menos, 'ad usucapionem' – inteligência do artigo 497 do Código Civil de 1916 e 1.208 do Código vigente. 2. Admite-se a transformação do caráter da posse ao longo do tempo, qualquer seja a sua natureza anterior, desde que elidida a presunção contida no artigo 492 do CC/16 (1.203 do Código vigente) pelo possuidor – 'interversio possessionis'. 3. O ânimo de dono advém da independência, da desvinculação da possuidora no exercício de atos de domínio, da demonstração do caráter absoluto de seu poder sobre a coisa. Não se exige a convicção do possuidor de que é, formalmente, o dono da coisa, sendo irrelevante a ciência da titularidade do bem. 4. Transmudando-se a causa do poder de fato sobre a coisa, antes uma permissão ou um comodato, em exercício aparente de domínio próprio (posse 'ad usucapionem'), reconhece-se a presença de 'animus domini'. Apelação Cível n. 1.0687.01.003522-2/001(1), Décima Sexta Câmara Cível, Rel. Wagner Wilson, julg. em 22/07/2009.

[68] USUCAPIÃO EXTRAORDINÁRIA. PROMESSA DE VENDA E COMPRA. TRANSMUTAÇÃO DA POSSE, DE NÃO PRÓPRIA PARA PRÓPRIA. ADMISSIBILIDADE. "O fato de ser possuidor direto na condição de promitente-comprador de imóvel, em princípio, não impede que este adquira a propriedade do bem por usucapião, uma vez que é possível a transformação do caráter originário daquela posse, de não própria, para própria" (REsp nº 220.200-SP). Recurso especial não conhecido. RECURSO ESPECIAL Nº 143.976 – GO (1997/0056962-4), Rel. Min. Barros Monteiro, julg. em 6 de abril de 2004.

[69] CIVIL. USUCAPIÃO EXTRAORDINÁRIO. COMPROVAÇÃO DOS REQUISITOS. MUTAÇÃO DA NATUREZA JURÍDICA DA POSSE ORIGINÁRIA. POSSIBILIDADE. O usucapião extraordinário – art. 55, CC – reclama, tão-somente: a) posse mansa e pacífica, ininterrupta, exercida com animus domini; b) o decurso do prazo de vinte anos; c) presunção juris et de jure de boa-fé e justo título, "que não só dispensa a exibição desse documento como também proíbe que se demonstre sua inexistência". E, segundo o ensinamento da melhor doutrina, "nada impede que o caráter originário da posse se modifique", motivo pelo qual o fato de ter havido no início da posse da autora um vínculo locatício, não é embaraço ao reconhecimento de que, a partir de um determinado momento, essa mesma mudou de natureza e assumiu a feição de posse em nome próprio, sem subordinação ao antigo dono e, por isso mesmo, com força ad usucapionem. Precedentes. Ação de usucapião procedente. Recurso especial conhecido, com base na letra "c" do permissivo constitucional, e provido. Recurso Especial n. 154733 / DF, Rel. Min Cesar Asfor Rocha, quarta Turma, julg. em 05/12/2000.

[70] Disponível no site http://www.confap.pt/docs/codcivil.PDF, acesso em 13 de junho de 2010. "(ARTIGO 1263º (Aquisição da posse) A posse adquire-se: d) Por inversão do título da posse. E ARTIGO 1290º(Usucapião em caso

Embora não tenhamos uma legislação expressa nesse sentido, a solução a ser dada no Direito brasileiro pode ser a mesma do Direito português, desde que feita uma interpretação harmonizada da legislação com os princípios constitucionais que regulam a matéria.

Não é demasia considerar ainda, que o CC de 2002, ao estabelecer limitações ao direito de propriedade, também dispõe sobre o abandono como uma das formas de perda da propriedade. No art. 1.275 do CC de 2002 há a previsão perda da propriedade pelo abandono, e no art. 1.276 trata da viabilidade de caracterizar a arrecadação do bem abandonado para o poder público, vinculada ao ato do proprietário de não ter mais a intenção de conservar a coisa como sua e de que o bem não esteja na posse de outrem. A redação do artigo conduz à interpretação de que o proprietário perde a propriedade pelo abandono, para outrem, pelo exercício de sua posse e para o poder público se o bem for arrecadado como vago.

Disso conclui-se que a perda da propriedade pelo abandono é a que ocorrerá se o proprietário não diligenciar a coisa. A propriedade deixa de ser um direito perpétuo, podendo sofrer com os efeitos da inércia do proprietário.[71]

Além das considerações tecidas acima, serve para corroborar a possibilidade de mutabilidade do caráter da posse, a análise do art. 1.198 do CC de 2002. Esse artigo será referido neste estudo como a finalidade de demonstrar o quanto o Direito das Coisas mudou. Tal artigo refere em seu parágrafo único, de forma expressa, a mudança do caráter de um poder exercido sobre a coisa. Se considerarmos viável a alteração de um poder nos casos de detenção, em que não há posse, há poder exercido com subordinação, com mais razão deve ser considerado o caso de mudança do caráter de posse no caso de precariedade que conta com a inércia do proprietário. Por isso, muito embora seja uma posse com o vício da precariedade, pode se considerar posse para fins de atribuição de seus efeitos, inclusive no que se refere ao reconhecimento de usucapião.

Assim, embora ainda minoritária, é crescente a corrente que acredita não se sustentar mais a proteção absoluta ao direito de propriedade, a qual estaria condicionada ao cumprimento da função social da posse e da propriedade, autorizando a alteração do caráter de um poder exercido sobre a coisa, sem que fosse necessária uma ação positiva do proprietário, podendo a conversão da posse decorrer de uma omissão (como se vislumbra de forma expressa através do art. 1.198, parágrafo único, do CC de 2002).

CONCLUSÃO

O estudo proposto demonstra que a solução do caso concreto passa não só pelo exame da matéria na legislação civil, mas também pela análise dos princípios constitucionais, procedendo-se a interpretação sistemática do Direito, mais precisamente, através do princípio da hierarquização axiológica e da análise integrada dos dispo-

---

de detenção) Os detentores ou possuidores precários não podem adquirir para si, por usucapião, o direito possuído, exceto achando-se invertido o título da posse; mas, neste caso, o tempo necessário para a usucapião só começa a correr desde a inversão do título".

[71] KRAEMER, Op. cit., p. 206.

sitivos que tratam da posse e da propriedade sem ignorar que no Direito brasileiro a propriedade não é mais um direito absoluto.

Mesmo havendo a repetição de alguns artigos ligados à posse, a sua interpretação não será a mesma, porque o sistema do Direito das Coisas é outro. Os artigos podem ser os mesmos, mas estão incluídos em outro ordenamento, agora funcionalizado, e por isso recebem outra interpretação.

Assim, aqueles dispositivos que eram usados pelos proprietários com a finalidade de lhe conferir proteção absoluta, agora vêm à legislação com outra roupagem, determinam que se o proprietário não for diligente poderá perder a sua propriedade (através da usucapião), mesmo nos casos de posse com origem no vício da precariedade ou decorrente de exercício inicial de detenção, para aquele possuidor que cumpre com a função social do bem.

Essa interpretação somente pode ser alcançada numa perspectiva sistemática do Direito, tendo em vista uma análise integrada e harmônica entre o Código Civil e a Constituição Federal, pois a legislação deve ser contextualizada no momento histórico, e o Código Civil como é aberto composto de cláusulas gerais exige do intérprete um esforço hermenêutico, como já se disse neste estudo, sob pena de que a legislação do CC 2002, que veio para conformar o Direito das Coisas Constitucionalizado se transforme em letra morta, ou o que é pior em mecanismo de defesa de uma propriedade estática.

BIBLIOGRAFIA

ALVES, José Carlos Moreira. *A Parte Geral do Projeto de Código Civil Brasileiro.* São Paulo: Saraiva, 1986.

AMARAL, Francisco. *A interpretação jurídica segundo o Código Civil.* Revista do Tribunal Regional Federal da 1ª Região, Brasília, p. 34-44, v. 18, n. 4, abr. 2006.

ANDRADE, Fabio S. *A atualidade do Direito de Superfície.* Revista Ajuris. Porto Alegre, n. 65, p. 157-174, nov. 1996.

BEVILÁQUA, Clóvis. *Direito das Coisas.* 5ª ed, Rio de Janeiro: Forense, 1973.

FACCHINI NETO, Eugênio. Reflexões histórico-evolutivas sobre a constitucionalização do direito privado. In: SARLET, Ingo Wolfgang (org.). *Constituição, Direitos Fundamentais e Direito Privado.* 2ª ed., Porto Alegre: Livraria do Advogado, 2006.

FREITAS, Juarez. *A interpretação sistemática do Direito.* 5ª ed., São Paulo: Malheiros, 2010.

GOMES, Orlando. *A Função Social da Propriedade In*: Boletim da Faculdade de Direito de Coimbra, n° especial,(Estudos em Homenagem ao Prof. Dr. Ferrer-Correia), 1989, 423 e ss.

KRAEMER, Eduardo. *Algumas Anotações sobre os direitos reais no novo Código Civil.* In: SARLET, Ingo Wolfgang (org.). O Novo Código Civil e a Constituição, Porto Alegre: Livraria do Advogado, 2003.

MADAIME, Marcio Manoel. *A possibilidade de Mudança do Caráter da Posse Precária e sua utilidade para fins de usucapião.* Revista de Direito Privado, n. 11, Revista dos Tribunais, São Paulo, 2002, p.188-213.

MARTINS-COSTA, Judith. *Os avatares do abuso do direito e o rumo indicado pela boa-fé.* In: NICOLAU JÚNIOR, Mauro (org.) e Outros. Novos Direitos. Curitiba: Juruá, 2007.

——; BRANCO, Gerson Luiz Carlos. *Diretrizes Teóricas do novo Código Civil.* São Paulo: Saraiva, 2003.

PERLINGIERI, Pietro. *Perfis do Direito Civil – Introdução ao Direito Civil Constitucional.* 2 ed. Rio de Janeiro: Renovar, 2002.

RAISER, Ludwig. *Il Compito Del Diritto Privato.* Milão: Editora Giuffrè, 1990.

RIZZARDO, Arnaldo. *Direito das Coisas.* 2ª ed, Rio de Janeiro: Forense, 2006.

RODRIGUES, Silvio. *Direito Civil – Direito das Coisas.* Vol. V, São Paulo: Saraiva, 2002.

SOUSA, Luis Alberto Garcia de. *A Lei de Diretrizes Urbanas e o Direito de Superfície.* Disponível em http://www.camara.rj.gov.br/setores/proc/revistaproc/revproc2002/arti_luizgarcia.pdf, acesso em maio de 2009.

TEPEDINO, Gustavo. *Contornos Constitucionais da Propriedade Privada.* In Temas de Direito Civil, 3ª ed, Rio de Janeiro: Renovar, 2004.

TEPEDINO, Maria Celina B. M. *A caminho de um Direito Civil Constitucional.* Revista de Direito Civil, São Paulo, n. 65, julho-setembro de 1993

VIANA, Marco Aurélio S. *Comentários ao Novo Código Civil – Direitos Reais.* Forense: Rio de Janeiro, 2003.

— ÁREA DE CONCENTRAÇÃO II —

Teoria Geral da Jurisdição e Processo

— 15 —

Breve ensaio sobre o sistema da *class actions* na *Common Law* – origem e sistematização

ÁLVARO VINÍCIUS PARANHOS SEVERO

Sumário: 1. Origem do sistema *Common Law* e sua formação; 2. *Equity*; 3. Sistemas da *Common Law* e *Civil Law*; 4. A *Class Action* Americana; Conclusão.

1. ORIGEM DO SISTEMA *COMMON LAW* E SUA FORMAÇÃO

O sistema *Common Law* teve seu início nas Cortes inglesas e pode ser compreendido como um sistema jurídico que tem como fonte predominante a utilização de precedentes, ou seja, casos concretos anteriormente julgados serviriam de fundamentação a novos julgamentos semelhantes. Em vista disso, o uso desses precedentes tem caráter obrigatório. Nesse caso, decisões anteriores tomadas por Cortes Superiores devem ser rigorosamente observadas pelos Tribunais inferiores.

No sentido de emprestar melhor entendimento acerca da *Common Law*, começaremos abordando a formação histórica dessa família, os países que ao sistema se sujeitam, bem como suas principais características.

A história do direito inglês nos remonta a quatro principais épocas que marcaram a constituição do sistema em questão, sua formação e seu desenvolvimento. Apresentaremos, sucintamente, cada um desses períodos.

O período anglo-saxônico estabeleceu-se pelo término do domínio Romano e a partilha da Inglaterra por diversas tribos de origem germânica (saxões, anglos, dinamarqueses).[1]

Pode-se observar que a cultura da época já transmitia aspectos culturais importantes para o que viria a se tornar o sistema legal da *Common Law*. A tradição dos povos da época já trazia a primazia dos costumes sobre as leis escritas, tendo em conta a minimização e limitação delas comparada ao uso feito pelos outros povos não pertencentes a mesma família. Passa-se agora ao estudo do segundo período da construção desse sistema legal.

O sistema *Common Law* teve como sua principal característica a conquista normanda em 1066. O domínio da Inglaterra contribuiu para que a nação tivesse uma melhor organização política e governamental. Tornou-se forte, centralizada e com uma grande experiência na área administrativa. Houve também, na mesma época, a separação do Estado e da Igreja, criando-se a imagem de que o rei era o soberano justiceiro e proprietário das terras inglesas. Tem-se aí o início da era feudal.

---

[1] DAVID, René. *Os grandes sistemas do Direito Contemporâneo*. São Paulo: Martins Fontes, 2002, p. 356

O feudalismo, que marcou a Inglaterra da época, teve um caráter efetivamente militar. As terras inglesas eram distribuídas na forma de feudos pelo conquistador, de modo a impedir que, na partilha, um barão pudesse ficar com grandes áreas, evitando futuras rivalidades dentro do seu reino por causa de poder. A elaboração do direito da *Common Law* teve a sua construção exclusivamente feita pelos Tribunais Reais de Justiça, conhecidos pelo lugar onde se estabeleceram como Tribunais de Westminster, no século XIII.[2]

Assim, verifica-se que a prioridade da Inglaterra, no que concerne ao direito, estava nas formalidades do processo (*writs*), ou seja, os atos processuais continham um regramento que deveria ser respeitado, a fim de que se pudesse chegar a um veredicto. Esse modelo de sistema utilizado na época contribuiu fortemente para que o sistema *Common Law* adquirisse as características que possui atualmente. A preocupação situava-se, na maioria das vezes, em de que maneira a ação deveria ser conduzida. O primeiro obstáculo encontrado para quem buscava uma solução para o seu litígio era provar que os Tribunais Reais eram competentes para julgar a questão e, após isso, conseguir levar o processo até o fim, uma vez que a condução do *writ* era dificultada pelos rigorosos formalismos. Por sua vez, os juristas do direito continental europeu, ou nascente *Civil Law*, tinham, na época, a atenção voltada para as determinações dos direitos e obrigações de cada indivíduo, evidenciando a preocupação com questões mais fundamentais do direito.

2. EQUITY

Os Tribunais Reais de Justiça impuseram grandes dificuldades ao acesso às Cortes, como vimos anteriormente. Se, por um lado, dificultava a entrada de *writs* por meio de muitas exigências formais, por outro, inibia o aparecimento de outras jurisdições hábeis a contornar a situação quando não havia uma solução no próprio sistema.

Ainda assim, os litígios trazidos para os Tribunais de *Westminster* nem sempre traziam uma solução justa para o caso. Não havendo alternativas para mudar essa situação na Corte, restava à parte perdedora recorrer subsidiariamente ao rei, no sentido de ver seu direito alcançado. O Chanceler incumbia-se de transmitir essas mensagens à autoridade real, quando o achasse conveniente, podendo somente levar o caso para o Conselho decidir. Dessa forma, o Chanceler foi tornando-se um juiz mais autônomo, julgando em nome do rei e do Conselho por delegação, porquanto sua atuação tornou-se cada vez mais requisitada, devido aos óbices encontrados pelos juízes na rotina dos processos.[3]

A *Equity* estava relacionada à jurisdição de Equidade do Chanceler, o qual modificou a forma de examinar os casos, afastando as diretrizes do sistema vigente, inserindo em suas práticas princípios do direito canônico e do direito romano. Esses princípios melhoraram a resolução dos litígios, em detrimento de um sistema de regras arcaicas e ultrapassadas, recebendo o apoio da soberania inglesa que já optava por processos escritos, e não mais orais, como era cultivado no sistema *Common Law*. Dessa forma, pode-se dizer que o direito da *Common Law* por pouco não se

---

[2] Idem, p. 358 e 359.
[3] Idem, p. 371.

misturou ao direito romano-germânico, uma vez que o Direito inglês estava em desuso e sendo abandonado até mesmo por autoridades inglesas. Em nome do equilíbrio de forças, firmou-se um compromisso entre a jurisdição do Chanceler e os tribunais de *Common Law*, a fim de que estes convivessem lado a lado. Essa estrutura dualista estabeleceu que a *Equity* permaneceria, mas impôs à jurisdição do Chanceler que não mais prejudicasse os tribunais da *Common Law*, intrometendo-se naquilo respeitante a eles. Contudo, após essas condições, os tribunais aceitaram intervenções do Chanceler, desde que estas fossem apoiadas em precedentes.[4]

O período moderno trouxe grandes mudanças para o Direito inglês no século XIX. Esse espaço de tempo significativo é o que mais se assemelha ao que hoje representa o sistema *Common Law*.

René David aponta essas mudanças, ressaltando:

> Uma obra considerável de reforma e de modernização do direito foi realizada no século XIX. Assistiu-se a uma verdadeira revolução, operada pelas reformas radicais introduzidas no processo, especialmente em 1832, 1833 e 1852. [...] Libertos dos entraves do processo, os juristas ingleses vão doravante, como seus colegas da Europa continental, prestar uma maior atenção ao direito substantivo na base do qual, futuramente, as soluções da common law tenderão a ser sistematicamente reagrupadas.

E continua o autor:

> [...] A importância da obra de legislação, realizada, no século XIX, não fez o direito inglês perder seu aspecto tradicional: não intervém nesta obra nenhuma codificação concebida à maneira francesa, e o desenvolvimento do direito inglês mantém no essencial a obra dos tribunais; o legislador oferece-lhes novas possibilidades e lhes indica novas orientações, mais do que cria ele próprio, na realidade prática, um direito novo.[5]

As transformações continuaram ocorrendo no século XX e, nessa fase, a *Common Law* sofreu uma grave crise, visto que os modelos casuísticos e jurisprudenciais tiveram que se amoldar às rápidas modificações que surgiram com o movimento de modernização. Sabe-se, portanto, que o atual modelo legal de sistema continua se alterando, o que persiste até os dias de hoje.

É cediço que as fontes do direito são compostas por lei, princípios gerais do direito, costumes, jurisprudência, entre outros. No entanto, em cada sistema legal estas fontes são utilizadas de forma priorizada, ou seja, há uma predominância de umas sobre as outras. Cada tradição, ao longo de sua história, estabeleceu o que seria utilizado como fonte primária e secundária no seu direito. Este conjunto de fontes forma uma pirâmide de hierarquia, indicando quem tem primazia na realidade jurídica de cada sistema legal.

Andréia Costa Vieira, com clareza, em sua obra, define as fontes primárias e secundárias do direito da *Common Law*:

> As fontes primárias de direito na Common Law são a jurisprudência e os estatutos. As fontes secundárias são, por sua vez, assim como no sistema legal da Civil Law, os costumes e a doutrina. De menor importância, mas não menos interessante, a Common Law consagra como fonte de direito institutos como a razão e a equidade.[6]

No tocante aos precedentes, assevera a autora:

---

[4] Idem, p. 372-4.
[5] Idem, p. 377-8.
[6] VIEIRA, Andréia Costa. Op. cit., p. 135

Diversamente do sistema da *Civil Law*, a jurisprudência é, para a *Common Law*, a mais primária de todas as fontes. O direito nasce, cresce, reproduz-se e morre na jurisprudência. Na *Common Law*, a jurisprudência que vincula recebe o nomes mais característicos que expressam seu verdadeiro sentido. Assim, é comumente chamada de *case law*, ou, precedentes obrigatórios ou vinculantes *(precedents)*, ou ainda, *doctrine of stare decisis*. Como fonte primária do direito que são, os precedentes obrigatórios – como o próprio nome indica – vinculam as decisões posteriores. Isto significa que a decisão de uma Corte de Justiça inglesa, norte-americana, australiana, ou de outro país de família, deve, obrigatoriamente, ser observada e aplicada aos casos concretos semelhantes. Assim, muitos julgados tornam-se *leading cases*, pois, além de tornarem-se precedentes, pelo excelente nível de explicação, arrazoamento ou interpretação jurídica, constituem a primeira de todas as fontes de pesquisa do assunto em pauta e são, por isso, esquadrinhados nas universidades de direito e nas cortes de justiça que os utilizarão como precedentes.[7]

Para que se possa compreender a origem dos *leading cases*, é necessária a compreensão da formação histórica do sistema *Common Law*. Aliás, a resolução dos referidos casos importantes e únicos impunha efeito vinculante e obrigatório a ser seguido pelos juízes quando do enfrentamento posterior dos mais diversos casos concretos. Constata-se, a partir do exame da peculiaridade desta tradição, o prestígio que a jurisprudência tem nesse sistema e o quanto do pensamento jurisdicional influencia e transcende aos julgados futuros. Depreende-se também o desapego ou descompromisso do sistema *Common Law* com modelos abstratos ou conjunto de regras normatizadas (leis).

3. SISTEMAS DA *COMMON LAW* E *CIVIL LAW*

Traçando-se um comparativo entre as tradições, para um conhecimento mais solidificado acerca do assunto, importa referir as influências que têm contribuído para a aproximação das famílias.

Contrastando os sistemas, Juliana Marteli Fais e Leda Maria Messias da Silva ressaltam que:

> O *Civil Law* é um direito de influência romana, que, ao contrário do *Common Law*, é constituído de leis escritas em códigos, as quais englobam de forma geral os casos particulares, ou seja, os aplicadores do Direito, ao se depararem com um caso concreto, devem identificar a lei que mais a ele se adeque. Pode-se dizer, dessa forma, que o *Civil Law* tem por escopo princípios objetivos derivados da lei. O *Common Law*, mais conhecido como direito não escrito, possui origem anglo-saxônica e tem por base os precedentes proferidos pelo Poder Judiciário, o qual considera separadamente cada caso. Em princípio o *Common Law* não é constituído por leis que envolvam vários casos, o que quer dizer que a análise do Direito é feita de forma casuística, ou seja, parte de vários casos particulares para outros particulares. Na verdade, o Direito americano se divide em dois: o direito criado pelo Juiz e o *Statute Law*, que se constitui de normas codificadas.[8]

Expondo sobre as diferentes percepções acerca do direito nos sistemas jurídicos estudados, René David relata que:

> No direito francês e nos outros direitos da família romano-germânica, os princípios do direito foram sempre procurados num corpo de regras preestabelecido: antigamente, *Corpus juris civilis*, hoje, códigos. A jurisprudência nos nossos 'países de direito escrito' apenas é chamada a desempenhar, normalmente, um papel secundário: *non exemplis sed legibus judicandum est,* declara o código de Justiniano. As decisões de jurisprudência podem efetivamente ser dotadas de uma certa autoridade; mas, de modo algum são consideradas, salvo em casos excepcionais, como criadoras de regras de direito. Na verdade, isto seria

---

[7] Ibidem.
[8] MARTELI, Juliana Fais; SILVA, L. Maria Messias da. *Iniciação Científica Cesumar:* Common Law *em relação ao Direito Brasileiro*, 2006, vol. 08, n. 01, p. 26 Disponível em: www.cesumar.br/ pesquisa/periodicos/ index.php/iccesumar/article/ view/120/58. Acesso em 16.05.2010.

desnecessário; temos já, independentemente delas, um sistema de regras de direito que basta a si próprio. Na Inglaterra a situação apresenta-se, contudo, muito diferente. Nunca se reconheceu lá a autoridade do direito romano como se fez no continente europeu. A *Common Law* foi criada pelos Tribunais Reais de *Westminster*, ela é um direito de natureza jurisprudencial. A função da jurisprudência não foi só a de aplicar, mas também a de destacar as regras do direito. É natural, nestas condições, que a jurisprudência na Inglaterra tenha adquirido uma autoridade diferente da que adquiriu no continente europeu. As regras que as decisões judiciárias estabeleceram devem ser seguidas, sob pena de destruírem toda a 'certeza' e comprometerem a própria existência da *Common Law*.[9]

Segundo o Professor Sérgio Gilberto:

> Realmente, a chamada 'commonlawlização' do direito nacional é o que se pode perceber, com facilidade, a partir da constatação da importância que a jurisprudência, ou seja, as decisões jurisdicionais vem adquirindo no sistema pátrio, particularmente por meio do crescente prestigiamento da corrente de pensamento que destaca a função criadora do Juiz.[...] Cumpre lembrar – em face da afirmativa de que o crescente valor atribuído à jurisprudência na *civil law* brasileira apresenta, de certa forma, a influência da *common law* no sistema racional, em face da globalização – que a fonte primária do direito da *Common Law* é a jurisprudência, eis que este sistema é absolutamente pragmático, formando-se o direito mediante as decisões jurisdicionais. Há nele, pois, um compromisso prévio de prestigiamento do caso antecedente na decisão futura – circunstância operada por meio do *distinguishing* efetivado pelo magistrado posterior. São cotejados os grupos de casos semelhantes para ao fim decidir qual precedente mais se afeiçoa ao caso concreto.[10]

4. A *CLASS ACTION* AMERICANA

No direito americano, tanto uma ação individual pode ser transformada em coletiva como uma coletiva em individual.

Nos Estados Unidos, após a propositura da ação, qualquer uma das partes pode requerer ao juiz a certificação da ação como coletiva.

Em seus ensinamentos, o professor Antonio Gidi diz que:

> No direito americano, ao contrário, a ação não é proposta direta e inelutavelmente na forma coletiva. Há que se distinguir duas fases distintas: a propositura da ação e o requerimento da sua certificação como coletiva. De acordo com a *Rule 23* (c) (1) (A), logo após a propositura da ação, o juiz deverá avaliar a presença dos requisitos e a satisfação de uma das hipóteses de cabimento e confirmar a possibilidade de sua manutenção na forma coletiva. Essa decisão, que autoriza e dá estrutura coletiva à ação proposta, é a certificação (*certification*).[11]

Caso seja indeferida a certificação da ação como coletiva, a mesma prosseguirá como uma ação individual. A certificação ocorre também em relação ao grupo, cuja decisão tem por finalidade estabelecer quem são os seus membros, bem como reconhecê-lo juridicamente como uma entidade, para fins de notificação adequada dos membros e principalmente para saber quem será atingido pela coisa julgada coletiva.

Antonio Gidi equipara a fase de certificação da ação coletiva americana com a fase de saneamento do processo no direito brasileiro.[12]

---

[9] DAVID, René. Op. Cit. pp. 427 e 428.

[10] PORTO, Sérgio Gilberto. Sobre a *Common Law*, *Civil Law* e o precedente judicial. in Luiz Guilherme Marinoni (org.) Estudos de Direito Processual Civil. São Paulo: Revista dos Tribunais, 2005. p. 764 e 765.

[11] GIDI, Antonio. *A Class Action* como instrumento de tutela coletiva dos direitos: as ações coletivas e uma perspectiva comparada. São Paulo: Revista dos Tribunais, 2007, p. 192.

[12] Ibid., p. 213.

A *class action* é proposta pelo representante do grupo, em nome próprio e em nome de todos os demais que se enquadram em uma situação semelhante à sua, e a sentença faz coisa julgada *erga omnes,* atingindo a todos os seus membros, independentemente do resultado da demanda, ao contrário do direito processual civil coletivo brasileiro, devendo a garantia do devido processo legal dos membros ausentes ser controlada pelo juiz e pelas partes.[13]

As ações coletivas visam a tutelar o direito de um grupo de pessoas. Normalmente há casos em que determinadas pessoas não participam ou não autorizam a sua inclusão no processo, mas que, apesar de serem consideradas ausentes, podem ser atingidas pela coisa julgada na ação coletiva, já que são representadas e consideradas presentes em juízo, ficticiamente, através das técnicas da presença compulsória, do *opt in* e a do *opt out*.[14]

A técnica da presença compulsória considera todos presentes e não permite a exclusão de nenhum dos membros do grupo, a fim de que a coisa julgada da sentença coletiva produza efeitos a todo grupo.

Pela técnica do *opt in,* somente o membro do grupo que solicitar a sua inclusão no processo é que será considerado presente em juízo e, consequentemente, será considerado legitimamente vinculado pela coisa julgada produzida na ação coletiva.

Essa técnica do *opt in* possui vantagens e desvantagens, conforme explica Antonio Gidi:

> Por um lado, essa técnica possui a vantagem de incluir no grupo somente aqueles membros realmente interessados no litígio coletivo, excluindo-se aqueles que consideram a representação inadequada, preferem tutelar os seus interesses pessoalmente, ou simplesmente não querem tutelá-lo em juízo. Por outro lado, corre-se o risco de excluir dos benefícios trazidos pela tutela coletiva um grande número de membros que, por falta de conhecimento (dos fatos, do direito, da propositura da ação), por receio de represália ou por outro motivo, não solicitem ou não possam solicitar a sua inclusão no grupo. A inércia natural da situação faz com que o grupo e, conseqüentemente, o valor da causa tendam a ser reduzidos. Vencer essa inércia é muito difícil. Com o grupo assim reduzido, a ação coletiva perde a sua força e a parte contrária sai fortalecida, na medida em que se esquiva de responder em juízo pela totalidade dos danos que a sua atividade causou à comunidade. A impropriedade desse sistema como regra geral é manifesta. A própria Suprema Corte dos Estados Unidos já admitiu que a técnica do *opt in* destruiria a eficácia das *class actions*, principalmente nas ações envolvendo pretensões individuais de pequeno valor.[15]

Assim, a técnica do *opt in* tem como principal desvantagem o fato de excluir do processo um grande número de pessoas que poderiam ser beneficiadas pela tutela coletiva e tornar as *class actions* de pequeno valor praticamente ineficazes.

A técnica do *opt out* tem como presunção a aceitação de todos os membros do grupo em fazer parte do litígio, com exceção daqueles que solicitaram a sua exclusão expressa, os quais não serão considerados presentes em juízo para efeitos da coisa julgada.

A inclusão automática de todos os membros do grupo, através dessa técnica, pode trazer tanto benefícios quanto prejuízos, conforme comenta o professor Antonio Gidi:

---

[13] GIDI, Antonio. *A Class Action* como instrumento de tutela coletiva dos direitos: as ações coletivas e uma perspectiva comparada. São Paulo: Revista dos Tribunais, 2007, p. 271.

[14] Ibid., p. 291.

[15] Ibid., p. 292.

Naturalmente há o risco de que um membro do grupo que nem sequer tenha conhecimento da existência da ação coletiva, seja atingido pela coisa julgada e tenha um direito declarado inexistente em juízo. Todavia, principalmente nos casos em que o valor da pretensão individual é reduzido, a presunção de que o membro do grupo lesado queira participar da ação é muito mais realista. Afinal, nesses casos, a tutela coletiva é a única forma de tutela jurisdicional do seu interesse. Por outro lado, nos casos em que as pretensões individuais sejam de valor muito alto, que inclusive justifiquem financeiramente a propositura de ações individuais, muito provavelmente o membro será informado da existência da ação coletiva e poderá exercer o direito de auto-exclusão ou já terá proposto a sua ação individual.[16]

A vantagem dessa técnica é que amplia o número de pessoas no processo coletivo e favorece, principalmente, o grupo que busca a tutela em causas de pequeno valor, uma vez que pode ocorrer a situação de nem todos solicitarem a sua inclusão no litígio.

CONCLUSÃO

As tradições jurídicas analisadas no presente estudo são objeto de inúmeras influências, porém possível fazer-se uma análise acurada do conceito e da origem dos termos *Common Law,* destacando suas características.

A ocorrência da interligação entre os países contribuiu efetivamente para a inserção de sistemáticas jurídicas. O sistema *Common Law* abriu espaço para a codificação dos seus costumes e o uso mais frequente da lei, bem como o Brasil passou a fazer uso da jurisprudência para uma busca maior da valorização da jurisprudência.

Já o processo coletivo como a sua origem, a influência da *class action* do direito norte-americano sobre o direito processual civil coletivo brasileiro, a legitimidade para as ações coletivas, a intervenção do *amicus curiae*, os efeitos da coisa julgada envolvendo direitos transindividuais ou metaindividuais e, por fim, estabelecer um comparativo da ação coletiva nos sistemas de *civil law*, do qual o Brasil faz parte, e *common law*, sistema adotado por vários países como Austrália, Nova Zelândia, Canadá (Província de Quebec), Índia, dentre outros.

A ação coletiva originou-se, segundo a doutrina majoritária, no século XVII como uma variante do *bill of peace* do direito medieval inglês, tendo sofrido nos Estados Unidos uma grande evolução e difusão através das denominadas *class action*, as quais foram fonte importante de inspiração para o direito processual civil coletivo brasileiro.

A Lei da Ação Popular é considerada como o primeiro diploma legal brasileiro para a tutela de interesses coletivos, sendo que após, vieram a Lei de Ação Civil Pública e o Código de Defesa do Consumidor, assim como a intervenção do *amicus curiae* nas ações coletivas tem sido admitida pela doutrina e pelos Tribunais, desde que a causa tenha relevância.

No direito americano, uma ação individual pode ser transformada em ação coletiva, e uma coletiva pode ser transformada em individual, diferentemente do que ocorre no direito brasileiro. Após a sua propositura, qualquer uma das partes pode requerer ao Juiz a certificação da ação como coletiva, a qual, se indeferida, poderá prosseguir como uma ação individual.

---

[16] GIDI, Antonio. *A Class Action* como instrumento de tutela coletiva dos direitos: as ações coletivas e uma perspectiva comparada. São Paulo: Revista dos Tribunais, 2007, p. 292-293.

Existem duas técnicas denominadas de *opt in* e *opt out*. No sistema do *opt in*, o membro do grupo deve solicitar a sua inclusão no processo para que seja considerado legitimamente vinculado pela coisa julgada da ação coletiva. No sistema do *opt out*, presume-se que todos os membros do grupo aceitaram fazer parte do litígio, com exceção daqueles que solicitaram expressamente a sua exclusão.

A ação coletiva possui algumas diferenças nos países que adotam o sistema da *civil law* (Brasil) e nos países que adotam o sistema da *common law* (Austrália, Nova Zelândia, Índia e outros). A ação coletiva nos países da *civil law* possui as seguintes peculiaridades: a legitimação pode ser privada, pública ou mista; o instituto da representatividade adequada é adotado por apenas alguns países; são utilizados os critérios do *opt out* e do *opt in*, bem como a combinação desses dois critérios, dependendo do país; nas ações envolvendo direitos difusos e coletivos, a coisa julgada produz efeitos *erga omnes* e nas ações envolvendo direitos individuais homogêneos a sentença faz coisa julgada *secundum eventum litis,* só para favorecer, e não para prejudicar as pretensões individuais.

Já nos países da *common law* o processo coletivo apresenta as seguintes características: a legitimação é atribuída a pessoas físicas, associações e entes governamentais; o instituto da representatividade adequada é bastante importante para a certificação da ação coletiva, bem como para efetividade da coisa julgada; a coisa julgada da sentença é limitada não só pela decisão final da ação como também pela decisão de certificação da ação coletiva.

Em síntese, o processo coletivo difundiu-se em razão da necessidade de atender uma nova categoria de direitos denominados de terceira geração, os quais são caracterizados pela sua transindividualidade, pois se referem a um grupo de pessoas ou uma coletividade.

As ações coletivas têm por objetivo promover a economia e a celeridade processual, bem como evitar que ocorram decisões contraditórias em torno de uma mesma controvérsia jurídica, cujo objetivo é a busca pelo aprimoramento e desenvolvimento do processo coletivo brasileiro trará, com certeza, benefícios não só ao Judiciário como também a toda a sociedade que anseia por uma Justiça mais célere e eficaz.

— 16 —

A atuação do sindicato nas ações coletivas: uma releitura a partir do princípio da liberdade sindical

FERNANDA PINHEIRO BROD[1]

Sumário: 1. Introdução; 2. Inciso III do artigo 8º da Constituição Federal: o sindicato é legitimado ordinário ou substituto processual?; 3. Direitos coletivos e direitos individuais; 4. A legitimação extraordinária ampliativa dos sindicatos face ao direito sindical no Brasil: avanço ou ilusão?; 5. Considerações finais; 6. Referências.

1. INTRODUÇÃO

O processo trabalhista foi o primeiro ramo a se preocupar com as lides coletivas. A própria origem do direito do trabalho encontra guarida em questões coletivas, tais como greves, boicotes, piquetes e o consequente desenvolvimento de métodos de solução dos conflitos coletivos. É clássica no direito do trabalho a existência de duas formas de relações jurídicas: as relações individuais e as relações coletivas de trabalho. Nestas últimas, a tutela de direitos coletivos do trabalho por meio do ajuizamento de dissídios coletivos é, sem dúvida, a mais conhecida forma de solução de conflitos dessa natureza e amplamente aceita por força de expressa previsão constitucional (artigo 114, § 2º, da Constituição Federal).[2]

Trata-se do chamado poder normativo da Justiça do Trabalho, através do qual os Tribunais do Trabalho, ao proferir sentença normativa em dissídio coletivo, criam novas regras aplicáveis aos envolvidos. Não se trata de aplicar normas jurídicas preexistentes, no intuito de restaurar o direito subjetivo violado, mas sim de apreciar o interesse abstrato da categoria e criar novas normas, inovando-se o direito objetivo aplicável no âmbito da(s) categoria(s) envolvida(s).

A Constituição Federal de 1988 prevê, em seu artigo 8º, inciso III, que "ao sindicato cabe a defesa dos direitos e interesses coletivos ou individuais da categoria, inclusive em questões judiciais ou administrativas". Tal dispositivo, além de ratificar a previsão de atuação do sindicato como legitimado ativo nos dissídios coletivos consagrou ainda, segundo parte da doutrina, a possibilidade de ampla substituição pro-

---
[1] Doutoranda em Direito pela PUC/RS. Mestre em Direito. Professora e coordenadora do curso de Direito do Centro Universitário UNIVATES, em Lajeado/RS. Advogada.

[2] No dissídio coletivo, que tem por objeto substituir eventual negociação coletiva frustrada, com a fixação de normas e condições não pactuadas livremente pelas partes envolvidas ou o dirimir questão relacionada à interpretação e aplicação de determinada norma jurídica, caberá ao sindicato suscitar o dissídio, devendo observar o rito previsto nos artigos 856 a 875 da CLT, bem como o disposto na Lei 7.701/88 que permite, nos tribunais, Seção Especializada em Dissídios Coletivos.

cessual³ pelos sindicatos, permitindo, assim, também a defesa dos direitos individuais homogêneos e também heterogêneos perante a Justiça do Trabalho, através de substituição processual e também representação pelo sindicato. Ocorre que, seja por falta de previsão legal específica no processo do trabalho, seja por falta de cultura jurídica⁴ no que se refere à utilização das ações coletivas além da hipótese de ajuizamento de dissídio coletivo, a possibilidade de substituição processual pelo sindicato não foi, de plano, aceita de forma ampliativa pela doutrina e pelos tribunais do trabalho pátrios. O próprio Tribunal Superior do Trabalho manteve, até 01/10/2003, posicionamento majoritário no sentido de não ser possível a substituição processual pelo sindicato além das disposições específicas previstas em lei, o que restava claro através da redação de sua Súmula 310 e indicava a existência de confusão terminológica a respeito do papel dos sindicatos na defesa dos interesses da categoria, se legitimado ativo ou se substituto processual.⁵

Até então, o próprio Tribunal Superior do Trabalho mantinha entendimento de que a substituição processual no processo do trabalho só seria possível nas hipóteses expressamente previstas em lei, em razão do caráter excepcional da legitimação extraordinária. Assim, quatro seriam as possibilidades de substituição processual, quais sejam: a) nas ações visando ao pagamento de adicional de insalubridade ou periculosidade (art. 195, § 2º, da CLT); b) na ação de cumprimento (art. 872, parágrafo único, da CLT); c) para pleitear depósito do FGTS devido ao trabalhador (art. 25 da Lei 8.036/90); d) nas ações em que se pede a satisfação de reajustes salariais específicos, resultantes de disposições previstas em lei de política salarial (art. 3º da Lei 8.073/90). Nestas situações, não restava dúvida da possibilidade de propor o sindicato ações coletivas visando à tutela dos interesses respectivos a cada situação, independentemente de autorização individual por parte de cada um dos substituídos

---

³ Conforme Arion Sayão Romita: "A noção de substituição processual, porém, não se compatibiliza com a idéia de sindicato como *órgão de reivindicação*. Se ele é a própria categoria institucionalizada, se sua finalidade institucional está na promoção dos interesses e defesa dos direitos dos integrantes do grupo, ele não pleiteia em juízo *direito alheio*, mas direito próprio". ROMITA, Arion Sayão. *Direito do trabalho:* temas em aberto. São Paulo: LTr, 1998, p. 680.

⁴ Contrariamente a outros países, notadamente o sistema americano, referido por Chevalier, onde "o sistema da *Class Action* (surgido na década de 1960) permite, com efeito, a um membro de um grupo promover uma ação na Justiça em nome desse grupo, todos os demais membros podendo se juntar à ação a fim de beneficiar-se da reparação imposta pelo juiz – (...); inicialmente aplicável aos litígios de consumidores, a *Class Action* estendeu-se aos problemas de saúde, de direito do trabalho, de luta contra as discriminações...". CHEVALIER, Jacques. *O Estado Pós-Moderno.* Belo Horizonte: Fórum, 2009, p. 131.

⁵ TST. Súmula 310 – Sindicato Autor da Ação na Condição de Substituto Processual (Cancelada pela Resolução 119/2003, DJ 01.10.2003) I – O Art. 8º, inciso III, da Constituição da República, não assegura a substituição processual pelo sindicato. II – A substituição processual autorizada ao sindicato pelas Leis ns. 6.708, de 30-10-1979 e 7.238, de 29-10-1984, limitada aos associados, restringe-se às demandas que visem aos reajustes salariais previstos em lei, ajuizadas até 3 de julho de 1989, data em que entrou em vigor a Lei nº 7.788. (L-007.788-1989 – revogada) III – A Lei 7.788-89, em seu Art. 8, assegurou, durante sua vigência, a legitimidade do sindicato como substituto processual da categoria. (L-007.788-1989 – revogada) IV – A substituição processual autorizada pela Lei nº 8.073, de 30 de julho de 1990 ao sindicato alcança todos os integrantes da categoria e é restrita às demandas que visem à satisfação de reajustes salariais específicos resultantes de disposição prevista em lei de política salarial. V – Em qualquer ação proposta pelo sindicato como substituto processual, todos os substituídos serão individualizados na petição inicial e, para o início da execução, devidamente identificados, pelo número da Carteira de Trabalho e Previdência Social ou de qualquer documento de identidade. VI – É lícito aos substituídos integrar a lide como assistente litisconsorcial, acordar, transigir e renunciar, independentemente de autorização ou anuência do substituto. VII – Na liquidação da sentença exequenda, promovida pelo substituto, serão individualizados os valores devidos a cada substituído, cujos depósitos para quitação serão levantados através de guias expedidas em seu nome ou de procurador com poderes especiais para esse fim, inclusive nas ações de cumprimento. VIII – Quando o Sindicato for o autor da ação na condição de substituto processual, não serão devidos honorários advocatícios.

embora, como se verá, se trate de ações coletivas que visam à defesa de direitos individuais homogêneos, e não direitos coletivos *stricto sensu*.

O cancelamento da Súmula 310 seguiu orientação do Supremo Tribunal Federal,[6] que após a Constituição Federal de 1988 passou a decidir pela legitimidade extraordinária ampliativa conferida aos sindicatos para defender em juízo os direitos e interesses coletivos ou individuais dos integrantes da categoria que representam. O Tribunal Superior do Trabalho, assim, nada mais fez do que seguir a orientação do Supremo Tribunal Federal. Entretanto, ao invés de reformar referida súmula, optou por seu cancelamento, silêncio este que dá azo a divagações como a que se pretende fazer no presente ensaio.

Para fins de elaboração do presente trabalho, utilizaremos os conceitos de legitimação ordinária ao se falar na propositura de dissídio coletivo pelo sindicato e legitimação extraordinária quando este atuar em defesa de interesses individuais homogêneos. Partindo desta premissa, importa analisar quais os interesses poderá o mesmo defender, de que forma poderá fazê-lo, cabendo, por fim, analisar o contexto do direito sindical no Brasil hoje, face ao disposto no artigo 8º, *caput*, da Constituição Federal, à Convenção 87 da Organização Internacional do Trabalho (OIT) e sua não ratificação, a fim de que se possa tecer uma crítica ao entendimento pela inexistência de limites à substituição processual pelo sindicato, dadas suas possíveis consequências.

2. INCISO III DO ARTIGO 8º DA CONSTITUIÇÃO FEDERAL: O SINDICATO É LEGITIMADO ORDINÁRIO OU SUBSTITUTO PROCESSUAL?

Não há dúvidas de que a Constituição Federal de 1988, inaugurando um novo momento histórico e seguindo viés democrático e pluralista, concedeu especial importância aos sindicatos, a ponto de dispor no Título II, que trata dos direitos e garantias fundamentais, e no seu Capítulo II, que trata dos direitos sociais, a respeito do sistema sindical. Em seu artigo 8º, inciso III, dispôs que "ao sindicato cabe a defesa dos direitos e interesses coletivos ou individuais da categoria, inclusive em questões judiciais ou administrativas". Mas afinal, ao exercer a defesa dos interesses da categoria, age o sindicato como legitimado ordinário ou como substituto processual? Nas palavras de Almeida, trata-se de substituição processual, havendo "ruptura com o modelo fixado pelo artigo 6º do CPC, autorizando o sindicato a agir como substituto processual, em favor da categoria, sempre que sua atuação se fizer necessária para a garantia da efetividade dos direitos reconhecidos ao trabalhador pelo ordenamento jurídico".[7]

O substituto processual, segundo Liebman, seria aquele que

> (...) exerce em nome próprio uma ação que, embora pertença a outrem segundo as regras ordinárias, é conferida ou extendida excepcionalmente a ele através da legitimação extraordinária; isto se dá em atenção a um seu especial interesse pessoal, que pode ser qualificado como interesse legítimo reconhecido pela lei através da permissão, que lhe dá, de agir em juízo para a tutela de um direito alheio.[8]

---

[6] Ver, entre outros, o RE 210029/RS, julgamento em 12/06/2006, pelo Tribunal Pleno, Relator Ministro Carlos Velloso, publicada no DJ 17/08/2007, pp 25.

[7] ALMEIDA, Cléber Lúcio de. *Direito processual do trabalho.* Belo Horizonte: Del Rey, 2006, p. 334-335.

[8] LIEBMAN, Enrico Tullio. *Manual de direito processual civil,* Rio de Janeiro: Forense, 1984, v. I, p. 160.

Parte da doutrina, no entanto, entende que, mais do que substituto processual, "o sindicato é a categoria juridicamente organizada. Não pode, portanto, o sindicato substituir a categoria, pois a função ordinária, comum da agremiação, é representar a categoria".[9] Seria, assim, incorreto falar-se em substituição processual da categoria pelo sindicato. Poderia, sim, haver substituição dos associados,[10] nas situações previstas em lei. A esse respeito, entendemos relevante a contribuição de Pontes de Miranda, ao falar em presentação e representação, embora tal distinção tenha sido elaborada especificamente para uma teoria do direito privado, sem considerar peculiaridades próprias do direito e processo do trabalho. Ao suscitar dissídio coletivo, de fato o sindicato age em nome próprio, na provocando o Poder Judiciário na busca da criação de novos direitos objetivos para a categoria, através do poder normativo da Justiça do Trabalho. "Quando o órgão da pessoa jurídica pratica o ato, que há de entrar no mundo jurídico como ato da pessoa jurídica, não há representação, mas presentação".[11] E, nesse sentido, o sindicato é a própria categoria organizada, não havendo substituição processual no dissídio coletivo. Já quando se fala na defesa de direitos individuais, entendemos que o sindicato não age em nome próprio, já que não busca a criação de novas regras objetivas (como no dissídio coletivo), e sim, a restauração de direitos subjetivos violados.

Há que se ter em mente o direito que se pretende tutelar. Afinal, o sindicato exerce um papel ao defender direitos coletivos *stricto sensu* diferentemente, a nosso ver, da defesa de direitos individuais homogêneos e, ainda, individuais heterogêneos. Ao atuar em dissídio coletivo, notadamente naquele previsto nos artigos 856 a 875 da CLT, e que tem por objetivo uma sentença normativa a ser proferida pelos Tribunais do Trabalho, age o sindicato em defesa de direitos coletivos *stricto sensu* e, nesse caso, é legitimado ordinário para fazê-lo, havendo expressa previsão legal nesse sentido (artigo 857 da CLT). Por outro lado, ao exercer a defesa de direitos individuais, o sindicato age em substituição processual (em se tratando de direitos individuais homogêneos).

Ao se falar em direitos individuais homogêneos, categoria que nos interessa de forma especial no presente trabalho, podemos, a nosso ver, falar em substituição processual, agindo o sindicato em nome próprio para defender direito alheio. O alcance dessa substituição processual é especialmente discutido na doutrina trabalhista pátria. Tendo em vista o disposto no artigo 8º, inciso III, da Constituição Federal, já citado, a posição do próprio Supremo Tribunal Federal é no sentido de que esta deve ocorrer de forma ampla, sem exigência de outorga de mandatos individuais para a propositura da ação e alcançando, inclusive, os empregados não associados ao sindicato.[12]

O interesse maior, de acordo com a interpretação que se pode fazer da Constituição Federal de 1988 e, mais especificamente, dos dispositivos inseridos no seu

---

[9] MARTINS, Sérgio Pinto. *Direito processual do trabalho*. 30. ed. São Paulo: Saraiva, 2010, p. 203.

[10] Nesse caso, mediante defesa dos direitos individuais que, como será visto a seguir, não se confundem com os direitos coletivos da categoria.

[11] MIRANDA, Pontes de. *Tratado de direito privado*. 4. ed. São Paulo: Revista dos Tribunais, 1983, v. 3, p. 233.

[12] Cabe referir que, no sistema sindical brasileiro, todos os trabalhadores são necessariamente *representados* por um sindicato da respectiva categoria profissional, ao passo que a associação ao sindicato é de livre manifestação de vontade do trabalhador (artigo 5º, XX da Constituição Federal) e normalmente ocasiona uma segunda modalidade de contribuição financeira ao sindicato (a chamada contribuição confederativa), bem como prerrogativas diferenciadas aos *associados*. NASCIMENTO, Amauri Mascaro. *Compêndio de direito sindical*. 6. ed. São Paulo: LTR, 2009.

Capítulo II – dos Direitos Sociais, é a efetiva proteção do trabalhador. Nesse sentido, adverte Viana:

> Não devemos confundir a substituição processual civil com a trabalhista. A primeira só se limita a algumas hipóteses específicas, porque só nelas o credor vê dificultado, de algum modo, o seu acesso à Justiça (...). Na generalidade dos casos, e refletindo o espírito do próprio direito que instrumentaliza, o processo civil supõe homens livres e iguais, senhores de seu destino. Já a substituição processual trabalhista parte de uma outra ótica, de outra realidade. Opera numa esfera em que as partes são tragicamente desiguais, tão desiguais que uma delas não pode sequer acionar a outra na pendência do vínculo que as une. E essa situação atinge a *toda* a classe trabalhadora: não é exceção, mas regra geral.[13]

Em sentido contrário, a afirmação de que a Constituição Federal conferiu ao sindicato legitimação ampla para a substituição afrontaria a própria teoria da vontade. Segundo Oliveira, "os órgão sindicais podem e devem exercer importante papel orientador aos integrantes das suas categorias. Mas não podem nem devem substitui-los a ponto de neutralizar as suas próprias vontades. A ditadura sindical é tão malévola quanto o poderio econômico que dizem combater".[14]

Ocorre que a análise sobre o alcance da substituição processual exige, necessariamente, que se discorra sobre a natureza dos interesses a serem protegidos, à medida em que poderá haver tratamentos processuais distintos, inclusive a partir de um mesmo fato, desde que se esteja tutelando interesses diversos.

3. DIREITOS COLETIVOS E DIREITOS INDIVIDUAIS

Não se pode confundir a existência de litisconsórcio com a natureza do direito a ser defendido. Conforme Tesheiner, "há ações individuais, ainda que com litisconsórcio ativo ou passivo, e ações coletivas, caracterizadas pela ausência, no processo, de pessoas que serão beneficiadas ou mesmo prejudicadas pela sentença".[15] Estas ações é que se dividem em duas grandes categorias: as que visam a tutelar direitos coletivos (ou difusos) e as que visam tutelar direitos individuais homogêneos.

Conforme Raupp: "O principal elemento que diferencia os direitos individuais homogêneos dos direitos coletivos é a divisibilidade daquele. Ainda que sejam semelhantes, são cindíveis, passíveis de atribuição proporcional a cada um dos interessados. Por esta razão, ao contrário dos direitos coletivos ou difusos, podem ser defendidos individualmente pelos próprios interessados".[16]

Os direitos individuais homogêneos são, assim, "simplesmente, direitos subjetivos individuais (= com titular determinado) e, portanto, materialmente divisíveis (= podem ser lesados ou satisfeitos por unidades isoladas)".[17] Podem ser defendidos coletivamente, dada sua semelhança, homogeneidade, havendo uma pluralidade de ti-

---

[13] VIANA, Márcio Túlio. O acesso à justiça e a nova prescrição do rurícula. *Revista do Tribunal Regional do Trabalho da 3ª Região*. Belo Horizonte, 31 (61): 93-106, Jan./Jun.2000

[14] OLIVEIRA, Francisco Antônio de. *Comentários aos Enunciados do TST*. 5. ed. São Paulo: RT, 2001, p. 769

[15] TESHEINER, José Maria. Ações coletivas e efetividade do processo – PL 5.139/2009. In TELLINI, Denise Estrela; JOBIM, Geraldo Cordeiro; JOBIM, Marco Félix (Org.). *Tempestividade e efetividade processual: novos rumos do processo civil brasileiro*. Caxias do Sul, RS: Plenum, 2010, p. 386.

[16] RAUPP, Eduardo Caringi. A tutela coletiva dos direitos individuais homogêneos – considerações sobre a adequada representação e a extensão dos efeitos da coisa julgada. In *Processos coletivos*. Porto Alegre, 2010, v. 1. n. 5, outubro a dezembro, disponível em http://www.processoscoletivos.net/ve_artigo.asp?id=21. Acesso em 21/10/2010.

[17] ZAVASCKI, Teori Albino. *Processo coletivo*: tutela de direitos coletivos e tutela coletiva de direitos. 2. ed. São Paulo: Revista dos Tribunais, 2007, p. 284

tularidade, tal como ocorre nos direitos transindividuais (só que estes são indivisíveis e seus titulares indeterminados). Direitos coletivos, na definição de Zavascki são:

> Direitos subjetivamente transindividuais (= sem titular determinado, razão pela qual são tutelados em juízo invariavelmente pelo regime da substituição processual) e materialmente indivisíveis (= são lesados ou satisfeitos necessariamente em sua globalidade, o que determina tutela jurisdicional também de forma conjunta e universalizada).[18]

Os direitos coletivos podem se dividir, ainda, em direitos difusos[19] [20] e direitos coletivos *stricto sensu*. Estes últimos dizem respeito àqueles que podem ser defendidos pelos sindicatos, à medida em que podem ser objetivados nos interesses de determinada categoria. Nas palavras de Russomano:

> Quando dizemos, dessa forma, que o sindicato representa interesses coletivos, nós nos estamos referindo a interesses grupais ou categoriais, que, por sua natureza, não se confundem com os interesses gerais da comunidade global, ficando, por isso, no caso, contidos dentro do direito privado.[21]

Nesse sentido, entendemos que não se está diante de substituição processual no momento em que o sindicato defende direitos coletivos, notadamente através do dissídio coletivo. Isto porque

> No dissídio individual, está em jogo o direito subjetivo violado, de um ou de vários trabalhadores, todos considerados individualmente e perfeitamente identificados. Já no dissídio coletivo, não se cuida da aplicação de normas jurídicas preexistentes, no intuito de restaurar o direito subjetivo violado, pois trata-se de apreciar o interesse abstrato de uma categoria. Impossível será a individualização dos interessados na solução da controvérsia, uma vez que não está em jogo uma soma de interesses, porém a síntese, cujo titular é a categoria, série indefinida de indivíduos.[22]

Por outro lado, ao agir o sindicato na defesa de direitos individuais homogêneos, age em substituição processual, postulando direito de outrem como, por exemplo, ao postular em ação de cumprimento o pagamento de determinada prestação não cumprida pelo empregador. Embora o posicionamento do Supremo Tribunal Federal, entendemos que esta interpretação ampliativa da atuação dos sindicatos nas ações coletivas (na defesa dos interesses individuais homogêneos) merece ressalvas e quiçá

---

[18] ZAVASCKI, Teori Albino. Reforma do Processo Coletivo: indispensabilidade de disciplina diferenciada para direitos individuais homogêneos e para direitos transindividuais. In GRINOVER, A.; CASTRO MENDES, A.; WATANABE. K. (Coord.) *Direito processual coletivo e o anteprojeto de Código Brasileiro de Processos Coletivos*. São Paulo: Editora Revista dos Tribunais, 2007, p. 34.

[19] Estes, nas palavras de Rodolfo de Camargo Mancuso: são interesses metaindividualizados que, não tendo atingido o grau de agregação e de organização necessários a sua afetação institucional, junto a certas entidades ou órgãos representativos dos interesses socialmente definidos, restam em estado fluido, dispersos pela sociedade civil como um todo (v. g., o interesse à pureza do ar atmosférico) podendo, por vezes, concernir a certas coletividades de conteúdo numérico indefinido (v. g., os consumidores). Caracterizam-se: pela indeterminação dos sujeitos, pela indivisibilidade do objeto, por sua intensa litigiosidade interna e por sua tendência à transição ou mutação no tempo e no espaço0. MANCUSO, Rodolfo de Camargo. *Interesses difusos:* conceito e legitimação para agir. São Paulo: Revista dos Tribunais, 2000, p. 137.

[20] Registre-se que há autores que defendem, inclusive, a legitimidade do sindicato na defesa de interesses *difusos* da categoria como, por exemplo, o meio ambiente de trabalho saudável ou a luta pela criação de postos de trabalho em determinado município. Nesse sentido SANTOS, Ronaldo Lima dos. *Sindicatos e ações coletivas:* acesso à justiça, jurisdição coletiva e tutela dos interesses difusos, coletivos e individuais homogêneos. São Paulo: LTr, 2003, p. 295. A esse respeito, nos filiamos ao posicionamento de MARTINS, ao afirmar: "Havendo interesses difusos em discussão, a legitimidade para a propositura da ação civil pública é exclusiva do Ministério Público do Trabalho, pois o sindicato não protege interesses difusos, mas os interesses da categoria, que são interesses coletivos". MARTINS, Sérgio Pinto. *Direito processual do trabalho*. São Paulo: Atlas: 2010, p. 498.

[21] RUSSOMANO, Mozart Victor. *Princípios gerais de direito sindical*. 2. ed. Rio de Janeiro, Forense, 1998.

[22] ROMITA. Arion Sayão. Op. cit., p. 627.

espaço para discussão das ações coletivas trabalhistas. Isto porque, como se verá, a restrição aplicada pelo Tribunal Superior do Trabalho até 2003 pode ter como fundamento a própria ausência de liberdade sindical plena no país.

O posicionamento do Tribunal Superior do Trabalho até o cancelamento da mencionada Súmula 310, como se viu, era no sentido de restringir a possibilidade de substituição processual pelo sindicato nas ações coletivas trabalhistas, inclusive exigindo relação dos substituídos, até mesmo para ações de cumprimento (previstas no artigo 872 da CLT),[23] com outorga de procuração com poderes especiais para levantamento de valores. Ora, a ação de cumprimento é, no dizer de Zavascki,[24] a segunda fase da ação coletiva e nesta a legitimação se dá, em regra, pelo regime comum de representação. É claro que o artigo 872 da CLT autoriza a representação pelo sindicato, mas não se pode olvidar que, *in casu*, se trata de tutela de direitos individuais homogêneos, tanto que é possível o ajuizamento de referida ação de forma individual, pelo trabalhador.[25]

Assim, entendemos que a legitimidade para a defesa dos direitos individuais homogêneos e em que pese a previsão contida no inciso III do artigo 8º da Constituição Federal, deveria ser exigida outorga de poderes específicos. Na falta de entendimento nesse sentido, sugere-se a adoção de técnicas diferenciadas que permitam o exercício da autonomia da vontade pelo trabalhador, face à inexistência de opção sindical. Tal posicionamento, que a princípio pode parecer restritivo de direitos, tem lastro em uma visão crítica e sistemática do direito sindical pátrio, cujos principais aspectos serão expostos a seguir.

4. A LEGITIMAÇÃO EXTRAORDINÁRIA AMPLIATIVA DOS SINDICATOS FACE AO DIREITO SINDICAL NO BRASIL: AVANÇO OU ILUSÃO?

Uma vez admitida a possibilidade de substituição processual pelo sindicato, cabe questionar quais interesses o mesmo poderia defender, independentemente de outorga de poderes específicos pelos interessados. Para tanto, entendemos cabível a análise da organização sindical no Brasil a qual, a nosso sentir, é frágil especialmente quando se tem em mente a não ratificação da Convenção 87 da OIT pelo Brasil,[26]

---

[23] "A sentença normativa, não tendo natureza condenatória, não é executada, podendo seu cumprimento ser exigido perante o Judiciário por meio da ação denominada *ação de cumprimento*. De outra forma, não sendo cumpridas as normas e condições de trabalho estipuladas na sentença normativa (ou acordo homologado), poderão os empregados ou seus sindicatos apresentar reclamação à Vara ou Juiz de Direito investido na jurisdição trabalhista, recebendo esta reclamação (que é dissídio individual) a denominação de ação de cumprimento". ALMEIDA, Cleber Lúcio de. Op. cit., p. 824.

[24] Conforme o autor: "Os demais elementos indispensáveis para conferir força executiva ao julgado – ou seja, o *cui debeatur* (= quem é o titular do direito) e o *quantum debeatur* (= qual é a prestação a que especificamente faz jus) – são objetos de outra sentença, proferida na ação de cumprimento (segunda fase)". Op. Cit, p. 36. ZAVASCKI, Teori Albino. In In GRINOVER, A.; CASTRO MENDES, A.; WATANABE. K. (Coord.) Op. cit., p. 36.

[25] O que não ocorre, por sua vez, na discussão acerca do reajuste ao salário da categoria, cabível para determinado período, matéria atinente ao dissídio coletivo de natureza econômica e que, de forma alguma, é cabível em uma ação individual.

[26] A qual é considerada, pela Organização do Trabalho, uma das sete convenções fundamentais do trabalho. www.oit.org.br

inexistindo, assim, liberdade sindical plena no país,²⁷ inobstante o disposto no *caput* do artigo 8º da Constituição.

Liberdade sindical, nas palavras de Stürmer:

> É o direito de trabalhadores, entendidos como tal empregados, empregadores, autônomos e profissionais liberais, de livremente constituírem sindicatos; de livremente ingressarem e saírem dos sindicatos conforme seus interesses, sem limites decorrentes da profissão à qual pertençam; de livremente administrarem as organizações sindicais, constituírem órgãos superiores e de associarem-se a órgãos internacionais; de livremente negociarem sem qualquer interferência do Poder Público (Executivo, Legislativo ou Judiciário); e de livremente exercerem o direito de greve, observadas as formalidades legais; tudo isso sem limitação de base territorial e num regime de pluralismo, sendo o sistema financiado única e exclusivamente pelas contribuições espontâneas por eles fixadas.²⁸

Ocorre que no Brasil, por força do disposto no artigo 8º, inciso II da Constituição Federal, que dispõe sobre a unicidade sindical, proíbe-se a criação de mais de uma organização sindical, em qualquer grau,²⁹ representativa de categoria profissional ou econômica, na mesma base territorial, havendo sido mantido o princípio da unicidade sindical previsto no art. 516 da CLT. Além disso, resta mantida a exigência de contribuição sindical obrigatória, conforme expressa previsão no artigo 8º, inciso IV da Constituição Federal que, ao instituir nova modalidade de custeio das entidades sindicais (a chamada contribuição confederativa) não excluiu a cobrança daquela prevista em lei (mais especificamente no artigo 578 da CLT, o chamado "imposto sindical").³⁰ Logo, se por um lado se pode falar em liberdade sindical (inclusive no próprio caput do artigo 8º da Constituição), por outro se restringe a criação de mais de uma entidade sindical, de mesmo grau, mesma categoria na mesma base territorial e, ainda, se mantém a cobrança de uma contribuição compulsória constituída e fixada em um período de grande intervenção estatal na atividade sindical, com práticas incompatíveis com o modelo de Estado inaugurado com a Constituição Federal de 1988.

O resultado é a permanência de estruturas arcaicas, voltadas para a manutenção do *status quo,* notadamente a perpetuação de líderes sindicais no poder, em realidade completamente avessa à existência de uma autêntica liberdade sindical, ou liberdade sindical plena, como refere Stürmer.³¹ Com isso, se está diante de um cenário no qual os sindicatos não respondem a contento aos anseios da categoria, o que gera não apenas um enfraquecimento da luta de classes e, ao fim e ao cabo, da própria categoria, como também a busca por saídas individuais, como lembra Nardi:³²

---

²⁷ Nesse sentido, nos filiamos ao posicionamento de Stürmer, para quem "No Brasil, não há liberdade sindical individual, não há liberdade sindical coletiva e não há liberdade sindical em face do Estado". STÜRMER, Gilberto. *A liberdade sindical.* Porto Alegre: Livraria do Advogado, 2007, p. 150

²⁸ Op. cit., p. 150.

²⁹ A respeito dos graus de organização sindical, cabe referir que, além do sindicato na base (município) e as entidades de grau superior (federação em âmbito estadual e confederação em âmbito federal) previstas no artigo 533 da CLT, a Lei 11.648/2008 dispõe sobre o reconhecimento formal das centrais sindicais, devendo restar claro que embora tal reconhecimento, as mesmas não se inserem no chamado sistema piramidal de organização sindical brasileiro descrito acima.

³⁰ Sobre as diferentes contribuições sindicais (contribuição anual compulsória, contribuição estatutária e contribuição confederativa) ver SÜSSEKIND, Arnaldo. *Direito constitucional do trabalho.* 3. ed. Rio de Janeiro: Renovar, 2004, p. 410.

³¹ Op. cit.

³² NARDI, Henrique C. *Ética, trabalho e subjetividade.* Porto Alegre: Editora da UFRGS, 2006, p. 190.

O enfraquecimento das ferramentas de luta tradicionais do sindicato, a incapacidade deste em construir uma verdade alternativa capaz de desconstruir o discurso da qualidade da empresa, a flexibilização da legislação, a individualização das relações de trabalho e a adesão à retórica da desilusão para com a democracia conduzem à opção por saídas individuais.

Ocorre que tal realidade é paradoxal pois, na medida em que a tutela coletiva de direitos se mostra uma saída viável, possível e desejável na solução de conflitos, dada a provável economia de tempo, recursos e um maior alcance e eficácia das decisões proferidas, o enfraquecimento do sindicato enquanto sujeito legítimo para atuar nesta discussão, por sua vez, enfraquece o discurso da tutela coletiva e fomenta a busca por soluções individuais (no âmbito da discussão do presente trabalho, especificamente dissídios individuais, multiplicados inúmeras vezes para situações extremamente semelhantes) quando, de fato haveria a possibilidade de se levar os interesses individuais homogêneos a juízo de uma só vez, "em homenagem à economia processual, à celeridade e à uniformidade das decisões, tornando desnecessária a propositura de um sem-número de processos, todos iguais, com desperdício de tempo, andamento demorado e possível discrepância de julgamentos".[33]

Assim, em que pese o posicionamento do Supremo Tribunal Federal, ao entender que a substituição processual pelo sindicato é ampla e irrestrita, entendemos que esta encontra óbice na falta de liberdade sindical plena no país e, ainda, no próprio enfraquecimento da instituição sindical, fruto desta falta de liberdade e, consequentemente, falta de espaço de discussão e espaço de criação e defesa de discursos alternativos à própria categoria profissional. Esta visão possivelmente fomentou o entendimento do Tribunal Superior do Trabalho exposto através da redução de sua (já mencionada) Súmula 310. Com isto, ainda que seja possível a defesa de direitos individuais homogêneos independentemente de autorização específica dos representados (de acordo com o posicionamento do Supremo Tribunal Federal), a própria descrença no sindicato e a possibilidade de ajuizamento de forma individual de ação com idêntico objeto, deita por terra a tese da economia processual e da repercussão da decisão proferida em sede de tutela coletiva de direitos.

Entendemos que é justamente no processo do trabalho, no qual a tutela coletiva de direitos existe de forma tão arraigada (fato comprovado na própria existência e uso dos dissídios coletivos – artigo 114, § 2º da Constituição Federal), que se faz necessária uma releitura do papel do próprio sindicato e, consequentemente, de sua atuação na defesa dos interesses da categoria (sejam eles coletivos ou individuais – homogêneos ou heterogêneos), para que os efeitos do cancelamento da citada Súmula 310 correspondam à eficácia da tutela destes direitos. Queremos com isso dizer que ao julgar pela ampla substituição processual através do sindicato, o Supremo Tribunal Federal o fez sem atentar para a realidade da *praxis* sindical no Brasil (talvez o Tribunal Superior do Trabalho, se apercebesse desta "falta de confiança" na instituição sindicato e, justamente por isto, mantivesse seu entendimento na já mencionada Súmula 310). Manter, assim, tamanho poder de uma instituição que é única, por categoria, por grau, por base territorial (artigo 8º, inciso II, da Constituição Federal), sem possibilidade de escolha pelos representados de outra, mais representativa, mais ativa, mais próxima de seus interesses, pode acarretar o descrédito nas próprias ações coletivas e a busca por soluções individuais.

---

[33] ROMITA, Arion Sayão. Op. cit., p. 676.

Talvez se possam adotar medidas semelhantes àquelas existentes em outros países, com maior experiência e tradição em ações coletivas. No direito americano, por exemplo, embora a latente diferença com o sistema processual brasileiro, os procedimentos adotados nas chamadas *class actions*[34] permitem, entre outras situações, a análise da "qualidade" e capacidade do representante defender o grupo (certificação da ação), além da opção por uma dentre três técnicas de inclusão dos representados no grupo: a) a da presença compulsória (todos os membros do grupo são considerados presentes em juízo, sem possibilidade de se excluírem do grupo e serem atingidos pela coisa julgada – técnica particularmente importante na defesa de interesses indivisíveis); b) a do *opt in* (será considerado presente em juízo – e vinculado pela sentença coletiva – apenas aquele membro do grupo que expressamente solicitar sua inclusão no processo) e c) a do *opt out* (presume-se que os membros do grupo desejam fazer parte do litígio e condiciona-se a sua exclusão a uma manifestação expressa nesse sentido).[35]

No direito americano, há forte conteúdo discricionário na decisão de certificação de uma ação coletiva. "A discricionariedade existe tanto na decisão de permitir o prosseguimento da ação na forma coletiva (*class action certification*), quanto na decisão que delimita os contornos do grupo (*class definition*)".[36] No direito brasileiro, pode-se dizer que a própria Constituição Federal já confere aos sindicatos esta "certificação", o que vem confirmado pela posição do Supremo Tribunal Federal acima apresentada.

Entretanto, no que se refere à possibilidade de determinado membro da categoria não ser atingido pelos efeitos da coisa julgada coletiva, diante da falta de confiança nas entidades sindicais únicas por categoria e na atual inexistência de opção, no Brasil, pela representação por outra entidade sindical, talvez as técnicas do *opt in* e *opt out* possam se mostrar contributivas.

A técnica do *opt in,* possui a vantagem de incluir no grupo somente aqueles membros interessados no litígio coletivo, excluindo-se aqueles que consideram a representação inadequada, preferem tutelar seus interesses pessoalmente, ou simplesmente não querem tutelá-lo em juízo. Por outro lado, corre-se o risco de excluir dos benefícios da sentença na ação coletiva que, por falta de informação sobre a existência da ação, por receio de represália (o que há de ser fortemente considerado no direito do trabalho) ou por outro motivo não solicitem sua inclusão no grupo. A tendência, por força daquilo que Gidi chama de "inércia natural" faz com que o grupo tenda a ser reduzido.

Já na técnica do *opt out* há o risco de que um membro do grupo, que sequer tenha conhecimento da ação coletiva, seja atingido pela coisa julgada e tenha um direito declarado inexistente em juízo (entretanto, no sistema brasileiro, a coisa julgada em ação coletiva apenas se opera quando a sentença é de procedência; em sendo improcedente, admite-se a rediscussão da questão, mediante apresentação de novas provas). Nesse caso, a inércia acima mencionada opera para ampliar o número de pessoas abrangidas pelo processo coletivo, na medida em que os que não se manifestam permanecem no grupo na ausência de qualquer atitude em contrário. Esta nos parece uma possibilidade interessante nas ações coletivas propostas pelos sindicatos

---

[34] Regulado especialmente pela *Federal Rule Of Civil Procedure 23* (1966).

[35] GIDI, Antonio. *A Class Action como instrumento de tutela coletiva de direitos:* as ações coletivas em uma perspectiva comparada. São Paulo: Editora Revista dos Tribunais, 2007, p. 291-292.

[36] GIDI, Antonio. Op. cit., p. 197.

na defesa de interesses individuais homogêneos,[37] à medida em que deixa espaço para a autonomia da vontade e para a opção pela ação individual ou pela formação de um novo grupo melhor representado para propor a ação, inclusive no que diz respeito à atuação do advogado da causa, se for o caso.

Aos que entendem que não se pode falar em plena autonomia da vontade no direito do trabalho, esclarecemos que tal situação não confere ao sindicato a exclusividade na defesa dos interesses de seus representados e que há que se deixar espaço para a escolha do melhor representante pelo trabalhador, já que o princípio da liberdade sindical, embora acolhido pelo texto da Constituição Federal de 1988, não se mostra efetivo diante da inexistência de liberdade sindical plena no país.

5. CONSIDERAÇÕES FINAIS

Diante de expressa previsão constitucional, outorgando ao sindicato a tarefa de defender os interesses da categoria (artigo 8º, inciso III), cabe questionar qual o papel desta instituição na promoção de processos coletivos. Um dos primeiros aspectos que deve ser considerado é, sem dúvida, a natureza do direito a ser tutelado. Em se tratando de direitos coletivos *stricto sensu* entendemos que atua o sindicato como órgão agente, sendo a própria categoria a propor/suscitar dissídio coletivo, na busca por melhores condições de trabalho para toda a coletividade (artigo 114, § 2º da Constituição Federal). Já quanto à defesa de direitos individuais homogêneos (passíveis, portanto, de defesa através de tutela coletiva), entendemos que atua o sindicato como substituto processual, pleiteando em nome próprio direito de seus representados, empregados integrantes daquela categoria profissional. Assim, ao postular o pagamento de determinada verba (adicional de insalubridade, por exemplo), não se trata de um direito inegavelmente devido a toda a categoria (há que se verificar as condições individuais de trabalho, os diversos setores, as atividades realizadas, o tempo de exposição aos agentes insalutíferos – de modo que se poderá ter empregados com direito ao adicional em grau mínimo, enquanto outros, pelas condições do próprio trabalho que realizam, deverão recebê-lo em grau médio ou máximo).

O Tribunal Superior do Trabalho, seguindo orientação do Supremo Tribunal Federal e após ampla celeuma a respeito, cancelou, através da Resolução 119/2003 sua Súmula 310, a qual limitava as hipóteses de substituição processual pelo sindicato às situações previstas em lei. Com isto, se reconhece ampla possibilidade de substituição processual, dados os comandos constitucionais, especialmente o inciso III do artigo 8º, outrora mencionado.

Ocorre que a limitação havida através da Súmula 310 do TST refletia, em parte, o descrédito e desconfiança sobre a atuação dos próprios sindicatos, fruto, a nosso ver, da inexistência de liberdade sindical plena no país e, consequentemente, inexistência de liberdade de escolha da mais adequada entidade sindical pelos empregados, reflexo do disposto no inciso II do artigo 8º da Constituição Federal e da própria não ratificação da Convenção 87 da Organização Internacional do Trabalho,[38] a qual

---

[37] Na defesa de direitos coletivos *stricto sensu,* tem-se que a CLT já adota um procedimento democrático e publicístico, à medida em que prevê a realização de assembleia especialmente convocada para que o sindicato possa propor o dissídio coletivo. Trata-se de uma autorização específica, prevista no artigo 859 da CLT.

[38] Destaca-se que outras cinco convenções são consideradas fundamentais no âmbito do direito sindical, quais sejam, a as de número 11, 98, 135, 141 e 151. Destas, também a de número 151 não foi ratificada pelo Brasil e constitui-se em essencial conquista a ser implementada, aspecto que não se poderá detalhar neste momento.

dispõe sobre liberdade sindical. Com seu cancelamento, o que se tem é a possibilidade jurídica de atuação irrestrita dos sindicatos na defesa de interesses coletivos e individuais através da tutela coletiva ou individual de direitos, possibilidade esta que colide com a própria liberdade de manifestação de vontade do empregado ou, no mais das vezes, que enfrenta a própria desconfiança no sindicato enquanto ator deste processo e que leva à busca por soluções individuais, muitas vezes intentadas após o ajuizamento de ações de natureza coletiva.

Se o que se quer é, de fato, a valorização da tutela coletiva de direitos como forma célere, eficaz e econômica de solução de conflitos, é preciso fazer uma releitura da atuação processual dos sindicatos nas ações coletivas, com base no princípio da liberdade sindical e nas consequências que sua ausência pode provocar, não apenas em termos de direitos fundamentais (materiais), mas também junto à própria seara processual, como instrumento na concretização daqueles. Apenas quando se tiver um sindicato de fato livre no Brasil é que temas como sua legitimação ordinária ou extraordinária no processo do trabalho alcançarão o efeito que se espera, a saber, a concretização dos direitos do trabalhador que são, ao fim, a concretização de precioso rol de direitos fundamentais.

6. REFERÊNCIAS

ALMEIDA, Cléber Lúcio de. *Direito processual do trabalho*. Belo Horizonte: Del Rey, 2006.

CHEVALIER, Jacques. *O Estado Pós-Moderno*. Belo Horizonte: Fórum, 2009.

GIDI, Antonio. *A Class Action como instrumento de tutela coletiva de direitos*: as ações coletivas em uma perspectiva comparada. São Paulo: Editora Revista dos Tribunais, 2007.

GRINOVER, A.; CASTRO MENDES, A.; WATANABE. K. (Coord.) *Direito processual coletivo e o anteprojeto de Código Brasileiro de Processos Coletivos*. São Paulo: Editora Revista dos Tribunais, 2007.

LIEBMAN, Enrico Tullio. *Manual de direito processual civil*, Rio de Janeiro: Forense, 1984, v. I.

MANCUSO, Rodolfo de Camargo. *Interesses difusos*: conceito e legitimação para agir. São Paulo: Revista dos Tribunais, 2000;

MARTINS, Sérgio Pinto. *Direito processual do trabalho*. 30. ed. São Paulo: Atlas: 2010.

MIRANDA, Pontes de. *Tratado de direito privado*. 4. ed. São Paulo: Revista dos Tribunais, 1983, v. 3.

NARDI, Henrique C. *Ética, trabalho e subjetividade*. Porto Alegre: Editora da UFRGS, 2006.

NASCIMENTO, Amauri Mascaro. *Compêndio de direito sindical*. 6. ed. São Paulo: LTR, 2009.

OLIVEIRA, Francisco Antônio de. *Comentários aos Enunciados do TST*. 5. ed. São Paulo: RT, 2001.

RAUPP, Eduardo Caringi. A tutela coletiva dos direitos individuais homogêneos – considerações sobre a adequada representação e a extensão dos efeitos da coisa julgada. In *Processos coletivos*. Porto Alegre, 2010, v. 1. n. 5, outubro a dezembro, disponível em http://www.processoscoletivos.net/ve_artigo.asp?id=21. Acesso em 21/10/2010.

ROMITA, Arion Sayão. *Direito do trabalho*: temas em aberto. São Paulo: LTr, 1998.

RUSSOMANO, Mozart Victor. *Princípios gerais de direito sindical*. 2. ed. Rio de Janeiro, Forense, 1998.

SANTOS, Ronaldo Lima dos. *Sindicatos e ações coletivas*: acesso à justiça, jurisdição coletiva e tutela dos interesses difusos, coletivos e individuais homogêneos. São Paulo: LTr, 2003.

SÜSSEKIND, Arnaldo. *Direito constitucional do trabalho*. 3. ed. Rio de Janeiro: Renovar, 2004.

STÜRMER, Gilberto. *A liberdade sindical*. Porto Alegre: Livraria do Advogado, 2007.

TELLINI, Denise Estrela; JOBIM, Geraldo Cordeiro; JOBIM, Marco Félix (Org.). *Tempestividade e efetividade processual: novos rumos do processo civil brasileiro*. Caxias do Sul, RS: Plenum, 2010.

TESHEINER, José Maria. Ações coletivas e efetividade do processo – PL 5.139/2009. In TELLINI, Denise Estrela; JOBIM, Geraldo Cordeiro; JOBIM, Marco Félix (Org.). *Tempestividade e efetividade processual: novos rumos do processo civil brasileiro*. Caxias do Sul, RS: Plenum, 2010.

VIANA, Márcio Túlio. O acesso à justiça e a nova prescrição do rurícula. *Revista do Tribunal Regional do Trabalho da 3ª Região*. Belo Horizonte, 31 (61): 93-106, Jan./Jun.2000. Disponível em www.mg.trt.gov.br/escola/download/revista/.../Marcio_Viana.pdf. Acesso em 20/10/2010.

ZAVASCKI, Teori Albino. *Processo coletivo*: tutela de direitos coletivos e tutela coletiva de direitos. 2. ed. São Paulo: Revista dos Tribunais, 2007.

——. Reforma do Processo Coletivo: indispensabilidade de disciplina diferenciada para direitos individuais homogêneos e para direitos transindividuais. In GRINOVER, A.; CASTRO MENDES, A.; WATANABE. K. (Coord.) *Direito processual coletivo e o anteprojeto de Código Brasileiro de Processos Coletivos*. São Paulo: Editora Revista dos Tribunais, 2007.

— 17 —

O ativismo probatório equilibrado: o juiz necessário ao processo coletivo

JÚLIO CESAR GOULART LANES

Sumário: 1. Introdução; 2. O sistema processual coletivo; 3. O ativismo probatório equilibrado; 4. O juiz e a prova no projeto de Lei nº 5.139, de 2009; 5. Conclusões; Referências.

1. INTRODUÇÃO

O processo civil brasileiro provavelmente seja o ramo do Direito, no transcorrer dos últimos anos, com o maior registro de profundas e extensas modificações. Os movimentos reformistas miraram um processo tempestivo e efetivo. A segurança jurídica, por sua vez, não foi desmerecida. Intencionalmente, pelo menos, nunca foi riscada da pauta de preocupações. Essas constatações enquadram pontos centrais da sonhada prestação jurisdicional, sabidamente devida e assaz merecida por nossa sociedade.

Toda e qualquer transformação legal não se erige de forma desproposita ou inocente; está, na verdade, atendendo aos anseios de um mundo em constante mutação. Nada mais natural, já que o processo civil não pode estar desvinculado do tecido social. Não seria exagero analisar-se a questão sob a ótica de uma das principais leis da física, sendo a mutabilidade em apreço a reação à ação provocada pelas incessantes exigências de uma sociedade massificada e multifacetada.

Diante dessa realidade, inquestionavelmente, a sorte da tutela de direitos difusos, coletivos ou individuais homogêneos merece diferenciada preocupação de toda a comunidade jurídica. Ao mesmo tempo, tem-se consciência de que a indústria dos conflitos está afetando o dia a dia forense. De um lado, portanto, questões de altíssima indagação estão em pauta, como a proteção do meio ambiente equilibrado. De outro, milhares de processos envolvendo, por exemplo, idênticas práticas de lesão ao consumidor.

É preciso, em definitivo, seja aceito o fato de que foi transposto o modelo jurídico individualista, formal e dogmático, porque novos conceitos, institutos e instrumentos processuais, também visam à tutela de interesses transindividuais.[1] Se assim o é, fica mais compreensível o impacto da observação de Tesheiner, proferida em sala

---

[1] No mesmo sentido: WOLKMER, Antonio Carlos. Introdução aos fundamentos de uma teoria geral dos "novos" direitos. In: WOLKMER, Antonio Carlos; LEITE, José Rubens Morato. *Os "novos" direitos no brasil*: natureza e perspectivas: uma visão básica das novas conflituosidades jurídicas. São Paulo: Saraiva, 2003, p. 21-22.

de aula: estamos supostamente preparados para o "varejo"; é hora de pensarmos no "atacado".

Todas as ponderações acima não refutam a afirmativa de que a dignidade da pessoa humana está especialmente reconhecida.[2] O ambiente fomentado pelo Estado Constitucional marca esse importante norte da ciência processual contemporânea. Por isso, a atuação do juiz, ator principal na complexa tarefa de promover justiça no conflituoso, complicado e mutável contexto social, fica cada vez mais incompreensível, até porque, como membro e representante do Judiciário, dispõe do poder e do dever de não aplicar os atos contrários à Constituição, de modo destacado os ofensivos aos direitos fundamentais.[3]

Em tal contexto é o objetivo do presente ensaio explorar a atividade do juiz naquilo que se refere à produção da prova, elegendo-se como principal referência de diálogo o Projeto de Lei nº 5.139, de 2009, o qual, até agora, representa o principal esforço legislativo produzido.

A tarefa será desempenhada mediante a observação de três partes. A primeira parte do trabalho localizará o sistema processual coletivo, incluindo o contexto do Projeto de Lei nº 5.139, de 2009. A segunda parte demonstrará a concepção da expressão "ativismo probatório equilibrado". A terceira parte, por sua vez, discorrerá sobre o papel do juiz perante a prova e o processo coletivo, tendo-se como pano de fundo as sugestões do Projeto de Lei nº 5.139, de 2009.

Sem maiores atrasos, inicie-se a tentativa de enfrentamento do desafio proposto.

2. O SISTEMA PROCESSUAL COLETIVO

Como sabido, no Brasil[4] o processo coletivo é disciplinado por um conjunto de leis, as quais engendram o chamado sistema coletivo. Está a falar-se da ação popular (Lei nº 4717, de 1965), que completou quarenta e cinco anos, da ação civil pública (Lei nº 7347, de 1985), que comemora seu vigésimo quinto aniversário e do Código de Defesa do Consumidor (Lei nº 8078, de 1990), com vinte anos de existência. Completando o sistema, tem-se o mandado de segurança coletivo, presente no artigo 5º, inciso LXX, da Constituição Federal, assim como na Lei nº 12.016, de 2009.[5]

Ao mesmo tempo, e relacionado aos diplomas legais antes apontados, merece menção o Projeto de Lei nº 5.139 de 2009, encaminhado ao legislativo mediante a Mensagem nº 238, de 13 de abril de 2009, que poderá marcar decisivamente a sorte da tutela de interesses difusos, coletivos ou individuais homogêneos.[6]

---

[2] A este respeito veja-se: OLIVEIRA, Carlos Alberto Alvaro de, O processo civil na perspectiva dos direitos fundamentais. In: —— (Org.). *Processo e Constituição*. Rio de Janeiro: Forense, 2004, p. 1-15.

[3] SARLET, Ingo Wolfgang. *A eficácia dos direitos fundamentais*. 10. ed. rev. atual. e ampl. Porto Alegre: Livraria do Advogado, 2010, p. 372-374.

[4] A título de comparação, verifica-se ser bastante distinta a sorte do tema no direito norte-americano. Lá, não obstante os Estados-membros disponham de autonomia legislativa, no que diz respeito às ações de classe, a maioria segue o disposto na *Rule 23*; norma federal, verdadeiro norte do sistema legal estadounidense.

[5] Para Cândido Rangel Dinamarco, estar-se-á tratando da *jurisdição constitucional das liberdades* (DINAMARCO, Cândido Rangel. *Instituições de direito processual civil*. 6.ed.rev. e atual. São Paulo: Malheiros, 2009. v. 1, p. 185-186.)

[6] Apropriada, aqui, as explicações do Ministro Teori Zavascki: "Compõem o universo do processo coletivo dois grandes domínios: o da tutela de direitos coletivos e o da tutela coletiva de direitos individuais homogêneos. A

Acerca do assunto, o Ministro da Justiça esclarece que o projeto ambiciona ser uma adequação às significativas e profundas transformações econômicas, políticas, tecnológicas e culturais em âmbito global, intensamente aceleradas nesta virada do século XX, para o fim de disciplinar a proteção de direitos que dizem respeito à cidadania, não amparados pela atual Lei nº 7.347, de 1985. Vai além, dizendo que o atual Código de Processo Civil, por estar fundado na concepção do liberalismo individual, não atende ao novo patamar jurídico-científico imposto pelo alto grau de complexidade e especialização dignas da tutela coletiva.[7]

É obrigatório que se diga que a sorte do projeto é uma incógnita, visto que rejeitado pela Comissão de Constituição e Justiça e Cidadania.

Contra tal decisão, o Deputado Federal Antonio Carlos Biscaia apresentou recurso à Mesa Diretora da Câmara, para que o projeto possa ser apreciado pelo Plenário.

Também como reação, os dezoito membros da comissão de juristas,[8] instituída pelo Ministério da Justiça, responsáveis pela elaboração da versão da nova lei, divulgaram nota técnica, reafirmando a enorme importância desse movimento legislativo, na qual destacam ser "um Projeto de Lei generoso com a sociedade brasileira, com avançados significativos no Sistema Único Coletivo, preparando o Brasil para um direito processual adequado para o século XXI".

Ocorre que, por força daquilo que dispõe o artigo 5º, inciso V, do Regimento Interno da Câmara dos Deputados, não serão arquivadas, finda a legislatura, as proposições de iniciativa de outro Poder. Dessa forma, vislumbra-se a possibilidade de análise do recurso acima apontado, já que o Projeto de Lei n. 5.139/2009 teve origem no Poder Executivo.[9] E, ainda que tal recurso não venha a ser apreciado, ainda assim remanesce indispensável o estudo do Projeto, pelo simples fato de que é, indubitavelmente, aquilo que de mais moderno foi construído perante a realidade brasileira.

---

clareza a respeito da conceituação e da delimitação de cada um deles é pressuposto indispensável à adequada interpretação e compreensão de todo o subsistema. Direitos coletivos são direitos subjetivamente *transindividuais* (= sem titular determinado, razão pela qual são tutelados em juízo invariavelmente pelo regime de substituição processual) e materialmente *indivisíveis* (= são lesados ou satisfeitos necessariamente em sua globalidade, o que determina tutela jurisdicional também de forma conjunta e universalizada). Já os direitos individuais homogêneos são, simplesmente, direitos subjetivos individuais (=com titular determinado) e, portanto, materialmente *divisíveis* (= podem ser lesados ou satisfeitos por unidades isoladas), o que propicia a sua tutela jurisdicional tanto de modo coletivo (por regime de substituição processual) como individual (por regime de representação)". (ZAVASCKI, Teori Albino. *Processo coletivo*: tutela de direitos coletivos e tutela coletiva de direitos. 2.ed.rev. e atual. São Paulo: Revista dos Tribunais, 2007, p. 283-284.)

[7] Antes de tal desfecho, na opinião de alguns era iminente a aprovação do Projeto de Lei em questão. (MACÊDO, Marcus Paulo Queiroz. Primeiras impressões sobre o inquérito civil no anteprojeto da nova lei da ação civil pública brasileira. *Revista Jurídica*, São Paulo, ano 57, n. 382, p. 41-50, ago. 2009, p. 42-43).

[8] São eles: Ada Pellegrini Grinover; Aluisio Gonçalves de Castro Mendes; André da Silva Ordacy; Antonio Augusto de Aras; Antonio Carlos Oliveira Gidi; Consuelo Yatsuda Moromizato Yoshida; Elton Venturi; Fernando da Fonseca Gajardoni; Gregório Assagra de Almeida; Haman de Moraes e Córdova; João Ricardo dos Santos Costa; José Adônis Callou de Araújo Sá; José Augusto Garcia de Souza; Luiz Manoel Gomes Junior (relator); Luiz Philippe Vieira de Mello Filho; Ricardo Pippi Schmidt; Rogério Favreto (Presidente); Sergio Cruz Arenhart.

[9] Como dito, determina o referido artigo: "Art. 105. Finda a legislatura, arquivar-se-ão todas as proposições que no seu decurso tenham sido submetidas à deliberação da Câmara e ainda se encontrem em tramitação, bem como as que abram crédito suplementar, com pareceres ou sem eles, salvo as: I –com pareceres favoráveis de todas as Comissões; II – já aprovadas em turno único, em primeiro ou segundo turno; III – que tenham tramitado pelo Senado, ou dele originárias; IV – de iniciativa popular; V – de iniciativa de outro Poder ou do Procurador-Geral da República. § único: A proposição poderá ser desarquivada mediante requerimento do Autor, ou Autores, dentro dos primeiros cento e oitenta dias da primeira sessão legislativa ordinária da legislatura subsequente, retomando a tramitação desde o estágio em que se encontrava".

Ter-se-á, na pior das hipóteses, um referencial marcante às novas empreitadas legislativas, as quais certamente serão reclamadas.

Demonstrando-se isso, verifica-se que a comissão presidida pelo Ministro Luiz Fux, ao trabalhar na elaboração de novo Código de Processo Civil, não enfrentou o tema "processos coletivos". Foi, isso sim, inserida a discussão sobre o denominado "incidente de resolução de demandas repetitivas", por meio do qual, lamentavelmente, não será aliviado o já atormentado Poder Judiciário, pelo simples fato de que não impede o ingresso de ações e não afasta a necessidade dos julgamentos, ainda que simplificados.[10]

Por tudo isso, acredita-se que uma das respostas ao excesso de carga de trabalho do Poder Judiciário envolva a aplicação de um poderoso processo coletivo, substancialmente diferente do processo individual. É por isso que, independentemente do caminho legislativo que vier a ser eleito, acredita-se que, pela força e amplitude das discussões travadas em um processo coletivo, o papel do juiz merece, constante e atenta, revisitação.

3. O ATIVISMO PROBATÓRIO EQUILIBRADO

Antes que se dirija atenção específica ao processo coletivo, verificam-se necessárias breves considerações acerca do direito probatório, fixando-se, desde já, como linha de chegada, a compreensão do que seja a ideia de "ativismo probatório equilibrado", sem, em nenhum momento, perder-se de foco a atual finalidade do processo.

Para tanto, inicialmente, adota-se o entendimento de Chiovenda no sentido de que provar quer dizer formar a convicção do juiz sobre a existência ou não de fatos relevantes no processo.[11]

Também se respeitando o propósito de balizar o assunto, adequado, a seguir, que se conceituem os meios e as fontes de prova, tarefa que se cumpre referindo o entendimento de Carnelutti, que chama de "meio de prova a atividade do juiz mediante a qual busca a verdade do fato a provar, e de fonte de prova ao fato do qual se serve para deduzir a própria verdade".[12] Em complemento, há a lição de Liebman, que prefere fazer a distinção entre meios instrutórios e meios de prova. Por meios instrutórios compreende as atividades que formam a instrução do processo, agrupadas em distintos procedimentos mais ou menos complexos. Já os meios de prova são pessoas ou coisas de que se deseja extrair elementos de conhecimento úteis para a busca da verdade.[13]

Adotadas as definições acima, constrói-se, agora, o seguinte entendimento: meio de prova é toda técnica/procedimento que serve ao propósito de estabelecer a convicção do julgador sobre a verdade de uma versão fática. Por outro lado, a fonte de prova são pessoas ou coisas das quais se podem extrair informações com a finalidade de comprovar a veracidade de uma versão fática.

---

[10] Entendem da mesma forma Marinoni e Mitidiero (MARINONI, Luiz Guilherme; MITIDIERO, Daniel. *O projeto do CPC: crítica e propostas*. São Paulo: Revista dos Tribunais, 2010, p. 178.)

[11] CHIOVENDA, Giuseppe. *Instituições de direito processual civil*. Tradução de J. Guimarães Menegale e notas de Enrico Tullio Liebman. 3. ed. São Paulo: Saraiva, 1969. v. 3, p. 109.

[12] CARNELUTTI, Francesco. *A prova civil*. Tradução de Lisa Pary Scarpa. 2. ed. Campinas: Bookseller, 2002, p. 99.

[13] LIEBMAN, Enrico Tullio. *Manual de direito processual civil*. Tocantins: Intelectos, 2003. v. 2., p. 102-103.

Subindo-se outro degrau sobre o tema "verdade", algumas breves referências fazem-se úteis. Mais do que isso: a solução de um processo coletivo não escapa à atenção detalhada de tudo o que for necessário à elucidação das dúvidas do julgador, razão pela qual a busca da verdade, ao natural, imprimirá um ritmo diferente no trâmite do feito. Afinal, a sorte de uma tutela coletiva está em jogo.

Atualmente, a orientação é no sentido de que o processo não tenha o propósito de ensejar a busca da verdade absoluta. Carnelutti já explicava que a verdade que se obtém com os meios legais somente pode ser a verdade formal, jamais a verdade material.[14] Isso não quer dizer que não exista interesse pela busca da verdade. Manter presente tal preocupação desperta importante consequência: o julgador preserva o seu contato com o mundo extra-autos, ficando, desse modo, protegido daquele processo marcado pelo jogo da retórica.[15]

Sabidamente, a busca da verdade encontra obstáculos.[16] Michelle Taruffo explica que ela é negada de diferentes formas e por distintas razões, destacando a seguinte classificação: (1º) a impossibilidade teórica – há um ceticismo filosófico que nega radicalmente a possibilidade de ser estabelecida a verdade de qualquer coisa; (2º) a impossibilidade ideológica – a verdade não será encontrada pelo simples fato de que não deve ser perseguida, pois o processo se presta à solução do conflito; (3º) a impossibilidade prática – há uma impossibilidade concreta de ser alcançada a verdade dos fatos do processo, por exemplo, o julgador não dispõe de instrumentos cognitivos, de tempo, nem da liberdade de investigação da qual dispõem o cientista e o historiador.[17]

Além dessas teorias de negação da verdade, há, ainda, o obstáculo fundado na irrelevância da verdade no processo civil.

De qualquer sorte, Taruffo conclui que a busca da verdade dos fatos no processo é teoricamente possível e ideologicamente necessária, assim como viável na prática.[18]

Nos ensinamentos de Michelle Taruffo, a possibilidade teórica de uma determinação da verdade dos fatos da causa existe, quando não são aceitas posições irracionais ou idealistas, que têm como fundamento básico excluir – *a priori* – o fundamento de toda verdade judicial dos fatos. É aceitável não se conformar com as negações radicais do problema. Após apontar inúmeras posições e teorias,[19] desvenda Taruffo

---

[14] CARNELUTTI, 2002, p. 73.

[15] Guilherme Rizzo Amaral bem apanha esta preocupação: "O problema se dá quando da busca pela chamada verdade científica absoluta – e veremos o quanto é ilusório tal conceito – acaba se transformando em abandono da busca pela verdade (ainda que relativa), tornando o processo um mero jogo retórico, em que a linguagem e a veemência dos argumentos das partes – *rectius*, de seus advogados – preponderam sobre a investigação acerca das versões fáticas por elas apresentadas". (AMARAL, Guilherme Rizzo. *Cumprimento e execução da sentença sob a ótica do formalismo-valorativo*. Porto Alegre: Livraria do Advogado, 2008, p. 73).

[16] Na opinião de Sérgio Luís Wetzer de Mattos: "O ativismo judicial, no campo da instrução probatória, concorre para tornar mais efetivo o processo. Desse modo, restringir a atividade *ex officio* do juiz para a realização da prova, ou reputá-la excepcional, significa, em última análise, limitar, para a parte que tem razão, o acesso à ordem jurídica justa. Falta aos juízes em geral, no entanto, predisposição cultural para o exercício mais intenso dos poderes instrutórios que o CPC inequivocamente lhes confia". (MATTOS, Sérgio Luiz Wetzel de. *Da iniciativa probatória do juiz no processo civil*. Rio de Janeiro: Forense, 2001, p. 101-102).

[17] TARUFFO, Michelle. *La prueba de los hechos*. Traducción de Jordi Ferrer Beltrán. 2. ed. Madrid: Trotta, 2005, p. 27-56.

[18] Ibid., p. 57-80.

[19] Por exemplo: realismo crítico, empirismo interno, relativismo epistemológico.

que, na realidade, não é necessário assumir uma orientação filosófica específica como premissa exclusiva para a análise desse problema. É suficiente mostrar que existem orientações idôneas para oferecer, mesmo sendo distintas em termos filosóficos e epistemológicos, o fundamento teórico da possibilidade de construir noções sensatas de uma verdade judicial, como marca de afirmação sobre os fatos do processo, os quais poderão ser definidos como verdadeiros ou falsos.[20]

No enquadramento da ideologia, a busca da verdade dos fatos é oportuna e em muitos sentidos necessária.[21] Merece atenção a concepção sustentada por Michelle Taruffo no sentido de que uma decisão nunca será justa, se estiver fundada em uma determinação errônea e inaceitável dos fatos.[22] Ademais, o autor esclarece que a verdade dos fatos é o resultado de um procedimento cognitivo complexo, que se desenvolve segundo diretrizes jurídicas e racionais, possibilitando um juízo racionalmente justificado. Também é afirmado que uma justiça sem verdade equivale a um sistema arbitrário, pois ausentes as garantias materiais e processuais.[23] Ainda, importa a sua visão sobre a dificuldade de ser rompido o nexo existente entre a verdade dos fatos e a justiça da decisão, uma vez que a primeira é uma condição necessária da segunda.[24]

No campo prático não é diverso, sendo deveras interessantes as averiguações de Taruffo. Em primeiro, o processualista deixa claro que as normas legais envolvendo a matéria probatória não esgotam o tema, pois são residuais e afetam apenas alguns aspectos ou partes da *machinery* processual.[25] Ademais, tais normas tendem a diminuir em razão de estarem reforçados os princípios, como o de liberdade da prova e do convencimento do julgador.

Nesse contexto, refere que as regras condicionam alguns aspectos sobre o modo como a verdade dos fatos acaba estabelecida no processo, mas isso não é suficiente para diferenciar sistematicamente esta verdade daquela obtida fora do processo. Constata que há, seguramente, uma diferença provocada pela regulação jurídica das provas, mas essa diferença não impede, em princípio, que também no processo seja alcançada uma verdade sobre os fatos, controlável mediante critérios lógicos e epistemológicos.[26]

O processualista italiano, ainda tratando da delimitação prática, tece importante consideração no sentido de que no processo não há o propósito de se estabelecerem verdades absolutas e imutáveis, tendo sentido apenas se falar de verdades relativas. Ademais, a verdade que surge do processo não é diferente daquela obtida fora dos autos, em razão de essa também ser relativa. A relatividade é fruto de um contexto. É que há vínculo direto entre a relatividade e os meios cognitivos disponíveis, assim como em relação ao conjunto de pressuposições, de conceitos, de noções e de regras, isto é, dos marcos de referência, mediante os quais são concebidas as versões dos fatos.[27] Tais balizamentos ou limitações são responsáveis pela verdade relativa dentro e fora do processo.

---

[20] TARUFFO, op. cit., p. 62.
[21] Ibid., p. 62.
[22] Ibid., p. 63-65.
[23] Ibid., p. 69.
[24] Ibid., p. 70.
[25] Ibid., p. 72.
[26] Ibid., p. 72.
[27] Ibid., p. 74-75.

Diante desses preciosos ensinamentos, entende-se possível a busca da verdade relativa dentro do processo, embora existam regras que podem limitar a investigação do julgador e das partes, única diferença no que diz respeito à empreitada realizada fora do processo.[28] Ora, tal possibilidade, por uma questão de lógica, ganha maior força quando a discussão extrapola a esfera individual.

Pode-se dizer, assim, que a busca da verdade ocorre por meio do debate e da exposição de ideias opostas.[29] Por conseguinte, está admitida uma controvérsia, a qual será resolvida pela convicção que o julgador formar[30] pela apreciação da prova.[31] Ao mesmo tempo, atualmente, o juiz não pode ser mero espectador dessa intensa atividade. A figura do julgador inerte está acorrentada ao passado.[32]

Agora, estar-se-á a falar mais diretamente dos poderes instrutórios do magistrado, que são influenciados, em maior ou menor força, por vários e determinantes elementos, sendo alguns destes: o princípio dispositivo;[33] o princípio da igualdade processual; o princípio do devido processo legal; o princípio do contraditório; o princípio da imparcialidade; o princípio da segurança jurídica; o princípio da legalidade; o princípio do livre-convencimento; princípio da preclusão; a regra da eventualidade; as regras de distribuição do ônus da prova.

Aqui, pretende-se incursionar na investigação do princípio dispositivo que, como se sabe, se contrapõe ao chamado princípio inquisitório, mediante o qual compete ao juiz o poder de iniciativa probatória para a determinação dos fatos apresentados pela parte como fundamento da demanda.[34] Aquele princípio, por sua vez, pode ser traduzido pelo dever de o julgador decidir levando em consideração exclusivamente as alegações das partes e as provas por elas produzidas.

Como sabido, o princípio dispositivo sofreu significativo abrandamento em razão da socialização do direito e da publicização do processo, porque, hoje se compre-

---

[28] AMARAL, Guilherme Rizzo. Verdade, justiça e dignidade da legislação: breve ensaio sobre a efetividade do processo, inspirado no pensamento de John Rawls e de Jeremy Waldron. In: KNIJNIK, Danilo (Coord.) *Prova judiciária*: estudos sobre o novo direito probatório. Porto Alegre: Livraria do Advogado, 2007, p. 135.

[29] COUTURE, Eduardo J. *Introdução ao estudo do processo civil*. Tradução de Mozart Victor Russomano. 3. ed. Rio de Janeiro: Forense, 1995, p. 45.

[30] Na opinião do catedrático espanhol Valentin Silva Melero: "En lo que al procedimiento probatorio civil respecta, es de notar que viene integrado por el encadenamiento, o concatenación, de todas aquellas actividades que se dirijan específicamente a formar el convencimiento judicial, en relación a la existencia o no, de un punto de hecho que sido concretado". (SILVA MELERO, Valentín. *La prueba procesal*. Revista de Derecho Privado: Madrid, 1964. v.2, p. 8).

[31] Demonstrando a existência de limites, providencial o alerta de Danilo Knijnik: "[...] o realismo, ainda que não se concorde inteiramente com suas premissas, permite evidenciar a necessidade de um direito probatório sistemático, com categorias e instituições próprias, de modo a evitar que o convencimento judicial escape a toda forma de controle dogmático e a um real contraditório". (KNIJNIK, Danilo. Ceticismo fático e fundamentação teórica de um direito probatório. In: KNIJNIK, Danilo (Coord.) *Prova judiciária*: estudos sobre o novo direito probatório. Porto Alegre: Livraria do Advogado, 2007, p. 25.)

[32] Cândido Rangel Dinamarco bem aborda a medida ideal, dizendo que: "Por isso é que, se de um lado no Estado moderno não mais se tolera o juiz passivo e espectador, de outro sua participação ativa encontra limites ditados pelo mesmo sistema de legalidade. Todo empenho que se espera do juiz no curso do processo e para sua instrução precisa, pois, por um lado, ser conduzido com a consciência dos objetivos e menos apego às formas como tais ou à letra da lei; mas, por outro, com a preocupação pela integridade do *due processo of law*, que representa penhor de segurança aos litigantes". (DINAMARCO, Cândido Rangel. *A instrumentalidade do processo*. 14. ed. São Paulo: Malheiros, 2009, p. 236)

[33] Sobre o tema ver: MOREIRA, José Carlos Barbosa. O problema da "divisão do trabalho" entre o juiz e partes: aspectos terminológicos. *Revista de Processo*, São Paulo, n. 41, p. 7-14, jan./mar. 1986.

[34] SILVA, Ovídio Araújo Baptista da; GOMES, Fábio Luiz. *Teoria geral do processo civil*. 4. ed. rev. e atual. São Paulo: Revista dos Tribunais, 2006, p. 48.

ende que o sistema legal consagra uma opção mista,[35] apresentando elementos desses dois princípios, em qualquer processo ou procedimento, ressalvadas as hipóteses envolvendo a jurisdição voluntária.

De fato, a atenuação em foco tem desengatilhado relevantes reflexões doutrinárias acerca do real alcance dos poderes instrutórios do magistrado.[36] Porém, não há espaço para a concepção de monopólio das partes na instrução da causa, há, isto sim, a recomendação de cooperação entre o julgador e as partes.[37]

Acredita-se que o sistema hodierno garante um processo conduzido por um julgador participativo, sensível, responsável, capaz e qualificado,[38] que deverá estar disposto a desatar os nós que o separam da adequada solução de complexos conflitos, sempre em prol da decisão com justiça. Típicos, por sinal, daqueles que são presentes nas ações coletivas.

É claro que não se está aqui a sustentar a irrestrita atividade probatória exercida pelo julgador, visto que poderá conduzir a uma indesejada armadilha, qual seja, um sistema em que o julgador tudo pode, sendo possível o abuso, com implosão do sistema e das próprias regras democráticas.

Com efeito, ainda não pode ser colocado à margem o instituto da preclusão, importante instrumento destinado a restringir a liberdade das partes em benefício do adequado transcorrer do processo.

Inclusive, mesmo diante da ausência de preclusão no tocante à iniciativa judicial *ex officio* para a realização da prova, compreende-se que essa faculdade não tem

---

[35] O ensinamento de Chiovenda solve qualquer dúvida: "Abstratamente, pode-se conceber o juiz como investido de todos os poderes necessários a descobrir a verdade (princípio inquisitório), ou como constantemente subordinado à iniciativa da parte (princípio dispositivo); na prática, nenhum dos dois princípios se pode encontrar *completamente e consequentemente* atuada, mas são temperados em proporção diversa, conforme os tempos e os lugares". (CHIOVENDA, 2002, v. 2, p. 408)

[36] Sobre o tema, é marcante a opinião de José Roberto dos Santos Bedaque: "O princípio dispositivo deve limitar-se ao campo do direito material, representando a liberdade que as partes têm para praticar atos processuais visando à disposição de seus direitos subjetivos. A participação do juiz na produção da prova, ao contrário do que se costuma afirmar, contribui sobremaneira para proporcionar uma real igualdade entre as partes do processo. Desde que se preserve o contraditório efetivo e equilibrado, nenhum risco apresenta, para a imparcialidade do julgador, essa participação mais ativa. As regras referentes à distribuição do ônus da prova não podem servir como argumento para impedir a atividade probatória do juiz, visto que constituem apenas regras de julgamento; não devem ser invocadas em momento processual anterior. Também não se admite a influência na natureza da relação jurídico-substancial no processo, eis que a relação que se estabelece entre autor-juiz-réu é sempre pública e tem escopo diverso da primeira. Por fim, se a prova foi obtida por meio ilícito, deveria competir exclusivamente ao magistrado determinar de ofício sua produção, se entender conveniente e necessário para evitar nova violação do ordenamento jurídico". (BEDAQUE, José Roberto dos Santos. *Poderes instrutórios do juiz*. 2. ed. rev. e ampl. São Paulo: Revista dos Tribunais, 1994, p. 108)

[37] Tratando do Código de Processo português, refere Miguel Teixeira de Souza: "A orientação, segundo a qual o processo se encontra na total e completa disponibilidade das partes e, como correlativo desse domínio dos particulares o tribunal deve assumir uma posição puramente passiva, encontra-se há muito ultrapassada no ambiente da doutrina processual. A repartição de tarefas entre as partes e o juiz resumida no brocardo *Da mihi facta, dabo tibi ius* já não vale hoje de modo absoluto". (SOUZA, Miguel Teixeira de. Aspectos do novo processo civil português. *Revista de Processo*, São Paulo, v. 22, n. 86, p. 174-184, abr./jun. 1997, p. 177)

[38] Ensina Adroaldo Furtado Fabrício: "[...] O que se precisa acentuar, sim, é que o acréscimo dos poderes do juiz ou do seu uso efetivo tem de ser acompanhado do proporcional crescimento de sua responsabilidade e das exigências quanto à sua qualificação. Não há razão alguma para temer os juízes. Há sobradas razões, por certo, para exigir-se do Estado que assegure ao jurisdicionado a melhor qualificação, as mais amplas garantias e os suficientes meios postos à disposição do Judiciário para o bom desempenho do seu mister. Um corpo judicial forte, bem preparado, independente, responsável e prestigiado é a garantia maior do Estado de Direito. Maior e última, porque dela dependem todas as outras. Essa, sim, é a lição da História". (FABRÍCIO, Adroaldo Furtado. As novas necessidades do processo civil e os poderes do juiz. In: FABRÍCIO, Adroaldo Furtado. *Ensaios de Direito Processual*. Rio de Janeiro: Forense, 2003, p. 411)

a finalidade de suprir alguma falha da parte. Idêntico tratamento deverá ser reservado ao caso dos prazos fatais e peremptórios, sob pena de uma nociva sobrevida dos litígios.

Crê-se, dessa forma, que o traço decisivo daquilo tudo que foi acima discutido passa pela atividade do julgador na busca da verdade, pois tem claríssimo interesse na justa solução do conflito, motivo por que não pode trazer desajuste ao contraditório e à igualdade das partes, com desmerecimento ao devido processo legal e à segurança jurídica.

Percorrido todo o caminho, conquista-se a expressão "ativismo probatório equilibrado", a qual, por sua vez, objetivamente, compreende os poderes instrutórios do julgador, de modo calibrado, no sentido de que seja pró-ativo na busca da verdade, sem, porém, invadir o papel das partes, aquilatando a cooperação no processo, que tem como norte a realização de justiça.[39]

4. O JUIZ E A PROVA NO PROJETO DE LEI Nº 5.139, DE 2009

É preciosa toda e qualquer iniciativa do juiz no que tange à condução da instrução probatória de qualquer espécie de demanda. Mas, desde já, admitindo-se amplas críticas, pensa-se seja ainda mais preciosa a atuação do juiz quando conduz um processo coletivo. Se assim não o é, deveria ser.

O processo coletivo exige mais tempo. O processo coletivo exige mais atenção. O processo coletivo exige mais técnica. O processo coletivo exige maior convencimento. O processo coletivo precisa ser mais eficaz. Tudo isso, pelo simples fato de que a decisão de um processo coletivo transborda o individual, afetando pontos vitais da sociedade. Trata-se de conflitos sociais transcendentes.[40] O interesse público primário está em jogo.[41] Daí, ser coerente exigir-se um agir diferente do julgador, pois, não sendo reconhecida tal realidade, ou seja, não sendo permitida a separação entre o especial e o ordinário, somente um magistrado com poderes sobre-humanos cumpriria a sua missão.[42] Não se defende um juiz "menor" para o processo individual, mas

---

[39] A ideia foi trabalhada na obra "Audiências: conciliação, saneamento, prova e julgamento". (LANES, Júlio Cesar Goulart. *Audiências: conciliação, saneamento, prova e julgamento*. Rio de Janeiro: Forense, 2009, p. 88.)

[40] OTEIZA, Eduardo. La constitucionalización de los derechos colectivos y la ausência de un proceso que los "ampare". In: OTEIZA, Eduardo (Coord.). *Processos coletivos*. Santa Fe: Rubinzal-Culzoni, 2006, p. 21.

[41] A tese defendida não está isolada, percebe-se isso quando Fredie Didier e Hermes Zaneti, ao tratarem do princípio do ativismo judicial, assim dispuseram: "Este princípio entra em cena com uma maior participação do juiz nos processo coletivos – *judicial activism* –, resultante da presença de forte interesse público primário nessas causas, externando-se, entre outros, na presença da ´defining function´ do juiz, de que fala o direito norte-americano para as *class actions*". (DIDIER JÚNIOR, Fredie; ZANETI JÚNIOR, Hermes. *Curso de direito processual civil*: processo coletivo. 5. ed. Salvador: JUSPODIVM, 2010. v. 4, p.129)

[42] Nesse contexto, julga-se oportuna a referência à lição de Ronald Dworkin, a qual aborda alguns dos vários conflitos dos julgadores, mediante a criação da "Técnica de Hércules": "Para esse fim, eu inventei um jurista de capacidade, sabedoria, paciência e sagacidade sobre-humanas, a quem chamarei de Hércules. Eu suponho que Hércules seja juiz de alguma jurisdição norte-americana representativa. Considero que ele aceita as principais regras não controversas que constituem e regem o direito em sua jurisdição. Em outras palavras, ele aceita que as leis têm o poder geral de criar e extinguir direitos jurídicos, e que os juízes têm o dever geral de seguir as decisões anteriores de seu tribunal ou dos tribunais superiores cujo fundamento racional (*rationale*), como dizem os juristas, aplica-se ao caso em juízo". Complementando, ainda diz o autor: "A técnica de Hércules encoraja um juiz a emitir seus próprios juízos sobre os direitos institucionais. Poder-se-ia pensar que o argumento extraído da falibilidade judicial sugere duas alternativas. A primeira argumenta que, por serem falíveis, os direitos institucionais das partes diante deles, que somente devem decidir os casos difíceis com base em razões políticas ou, simplesmente, não decidi-los. Mas isso é perverso. A primeira alternativa argumenta que, por desventura e com freqüência, os juízes tomarão decisões injustas, eles

sim, um juiz mais disponível para o processo coletivo. Justifica-se, assim, a razão pela qual as ações coletivas devem ter tramitação prioritária sobre as individuais.

Bom seria o ativismo probatório equilibrado para todo e qualquer processo. Trata-se de ideal a ser arduamente perseguido. Enquanto isso não é possível, pelo menos conforme tem sinalizado a realidade forense, que o seja, ao menos, para os processos coletivos. Essa preocupação parece estar mais presente na sistematização ambicionada pelo Projeto de Lei nº 5139, de 2009, pois aferível forte carga inovadora.

De pronto, registre-se o fato de que o projeto disciplina pontos de grande relevância, como: a ampliação dos direitos coletivos tuteláveis; o rol de legitimados; a tutela antecipada e a execução da multa; as regras de competência; o inquérito civil; o cadastro nacional de processos coletivos, inquéritos civis e compromissos de ajustamento de conduta; a amplitude da coisa julgada; a liquidação e a execução das sentenças do processo coletivo.[43]

O mesmo projeto também explicita princípios da tutela coletiva, sendo que, para a investigação proposta, interessam os seguintes: (a) duração razoável do processo; (b) isonomia; economia processual; flexibilidade procedimental e máxima eficácia; (c) punição pelo enriquecimento ilícito; (d) motivação específica de todas as decisões judiciais, notadamente quanto aos conceitos indeterminados; (e) publicidade e divulgação ampla dos atos processuais que interessem à comunidade; (f) dever de colaboração de todos, inclusive pessoas jurídicas públicas e privadas, na produção das provas, no cumprimento das decisões judiciais e na efetividade da tutela coletiva; (g) constante boa-fé, lealdade e responsabilidade das partes, dos procuradores e de todos aqueles que participem do processo.

Também está reconhecida, diga-se, a possibilidade de criação de juízos e órgãos especializados para o processamento e julgamento de ações coletivas em primeira e segunda instâncias.

Dimensionadas, ainda que objetivamente, as linhas que estão sendo eleitas para cuidar da ação coletiva, é preciso reconhecer-se que ao julgador foi reservada posição de evidência.

Segundo claras disposições, o juiz está aparelhado ao extremo, visto que revestido de poderes que objetivam garantir a tutela dos direitos em confronto. A título de exemplo, poderá o juiz, respeitado o contraditório, desconsiderar a personalidade jurídica da sociedade quando, em prejuízo dos interesses protegidos na nova lei da ação civil pública, houver abuso de direito, excesso de poder, exercício abusivo do dever, infração da lei, fato ou ato ilícito ou violação dos estatutos ou contrato social.

Procedimentalmente, não são poucas as disposições endereçadas aos poderes instrutórios do julgador. Na verdade, detecta-se absoluta recepção do ativismo pro-

---

não devem esforçar-se para chegar a decisões justas. A segunda alternativa sustenta que, por serem falíveis, os juízes devem submeter a outros as questões de direito institucional colocadas pelos casos difíceis. Mas submetê-las a quem? Não há razão para atribuir a nenhum outro grupo específico uma maior capacidade de argumentação moral; ou, se houver uma razão, será preciso mudar o processo de seleção dos juízes, e não as técnicas de julgamento que eles são instados a usar. Assim, essa forma de ceticismo não configura, em si mesma, um argumento contra a técnica de decisão judicial de Hércules, ainda que sem dúvida sirva, a qualquer juiz, como um poderoso lembrete de que ele pode muito bem errar nos juízos políticos que emite, e que deve, portanto, decidir os casos difíceis com humildade". (DWORKIN, Ronald. *O império do direito*. São Paulo: Martins Fontes, 2002, p. 165, 203.)

[43] Sobre tais temas leia-se: TESHEINER, José Maria. Ações coletivas relativas a direitos individuais homogêneos e o Projeto de Lei nº 5139/2009. *Interesse Público*, Belo Horizonte, ano 12, n. 59, p. 67-82, jan./fev. 2010.

batório equilibrado. Veja-se que o assunto ganha especial coloração pelo simples fato de que a insuficiência de provas impacta decisivamente a sorte da coisa julgada e, por via de consequência, a relação entre a demanda coletiva e as demandas individuais.

Sendo improcedente o pedido por insuficiência de provas, qualquer legitimado poderá ajuizar outra ação coletiva, com idêntico fundamento, desde que presente prova nova. Nada de novo, considerando-se a lei atual. Sobre tal aspecto, referem Fredie Didier e Hermes Zaneti "que qualquer legitimado, inclusive aquele que propôs a demanda julgada improcedente, possa voltar a juízo com a mesma demanda, lastreada em novo prova, de qualquer espécie (documental, testemunhal, pericial etc.)".[44]

Já diferente do que hoje existe, a decisão de improcedência do pedido em ação coletiva de tutela de direitos ou interesses individuais homogêneos, por insuficiência de provas, importa a extinção da ação individual, salvo se for requerido o prosseguimento no prazo de trinta dias contados da intimação do trânsito em julgado da sentença da ação coletiva.

Com efeito, a prova suficiente é um requisito essencial das ações coletivas. E, quando não adequada na primeira oportunidade, a referida prova nova, por sua vez, deverá suportar novo juízo de direito acerca da questão de fundo. Evidentemente, ressalve-se que de nada adianta uma prova nova que não conduza a um resultado diverso daquele que atacado.

Note-se ainda que, existindo suficiência de provas, no caso de improcedência, qualquer legitimado poderá propor ação revisional, com o mesmo fundamento, no prazo de um ano contado do conhecimento geral de descoberta de prova técnica nova, que antes não poderia ter sido produzida e que tenha condições de mudar o resultado concretizado.

Com base nas considerações tecidas, muito embora não exista o propósito de enfrentamento detalhado do tema, resulta possível a constatação de que o Projeto de Lei n. 1.539, de 2009, poderia ter ido além no que diz respeito aos efeitos da coisa julgada. De pronto cabe reconhecer que o assunto exigiria um estudo próprio, mas, sem prejuízo daquilo que pretendido no presente artigo, algumas rápidas ponderações são possíveis. Pois bem: só faz sentido falar-se em processo coletivo reconhecendo-se que este cuidará da tutela de ausentes. Daí, aliás, a preocupação com a adequada representação, assim como em relação ao envolvimento do Ministério Público, ainda que na condição de fiscal da ordem jurídica.

Por isso, a exemplo do que se dá no direito estadunidense, crê-se que deveria a ação coletiva fazer coisa julgada *erga omnes*, produzindo efeitos extensíveis *pro et contra*. Dizendo de outro modo, a decisão deveria fazer coisa julgada em relação aos direitos individuais e coletivos de todos os membros do grupo, ou seja, atingindo também os ausentes, o que importaria em impacto direto acerca da possibilidade de ajuizamento de ações individuais.

É interessante lembrar que o ajuizamento de uma *class action* também tem como norte a redução de custo e de tempo, basta compará-los com aqueles despendidos em um grande número de ações individualmente propostas.[45] Por conseguinte, há de se observar que os efeitos da coisa julgada (*binding effect*), automaticamente, acabam

---

[44] DIDIER JÚNIOR; ZANETI JÚNIOR, 2010, v. 4, p. 366.

[45] TUCCI, José Rogério Cruz e. *Class action e mandado de segurança coletivo*. São Paulo: Saraiva, 1990, p. 11.

banindo o ajuizamento pulverizado de demandas individuais. Endoçando a presente linha de raciocínio, observa Richard Freer: "it is this binding effect that makes the class action so efficient – the claims of numerous would-be plaintiffs are determined, and the determination is binding".[46]

Pretendendo-se solucionar o problema de um Poder Judiciário congestionado, não há de se afastar a vinculabilidade da coisa julgada para toda a classe, incluindo os ausentes, quer beneficiando-a, quer prejudicando-a. Honestamente, mesmo ciente das críticas ao presente posicionamento, a realidade brasileira, que beira a implosão, não demonstra fôlego para que se pense no individual em detrimento do coletivo. Até porque não se consegue encontrar efetivo prejuízo ao individual.

Isso pelo motivo de que, em tese, o problema estaria no risco de interferência indevida nas garantias do indivíduo titular do direito subjetivo, que poderia ficar preso à imutabilidade de uma decisão da qual não participou. E, sendo assim, tal situação decorreria da "circunstância de que o legitimado à tutela coletiva é sempre um ente que não é o titular do direito coletivo em litígio (legitimação extraordinária)".[47]

Acontece que exatamente por existir a possibilidade de legitimação extraordinária, não há que se falar em não participação da decisão. A tutela coletiva só é frutífera, conforme dito, quando se vislumbra a possibilidade de disputa envolvendo o ausente. Aliás, não fosse assim, ter-se-ia o litisconsórcio. Por tais motivos, a prática aqui apontada, garante o respeito ao devido processo legal e, principalmente, garante ao indivíduo à garantia do *day in Court*.

É verdade que a Constituição Federal, mediante seu art. 5º, XXXV, estabelece que "a lei não excluirá da apreciação do Poder Judiciário lesão ou ameaça a direito". Garante, desse modo, a necessária tutela estatal aos conflitos diários da vida em sociedade, relativos a direitos individuais ou metaindividuais, em situações preventivas ou consumadas. Em assim sendo, nota-se que a análise coletiva, por óbvio, importa uma avaliação judicial, apta a suprir a necessidade de nova decisão judicial especificamente direcionada à ação individual. A via coletiva atende, portanto, o direito de acesso à justiça.[48] De mais a mais, a noção de limites é inerente à natureza das liberdades, não existindo direito fundamental absoluto, no sentido de não estar sujeito a qualquer tipo de restrição.[49]

Porém, evidentemente, na hipótese acima, insiste-se: deverá ter existido adequada e efetiva representação,[50] assim como uma fundamentada decisão (artigo 93, IX, CF). Para tanto, a instrução do feito terá que ter sido concebida com observância do ativismo probatório equilibrado. Ter-se-á, daí, provocação da atuação do Estado, respondida, por sua vez, por meio de uma decisão justa, produtora de efeitos no plano dos fatos.

---

[46] FREER, Richard D. *Introduction to civil procedure*. 2. ed. New York: Aspen, 2009, p. 760.

[47] DIDIER JÚNIOR; ZANETI JÚNIOR, 2010, v. 4, p. 365.

[48] Abordando o tema, diz Ricardo Luis Lorenzetti: "Los procesos colectivos han sido valorados desde el punto de vista del acceso a justicia de una gran cantidad de personas". (LORENZETTI, Ricardo Luiz. *Justicia colectiva*. Santa Fe: Rubinzal-Culzoni, 2010, p. 26).

[49] SARLET, 1996, p. 127.

[50] Conforme adverte Tesheiner, a maioria das ações coletivas são propostas pelo Ministério Público. (TESHEINER, José Maria Rosa; MILHORANZA, Mariângela Guerreiro. *Temas de direito e processos coletivos*. Porto Alegre: HS, 2010, p. 41.)

Da mesma forma, não existem certezas e seguranças inquestionáveis. Existe, isso sim, o dever de racionalidade, capaz de reconhecer um Direito que responda aos dilemas da vida social, apaziguando-se conflitos, por meio de decisões justas. Ademais, justiça tardia poderá não ser justiça. É melhor aceitar-se uma decisão coletiva que impeça a proliferação de demandas individuais, pelo simples fato de que já há uma resposta do Poder Judiciário, do que se admitir a maquiada realidade de que milhares de ações, cujo resultado já está antecipadamente definido, tenham que ser sentenciadas. Nenhum juiz no mundo julga mais do que o juiz brasileiro. Nesse contexto, indispensável o questionamento: estão sendo realmente julgados tais processos?

Conforme lembra Sérgio Porto, "o aplicador da lei, instado, às vezes, pelos práticos, espontaneamente, outras vezes, mas sempre tendo em vista a solução de litígios, obtém uma maior visão, uma amplitude bem mais consistente de um enunciado jurídico, ao contrastá-lo com a vida real onde fora projetado".[51] Adotando-se esse ensinamento, percebe-se que a realidade forense está exigindo, no mínimo, seja repensada a lei.

Isso não se aperfeiçoando, pouco será transformado e, salvo engano, o inciso LXXVIII do artigo 5º da Constituição Federal, que assegura a razoável duração do processo e os meios que garantam a celeridade de sua tramitação, não passará de uma ilusão. A adequada hermenêutica da legislação, constitucional e infraconstitucional, demonstra que o processo deve estar preocupado com o atendimento imediato do direito.

Deve-se ter uma visão mais crítica e ampla da utilidade do processo coletivo, permitindo que cumpra uma de suas principais vocações: uma decisão ter potencial multiplicador.

Além disso tudo, não pode o demandado ficar *ad eternum*, refém da sanha litigante de todo e qualquer indivíduo, quando sobre a questão em discussão já tiver existido pronunciamento fundamentado do Poder Judiciário, o qual, por sua vez, não tem tempo nem vocação para ficar se repetindo. Trata-se, até mesmo, de respeito àquilo que já conquistado. E, exatamente por isso, deverá ser detalhadamente conquistado, aspecto possível quando observado o ativismo probatório equilibrado.

Vencidas as ponderações sobre os efeitos da decisão coletiva, está translúcido o fato de que o projeto está direcionado em favor de um processo cooperativo,[52] cobrando não só das partes o envolvimento com a produção da prova. E isso vale desde o início, pois, mesmo sendo dever da parte instruir a inicial com certidões e informações que julgar necessárias, frustrada tal obtenção, poderá o juiz intervir e formular os devidos requerimentos, sob pena de, ao ser desatendido, restar aplicável multa entre dez e cem salários mínimos. Mais uma vez aqui, percebe-se estar ajustado o conceito do ativismo probatório equilibrado, em favor de um processo produtivo.

Ainda por opção do projeto, encerrada a fase postulatória, deverá o julgador designar a audiência preliminar, devendo comparecer as partes e seus procuradores, devidamente capacitados a transigir. O juiz determinará a oitiva das partes que se manifestarão sobre os motivos e fundamentos da demanda. Ato seguinte, observada

---

[51] PORTO, Sérgio. O duplo grau de jurisdição, os prazos judiciais e a administração indireta. *Revista AJURIS*, Porto Alegre, n. 61, p. 165-186, jul. 1994, p. 166.

[52] Sobre o tema, veja-se a tese de doutoramento o Professor Daniel Mitidiero (MITIDIERO, Daniel. *Colaboração no processo civil*: pressupostos sociais, lógicos e éticos. São Paulo: Revista dos Tribunais, 2009, p. 102.)

a natureza disponível do direito em discussão,[53] objetivar-se-á a tentativa de conciliação. Não sendo exitoso o esforço conciliatório, o qual, diga-se, deve ser exaustivamente perseguido, o magistrado dará início ao saneamento do feito e depois fixará os pontos controvertidos.

Indo-se adiante, em verdadeira homenagem ao ativismo probatório equilibrado, solvidas as questões processuais pendentes, o julgador determinará a responsabilidade pela distribuição da prova, observando: (a) o que as partes detêm de conhecimentos técnicos e informações sobre os fatos; (b) a facilidade na demonstração dos conhecimentos técnicos e dos próprios fatos; (c) a possibilidade de as partes ajustarem o ônus probatório, desde que esse ajuste não dificulte demasiadamente a defesa do direito de uma delas. Os critérios de distribuição poderão ser redefinidos a qualquer momento, basta a constatação de fatos novos. A atenção dirigida à otimização do processo é bastante forte, pois poder-se-á evitar a prática de atos supérfluos e desnecessários. Em tudo isso, ao certo, o ativismo do julgador será determinante.

Vê-se, de modo bastante salutar, o dever do magistrado de esclarecer as partes quanto à distribuição do ônus da prova. Evitam-se surpresas, conforme se dá em Portugal[54] e na Alemanha.[55] Mais: existe centralização de esforços em busca da verdade possível, apta à formação da convicção necessária ao julgamento.

Além de tais nuances acerca da produção da prova, o projeto é translúcido ao garantir ao juiz a possibilidade de poder determinar de ofício a produção de provas, desde que protegido, por óbvio, o sagrado contraditório. Não há limitação alguma. Pode o juiz requisitar, por exemplo, desde documentos até a prova técnica. Pode valer-se da opinião de especialistas. Pode, ainda, ouvir os diversos atores da sociedade, designando audiências públicas. Tudo é claro, em benefício de uma decisão que melhor atenda aos interesses do processo e das partes, mas, sobretudo, à realização de justiça.

Efetivamente, não poderia existir um engessamento da produção da prova, visto que o projeto contempla uma constante possibilidade de mutabilidade da ação coletiva. Por exemplo, até a prolação da sentença o julgador poderá adequar as fases e os atos processuais às especificações do conflito. Também será autorizada a causa de pedir aberta, ou seja, enquanto não prolatada a sentença, o julgador poderá deferir o requerimento do autor no sentido de alterar o pedido ou a causa de pedir, desde que realizado de boa-fé e desde que não importe em prejuízo para a parte contrária, devendo ser permitido o contraditório, composto de manifestação no prazo mínimo de quinze dias e possível complementação da prova.

---

[53] Sobre o tema ver: LENZA, Pedro. *Teoria geral da ação civil pública*. 2. ed. rev., atual. e ampl. São Paulo: Editora Revista dos Tribunais, 2005, p. 76-91.

[54] No direito português, baseado no princípio de cooperação, o órgão judicial tem o dever de esclarecer junto às partes as dúvidas que tenha sobre as suas alegações, pedidos ou posições em Juízo, evitando-se uma decisão carente de informação. O tribunal tem o dever de prevenir as partes sobre eventuais deficiências ou insuficiências das suas alegações ou pedidos. (SOUZA, 1997, p. 176).

[55] Está a se falar sobre o § 139 da ZPO, o qual tem como preocupação a clareza acerca do desfecho da contenda, isto é, para que as partes não tenham surpresas, o órgão judicial deverá trazer à tona aspectos de fato e de direito considerados importantes, sendo proibida a fundamentação de decisão judicial em ponto não suscitado. Essa disposição processual demonstra a preocupação diante do esgotamento de todos os esclarecimentos fáticos necessários, mediante a correta produção probatória, assim como quanto à adequação dos requerimentos formulados (§ 139, 1). Em tal senda, cabe ao juiz provocar a parte a fim de que produza a prova correta, possibilitando, assim, a obtenção do respectivo provimento desejado. Além disso, o dispositivo legal em questão prima pelo trâmite transparente da causa. Percebe-se, claramente, a tendência do juiz ativo no processo civil alemão.

Independente da avaliação positiva ou não dessas mudanças de curso, têm-se por relevantíssimas as implicações no campo probatório. Daí ser determinante, ao mesmo tempo, a garantia de mobilidade na produção da prova.[56]

Por derradeiro, há de se notar que o ativismo probatório equilibrado está essencialmente ligado à condução do processo naquilo que diga respeito à coleta da prova, o que, em hipótese alguma, significa dizer que o julgador possa ser responsabilizado pela ausência de provas. Ora, se elas não existirem, resta, sim, possível o julgamento com base em tal realidade, pois, como já determinado, aquilo que é desejado conduz a um julgador ativo, jamais à anulação do papel das partes, ainda mais em se tratando de um processo coletivo. Inclusive, na opinião do Professor Gidi, apoiado na experiência da *class action* norte-americana, o juiz brasileiro pode e deve avaliar se o autor da ação coletiva tutela adequadamente os interesses dos membros do grupo interessado.[57]

Daquilo tudo que foi defendido, tem-se convicção de que a verdade em um processo coletivo ganha dimensões superiores, e, ainda que processual, é uma meta cujo alcance interessa inequivocamente ao processo, sendo, portanto, tarefa de todos os participantes da lide, na medida de seus interesses, persegui-la.[58]

5. CONCLUSÕES

Tudo alinhado, conclui-se que o Projeto de Lei nº 5.139, de 2009, cuidou de garantir a presença do ativismo probatório equilibrado, designando relevante papel ao julgador. O juiz não é mero espectador. Deve trabalhar em favor da busca da verdade, sem, contudo, assumir o lugar das partes. Isso tudo não está reservado exclusivamente ao processo coletivo, por evidente. Só que, em função da magnitude e da amplitude das discussões que nele poderão ser desenvolvidas, afetando milhares de vidas e questões valiosas da sociedade, acredita-se que há a tentativa de avanço, principalmente em benefício do aprofundado diálogo processual. Cabe, agora, seja o magistrado devidamente provocado pela comunidade jurídica. Até porque, conforme ensina José Maria Tesheiner, o juiz deve fidelidade ao sistema jurídico que o constituiu, sob pena de trair a missão que lhe foi confiada.[59]

REFERÊNCIAS

AMARAL, Guilherme Rizzo. *Cumprimento e execução da sentença sob a ótica do formalismo-valorativo*. Porto Alegre: Livraria do Advogado, 2008.

——. *Verdade, justiça e dignidade da legislação*: breve ensaio sobre a efetividade do processo, inspirado no pensamento de John Rawls e de Jeremy Waldron. In: KNIJNIK, Danilo (Coord.) *Prova judiciária*: estudos sobre o novo direito probatório. Porto Alegre: Livraria do Advogado, 2007. p. 129-150.

BEDAQUE, José Roberto dos Santos. *Poderes instrutórios do juiz*. 2. ed. rev. e ampl. São Paulo: Revista dos Tribunais, 1994.

CARNELUTTI, Francesco. *A prova civil*. Tradução de Lisa Pary Scarpa. 2. ed. Campinas: Bookseller, 2002.

CHIOVENDA, Giuseppe. *Instituições de direito processual civil*. Tradução de J. Guimarães Menegale e notas de Enrico Tullio Liebman. 3. ed. São Paulo: Saraiva, 1969. v. 3

---

[56] Tais prerrogativas do projeto merecem cautela e estudo próprio, pois podem, diante da ausência de razoabilidade, provocar a nefasta eternização do conflito.

[57] GIDI, Antonio. A representação adequada nas ações coletivas brasileiras: uma proposta. *Revista de Processo*, São Paulo, v. 108, n. 61, p. 61-70, 2002.

[58] É em tal sentido a lição de Mitidiero ((MITIDIERO, 2009, p. 102.)

[59] TESHEINER, José Maria Rosa. Poder judiciário. *AJURIS*, Porto Alegre, v. 18, n. 51, p. 150-157, mar. 1991, p. 157.

COUTURE, Eduardo J. *Introdução ao estudo do processo civil*. Tradução de Mozart Victor Russomano. 3. ed. Rio de Janeiro: Forense, 1995.

DIDIER JÚNIOR, Fredie; ZANETI JÚNIOR, Hermes. *Curso de direito processual civil*: processo coletivo. 5. ed. Salvador: JUSPODIVM, 2010. v. 4.

DINAMARCO, Cândido Rangel. *A instrumentalidade do processo*. 14. ed. São Paulo: Malheiros, 2009.

——. *Instituições de direito processual civil*. 6.ed.rev. e atual. São Paulo: Malheiros, 2009. v. 1.

DWORKIN, Ronald. *O império do direito*. São Paulo: Martins Fontes, 2002.

FABRÍCIO, Adroaldo Furtado. As novas necessidades do processo civil e os poderes do juiz. In: ——. *Ensaios de Direito Processual*. Rio de Janeiro: Forense, 2003. p. 403-420.

FREER, Richard D. *Introduction to civil procedure*. 2. ed. New York: Aspen, 2009.

GIDI, Antonio. A representação adequada nas ações coletivas brasileiras: uma proposta. *Revista de Processo*, São Paulo, v. 108, n. 61, p. 61-70, 2002.

KNIJNIK, Danilo. Ceticismo fático e fundamentação teórica de um direito probatório. In: —— (Coord.) *Prova judiciária*: estudos sobre o novo direito probatório. Porto Alegre: Livraria do Advogado, 2007.

LENZA, Pedro. *Teoria geral da ação civil pública*. 2. ed. rev., atual. e ampl. São Paulo: Editora Revista dos Tribunais, 2005.

LIEBMAN, Enrico Tullio. *Manual de direito processual civil*. Tocantins: Intelectos, 2003. v. 2.

LORENZETTI, Ricardo Luiz. *Justicia colectiva*. Santa Fe: Rubinzal-Culzoni, 2010.

MACÊDO, Marcus Paulo Queiroz. Primeiras impressões sobre o inquérito civil no anteprojeto da nova lei da ação civil pública brasileira. *Revista Jurídica*, São Paulo, ano 57, n. 382, p.41-50, ago. 2009.

MARINONI, Luiz Guilherme; MITIDIERO, Daniel. *O projeto do CPC: crítica e propostas*. São Paulo: Revista dos Tribunais, 2010.

MATTOS, Sérgio Luiz Wetzel de. *Da iniciativa probatória do juiz no processo civil*. Rio de Janeiro: Forense, 2001.

MITIDIERO, Daniel. *Colaboração no processo civil*: pressupostos sociais, lógicos e éticos. São Paulo: Revista dos Tribunais, 2009.

MOREIRA, José Carlos Barbosa. O problema da "divisão do trabalho" entre o juiz e partes: aspectos terminológicos. *Revista de Processo*, São Paulo, n. 41, p. 7-14, jan./mar. 1986.

OLIVEIRA, Carlos Alberto Alvaro de, O processo civil na perspectiva dos direitos fundamentais. In: —— (Org.). *Processo e Constituição*. Rio de Janeiro: Forense, 2004.

OTEIZA, Eduardo. La constitucionalización de los derechos colectivos y la ausência de un proceso que los "ampare". In: Oteiza, Eduardo (Coord.). *Processos coletivos*. Santa Fe: Rubinzal-Culzoni, 2006.

PORTO, Sérgio. O duplo grau de jurisdição, os prazos judiciais e a administração indireta. *Revista AJURIS*, Porto Alegre, n. 61, p. 165-186, jul. 1994.

SARLET, Ingo Wolfgang. *A eficácia dos direitos fundamentais*. 10. ed. rev. atual. e ampl. Porto Alegre: Livraria do Advogado, 2010.

SILVA MELERO, Valentín. *La prueba procesal*. Revista de Derecho Privado: Madrid, 1964. v.2.

SILVA, Ovídio Araújo Baptista da; GOMES, Fábio Luiz. *Teoria geral do processo civil*. 4. ed. rev. e atual. São Paulo: Revista dos Tribunais, 2006.

SOUZA, Miguel Teixeira de. Aspectos do novo processo civil português. *Revista de Processo*, São Paulo, v. 22, n. 86, p.174-184, abr./jun. 1997.

TARUFFO, Michelle. *La prueba de los hechos*. Traducción de Jordi Ferrer Beltrán. 2. ed. Madrid: Trotta, 2005

TESHEINER, José Maria Rosa. Ações coletivas relativas a direitos individuais homogêneos e o Projeto de Lei nº 5139/2009. *Interesse Público*, Belo Horizonte, ano 12, n. 59, p. 67-82, jan./fev. 2010.

——; MILHORANZA, Mariângela Guerreiro. *Temas de direito e processos coletivos*. Porto Alegre: HS, 2010.

——. Poder judiciário. *AJURIS*, Porto Alegre, v. 18, n. 51, p. 150-157, mar. 1991.

TUCCI, José Rogério Cruz e. *Class action e mandado de segurança coletivo*. São Paulo: Saraiva, 1990.

WOLKMER, Antonio Carlos. Introdução aos fundamentos de uma teoria geral dos "novos" direitos. In: WOLKMER, Antonio Carlos; LEITE, José Rubens Morato. *Os "novos" direitos no brasil*: natureza e perspectivas: uma visão básica das novas conflituosidades jurídicas. São Paulo: Saraiva, 2003.

ZAVASCKI, Teori Albino. *Processo coletivo*: tutela de direitos coletivos e tutela coletiva de direitos. 2.ed.rev. e atual. São Paulo: Revista dos Tribunais, 2007.

— 18 —

Os efeitos modulatórios na Ação Direta de Inconstitucionalidade e seus critérios de fixação: podem-se prever os efeitos no julgamento da ADI n. 3695-5?[1]

MARCO FÉLIX JOBIM[2]

Sumário: 1. Introdução; 2. Os efeitos modulatórios na ADIN; 2.1. Objeto; 2.2. Os requisitos para modulação: razões de segurança jurídica ou excepcional interesse social; 2.3. Quórum para modulação; 2.4. Os possíveis efeitos modulatórios da ADI 3695-5. Considerações Finais. Bibliografia.

1. INTRODUÇÃO

O Poder Judiciário brasileiro não pode mais depender exclusivamente de julgar matérias envolvendo direitos individuais em processos singulares, uma vez que, além de trazer para dentro de seu espectro de julgamentos uma infinidade de litígios fragmentados que poderiam ser julgados em uma única causa, também se pode hoje optar, por exemplo, pelo julgamento da validade própria da norma jurídica que trará efeitos para todos, como no controle de constitucionalidade de leis.

Quer seja nas ações coletivas, quer seja no controle de constitucionalidade de leis, um fato é certo: haverá maior segurança para o jurisdicionado e maior respeito ao direito fundamental à igualdade quando o cidadão tiver certeza de que num determinado fato incidirá determinada norma e que na interpretação desta teremos uma consequência única na aplicação do direito, diminuindo aquelas discrepâncias históricas com que se convive, na qual existem decisões judiciais divergentes sobre um mesmo fato.

No controle de constitucionalidade de leis hoje vigente no ordenamento jurídico brasileiro, tem-se que, em sua forma concentrada, uma decisão valerá para todos, ou seja, terá efeitos *erga omnes*.

Inserido neste poder que a Constituição Federal e a Lei 9.868/99 conferem de declarar uma norma inválida, existe outro positivado no artigo 27 da referida lei que se consubstancia na concepção de declaração de efeitos modulatórios em determinados casos. Contudo, em não analisando com seriedade os requisitos para modular

---

[1] Agradeço ao professor José Maria Rosa Tesheiner e ao Marcio Felix Jobim pela leitura e sugestões. Este artigo foi realizado para a obra coletiva dos doutorandos em Direito da Pontifícia Universidade Católica do Rio Grande do Sul.

[2] Advogado e professor universitário. Especialista, mestre e doutorando em direito.

os efeitos temporais de uma decisão, poderá incorrer o Poder Judiciário no mesmo problema que hoje acontece nas ações julgadas individualmente, qual seja, o de injustiçar uns e beneficiar outros pela escolha da data em que pauta a modulação.

Assim, este artigo tentará demonstrar se existem critérios objetivos para que se concretize a modulação de efeitos da decisão que declara a inconstitucionalidade de uma norma pela via da Ação Direta de Inconstitucionalidade e quais são eles para tentar diminuir o rol de prejudicados por um efeito modulatório mal pensado.

Por fim, será analisado o caso da ADI sobre a inconstitucionalidade do artigo 285-A do CPC e as complicações que este processo poderá gerar caso não modulado corretamente os efeitos da decisão de procedência da referida ação.

1. OS EFEITOS MODULATÓRIOS NA ADIN

Sob a nomenclatura de controle de constitucionalidade de leis pode o Poder Judiciário, dependendo de qual modalidade de controle se está falando, difuso[3] ou concentrado,[4] aquele mais antigo, este mais recente,[5] dar interpretação conforme a Constituição, o que denota a força[6] existente no instituto que tem como *leading case* Marbury *v.* Madinson,[7] julgado na Suprema Corte dos Estados Unidos em 1803.

---

[3] AGRA, Walber de Moura. *Aspectos controvertidos do controle de constitucionalidade*. Bahia: JusPODIVM, 2008. Sobre a terminologia e o conceito segue a lição do autor: "O controle difuso igualmente pode ser chamado de via de exceção, via incidental, via de defesa ou de controle de norma de efeito concreto. Todas essas terminologias designam o mesmo objeto analisado sob prismas diversos. Difuso, porque toda instancia judiciária pode decidir acerca da constitucionalidade. Controle de norma de efeito concreto, porque somente pode ser suscitado por aqueles cidadãos atingidos diretamente pela norma inconstitucional. Controle por exceção ou via incidental, porque o pedido de declaração de inconstitucionalidade deve ser julgado anteriormente ao mérito, sendo apreciado em preliminar, de forma incidental, ou porque a verificação da constitucionalidade não faz parte do pedido, configurando-se como seu fundamento, p. 51-52.

[4] Ibid, p. 77. "O sistema concentrado de controle de constitucionalidade no Brasil, também chamado de abstrato, nos últimos anos, vem evoluindo de forma bastante intensa. Sua função principal é velar pela integridade sistêmica do ordenamento jurídico, expurgando antinomias que poderiam diminuir a força concretiva dos mandamentos constitucionais e assegurar o cumprimento das normas infraconstitucionais. Apesar de os cidadãos não terem legitimidade ativa para exercer esse tipo de controle, sua relevância para a salvaguarda dos mandamentos constitucionais configura-se como primordial".

[5] CARVALHO NETO, Inacio de. *Ação declaratória de constitucionalidade*. Curitiba Juruá, 2006, p. 20. Refere o autor ser "da tradição da República brasileira o controle de constitucionalidade. Desde a Constituição de 1891 se previu a possibilidade de o Supremo Tribunal Federal, em grau de recurso, verificar a validade de tratados ou leis federais. Nessa mesma carta Constitucional, implicitamente, se deu poder aos Tribunais Estaduais de negar-lhes aplicação. Existia, até então, apenas o controle difuso", e finaliza: "Passou-se mais tarde ao controle concentrado, surgindo, então, a Ação Direta de Inconstitucionalidade".

[6] TUSHNET, Mark. *Weak courts, strong rights*: judicial review and social welfare rights in comparative constitucional law. New Jersey: Princeton University Press, 2009. Apesar do fortalecimento do instituto no Brasil, o autor refere um enfraquecimento do judicial review mundialmente, ressalvando o sistema estadunidense ao referir: "The reason is that the 'new Commonwealth model' of judicial review offers na importante alternative to the forme f judicial review familiar in the United States. In that new model, courts asses legislation against constitutional norms, but do not have the final word on whether statutes comply with those norms. In some versions the courts are directed to interpret legislation to make it consistent with constitutional norms if doing so is fairly possible according to (previously) accepted standarts of statutory interpretation. In other versions the courts gain the additional power to declare statutes inconsistent with constitutional normas, but not to enforce such judments coercively against a losing party. In still others, the courts can enforce the judgment coercively, but the legislature may respond by reinstantating the original legislation by some means other than a cumbersome amendment process", sendo que logo após conclui o autor: "I call the new modelo f judicial review weak-form judicial review, in contrast with the strong formo f judicial review in the United States. Strong-form review itself has numerous variants. At its heart is the power of courts to declare statutes enacted by a nation's highest legislature unconstitutional, and to make thet declaration practically effective by using the standart weapons at a court's hands-injunctions against further enforcement of the statute by executive

Contudo, até 1999,[8] no controle de constitucionalidade de leis pela via concentrada ou abstrata como também é chamada, ainda que o fortalecimento deste controle sofra críticas de alguns juristas,[9] a regra seria a de que, uma vez declarada a inconstitucionalidade da norma, os efeitos da decisão deveriam retroagir à data do início de sua vigência,[10] uma vez que, pela lógica, declarada sua inconstitucionalidade, nunca deveriam ter sido atribuído direitos sobre ela.

Contudo, os efeitos *ex tunc* da inconstitucionalidade da norma, obrigatoriamente, trazem uma indagação de relevante importância: e aqueles que de alguma forma adquiriram direitos ou obrigações na vigência daquela determinada norma, como ficam?[11]

---

officials, dismissals of prosecutions under the statute, awards os damages on behalf of people injured by the statute's operation backed up by the potential to seize the defendant's property", p. IX.

[7] MORO, Sergio Fernando. *Jurisdição constitucional como democracia*. São Paulo: Revista dos Tribunais, 2004, p. 20. Segundo o autor: "Marbury v. Madison, célebre decisão proferida pela Suprema Corte norte-americana em 1803, sob a presidência de John Marshall, inaugura a jurisdição constitucional".

[8] VELANO, Emília Maria. *Modulação dos efeitos da declaração de inconstitucionalidade de lei tributária*. Curitiba: Juruá, 2010, p. 15: "As decisões que declaravam a inconstitucionalidade da lei no controle de constitucionalidade concentrado, até 1999, tinham eficácia retroativa. A lei declarava inconstitucional era considerada nula e, por conseguinte, todos os seus efeitos eram desconstituídos. O princípio da nulidade da lei inconstitucional, mesmo contemporaneamente, é considerado postulado de hierarquia constitucional, em virtude de garantir que as leis que violaram a Constituição não produzirão nenhyum efeito, protegendo sua eficácia".

[9] Op cit, p. 312. Uma das críticas é feita por Sergio Fernando Moro ao comparar os dois controles, difuso e concentrado, ao referir: "No Brasil, em vez de se optar por tal linha de reforma, procurou-se fortalecer o controle abstrato/concentrado, que é menos democrático e oferecer maiores riscos na defesa da Constituição. O fortalecimento do controle difuso/incidental é mais apropriado e inverteria tal tendência. Não se suprimiria de todo o controle concentrado/abstrato. Contudo, ele seria mantido apenas quando a necessidade de decisão com eficácia potenciada estivesse aliada à necessidade de decisão rápida, em nível suficiente para compensar o incremento do risco da decisão errada, decorrente da supressão de instâncias".

[10] KELSEN, Hans. *Jurisdição Constitucional*. Sérgio Sérvulo da Cunha (revisão). São Paulo: Martins Fontes, 2003. Muitas polêmicas acerca da nulidade ou anulabilidade da norma declarada inconstitucional, discussão que já vem desde Kelsen quando refere: "Também é controverso se uma lei declarada inconstitucional pela Suprema Corte deve ser considerada como nula ab initio. Uma interpretação nesse sentido da decisão da Suprema Corte significaria que tal decisão anula a lei de maneira geral e com força retroativa, abolindo-se assim todos os seus efeitos anteriores. Dentro de um sistema de direito positivo, porém, não existe nulidade absoluta. Não é possível caracterizar como inválido a priori (nulo ab initio) um ato que se apresenta como legal. Somente a anulação de tal ato é possível; ele não é nulo, mas anulável, eis que não é possível afirmar que um ato é nulo sem que se responda a questão sobre quem tem competência para estabelecer tal nulidade. Uma vez que a ordem legal – a fim de evitar a anarquia – dá certas autoridades o poder de definir se um ato é nulo, tal definição tem sempre um caráter constitutivo, e não declaratório. O ato somente é 'nulo' se a autoridade competente assim o declarar. Essa declaração é uma anulação, uma invalidação. Antes dela o ato não é nulo, pois ser 'nulo' significa legalmente inexistente, e o ato precisa existir legalmente para poder ser objeto de julgamento por uma autoridade. A anulação pode ser retroativa e o ordenamento pode autorizar todo o indivíduo a estabelecer a nulidade do ato, isto é, anulá-lo com força retroativa. Normalmente, porém, apenas certos órgãos da comunidade jurídica são autorizados a estabelecer a 'nulidade' de atos que se apresentam como legais", p. 308-309. Para complementar a leitura, recomenda-se: HECK, Luís Afonso. *Jurisdição constitucional*: teoria da nulidade versus teoria da nulificabilidade das leis. Porto Alegre: Livraria do Advogado, 2008.

[11] Ibid, p. 15-16. Esse era um dos grandes problemas que deu origem a modulação de efeitos, segundo Emília Maria Velano ao dizer: "Entretanto, os efeitos retroativos da declaração de inconstitucionalidade continham alguns inconvenientes em casos concretos específicos. Um exemplo clássico é a declaração de inconstitucionalidade de lei que institui benefício para um grupo, excluindo integrantes da mesma categoria de forma a contrariar o princípio da isonomia. Os postulantes requerem ao judiciário a extensão do benefício aos excluídos. Porém, o Supremo Tribunal Federal entende que o judiciário não pode conceder benefícios, pois estaria atuando como legislador positivo, afrontando o princípio da separação dos poderes. A decisão judicial deveria ser restrita à declaração de inconstitucionalidade da lei, aniquilando os benefícios do grupo prestigiado. Contudo, muitas vezes, o benefício não é um privilégio arbitrário, mas uma decorrência da própria Constituição que deveria ser estendido aos demais pelo legislador e não retirado daqueles contemplados pela lei. É o caso da lei que instituiu a correção monetária de salários defasados pela inflação. A declaração de inconstitucionalidade com efeitos retroativos dessa lei institui uma situação jurídica ainda mais inconstitucional: o benefício, mesmo sendo uma decorrência das normas constitucionais, deverá ser julgado inconstitucional"

Para responder indagações como esta, o legislador inovou na elaboração da Lei 9.868 de 1999 e trouxe a possível solução para esses casos em seu artigo 27[12] ao instituir que o Supremo Tribunal Federal poderá atribuir efeitos modulatórios[13] à decisão que declara a inconstitucionalidade de lei ou ato normativo.[14]

Mas antes, deve-se ver a diferença destes efeitos temporais em ambos os controles para que não pairem dúvidas de que se está em universos diferentes, onde no efeito difuso, sempre haverá a declaração de inconstitucionalidade inter partes com eficácia *ex tunc*[15] e no controle concentrado a eficácia da declaração será erga omnes, mas quanto aos efeitos temporais, estes poderão ser *ex tunc, ex nunc, pro tempore* ou *pro futuro* conforme entende Dalton Santos Morais.[16]

Cumpre esclarecer que sobre o artigo 27 da lei em comento existem duas ADI ajuizadas no Supremo Tribunal Federal tombadas sob os n°s 2.154 e 2.258, respectivamente, ainda não julgadas, questionando a inconstitucionalidade do referido artigo.

---

[12] Art. 27. Ao declarar a inconstitucionalidade de lei ou ato normativo, e tendo em vista razões de segurança jurídica ou de excepcional interesse social, poderá o Supremo Tribunal Federal, por maioria de dois terços de seus membros, restringir os efeitos daquela declaração ou decidir que ela só tenha eficácia a partir de seu trânsito em julgado ou de outro momento que venha a ser fixado.

[13] Tal previsão também é prevista na Lei 9.882/99 em seu artigo 11.

[14] Importante ser referido o trecho da exposição de motivos n. 189 de 07/04/1997 do projeto de Lei 2.960 do mesmo ano que assim refere as razões da modulação de efeitos:

Coerente com evolução constatada no Direito Constitucional comparado, a presente proposta permite que o próprio Supremo Tribunal Federal, por uma maioria diferenciada, decida sobre os efeitos da declaração de inconstitucionalidade, fazendo um juízo rigoroso de ponderação entre o princípio da nulidade da lei inconstitucional, de um lado, e os postulados da segurança jurídica e do interesse social, de outro (art. 27). Assim, o princípio da nulidade somente será afastado *in concreto* se, a juízo do próprio Tribunal, se puder afirmar que a declaração de nulidade acabaria por distanciar-se ainda mais da vontade constitucional.

Entendeu, portanto, a Comissão que, ao lado da ortodoxa declaração de nulidade, há de se reconhecer a possibilidade de o Supremo Tribunal, em casos excepcionais, mediante decisão da maioria qualificada (dois terços dos votos), estabelecer limites aos efeitos da declaração de inconstitucionalidade, proferindo a inconstitucionalidade com eficácia ex nunc ou pro futuro, especialmente naqueles casos em que a declaração de nulidade se mostre inadequada (v.g.: lesão positiva ao princípio da isonomia) ou nas hipóteses em que a lacuna resultante da declaração de nulidade possa dar ensejo ao surgimento de uma situação ainda mais afastada da vontade constitucional.

[15] ALMEIDA, Vânia Hack de. *Controle de constitucionalidade*. 3. ed. Porto Alegre: Verbo Jurídico, 2010. Assim confirma a autora: "No sistema difuso de controle de constitucionalidade, as decisões produzem eficácia *inter partes* e *ex tunc* (para o caso concreto)", p. 57.

[16] MORAIS, Dalton Santos. *Controle de constitucionalidade: exposições críticas à luz da jurisprudência do Supremo Tribunal Federal*. Bahia: JusPODIVM, 2010, p. 147-148. "Como já realçado anteriormente, no controle concreto de constitucionalidade realizado por qualquer juiz ordinário e pelos Tribunais, sob a via difusa, o objeto de controle jurisdicional recai sobre a apreciação da questão de constitucionalidade no bojo de um caso concreto submetido a julgamento, sendo o objeto de impugnação não o ato normativo propriamente dito, mas o ato concreto que dele decorre que é, também, o objeto da demanda judicial". "Exatamente devido a essa configuração e ao reconhecimento de que a natureza da decisão jurisdicional em controle de constitucionalidade possui natureza declaratória, aquela decisão proferida no controle concreto de normas possuirá efeitos inter partes e eficácia temporal ex tunc, ou melhor entra as partes da relação processual subjetiva e com eficácia retroativa para anular a relação jurídica estabelecida com base no ato normativo considerado inconstitucional pelo juiz ordinário e pelos Tribunais na via difusa de controle". "Já no controle abstrato de constitucionalidade, exercido concentradamente pelo Supremo Tribunal Federal, apesar de a Lei nº 9.868/99 ter reconhecido a natureza declaratória das decisões definitivas de mérito, atribuindo-lhes efeitos retroativos ou eficácia temporal *ex tunc*, a mesma disposição normativa permite a adoção do que doutrina denomina como modulação da eficácia temporal da decisão definitiva em controle abstrato de normas, para, pela maioria qualificada de dois terços de seus membros, conferir efeitos *ex tunc*, pro tempore ou pro futuro àquela decisão definitiva, em casos de excepcional interesse público e da necessária preservação da segurança jurídica".

Diante disso, tem-se que os efeitos modulatórios[17] já são uma realidade no ordenamento jurídico brasileiro,[18] podendo o Supremo Tribunal Federal fazer uma viagem no tempo para conferir quem é prejudicado ou beneficiado pela decisão de inconstitucionalidade.[19]

Porém, deve-se saber quais os critérios para que essa decisão não cause desigualdades entre os cidadãos que, legitimamente, consagraram seus melhores esforços para que, na vigência da lei, adquirissem direitos e obrigações, razão pela qual se inicia pelas previsões de concessão de modulação de efeitos inseridas no artigo 27 da Lei 9.868/99.

2.1. Objeto

Inicialmente, para que se tenha a previsão de efeitos modulatórios da decisão, deve-se estar diante de, como referido no artigo 27, a declaração de inconstitucionalidade de lei ou ato normativo.

---

[17] BASTOS, Elísio Augusto Velloso. *A garantia jurisdicional da Constituição brasileira*: análise e proposta para seu aprimoramento. Rio de Janeiro: Forense; São Paulo: MÉTODO, 2009, p. 160. Refere o autor ser a origem da modulação de efeitos um caso julgado nos Estados Unidos: "A força da realidade, todavia, exigiu abrandamentos à teoria, afinal o direito não tem somente uma dimensão lógico-formal, enfrentando, pois, realidades impostas pela dinâmica da vida. Foi justamente a dinâmica da vida que fez que a Suprema Corte dos Estados Unidos passasse a acatar exceções à regra dos efeitos retroativos da decisão de inconstitucionalidade, o que teve início a partir do leading case Linkletter vs. Walker, em que a Corte reconheceu que a retroatividade ou prospectividade dos efeitos do judicial review poderia ser alterada, dependendo do caso, uma vez que tal questão não seria decorrente de um princípio constante da Constituição, mas fruto da prática jurisprudencial".

[18] MENDES, Gilmar Ferreira. *Argüição de descumprimento de preceito fundamental:* comentários à Lei n. 9.882, de 3.12.1999. São Paulo: Saraiva, 2007. Assim refere o Ministro do Supremo Tribunal Federal: "O STF já teve a oportunidade de discutir a aplicação do art. 27 da Lei n. 9.868/99 em alguns casos" e continua relatando quais são eles, sendo que"no primeiro, controvertia-se sobre a constitucionalidade do parágrafo único do art. 6º da Lei Orgânica n. 222, de 31.3.1990, do Município de Mira-Estrela/SP, que teria fixado seu número de vereadores em afronta ao disposto no art. 29, IV, da Constituição. É que tal disposição prevê que o número de vereadores seja fixado proporcionalmente à população local, observando-se, nos Municípios de até um milhão de habitantes, a relação de um mínimo de 9 e um máximo de 21. Acolhendo proposta formulada em voto-vista por mim proferido, o Tribunal houve por bem consagrar que a decisão de inconstitucionalidade seria dotada de efeito pro futuro", e continuando sobre o outro caso aponta: "o segundo caso diz respeito à mudança de orientação jurisprudencial a propósito da exigência de recolhimento à prisão para que o acusado pudesse apelar, discutindo vários processos. Embora a matéria ainda esteja pendente de apreciação pelo Plenário, a discussão demonstra que tais casos de revisão de jurisprudência amplamente consolidada no âmbito do Tribunal tornam relevante a discussão em torno dos efeitos da decisão, pois tal mudança certamente repercutirá sobre casos já julgados. Parece que, no aludido caso, o Tribunal encaminha-se para reconhecer que a inconstitucionalidade do art. 9º da Lei n. 9.034/95 há de ser declarada com efeitos ex nunc", p. 284-285.

[19] APPIO, Eduardo. *Controle difuso de constitucionalidade*: modulação dos efeitos, uniformização de jurisprudência e coisa julgada. Curitiba: Juruá, 2009. Para entender este túnel do tempo, a lição do autor é esclarecedora ao comparar com filme de ficção científica muito assistido. Refere: "Ao defender a chamada eficácia retroativa das decisões em controle difuso, o Supremo Tribunal assume o papel de senhor absoluto do tempo das decisões. Assim como no filme De volta para o futuro, o personagem vivido nas telas por Michael J. Fox retorna para o passado, para consertá-lo, através de uma máquina criada por um genial cientista, os Ministros do Supremo embarcarão nesta inusitada viagem no tempo, retomando discussões já encerradas no passado, com a finalidade de alterar suas conseqüências. No filme, o personagem insatisfeito com o atual estágio de sua vida e com a modesta condição econômica de sua família, decide voltar para o passado, alterando o curso de sua biografia pessoal (e de seus familiares). Ao interferir no curso da história, o personagem, de forma inadvertida, produz inúmeras conseqüências indesejadas (efeitos colaterais), já que a dinâmica dos acontecimentos futuros acaba por ser totalmente alterada. A previsão sobre o que supunha iria acontecer no futuro acaba, no filme, converte-se em tormento para o personagem, já que sua família passa a gozar de alguns benefícios, mas, de outro lado, surgem novos problemas. O personagem, já ao final do filme, dá-se conta de que, muito embora gozasse de uma situação privilegiada – pois sabia de antemão, as origens de sua desgraça e como consertá-la – ainda assim não tinha condições de determinar o final da 'estória'", p. 34.

Na realidade, o artigo 27 apenas confirma o que estava positivado no artigo 102, I, *a*, da Constituição Federal,[20] com redação conferida pela Emenda Constitucional 3 de 1993, ao afirmar que leis e atos normativos[21] federais ou estaduais podem ser objeto da Ação Direta de Inconstitucionalidade.

Segundo a lição de Gilmar Ferreira Mendes,[22] com esta previsão, todos os atos normativos da União e Estados foram abarcados pela ADI, razão pela qual qualquer deles pode ser declarado inconstitucional pelo Supremo Tribunal Federal, restando de fora aqueles oriundos dos municípios.

José Maria Tesheiner e Rodrigo Azambuja da Cunha[23] apontam que uma das diferenças entre a Ação Direta de Inconstitucionalidade e a Ação Direta de Constitucionalidade é exatamente a possibilidade daquela ter como objeto lei ou ato normativo federal e estadual, enquanto esta apenas tem como objeto lei ou ato normativo federal. Ressalta-se que ambas têm objeto menor que o previsto na Arguição de Descumprimento de Preceito Fundamental para os autores,[24] ação esta que também faz parte do controle de constitucionalidade concentrado de leis.

---

[20] Art. 102. Compete ao Supremo Tribunal Federal, precipuamente, a guarda da Constituição, cabendo-lhe: I – processar e julgar, originariamente: a) a ação direta de inconstitucionalidade de lei ou ato normativo federal ou estadual e a ação declaratória de constitucionalidade de lei ou ato normativo federal;

[21] MARTINS, José Renato. *O controle de constitucionalidade das leis no direito brasileiro*. São Paulo: Juarez de Oliveira, 2004, p. 108. Sobre o conceito de ato normativo, refere o autor: "Ato normativo é uma expressão genérica. Envolve todos aqueles atos que tiverem a característica da normatividade, e esta se verifica por três elementos: a generalidade no comando (dirige-se a todos, indistintamente), abstração (preceitua em tese, e não para um caso concreto) e sua autonomia (obriga por si só). Todos os atos que se revestirem com essas características são atos normativos, e como tal passíveis de controle de constitucionalidade".

[22] MENDES, Gilmar Ferreira. *Jurisdição constitucional*: o controle abstrato de normas no Brasil e na Alemanha. 5. ed. São Paulo: saraiva, 2005, p. 193-194. "Podem ser objeto de ação direta de inconstitucionalidade, nos termos do art. 102, I, *a*, da Constituição, as leis ou atos normativos federais ou estaduais. Com isso, utilizou-se o constituinte de formulação abrangente de todos os atos normativos da União ou dos Estados". "Antes da entrada em vigor da Constituição de 1988, discutiu-se intensamente sobre a possibilidade de se submeter a lei municipal ao juízo de constitucionalidade abstrato". "Enquanto algumas vozes na doutrina admitiam que a Constituição teria uma lacuna de formulação e, por isso, a referência à lei estadual deveria contemplar também as leis municipais, sustentavam outras opiniões autorizadas que os Estados poderiam, com base na autonomia estadual, instituir o modelo de ação direta com o objetivo de aferir a constitucionalidade da lei municipal. O Supremo Tribunal Federal afastou não só a possibilidade de aferição da constitucionalidade das leis municipais na via direta perante um Tribunal estadual, como recusou expressamente a ampliação de sua competência para aferir diretamente a constitucionalidade dessas leis, entendendo que tal faculdade para o controle fora confiada estritamente e destinava-se apenas à aferição de constitucionalidade de leis federais ou estaduais. A ampliação dessa competência por via de interpretação traduziria uma ruptura com o sistema".

[23] TESHEINER, José Maria; CUNHA, Rodrigo A. Azambuja da. Ações Direta de Inconstitucionalidade, Declaratória de Constitucionalidade e Argüição de Descumprimento de Preceito Fundamental. In *Direitos fundamentais & justiça*. Revista do Programa de Pós-graduação, mestrado e doutorado da Pontifícia Universidade Católica do Rio Grande do Sul. SARLET, Ingo Wolfgang; MOLINARO, Carlos Alberto (coordenação científica). n. 9 (out/dez. 2009). Porto Alegre: HS editora, 2007, p. 126.

[24] Idem, p. 126: "Diferentemente do que ocorre com as ações declaratórias de constitucionalidade ou de inconstitucionalidade, o objeto da arguição de descumprimento de preceito fundamental não precisa necessariamente ter natureza normativa. O artigo 1º, caput, da Lei citada refere-se simplesmente a 'ato do Poder Público' de que resulte ameaça ou lesão a preceito fundamental. Ora, ato que implique descumprimento de preceito fundamental ocorre no mundo dos fatos, do que decorre a integração da ação correspondente nos processos subjetivos. Mas a ação cabe também 'quando for relevante o fundamento da controvérsia constitucional sobre lei ou ato normativo federal, estadual ou municipal, incluídos os anteriores à Constituição' (Lei cit., art. 1º, parágrafo único), o que a integra entre os processos objetivos, cujo sistema completa, ao incluir em seu objeto atos normativos municipais e atos normativos anteriores à Constituição, excluídos do âmbito das ações diretas de constitucionalidade e de inconstitucionalidade".

Em complemento ao fato de que a ADI tem por objeto lei ou ato normativo federal ou estadual, Luís Roberto Barroso[25] aponta qual o verdadeiro alcance da ação ao assegurar que todos aqueles atos previstos no artigo 59 da Constituição Federal podem ser objeto da ADI, exemplificando, entre eles, as Emendas Constitucionais, as Leis Complementares, as Leis Ordinárias, as Leis Delegadas, as Medidas Provisórias, os Decretos legislativos e resoluções, os Decretos autônomos, a legislação estadual, os tratados internacionais, entre outros que entende cabido.

2.2. Os requisitos para modulação: razões de segurança jurídica ou excepcional interesse social

O artigo 27 da Lei 9.869/99 é cristalino ao afirmar que somente poderá se dar os efeitos modulatórios à decisão que declara a inconstitucionalidade de uma lei ou ato normativo quando houver razões de *"segurança jurídica ou de excepcional interesse social"*,[26] demonstrando numa primeira visão que não serão todos os casos em que declarada a inconstitucionalidade deve-se modular os efeitos da decisão.

Emília Maria Velano,[27] em explicação a estes dois requisitos para a modulação de efeitos, entende que eles devem servir de parâmetro na norma constitucional, e somente se nesta haver conteúdo com segurança jurídica e/ou interesse social para serem violados, estarão configurados os requisitos para modulação.

Zeno Veloso acredita ser tanto a segurança jurídica e o excepcional interesse público conceitos jurídicos indeterminados,[28] o que acaba sendo uma grande dificuldade para que se encontre a correta aplicação da legislação no caso concreto.

---

[25] BARROSO, Luís Roberto. *O controle de constitucionalidade no direito brasileiro*: exposição sistemática da doutrina e análise crítica. 3. ed. São Paulo: Saraiva, 2008. Entre as páginas 162 até 174 o professor da Universidade Estadual do Rio de Janeiro expõe todas as normas que entende ser objeto da Ação Direta de Inconstitucionalidade.

[26] Op cit, 119. Segundo Eduardo Appio "a segurança jurídica e o excepcional interesse público são os critérios definidos em lei para a modulação dos efeitos da decisão. Não havendo a modulação, os efeitos serão retroativos no controle concentrado e também no difuso (inclusive em matéria penal) ".

[27] Op cit, p. 106. "Seguindo este raciocínio, a Lei 9.868/99, ao dispor que, nos casos de 'interesse social relevante' ou de ameaça à 'segurança jurídica', a sentença da ADI pode não retroagir, só pode estar fazendo referência a normas do texto constitucional que protegem o 'interesse social' e a 'segurança jurídica'. Trata-se apenas de uma concretização do ordenamento constitucional realizada pelo legislador ordinário, determinando que as normas constitucionais que contiverem uma proteção ao interesse social ou à segurança jurídica poderão ser invocadas, juntamente com o art. 27 da Lei citada, para justificar a não retroatividade da sentença". Após, finaliza na conclusão: "Inicialmente, é necessário que o 'interesse social' e a 'segurança jurídica' (Lei 9.868/99, art. 27), sejam interpretados de acordo com a Constituição, utilizando as normas constitucionais para demonstrar o significado dessas expressões para cada caso analisado. De fato, o art. 27 da Lei 9.868/99 só pode ser aplicado em conjunto com uma norma constitucional, pois a modulação dos efeitos da declaração de inconstitucionalidade consolida situações jurídicas inconstitucionais, o que só pode ser permitido pelo ordenamento jurídico se outra norma constitucional for contrariada pela retroatividade dos efeitos da decisão. Não se pode olvidar que o princípio da nulidade da lei inconstitucional é norma de hierarquia constitucional e, por isso, só pode ser excepcionado por outra norma de mesma magnitude", p. 163.

[28] VELOSO, Zeno. Efeitos da declaração de inconstitucionalidade. In *Leituras complementares de constitucional*. CAMARGO, Marcelo Novelino (organizador). Bahia: JusPodivm, 2007, p. 135-146. Refere o autor que: "Observe-se que a regra continua sendo a da eficácia ex tunc da declaração de inconstitucionalidade. Por exceção, havendo motivos gravíssimos, razões de segurança jurídica, ou para atender a situação de excepcional interesse social (conceitos jurídicos indeterminados), faculta-se ao STF – desde que pelo voto de dois terços de seus membros (oito Ministros), que restrinja os efeitos da declaração de inconstitucionalidade ou decida que ela só produza efeito a partir da data de seu trânsito em julgado ou de outro momento a que venha ser fixado. Nesses casos, ficou desvinculada a inconstitucionalidade da nulidade, não havendo mais entre as duas figuras uma necessária relação de causa e efeito, uma conexão inexorável ou inafastável", p. 145.

Essa dificuldade poderá ser resolvida por meio da ponderação que os Ministros do Supremo Tribunal Federal terão de construir quando do julgamento da inconstitucionalidade de uma lei ou ato normativo na opinião de Paulo Roberto Lyrio Pimenta.[29]

Esse mesmo autor atribui análise diferente daquela de Emília Maria Velano no que consiste aos conceitos dos requisitos da segurança jurídica e do excepcional interesse público para a modulação de efeitos, sendo que atribui a segurança para a pura proteção das situações constituídas sob o amparo da lei inválida e ao interesse social aponta para o interesse da coletividade sobrepondo-se ao do próprio Estado.[30]

Ives Gandra da Silva Martins e Gilmar Ferreira Mendes têm entendimento diverso, adotando a cada um dos casos de declaração de eficácia da decisão, os pressupostos que entendem ser necessários para a aplicação da modulação de efeitos. Por exemplo, para declarar a inconstitucionalidade de uma lei com efeito *ex nunc*, somente o que deverá ser analisado é a segurança jurídica.[31] Quando for realizar uma eficácia pro futuro, tanto a segurança jurídica como o interesse social deverão estar presentes.[32]

2.3. Quórum para a modulação

Por força da própria Constituição Federal em seu artigo 102, I, *a*, que elucida a competência do Supremo Tribunal Federal para o julgamento das ações diretas de inconstitucionalidade, assim como a previsão do artigo 27 da Lei 9.868/99 que admite a modulação de efeitos nas referidas ações pelo próprio Tribunal, não subsistem dúvidas de que é nele a morada segura para tais modulações de efeitos temporais na decisão.

---

[29] PIMENTA, Paulo Roberto Lyrio. *O controle difuso de constitucionalidade das leis no ordenamento brasileiro*: aspectos constitucionais e processuais. São Paulo: Malheiro, 2010. Afirma que "do exposto, observa-se, portanto, que a modulação dos efeitos no tempo da decisão de inconstitucionalidade é uma conseqüência de um juízo de ponderação a ser exercitado pelo órgão controlador, o qual não pode atuar de maneira desvinculada", p. 65.

[30] Op cit, p. 64-65. Inicia relatando que "a exegese desse dispositivo – que consagra uma ponderação de bens – conduz-nos a algumas conclusões. Em primeiro lugar, a competência conferida ao Pretório Excelso só poderá ser exercida diante da presença de um determinado pressuposto: presença de razões de segurança jurídica ou excepcional interesse social. A expressão 'razões de segurança jurídica' significa a existência de situações geradas pela norma inconstitucional, tuteladas pelo princípio da segurança jurídica. Em outros termos, o que se busca proteger, nessa situação, é a segurança das situações constituídas sob o amparo da lei inválida. Logo, nesse caso, no juízo de ponderação, comparecerá, de um lado, o princípio da segurança jurídica, do outro, o da nulidade da lei inconstitucional" e, posteriormente, finalizando: "quanto ao 'excepcional interesse social', diz respeito ao interesse da coletividade, e não do Estado. Isto é, adotando-se a festejada separação de Renato Alessi entre interesse público primário e secundário, a lei, nesse caso, alude ao primeiro, ao interesse da coletividade, e não do ente público. Não basta, porém, a existência de interesse da coletividade, é necessário que tal interesse seja tutelado pelo ordenamento jurídico. Sem essa tutela, o interesse terá a natureza de mero interesse de fato, e não de direito".

[31] MARTINS, Ives Gandra da Silva; MENDES, Gilmar Ferreira. *Controle concentrado de constitucionalidade*: comentários à Lei 9.868, de 10-11-1999, p. 566: "Assim, tendo em vista razões de segurança jurídica, o Tribunal poderá afirmar a inconstitucionalidade com eficácia ex nunc. Nessa hipótese, a decisão de inconstitucionalidade eliminará a lei do ordenamento jurídico a partir do trânsito em julgado da decisão (cessação da ultra-atividade da lei)".

[32] Idem, p. 566: "Outra hipótese (hipótese 'b') expressamente prevista no art. 27 diz respeito à declaração de inconstitucionalidade com eficácia a partir de um dado momento no futuro (declaração de inconstitucionalidade com efeito pro futuro). Nesse caso a lei reconhecida como inconstitucional, tendo em vista fortes razões de segurança jurídica ou de interesse social, continuará a ser aplicada dentro do prazo fixado pelo Tribunal. A eliminação da lei declarada inconstitucional do ordenamento submete-se a um termo pré-fixo. Considerando que o legislador não fixou o limite temporal para a aplicação excepcional da lei inconstitucional, caberá ao próprio Tribunal essa definição".

Seria muito forçoso e inseguro admitir que outro Tribunal pudesse realizar referido controle, tendo em vista que a Constituição é vigiada como última salvaguarda do Estado Democrático de Direito pelo Supremo Tribunal Federal, razão pela qual não merece a competência do órgão maiores divagações.

O que pode causar certo questionamento ao leitor é a previsão de que os efeitos modulatórios apenas poderão ser conferidos se 2/3 dos membros do Supremo Tribunal Federal assim decidirem.

Refere o artigo 101 da Constituição Federal que "O Supremo Tribunal Federal compõe-se de onze Ministros, escolhidos dentre cidadãos com mais de trinta e cinco e menos de sessenta e cinco anos de idade, de notável saber jurídico e reputação ilibada", ou seja, tendo 11 Ministros, sendo que na data em que escrito este artigo contava apenas com 10,[33] deve-se ver com qual quórum pode-se dar viabilidade a modulação de efeitos com 2/3 de seus membros.

Para o cálculo dos 2/3 de onze ministros deve-se relembrar a história do homem que sabia contar camelos, Beremiz, que viajava e encontrou 3 irmãos com 35 camelos de herança e que deviam repartir entre si na proporção de a metade para o mais velho, a terça parte para o irmão do meio e a nona parte para o caçula, tendo o sábio Beremiz emprestado um de seus camelos para que os irmãos conseguissem realizar a divisão com justiça.

Pois bem, aqui também se empresta um ministro aos onze (11) existentes para se chegar ao décimo segundo (12º), onde a conta matemática dos 2/3 resta demasiadamente fácil, chegando-se a oito o número de ministros que devem entender ser possível a modulação dos efeitos da decisão.

A maioria qualificada de quórum resta evidenciada pela não possibilidade posterior de interposição de recurso contra esta decisão, razão pela qual se necessita de tão diferenciado número de ministros, sem se esquecer que até três deles podem ter discordado com a modulação de efeitos o que, por si só, já geraria certa desconfiança da legitimidade e da força da decisão. Outra razão para se exigir uma maioria qualificada seria a própria previsão de modificação da legislação via processo legislativo que prevê quórum mínimo para aprovar uma lei, não havendo motivo para que, um tribunal, ao declará-la inconstitucional, também não respeite o mesmo quórum.

2.4. Os possíveis efeitos modulatórios da ADI 3695-5.

O Conselho da Ordem dos Advogados do Brasil ingressou em 29/03/2006 com Ação Direta de Inconstitucionalidade tombada no Supremo Tribunal Federal sob o nº 3695-5, preocupada com a inconstitucionalidade do artigo 285-A[34] do Código de Processo Civil brasileiro, regra acrescida pela Lei 11.277, de 27 de fevereiro de 2006, ação esta distribuída ao Ministro Cezar Peluzo, tendo como requerido o Presidente da República.

---

[33] São eles os Ministros: Cezar Peluso (presidente); Ayres Britto (vice-presidente); Celso de Mello; Marco Aurélio; Ellen Gracie; Gilmar Mendes; Joaquim Barbosa; Ricardo Lewandowski; Cármen Lúcia e Dias Toffoli.

[34] "Quando a matéria controvertida for unicamente de direito e no juízo já houver sido proferida sentença de total improcedência em outros casos idênticos, poderá ser dispensada a citação e proferida sentença, reproduzindo-se o teor da anteriormente prolatada".

Pois bem, para a Ordem dos Advogados, sem adentrar no mérito da causa, o artigo 285-A viola os princípios da igualdade das partes, do contraditório e do devido processo legal devendo ser declarada inconstitucional com base nestes fundamentos legais.

Duas poderão ser a decisões acerca da matéria, a primeira de improcedência da Ação Direta de Inconstitucionalidade sobre a regra inserta no artigo 285-A do CPC, decisão esta que carece de maiores ponderações sobre os efeitos da decisão, pois considerado constitucional tal artigo não haverá consequências maiores a não ser a continuidade de sua própria existência.

A segunda decisão, mais perturbadora, é a de procedência da Ação Direta, declarando a regra do artigo 285-A inconstitucional. Nesta decisão, caso comprovados os requisitos mínimos exigidos pelo artigo 27 da Lei 9.868/99, quais sejam, atentar contra a segurança jurídica ou excepcional interesse social, poderá existir a modulação de efeitos da decisão. Neste segundo entendimento a modulação de efeitos poderia ter quatro[35] desdobramentos pelo Supremo Tribunal Federal, sendo eles:

I – A procedência da Ação Direta de Inconstitucionalidade declarando o artigo 285-A do Código de Processo Civil brasileiro inconstitucional com efeitos *ex tunc*, ou seja, todos aqueles que tiveram processos julgados com base na referida norma poderão ser alvo de algum pedido de anulação ou nulidade da sua ação criando-se um verdadeiro caos no Poder Judiciário e na vida desses jurisdicionados.

II – A procedência da Ação Direta de Inconstitucionalidade declarando o artigo 285-A do Código de Processo Civil brasileiro inconstitucional com efeitos para uma data acertada pela maioria dos Ministros do Supremo Tribunal Federal como aquela em que não haverá tantos prejuízos para os jurisdicionados que tiveram seus processos julgados de acordo com a aplicação do referido artigo, criando uma desigualdade entre os cidadãos na qual alguns terão a continuidade de tramitação de seu processo, e outros terão a consequente nulidade dos atos posteriores a prolação da sentença.

III – A procedência da Ação Direta de Inconstitucionalidade declarando a inconstitucionalidade do artigo 285-A do Código de Processo Civil com efeitos *ex nunc*, ou seja, a partir da decisão do Tribunal. Isso daria validade a todas as sentenças de improcedência das ações até a data de julgamento da ADI 3695-5, sendo um corte temporal aceitável para todos aqueles que já passaram pelo Poder Judiciário nesta situação e que se encerra no julgamento que declarou ser inconstitucional a aplicação daquele artigo.

IV – Por fim, tem-se a procedência da Ação Direta para declarar a inconstitucionalidade do artigo 285-A do Código de Processo Civil com efeitos para o futuro,

---

[35] MARTINS, Ives Gandra da Silva; MENDES, Gilmar Ferreira. *Controle concentrado de constitucionalidade*: comentários à Lei 9.868, de 10-11-1999. São Paulo: Saraiva, 2009, p. 565-566. Assim referem os autores sobre os quatro desdobramentos que entendem possíveis na decisão de procedência da Ação Direta de Inconstitucionalidade. "Nos termos do art. 27 da Lei n. 9.868/99, o STF poderá proferir, em tese, tanto quanto já se pode vislumbrar, uma das seguintes decisões": "a) declarar a inconstitucionalidade apenas a partir do trânsito em julgado da decisão (declaração de inconstitucionalidade *ex nunc*), com ou sem repristinação da lei anterior"; "b) declarar a inconstitucionalidade com a suspensão dos efeitos por algum tempo a ser fixado na sentença (declaração de inconstitucionalidade com efeito pro futuro), com ou sem repristinação da lei anterior"; "c) declarar a inconstitucionalidade sem a pronúncia de nulidade, permitindo que se opere a suspensão de aplicação da lei e dos processos em curso até que o legislador, dentro de um prazo razoável, venha a se manifestar sobre a situação inconstitucional (declaração de inconstitucionalidade sem pronúncia da nulidade = restrição de efeitos); e, eventualmente"; "d) declarar a inconstitucionalidade dotada de efeito retroativo, com a preservação de determinadas situações".

ou seja, a maioria dos Ministros do Supremo Tribunal Federal escolheriam um marco temporal futuro – quase uma releitura do instituto da *vacacio legis* – para que todos se preparem para a entrada em vigor da nova orientação emanada do Tribunal, criando, assim, dentro desta vacância uma zona nebulosa, pois não se sabe se já se utiliza a orientação correta da inconstitucionalidade ou se aplica ainda o artigo quando poderá criar novo caos ao jurisdicionado e ao Poder Judiciário.

Note-se então ser cinco as hipóteses nas quais a ação poderá chegar: a primeira delas a de improcedência que parece ser o caminho mais correto, enquanto a de procedência poderá ainda ter quatro variantes entre as quais, a mais adequada, seria aquela destinada a que os efeitos sejam *ex nunc*.

Mas o que realmente preocupa no caso é a falta de critérios mais objetivos para a aferição de tamanha responsabilidade para graduar os efeitos da decisão na declaração de inconstitucionalidade de lei ou ato normativo, importando neste momento apenas referir que o Supremo Tribunal Federal tem conseguido manter-se fora de uma exagerada atuação relacionada aos poderes de modular os efeitos de determinadas decisões, o que, conforme Zeno Veloso[36] acaba por ser um aspecto positivo.

CONSIDERAÇÕES FINAIS

Conforme acima analisado, na Ação Direta de Inconstitucionalidade, artigo 27 da Lei 9.868/99, existe a possibilidade de que o Supremo Tribunal Federal, preenchidos certos requisitos, efetue uma modulação de efeitos na decisão a ser proferida na referida ação.

Ocorre que, na referida legislação, pouco se retira de critérios objetivos para a modulação desses efeitos, uma vez que a lei somente traz como parâmetros para fixação de limites temporais a segurança jurídica e o excepcional interesse social, requisitos estes altamente abstratos, além do fato de que conceituar o que é excepcional interesse social é tarefa hercúlea, pois todo o interesse social pode vir a ser excepcional.

Diante disso, por meio de um caso concreto, analisou-se a Ação Direta de Inconstitucionalidade sobre a regra inserida no artigo 285-A do Código de Processo Civil brasileiro chegando-se a interpretação das cinco formas que a sentença pode ser apresentar no julgamento da ação e as consequências fáticas de cada uma delas na vida do jurisdicionado que, albergado por um artigo legal até então, pode ver ruir toda uma construção já feita em seu processo dependendo da linha adotada pelo órgão julgador no momento da modulação dos efeitos da decisão.

O ensaio serviu para alertar aos profissionais do direito do perigo da modulação de efeitos que, em razão de não existir critérios objetivos para sua fixação, fica apenas no subjetivismo do julgador tal poder de, em analisando pressupostos altamente abstratos, modular efeitos que poderão ser essenciais na vida do cidadão.

---

[36] Op cit, p. 145-146. "O STF, no Brasil, tem sido cuidadoso e evitado exagerar a utilização do preceito que lhe permite restringir, limitar, modular os efeitos da declaração de inconstitucionalidade. Em escritos anteriores, disse que o perfil de dignidade e independência do Supremo Tribunal Federal fazia com que eu acreditasse que seria empregada com critério, espírito público e parcimônia a faculdade de manipular o efeito da decisão de inconstitucionalidade. Vejo, com alegria, que minha previsão não foi infirmada durante os anos em que o art. 27 da Lei n. 9.868/99 vem sendo invocado e aplicado".

BIBLIOGRAFIA

AGRA, Walber de Moura. *Aspectos controvertidos do controle de constitucionalidade*. Bahia: JusPODIVM, 2008.

ALMEIDA, Vânia Hack de. *Controle de constitucionalidade*. 3. ed. Porto Alegre: Verbo Jurídico, 2010.

APPIO, Eduardo. *Controle difuso de constitucionalidade*: modulação dos efeitos, uniformização de jurisprudência e coisa julgada. Curitiba: Juruá, 2009.

BARROSO, Luís Roberto. *O controle de constitucionalidade no direito brasileiro*: exposição sistemática da doutrina e análise crítica. 3. ed. São Paulo: Saraiva, 2008.

BASTOS, Elísio Augusto Velloso. *A garantia jurisdicional da Constituição brasileira*: análise e proposta para seu aprimoramento. Rio de Janeiro: Forense; São Paulo: MÉTODO, 2009.

CARVALHO NETO, Inacio de. *Ação declaratória de constitucionalidade*. Curitiba: Juruá, 2006.

HECK, Luís Afonso. *Jurisdição constitucional*: teoria da nulidade versus teoria da nulificabilidade das leis. Porto Alegre: Livraria do Advogado, 2008.

KELSEN, Hans. *Jurisdição Constitucional*. Sérgio Sérvulo da Cunha (revisão). São Paulo: Martins Fontes, 2003.

MARTINS, Ives Gandra da Silva; MENDES, Gilmar Ferreira. *Controle concentrado de constitucionalidade*: comentários à Lei 9.868, de 10-11-1999.

MARTINS, José Renato. O controle de constitucionalidade das leis no direito brasileiro. São Paulo: Juarez de Oliveira, 2004.

MENDES, Gilmar Ferreira. *Argüição de descumprimento de preceito fundamental:* comentários à Lei n. 9.882, de 3.12.1999. São Paulo: Saraiva, 2007.

——. *Jurisdição constitucional*: o controle abstrato de normas no Brasil e na Alemanha. 5. ed. São Paulo: saraiva, 2005.

MORAIS, Dalton Santos. *Controle de constitucionalidade*: exposições críticas à luz da jurisprudência do Supremo Tribunal Federal. Bahia: JusPODIVM, 2010.

MORO, Sergio Fernando. *Jurisdição constitucional como democracia*. São Paulo: Revista dos Tribunais, 2004.

PIMENTA, Paulo Roberto Lyrio. *O controle difuso de constitucionalidade das leis no ordenamento brasileiro:* aspectos constitucionais e processuais. São Paulo: Malheiro, 2010.

PINHEIRO, Bruno. *Controle de constitucionalidade*: doutrina, jurisprudência e questões. Rio de Janeiro: Forense; São Paulo: MÉTODO, 2009.

TESHEINER, José Maria; CUNHA, Rodrigo A. Azambuja da. Ações Direta de Inconstitucionalidade, Declaratória de Constitucionalidade e Argüição de Descumprimento de Preceito Fundamental. In *Direitos fundamentais & justiça*. Revista do Programa de Pós-graduação, mestrado e doutorado da Pontifícia Universidade Católica do Rio Grande do Sul. SARLET, Ingo Wolfgang; MOLINARO, Carlos Alberto (coordenação científica). n. 9 (out/dez. 2009). Porto Alegre: HS editora, 2007, p. 124-146.

TUSHNET, Mark. *Weak courts, strong rights*: judicial review and social welfare rights in comparative constitutional law. New Jersey: Princeton University Press, 2009.

VELANO, Emília Maria. *Modulação dos efeitos da declaração de inconstitucionalidade de lei tributária*. Curitiba: Juruá, 2010.

VELOSO, Zeno. Efeitos da declaração de inconstitucionalidade. In *Leituras complementares de constitucional*. CAMARGO, Marcelo Novelino (organizador). Bahia: JusPodivm, 2007. p. 135-146.